交火的日子

布什与切尼的白宫岁月

DAYS OF FIRE

[美] 彼得·贝克（Peter Baker） ◎著
李文远　潘丽君　王文佳 ◎译

SPM
南方出版传媒
广东人民出版社
·广州·

图书在版编目（CIP）数据

交火的日子：布什与切尼的白宫岁月 /（美）贝克 (Baker, P.) 著；李文远，潘丽君，王文佳译. —广州：广东人民出版社，2015.4

ISBN 978-7-218-09683-4

Ⅰ. ①交… Ⅱ. ①贝… ②李… ③潘… ④王… Ⅲ. ①布什，G.W. －生平事迹 ②切尼，D. －生平事迹 Ⅳ. ① K837.127=5

中国版本图书馆 CIP 数据核字 (2014) 第 242526 号

Jiaohuo De Rizi

交火的日子

[美]彼得·贝克 著　　李文远　潘丽君　王文佳 译

出 版 人：曾　莹

策　　划：中资海派
执行策划：黄　河　桂　林
责任编辑：肖风华　古海阳　张　静
特约编辑：刘雪娇　余　涛　梁桂芳
版式设计：张　英
封面设计：WONDERLAND Book design 仙境 QQ:344581934

出版发行：广东人民出版社
地　　址：广州市大沙头四马路 10 号（邮政编码：510102）
电　　话：(020) 83798714（总编室）
传　　真：(020) 83780199
网　　址：http：//www.gdpph.com
印　　刷：深圳市彩美印刷有限公司
开　　本：787mm × 1092mm　1/16
印　　张：49　　**字　　数：**778 千
版　　次：2015 年 4 月第 1 版　2015 年 4 月第 1 次印刷
定　　价：89.80 元

如发现印装质量问题，影响阅读，请与出版社（020-83795749）联系调换。
售书热线：(020) 83795240

致中国读者信

Dear Chinese readers,

Thank you for your interest in this account of President George W. Bush and Vice President Dick Cheney and their fascinating and tumultuous partnership.

I hope it provides greater insight into an important period in recent history that in so many ways continues to shape our world today.

With best wishes,

Peter Baker

亲爱的中国读者，

感谢你们对这本书的兴趣。它记录了乔治·W.布什总统与迪克·切尼副总统的故事，以及他们之间精彩而复杂的合作关系。我们共同经历了一段历史上的重要时期，它从很多方面重塑了当今的世界格局。对于这段特殊的历史，我希望本书能启发你们产生一些更深刻的见解。

在此致以我最美好的祝愿。

彼得·贝克

半个世纪以来，美国守护了遥远的边疆，捍卫了我们自己的自由。在冷战结束后，我们度过了相对平静、安宁、悠闲的几年。接下来，一段烈焰般的交火时代降临了。

——摘自乔治·W.布什总统2005年1月20日第二次就职演讲

内争外斗的“纸牌屋”

博联社总裁、国际问题专家

马晓霖

2014年12月9日，美国参议院抛出一枚重磅炸弹：历时5年，研究和分析了630多万份中情局文件后，正式出炉“9·11”后中情局滥用酷刑的调查报告。480页的报告摘要已蔚为大观，而这不过是全部6 000页报告的十二分之一。

美国舆论再次哗然，各国媒体轮番炮轰，因为这些出自美国立法机构情报委员会的自我揭黑，足以证明世界头号强国的海外情报机构如何“罪恶昭彰”和“罄竹难书”。这份报告无疑把最主要的责任人——布什和切尼搭档再次架在司法与道义的烈火上炙烤，因为中情局的诸多恶行皆发生在他们任内，至少是在那段时间里变本加厉并且为公众所知。

此时，我也正捧读关于这对战时搭档的白宫岁月内幕的新书译稿，并应约写下一篇简单的推荐序。这本最新权威传记，无疑将佐证时下最热闹的美国情报黑幕；或曰，时下最热闹的美国情报黑幕正十分巧合地印证着此书中所叙述的诸多不堪。

对此，布什一如既往保持沉默，切尼则跳出来继续辩护。曾经风头一度压过布什的副总统切尼，又成为风暴中心的头号人物。他不仅被媒体曝光逼迫中情局伪造情报，且欺瞒国会逃避监管，甚至报复试图揭露黑幕的良心特工。本书也非常明确地指出，切尼不仅是中情局滥用酷刑的靠山，更是其最大主谋和关键推手。令人震惊的是，切尼毫不掩饰自己的主张，认为只要能取得反恐胜利，动用一切手段都情有可原，牺牲部分嫌疑人的合法权利理所当然。

当然，这不是切尼的全部，本书并非专为揭批中情局、切尼乃至布什而来，中情局黑幕只是布什—切尼搭档白宫8年岁月中的部分片段。这部近800页的厚重著作，向读者展示的是他们如何侥幸夺占白宫，一度被视为民族英雄而轻松连任，最终又在各种指责和背叛中告别政坛的曲折历程和内幕故事。

对两场失败的反恐战争，空前艰难的经济危机，各种不堪的外交困境，以及如何勾心斗角，赢得竞选和党派之争，甚至正副总统间的博弈，《交火的日子》都进行了精彩的纪实再现，其内容没有电视剧《纸牌屋》那般低俗狗血，但同样触目惊心，并且更加真实可信。

回顾美国的艰难岁月，特别是反恐时代的内政外交，仅看当事人布什或切尼的自传是不够的，这本新作显然会超脱于他们自身的立场，远离媒体的夸张，呈现更加客观的白宫决策全景图。这幅图景，不同于克林顿和奥巴马时期，无疑充满了最具争议的历史色彩和细节。

权威推荐

《华尔街日报》（*The Wall Street Journal*）

这真是新闻纪实作品的奇迹：彼得·贝克对布什和切尼的白宫岁月进行了深入细致、客观公正的精彩论述。

《纽约时报》（*The New York Times*）

《交火的日子》一书充满了生动的细节和巧妙的逻辑分析过程，是众多关于布什总统白宫岁月的历史书籍中最可靠、最全面的一本。

《华盛顿邮报》（*The Washington Post*）

这是一部让人印象深刻的杰出作品，其所写范畴之广和抱负之远大值得人们关注。彼得·贝克全面深入地描述了布什的总统岁月，正如罗伯特·卡罗描写前总统约翰·F. 肯尼迪和副总统林登·约翰逊之间的关系那样，他也一步一步地向我们展开布什与切尼之间错综复杂的关系。

《奥斯汀美国政治家报》（*Austin American-Statesman*）

这本书真是不可思议，让人想要一口气读完，彼得·贝克生动地描述了乔治·W. 布什和迪克·切尼最终分道扬镳、不再联合执政的白宫岁月。

《纽约时报》书评（*The New York Times* Book Review）

8年中经历的故事似乎过于庞杂，难以全部集中在一本书里说完。可是，本书却记载了布什和切尼的8年白宫岁月。作者彼得·贝克既不指责他们，也不为他们辩解开脱。他运用写作技巧平衡了时间差，似乎可以将过去已经发生的事件用一种更为心平气和的态度转换成尚未发生的事。

《经济学人》（*The Economist*）

一本有关布什执政岁月的新著……彼得·贝克老到的写作手法和细致的报道，有力地纠正了各种声称“经验不足的总统像木偶一样被副总统操纵”的传言。

《基督教科学箴言报》（*The Christian Science Monitor*）

本书以近乎百科全书式的细致描写，客观公正地记录了布什的当政岁月。彼得·贝克为我们提供了一个清晰的视角，能够理性地看待十几年前那些命运攸关的决定。

《明星论坛报》（*Star Tribune*）

彼得·贝克的方法很有效！他是一位文体学家，作品风格令人印象深刻。

《匹兹堡邮报》（*Pittsburgh Post-Gazette*）

彼得·贝克的新书可以让政治狂热分子们大饱眼福。他在书中试图公正而全面地看待偏激化的政府，这一点令人钦佩。不过，本书存在的意义并不是为了遗忘和宽恕，它只是为了再现那段岁月，描述该届政府当年如何以美式刚愎自用的策略，应对前所未有的问题和紧张局势。

《国家利益》（*The National Interest*）

这是一本非凡的权威之作。彼得·贝克做了大量的工作才将各种层次复杂和风格迥异的故事组织在一起。尽管《交火的日子》是一本大部头，但人们的阅读速度一点儿也不比看休闲杂志慢，因为那真是一大享受。

《美国新闻与世界报道》周刊（*US News & World Report*）

新书《交火的日子》备受关注，众人议论纷纷。这本权威之作研究了布什和切尼之间是如何相互影响，以及两人的关系如何那8年里从如胶似漆变得渐行渐远。

《外交事务》（*Foreign Affairs*）

毫无疑问，那是美国历史上最具争议的总统执政时期，本书首次对之进行全面的叙述。自此之后，在涉及这一主题时，所有作家都不可避免地要找出这本书作为最权威的参考。

《出版人周刊》（*Publishers Weekly*）

本书将布什总统的艰苦岁月巧妙地编织成一部有关傲慢和错失良机的不朽著作。

《科克斯书评》（*Kirkus Reviews*）

这是对布什和切尼白宫岁月所做的一次全面客观的审查。本书轻快明了，细节详实，其主要贡献之一是恢复了第43届总统的声誉。

《书页》杂志（*BookPage*）

《交火的日子》一书中充满了大量的事实，风格鲜明；对权力、热情以及美国最高层政府发表了惊人的见解。

《书单》杂志（*Booklist*）

本书反映了政治人物的狂妄野心，引人入胜，同时也令人不安。作者通过细致的研究和熟练的写作技巧，记录了美国历史上那段至关重要的8年岁月。

休·休伊特　美国著名电台节目主持人

这是一本了不起的书，深入报道了布什和切尼在白宫的那段岁月，他们经历的动乱和悲剧，大获全胜和惨败；观点公正客观，鞭辟入里。我无法想象还有哪本书可以像彼得·贝克的这本，让人如此地亲近总统。你将以一种从未想象过的方式，窥探布什执政的内幕。

尼科尔·华莱士　白宫前通讯联络主任

看着每页纸上记录的故事，我想起了自己过去在布什白宫内的职业生涯。其中还有一些故事，我在第一次看时大吃一惊，没想到连这些都被彼得·贝克发现并揭露出来。

诺姆·奥恩斯坦
年度最佳政治类期刊《国家杂志》（*National Journal*）专栏作家

这是政治新闻报道和历史类书籍的最佳结合。深入细致地描述了布什的总统岁月，以及他与切尼之间的关系，令人叹服。

罗伯特·达莱克　《尼克松与基辛格》（*Nixon and Kissinger*）作者

彼得·贝克创作的这本关于乔治·W.布什和迪克·切尼的出色传记，几十年之后，依然会是代表着有关这两位男人和他们所在政府的最全面客观的论述。在描写布什和切尼之间错综复杂的关系方面，没人比彼得·贝克更有说服力。所有想要了解我们当前所面临的困境的人，都应该读一读这本书。

汤姆·布罗考　《美国最伟大的一代》(*The Greatest Generation*)作者

彼得·贝克的《交火的日子》是一本适合所有总统候选人和公民阅读的书。

理查德·诺顿·史密斯

《托马斯·埃德蒙·杜威和他的时代》(*Thomas E. Dewey and His Times*)作者

你可能同意或不同意乔治·W. 布什总统所采取的行动，但是当你看完《交火的日子》后，你就会以一种从未有过的方式理解他们。

胡　楠　西陆网主编、凤凰网军事频道前主编

历史的细节比影视剧更精彩。本书最吸引人的不是内幕，而是世界重大事件背后的细节故事。这个世界，不似文艺小说描述的那般简单，每一个细节都反映着深刻而复杂的现实，《交火的日子》将告诉你什么是真正的世界、真正的美国。

目 录 DAYS OF FIRE Bush and Cheney in the White House

艰难的抉择

替罪羊

乔治·W. 布什坐在椭圆形办公室的办公桌后面，嘴里嚼着口香糖，双眼凝视前方，比往常更耐心地倾听着汇报。他不喜欢冗长而毫无重点的汇报，但这份报告对他而言至关重要。

“你觉得他真的那样做了吗？”布什发问。

“是的，”律师伯克答道，“我认为他确实那样做了。”

这位曾自诩为“最后拍板人”的美国第43任总统，在卸任前几天为一个最终决策纠结不已。他的副总统，那个在过去8年的纷乱岁月中曾和他并肩度过每一次危机的人，如今却对他步步紧逼，给他施加前所未有的压力。在过去的两个月里，迪克·切尼一直在游说布什特赦他的前任办公室主任小欧文·路易斯·利比。利比绰号“滑板车”，他在一桩涉及伊拉克战争起因的案件中，因作伪证和妨碍司法公正而被判刑。切尼无法坐视不理，他一次次地向布什提出申请，甚至到了总统不想再与他谈起此事的地步。

按照布什的脾气，是不会给予利比特赦的。一直以来，他对人们想靠关系获取行政赦免的行为大为光火。在他看来，赦免机制似乎已深陷腐败的泥潭，如今连切尼这样的政治圈核心人物也要求他给予特殊关照。但是，他该如何开口跟切尼说“不”呢？切尼是他两届任期的老搭档，而且只为他最关心的这一件事开口求他，他又如何能拒绝呢？切尼一向视忠诚高于一切，布什的做法无疑将让切尼难以接受。

为了证实特赦的合理性，布什私下请白宫的律师重新调查这起案件。曾在罗纳德·里根政府和现任政府中担任白宫顾问的弗雷德·费尔丁以及他的助理，即曾在纽约担任联邦检察官的威廉·伯克，仔细研读了庭审记录，并分析了利比的律师提供的证据。现在，他们回到椭圆形办公室向布什汇报，一致认为陪审团有足够的理由认定利比有罪。

“我不知道，毕竟我当时不在场，”为了缓和“他确实那样做了”斩钉截铁的语气，伯克补充道，“但如果我是陪审团的一员，或许我会赞同他们的看法。我们都得遵守法律，而法律规定：如果在接受大陪审团调查时，向一名联邦官员蓄意撒谎，且这种行为对他们的调查结果造成重大影响，那么就构成了犯罪。”

利比曾被怀疑向记者泄露了一名中情局特工的姓名，而这位特工的丈夫恰恰是副总统切尼的批评者。在接受调查的过程中，利比向联邦探员撒了谎，因此他被判有罪。利比坚称，他记得的事情与其他证人不同，仅此而已。但是，他所作的证词不是与某一位证人的证词有所出入，而是与包括总统办公室官员在内的其他所有 8 位证人的证词不符。这两位律师说，如果利比没有撒谎，那就意味着其他所有证人的记忆都出错了；或者说，利比的记忆力出了严重问题，导致他不记得这一话题曾明显充斥着副总统办公室，以及他们对这个话题的反复探讨。

“好了，好了。”总统终于发话了。在助手们看来，总统的态度表明他不会给予特赦。“那么，你觉得他为什么要这样做？你认为他是在包庇副总统吗？”

“我认为他不是在包庇副总统。”伯克回答道。

“那你认为他为什么要这样做？”布什又问了一遍。

在伯克看来，利比原以为自己的证词不会与他人的相矛盾，因为记者会遵守保密原则，而检察官无权追问消息来源。伯克说：“他可能觉得这个原则不会被打破。此外，我认为利比对你的命令有所顾虑，当时你说任何卷入此案的人都将被解雇，我觉得他只是不想撞在枪口上。”

布什若有所思，但似乎并没有被说服。他说：“我认为，他仍然觉得自己是在保护切尼。”虽然没有明说，但布什似乎认定切尼与此事存在利害关系。在布什看来，副总统现在不过是企图利用个人关系获得特权，在这件案子上为自己的替罪羊寻求赦免。

布什叹了一口气，黯然地说：“现在，我得找副总统谈谈了。”在过去的8年里，但凡遇到这种令人不快的事情，都是由切尼出面处理的。当保罗·奥尼尔和唐纳德·拉姆斯菲尔德被解雇时，是由副总统找他们谈的话。

博尔滕自告奋勇地说：“让我来跟他谈吧。”

“不，不，我亲自去跟他谈。”布什说。

但他实际上忧心忡忡。

谁是白宫一号首长?

8年来，乔治·W. 布什与理查德·布鲁斯·切尼这对搭档，在重塑美国和改造世界这项充满抱负且冒险的事业上并肩前行。自尼克松与基辛格之后，在担任公职的美国人当中，从没有一对搭档的合作能产生如此深远的影响。他们一起完成了许多有意义的事情。他们让美国从2001年9月11日遭受偷袭的创伤中振作起来；在那个危机四伏的年代，他们建立了一种新型的国家安全防御体系，保护美国免受进一步的攻击，而这种体系在他们离任后也继续发挥作用。在美国国内，他们在教育、医疗和税收方面实施全面改革，避免了另一场经济大萧条，同时将具有传奇色彩的美国汽车产业从崩溃边缘挽救回来；在海外，他们帮助非洲人民治愈了一种致命疾病。他们携手渡过了一个又一个危机，这些危机始于9月那个明媚的早上，双子塔的熊熊烈火，开启了持续8年的“荣火时代”。

尽管如此，由于他们对形势的错误判断和失措之举，使他们成为历年来最不受民众欢迎的总统和副总统。他们非常不明智地向海外派遣军队，造成了大约10万名伊拉克人丧命，并且使美国的道德威信扫地；他们没能把一座著名的美国城市从空前的灾难中挽救回来；在他们身后，留下了一个财政烂摊子，这将阻碍美国今后多年的经济发展，使美国陷入过去80年里最严重的财政危机中。功过暂且不论，他们联手组成的这届政府所产生的深远影响，不但是对整个国家的考验，而且在他们离开公众视野后仍然发挥作用。

两人在布什总统生涯的最后几个小时为了特赦问题纠缠不休，说明他们的关系正渐行渐远。从表面上看，布什与切尼的故事早已为公众所熟知，但实际上，他们之间的真实故事以及 8 年来一起走过的岁月，比坊间的只言片语要复杂得多。笔者对包括切尼在内的许多关键人物进行了数百次访谈，并对数千页从未公布过的笔记、备忘录和内部文件进行了研究，描述了这段紧密的伙伴关系是如何随着时间的推移而发生戏剧性变化的。在两人合作的初期，布什只是一位未经考验的年轻总统，在许多事务上要依赖切尼这位经验老到的二号人物提供建议，但即便如此，布什也不是批评者们所说的“马前卒”，而切尼更不是所谓的“幕后操手”。

可是，如果副总统在他的第一个任期内赢得几乎所有战斗的胜利，他就会逐渐不安分于扮演二把手的角色。布什对此感到非常不安和不满，他开始寻求能巩固自己总统地位的新途径，于是，从朝鲜问题到国内的持枪权问题，他在所有事情上都不再听取副总统的意见。切尼从此被疏远了，他独坐在白宫西侧自己的办公室中，眼看着他与布什的合作偏离了轨道，从而使他的许多工作成果付之东流。因此，从某种意义上说，他为利比争取特赦的行为，就是向那位背弃他的总统要求补偿。通过向布什要求特赦权，切尼就是想最后确认一下布什是否仍感念他们之间曾经亲密无间的合作，然而，布什直到最后也不愿意给他这个机会。

“友谊”一词，不足以完全体现布什与切尼之间的关系。在工作场合以外的地方，他们很少碰面；切尼不会参加戴维营的周末社交活动；他们也不会带上各自的妻子一起用餐；两人之间通常不互送生日礼物；布什不会与切尼一起去打猎，而切尼只有在参加正式会议时才会拜访总统在得克萨斯州的私人农场，不过两人偶尔会在开会期间溜出去，在农场的一个大池塘中钓鲈鱼。在 2000 年和 2004 年的大选之夜，他们各自观看选举结果，一直到深夜才聚在一起，因为他们要前往一个公众聚会，一起宣布选举胜利的消息。“他们的个人关系并不密切，”布什总统的第一任白宫新闻发言人阿里·弗莱舍回忆道，“他们既不一起打保龄球，也不会一起前往戴维营，更不会一起慢跑锻炼。布什选择切尼，只是让他做自己的顾问，而切尼也完全规行矩步。”

切尼认为他与布什之间仅限于工作关系。他在卸任后说：“我们之间是职业关系，而不是私人关系，从这个意义上讲，我们并不算是好朋友。”布什则难以定义他和切尼之间的关系，他最后总结道："你要知道，我会……我会说我跟他是朋友，但另一方面，我们都有各自的圈子。下班了，他回他的家，我回我的家。我觉得他是一个不太喜欢社交的人，当然，我也不太喜欢社交，所以我们不会花太多时间一起出席社交活动。但是，呃……算是朋友吧！"

两人的关系用"合作伙伴"来形容或许更为贴切，虽然这么说有点沉重。布什的一些顾问反对这种叫法，因为在他们看来，合作伙伴意味着两人处于平等的地位，而副总统再怎么说也只是"副"总统而已。切尼从没有忘记这一点，所以他对布什表现得十分尊重。布什可以直呼切尼为"迪克"，而切尼则一直称呼布什为"总统先生"。即使当布什不在场的时候，切尼提到布什时也以"老大"(the Man)称之，如"让我们去跟老大谈谈这事儿吧"。相比之下，布什对切尼的称呼则不大客气，有时候直呼他为"副手"。卡尔·罗夫称切尼为"管理层"，比如"最好跟管理层确认这件事儿"。

切尼只比布什大5岁，但他身上带有一种超乎实际年龄的长者风范，布什对他的尊重甚于圈内其他任何人。但是，在所有会议场合，人们一眼就能看出谁是话事人：布什主导着讨论过程，负责提出问题，并要求人们发言；切尼在大部分时间里保持沉默。布什的竞选智囊顾问马修·多德说道："如果你与总统一起待上一段时间，你很快就会发现他不是那种被人牵着鼻子走的人，压根不是；切尼更不是那种牵着别人鼻子走的人，完全不是。"然而，切尼的沉默，却似乎有一种不言自威的力量。会议室里的人都明白，当他们在会议结束离场后，切尼将留下来，面对面地向布什提建议，这时候没人能够反驳他。有时候，切尼的实际想法让人难以捉摸。白宫战略政策主任彼得·魏纳说："对我们很多人而言，他就像一个飞机黑匣子般神秘。"

当然，他们是截然不同的人：布什出身于条件优越的家庭，性格外向，在大学里曾担任拉拉队队长，以给别人起绰号为乐；他曾经年少轻狂，但在中年时以坚决的毅力征服了内心的恶魔；他喜欢掌控大场面。切尼曾经当过电线养护工，从基层一步一步往上爬，在华盛顿的一些重要岗位学会了治国之道，并最终成为战时白宫的显赫政要。

但他们背景中的共同点，也比许多人所了解的多得多。两人都是在西部文化背景下成长，秉承了著名的开拓精神；两人都在耶鲁大学深造过，但他们对所谓的精英文化都不再抱有幻想；年少轻狂时，他们都曾经夜夜笙歌，并触犯过法律，直到他们生命中最爱的女人出现，才最终浪子回头，脚踏实地地奋斗；他们都非常崇拜温斯顿·丘吉尔，都喜欢收集和陈列这位传奇首相的半身像，希望仿效丘吉尔在巨大困难面前所表现出的坚韧不拔的勇气。

他们都有幽默感，但是幽默的方式不同。布什比较诙谐风趣，甚至有时候显得憨头憨脑的，在参加竞选时，他在自己的专机上扮鬼脸，或者当助手在他椅子上垫一个放屁坐垫（人坐上去会发出类似放屁的声音。——译者注）恶作剧时，他也会非常开心；切尼的幽默方式则有些低调乏味，他在谈话中常常会不失时机地插入一句嘲讽的话，然后嘴角上扬，咧嘴一笑，每当看到这副表情，人们就知道这是切尼式的幽默方式。

布什常取笑副总统喜欢故弄玄虚却又不着调的性格，在女儿詹娜的订婚仪式上，布什说："迪克送过来一份礼物，我看得出来这是他亲自挑选的，因为这份礼物是一台碎纸机！"当然，在幽默方面，切尼也有着好名声。有一次，他的朋友戴维·胡米·肯奈利以一种调侃的语气向他打招呼："嘿！迪克，今天早上有没有把某个小国家给炸掉？"切尼毫不犹豫地接话："你懂的，那正是我喜欢这份工作的原因之一。" 还有一次，切尼淘气地戴上黑武士（电影《星球大战》中的角色。——译者注）面具，还摆出造型拍了一张照片，要不是妻子琳恩·切尼的阻止，他本想把这张照片放在回忆录中。

按照大众的看法，切尼一直以不正当的手段操控着优柔寡断的总统。这种印象在人们心目中根深蒂固，在美国甚至还出版了以"联合执政"和"绑架美国总统职位"为主题的书籍。就连一些午夜电视节目的喜剧演员也经常拿这一话题开涮，脱口秀主持人柯南·奥布莱恩曾开玩笑说，切尼在一次接受采访时称："我卸任后，一定会非常怀念当总统的感觉。"喜剧演员和主持人吉米·坎摩尔也曾戏谑道，切尼"从不为他所做的任何决定感到后悔，即使让他推倒重来，他也会命令布什总统做同样的事情"。

切尼似乎并不介意别人说三道四，但布什却对此耿耿于怀。在卸任后出版的自传里，布什披露切尼曾自愿放弃2004年大选选票。"接受迪克的提议，"布什沉思道，"将是我掌控全局的体现。"然而当布什深感不安时，切尼却反过来利用自己传出去的名声。有一次他自嘲："难道我是那种刚从洞里钻出来的、躲在角落里不被人重视的天才怪物吗？实际上，这种行动方式很奏效。”但是，这种漫画式的自嘲有点言过其实，也偏离了两人关系的基本方向。毫无疑问，切尼是美国历史上最具影响力的副总统，他精通华盛顿的运作方式，并获得了布什的信任，从而形成了自己的权力基础。布什把切尼看作军师，能引导他在政敌林立、错综复杂的政治中屹立不倒。切尼辅助布什的方式，是当代任何一个副总统从未做到过的。他放弃了自立门户的想法，没有去竞选总统，而是一心辅佐布什圆满完成任期。作为回报，布什让他参与了每一个重要的会议和决策，这与布什的前任总统简直是天壤之别。

当年，罗斯福总统在就职日之后，与副总统杜鲁门只单独见过两次面。2002年，当切尼被问到与布什私下见过几次面时，他把手伸进西装口袋里，掏出一张工作日程表。他说："我看一下，3、4、5、6、7。7次。"为了营造效果，他故意顿了一下，然后说道："今天就见了7次。"

于是，在布什政府任期的最初几年里，切尼发挥着巨大的作用，他不但主导着决策、娴熟地雇佣了大批忠实于本届政府的人员，并把他们战略性地安插在政府的各个环节。当他遇到反对者的意见时，他就绕过内部流程，单独制订与环保、能源、反恐相关的政策，此举引起不少争议。布什总统曾有心放伊拉克前总统萨达姆一马，但切尼却极力要求毫无执政经验的布什对萨达姆穷追猛打，甚至到了软磨硬泡的地步。在他们一次私人午餐聚会中，切尼不耐烦地对布什说："你到底想不想干掉那家伙？"

尽管如此，切尼总的来说还是顺势而为，按照总统的意愿去完成事情。总统身边最亲密的朋友和顾问回忆说，总统从没有抱怨过切尼劝他做一些他不想做的事情。来自怀俄明州的前共和党参议员、切尼的密友艾伦·辛普森说道："在辅佐布什的那段时期里，切尼所做的任何事情，没有不经过布什批准或认可的，因此，当人们说切尼在操纵政局时，那简直就是胡扯。"曾作为参联会主席、见证过许多重要时刻的理查德·迈尔斯将军同意这种说法，他说："那种认为副总统是幕后操盘手的看法简直是无稽之谈。副总统之所以行事主动，是因为他得到了充分授权，但他不是决策人。在白宫，一号人物仍然是总统本人。"

即使在第一届任期时，布什曾不止一次断然拒绝过切尼的要求。布什虽然同意出兵伊拉克，但当切尼在2002年春首次敦促他发起进攻时，他拒绝了这一提议，直到几乎一年以后才最终入侵伊拉克。布什接受了科林·鲍威尔关于美国应先寻求联合国支持的建议，而对于创立一个由艾哈迈德·沙拉比这样的伊拉克流亡人士领导的后萨达姆政府的计划，布什并没有接受。在第二届任期中，布什与切尼渐行渐远。在伊拉克，美国并没有找到大规模杀伤性武器，而针对美国“解放者”的暴力行为却有增无减，布什对此深感失望。更让他感到不快的是，盟友们孤立开始美国。为了在伊拉克困局上寻求突破并名留青史，布什越来越多地听取国务卿赖斯的建议，而逐渐疏远了副总统。赖斯从而取代了副总统，成为总统身边最有影响力的助手。

但这并不意味着切尼已失势了。他设法保住了大部分由他发起的项目，但在第二届任期里，他的行事风格由攻转守，对于那些他认为会削弱国家实力或者破坏他所制订的政策的变革，他都尽量避免。在卸任后，他不得不承认：“可能我的政治影响力已经今不如昔了，这是很有可能的，对此我没有异议。”

的确，当布什和切尼最后一次共同走出白宫的时候，他们在许多问题上已经产生了分歧，包括朝鲜问题、持枪权、同性恋婚姻、减税、关塔那摩监狱问题、审讯方法、监管政策、伊朗问题、汽车产业救助、气候变化、黎巴嫩战争、哈里特·迈尔斯问题、唐纳德·拉姆斯菲尔德问题、中东和平问题、叙利亚问题、俄罗斯问题以及联邦财政支出等问题。

而这一切，都发生在“滑板车”利比特赦案之前。

忠臣反成罪犯

2008年大选之后，新的继任者已定，副总统便急切地开始了他的游说活动。这届任期只剩下最后几周时间，切尼决定动用手头一切即将失去的资源，为他昔日的得力助手获取特赦。

对于切尼而言，这是一个简单的公正问题。利比曾被一个毫无道德原则的检察官追查，后者的目的就是要损害白宫的声誉。引发这场调查的原因就是有人向新闻记者泄露了中情局特工的信息，但无论利比还是其他人都没有被指控泄密，并且结果表明，利比从一开始就知道谁才是泄密的源头。这名检察官对此案穷追不舍，让切尼觉得他自己才是真正的目标，而调查利比，只是为了敲山震虎而已。他认为，对于利比的指控最终只不过是建立在一段错误记忆的基础上。利比一直以来对切尼和布什忠心耿耿，这种忠心对他的国家来说至关重要，可他到头来却被污蔑为罪犯。

切尼不断地向布什提及此案。在过去的8年当中，他从未像这样对总统施压。在感恩节特赦到来前，切尼在一次会议期间与布什谈起了这个问题。布什告诉切尼，他将推迟那些会引起争议的特赦，直到他们的任期快结束时再重新启动。

切尼认为，总统的这番话暗示了利比也将在特赦名单当中；布什却认为他并没有做出任何承诺，而且他从始至终都对特赦权抱有怀疑态度。当利比在2007年被判监禁时，布什已经给利比减刑了，因此，总统的这位前任助手根本不用在铁窗后待上一分钟。但当时弗雷德·费尔丁给布什写了一份公开声明，称在利比是否有罪这个问题上，他不会用自己的判断来代替陪审团的判决。他怎么能在两年后出尔反尔呢？

这个争论点正是切尼从总统顾问兼高级政治顾问艾德·吉莱斯皮那里听来的。吉莱斯皮在某天拜访了副总统，向副总统解释了他建议布什拒绝特赦的原因。正如白宫里的许多人一样，利比案对于吉莱斯皮个人来说简直是一种煎熬。在为利比募集律师辩护资金时，吉莱斯皮也是首批捐款人之一，但考虑到布什曾说过减刑的话，吉莱斯皮对切尼说，他觉得总统不会给予利比全面特赦。

“副总统先生，最重要的是律师们并没有找到申辩的理由，”吉莱斯皮说道，“我们会被问到：律师是否推荐去打这场官司？如果律师不推荐，那就很难让总统找到正当的特赦理由。”

切尼回答说，他认为吉莱斯皮的看法是错误的，并告诉对方他为何会认为对利比的指控是不合法的。双方各执己见。吉莱斯皮觉得，这是他在白宫所做过的最艰难的一件事。现在任务已经完成，他起身告辞。

世界的“黑暗面”

对于切尼地位的争议，引发了一个问题：他变了吗？这位敏感而温和的共和党人身上到底发生了什么事情？曾为两位共和党总统担任国家安全顾问的布伦特·斯考克罗夫特曾说过一句广为人知的话，他说他再也认不出切尼这位朋友了。还有人怀疑，副总统是否受到多次突发心脏病的影响，或者是“9·11”的恐怖袭击给他造成了精神创伤，导致他性情大变。

之所以这么多人认为切尼变了，可能是因为人们把他低调的举止、他与多党派的友好关系以及曾经辅佐过多位温和派总统的经历误解为他是一个温和派人士。记录表明，他比人们想象中更保守。在福特主政时期，切尼与当时的国务卿基辛格和副总统纳尔逊·洛克菲勒存在不和。20 世纪 80 年代，在国会担任议员期间，他是最保守的投票者之一。当《华盛顿邮报》称切尼为温和派人士时，他马上让助手去要求报社纠正这一说法。在担任老布什政府国防部长期间，他对苏联的改革派领导人戈尔巴乔夫深表怀疑。经过这一切之后，对于那些认为他比年轻时已改变不少的看法，他常一笑置之。“我并没有变，”他说，“是世界变了。”

20 世纪 80 年代的末日战争游戏勾勒出了大规模袭击所产生的后果。作为这场游戏的参与者，切尼对世界的潜在危机一直持悲观看法，这种观点似乎在“9·11”事件上得到了验证。在他执政的余下时间里，不是为了防范下一个“9·11”事件的出现，而是构想另一种更坏的情形。在这种情形中，恐怖分子实施恐怖袭击的武器不再是美工刀，而是武器或化学武器。

在他的任期即将结束时，这个国家已经基本忘却了世贸中心倒塌后的恐惧岁月，但切尼并没有忘记。“9·11”事件是一个令人痛心的悲剧，但终归不会影响到国家的生存；而大规模杀伤性武器攻击则会带来生死攸关的威胁。

基于这种观点，任何能保护国家的措施，似乎都是合理的。虽然有些美国人开始认为，他们对“9·11”事件的反应有点过度了，但切尼仍活在反恐情报所描绘的黑暗世界中，因为这些情报展现了世界上每一个角落里隐藏的威胁，切尼把这些角落称为“黑暗面”。对他而言，与在曼哈顿升起核爆蘑菇云的可能性相比，对 3 个恐怖分子实施水刑所付出的道德代价又算什么？

如果说有任何东西已改变了的话，那就是切尼的公众形象发生了变化。亚当·莱文说道：“他从一个具有尤达大师（电影《星球大战》里的重要人物，德高望重的绝地大师。——译者注）性格特征的智者，变成了《好人寥寥》（*A Few Good Men*）里的杰塞普上校（军中实施潜规则、欺凌弱小的角色。——译者注）。”

莱文是切尼第一个任期时的白宫工作人员。在说出这段话后，他开始模仿切尼的语调，就如声音低沉的杰克·尼科尔森所扮演的杰塞普上校以一种“你吃不消这真相”的姿态训斥汤姆·克鲁斯扮演的律师，让他认清这个纷乱的世界：“‘你们想批斗我吗？谁先来？你，科林·鲍威尔？还是你，康迪·赖斯？我给某些人的自由带来了保障，让他们每天都能安心地起床和睡觉，但他们却质疑我给他们带来自由的手段。对于这些人，我没时间向他们作解释，也不想向他们作解释’。”

至少，从“9·11”事件发生时期，切尼就一直没改变过。他一直坚持关注着自己早已觉察到的威胁。布什变了。虽然他的核心价值观和总体性格依旧如初，目标和以往一致，但他实现目标的方法改变了。在总统任期的后半阶段，布什对自己的判断力越来越自信，对副总统的依赖程度也越来越低。为了在他的任期之后维持共和党和民主党的两党合作基础，布什愿意对自己最具争议的反恐政策做出妥协。他对重建同盟和建立民主更感兴趣，而不是发动先发制人的战争。

赖斯正是这种转变的设计者。她说，布什并没有把这种变化视为急剧转变，而是第一个任期采取的激进措施所衍生的自然趋势。赖斯反思道：“我们曾因莽撞行事而犯下许多错误，但在当时，我们必须采取一些措施，对于盟友如此，对于中东问题更是如此。在朝鲜问题和伊朗问题上，我们必须达成国际社会的共识。我认为副总统看待问题的角度并不是这样的，我觉得他一直喜欢莽撞行事。”

布什和切尼在巨大分歧中度过了任期的最后几个月。布什仍然尊重他的二把手，虽然有时候他对切尼的所作所言有所质疑，但人们几乎没有听到过他对切尼有任何诋毁之词。切尼则似乎身心疲倦了。在身体方面，他已经历 4 次突发心脏病，第 5 次发作随时可能到来；在政治上，过去 8 年的明争暗斗已经让他耗尽心力。当这届政府要做出最后的重大外交决策之一时，切尼更显孤立无援。在讨论对叙利亚秘密核反应堆该采取何种措施的关键会议上，切尼强烈要求对叙实行空中打击。“这里有人赞成副总统的提议吗？”布什发问。没有人举手赞同。

在新总统就职前几周，正当切尼仍在游说布什特赦利比的时候，乔舒亚·博尔滕邀请了所有在世的前任白宫幕僚长到他白宫西翼的办公室，与下一任幕僚长拉姆·伊曼纽尔见面。在曾担此要职的 16 人当中，有 13 人到场。切尼由于曾担任过福特总统的白宫办公厅主任，也在被邀人员之列。他们轮流与伊曼纽尔见面，并提出工作建议。轮到切尼提建议时，他的脸上露出一丝狡黠的表情。“你不管做什么事情，”为了制造效果，他停顿了一下，然后继续说道，“都一定要控制好副总统。”

在白宫的最后一段时光里，布什才明白他并没有完全控制好自己的副总统。布什已经决定不特赦利比，现在他要委婉地把这个消息告诉这位已经被他疏远的搭档。

1 月 15 日，布什邀请切尼到椭圆形办公室外的总统专用小餐厅，最后一次共进午餐。这个习惯是他们在任期间一直保持下来的，如今，他们以同样的方式结束这一传统。在餐桌上，他们讨论了在任期间所做的一些影响历史的决定，谈到了战争与和平，谈到了生与死的问题。他们曾经依靠这样的家庭式谈话以及交流个人观点、讨论政治八卦的方式加深了联系。但这次午餐和以往截然不同。

布什告诉切尼，他不打算特赦利比，虽然这是一个艰难的决定，但他已经做出了抉择。

“你正在放弃一个在战场上负伤的好人！”切尼对总统厉声说道，语气中全然没有了对布什维持 8 年之久的尊重。

布什大吃一惊，这可能是切尼对他说过的最尖利的话，话里明显在攻击布什的自我认同感，那就是在战争时期布什对自己的军队的忠诚感。

“他的话刺伤了我，”布什后来在自传中写道，“在过去的 8 年里，我从来没看到过迪克这样，哪怕稍微类似的情形也没有发生过。让我担心的是，我们曾建立的友谊将会严重受损。”

布什确实有担心的理由。对于切尼而言，这是布什扛不住压力的最终证明。切尼认为，被批评者攻击已久的总统将不再为正义执言；媒体对布什与继任者奥巴马的平稳过渡表达了相对正面的关注，他不想损害媒体对他的这种积极评价。甚至于这可能是布什想要显示谁才是白宫“话事人”的做法。

“你要知道，‘滑板车’不是一般人，他不该坐牢，”多年以后，切尼说道，“他为这个国家服务。之前他在我手下工作，他忠实地对我们履行了义务。”他补充说，有罪判决对于利比而言是一道深刻的伤痕：“他的余生要在耻辱中度过。这是不对的。总统在他的权限内完全能修正这一错误，但他却选择袖手旁观。显然，这是我俩最大的分歧，他很清楚我对这件事的感受。”切尼暗示，总统不想承担这个责任：“我知道，如果给予利比特赦，他一定会受到人们的批评。但他最终的决定实在让我无比失望。”

被切尼的话刺伤后，布什开始怀疑自己的决定是否正确。布什曾以从不事后自我批判而著称，但此时，他开始重新考虑自己的决定。或许到头来他还是要给予利比特赦。

DAYSOFFIRE

第 1 章

布衣时代

切尼是个怎样的人？好战成性、玩弄权力的政治恶棍？是温和派，还是极端的保守主义？他 34 岁就已经是美国史上最年轻的白宫幕僚长，而布什 34 岁的时候却连自己的生活都管不好，性格如此南辕北辙的两个人后来是怎样相遇的？他们将塑造怎样的权力关系？

从瘾君子到“救世主”

当乔治·W. 布什昂首阔步地走在众议院佳能大楼的高顶走廊里时，他已经拜访了 3 名国会议员，现在他正准备去寻找拜访名单上的第 4 位众议员。那是 1987 年 6 月 17 日发生的事情。这名当届副总统的儿子正在为他父亲参选总统而四处活动，以寻求支持，或至少与国会山的共和党人建立友好关系。当天下午 3 点 30 分，他要拜访一位来自怀俄明州、行事低调的众议员，名叫迪克·切尼。

布什身材高瘦、容貌英俊，脸上总带着亲切的笑容，长相与他那位大名鼎鼎的父亲极为相似。在他 41 岁生日到来前几周，为了安心竞选，他让自己的妻子和双胞胎女儿把家搬到了华盛顿。他自称“忠诚的执行者”，职责是要确保老布什的竞选团队不断扩大，与此同时，要为老布什的利益而工作，而不是为他们自己谋取私利。

在这个过程中，他逐渐成为他父亲的代理人，他也对自己如此享受这一个新角色而惊讶不已。这样的家族事业已经深入他的血脉当中，虽然他远没有父亲那么圆滑，也没有新英格兰人那种炉火纯青的感悟力。有人称他为“小布什”，但实际上他的资历并不浅，生活也更接近权力的边缘。美国总统竞选编年史作者理查德·本·克莱默这样评价布什：“他就像是布什家族的一匹黑马。他是兄弟几个里面最酷似父亲、但又最未经雕琢的璞玉。”

在性情方面，他准备拜访的人与他刚好相反。作为前任白宫办公厅主任的切尼，此时已经连续担任了五届国会议员。他与布什相比，一个沉默寡言，一个口若悬河；一个恬淡寡欲，一个善于表现。切尼说完他不得不说的话后，就不会多说一个字。别人在沉默的环境中会感到不安，但切尼却在沉默中自得其乐。“他并不是那种能活跃气氛的人。”丹尼斯·哈斯泰特是这样评价切尼的。哈斯泰特曾与切尼在众议院共事，并在随后成为众议院议长。切尼的妻子琳恩认为，理解切尼的最好方式，就是要记住他非常痴迷飞钓：他可以站在那里，几小时不发出任何声响，同时不断地投掷鱼线，等待鱼儿上钩。“这种运动不适合没有耐心的人，”琳恩说道，“肯定更不适合于喜欢喋喋不休的人。”切尼拒绝和他的朋友肯尼斯·阿德尔曼一起去钓鱼，因为“他话太多了”。在 46 岁的时候，切尼晋升为众议院共和党协商会议主席，这一职位排在共和党领导层第三位。他希望有一天能成为众议院议长。

在未来的岁月里，无论是布什还是切尼，都不会记得他们第一次见面的时间。在共和党初选之前的那个夏天，很可能就是他们首次碰面的时间。在以布什父亲为核心的共和党竞选中，切尼并不想选择立场。正如切尼后来所说，对于一位想在领导层不断升迁的众议员来说，支持某一位总统候选人的做法终将“自寻烦恼”。的确，切尼保持中立的做法，会在他和他的朋友兼导师唐纳德·拉姆斯菲尔德之间造成多年的不和，因拉姆斯菲尔德本人曾考虑过竞选总统。但切尼却与布什很投契。“他和布什简直是一见如故。”韦恩·伯曼回忆说。伯曼曾担任总统大选的国会关系主任，正是他安排了布什与切尼的会面。

伯曼后来成为华盛顿最有分量的政治说客之一，并加入了共和党资金募集者的行列，他与布什和切尼两人的关系都非常密切。他为布什和切尼募集了数百万的竞选资金，为竞选造势，并邀请他们到自己家里共进晚餐；他的妻子丽娅·伯曼后来供职于白宫，先是为切尼的妻子工作，然后又为布什的妻子工作。但是，就连韦恩·伯曼也无法想象，那个夏天午后的一次礼节性拜访，使这两个初次相识的人造就了怎样的未来。多年以后，伯曼回忆道：“那时候，布什是一个非常有趣的家伙，稍微缺乏自信，脾气也有点不好。他对华盛顿的一切都抱着极大的怀疑态度，我觉得他一直保持着这点特质。此外，他对他父亲周围的许多人也持有怀疑态度。”至于切尼，他比布什更习惯于华盛顿的人和事，但是也保持着适当的距离。只有妻子和两个女儿陪伴身边的时候，他才真正地感到自在。伯曼说：“切尼有三个

‘红颜知己’，她们都姓‘切尼’，其中一个跟他是婚姻关系，另外两个则是血缘关系。”他对朋友毫无戒心，“但如果他告诉了你某些事情，而这件事情却被泄露出去的话，那他就会怀疑是你泄露的，你就没有第二次机会得到他的信任了。你们的关系就此完蛋”。

那时候，布什还没有担任公职，在成为政治家的路上，他还有待进步。在拜访白宫西翼的那些天里，他走进那些认识的政府官员办公室，“扑通”一声坐到沙发上，把穿着牛仔靴的双脚搁到茶几上。里根曾见过老布什的几个孩子，他认为，如果说这几个孩子当中谁的政治前途最光明的话，非布什的弟弟杰布莫属。有一次，他们的弟弟马文对所有兄弟姐妹都分别作了评价，说到布什时，他说：“乔治？乔治简直就是家里的小丑。”

事实的确如此。当他们的父亲当选总统后，布什参加了一次接待英国女王伊丽莎白二世的国宴。在宴会上，布什撩起裤脚，向女王展示他的牛仔靴，并自豪地宣称自己是家族的害群之马。他还问女王：“你们家里也有败家子吗？”布什的爷爷和父亲都曾取得非凡的成就，而他作为儿孙辈，必须要有意识地采取防御机制，降低人们对他的期望值，这也不失为一种以退为进的策略。多年以后，在一次关于伊拉克问题的电话会议上，布什向一位将军吐露心声：“在这种事情上面，最好还是降低人们的期望，当你做的事情超出人们的期望时，他们会感到非常惊喜。”他还补充道：“每当有人告诉我‘那个狗娘养的惊讶得连一句话都说不上来’时，我就感觉棒极了。”

布什遇到切尼之前不到一年，人到中年的他，生活的轨迹刚经过一次彻底的修正。布什常被人们称为“酗酒如命的人”，虽然他从来不接受这个说法，但在40岁生日过后，他还是下定决心戒酒了。这一决定彻底改变了他的人生观，表明了布什开始从他人立场考虑问题，并显示出坚定的决心。克服了自身弱点的布什，每当遇到瘾君子时，都会停下手头的工作。布什的前任助理郭大卫说道：“他会立刻改变说话的语调，双手扶住那人的肩膀，注视着对方。以往那种趾高气扬的姿态消失了，取而代之的是更温和而真挚的关怀。”与此同时，果断戒烟背后铁一般的自律性将塑造椭圆形办公室“义无反顾”的处事手段。在面对一些会令其他总统纠结不已的危机时，布什会执著地重新审视自己的决定，并始终保持着一种不屈不挠的积极乐观心态。

他的这种转变所带来的强烈的理想主义色彩，成为他功过难定的总统生涯的一大标志。在某种程度上，他认为上天拯救了他，是为了让他去成就伟大的事业。他承诺变革的热情激励着支持者们，但其以救世主自居的态度也让批评者们惊愕不已。布什最喜欢的一本书，是获得普利策奖的传记小说《乌鸦》(*The Raven*)，该书描述了山姆·休斯敦从酒鬼到得克萨斯共和国总统的传奇人生。该书作者马奎斯·詹姆斯这样描述休斯敦："他的第一个念头和一直以来的想法，都是要弥补年轻时所犯下的过错，他想有所作为，他要夺取整个帝国。"

切尼从未这样心存高远。对于切尼的性格，作家托德·帕德姆的评论非常到位："他是一个从不抱怨、从不向人辩解的政治家。那些了解他的年轻一代官员和记者，会从他身上看到父辈的影子。"切尼经历了 5 次心脏病发作，第一次是在他 37 岁的时候。他的果敢坚毅很少为人所知，正是这样的性格，让他在处理事情时心无旁骛，不管他人感受如何，直到把事情做好为止。他的女儿莉兹是这样评价父亲的："我想，心脏病给了他一种不安的感觉，让他觉得人生苦短，在还能去做一些事情的时候，要抓紧时间完成。"切尼知道自己随时可能会离开这个世界，于是他用冷峻的眼光来评估保卫国家民众生命所需要的手段；对于那些令其他人退避三舍的策略，他也会毫不迟疑地采用。

特伦特·洛特曾在众议院与切尼共事，他后来成了参议院多数党领袖。有一次他和切尼一起到怀俄明州的杰克逊度假庄园滑雪，这位未来的副总统在那里有一个度假屋。洛特带了一套华丽的滑雪装备和一件红色外套，而当切尼从电梯里走出来的时候，下身穿着牛仔裤，脖子上围着一条红色围巾，上身穿着一件破旧的夹克衫，"看起来就像 1945 年的水手才会穿的衣服"。洛特回忆道："当他们开始滑雪后，在接下来的两英里（1 英里约合 1.61 千米）中，我看到的只有那条红色围巾在迎风飞舞，而我只敢屁股着地，坐着滑下雪道。他出现在你面前毫不起眼，没有花里胡哨的装备，而一旦滑下赛道的时候，却像一个野人般狂野。我觉得这才是真正的迪克·切尼。我只是装备看起来很好，但他却是滑雪滑得很好。"

在切尼的政治基因中，没有一般政客那种沽名钓誉的因子，几十年来他一直保持着这种作风，但他在政治生涯的末期晚节不保，自贬在公众心目中的形象。曾在国会和五角大楼为切尼工作过的皮特·威廉姆斯说道："多年以前，当普通人脑海里满是日常小事、明星和流行文化时，切尼就把这些东西拒之门外，取而代之的是国内生产总值、除暴安良之类的东西，从本质上来看，他是一个非常严肃的人。”由于切尼从耶鲁大学中途退学，他并没有成为精英俱乐部的一员，因此也没有受到精英观念的约束。威廉姆斯接着说：“他没有穿过代表耶鲁的蓝色球衣，也没有耶鲁徽章，更没有代表着耶鲁的腰带和紫色长裤之类的东西，在他的观念中，根本不在乎什么‘常青藤联盟’，也不在乎什么大城市和预科学校。他的高中学业是在一所公立学校完成的。因此我认为，那意味着他是靠自力更生才取得现在这样的成就，这样的人生经历也赋予了他极大的自信。这种自信体现在许多方面，最重要的一个方面是自信解放了他，让他凭良心行事。他无需偿还欠债，也无需为琐事奔波。就算他特立独行，也无需担心受人排斥。他只需要有自知之明并量力而行就够了。”

世家崛起的武器：石油与参政

布什和切尼的年纪只相差 5 岁半，但两人的世界却截然不同。布什于 1946 年 7 月 6 日出生在康涅狄格州纽黑文市，他的家族与耶鲁大学渊源颇深。他们的祖先是乘着“五月花”号来到美洲的。布什的母亲原名芭芭拉·皮尔斯，是富兰克林·皮尔斯总统的远房表亲；根据学者的研究发现，他的父亲乔治·H.W. 布什与 15 位美国总统和英国皇室都有着血缘关系；他的祖辈与洛克菲勒家族、塔夫脱家族、卢斯家族、格雷厄姆家族、哈里曼家族、罗杰家族、富尔布莱特家族和肯尼迪家族有着相同的发展轨迹。切尼于 1941 年 1 月 30 日出生在内布拉斯加州林肯市。他的父母是新政民主党人，他们经历了大萧条时代，并为自己的长子在罗斯福生日那天诞生而倍感自豪。他的祖父母在那场经济危机中变得一贫如洗，只留下一幢房子。他的父亲理查德·赫伯特·切尼从大学辍学后，在美国农业部水土保持局工作了几十年，专门教农民如何轮栽农作物；他的母亲玛乔丽·迪基曾在内布拉斯加州的锡拉丘兹市家族经营的“迪基咖啡厅”当服务生，直到遇见了年轻的公务员理查德·赫伯特·切尼。在成长的不同阶段中，迪克曾在叔叔的农场和父母朋友的地下室住过。

虽然出身背景完全不同，但这两位未来的搭档却有着相似的成长轨迹。布什的父母放弃了美国东部安逸的生活，搬到了当时非常贫瘠的得克萨斯油田，而切尼一家则去开垦怀俄明州的边疆。“从某种程度上来说，西得州与怀俄明州的卡斯帕市无论是城市风貌还是给人的感觉，都有着一定的相似度，”曾与切尼共事多年的迪恩 · 麦格拉思这样评价道，“西部的人常说自己的家乡幅员辽阔，而东海岸的人就很少谈到这点。”在西部人民从小所接受的教育中，他们对于美国的民族精神有着独特的见解，而且与主导国计民生的东部海岸的观念毫无关联。正如麦格拉思所言，“他们都有点保守，崇尚自由市场和自由贸易，而且有着强烈的社会价值观”。

怀旧感笼罩着这些地方，给布什和切尼的出身增添了浪漫的色彩。他们的朋友也用类似的语言来形容这些地方，例如“夜不闭户”“孩子们以打棒球为乐”“每个人都知道其他人在从事什么工作”。在布什的毕生挚友乔 · 奥尼尔的记忆中，米德兰市是一个“有点‘梅伯里’（Mayberry，美国情景喜剧中的虚构社区，民风淳朴。——译者注）风格的小镇”；切尼的高中好友乔 · 迈耶则形容卡斯帕市像《欢乐时光》（*Happy Days*，1974 ~ 1984 年在美国放映的一部情景喜剧，描绘了 20 世纪五六十年代的完美生活。——译者注）里的城市。这两个正在崛起的城市有着充足的石油储量，吸引着众多企业家前去淘金。米德兰处于二叠纪盆地的中心地带，在 20 世纪 50 年代出产了占美国总产量近 20% 的石油；卡斯帕市则被称为洛基山脉的石油中心。这两个城市形成于 19 世纪 80 年代，居民人数在 20 世纪 50 年代达 2 万人。自 20 世纪 20 年代以来，卡斯帕的城市规模扩大了一倍；自 20 世纪 30 年代以来，米德兰的城市规模扩大到了原来的 4 倍，并在随后的 10 年中再次以 3 倍的速度扩张。当布什家在米德兰买下第一间房子的时候，已经有 215 家石油公司在该市设立了办事处。这两个城镇都非常干旱：米德兰地势平坦、土壤呈棕褐色，易于生长风滚草和产生沙尘暴；卡斯帕则显得更葱郁一些，它坐落于山脚边，海拔与丹佛差不多一样高。

毋庸置疑，布什家族财力雄厚，但家族传统规定他们每一代人都要自食其力。布什的祖父普雷斯科特 · 布什（简称“普雷斯”）拒绝继承他父亲的遗产，他致力于为美国早期的标志性企业召集投资者，这些企业包括哥伦比亚广播公司、保诚公司以及泛美航空公司。他帮助德莱赛工业公司进行重组和上市，而该公司的掌舵者正是他在耶鲁大学时认识的朋友尼尔 · 马龙。布什的父亲乔治 · H.W. 布什曾是“二战”中最年轻的现役海军飞行员，也是耶鲁大学的棒球明星，他于 1948 年前往得克萨斯州开拓自己的事业，但这并不是说家庭关系没有在老布什的事业中起到作用。正是马龙安排他在德莱赛公司的敖德萨分公司工作，但老布什必须从设备员的岗位干起。对于普通家庭而言，这是一种不稳定的艰难生活，而布什家在这样的状态下生活多年，直到石油行业兴起才开始改善。布什家在敖德萨安顿了下来，租了一间两居室的复式公寓，要与隔壁的一对母女娼妓共用一个浴室。随后，老布什被调到加利福尼亚州工作一年，全家也在不断的辗转中搬了 5 次家。1950 年，他们又回到了得克萨斯州，这次是到米德兰市。与此同时，普雷斯在同年开始竞选康涅狄格州的参议员，开启了他的政治生涯。在选举过程中，有一篇错误的新闻报道称普雷斯领导着一个计划生育宣传团体，这让他以微小的弱势落败。这个经历恶化了布什家族对媒体的看法。1952 年，普雷斯再次参选，这次他终于赢得了选举。在华盛顿，他成为艾森豪威尔的朋友和高尔夫球友，与约瑟夫·麦卡锡针锋相对；他协助起草州际公路法案，并为注重商业和民权的温和派共和党员披荆斩棘。普雷斯个性严厉，他坚持要自己的孙子在吃晚饭的时候穿西装、打领带，并且只能叫他“参议员”，而不是“爷爷”。

在米德兰市，乔治·H.W. 布什一家不断地换房子，每当他手头宽裕一点时，就把现有的房子卖掉，换一个更好的。他们居住时间最长的房子，是位于俄亥俄大街的一栋带有松木墙的单层舒适小洋房，这是老布什在 1951 年花 9 000 美元购买的。它有三个卧室、一个不带花洒的浴室，有壁挂式取暖器，但没有空调。这房子看起来根本不像未来两位总统居住的地方，从内部装修来看，与布什后来在缅因州肯尼邦克波特市买的家庭海滨别墅的一间耳房倒是非常相似。

对于乔吉（布什小时候的昵称）而言，生活是无忧无虑的，他整天与自行车和棒球为伴。他的父亲在写给朋友的信中说：“乔吉总是穿着牛仔服。”由于父亲经常要出差，乔吉与母亲的关系更亲近。那时他非常调皮。有一次，他偷了妈妈的一包香烟，在学校的过道里抽烟，被橄榄球教练逮个正着；还有一次，他用墨笔在自己的脸上画了胡须，被校长用板子打了三下。在 14 岁时，他把家里的汽车弄坏了两次。老布什在 1955 年写给岳父的信中说道：“乔吉有时候让我气得不行（我肯定也让他气得不行），但有时候我又为他自豪得要命。”

乔吉“童年最难忘的记忆”发生在他 7 岁的时候。他的妹妹罗宾患了白血病，父母把她带到纽约医治，但最终还是没能挽救她的生命。没人告诉乔吉这件事，所以当某天他拿着一台留声机、沿着山姆·休斯敦小学的人行连廊走向校长办公室的时候，他喜出望外地发现父母的奥尔兹莫比尔牌汽车停在砾石车道旁，他觉得从车后窗可以看到罗宾的小脑袋。“我爸爸妈妈和妹妹回家了，”他告诉一位老师，“我可以去见他们吗？”但当他走到汽车旁边时，罗宾不在车里，妈妈低声说：“她去世了。”

对于像他这个年纪的小男孩而言，要承受这种失去亲人的痛苦是一件非常困难的事情。他问母亲：“为什么你之前不告诉我？”父亲随后重新回到生意场上，而杰布年纪又太小，不知道发生了什么事情，乔吉开始集中精力帮助满怀悲伤的妈妈。每当他的小伙伴来找他玩时，他会说：“我不能去你那儿玩，因为我要跟妈妈一起玩，她很孤单。”芭芭拉无意中听到了儿子这番话，她后来说道：“那句话开始治愈我内心的伤痛，我意识到，对于一个 7 岁的小男孩而言，我给他的负担太重了。”她逐渐走出了丧女的悲伤，后来又生了 3 个孩子，分别是尼尔、马文和多萝西。

在离布什家以北近 800 英里远的地方，迪克·切尼也度过了与布什相类似的童年，但没有经历布什那样的不幸。他童年阶段的头几年光阴是在内布拉斯加度过的，听着收音机里放的《独行侠》（*The Lone Ranger*）歌曲、参加少年棒球联合会的比赛、加入童子军。他们经常搬家，最终在一个 800 平方英尺（1 英尺约合 0.3 米）的房子里安顿下来，迪克要跟他的弟弟鲍勃住同一间卧室。迪克到了 8 岁的时候，父母才买了第一辆车，但这辆车是已经被开了 12 年的不带后座的别克双门轿车，兄弟俩不得不坐在汽车驾驶室底板的大盒子里。1954 年，他的父亲被公司调到了卡斯帕市，并花了 15 000 美元在城东一个叫“得州之地”的地方买了一间小房子。从房子的窗户望出去，是一望无际的大草原。皮特·威廉姆斯回忆道：“切尼的父亲有一种自嘲式的幽默感，但平时话语不多。”乔·迈耶则评价说：“他的母亲才是家里最突出的人，她精力旺盛、才智过人。”

迪克开始学习钓鱼和打猎，后来这些成为他终生的嗜好。他和朋友喜欢用点 22 口径的步枪来猎杀长耳大野兔，然后把猎物交给母亲烹饪，当做上学吃的便当。年纪稍长后，他们常去看 10 美分一场的电影，没事就在小城里闲逛。当年与切尼家相隔一个街区的伯尼·西鲍姆回忆道：“在小城的一头，是‘艾德熊’（A&W）快餐厅，另一头是一家免下车快餐店。只需花 50 美分的汽油，你就能开着车，整夜地在这两头来回穿行，看这附近有哪些人也在开车转悠。”与布什一样，年少的迪克偶尔也会惹麻烦。有一次，他和一位朋友朝过往的汽车扔雪球，砸中了一名开着车窗的司机，结果被扭送警察局。虽然迪克曾上过内布拉斯加州的中小学优秀学生榜，但他不受卡斯帕市学校老师的待见。一位老师抱怨迪克“愚蠢地浪费了太多的时间”，并在给迪克的评语中写道“他要克服自以为是的态度”。他和朋友们经常一起玩扑克、抽烟，时不时还偷一瓶啤酒喝。西鲍姆说：“那时候我们觉得自己挺了不起的。”

在纳特罗纳县高中，迪克成为学校橄榄球队的中后卫明星球员，并引起了琳恩·文森特的注意。琳恩学习成绩优秀，而且还是怀俄明州军乐队指挥比赛的冠军。当迪克鼓起勇气约琳恩出去玩时，她不禁惊叫：“你在开玩笑吧！”但她这样说并不是因为不想跟迪克约会，而是太惊喜了。很快，两人成为校园里最令人艳羡的一对情侣，一个是高年级的学生会主席，另一个是学校橄榄球队的副队长。在返校节舞会上，他们被加冕为皇后和国王。那是一段单纯美好的生活，在迪克的记忆中，那段日子“就像一部经典的 20 世纪 50 年代电影”。迪克还利用业余时间打工，例如派送报纸、修剪草坪，甚至还在牛仔竞技场工作过。“我们当时并不觉得自己很穷，也没有错过那个年纪该做的事情。”迪克的一位老友米克·麦克莫里如是说。

“电线工”与“小混混”

布什和切尼的人生之路差点在康涅狄格州的纽黑文交汇。切尼离开耶鲁大学两年后，布什就进入了耶鲁。他们两人都不太喜欢那地方，在某些方面，大学校园生活造就了他们后来对东部权势集团一直抱持的观点。

1959 年，切尼告别琳恩、父母、弟弟鲍勃和妹妹苏珊，与朋友汤姆·菲克一起坐火车横跨整个美国。他和菲克关系密切。在高中时，他俩一起和女孩约会，一起打橄榄球，一起喜欢上拳击，还花了好几个星期学习如何“把对方打得满地找牙”。两人都曾在托马斯·斯特鲁克的帮助下获得过奖学金，而斯特鲁克正是老布什的同学，前者在卡斯帕开了一家石油公司，琳恩也在这家公司担任兼职秘书。

这是切尼人生头一回去往芝加哥以东的地方。他们一下火车，就感觉进入了“说另外一种语言的”外国。切尼习惯了西部的广天阔地，以及西部人说话时四目交汇的真挚情感；更重要的是，他开始意识到自己在学业上还没有做好充分的准备。菲克回忆道：“在家乡那个小地方，我们可算是鹤立鸡群，但现在却突然被扔进耶鲁这个藏龙卧虎的地方，这里到处都是读过 5 年，甚至 6 年预科的人，我们在这里简直举步维艰。”现实让他们感到震惊，“18 岁之前，我们事事如意，但这次看来要夹着尾巴回家了”。

除此之外，和许多年轻人一样，切尼认为“生活离不开啤酒”。大学系主任在写给切尼父母的信中提到：“迪克结交了一群很爱喝酒的年轻人。”大一结束后，他的学习成绩很差，于是学校中断了他的奖学金。大二上学期，他只能通过向学校贷款来完成课程，但之后学校甚至连贷款也不愿提供给他了，还要他休学一年。他回到怀俄明州，到电力公司做时薪只有 3.1 美元的架线工，直到 1962 年春季学期才返回耶鲁，但又一次因成绩不佳被勒令退学，他只好又回去做架线工。业余时间，他的最大嗜好仍是杯中之物。1962 年 10 月，他因醉驾被捕，又在 1963 年 6 月重蹈覆辙。当他第二次坐牢时，他在狱中照料一个醉汉，猛然想起此时正是他在耶鲁的同学快要毕业的时候。更糟的是，琳恩开始动摇了。切尼说道：“她终于明确地跟我提出，她不想嫁给一个拉电线的架线工。”他开始有条理地安排自己的生活，报名参加了社区大学，然后转到怀俄明大学继续完成学业。1964 年 8 月，切尼和琳恩结婚了，但他随后生病了，只好把度蜜月的钱用来治病。

布什追随祖父和父亲的足迹，于 1964 年秋考进耶鲁。此前，他家从米德兰市搬到了休斯敦，他就读于当地的金凯德私立学校；15 岁时，他又前往马萨诸塞州安多弗市的菲利普书院就读。布什后来说：“安多弗很冷，又很偏僻，生活很不舒适。”和切尼一样，布什在学业上不得要领，又与当地文化格格不入。一次，在写一篇关于罗宾去世的文章时，他想用一个比“眼泪”(tear) 更好的同义词，于是在查了字典之后，他写道：“‘撕裂’(lacerate，tear 作动词时有“撕裂”的意思，与 lacerate 是同义词。——译者注）从我的脸颊划过。”被老师打了一个大大的零分。从此以后，他致力于对人性的研究，成为学校棒球队的拉拉队长，并组织了一个棍子球联盟，自我任命为联盟主席。他给自己起了个绰号叫“特威兹 · 布什 (Tweeds Bush)”，这个外号是为了调侃 19 世纪的腐败政客“特威兹老大”(Boss Tweeds)，同时，他还给团队的成员起外号，如“烂裤裆”(Crotch Rots) 和“蛋蛋”(Nads) 等。

在比赛中布什会大喊："蛋蛋快冲啊！"同学们则因为他口无遮拦给他起了个"大嘴巴"（Lip）的外号。

布什在耶鲁的境遇也与在高中时差不多。无论在学业上还是在运动天赋方面，他都不及父亲，他更喜欢广交朋友，社交技巧也不断得到提升，这后来被证明是他能在政坛崛起的关键因素。他认识耶鲁大学兄弟会的全部 50 个担保人。他把身边这些资源视为自己的智库，但随后，他与这些资源的联系被切断了。

1964 年，布什的父亲在得克萨斯州开始了政治生涯，在与州参议员拉尔夫·亚伯洛的竞争中，老布什败下阵来。布什回家见证了父亲的大选之夜，并为竞选结果哭泣不已。重回耶鲁之后，他偶遇了大学牧师威廉·斯隆·科芬。科芬告诉他："我认识你父亲，他败给了一个更优秀的人。"这话让布什崩溃了。当"越战"进入白热化阶段时，大学校园逐渐变成了激进主义者的舞台，布什游离于这一切之外。乔·奥尼尔说："在耶鲁时，他总是不得其所，他在那里感到非常不自在。"

和切尼一样，布什在耶鲁的课外活动更为人们所熟知。有一次，他和兄弟会的那帮哥们儿喝了啤酒之后，趁着酒劲从当地的一家酒店偷了一个圣诞花环出来，被警察以妨害治安的罪名逮捕，但后来警方撤销了对他们的指控。当耶鲁大学在橄榄球比赛中击败普林斯顿大学时，布什带着一群人冲进新泽西球场，把球门柱给推倒了。警察发现布什坐在球门的横梁上，把他拽下来塞进巡逻车里。此时，布什的耶鲁朋友开始摇晃警察的巡逻车，大声喊道："放了布什！"警察最终还是放了他，转而勒令他永远不能再踏进普林斯顿校园一步。

当布什像祖父和父亲一样选择加入骷髅会这个秘密社团时，他的态度是摇摆不定的。别人问他想在骷髅会里取个什么绰号，他想了半天没想出来，于是随手写了个"待定"，后来这成为他在骷髅会中的绰号。骷髅会的成员都是"好人"，这成为布什终身铭记的誓言。不过，他还是觉得在耶鲁大学兄弟会中自在些。他已经被推选为兄弟会会长，与其他学生建立了紧密的关系。据后来成为著名律师的民主党人兰尼·戴维斯回忆，有一次一位被大家认为是同性恋的同学在校园里经过，有人在他背后说了些刻薄的话，布什叫这个说风凉话的人闭嘴，并对他说："为什么你不能从那人的立场出发，考虑下他的感受呢？"

与切尼不同，布什 1968 年从耶鲁大学毕业，但毕业成绩只得了个“C”。数十年来，人们因为这个毕业分数而质疑他的智商。布什在安多弗和耶鲁大学的同学杰克·莫里森说道：“我和他做了六七年同学，他是个非常聪明的人。他不是哲学家，不会每天晚上睡觉前阅读柏拉图的著作，但他确实很聪明。”从那时起，布什就一直通过自贬来降低人们对他的期望值。2001 年，当布什重返耶鲁校园发表毕业典礼演讲时，他调侃自己和切尼在耶鲁的求学经历：“如果你从耶鲁大学毕业了，你将来就能当上总统；如果你半路退学，将来就能当上副总统。”

从耶鲁毕业后的几年时光，被布什称为“流浪”时期。在大学暑假期间和毕业以后，他干了多份工作，但一直没有真正找到事业的方向。他曾在路易斯安那州的钻井平台上打过工，也在证券交易所工作过，还在西尔斯·罗巴克零售店卖过体育用品，甚至在亚利桑那州的一座畜牧场养过牛。此外，他在几次政治竞选活动中帮人打过下手，并在休斯敦的一个扶贫项目中辅导过家境困难的少年。

1966 年，老布什在国会众议院赢得了一个席位。在父亲的巨大期望下，布什感受到了压力。后来，由得克萨斯州众议院议长出面，亲自给得克萨斯空军国民警卫队司令打了个电话，安排布什进入警卫队。于是布什和他父亲一样，成了战斗机飞行员。不同的是，老布什曾在“二战”中加入战斗，而布什在“越战”中只能待在美国本土，即使这样，还有人质疑他多久到岗报到一次。布什在米德兰的终生挚友查理·杨格说：“据我猜测，他可能想看看自己是否能达到父亲的期望。当然，我不想用‘期望’这个词，因为我认为他父亲从来没有把诸如此类的‘期望’强加在他身上。不过在他的内心，他很想实现父亲那样的成就。”在大学时，布什曾与一名来自休斯敦的女生谈恋爱，到了快要结婚的时候突然解除了婚约，可见他当时只是玩玩看。

1970 年，虽然老布什在参议员席位的竞选中再次落败，但布什在帮助父亲参选的过程中，结识了时任总统的千金特里西娅·尼克松，并得到了与她约会的机会。那天，布什开着一辆紫色的“小精灵”轿车，紧张地出现在白宫前，准备邀请总统千金外出约会。“我们要去共进晚餐，”他后来说道，“那次的约会时间不长。”

布什父子间微妙的紧张关系终于在 1972 年的圣诞节前后爆发了。当时，布什把他 16 岁的弟弟马文带出去喝酒，在开车回家的途中，他撞倒了邻居家的垃圾桶，还拖着它开了整个街区，弄出很大的噪音。老布什让杰布把布什带到他的书房。

“听说你在找我，”布什醉醺醺地大声说道，“你想就在这里单挑吗？”

为了缓和此时紧张的气氛，杰布赶紧告诉父亲，布什已经被哈佛商学院录取了。

老布什的情绪缓和了一点，问布什愿不愿意去读书。

“不！”布什说，“我不去，我报考哈佛商学院，只是为了证明给你看我考得上！”

那时，切尼成为美国当代历史上权力上升最快的人之一。从怀俄明大学毕业后，他先是在州立法院实习了一段时间，然后赢得了威斯康星州州长沃伦·诺尔斯实习助理的职位。他和琳恩驾驶着那辆 1965 年产的黑色大众甲壳虫车，从怀俄明州一路开到麦迪逊市。琳恩考进了威斯康星大学，攻读博士学位；切尼在 1966 年获得硕士学位后就一直在工作，没有继续深造。一个月后，他们的第一个女儿诞生了，取名为伊丽莎白，小名莉兹。切尼这时候开始攻读博士学位，他和琳恩计划将来当大学教授。随着“越战”逐步升级，他的学术研究工作、婚姻和身为父亲的责任使他五度推迟了服役的时间。当后来有人质问他这一点时，他淡然答道：“在 20 世纪 60 年代的时候，我有比服兵役更重要的事情要做。”

1968 年，有人向切尼提供了在华盛顿做研究员的机会，于是他把手头的研究工作放在一边，径直前往首都。在岗前培训课上，他见到了一位令他印象深刻的共和党议员，名叫唐纳德·拉姆斯菲尔德。他找机会与拉姆斯菲尔德面谈了一次，但两人不欢而散。“很明显，我们俩合不来，”切尼说道，“他以为我只不过是个书呆子，而我认为他是个心高气傲的年轻议员。或许我们俩的看法都是正确的。”切尼于是转而为另一位共和党议员威廉·斯泰格效力。

翌年，切尼家里又增添了一位新成员，他的女儿玛丽降生了。拉姆斯菲尔德被尼克松总统邀请担任经济机会办公室主任，负责监督扶贫项目的实施。切尼自告奋勇，写了一份 12 页的提案备忘录给拉姆斯菲尔德。拉姆斯菲尔德把切尼叫到办公室，态度仍然很粗鲁，但这次见面的结果却与上次不一样。

“你！”拉姆斯菲尔德头也不抬地朝切尼吼道，“你从现在开始负责国会关系工作。事情说完了，滚出我的办公室！”

在随后联邦调查局对切尼的背景调查中，发现他曾因醉驾被捕，而他本人早已向公众透露过这件事情。在谈到拉姆斯菲尔德时，切尼说道：“他还是站在我这一边，我永远不会忘记这一点。”

两人的友好关系从此开始，并持续了数十年之久。事实证明，这段关系不但对他们本人，也对整个国家有着极其重要的意义。当拉姆斯菲尔德接手“生活费用委员会”时，切尼站在他这边，与他一起抑制通货膨胀。切尼干过的这两项工作让他背上了政府干预经济的恶名，并且使这位新政民主党人的儿子变成了一名保守派共和党人。当拉姆斯菲尔德被派往欧洲任美国常驻北约组织代表时，切尼去了一家名为“布雷迪 - 伍兹”的咨询公司工作。不过，这样的状况并没有持续太久。1974 年 8 月，当尼克松正准备辞职时，切尼接到了拉姆斯菲尔德秘书打来的电话，告诉他第二天在机场与前上司见面。新总统杰拉德·福特需要拉姆斯菲尔德，而拉姆斯菲尔德需要切尼。

史上最年轻的白宫幕僚长

虽然布什很不耐烦地告诉父亲他不愿意去哈佛上学，但最终还是在 1973 年秋天前往哈佛商学院报到了。当他坐出租车到达学校时，司机对他说：“你到达资本主义的‘西点军校’了。”跟耶鲁大学一样，对于保守的得克萨斯人来说，哈佛也是一个令人恼火的地方，尤其在老布什刚升任共和党全国委员会主席之际，发生了“水门事件”。2 000 名学生在哈佛广场挥舞着旗帜，跳着蛇行舞，庆祝尼克松下台。据布什的阿姨南希·埃利斯所说，在“水门事件”期间，布什度过了一段难熬的时光。埃利斯当时就住在哈佛附近，布什逃离校园时，经常跑到她家里待着。

布什对哈佛抱有一种叛逆心态。在哈佛这座崇尚温文尔雅的精英学府中，布什却桀骜不驯地穿着一双牛仔靴、身上套着国民警卫队飞行员夹克衫四处招摇，还在课堂上把香烟吐到水杯里。后来，他形容哈佛是一个“令人身心恐惧”的地方。但布什的母亲却认为哈佛“系统地培养了”她儿子。在她看来，哈佛求学的经历“对他而言是一个巨大的转折点”，他第一次在这里领悟到自己的志向所在。有一次，导师向学生们定了一项任务，要他们研究参议员特德·肯尼迪办公室的文件流转过程，许多学生都不愿意接受这项任务。导师告诉他们不要过于排斥政治，他说："终有一天，你们当中一人可担总统大任。"听到这话，坐在教室后排的布什咧嘴一笑，淘气地把双臂伸向空中，亮出一个尼克松式的"V"字胜利手势。

对于即将发生在老布什身上的事情，在布什看来是极其荒唐的。福特曾考虑提名老布什和拉姆斯菲尔德为副总统，但最终却选定了纽约州前任州长纳尔逊·奥尔德里奇·洛克菲勒。拉姆斯菲尔德出任白宫幕僚长，他邀请切尼担任副幕僚长。切尼当时只有33岁，他还没有见过新总统，却在协助后者治理国家。后来他说道："其实，正是拉姆斯菲尔德对我的好感，让我遭受一些人的攻击。"福特对这位年轻人印象深刻，认为他是一个"务实、善于处理问题的人"，他能"每天连续工作18个小时"，并且"对我绝对忠诚"。后来，人们说切尼好战成性，其实他和其他人一样对"越战"反感。1975年4月，当越南民主共和国军队逼近西贡、准备采取最后的军事行动时，福特总统飞赴新奥尔良，宣布"对美国而言，越南战争已经结束"，从此美国对越南局势不再过问。在返回华盛顿的途中，"空军一号"上的所有人都有一种解脱的感觉，甚至有人欢呼雀跃。切尼举起酒杯，提议大家一饮而尽，他高声喊道："去他妈的战争！"

切尼低调随和的举止，掩盖了他强烈的保守主义观点，这种观点常使他与诸如洛克菲勒和亨利·基辛格这样的温和派领导人政见不合。切尼曾抨击总统的资深顾问罗伯特·哈特曼，说他"在某种程度上拥有福特或拉姆斯菲尔德的权利，就此而言，他就像成吉思汗"。切尼对国际关系的缓和持有怀疑态度。他敦促福特与对苏联持不同政见者亚历山大·索尔仁尼琴会面，但由于基辛格提出"不要破坏现状"的建议，此事最终没有成功。在反对洛克菲勒的激进派政府意见方面，切尼倒是做得非常成功，他在多年以后说道："他对我没有太多好感，因为他总想做某些事情，或者认为一些事情应该按他的思路去做，而我却是他的绊脚石，因为所有事情都必须由我经手。他很不喜欢那些通过政策辩论而得出的结论。"切尼还认为，在白宫顾问开会的时候，副总统不应该出席会议，因为那样会不利于顾问们进行讨论。

新的大选年，对于福特而言异常艰难，因为他要面对来自右翼领导人里根的挑战。切尼和拉姆斯菲尔德此时认为白宫的机制是不健康的，他们起草了一份言辞尖锐的 26 页备忘录，要求福特总统停止官僚做派，要“拿出总统的样子”，并且“当众炒掉几个人”。为了以身作则，他们自己也提出了辞职。他们在备忘录中写道：“我们所遇到的大部分问题，源于哈特曼、副总统或者基辛格。”切尼和拉姆斯菲尔德认为，哈特曼“似乎根本无法与他人良好合作”。哈特曼也没有把切尼和拉姆斯菲尔德放在眼里，称他们为“古罗马执政官”（the Praetorians），并在自己的著述中写道，切尼“最与众不同的特征，就是他那双如毒蛇般冷酷无情的双眼”。在一次又一次地与切尼明争暗斗之后，哈特曼承认：“我永远不会再相信切尼了。”

福特没有接受切尼和拉姆斯菲尔德的辞呈，开始对团队进行大手术。首先，他除去基辛格“国家安全顾问”这第二个头衔，并让布伦特·斯考克罗夫特担任此职；然后，他赶走了国防部长詹姆斯·施莱辛格和中情局局长威廉·科尔比，提名乔治·H.W. 布什接管情报机关，派拉姆斯菲尔德管理五角大楼，并提拔切尼为白宫幕僚长。为了对抗里根，切尼要求总统在 1976 年的大选中不再与洛克菲勒搭档竞选，而副总统也同意退出政坛。

这是美国政坛的重要一刻，它甚至对 25 年后布什的内阁组建产生了深远影响。通过把老布什派往中情局，福特有效地将他排除在 1976 年副总统候选人行列之外，而参议院民主党人则坚称，作为副总统候选人的老布什断然放弃候选人资格，是因为共和党内部已经内定了副总统。福特这一举措，使老布什和拉姆斯菲尔德之间的关系产生了永久的罅隙。老布什认为，拉姆斯菲尔德为排除竞争对手，精心策划了这一任命，但在之后的几十年里，拉姆斯菲尔德和切尼都一直否认这一点。无论有意无意，这一任命的结果，就是为拉姆斯菲尔德竞选副总统扫清了障碍，洛克菲勒和老布什都退出了副总统职位的竞争。

当时年仅 34 岁的切尼成了美国历史上最年轻的白宫幕僚长。福特在后来的著述中写道：“我知道，我可以让切尼接替拉姆斯菲尔德的工作，并让白宫一切照常运转。”虽已位居要职，切尼却仍然行事低调。上任伊始，他并没有接受白宫安排的配有司机的专车，而是依旧开着他那辆老掉牙的、没有前挡板的大众甲壳虫车上班，特勤局给他取了个名为“后座”的代号。但即使位居幕后，他仍能发挥巨大的影响，把他与拉姆斯菲尔德所发现的纪律问题一一解决。白宫的演讲稿撰写人约翰·J. 卡瑟利在他的日志中写道，切尼性格随和，而且“非常聪明，从不在人前表现出拉姆斯菲尔德那种傲慢和刻意冷漠的态度”，并且“不像拉姆斯菲尔德那样喜欢把自己的观点强加于人，尤其是强加于总统身上”。切尼与许多新闻记者保持着良好的关系，但他很鄙视保守派专栏作家罗兰·埃文斯和罗伯特·诺瓦克，他给这两人起了个绰号叫“满嘴胡言”和“信口开河”。切尼负责福特的整个竞选过程，他起用一位名叫詹姆斯·艾迪生·贝克三世的竞选活动家来筹备竞选。贝克来自得克萨斯州，为人极其精明。为了阻止里根获得共和党候选人提名，贝克对共和党代表逐个做工作。实际上，切尼在政治立场上与福特的对手里根更为接近。他于 1976 年 8 月秘密前往戴维营，想说服福特总统与里根联手参加大选，但两人在总统候选人的首轮竞争中已经结下了太深的梁子。

福特和里根的总统候选人之争，一直持续到共和党全国代表大会。在大会上，里根竞选团队使出最后的杀手锏，在施政纲要中提出了“外交政策的道德准则”问题，公开指责现任政府与苏联达成协议，这实质上就是指责福特的外交政策。基辛格坚持要驳斥这个论点，而切尼则建议退出竞选。当切尼与福特的助手罗恩·尼森坐在一辆车里，颠簸地行进在代表大会举办地堪萨斯城的街道时，他对尼森说：“我们快要认输了，在特定的时刻，谈原则没问题，但如果你失去了提名资格，谈原则就没什么好处了。”在切尼和贝克的主导下，福特以 1 187 票对 1 070 票的微弱优势战胜了里根，但切尼的靠山拉姆斯菲尔德却不在福特的竞选伙伴之列。福特挑选了一位来自堪萨斯州的参议员鲍勃·杜尔作为副总统候选人，因为他认为杜尔能帮助他让四分五裂的共和党恢复元气。此时，洛克菲勒受伤的心尚未平复，当他亲眼看到杜尔被提名为副总统候选人时，不禁大骂切尼是“狗娘养的”。

在党内初选中已经元气大伤的福特，开始筹备普选活动的时间已远远落后于民主党总统候选人吉米·卡特。在一次竞选辩论中，福特宣称苏联并没有统治东欧，这下切尼又得出马，劝说福特收回这番言论。第二天，在“空军一号”上，他径直走进总统座舱，想与总统探讨这个问题，结果碰壁而归。于是，他把竞选顾问斯图亚特·斯宾塞拉上，再次回到总统座舱。在发表了多次声明之后，公众的怒火才算平息下来。虽然发生了这段小插曲，但在选举的最后阶段，福特与卡特获得的选票不相上下。在大选之夜，无记名投票的票数仍然非常接近，甚至于福特在上床睡觉时，也不敢确定他是否真的输掉了这场选举。

第二天早上，切尼仔细核查了得票数。

“先生们，”他宣布，“我们要升旗了，不过升的是投降的白旗。”

上午 9 点刚过，他把选举结果告诉了福特：“总统先生，我们输了。”

詹姆斯·贝克回忆道，虽然双方得票数非常接近，但福特拒绝重新计票，其理由是：既然他已经在普选环节落败，那么“就算我通过重新计票，在选举团投票中赢得总统职位，我也很难再去治理这个国家”。贝克认为“他的这个想法毫无疑问是正确的”。但让贝克想不到的是，多年以后，他帮助另一位在普选中落败的总统候选人通过选举团投票而赢得了总统宝座。

福特随后致电卡特：“州长先生，我的嗓子有点哑了，但我还是想向您表示祝贺，迪克·切尼也在这里，他要代我向您宣读我的落选声明。”

然后他把电话交给了切尼。

在卡特宣誓就职那天，切尼到安德鲁斯空军基地送别福特之后，便和家人一起到麦当劳边吃午饭边畅谈未来。然后，他们与拉姆斯菲尔德全家结伴到巴哈马群岛度假。在阔别怀俄明州十载后，切尼决定解甲归田，在1977年6月的某天，把他那辆老掉牙的大众甲壳虫汽车挂在一辆大卡车后面，一路向西行驶。

福特主政时期，切尼在白宫的经历，对于他执政理念的形成起着关键作用。在后“水门事件”和后越南战争时代，他在福特处于总统生涯的最低点时为其服务，此时国会正通过《战争权力决议案》(*War Power Resolution*)和其他立法来削弱总统的行政权力，从而改变了美国政府的权力制衡。他认为，中情局对教会委员会滥用权力的调查，对于像它这样的超级间谍机构而言，简直就是大材小用。布莱斯·哈洛曾是艾森豪威尔主政白宫时期的资深顾问，也是福特担任总统时切尼的同僚，他提醒切尼：保护执政者的特权是很有必要的。拉姆斯菲尔德后来回忆说：“哈洛最常说的一件事情就是，‘你听我说，我们得确保总统直辖的政府机构能拥有宪法所赋予的权力和权限’。一旦执政者因政治上的权宜之计，或过于软弱，或与国会为某些事情进行等价交换而默许某些侵犯宪法的事情发生，那么受影响的不仅仅是总统职位本身，还有整个执政机构。”这个观点对拉姆斯菲尔德和切尼都产生了深远的影响。后来，切尼当选了副总统，他对媒体记者说：“我认为，20 世纪 70 年代围绕着‘水门事件’和越南战争的许多事情，损害了美国政府的权威。现任总统应该采取行之有效的措施，尤其是在国家安全领域。”

此时此刻，乔治·W. 布什与这些重大问题根本不沾边。当切尼在参与国家的治理工作时，布什连自己的生活都管不好。从哈佛获得工商管理硕士学位之后，他回到了米德兰市，和他的父亲一样投入了石油行业，寻找发家致富的机会。他没事就到县政府大楼闲逛，在那里搜寻土地档案，找那些靠近水井的房子。他的生活倒是过得无忧无虑，整天穿着半新不旧的T恤衫，衣服也是靠他的朋友唐·埃文斯的老婆来洗。他住的公寓就在小路旁边。他的朋友查理·杨格回忆说，房间被他弄得就像是一个“有毒废料堆放区”。布什的酒量惊人。有一次，在观看威利·纳尔逊演唱会的时候，他和杨格在舞台上狂喝了一扎啤酒。那天晚上他和父母以及他们的朋友一起吃饭，席间布什对父母的一位女性密友脱口问道：“呃，50岁以后的性生活到底是怎么样的？”1976年9月，布什在肯尼邦克波特市玩时，因醉驾被捕。后来，他交了150美元的罚金，并暂时被剥夺了在缅因州的驾驶权，才被放了出来。

正如他的一位朋友所形容的那样，布什就是“夸夸其谈的小布什”，话虽如此，他还是有底线的。杨格说：“他的生活永远充满了冒险和刺激，他总是走到危险的边缘，然后又及时地撤了回来，但他从不会走向极端。我的意思是，他很会找乐子，而且酒喝得越多，他的智商就越高，人也变得有点闹腾，但他从来不会真的学其他人做那些特别疯狂的事情。”

DAYSOFFIRE

第2章

宦海小试

从商、选举、议员，虽然小布什背靠老布什这棵大树，但布衣青年切尼好像总是更幸运些。他得到贵人拉姆斯菲尔德的青睐，未曾见过福特总统一面，却能以副幕僚长的身份为他治理国家。就算是换届、下台、从商，切尼也总能够从商海中捞到足够的金钱。

有利的政治筹码

福特在大选中落败，成为布什和切尼的人生转折点。两人都曾是前任政府中的要员，而共和党成为在野党后，白宫和国会都已不在共和党控制之下，他们只能开始另谋出路。碰巧的是，虽然身处美国的不同地方，但他们的目标都是一致的，那就是要在众议院谋得一席之地。

1978 年的中期选举是在美国政坛的转型期举行的。此时，保守主义运动找到了它的拥护者罗纳德·里根，它被放在了能产生新时代影响力的位置上。布什和切尼都是旧秩序的一部分，即使他们的个人哲学能与时俱进，去迎合正在兴起的“里根主义”，他们也得证明自己在意识形态方面的诚意，以免别人批评他们是墙头草。

布什和切尼都把目标放在那些长期执政者退休后留下的职位空缺，但当地政府机构都不怎么欢迎他们。在得克萨斯州，布什希望谋求一个能代表米德兰、敖德萨和拉伯克市的众议院席位，可得克萨斯州前任州长艾伦·施瓦兹的一番话，让他意识到这个席位是属于一名在当地颇受拥戴的民主党州议员的。施瓦兹对布什说：“年轻人，你赢不了的，这个地区注定是肯特·汉斯的。”后来，布什对妹妹多萝西说：“我听他把话说完，回了一句‘好的’，然后就走人了。”

在怀俄明州，切尼与前任州长斯坦利·K. 海瑟威谈到了他要竞选参议员的想法，同样发现有位州议员挡住了他的前途。海瑟威对他说：“迪克，如果你要竞选参议员的话，阿尔·辛普森会踢你屁股的。”和布什不同的是，切尼接受了海瑟威的建议，放弃了竞选的想法。当怀俄明州在国会的唯一一名众议员出人意料地退休时，切尼马上得到了竞选该职位的机会。

在布什这边，竞选机会出现在他的个人生活即将发生重大转变的时候。1977 年 7 月的某一天，他在米德兰市的朋友乔·奥尼尔要在家里举行烧烤聚会，布什也受邀前往。奥尼尔的妻子简也邀请了自己的一位朋友、当地的图书馆管理员劳拉·韦尔奇。实际上，劳拉家和布什小时候住的地方只相隔 10 个街区，他们一起在圣哈辛托初中上学，有段时间还住在休斯敦的同一幢公寓大楼里，但彼此之间竟从未谋面。

那晚，他们在奥尼尔家的后院里烤着汉堡包，虽然是在夜里，但穿着蓝色太阳裙的劳拉还是让布什着迷不已。当时劳拉芳龄三十，脸上总挂着亲切的微笑，卷发披肩，完全是那个时代常见的装扮。劳拉的父亲在一家信贷银行当经理，母亲则是一名家庭主妇。布什平时很早就上床睡觉，但那天晚上他待到很晚也不愿回家，奥尼尔夫妇顿时意识到他真的喜欢上了劳拉。奥尼尔后来回忆说："他那天在我家里几乎待到半夜，对他来说，这是前所未有的。他们简直是一见如故。"两人的性格互补，也是他们相互吸引的原因之一：劳拉喜欢倾听，而布什话特别多；劳拉喜欢静心看本好书，布什则非常好动。布什说："劳拉喜欢待在自己的空间里，而我总喜欢侵入别人的空间。"首次见面 4 个月后，他们就结婚了。

布什和切尼虽然相距甚远，但他们的竞选方式却极其类似。他们都向选民标榜自己是土生土长的候选人，都把自己在国家层面所看到的事物转化为当地人所能理解的东西。布什利用父母的人脉关系为自己募集竞选资金，这些人脉中也包括欲自立门户的拉姆斯菲尔德。布什对选举前的巡回演说还不甚精通。有一天，在对选民发表完演讲后开车回家的路上，他问劳拉演讲的效果如何。劳拉说，效果不是很好。这让他倍受打击，到家时车子竟然把车库给撞了。

至于切尼，自己开着车在怀俄明州四处巡回演讲，车里放着卡朋特乐队的八音轨磁带。和布什一样，"后座"先生现在正努力走向前排。在演讲时，他的语调毫无变化，不像大多数政客那样用华丽的辞藻或哗众取宠的话语来吸引听众。皮特·威廉姆斯那时候还是一名初出茅庐的新闻记者，在报道切尼的竞选演讲时，他心想："这家伙根本不是在做演讲，他这是在向听众做简报吧！"

对他们的竞选产生影响的人，正是里根。布什最大的竞争对手曾为里根工作多年，而里根也写了一封信给这位前下属，支持他竞选得州的席位。这一举动或许源于里根对下属忠诚的回馈，但在里根与老布什竞逐1980年总统候选人提名的大背景下，这也反映出了里根正忙于在政坛上布局。至于切尼，由于在1976年的党内初选中，他利用怀俄明代表团来阻挠里根当选,现在他所要做的,就是让人们忘记他所做过的工作。切尼很不愿意以“福特在怀俄明州的亲信”的名义参选，于是他要求前雇主不要公开支持他。

对切尼而言，选举中具有决定性意义的事件发生在某天深夜。那天，他拜访了一位住在夏延市的朋友比尔·汤姆逊，在他家里一直聊到深夜，然后他和琳恩离开了汤姆逊家，去乔·迈耶家过夜。6月18日，在凌晨两三点，切尼突然醒了，说他左手的两个手指感到一阵刺痛。琳恩冲下楼叫醒了迈耶，随后迈耶开车送他们去医院。此时年仅37岁的切尼被诊断得了心肌梗塞，这个病将困扰他的下半生。迈耶回忆道：“对他们来说，那真是一个毁灭性的打击，他们没有多余的存款，还要抚养一对小女孩。他们的父母都不富裕。我看见琳恩坐在餐桌旁，好像在默默哭泣。”

但切尼还是继续参与竞选。医生对他说：“听着，辛勤工作是不会死人的，真正危害健康的是，以生命为代价，去做你不能做的事情。”切尼以前一天要抽3包烟，后来他把这个嗜好戒掉了，并且减少了咖啡的摄入量。他给选民写了一封信，让他们确信自己有着坚忍不拔的意志。最终，他战胜了共和党的另外两位大牌提名候选人：怀俄明州财政部长艾德·威岑伯格，以及怀俄明州前任州长的儿子杰克·盖奇。在党内初选中，切尼赢得了42%的多数票，然后又在普选中赢得了59%的选票。他很快就要重返华盛顿了。

而布什就没那么好运了。用他父亲的话说，布什是一个“易怒的斗士”。在党内提名中，布什战胜了敖德萨市的前任市长吉姆·里斯，但正如施瓦兹曾提醒过的那样，肯特·汉斯确实是布什当时最强大的对手。无论是里斯还是汉斯，都把布什视为冷门人选。里斯找出了布什的出生证明，证实他其实出生在康涅狄格州；汉斯则在电台广告中曝光布什从安多弗、耶鲁到哈佛商学院的求学背景，他对听众说：“我认为，他甚至连得州迪米特市的桌球名人堂都没去过。”

在另一个场合，汉斯甚至说他认为布什想“沾他父亲的光”。

布什对此大为光火，他回击道："你们想让我改名山姆·史密斯来竞选吗？问题是我根本没法抛弃自己的背景。"

布什开玩笑说，他也很想在得克萨斯州出生，但在出生那天，他觉得自己应该离母亲更近一点，而他母亲却又刚好在康涅狄格州。他通过建立自己与得克萨斯州相关联的背景，来将自己与他那位名声显赫的父亲区分开来。他经常这样说道："他上的是格林尼治郊区走读学校，而我上的是圣哈辛托初中。"当然，他只在那个学校待了一年，但这无关紧要。

当一家保守派电台的谈话秀节目主持人问他是否与三边委员会（Trilateral Commission，又称"三极委员会"，是国际性非政府组织，非党派的讨论性团体，由大卫·洛克菲勒于 1973 年 7 月建立，目的是建立美洲、欧洲和日本更紧密的合作关系。——译者注）有关联时，布什厉声说道："任何人都说服不了我，我父亲也不例外。"谈话节目结束后，他拒绝与主持人握手，嘴里还喃喃自语说："你这个混蛋！"

布什的败局最终是由一名大学生造成的。这名大学生是布什的支持者，他在校报上做了一个广告，声称如果布什能够扭转局面胜选的话，他就给全校师生提供免费的啤酒。汉斯阵营马上向有宗教信仰的选民写了一封信抨击这一举动。布什的竞选顾问极力要求他进行反击，指责汉斯把校园附近的物业租赁给一家酒吧，但布什拒绝了，因为他觉得这样做非君子所为。最终，汉斯以 53% 的支持率击败了布什，让布什留下了终生难忘的教训。乔·奥尼尔说："汉斯把布什描绘成来自美国东部的投机取巧者，虽然实际情况并非如此，但布什也没有作出反击。"从这件事之后，布什就下定决心"不再这样土里土气了"。

多年以后，布什和切尼还经常就 1978 年这场选举交换看法。切尼说道，"我们不止一次地谈到布什竞选国会议员的经历"以及他决定不再被人当成局外人的誓言，"我对这事儿也有同感，因为直到如今我都认为：我不是从耶鲁大学毕业、而是从怀俄明大学毕业这个事实，在我竞选过程中是一个很有利的政治筹码，对我获选帮助很大"。

强势的领导人有多重要？

选战结束后，布什又重新回到石油行业。他的叔叔乔纳森·布什给他介绍了几个投资人，帮助他成立了一家公司，名为“阿布斯托”（Arbusto），这个词在西班牙语里就是“布什”的意思。公司成立后，他就开始四处钻探油井，但进展不顺利。由于专注于自己的工作，布什基本上没有花时间去关注他父亲在 1980 年的总统竞选，只有在纽约的高级餐厅“21 俱乐部”与投资人一起吃晚餐时，他才从电视上知道老布什作为里根的竞选搭档参选。老布什之所以能搭上里根的竞选班车，完全有赖于切尼和其他人说服福特放弃竞选。

结婚以后，布什和劳拉一直没能怀上孩子。正当他们考虑收养小孩的时候，劳拉终于怀上了一对双胞胎。1981 年 11 月，詹娜和芭芭拉出生了，昔日“夸夸其谈的小布什”突然间不得不成为一位负责任的父亲。但他的生意仍然没有起色，许多钻井一无所获，而油价又在暴跌，来自家族朋友的资金正一天天亏损，这让布什感到莫大的压力。布什觉得，他的公司名“Arbusto”（阿布斯托）如果拆开来看，感觉就像“Ar-bust-o”，也就是“啊，破产啦！”的意思，所以他决定将公司名改为“布什勘探公司”。1983 年年底，在得克萨斯州的石油生产企业中，布什勘探公司位列第 993 位，由它所开采的 95 口探井中，有将近一半不出产原油。1984 年，恰好一家名为“七色石油公司”的达拉斯企业正在寻求合并那些有经营压力的石油公司，布什于是把公司卖给了七色石油公司，并出任合并企业的主席，年薪为 7.5 万美元，拥有公司 110 万股股票。

正当布什在得克萨斯州为石油事业奋斗时，切尼在华盛顿的影响力也在不断上升。众议院共和党领袖罗伯特·H. 米歇尔看中切尼年轻有为、睿智且不失冷静的风范，于是在 1980 年 12 月邀请他竞选众议院共和党政策委员会主席一职，坐上这一宝座的人将是共和党的第四号人物。切尼赢得了竞选，成为共和党近百年来年纪最轻的领导人。米歇尔之所以选择切尼，是为了平衡自己的保守主义政策。此外，由一群温和派人士组成的“星期三俱乐部”也邀请切尼加入他们。然而，米歇尔和他的同僚错误地把切尼的性格和他的处世策略画上了等号。在大选投票的时候，切尼选择支持减免税收、实行学校祷告、政府的反尼加拉瓜叛乱等政策，按他的说法，“永远不与那些他反对的武装政权见面”；而在堕胎、《平等权利修正案》（*Equal Rights Amendment*）、创建教育部、禁止使用穿甲弹、对南非实施反种族隔离制裁等问题上，切尼持反对立场。他投票反对为《净水工程法案》（*Clean*

Water Act)、《安全饮用水法案》(*Safety Drinking Water Act*)和《濒危物种法案》(*Endangered Species Act*)的实施募集资金。此外，他还反对提前积累基金（Head Start Fund）和超级基金（Superfund，美国环保署的一项政策工具，用来治理受到毒性废弃物严重污染的土壤与水源，这些地方通常是废弃的工厂用地。——译者注）。他从美国保守派联盟处获得了 91% 的终身评级，而他的同窗纽特·金里奇评级分数为 90%，切尼以一个百分点的优势险胜后者。米歇尔后来说："那时候，我根本不知道他居然那么保守。"切尼则说："从来没有人查过投票记录，按照我的投票风格，我一直以来都是众议院中最为保守的成员之一。"

尽管如此，切尼仍旧十分尊重政府。他的父亲毕生为政府工作，每当在他助手所写的新闻稿中出现"官僚"一词时，他都会用笔把这个词划掉，以"公务员"代替。在财政赤字问题上，切尼也不会持鹰派观点。里根就职的第一年里，财政赤字不断扩大，但他还是建议政府熬过这段时期，他说："财政赤字并不是我们面对的最严重的问题。"确实，在当时的国际环境下，财政保守主义要让位于国家安全问题。对于里根的国防建设和在中美洲进行的代理人战争，切尼是举双手赞成的。1983 年，在作为国会议员出访莫斯科时，民主党代表汤姆·唐尼想刺激他。唐尼说："你不能指望他们接受我们所有的条件，你也不能指望他们会屈服。"切尼回答道："不，我做得到。"

切尼把全副精力放在与苏联的较量上，他还准备好迎接类似于《圣经》中所说的末日之战。那时候几乎没人知道，里根政府正在进行一项绝密计划，其目的在于：如果发生了核灾难，要迅速重建一个能基本运行的政府。切尼正是这项计划的定期参与者之一。每一年，切尼都会从人们视线中消失三四天，神不知鬼不觉地在半夜离开华盛顿，与几十名联邦政府官员和里根内阁的一位秘书一起，前往一处偏远的军事基地或地下掩体。那位内阁秘书扮演总统，而切尼则扮演他曾经的角色：白宫幕僚长。在扮演末日情景的环节中，有好几支团队在同时饰演遭受核弹浩劫后重建起来的政府，切尼的老朋友拉姆斯菲尔德就是其中一支团队的领导人。

这样的演习让切尼意识到，一位强势的领导人是多么的重要。当里根因"伊朗门"事件陷入政治危机时，切尼站出来为他辩护，用他在福特执政时期所获得的经验来解读这起事件。他认为，国会无权禁止总统资助伊朗的反对派，他还把这起事件的核心人物、白宫助理奥利弗·诺斯中校称为国会听证会上“最有效率、最令人印象深刻的证人”。切尼曾被分配到众议院情报委员会工作过一段时间，并在一个调查小组与一位名叫戴维·阿丁顿的高个子专职律师合作过。这名律师的行事风格相当具有攻击性。1987 年，切尼签署了一份 155 页的少数派报告。在报告中，他就总统必须在国家安全和外交政策领域体现出强势权威发表了自己的观点，这份报告成为他今后表达类似观点的模板。

尽管在仕途上步步高升，切尼的健康状况却越来越差。在 1984 年和 1988 年，他分别遭受了第二次和第三次突发心脏病。老布什在共和党大会上被提名为总统的第二天，切尼做了心脏搭桥手术，刚从手术中复原，他就要准备担任共和党发言人一职，成为党内的二号人物。切尼志存高远，他还与琳恩合著了《9 位改变美国历史的人》(*Kings of the Hill*)，描写了美国历史上著名的议会议长。

切尼的朋友乔·迈耶曾经问他，是什么让他这样不辞劳苦：“迪克，到底是什么使你着迷，让你每隔一周就坐飞机回到这里？”

“我要亲临大事件的现场，”切尼答道，“制定政策的过程真的让我很兴奋。”

琳恩·切尼也喜欢见证大事件。她被选为美国人文学科捐赠基金会的主席，并以直言不讳著称，成为了这场文化战争的领袖人物。

正当迪克·切尼这颗政坛巨星冉冉升起之际，布什仍然没找到事业的方向，也毫无责任心可言，不断地从一家企业跳到另外一家企业。他还是家族里的那个叛逆青年，他会因为迟迟不穿正装而让父亲的总统车队在外面等他。芭芭拉·布什等得不耐烦了，对丈夫的一名助理吼道：“去把乔治拎出来！”这名助理只好催促布什：“乔治，该死的，快上车！你把所有人都惹毛了！”

现在，随着他父亲再次竞选总统，布什试着收敛自己的行为。1985 年春天，他与家人一起前往戴维营，去听一位来自南卡罗来纳州的政治怪才李·阿特沃特的演讲。

“我们怎么能知道你是个信得过的人？”布什问阿特沃特。

“如果有人朝我们的爸爸扔一颗手雷，”杰布也插上一句，“我们希望你立刻扑上去。”

阿特沃特向他们兄弟俩叫板说，如果他们这么担心他的忠诚度，那么兄弟之中一人应搬到华盛顿去，这样就可以整天盯着他。布什同意了。

他的人生也在其他方面发生着变化。那个夏天的某些时刻，后来被布什称为醍醐灌顶的时刻。葛培理牧师拜访了布什家位于肯尼邦克波特的海滨别墅，布什在与葛培理外出散步的时候，谈到了如何通过信奉耶稣基督拯救自我。布什后来回忆说，葛培理牧师“在我的心中种下了一颗种子，我开始改变了”。那年秋天，布什开始每周研读《圣经》。在讲述他的宗教信仰觉醒的过程时，布什通常会遗漏掉他早年与一位名叫亚瑟·布莱希的布道者相遇的故事。布莱希的布道方式非常独特，他的一只脚上绑着一个12尺长的十字架，以这样的方式周游世界。当布莱希在1984年来到米德兰时，布什去见他，对他说：“我想和你谈一下如何了解耶稣基督和如何追随他。”

随着石油价格崩盘，布什的公司也难以为继。那时候，他对一名记者说：“我现在简直是一贫如洗了。”1986 年，他把七色石油公司卖给了哈肯能源公司。这是一家来自得克萨斯州的企业，给了他价值 60 万美元的股份和董事兼顾问的头衔，这样他每年可以收入将近 12 万美元。有了这份收入，他毫无顾虑地把家搬到了华盛顿，在副总统官邸附近租了一栋联排别墅。但是，他的酒瘾越来越大了。1986 年 4 月的一天，布什在一个墨西哥餐馆遇到了新闻记者阿尔·亨特，他径直走过去，在亨特的家人面前怒斥他对于杰克·肯普会赢得总统候选人提名的预测。布什朝亨特大吼道：“你这个狗娘养的不中用的家伙，我他妈永远不会忘记你写的东西！”

劳拉想逼他戒酒。有一次，她带着挑衅的口吻问他：“你能记得住上次什么时候没喝酒吗？”

“我当然记得住了。”布什回答说。但他根本记不得哪天没喝酒。他经常沉溺于他所谓的三大爱好：啤酒、波旁威士忌以及鸡尾酒。

1986 年的夏天是布什人生的转折点。布什与劳拉邀请了一帮朋友，在科罗拉多州布罗德莫度假村庆祝他们 40 岁生日。在生日宴会上，他们推杯换盏，畅饮价值 60 美元一瓶的银橡木酒庄红酒，后来劳拉清点酒瓶时发现，他们干掉了 20 瓶红酒。乔·奥尼尔后来承认：“那晚，我们在饭厅里确实闹腾了一点。”第二天醒来后，宿醉让布什头痛欲裂，久久难以消去，他只好像往常一样出去晨跑，跑到一半的时候才感觉舒服一点。布什从那天起下定决心戒酒，这个决定永远地改变了他的人生。之前，劳拉为了让布什戒酒，曾放出类似的狠话：“要么选占边（美式玉米威士忌。——译者注），要么选我！”虽然原话未必如此直白，但后来布什常拿她这句话来自嘲。此外，布什的朋友们也明白，他戒酒的另外一个原因，是他父亲要竞选总统。奥尼尔说：“他曾经说过，‘再这样下去，总有一天我会让我父亲陷入尴尬的境地’。从那以后，他就滴酒不沾了。”

在华盛顿，布什在竞选大本营谋得了一份差事。布什的助手德布拉·邓恩回忆道：“他是一个相当有气场的大人物，他属于行动派，喜欢做决策。”他经常穿着慢跑运动衣、拿着一根嚼用烟出现在办公室，到处与人称兄道弟。邓恩说：“每个人都很喜欢他，因为他对所有人都一视同仁。”他的幽默方式仍然很幼稚，譬如他给一位名叫佩恩（Payne）的司机取了个绰号叫“小弟弟”（Payne-is，发音接近英文单词“Penis”，即阴茎的意思。——译者注）。但经验是最好的老师，他从工作中知道，只要他和父亲比别人提前 20 分钟出席会议，即使他们两人只是在会场里谈论体育话题，其他顾问在到达时也会注意到他们。他还学会了如何用符合大众口味的方式说话。

作家理查德·本·克莱默第一次被带到布什办公室的时候，后者正拿着话筒跟别人通话：“是的，在亚特兰大，我把他们征服了，他们简直为我倾倒，都在高喊‘布什！布什！’”

然后，布什朝电话那头模仿支持者的呼声。后来与布什成为朋友的克莱默说：“他对自己的身份和状态都有着充分的认识。”

当时，外界盛传老布什在搞婚外情，这下布什要为他的父亲公开澄清谣言。“你已经听说过那些传言了。”他问父亲，到底怎么回事？老布什回道：“那些都是谣言。”随后，阿特沃特安排布什与《新闻周刊》（*Newsweek*）的霍华德·法恩曼进行电话沟通。“对于你们所关心的那个花边问题，我们的答案是‘没有’！”布什对法恩曼说。后来，他父母、尤其是他母亲对布什这样处理事情的方法很不满，但布什就是这样，谁要是对他父亲不利，或是让他父亲难堪，他就对谁展现出强硬态度。有一次，《时尚先生》（*Esquire*）杂志刊登了关于阿特沃特的介绍。据杂志爆料，当记者来到阿特沃特的酒店房间时，阿特沃特只穿着一条内裤和一双袜子就打开了房门，并且以美国第 36 任总统林登·贝恩斯·约翰逊的方式边上厕所边与记者交谈。布什得知此事后，狠狠地批了阿特沃特一顿。还有一次，《新闻周刊》某期封面的头条是《与“懦弱因素”作斗争》，布什看后顿时怒发冲冠，他立刻打电话给写这篇文章的记者马格丽特·沃纳，指责她“以卑劣手段实施政治打击”。

正如 1950 年媒体对普雷斯柯特·布什的虚假新闻报道让老布什对新闻行业形成偏见一样，上述经历也让布什对新闻界产生了不满。

作为儿子，布什对父亲的忠心不但体现在争强好斗上，也体现在关键时刻的紧张情绪上。在进行第二次总统辩论时，他紧张得没法在现场观看辩论，于是带着马文出去看电影；但他又想知道结果，不断地叫马文出去打电话了解最新进展。最终，他还是没忍住，离开了电影院回到辩论现场观看。其实，他没必要逃避这个大选之夜，因为他父亲收获了 40 个州的选票，取得压倒性的胜利。比选举胜利更重要的是，与父亲一起工作的这段时间，至少似乎抹去了乔治对父亲的一些复杂情结。后来，布什声称他已经克服了“作为乔治·布什儿子”的“自卑感”。劳拉说：“如果说乔治·布什这个名字和家中长子这个身份曾让他还有任何纠结的话，那么在那一刻，所有的纠结都消散了。”

文官统军，走向权力巅峰

老布什赢得大选后，布什回到了得克萨斯家中，而切尼成为了新总统麾下最举足轻重的顾问之一。虽然切尼并不是国防部长的最初人选，但在 1989 年 3 月约翰·托尔的国防部长提名被否决之前，切尼就已经接到了白宫的电话，询问他是否愿意到白宫任职。

切尼毫不犹豫地答应了。但随后，在一次闭门会议中，立法会议员质问他如何看待自己有争议的过去。来自俄亥俄州的民主党参议员约翰·格伦问他：“你如何改进了自己的举止？”切尼回答：“我是已婚人士了，不会再去酒吧晃荡。”

由于从未在军中服过役，在成为国防部长之后，切尼迫切地想树立自己的权威。在上任后第 8 天，他在《华盛顿邮报》上看到了一则报道。报道称，空军参谋长拉里·韦尔奇上将正在跟国会商讨一项与弹道导弹相关的折中计划。切尼对五角大楼的新闻发言人咆哮道：“我的直觉告诉我，必须杀一儆百！”于是他召开了就职后的第一次新闻发布会。他对记者说：“韦尔奇将军太肆意妄为了，他没有站在政府的立场想问题。”他补充道：“说实话，我对此很不高兴。作为一名军官，他居然为了达成一项协议而与政府进行谈判，我认为这种做法不妥当。”实际上，韦尔奇并非肆意妄为，在切尼成为国防部长之前，韦尔奇就已经与白宫和代理国防部长把事情讨论清楚了，就连切尼也在后来说韦尔奇“有点被冤枉了”，但是，“如果你想在某种程度上重申‘文官统军’原则的话，这个事件就是一个借题发挥的机会”。

随后，在1989年，切尼从15位四星上将中选择了资历最浅的科林·卢瑟·鲍威尔上将担任参联会主席，这是切尼担任国防部长后最重要的一次人事调动，鲍威尔也成为首位担任此职务的非裔美国人。鲍威尔曾参加过越战，为人举止富有魅力，有着极强的政治头脑，曾在华盛顿担任过一系列的职位，正当里根需要一名新的国家安全顾问时，他在白宫谋得了一席之地。切尼觉得，选择像鲍威尔这样有多样性背景的人来主导参联会，简直就是“天才之举”。至于鲍威尔，他视切尼为“一位理智的怀俄明牛仔”，有着“无可匹敌的自信心”，或者至少给人留下了那样的印象；在骨子里，切尼“是一位独行侠，他会征求你的意见，但最后还是会我行我素”。事实证明，切尼和鲍威尔两人确实合作无间。不过，他们偶尔也会有剑拔弩张的时候。有一次，鲍威尔提出要裁减战术性核武器，切尼说他的文职顾问们没人同意这个建议，于是鲍威尔半开玩笑地说：“那是因为他们跟你一样，都是些右翼疯子。”

在担任国防部长初期，切尼就遇到了一些考验，其中最为轰动一时的事件，就是美国对巴拿马进行的一场小规模战争，逮捕了该国经营贩毒的独裁者曼努埃尔·诺列加。然而，1989年12月菲律宾军事政变未遂，才是真正考验切尼权威的时候。当白宫得知叛军将要夺取马尼拉政权时，老布什总统正在去往中东参加峰会的飞机上，因此由副总统丹·奎尔负责召集国家安全委员会到白宫开会。当时切尼正在家中，他拒绝参加会议，因为他认为副总统没有军事指挥权；相反，他一直与“空军一号”上的老布什总统保持直接联系。这一次，切尼与副总统相抗衡。在总统专机里，切尼和奎尔的电话此起彼伏，虽然斯考克罗夫特两边都安抚，但两人权力之争却一直没法完全解决。

在达拉斯，布什并没有受惠于父亲当选总统。他有着自己的政治志向，却不得不面对没有任何政绩这一残酷现实。一位得克萨斯州官员对他说：“乔治，每个人都很喜欢你，但你没有做过任何事情，你要到外面去做出点成绩。当年你父亲离开康涅狄格州，扔下你们一家大小，也是为了闯出一片天地。

你什么狗屁事情都没做过，人们卖你面子只是因为你叫布什，仅此而已。”当布什听说得克萨斯流浪者队的老板要把这支棒球队卖掉时，他感觉机会来了。他利用自己的家族人脉网络，组成了一个投资者团体，于 1989 年 4 月份买下了正处于困境中的流浪者队。在 8 600 万美元的收购资金中，布什最终只出了 60.6 万美元，但作为球队的联合执行合伙人，他充当着球队代言人的角色。在球队被收购后的首场亮相之夜，布什站在投手区里，问他的合伙人鲁斯迪・罗斯：“这有多酷？”

对棒球队的投资，重新开启了布什的政治生涯。作为球队老板，他非常关心球队的运作。他经常坐在流浪者队主场的第 109 区第 1 排 8 号座位上，那里是主队球员的出场通道，他可以在那里给球迷们签名。他把自己的头像印在棒球卡上，在得克萨斯州四处巡回演讲。布什的司机依兹拉埃尔・赫尔南德兹回忆道：“他在扶轮社 (Rotary Club，地区性社会团体，以增进职业交流及提供社会服务为宗旨。——译者注）和基瓦尼俱乐部（Kiwanis，美国工商业人士的俱乐部。——译者注）吃过多少次午餐，我说不上来，但在那些地方，他跟人们谈论的话题除了棒球还是棒球，他非常喜欢谈论棒球。”这些社交活动为布什的政治生涯打下了良好的基础。在一次州长选举前几个月，布什曾策划过一次全民公投，其目的是暂时增加纳税额，为一座将于 1994 年落成的新棒球场募集资金。虽然他卖掉了队中的强击手、后来成为巨星的萨米・索萨，这也让他后悔不已，但流浪者队摆脱了输球的魔咒，在后来的 10 个赛季中，7 个赛季打破赢球纪录；观众的人数也翻了一番，球队收益也不断增加。布什回忆道：“经营球队的巨大成功解决了我在得克萨斯从政的最大问题，我曾遇到的问题就是‘这人取得过什么成就吗’。”

对切尼具有决定性的考验来自于另外一个完全不同的领域，那就是 1990 年 8 月伊拉克入侵科威特战争。当时，鲍威尔问道，白宫是否还有人关心科威特、愿意出兵科威特。切尼显然愿意出兵，问题是老布什总统是否支持这个决定。切尼暗想：“总统敢调动预备役部队吗？”结果老布什真的调动了。切尼也想证明自己敢打这场仗。当他看到《华盛顿邮报》上又刊登了一篇另一位空军参谋长所发表的不当言论时，他再次采取了行动。这次遭殃的是迈克尔・杜根上将，他向记者发表了一些关于打击萨达姆的言论，并透露了一些其他敏感信息。切尼看了两遍文章之后，到外面的切萨皮克—俄亥俄运河散了会儿步，让心情平复下来，然后回到家，再读了一遍，却又开始生气了。切尼致电还在戴维营的总统，把他从网球场上拉出来，告诉他可能要解除杜根的职务。第二天早上，切尼真的把杜根给解雇了。切尼后来说："将杜根解职向人们传达了某种信息，从这个角度来讲，杜根倒是作出了贡献。"

切尼与鲍威尔之间也存在分歧。鲍威尔认为，科威特不值得让美国卷入战争。他在白宫会议上表达了这一观点，结果被切尼训斥了一顿。切尼对鲍威尔说，他的职责是在军事方面给出建议，而不是左右政府的决策。同样的，切尼还否决了鲍威尔发给他的首份作战计划，他和当时任国务卿的詹姆斯·贝克把这份所谓的"中路进攻计划"戏称为"华盛顿纪念碑计划"。切尼驳回鲍威尔的计划后，要求他重新制订一份从左路切断伊拉克军队的计划。由于担心伊拉克有生化武器，切尼还命令鲍威尔制订使用战术性核武器的应急预案，以防伊拉克军队使用生化武器。鲍威尔认为这一想法过于敏感，后来销毁了这个预案。至于发动战争本身，切尼认为不需要取得国会同意，但总统没有听从他的意见，最后还是获得了国会的授权。后来，切尼承认自己的看法是错误的。

在海湾战争开始前两晚，切尼独自去了趟华盛顿越战纪念碑，在纪念碑前沉思美国过去所犯的错误，并祈祷自己不会重犯这些错误。但他精神上并没有受到任何煎熬。在战争开始那晚，他叫了一份中餐外卖，冷静地监控着关于战争进展的汇报。切尼曾花了大量时间学习军事技能，以至于后来军中同僚们都戏称要给他授予军校的荣誉学位。然而，他也并非全盘接受军中的意见。当军方律师反对轰炸侯赛因纪念碑时，他讥讽道："律师也会打仗？"

不管怎样，美军还是轻而易举地将伊拉克人赶出了科威特。当撤退的伊拉克军队在如今所谓的"死亡公路"上被赶尽杀绝时，总统问切尼是不是该结束战争了。切尼后来说道："我们在那边的人，无论是平民还是军人，他们都一致认为该结束战争了，我们的目标就是为了解放科威特。"战争结束时，美军仅有 148 人阵亡。

在未来的几年里，被鲍威尔称为"简单方案提供者"的批评家认为，当年美军没有乘胜追击萨达姆是一个非常严重的错误。但切尼从来没有公开驳斥过这一观点。在 1992 年大选前几个月，他为美国政府不除掉萨达姆的做法进行辩护，他预测说，如果美国当年废黜了萨达姆，可能就会掉入治理伊拉克的“陷阱”。切尼问道：“一旦我们围捕萨达姆，并推翻他的政府，那么就会产生一个问题：让谁来取代这个被推翻的政府？你要知道，那时候你就要承担管理伊拉克的职责。”他补充说：“我内心的想法是，萨达姆值得我们额外牺牲多少美军士兵的生命？答案就是他不值得我们牺牲这么多人。”8 年后，当切尼成为布什的 2000 年总统竞选伙伴时，他的这个观点还是没有改变。在那年录制的一个口述历史录音节目中，切尼说道：“我依旧认为我们当年的决定是正确的，我觉得，我们本来就不应该去巴格达。”这个节目在录制当年并没有播放，而是在他当选副总统之后才公之于众。

正如美国在海湾战争中取得全胜一样，布什团队也开始走向权力的顶峰。布什从得克萨斯州来到华盛顿，帮助父亲重整白宫西翼那些效率不高的职能部门，开始了自上而下的改革。白宫幕僚长约翰·苏努努是首先被拿来开刀的人。切尼形容苏努努是一位“聪明人，但是态度傲慢，自以为无所不知”。老布什给长期以来自己信得过的七八位朋友写了张便条，征询他们对苏努努的意见。布什把这些便条分别装进信封里，回寄地址写的是他在达拉斯的住址。信寄出以后，他打电话跟每个收件人确认。其结果是明白无误的，因此，在感恩节前一天，布什来到白宫西翼，向苏努努宣布这个消息。

“你知道吗，”他对苏努努说，“我和很多人聊过，他们都对你有看法。你很难再跟这些人共事了。”但苏努努并没有心领神会。于是布什的父亲又派了安迪·卡德、多伦斯·史密斯和 C. 博伊登·格雷三名助手轮番向苏努努传达了同样的信息，最终，这位刚愎自用的白宫总管辞职了。

布什没有成功辞退苏努努，在逼退副总统丹·奎尔这件事上，更难言成功。他一直把奎尔看作老布什再度参选总统的一个累赘。正如当年切尼策划了洛克菲勒下台一样，布什也试图劝说父亲在 1992 年的大选中抛弃丹·奎尔。那谁来接替奎尔的位置呢？布什推荐了切尼。时任国防部长的切尼对此一无所知，但他也通过诸如贝克之类的中间人表明了立场，认为奎尔应该离开白宫。虽然老布什私下里承认，当初选择奎尔就是“一大败笔”，但他还是不愿意放弃这样一名忠心耿耿的副手。

布什在自己当选总统后，以诙谐的口吻写道：“但是，我从未完全放弃过布什与切尼搭档的想法。”

坐上总统宝座的三重考验

老布什在 1992 年的大选中落败，让布什和切尼都深感失望，但这对他们来讲也是一种解脱。经过这么些年的合作，他们又一次走上了追寻各自目标的道路。

布什其实一直对得克萨斯州的州长职位虎视眈眈，但由于父亲仍是美国总统，他只好暂时不去竞逐这一职位。现在，随着父亲的退休，他可以毫无顾忌地去竞选州长了。可是，所有人都认为他不可能击败现任州长、人缘极好的民主党人安妮·理查兹。布什的母亲以一贯的直率对他说：“乔治，你赢不了这场选举的。”他的父亲也说了同样的话。查理·杨格则对布什说：“我觉得，她是一位难以战胜的对手。”

布什毫不畏惧地迅速投入选战。他的朋友认为，他之所以如此急切，既是为了证明他自己，可能也是想为父亲报一箭之仇，因为理查兹曾嘲讽老布什是“含着‘银汤匙’出生的”；此外，他也是为了报复克林顿，因为克林顿提前终结了他父亲的总统任期。在一次棒球比赛中，体育新闻记者兰迪·盖洛威缓缓走近在球员通道里的州长候选人布什，问他为什么在明知没有胜算的情况下还要挑战理查兹，布什说：“我参加竞选，不是为了跟她竞争，而是跟白宫里的那个家伙竞争。”当理查兹奚落布什，称他为“某个白痴”和“矮灌木”的时候，布什参选的愿望更加强烈了。有一天，布什和理查兹都要去参加辩论，他们恰好坐同一个电梯，布什祝理查兹好运，而她却回应道：“孩子，你会输得很惨。”

事实证明，理查兹输得更惨，而布什让整个国家都为之惊讶。他向选民们所传达的充满进取精神的变革信号，与克林顿在竞选中战胜他父亲的方法如出一辙。在全国巡回演讲中，布什提出的竞选议题包括：教育问题、青少年犯罪问题、福利改革问题以及诉讼时效问题。在安然公司肯尼斯·莱和其他财力雄厚的资助者的帮助下，布什的竞选资金十分充裕。乔·奥尼尔说：“他的优势完全在理查兹之上。”不巧的是，当布什在 1994 年 11 月以 53% 的得票率胜选时，他的弟弟杰布却在同一天晚上落选了加州州长一职，这也是杰布第一次参加竞选。布什的父母都忙于安慰杰布，这让他很失望。布什在电话里问他父亲：“为什么你们只对杰布落选感到难过呢？为什么不为我感到高兴呢？”他的父母当然为他感到高兴，而得克萨斯州之外的共和党人也为看到了一位政坛新星而倍感兴奋。

同年秋天，同样为竞选奔波的人还有切尼。老布什任期结束后，切尼把他在五角大楼的办公桌清理干净，就这样离开了国防部，甚至都没有和他的搭档鲍威尔说一声再见。鲍威尔后来承认，他对切尼这样的不辞而别感到“很失望,甚至有点伤心,但并不感到惊讶”。切尼决定自己去竞选总统，他驾车横跨整个美国，出席了将近 160 个为共和党总统候选人举行的资金募集大会和政界聚会，最终为戴维·阿丁顿所运作的政治行动委员会募集到了 130 万美元。他花了大量时间在路上，脏衣服都没时间洗，全都邮寄回家。在圣诞节那天，他回到大雪纷飞的杰克逊度假庄园，和家人详细讨论竞选总统的事情。最终，他决定放弃竞选。

1995 年 1 月，当切尼宣布自己的决定时，他的一名前任助手肖恩·奥基夫问他弃选的原因。切尼告诉他，等下次时间充裕点再跟他解释。于是，他们在某天相约去宾夕法尼亚州钓鱼。奥基夫后来回忆说，当他们站在斯普林·克里克牧场的河边垂钓时，切尼“用你想象不到的力量拍打水面”，但几小时过去了，他并没有向奥基夫作任何解释。

奥基夫后来忍不住了，他说道：“部长先生，你曾说过要告诉我不竞选总统的原因，那时候我们已经万事俱备了啊。”

切尼把渔线抛了出去，然后看着奥基夫，说道：“你知道的，让我下半辈子都花在跟别人要钱上面，想想都没意思。”

他边说边把钓线快速往回卷。奥基夫心想：就只因为这个原因吗？他后来回忆道：“那天收获了不少鱼，和一个有价值的观点。”

对于其他前任助手，切尼倒是更愿意吐露心声。一天下午，他在自己家的后院里与皮特·威廉姆斯一起烤牛排，他对威廉姆斯说：“我已经决定了，我不能这样对我的家人，而我的家人也不想我这样对待他们。我的健康问题是一个原因，但归根结底，我根本没有热情去解决与社会保障制度有关的问题。”在与另外一名前任助手斯蒂芬·哈德利一起吃午餐的时候，切尼道出了竞选总统所要经历的三重考验：“首先，你要想象自己已经当上了总统；其次，你要确定自己已经准备好了，能够把财力和物力组织起来，去参加竞选；最后，你要确定自己有勇气把这件事进行到底。”当被问到他是否会考虑竞选副总统时，切尼对此嗤之以鼻。他说，副总统一职简直就是“一个专干脏活累活的工作”。

1995年秋，切尼去达拉斯接管了一家产值达57亿美元规模、员工将近6 000人的哈里伯顿公司，而琳恩则在美国有线电视新闻网（CNN）与别人搭档主持政治节目秀《交火》（*Crossfire*）。在切尼的人生中，第一次能赚那么多钱。当他坐着公司的专机飞回怀俄明州时，他的朋友比尔·汤姆逊调侃他曾抱怨过竞选出行不方便这个事情："依我看，你的交通问题已经解决了嘛。"切尼开始把业务扩展到联邦政府，并积极反对单方面制裁诸如伊朗这样的国家。他认为，政府剥夺美国企业生意机会的做法是毫无道理的。

切尼在哈里伯顿公司任职时的最大举动就是在1998年1月与德莱塞工业公司的总裁比尔·布拉德福德一起去狩猎鹌鹑。德莱赛工业公司正是由普雷斯柯特·布什一手扶助上市，并在50年前成为老布什职业生涯起点的那家公司。切尼与布拉德福德的对话结束后，哈里伯顿公司以77亿美元收购了德莱赛公司，这次兼并扩大了前者的公司规模。但在后来，这桩兼并案留下了诸多疑点：首先，哈里伯顿公司是以最高的市场价收购德莱赛的，它为此额外付出了16%的费用；其次，在收购完成之际，切尼立刻裁掉了一万名员工；此外，德莱赛以前曾在产品中使用石棉，这给企业带来巨大的麻烦，迫使哈里伯顿让公司的部分业务申请破产保护，并给那些因使用公司石棉产品而受到伤害的消费者赔偿了数十亿美元。虽然如此，这段时期仍然是哈里伯顿公司增长最快的时期；而在切尼在任期间，哈里伯顿成长为一个市值119亿美元规模的巨型公司。

现在的切尼，与布什走的是不同的发展道路。布什的兴趣已经从收集签名棒球卡转移到州长职位上，而且他可称得上是一位有卓著功绩的执政者，他与掌握实权的副州长、民主党人鲍勃·布洛克组成两党联盟，并在此基础上推进他的立法项目。布什的顾问桑迪·克雷斯形容布洛克是"一个性情暴躁、疯狂的得克萨斯老政客"，但布洛克与布什却情同父子。在每周的早餐会上，布什都向布洛克和民主党籍的众议院议长皮特·莱尼示好，并且没事就到国会大厦闲逛，与立法院的其他议员拉家常。

布什玩世不恭的态度也是两人关系的润滑剂。有一次，布洛克公开反对布什推行的一项法案，他对布什说："州长，在这个问题上，我不得不说你很操蛋！"

布什从椅子上站起来，俯过身在布洛克嘴上亲了一下，调皮地说："如果你要操我的蛋，至少要先亲我一下吧。"

事实证明，布洛克确实是布什的亲密盟友。1998 年，当布什再度竞选州长的时候，虽然布洛克是布什的竞争对手、民主党提名候选人加里·毛罗儿子的教父，但他仍然支持共和党籍的布什。

在纽约的共和党人中，纽特·金里奇以强硬派面孔出现，他把现任政府指责得一无是处，恨不得让它马上关门大吉；与他相比，布什以另外一种共和党人的面目出现，他不但想促成共和党和民主党之间的两党联盟，而且要打破那种貌似无情的保守主义旧模式。加利福尼亚州州长皮特·威尔逊曾试图限制非法移民的公共利益，而布什希望引起人们对这一问题的关注，从而反对这一意图，他想通过更保守的方式来实施那些解决社会弊端的政策。他这种想消除党派之间门户偏见的想法，深得马克·麦金农的欣赏。麦金农是一名传媒顾问，也曾是一位民主党人，他后来改换党籍，投入布什门下。

1998 年 2 月，布什访问了得克萨斯州马林市的一间青少年感化中心。当时，一名因盗窃罪而被关起来的 15 岁非裔美籍男孩问他："你对我们有什么看法？"布什对他这个问题十分惊讶，他在脑海里搜索了一会儿答案，然后对那男孩说："得克萨斯州仍然爱着你们所有人，我们没有放弃你们，但如果你们违反了法律，我们还是要惩罚你们，因为我们爱你们。"第二天，一位名叫郭大卫的政坛新人来到华盛顿，向布什寻求工作机会。布什此刻还沉浸在昨天与那名小男孩相遇的情形中，他对郭大卫说："昨天我没有一个明确的答案，我现在还是没有答案。我对那小男孩说了一些东西，但现在已经不记得内容是什么了。可是，我一定要找到那个问题的答案。我们一定要做些事情来缩小贫富差距，一定要做些事情来解决种族平等、经济公平和社会公正等问题。"

那天，布什告诉郭大卫，他并不确定自己是否要竞选总统："我只是不知道自己是否需要别人的保护才能度过下半生，当了总统，我就不能再独自一人走在街上了，再也不能那样了。"那一年中，他与别人的谈话都围绕这一主题进行。他对自己的宣传主任凯伦·休斯说："当了总统之后，我就再也不能走进沃尔玛超市去买鱼饵了。"布什在轻松战胜毛罗之后，成为得克萨斯州首位获得连任的州长。此时，最富有戏剧性的话题是，他对国家领导人的职位有何想法。流浪者队早被卖掉了，他得到了一张 1 490 万美元的支票，这对他 60.6 万美元的投资而言，已经是丰厚的回报了，这笔钱也足够让他毫无经济负担地追求自己的政治理想。但是，他那对十几岁的双胞胎女儿却对这一想法毫不纠结，因为她们坚决反对这一想法。

有一天，布什告诉他的朋友道格·威德：“我不会去竞选总统。”

“为什么不去呢？”威德反问道，“你在民调中已经遥遥领先了。”

“因为我的两个女儿，”他说道：“那时候她们就要上大学了，我这样做会毁了她们的生活。”

“那么，以前的竞选毁了你的生活吗？”

布什踌躇了一会儿，答道：“不，它塑造了我的人生。”

DAYSOFFIRE

|第3章|

离奇组队

既有良臣辅佐，又得益于布什世家的显赫威名，富有性格魅力的布什在 1999 年共和党总统候选人初选中遥遥领先。让人费解的是，放着这么多能臣干将不用，他最后竟选择了切尼作为副手。狐狸切尼真的操纵了评估使自己上位吗？他又为何接下这个自己一向鄙视的职位？

继承了父亲一半的朋友，却继承了他全部的敌人

对于布什来说，参加 2000 年的总统选举既合乎逻辑又极其不切实际。美国民众虽然不喜欢克林顿的人品，但对于他治理国家的方式却十分满意。在冷战后的过渡期，美国大部分时间处于和平时期，新兴的信息技术时代正在创造无数的工作机会、财富和发明，而且国库充裕，有足够的钱去迎接变革；短暂的科索沃战争向世界展示了美国可以不费一兵一卒就按自己意愿行事的能力。虽然恐怖分子对美国的几个大使馆、一座军营和一艘驻海外的军舰进行过袭击，但这些恐怖主义威胁并没有动摇公众对克林顿政府的满意度，这也正是副总统阿尔·戈尔竞争总统宝座的资本。

而在布什这方面，他只担任过一届得克萨斯州州长，他的资本就是姓名与前任总统相同。虽然如此，他还是认真地对待竞选。在对总统候选人提名所进行的民意调查中，布什的支持率领先于其他候选人，当然，这大部分得益于他的大名已广为人知。每当他的竞选念头发生动摇时，就会有人说他一定能当上总统。1998 年 10 月，当他与两名记者共进晚餐时，他说："我觉得自己就像湍急河流中的一块软木塞。"

在民调中领先的感觉总是令人陶醉的。切尼曾认为，角逐 1996 年的总统提名是件费神的事儿，但与切尼不同，布什非常享受竞选游说的过程。此外，当他越关注其他潜在候选人的时候，他就越会得出一个结论：他与其他候选人一样优秀，或者说比他们更优秀。他对表兄约翰·埃利斯说，现在的总统提名候选人对手只剩下类似于杂志出版商史蒂夫·福布斯这样无足轻重的人，这样的良机一辈子也难得遇几次。埃利斯可不这么想。他认为竞选时机不是很好，因为阿尔·戈尔会以老布什 1988 年竞选总统的方式参与角逐，而且就算布什赢得了大选，经济衰退也早晚要到来，他得面对这个问题。

不过对布什而言还有其他征兆，只有笃信宗教的人才能发现并赋予其重大意义。1999 年 1 月，布什坐在奥斯汀市的教堂里，准备宣誓就任第二届州长任期。马克·克雷格牧师发表了一篇关于领导力的布道文章，讲述摩西在被要求领导他的子民时，他是极不情愿的，但最终还是挑起了重担，牧师说："我们每个人都有机会以正当的理由去做正确的事情。"芭芭拉·布什斜过身去，用口型对她儿子说："他这话是对你说的。"其实布什也是这样想的。在一次家庭聚会上，布什曾说："我觉得上帝在直接跟我对话。"劳拉给他当头浇了一盆冷水，说："我觉得你的话是不是夸张了点。"家族里的其他成员则认为，布什竞选总统是一件极其荒唐的事情，他的弟弟马文说："你疯了吗？"

准备竞选时，布什有一个来自得克萨斯州的核心竞选团队，以凯伦·休斯、乔·阿尔博和卡尔·罗夫为中心，即所谓的"铁三角"组合。休斯个子很高，说话铿锵有力。她以前曾当过电视台记者，后来被布什纳入麾下，担当起竞选宣传造势的重任。她代表的是广大"足球妈妈"（指北美中产阶级家庭贤妻良母型妇女。她们一般住在郊区，花大量时间接送小孩去参加足球等课外活动。她们一般是中间选民，平时忙于家务，不关心政治，但是对家庭、儿童相关的选举话题很敏感，也比较喜欢英俊的候选人。——译者注）和其他普通人的形象。

阿尔博身高 6 英尺 4 英寸（1 英寸约合 0.0254 米），外形粗犷，留着平头，很有军人的气派。他曾在俄克拉何马州担任州长办公室主任，该州州长给他起了个绰号叫"大国"（Big Country），他具有变混乱为有序的天赋。但相对而言，罗夫的才能比阿尔博更胜一筹。罗夫戴着一副眼镜，双颊圆润，看起来就像猫头鹰。他是一名共和党人，曾经长期为老布什担任顾问。罗夫在圈内的声誉就像后来的李·阿特沃特，他是一个政界天才，具有敏锐的理解力和充沛的精力，同时又带着一丝狡黠。正如休斯所形容的那样："他是那种能让'劲量兔子'（Energizer Bunny，北美电池品牌'劲量'的营销吉祥物，代表能量充沛。——译者注）都相形见绌的人。"罗夫很崇拜布什，他对布什的第一印象是："他有无穷的个人魅力，神气十足，穿着牛仔靴和飞行员夹克，脸上带着迷人的微笑。哇！你知道吗？他真是太有魅力了！"

从父亲的班底中，布什邀请了一些能指导他制订外交政策的导师，前国家安全委员会助理、如今在斯坦福大学任教务长的康多莉扎·赖斯第一个进入了布什的团队。赖斯是一名黑人牧师的女儿，她成长于布尔·康诺（当时伯明翰市的警察头子，也是最臭名昭著的种族歧视者。——译者注）所在的伯明翰市，她认识的一名黑人女孩在1963年的爆炸案中被炸死了，而正是这起爆炸案激化了当时的民权运动。因为有着坚定的决心，并遇到多位良师指导，赖斯经过长期的努力后，成为了一名苏联问题专家和音乐会的钢琴演奏家，并深受老布什总统的青睐。后来，赖斯与布什在体育锻炼和关于运动的谈话中增强了联系。进入布什团队后，为了加深布什对世界局势的了解，她组成了一个名为"火神"的专家团队，其名来自于伯明翰市的一座雕塑。

在奥斯汀与这个团队第一次见面时，布什对他们说："我需要你们的帮助，我不是让你们帮我成为总统，这件事我能搞定。但我需要你们帮助我成为一个好总统。"

布什还引进了许多在过去与他家族没有关联的人才，包括马文·奥拉斯基和桑迪·克雷斯。前者是《美国同情心的悲剧》（*The Tragedy of American Compassion*）一书的作者，该书曾产生过广泛影响；后者曾任达拉斯校董会主席，布什在实施教育改革时曾与他合作过。奥拉斯基曾一度信奉马克思主义，后来转变了立场，认为私有化组织，尤其是基督教会比政府更能解决社会弊端。1999年初，他带领一群政策专家前往奥斯汀拜访布什，与布什就扶贫问题进行了3个小时的汇报。奥拉斯基后来回忆说："那就像一场在研究生院举行的研讨会。"

他父亲的那些老部下鱼龙混杂。布什常开玩笑说，他"只继承了父亲一半的朋友，但却继承了父亲全部的敌人"。但他知道，他绝不能让别人仅仅把他看做是老布什的儿子而已。罗恩·考夫曼是老布什总统任期内的白宫政治部主任，他曾向政治募捐者发出一封募捐信，要求他们"发出一个重要的信号，以显示布什家族人脉的力量"。罗夫阻止了他，并把这件事透露给了专栏作家罗伯特·诺瓦克。

诺瓦克后来说道："罗夫使我了解到，原有班底的一些人要被赶走了，考夫曼和老布什的其他随从将不会进入布什的团队。”而老布什的旧将们也得到了这一信息。考夫曼回忆说：“我们不得不成为被抛弃的人，我们只是暂时来帮忙的，但我们知道自己的位置，而且我们出色地完成了自己的任务。”

确实，布什似乎更愿意重现里根时代的辉煌，而对于老布什时代却没什么兴趣。1999 年 4 月，他前往加利福尼亚州的帕罗奥图市，里根执政时期的国务卿乔治·舒尔茨的家就在那里。在舒尔茨家的客厅里，布什与前任总统圈子中的许多政要一起品尝小甜点、喝咖啡。布什在他们面前大谈社会福利改革问题、印度的崛起以及控制联邦政府开支等，给这些作为美国保守派的政界元老们留下了深刻的印象。布什对他们说，他想实现更伟大的目标。舒尔茨对他的追求给予了支持，他把布什拉到一旁说，1979 年，他也把里根邀请到同一间屋子，站在他们现在所站的地方，并告诉里根同一件事情：去竞选总统。

两个月后，布什真的去参选了。1999 年 6 月 12 日，布什的飞机载着全国各地的记者和人们对他的极高期望飞往爱荷华州，正式开启他的总统竞选征程。他很清楚，他要为这次竞选找一个正当的理由，于是他“厚着脸皮”把这次竞选命名为“远大前程之旅”。这天早上，正当旭日初升之时，他登上了租用的 MD-80 客机，来到播音装置前，用机长的语调说道：“我是你们的总统候选人，请将你们的期望稳稳地放入头顶的行李舱内，因为它们可能会在旅途中发生移位，可能会掉下来砸伤人，尤其会砸伤我。”首战告捷，在某天举行的晚宴上，卡尔·罗夫说“唯一一件没有做好的事情，就是没有降低人们的期望值”。

虽然对父亲的老部下保持距离，但布什还是希望从老布什政府中得到一人，这个人就是迪克·切尼。那时候，切尼已经在得州州长管辖下的一个工商咨询理事会任职，并偶尔加入赖斯的外交政策制定小组，但布什想得到的不止这些。11 月，当切尼和妻子琳恩在他们达拉斯的家中为芭芭拉·布什的扫盲运动举行义卖的时候，州长布什请切尼借一步说话。

在切尼的书房里，布什邀请这位前国防部长来主导他的总统竞选活动。

切尼拒绝了，他对布什说：“我在哈里伯顿公司的担子真的很重。”但他告诉布什，如果有用得上他的地方，随时可以给他电话，他说：“我希望自己能帮得上忙。”

富有同情心的保守主义

如果说布什在开始竞选的时候，在内政方面有着清晰的思路，那么他在外交政策方面简直就是白纸一张。但没关系，很多不同派别的人可以帮他，包括像保罗·沃尔福威茨和理查德·佩里这样的新保守派人士，以及像理查德·阿米蒂奇和罗伯特·佐利克这样为数更多的传统共和党人。他们都是赖斯的“火神”团队成员。

1999年春，美国所领导的北约组织发动空袭，把塞尔维亚人赶出了科索沃。正当此时，布什与这些成员聚在一块，询问他们是否支持对巴尔干半岛的波斯尼亚进行干预。所有人都表示赞同，只有两个人除外，他们分别是里根时期的前国防部官员多夫·扎克海姆和迪克·切尼。布什告诉他们，“他的心站在少数派这边”。扎克海姆回忆道：“但他的大脑告诉他，进行干预才是正确的选择。”布什还补充说，既然美国已经卷进来了，那就必须善始善终。

9月，布什在南卡罗来纳州的堡垒军事学院发表演讲，公开提出了他对国家武装力量的思考。他的构想体现了对美国军事力量的谨慎运用，甚至克制使用这一力量；同时，这一构想否定了克林顿的人道主义干预政策和国家建设战略，因为布什认为这分散了军队的使命。他说：“军队的使命是为了阻止战争，并且在无法阻止战争的情况下赢得战争，无休止且目标不明确的军事部署，会迅速化解我军的士气。”但与此同时，布什也否定了孤立主义分子“从世界撤军的”观点，他说，他将更“有选择性地使用我们的军事力量”，以“缓解军事资源被过度使用的紧张局面”。然而，这种悲天悯人的情怀，在他的总统任期内并没有延续多久。不过布什倒是预见到了他在任期内所要面临的挑战：“我将高度关注并积极响应可能在我们的国土上发生的恐怖主义事件，联邦政府必须严肃对待这类恐怖主义威胁。”

在美国民众的心目中，民主党一直以来表现出的都是对犯罪宽容、对国家防御问题表现软弱并且追求提升福利的自由主义形象。正如克林顿曾试图改变民主党这一形象一样，布什现在也想重塑共和党的形象，消除“金里奇革命”（Gingrich revolution，又称共和党革命或1994年革命，是媒体对1994年美国中期选举中共和党在国会净增54席，在参议院增加了8席的胜利的说法。这一胜利使得共和党控制了国会。而此前，共和党已经40年没有在国会获得过多数席位。——译者注）所造成的负面影响。布什并没有重复凯伦·休斯所谓的“令人扫兴、老调重弹的共和党诺言”，包括要废除教育部和把非法移民驱逐出境等；相反，他倡议联邦政府应更多地干预学校“期望值过低的不良作风”，并在更大程度上接纳非法劳工。凯伦·休斯是这个倡议的背后推动者。凯伦来自军人家庭，她出生于巴黎，后来随家人搬到了得克萨斯州，然后进入南卫理公会大学学习新闻专业，毕业后进入电视新闻报道行业。最终，她成长为一名政治推手，因与布什有着共同的宗教信仰而为他工作。她把布什的政治风格称为“富有同情心的保守主义”，但她不知道，这个词其实在多年前就已经被鲍勃·杜尔和杰克·肯普等人使用过了。神召会（Assemblies of God，1901 年美国五旬节复兴运动后出现的教会组织。——译者注）牧师道格·威德在为老布什联络基督教福音派教徒时，与布什结下了深厚的友谊，那时他就推广了“富有同情心的保守主义”这一词语，该词随后被罗恩·考夫曼用于老布什的总统竞选活动。

但从来没有人像布什那样，把这一观念放到如此突出的位置。他把自己的保守主义贴上“富有同情心”的标签，号召基督教徒保留撒马利亚式（Samaritan，中东种族，以心肠好著称。——译者注）的乐善好施精神，与此同时，也向世俗派选民发出人文主义思想的信号。这一口号背后的概念是，通过保守的方式追求自由主义的目标。布什要以“慈善之军”消灭贫穷，即借助政府资源来帮助基督教会、犹太教堂和清真寺从事慈善事业；他将引导更多的资金投向学校来消除贫富之间的隔阂，从而得到可以用标准化测试来衡量的责任感。在他最核心的内政承诺中，不但包含了会给那些最富裕的美国人带来巨大好处的一揽子减税方案，例如取消遗产税和降低最高边际税率等，也包含了为那些财富相对较少的人所制订的措施，例如儿童税收抵免增加一倍、减少贫困工薪阶层的最低税率类别等。对于保守主义经济学家而言，这些计划没有任何意义，因为它们不能促进经济增长。曾担任布什经济问题顾问的格伦·哈伯德回忆道：“他与许多保守主义者有点儿不同——当然，我指的是那个时候。他问了我许多关于公平和社会保障体系的问题，他有点博采百家的感觉。”

许多共和党人对这个概念毫无兴趣，他们认为“富有同情心的保守主义”是对共和党传统价值观的一种侮辱，或者如曾为布什效力、后来离开白宫的戴维·弗鲁姆所说的那样，它“听起来不像一种哲学理论，反而更像一个市场营销口号”。但是，这个概念吸引了许多人来到得克萨斯州，他们希望布什的理想主义言论并不仅仅是出于竞选的需要。这些人里面就包括后来成为布什演讲撰稿人的迈克尔·格尔森。格尔森是一名为人低调的基督教福音派教徒，他时常戴着一副眼镜，不喜欢得克萨斯式的夸张方式和低俗幽默。他说：“我要花点时间去适应，因为我不是一个会搞笑的人。”

从他所做的演讲和所印发的政策宣传单中，布什确立了自己与众不同的共和党人形象。这年秋季的某一天，考验他的时刻来临了：国会的共和党人提出要扩充贫困工薪阶层的劳动所得税抵免范围。

休斯赶到布什所住酒店的房间。她对布什说：“别人会问你这个问题的，这看起来不像你干的事情。”

布什同意休斯的观点。当一名记者果然提问这个问题的时候，他回答道：“我认为他们不应该利用穷人来实现预算平衡。”

布什对无党派人士和温和派人士的公开呼吁之所以能成功，部分原因在于他与共和党的保守主义基督教徒有着紧密联系。他父亲信仰的是新英格兰地区素来不起眼的主教制主义，而布什则公开信奉福音派教义，相信基督耶稣是自己的救世主。他的表兄约翰·埃利斯说：“每当我在报纸上看到布什为了宗教右翼而采取这样或那样的举措时，我就会感到很惊讶，布什的确是一名宗教右翼人士。”

在 12 月的一次共和党辩论会上，布什说他最喜欢的哲学家就是耶稣。老布什听闻此言，大为恼怒，他对儿子说：“我想，你的那个回答没有让你受到攻击。”

“哪个回答？”

“你知道的，关于耶稣的那个。”

关于耶稣的回答不但没有让布什受到攻击，反而向共和党内一部分经常投票的党员传递了强有力的信息。无论是有意还是无意，布什又一次地仿效了里根，因为里根也曾经说过耶稣基督是他最崇拜的历史人物。通过这类言论，布什把自己从民众的心目中与他父亲区分开来。老布什竞选总统时，曾信誓旦旦地向选民保证：“听好了，我绝不加税！”此话顿时成为名言。但最终他没有实现自己的诺言，因此在谋求连任时落败，而当布什在 2000 年的一次辩论中谈到他的经济计划时，他说：“我们不但不加税，还要减税，上帝可以作证！”

能把最强硬的对手变成伙伴吗?

在竞选专机上，即便有记者现场跟踪报道，布什也喜欢嬉戏打闹，甚至会做出一些愚蠢的举动。飞机上有一位名叫亚历山德拉·佩洛西的电影制作人，她是民主党女议员南希·佩洛西的女儿。她带着摄像机追踪拍摄布什参选的纪录片。布什跟她关系不错，没事就对她挤眉弄眼或搞个恶作剧；他还给她看自己的长靴和带有得克萨斯州徽章的皮带扣，以滑稽的方式模仿“猫王”埃尔维斯·普雷斯利，甚至一把抓住她的摄像机，盘问她是不是在跟某人约会。

布什用另外一个男记者来调戏佩洛西：“我看得出来，那边那家伙对你有点‘化学反应’，你懂我说的‘化学反应’是什么意思吗？”但有时候，他实在太口无遮拦了。有一次，在与保守派作家塔克·卡尔逊聊天时，谈到了得克萨斯州一百多年历史中首位被处以死刑的女性卡拉·法耶·塔克，布什竟模仿她呜咽着说：“求求你，不要杀我。”

当然，在大多数情况下，这些状况都不会发生。作为一名总统竞选人，布什形容自己是“团结者，而不是分裂者”，而他在很大程度上也真的做到了这一点。他反对那些把同性恋妖魔化的建议。他对道格·威德说：“我不会歧视同性恋者，因为我自己就是个罪人，我怎么能对罪恶区别对待呢？”他对基督教联盟所采取的分裂策略表示不满。他补充说道：“这帮人把同性恋者当做敌人。我们很难区分对同性恋背后的政治动机的恐惧和对同性恋本身的恐惧，我认为，共和党人排斥同性恋的做法是不对的。”

不过，在竞选之路上，布什还是有待磨砺。有时候，他简直就是一个失言大王，被人嘲笑说处于梦游状态。他连一些民族的英文单词都搞不清楚，例如，把“希腊人”的英文单词“Greeks”误读成“Grecians”，把“科索沃人”的英文单词“Kosovars”误读为“Kosovarians”，并且混淆了“斯洛伐克”（Slovakia）和“斯洛文尼亚”（Slovenia）两者的区别。有一次，一位电台记者对他进行临时测验，问他车臣、巴基斯坦和印度的领导人分别是谁，他完全答不上来。布什还经常有一些不顾英文文法的口误，例如有一天，他在南卡罗来纳州说：“很少有人会问：我们的孩子在学习吗？”其英文原话为“Rarely is the question asked, is our children learning?”此处“children”是复数，应该用“are”而非“is”；两周后，他在新罕布尔什州又说出了“经典雷言”：“我知道对你来说，把食物扔在家里是多么的不容易。”其实他想表达的是“我知道对你来说，养家糊口是多么的不容易”，但在原话中“I know how hard it is for you to put food on your family”，不应用“put food on your family”，而应该用“feed your family”。布什认为，如果这些错误会让他的竞争对手低估他，反而是件好事，他说：“他们都低估我了。”此话一出，又犯了文法的错误，因为原话中“They misunderestimated me”的“misunderestimated”一词，纯属布什自创，正确的词语应是“underestimated”。

虽然笑料百出，但依靠着大把的金钱投入、非凡的个人魅力，以及“布什”这个众所周知的家族姓氏，布什很快就在共和党阵营中脱颖而出，遥遥领先其他候选人，包括史蒂夫·福布斯、丹·奎尔、前任交通部长伊丽莎白·杜尔和前任教育部长拉马尔·亚历山大。要赢得候选人提名，布什还得战胜参议员约翰·麦凯恩。麦凯恩是一位越战英雄，他在战争中被俘，并被囚禁在越南民主共和国多年；同时他还是一位特立独行的改革者。起初，布什并不重视麦凯恩这个对手，他对威德说：“归根到底，他迟早会被人们淡忘。”

2000年2月1日，当麦凯恩在新罕布尔什州以多于18%的点数轻松击败布什时，他才发现自己严重低估了麦凯恩。布什还不习惯于向竞争对手承认败选，他让卡尔·罗夫打电话给麦凯恩。这个做法让麦凯恩的顾问约翰·威弗非常不满，他让助手告诉罗夫：“顾问是不能替候选人承认败选的。”几分钟后，布什亲自给麦凯恩打了电话，谈话持续了90秒。麦凯恩回忆道：“我们向朋友一样说了再见，但我们很快将不是朋友了。”

对于这次失败，布什的承受能力比他的顾问们强得多。当他们被叫到布什酒店房间的时候，还以为布什要炒掉他们。但布什并没有责怪他们，反而给他们鼓劲，他说：“这都是我的错，与你们无关。”每位总统在通往白宫的路上，都曾经历过坎坷。他的父亲在赢得总统候选人提名之前，也曾在1988年失去了爱荷华州的选票。这样的失败反而会激起竞选团队的斗志。主持新罕布尔什州选举的参议员贾德·格雷格说：“他确实像一名球队教练，而球队在上半场开局不顺，他会告诉队员们接受这个现实，然后重新投入到比赛中去。对他而言，自怨自艾是没有用的，他的心中只有打败对手。”但在私下里，劳拉·布什为丈夫点明了失败的原因：布什参与竞选的核心主旨是改变华盛顿，但现在他已经偏离了这一方向。她说："你被别人所左右了，你得下定决心，决定是否要继续下去，去告诉人们你是谁，而不是让别人来定义你是谁。"

南卡罗来纳州是这次竞选的必争之地。凯伦·休斯给罗夫打电话，对他发泄说，一名资深参议员兼商务委员会主席以某种方式借用了他们的冷门身份。她说："麦凯恩设法盗用了我们的改革口号。"于是，他们又想了一个新口号："改革者，有结果！"（Reformer with Results），并决定把麦凯恩称为"主席"，把他描绘成华盛顿政客的形象。然后，在南卡罗来纳州低洼地区的选举成为具有决定性的转折点。布什拜访了鲍勃·琼斯大学。除了布什之外，几乎所有人都知道这是一所保守的基督教学校，它禁止不同种族之间的学生约会，而布什此前曾否决了针对同性恋的歧视政策。在另外一场竞选活动中，麦凯恩被指责在河内当了 5 年半战俘回国后，忘记了那些曾与他同在越南战斗的老兵。对此，布什坐收渔翁之利。此外，坊间流言四起，有传单和匿名电话称，麦凯恩不但有一名黑人私生子，而且经常毒打妻子，精神不正常，还在越南偷偷建立了一个家庭，甚至有说他是像电影《谍网迷魂》（*Manchurian Candidate*）的主人公那样被越南洗脑后派回美国的间谍等。大批记者如潮水般涌入麦凯恩的竞选总部来求证这些传言。布什否认了这些传言是他指使人去做的。

2 月 19 日，在南卡罗来纳州的投票中，布什以压倒性的优势获胜。这场胜利几乎完全消除了麦凯恩对他的威胁。麦凯恩丝毫没有掩饰他的愤怒，他称布什是"懦弱的狮子、铁皮人、稻草人（三者都是童话《绿野仙踪》中的角色，分别代表缺勇气、缺心和缺头脑。——译者注）的结合体"。换句话说，他这是在讽刺布什没有勇气、没有良心和大脑。最后，麦凯恩虽然支持布什参加普选，但显然缺乏热情。他对记者们总是对他说过的话咬文嚼字这个做法非常恼怒，于是在一次新闻记者在场时他连声表态："我支持布什州长！我支持布什州长！我支持布什州长……"他连续重复了 7 次，仿佛有人罚他在黑板上抄写句子似的。多年以后，人们就麦凯恩是否真的投票给布什而展开了激烈争论。有几位无党派名流称，麦凯恩曾在一次晚宴上告诉他们，他并没有把选票投给布什。麦凯恩本人则否认了这一说法。无论怎样，两人之间的敌意让布什不可能像里根那样，让自己最强硬的对手在秋季普选中成为自己的竞选伙伴。

声东击西，敲定竞选搭档

在总统候选人提名稳操胜券之际，布什开始提前考虑普选了。南卡罗来纳州投票结束数周后，布什委派乔·阿尔博拜访切尼，并向切尼提出一个问题：他是否同意成为副总统候选人？

切尼拒绝了。他后来说："我列举了所有的理由来证明那不是个好主意。"首先，他已经遭受过3次心脏病发作；其次，他的参选将会印证选民们对这场选举被石油巨头所操控的看法；第三，他无法帮助布什实现选票的地区平衡。的确，宪法条款的限制也是一大问题，因为根据《美国宪法第十二条修正案》，选举人不能投票给来自同一个州的总统候选人和副总统候选人。由于切尼那时候还住在达拉斯，这将意味着得克萨斯州的选民可以把选票投给布什，但不能投给切尼。

布什并没有气馁，几个星期之后，他再次找到切尼，向他提出另外一项请求。他问切尼："如果你当不了我的副总统，那你可以帮我找一个合适的人选吗？"这次切尼同意了。他估计，这项任务最多只需要几个月时间就可以完成，然后他就能回到哈里伯顿公司继续任职了。

于是，在戴维·阿丁顿、他的女儿莉兹和其他一些人的帮助下，切尼开始物色合适的副总统人选。首先，他排除了包括麦凯恩在内的一些最显眼的候选人。切尼在国防部的老搭档科林·鲍威尔现在已经成为美国最受欢迎的人物之一，但他明确表示对副总统一职不感兴趣，并且在一份公开声明中坚称自己不在布什的考虑范围之内。佛罗里达州参议员康尼·麦克告诉切尼，如果切尼把他列入候选人名单当中，他就再也不会跟切尼说话了。切尼想让布什考虑一下他的恩师拉姆斯菲尔德，但布什本人却把这一提议驳回了。切尼向布什保证说，拉姆斯菲尔德在20世纪70年代的选举中，真的没有对他父亲老布什使阴招，但这样的解释根本无济于事。

很快地，切尼又列出一份9名候选人名单，包括俄克拉何马州州长弗兰克·基廷、宾夕法尼亚州州长汤姆·里奇、密歇根州州长约翰·恩格勒、田纳西州参议员比尔·弗里斯特、内布拉斯加州参议员查克·哈格尔、亚利桑那州参议员琼·凯尔、俄亥俄州议员约翰·卡西奇、田纳西州前州长拉马尔·亚历山大以及密苏里州前参议员约翰·丹佛斯。这些候选人都同意填写一份共分为79个部分的调查问卷，递交个人纳税申报表、医疗档案、工作履历表、居住变迁表以及他们所发表过的演讲和所接受过的采访资料。

在帮助切尼把这些候选人资料装订成册时，阿丁顿开玩笑说，如果切尼出色地完成了这项工作，布什可能会邀请他成为自己的竞选伙伴。听到这话，切尼只是一笑置之。

切尼的朋友中也有人预感到将有不寻常的事情发生，但切尼对此也是一笑而过。前任参议员艾伦·辛普森询问切尼，副总统候选人名单上都有哪些人，切尼拒绝透露。

“你在名单上吗？”辛普森问他。

“没有。琳恩是不会同意我去竞选的，我自己也没有兴趣。”

切尼的老助手兼朋友皮特·威廉姆斯此时在美国全国广播公司新闻频道工作，他也打电话给切尼询问此事，切尼说：“我已经远离了公众的视野，对此我很高兴。忘掉竞选这事儿吧！”

从那时起所发生的事情，通常有两种截然不同的版本。官方的版本就是，布什从没有放弃过让切尼成为自己竞选伙伴的想法，对切尼软磨硬泡，终于把他给说服了。有一次，他问他父亲：“如果某人嘴上说‘不’，他心里也是这样想的吗？”另外一种版本则带有阴谋论的色彩，即切尼根本就很想获得副总统提名，他只不过是以物色候选人为幌子来揭露其他人的缺点，从而使自己顺理成章地成为唯一候选人，甚至连自我审查这个过场都不用走了。

多年以后，切尼对这些怀疑论提出了强有力的反驳。莉兹说：“他根本没有成为副总统的欲望，否则在阿尔博刚开始问他是否有兴趣成为副总统候选人的时候，他完全可以一口答应。”而据布什亲口所言，每次他与切尼谈话时，都对切尼说他才是能解决问题的人。不过，一些落选的副总统候选人，甚至于切尼的一些朋友都坚信，这一切都是切尼精心导演的。切尼的一位朋友说道：“切尼策划了甄选副总统候选人的整个过程，切尼的聪明之处在于，他让其他候选人一个接一个地飞蛾扑火，而他却坐收渔利。这个计划相当完美。”虽然切尼从来没有对这位朋友说过这些事情，但这充分说明，他身边的某些人会得出这样的结论。

当然，到了夏天，切尼也在考虑接受副总统提名。6 月，他与女儿玛丽一起前往南美洲打猎。他们花了整整一周时间，守在伪装帐篷里伺机捕猎野鸭，没事的时候父女俩就谈论家庭、玛丽的读书计划以及他们远在杰克逊度假庄园的家。到了7月1日回家这天，切尼才在飞机上透露了自己的真实想法。

“如果我参选副总统，你觉得好吗？”他问道。

玛丽还以为他在开玩笑。她知道父亲带领着物色副总统的委员会，但直到那时，她都没有意识到阿尔博已经试探过他的意见，而且布什仍然想让切尼加入。

切尼想征求她的意见。玛丽在高中时就向父母公开了自己的同性恋身份。此时，她正与另一位女同性恋谈恋爱。她的恋人名叫希瑟·波，曾当过公园管理员。她知道，如果父亲参加竞选，她的私生活肯定会暴露在公众的审视之下。

她很坦诚地对父亲说：“就个人而言，我不想让人们知道副总统的女儿是个同性恋，但如果你打算去参选，我想，这对整个国家来讲是幸运的。我会尽我所能帮助你参选，你应该赢得这场选举。”

当他们回到家后，全家人就这件事情探讨了好几次。琳恩·切尼没有表现出任何兴奋的神情。她喜欢现在的生活状态，她有自己的事业：写写小说，偶尔上一下电视节目，同时还担任一家公司的董事，而且还有时间陪陪自己的孙子。在过去的几个月里，她一直在问丈夫：“你不会去参选的，对吧？”而他也总会回答说：“不，不会。”现在他又出尔反尔了。另一方面，莉兹·切尼对此却充满热情，她开玩笑说，她已经开始在画“切尼当选副总统！”的竞选口号牌了。

从南美洲飞回家两天后，切尼前往得克萨斯州克劳福德市市郊的一个农场拜访布什。

劳拉·布什和她的朋友南希·韦斯在厨房做三明治时，布什和切尼正在另外一个房间里翻阅副总统候选人资料。那天是7月3日，离共和党全国代表大会的召开只剩几周时间了。时间紧促，而布什还没有正式面试过副总统候选人。随后，布什和切尼来到餐桌前，与劳拉、韦斯和凯伦·休斯一起共进午餐。

劳拉问布什，副总统候选人找到了没有。

“我心目中真正的副总统人选，就坐在这张桌子旁边。”布什边吃三明治边说道。

切尼一言不发，餐桌上的其他人都惊呆了。

随后，两人来到后院走廊，在仙人掌和灌木丛中边走边聊。按切尼的说法，那天的天气“热得离谱”。切尼后来开玩笑说，那天的热浪让他昏了头，因为他竟然同意与布什搭档竞选。他告诉布什，他得先与哈里伯顿董事会商量一下，然后去看下医生，再跟琳恩深入地谈一谈。他提到了玛丽是同性恋这件事情，并且说他要找机会听一听那些反对他参选的声音。布什说没问题。

那天下午，在送休斯出去取车时，布什对休斯说，他对选择切尼当副总统这件事是认真的。很快，他也对其他高级顾问说了这件事情，但顾问们都持反对意见。休斯提醒说，他们都不太了解切尼，因为他的背景还没有经过严格审查；她更支持汤姆·里奇竞选副总统。卡尔·罗夫也对切尼“疑虑颇深”，他倾向于选择约翰·丹佛斯。竞选策略主任乔舒亚·博尔滕也持同样的意见。另外一名竞选顾问马修·多德则支持康尼·麦克。竞选团队的媒体顾问马克·麦金农在与布什一起跑步锻炼时，则主张选择约翰·麦凯恩作为副总统候选人。7 月 15 日，布什邀请罗夫、休斯和乔·阿尔博来到州长官邸，让他们当面提出反对切尼参选副总统的理由。他们聚在装饰着得克萨斯名人画像的奥斯汀书房，在场的还有切尼本人。

布什对罗夫说：“请你告诉我，你认为我不该选择迪克·切尼的原因是什么？”

罗夫紧张地瞄了切尼一眼，开始鼓起勇气发言。

罗夫提出了所有的反对理由，从切尼的健康问题、国会的投票记录、与石油产业的密切关系，一直到宪法所规定的投票冲突问题。他还认为，丹佛斯可以为布什赢得一些摇摆州的选票，而切尼没有这一优势。如果选择丹佛斯，布什可以稳拿以保守派为主的怀俄明州的 3 张选举人选票，而密苏里州的选票也几乎是囊中之物。相反，如果选择切尼，就似乎让人觉得布什在“从他父亲的政府班底寻求帮助”。

一个半小时后，布什问切尼他有什么事情需要询问罗夫，切尼摇摇头。罗夫描绘当时的情形：“在我发言的整个过程中，他都面无表情地盯着我，不动声色的脸上看不到一丝情绪，无论他觉得高兴、轻蔑、愤怒或被触动，我都看不出来。”罗夫担心自己可能无形中树立了一个终生的仇敌，而这个敌人将要成为美国的副总统。

出人意料的是，切尼也向布什做出了与罗夫同样的论断。他还提到自己两次因酒驾被判刑，以及被赶出耶鲁大学的经历。最后，他向布什强调了自己有多保守。

“迪克，”布什淡淡地说道，“这些我们都知道。”

“不，”切尼说，“我的意思是我真的很保守。”

布什并没有被切尼的话影响，毕竟切尼是他的亲信，他早已十分了解切尼，并且越来越欣赏他那种不怒自威的掌控力。有一次，切尼对布什说，他做了一个性格测试，测试的结果就是他最适合当一名葬礼司仪。听到这个结果，布什乐翻了。布什对在场的顾问们强调说，切尼是最适合担任副总统的人，但他似乎不想接受这一职位，这点是最让他感到欣慰的。他还说，他已经跟父亲谈过切尼的事情。不过，老布什后来说，布什这样强人所难的做法是“绝对欠妥的”。

对于布什而言，选择切尼，可以避免他父亲当年在用人方面曾犯过的错误。切尼与奎尔是完全不同的两种人，没人会说切尼是一个无足轻重的人。此外，布什心里清楚，他在世界舞台上只能算一个菜鸟，必须要起用像切尼这样经验丰富的高手来辅佐自己。时任众议院议长的丹尼斯·哈斯泰特说，切尼就是“他身边最成熟稳重的人”。切尼的前任助理、后来继续任职于白宫的肖恩·奥基夫也持同样观点，他说：“在有房间的场合，切尼都是最突出的那个人。”至于以前切尼把选票投给了谁，对布什来说是小事一桩，他后来对一位支持者说：“你知道的，我对这种事情不会太在乎。”

虽然布什已经下定了决心，但他还是想按原先的计划面试另外一个候选人。这样做至少可以证明他选择切尼是正确的，同时给媒体来个障眼法。切尼飞到圣路易斯市，接上了约翰·丹佛斯和他的妻子莎莉，然后陪同他们来到芝加哥。7 月 18 日，在避免向外界露脸的情况下，切尼安排丹佛斯夫妇来到一家酒店与布什碰面。布什对丹佛斯产生了兴趣，因为他是一名受教会任命的新教圣公会牧师，并曾担任过三届参议员，以诚实正直而著称。有时候，人们半钦佩半戏称他为“圣杰克”。

在三个半小时的时间里，布什一直在与丹佛斯夫妇聊天，内容大部分是关于个人问题，没有涉及宏大的政治哲学。对于丹佛斯夫妇而言，参与竞选副总统将意味着他们的生活方式要发生翻天覆地的变化，这是他们首先要考虑的因素。丹佛斯后来略带遗憾地说：“一提到参选副总统，你可能想到的会是与税收、外交政策、财政预算或一些全球性事务相关的事情，可当时出现在我脑海的，呃……却是‘我们夫妻俩多久才能回一次圣路易斯’之类的愚蠢想法。”布什确实询问过丹佛斯宗教信仰在他的政治生活中所扮演的角色，这位前参议员立即提出了异议，他说：“我只想澄清一点：我不认为自己的宗教信仰会转变成政治动机。”

丹佛斯根本不知道，副总统人选虽然表面上还在讨论之中，但实际上已经被那位护送他来面试的“向导”内定了。切尼也在面试现场，不过在中途被告知莉兹打电话找他，于是他表示歉意后离开房间，到外面接起电话。莉兹对他说，皮特·威廉姆斯打电话告诉她，美国广播公司将发布他已被选定为副总统这个消息。切尼叫莉兹回电给皮特，告诉他人选还没有定下来。严格来说，切尼的这个说法是真的，但记者们已经嗅到了一丝迹象，这个秘密保持不了多久。布什与丹佛斯的会面结束了，他对丹佛斯印象深刻，但并没有改变自己的初衷。

切尼开始着手清除障碍了。他的旧交兼助手戴维·格里宾给切尼的另一个朋友、时任怀俄明州州务卿的乔·迈耶打了个电话，问他怎样才能成为一个州的选民。迈耶告诉格里宾，最近怀俄明州最高法院处理的一则案例表明：只要某人在某个州拥有一处房产，他就能宣布该州是他的主要居住地，并注册为该州选民。尽管如此，共和党初选报名的截止日期已经迫近，所以切尼和他妻子在 7 月 21 日悄悄前往他们拥有一处度假屋的怀俄明州提顿县，到县政府填写选民资格表。

不久，切尼在怀俄明州注册为选民的消息走漏了出去，引起人们大量的猜疑。凯伦·休斯被弄得猝不及防，她想搞清楚到底发生了什么事情，于是打电话给莉兹·切尼。莉兹接到休斯电话时正在美发店剪头发，为了避免声张，她不得不躲进设备柜向休斯解释《美国宪法第十二条修正案》的问题。罗夫想在最后一刻才向公众揭晓布什的决定。7 月 22 日，罗夫发现一名竞选助理常被人怀疑向媒体透露消息，于是他向这名助理撒了个谎，说丹佛斯就是副总统人选。在当晚的新闻报道中，丹佛斯被称为处于领先地位的候选人。

虽然切尼既没有收到正式的邀请，也没有正式接受这一职位，但他比外界更了解真实的情况。他只向几个信得过的朋友吐露这个秘密，并在他们面前表现出勉为其难地接受候选人资格的姿态。

他找到自己的朋友、曾任福特执政时期白宫摄影师的戴维·胡米·肯奈利，对他说："听我说，明天你会听到一件重要的事情，布什已经邀请我做他的竞选伙伴了。"

肯奈利毫不犹豫地问道："你拒绝他了，是吗？"

"呃……不完全是。"

"不完全是？我们开门见山地说吧。你帮他物色副总统，然后情节就像那些俗套的爱情故事一样，你反而成了他心目中的人选？"

"他有点强迫我。"

"噢，简直是废话，一个巴掌能拍得响吗？"

事情很快就一锤定音了。7月25日早上6点22分，布什给在家里的切尼打电话，正式邀请他作为副总统提名人参与大选。据说切尼当时正在跑步机上锻炼，他接受了邀请，挂上电话后，转身对琳恩说："亲爱的，我们可以把房子卖掉了。我去辞掉工作，然后重新回到政界。"

当天下午2点，切尼飞往奥斯汀参加新闻发布会，随后前往怀俄明州，参加在纳特罗纳县高中体育馆举行的一个喧闹的集会。在切尼和布什的发言中，都提到了切尼起初拒绝接受提名，并暗示说，正是几个月来物色候选人的工作，让他们最终成为了合作伙伴。他对支持者们说："他在完成使命的过程中，做事非常周密且精细。这使我逐渐意识到，最有资格担任副总统的候选人其实就与我并肩工作着。"

切尼也作了类似的发言："我在管理着一家企业，业务繁忙；我也很享受自己的私人生活，之前从没想过重新担任公职，但我在今年春天所经历的事情，改变了我之前的想法。当我与布什州长共事时，我听他谈论着对我们的共和党和国家的独特见解。我从中看出了他的真诚。他所做的所有决策，都是坚定而且公平的。最后，我终于意识到，他是一位非常令人信服的人。"

一个唱红脸，一个唱黑脸

不管布什是否令人信服，人们还是没有弄清楚切尼为什么要接受副总统提名。在美国历史上，副总统总会觉得自己就像是政坛的流放者，除非发生了一些极端可怕的事情，否则他们根本没有实权。美国首位副总统约翰·亚当斯形容这一职位是人类所发明的"最无足轻重的公职"；曾在罗斯福执政时期担任过副总统的约翰·南斯·加纳把自己的职位形容为“分文不值”。在 1960 年大选结束后的第二天早上，林登·约翰逊盯着电视，获悉自己当选了副总统，失望之情溢于言表。他对得到这一职务深感沮丧，后来他公开声称：“我厌恶任职副总统的每分每秒。”沃尔特·弗雷德里克·蒙代尔（Walter F.Mondale，美国政治家，卡特时代担任第 42 任美国副总统。——译者注）也说，副总统是一个“职责不清、令人失望、树敌甚多”的职位。

切尼亲身体验到了这一点，他说：“那是一个令人讨厌的工作，福特经常对我说，担任副总统的那 8 个月，是他人生当中最难熬的一段时间。”此外，他还说：“我曾是尼克松政府的一员，亲眼目睹过阿格纽垮台（阿格纽是尼克松政府时期的美国副总统，因任马里兰州长期间的非法金融交易受到指控而辞职。——译者注）；也感受过纳尔逊·洛克菲勒所受的深刻挫折，他憎恨这这份该死的工作。”作为昔日副总统的手下，切尼也切身体会到这一职位所受的种种限制。在宪法赋予副总统的职责中，除了继任总统外，就只有以主席的身份主持参议院，并且只有在参议院投票票数相同的情况下，才能行使投票权。正如之前所提到的菲律宾政变未遂事件中，切尼对丹·奎尔明确表示说副总统没有指挥权。

但是，自亚当斯和加纳时代以来，副总统的权限有所扩大。约翰逊是第一个在白宫大楼得到私人办公室的副总统，他的办公室位于白宫西翼旁边的“老行政办公大楼”。约翰逊之前在参议院有自己的办公室，约翰·F.肯尼迪给他一间白宫办公室的原因，就是想削弱约翰逊在参议院的权力基础。吉米·卡特则让蒙代尔直接搬到了白宫西翼，这里也成为蒙代尔和后来所有副总统的固定办公场所，与总统的椭圆形办公室只有咫尺之遥。克林顿在决策领域赋予阿尔·戈尔更多职责，比如环保问题、美俄关系问题以及政府重组问题等。然而，尽管如此，任何一位副总统的影响力都是被严格限制的，完全取决于总统的仁慈之心。

那么，切尼为什么要接受副总统提名呢？就他多疑的性格来说，副总统一职之所以最终吸引他，是因为这给他提供了一个机会，既不用承受作为总统所要面对的麻烦，又能做出政治决策。切尼曾说过，他无心竞选总统，但如果有人通过行政任命赋予他总统之职，他倒是乐于接受的。布什越谈论让切尼成为他竞选伙伴这件事情，他就越接近这一设想。布什可以充当前台人物的角色，到处去作秀和笼络人心，而切尼则可以专注于他最关心的事情。切尼肯定知道，像布什这样对细节一知半解或毫无兴趣的总统，会给他相当大的空间来自由发挥。多年以后，切尼说道："他要找的是一位能胜任这份工作的重要人物，而对于总统选举团，他倒不是十分担心。我对此印象深刻，觉得他是很严肃对待这件事情的。"

虽然切尼举止沉稳，但他骨子里是一个争强好胜的人。在克林顿执政期间，他在拜访白宫时所看到的一切让他深感失望。皮特·威廉姆斯说："在总统办公室不打领带、穿着牛仔裤跑来跑去，诸如此类不修边幅的事情，以及克林顿所制订的政策，都深深地打击了他，让他觉得这一切都是错误的，我认为，他发自肺腑地觉得克林顿正在把事情推向错误的方向，他身体内的另外一个自己似乎在说，这一切必须要纠正过来。他的身上多少有点火马（概念出自中国'火马年'，传说在这一年出生的女人生性狂野。此处指切尼的性格中有叛逆不羁的成分。——译者注）的性格，而现在召唤马儿的铃铛已经响起。"

但是，要回应这样的召唤，切尼还得在身心上做出调整。他上一次面对选民还是在 12 年前；而他人生唯一一次参选，则发生在 22 年前，那次是怀俄明州的共和党初选，那时的环境跟现在政治与媒体联姻的残酷文化完全不同。10 年前，当切尼还是国防部长时，激进主义分子威胁他说，如果他不取消禁止男同性恋和女同性恋从军的禁令，他们就把玛丽是同性恋这一事实揭露出来。他并没有理会。但如今，类似这样的问题是无法忽视的。

在布什宣布切尼的副总统提名那天，这种新环境马上就给他出难题了。在演讲结束后，《新闻周刊》记者霍华德·法恩曼找到了玛丽，想向她提问题。玛丽拒绝了，他转而问切尼："你女儿的性倾向和对同性婚姻的观点已经成为竞选活动的一大话题，有人指出，她的观点与党内人士和参选者的观点有许多矛盾的地方，对此你有什么话要说吗？"

切尼完全不予理睬，他说这事和任何人都没有关系。法恩曼回忆道："他没有呵斥我，也没有向我咆哮，他还是像往常一样冷酷，但克制了很多。他对政治和这个世界的悲伤与忧郁，更胜于他所表现出来的愤怒。"

布什无意中听到了他们的短暂交锋，于是俯过身来，把这个切尼不想回答的问题揽到了自己身上。他自告奋勇地说："部长先生深爱着他家里的所有人。"

当切尼决定让玛丽做他的助手，跟他一起参加竞选活动的时候，这个问题成了布什竞选阵营内部的问题。布什的两位顾问丹·巴特利特和阿里·弗莱舍担心这样做会引起媒体的关注，两人打算与切尼谈谈这个问题，并把要说的话预演了一遍。第二天，他们与未来副总统同乘一辆专车，前往共和党全国代表大会设在费城的会场。副总统提名将在这次代表大会上正式获得认可。在车上，巴特利特以为弗莱舍会引出这个话题，可是到了关键时刻，弗莱舍却自顾自地看报纸，做出一副心不在焉的样子。

29 岁的巴特利特只好先开腔了，他对切尼说："有件事情，我们想跟你谈谈，听说令千金可能要跟你一起参加竞选活动，这很好。但是，我想告诉你的是，新闻界真的非常关注这件事情。媒体对她私生活的干预程度，可能会远远超出你的想象。"

巴特利特停顿了一下，他注意到切尼此刻正在考虑的是来自琳恩·切尼的质疑。所有人都沉默了一会儿。巴特利特看了一眼弗莱舍，想寻求他的帮助，但弗莱舍仍然一言不发。

"呃，"巴特利特决定再冒一次险，"我只是想让你了解这件事情。"

切尼面无表情地看着他，斩钉截铁地说："我女儿的事情不在讨论范围之内。"这件事的讨论也到此为止。

"好的！"巴特利特迅速妥协了，"非常感谢！"

当切尼刚被宣布为副总统提名人，他和琳恩就与两名演讲撰稿人约翰·麦康奈尔和马修·斯库利一起讨论全国代表大会的演讲稿内容。琳恩对原稿提出了诸多修改意见。她想起阿尔·戈尔在 1992 年的民主党全国代表大会上那段"他们该离开了"的即兴演说，于是提议借用这句话以牙还牙。撰稿人立即把这句话写进了演讲词中。

在为大会筹备演讲稿的过程中，布什的顾问们认为，州长的演讲稿用词过于严厉，于是把里面最强硬的词语用在切尼的演讲稿中。长久以来，副总统候选人就是唱黑脸的角色。切尼对此倒是没有太大意见，反倒是老布什的前任助手、现在负责筹备大会的安迪·卡德认为切尼的演讲稿过于消极，给切尼找来几个编辑，要把他文稿的言辞修改得温和些。切尼根本没搭理这些编辑，也没有去找卡德。8 月 2 日晚，在费城的第一联盟中心，当切尼在共和党全国代表的欢呼声中起立时，他完全按原先的演讲稿发言，没有作任何更改。他后来回忆说："我来到他们面前，给他们做了最原汁原味的演讲。"在人们热烈的掌声中，切尼指出，克林顿与戈尔搭档的这届政府“在帮助普通学校读书的孩子方面，没有任何作为”，“从来没有”认真制订过可以保全社会福利体系的计划，并且比以往任何时候都对军队要求更多，却没有给予军队必要的后勤保障。对于军队，切尼说：“我可以向他们保证：援助很快就要来了。”他批评民主党政府班子“空话连篇、墨守成规，总是想方设法找推诿的理由”。他在没有点名道姓地提到莱温斯基或“白水事件”（Whitewater，与克林顿相关的政治丑闻。——译者注）的情况下，把克林顿的丑闻与戈尔挂上钩：“当这位‘希望之子’”（The Man From Hope，特指克林顿，源于克林顿在1992年竞选总统时，曾拍过一部名为《希望之子》的宣传片。——译者注）要回纽约老家时，戈尔先生想从他前任领导的影子中摆脱出来，但一看到他，我们就没法不想起另一个人。不管是共和党人还是民主党人，难道还有人认为戈尔先生的下一个4年会与过去8年有什么不同吗？”他在演讲辞中3次用到“他们该离开了”这句话。琳恩坐在听众席上，笑容满面。

第二天（8月3日）晚上，轮到布什发表演讲了。布什接受了提名。布什家族成员见证了他的成就。当然，这些成员当中最为显眼的就是他的父亲，8年前老布什也曾站在同样的地方。虽然演讲词的语气已经温和了许多，但布什还是对即将卸任的政府提出了强烈的控诉，认为它“被繁荣蒙蔽了双眼”，浪费了许多发展机遇。布什宣称：“在我们现任总统的身上，体现了这一代人所具有的潜力，我们有这么多的天才、这么多富有魅力的人、这么多非凡的技术，但最后，结果怎么样呢？我们听了这么多的承诺，却没有实现任何伟大的目标。”为了把自己与克林顿和纽特·金里奇区分开来，布什承诺将实现一个全新的“有责任感的时代”，并宣扬他的“富有同情心的保守主义”。他指出：“我与过去几年中所出现的争议性事件没有任何利害关系。”同时他发誓要“改变华盛顿的氛围，让它变得充满礼貌和尊重”。

这次演讲效果显著。但正如斯库利所说的那样，在一个和平繁荣的年代，“这样的报告是为了寻求重大的主题”。如果布什和切尼赢得大选，他们会如何完成自己的总统任期呢？

DAYSOFFIRE

|第4章|

偷来的宝座?

入主白宫过程中，不管是布什的酒醉丑闻被挖出来，还是切尼心脏病发住院，布什—切尼搭档都未曾真正害怕过。真正令他们身心俱疲的是佛罗里达州重新计票案。虽然最高法院的介入终结了这起纠纷，但布什终究蒙上了“总统宝座是偷来的”这层阴影，暗地里被批其上位来得名不正言不顺。这是美国历史上前所未见的。

崎岖的竞选之路

“布什州长，”中情局的调查员说，“如果你当选了总统，在你的任期内将会有一次大型恐怖主义袭击。”

从接受提名那一刻起，乔治·W.布什和迪克·切尼的生活就开始改变了。对他们的安保防护加强了，安全防御范围被拓宽了，出行的事前准备工作越来越繁杂，参与的活动规模也越来越大。他们真正成为总统和副总统的希望变得更大了。

在接受提名后几天之内，克林顿从中情局给布什调派出一个信息通报小组，专门对他进行世界局势的机密讲解。布什在克劳福德接待了他们。由于布什不断地向中情局官员们提问，原定1个小时的会议变成了4个小时。在会议过程中，布什不断插入自己的明确观点，并积极地与讲师互动，在会议开始10分钟之后，信息通报官员干脆把文件夹往旁边一放，开始与这位总统候选人就全球的动荡地区问题进行深入的对话。

对布什来说，这堂辅导课意义非凡。看得出来，他对拉丁美洲和巴尔干半岛非常熟悉，对俄罗斯和中国更感兴趣，但对于世界局势的整体把握却不如他父亲，而且他本人也没有去过太多国家。这个通报小组的组长、中情局副局长约翰·麦克劳克林回忆当时的情景：“有些事情他已经了解得非常清楚，但有些事情则是一知半解，所以他利用这次机会来深入了解那些他不太了解的事情。”

他们还进行了现场模拟。他们预想在某个时间点，美国遭遇了恐怖主义袭击，麦克劳克林和他的小组成员拿出各种图表和一个手提箱放在布什面前，他们打开手提箱，出现在布什面前的是一个带有红色数字的倒计时装置，就像一个生化炸弹。麦克劳克林对布什预言，在他的总统任期内，恐怖主义将是挥之不去的话题。毕竟，在克林顿担任总统期间，一些激进分子就曾用炸弹袭击过纽约世贸中心、美国驻沙特阿拉伯军事人员所在的一处住宅区以及美国驻东非的两处大使馆。恐怖分子们还打算袭击洛杉矶国际机场，但这一阴谋被情报部门及时察觉了。现在，美国情报机构正在追踪一个名为“基地”的恐怖主义组织以及该组织领导人奥萨马·本·拉登。布什虽然对诸如俄罗斯问题更感兴趣，但也非常关注恐怖主义问题。麦克劳克林说：“我们所说的内容，他都听进去了，而且对这些话题非常感兴趣，他完全接受了这些内容。”

但在竞选活动中，却是另一番情形，因为讨论的都是内政问题。布什和他的竞选团队承认，在经济繁荣时代与阿尔·戈尔进行较量，是一项严峻的挑战。竞选顾问斯图尔特·斯蒂芬斯打趣地建议说，竞选口号应定为“前所未有的好时代，为改变而投票”。但布什却不想跟对手太客气，他私下里挖苦戈尔是个“十足的骗子”，并预感秋季举行的选战将是一场激烈的口舌之争。他对道格·威德说：“可能有段时间我比较粗鲁一些，可那正是我老爸对付杜卡基斯的方法，你还记得吗？”当年，老布什确实曾利用监狱休假问题和对《效忠誓词》（*Pledge of Allegiance*）不热心这件事攻击过迈克尔·杜卡基斯。相比而言，布什的策略要简单得多。切尼后来说：“我们对付戈尔的办法就是，把戈尔和克林顿绑在一起，使他不断卷入与克林顿丑闻有关的话题中。”戈尔也意识到了这点，他把丑闻缠身的克林顿视为负担，并刻意与之保持距离。布什用了这招围城打援的方法，让克林顿无可藏匿，他说：“如果他认定自己无法摆脱我们的攻击，还跟我竞争总统，那他的麻烦就来了。”

对切尼而言，重回竞选巡回演讲之路异常崎岖。他甚至不明白要遵循竞选的一些基本常识。比方说，布什的助手看到他与琳恩一起出席群众集会，他们认为切尼应学会在这种场合牵着琳恩的手。切尼很关心事情本身，但对于事情的氛围、情调等不甚关心，于是他花了好几个小时来突击钻研。据奥斯汀竞选总部为切尼配备的助手斯图尔特·霍勒迪回忆：“我给他的学习资料他从头到尾都看了一遍。”可是，切尼还是要花一段时间来找到他在竞选中最适合的角色。虽然他曾审查过其他候选人的资格，但他本人的资格却从未被人审查过，所以当民主党人攻击他在国会中的保守投票时，他的竞选团队显得有点措手不及。切尼的朋友艾伦·辛普森说："这件事让他有点意想不到，他对此根本没有心理准备。"

切尼开始了自己的竞选之旅，首站就是南佛罗里达州，他在8月31日参观了两所学校并发表了关于学校债券融资的演讲，发现下面的听众竟然都是小学生。他觉得这次行程是一大败笔，于是他决定从此以后亲自安排自己的行程。霍勒迪说："可以说，他在某种程度上立下了规矩，而且我认为，他在整个竞选过程中，对于去哪个州、参加什么活动、发表什么内容的演讲等诸如此类的事情都非常关心。"随着竞选活动的进行，奥斯汀竞选总部终于领悟到，切尼不喜欢对小孩照本宣科的场合、不喜欢经常隔着护绳跟选民握手、不喜欢举行鸡尾酒会，他更不喜欢把竞选活动安排在大学橄榄球比赛之后。他在奥斯汀的助手开玩笑说，既然切尼有这么多禁忌，那就做一个他的纸板像，代替他去不愿意去的场合好了。

几天后的9月4日，在参见伊利诺伊州内珀维尔市举行的一个劳动节（美国的劳动节在每年9月的首个周一。——译者注）活动中，切尼与布什汇合了。这天，布什穿着一件蓝色的休闲衬衣，切尼则穿着一件运动上衣。在朝喧闹的人群挥手致意的时候，布什边对媒体区域点头，边转身朝向切尼。

千言万语敌不过一张照片

"那人就是亚当·克莱默，《纽约时报》的大混蛋。"布什说道。

"噢，没错，"切尼回答说，"他确实是一流的混蛋。"

他们都没有意识到，现场的麦克风已经接收到了他们所说的话。虽然现场观众听不到，但接入音响系统的记者们却听见了，他们立刻质疑布什是否遵守自己曾说过的尊重他人的誓言。回到竞选专机上，切尼的团队成员展开了激烈的讨论，有人提议邀请克莱默到竞选阵营与切尼喝上一杯。切尼对此不以为然。但从那时起，他的团队喜欢在竞选集会中播放彼得·盖布瑞尔的《一流人物》（*Big Time*）。

为了与戈尔进行辩论，布什准备了数周时间。他分别在肯尼邦克波特和克劳福德进行了彩排，让参议员贾德·格雷格扮演民主党候选人的角色。

格雷格花了几百个小时研究戈尔的录像带和录音文字整理稿。竞选顾问斯图尔特·斯蒂芬斯则扮演辩论会主持，他说，格雷格在彩排过程中，不断地胡搅蛮缠和打断对方发言，“他想方设法破坏所有的辩论规则”，这也是他假设戈尔会做的事情。格雷格说：“在模拟辩论的准备过程中，毫无半点怜悯可言，我根本不会给对方留半点情面。”但实际上，准备也并非非常严谨，因为直到首场辩论开始前几天，布什才完整地参加完一场时长 90 分钟的晚间辩论演练。斯蒂芬斯回忆说，那天演练结束后，布什整个人都“蔫了”，其他人也都疲惫不堪。马克·麦金农为此苦恼不已，他对斯蒂芬斯说：“我们简直就是待宰的羔羊。”

由于担心在自由派人士居多的州遇到抗议者，卡尔·罗夫认为布什不应在首场辩论前一夜飞往波士顿，而应留在西弗吉尼亚州过夜。当布什和他的随从到达酒店，他们在餐馆里找了一张桌子，但厨房里除了鸡肉以外空无一物，餐厅员工看到这么多人来就餐，有点不知所措，他们要花一个小时准备晚餐，这让布什很不耐烦。他的好友兼竞选团队主席唐·埃文斯不断去厨房催促餐厅员工，还给他们塞了 20 美元，要他们赶紧做饭。恼怒不已的布什饭也不想吃了，径直走回房间睡觉，整夜耳边传来的只有窗外的火车汽笛声和驳船的喇叭声。

第二天，即 10 月 3 日，没有休息好的布什飞往波士顿。为了避开抗议者，布什的随从安排他坐船前往马萨诸塞州大学。在预先准备好的休息室里，他给来自得克萨斯州的一位名叫可毕扬·卡尔德威尔的牧师打电话，在电话里和牧师一起祈祷。这也成为他以后每逢遇到大事件时的惯例。随后，他走上讲台与戈尔握手，戈尔也用力地握着布什的手，仿佛在恐吓他似的。布什摘下手表，把它放在讲台上。他这样做是为了避免父亲在 8 年前犯过的错误，当时老布什在辩论过程中被抓拍到偷瞄了一下手表，这一小动作导致后来被对手攻击。

布什利用这个机会，展现了一个更谦卑的美国在世界舞台上谨小慎微的景象。在谈到戈尔时，布什说：“他相信国家建设，但在使用军队作为国家建设力量时，我会采取更谨慎的态度。我认为，军队的首要任务就是打赢战争，从而在战争刚开始时就抑制其发展。”他还补充道：“总的来说，我认为，我们在太多地方过度扩张了。”

可是在最后，正如现代总统辩论常出现的那样，千言万语不敌一张照片。

在电视的分割画面上，化着浓妆的戈尔被抓拍到对布什的言论露出不屑的表情。当布什在回答问题的时候，戈尔翻了下白眼，恼怒地叹了口气，在许多观众看来他这样实在目中无人。布什之所以能胜选，主要原因是他都是对自己叹气。

接下来该到切尼上场了。他已经多年不曾与对手正面交锋，现在一上来就遇到参议员约瑟夫·利伯曼这样充满自信且身经百战的辩手。切尼此前观看了利伯曼自 1988 年竞选参议员以来的所有辩论录像，并在飞机上研究了厚厚一本关于利伯曼的简报资料。9 月下旬，他回了一趟在怀俄明州的老家，莉兹在那里做的准备比布什团队严谨得多。

他们在一间剧院进行模拟练习。斯图尔特·斯蒂芬斯回忆说，剧院里全是红色丝绒座椅，让那地方看起来“就像是一个前卫歌剧院和妓院的杂合体”。由于那地方太过招摇，他们把地点换到了家里，围着一张盖着床单的大圆桌，来自俄亥俄州的共和党代表罗布·波特曼扮演利伯曼，每晚与切尼进行模拟辩论。

波特曼利用哈里伯顿事件和其他事情来刺激切尼，而这也确实把切尼惹毛了。竞选顾问们告诉切尼，他对问题的回答应该简短易懂。莉兹说：“他习惯于长篇大论，给出的答案总是过于沉重，我们会对他说，‘让我们想一下，怎样才能以更个性化的方式来表述这件事’。”莉兹还学会了如何让她母亲不进入切尼的视线范围之内，因为“她会甩掉他的”。

在辩论开始前一天，为了理清头绪，切尼带波特曼出去飞钓，并告诉他尼克松和福特执政时期所发生的一些故事；然后，在 10 月 5 日早上，他飞往肯塔基州，打电话给布什的竞选顾问马修·多德，问他该如何对付利伯曼。多德回忆说：“为了变得更有攻击性，所有建议他照单全收。”多德认为，这样做反而会适得其反，并要求切尼顶住那些来自他的家庭的压力。

“无论你想做什么，切尼先生，你都可以做，”多德说，“但如果你真那样做的话，那就会犯下一个非常严重的错误。”

切尼停顿了一下，然后说：“好的。”

利伯曼也持有同样的看法。他的顾问团队起草了攻击切尼的演讲词，包括抨击他在哈里伯顿公司不断增长的财富。根据竞选备忘录所记载的内容，利伯曼应在演讲中指出：在过去的 8 年中，大多数人生活变得更富裕了，并且说“我觉得你可能也是其中一员”。但是，利伯曼后来却说，他被要求在未来的几年内退出政坛。利伯曼记得他的政治顾问斯坦·格林伯格曾告诉他："切尼是个废物，不用攻击他。"格林伯格和他的同事罗伯特·施勒姆的说法则不同，他们说自己曾要求利伯曼对切尼穷追猛打，但利伯曼并没有这样做，这让他们觉得很惊讶。

切尼和利伯曼在肯塔基州丹维尔市的森特学院讲台上碰面了。他们坐在一张桌子上，就像在参加周日谈话节目，这是切尼坚持要求的辩论形式。这样的座位安排，使双方的摊牌变成了一次文明的对话。不出所料，在利伯曼按预先写好的台词攻击切尼时，产生了事与愿违的反作用。

利伯曼说，大部分美国人比以前更富裕了。同时，他还补充道："迪克，我很高兴从报纸上看到，你比 8 年前也富裕多了。"

切尼回答说："我可以告诉你，乔，我的财富跟政府一丁点儿关系都没有。"他的回答在大厅里引起了一阵大笑。

利伯曼意识到切尼已经占了上风，于是他也想秀一把幽默感："我看得出来，我的妻子一定在想，'天啊，我多希望他能进入私营企业'。"

切尼接过话茬说："呃，我要帮你实现这个愿望，乔。"

当然，切尼说政府与他在经济上取得的成功毫无关系，这是有意地忽略了一个事实：仅在 2000 年，哈里伯顿公司就与联邦政府签订了价值 7.63 亿美元的合同。但切尼用冷嘲的口吻让利伯曼自取其辱。切尼已经被视为赢得了这场辩论，而民主党人则深感失望，因为他们认为自己错失了这次良机。多年以后，切尼和利伯曼都为经历过这次辩论而感到自豪。利伯曼说："我认为，这次辩论实际上是以非常高尚的方式进行的，这是一次文明的辩论，我为此而骄傲。"

10 月 11 日，布什与戈尔在北卡罗来纳州温斯顿 - 塞勒姆市的维克森林大学进行了第二轮辩论。布什在这轮辩论中毫发未伤，然后又紧锣密鼓地准备最后一轮议政厅式的辩论，这次他的模拟对手变成了波特曼。为了模拟辩论现场，布什团队在州长官邸里放了许多凳子。

波特曼已经研究过戈尔与比尔·布拉德利在民主党初选时的辩论过程，他在彩排过程中突然站起来，穿过辩论大厅，走到布什那边，这一举动让布什大吃一惊。但布什的反应也非常调皮，他向波特曼靠过来，亲了一下他的额头。不过，布什嘲笑说，戈尔根本不会这样做。

"他不会这样做的，"布什说，"这太荒唐了。"

“他肯定会这样做的，”波特曼答道，“戈尔会试图激怒你，他就是用这招来对付布拉德利的。”

果不其然，10 月 17 日，在圣路易斯市的华盛顿大学举行的辩论中，正当布什回答一个关于医疗保障的问题时，戈尔从自己的座位上站起来，走到布什旁边站着。布什虽然看起来有点惊讶，但他迅速地向戈尔点了下头，然后继续回答问题。这个不屑一顾的反应恰到好处，肢体语言再次让布什大受好评。布什后来对他的助手大声叫道：“他想挑衅我！”

到 10 月底，布什的信心越来越足。他在民调中遥遥领先，胜利已如囊中之物。他对威斯康星州州长汤米·汤普森说：“如果我赢不了，那我才是全美国最惊讶的人。”布什的母亲芭芭拉·布什却不这样认为，她在 10 月 31 日的日记中写道：“‘悲观女士’（我自己）真的不觉得他会赢，因为我们现在是和平年代，况且经济也繁荣昌盛。”

她的担心不无道理。两天后的 11 月 2 日，也就是大选前 5 天，凯伦·休斯闯进布什的房间，告诉他一名记者已经找出了他当年在缅因州因醉驾被捕的证据。休斯回忆说：“他虽然面不改色，但身体晃了一下。”被捕入狱这件事，他只对小部分信得过的顾问透露过。在初期的竞选自述阶段，顾问们也曾建议他向公众透露此事，这样能在公众心目中树立他“自我救赎”的形象，但布什没有采纳这一建议，理由是他不希望自己只有十几岁的女儿知道这件事。

同样的，对于是否吸食过可卡因这个问题，他也讳莫如深。在竞选过程中，他的媒体助理斯科特·麦克莱伦曾无意中听到他在电话里对某个人说：“你知道吗？我真的不记得自己有没有吸过毒，这是实话。”麦克莱伦认为，这是一种经过深思熟虑的自我欺骗行为。

在大选投票前几天，关于布什曾经被捕入狱的新闻报道成为一个惊天丑闻。马修·多德在没有告诉任何人的情况下，对 3 个州的民意做了一次调查，发现布什在佛罗里达州和俄亥俄州的领先优势已经消失殆尽，在密歇根州也是远远落后。那些中间派选民或许不太在乎这个事情，但社会保守派选民却感到非常不安。在大选那天早晨，多德和丹·巴特利特一起去打高尔夫球，多德对巴特利特说：“现在的局面从‘可能会赢’变成‘手足无措’了。”卡尔·罗夫后来通过计算知道，大选当天有 400 万名福音派选民待在家中，没有出来投票。斯图尔特·斯蒂芬斯认为，这段不光彩的往事让布什丢掉了好几个州的选票，包括新墨西哥州、爱荷华州、俄勒冈州和缅因州，佛罗里达州也几乎全军覆没。

尽管如此，在大选之前，当奥斯汀竞选总部的律师们聚在一起吃早午餐时，他们已经反复思考过可能会出现的各种情形，但只有一件事情除外。竞选总顾问迈克尔·唐纳回忆道："我们完全达成一致的事情就是，我们不必担心重新计票的问题。"

一波三折的大选夜

在 10 月 7 日的大选之夜，布什和切尼各自为随从安排了晚餐，他们期待深夜再汇合宣布选举胜利。竞选阵营信心满满，他们制订的行程表显示，布什将在得克萨斯时间晚上 10 点 39 分准时发表胜选演讲。不过，布什本人却没那么大把握。

布什和家人一起到奥斯汀的一家名为"海岸线烧烤"的餐厅吃晚饭。在去餐厅的路上，他对父母说："这可能会是一个漫长的夜晚。"

到了餐厅后，桌子已经摆好了，餐前小吃也端上来了，但布什的心思不在吃的上面，他一直在观看餐厅角落里的电视节目。得克萨斯时间晚上 6 点 48 分，即美国东部时间晚上 7 点 48 分，电视网开始把佛罗里达州说成是戈尔的囊中之物。布什和他弟弟、时任佛罗里达州州长的杰布极为愤怒。在地形狭长且保守的佛罗里达州，选举还有 12 分钟才结束，而且布什在该州有着强大的支持率；更重要的是，在总统选举团中，佛罗里达州对于共和党多数派来说非常关键。

杰布·布什满怀歉意地拥抱着哥哥，眼里噙着泪水。后来，杰布对妹妹多萝西说："我觉得我辜负了他。"

正当他们烦躁不安之际，餐厅的电视坏了，这让布什的情绪更加激动了。他低声对父亲说："我不想待在这里，我想回到州长办公室。"

于是，布什和妻子、父母没有吃晚餐，直接离开了餐厅。当汽车在漆黑的雨夜中行驶在路上时，这段从餐厅到州长官邸的行程，让外表平静的布什心中隐约有一种不祥的预感。

刚到州长官邸，全家人就直接冲上楼，迫不及待地打开了电视。罗夫此前曾信心十足地预测，布什和切尼将会赢得 320 张选举人票和 4 ～ 7 个点差额的民众投票，他一遍又一遍地检查了佛罗里达州的投票数，发现电视台把数字搞错了。他打电话痛斥了电视台的主管，让电视台最终收回了之前的错误言论。

杰布・布什也一直与佛罗里达州的官员保持沟通。在得知该州的投票仍然在进行当中之后，他迅速赶到州长官邸，三步并作两步冲上了楼。

“我们绝处逢生了！”他大声叫道。

得克萨斯时间晚上 8 点 54 分、美国东部时间晚上 9 点 54 分，CNN 和哥伦比亚广播公司收回了关于佛罗里达州的言论，但还是没有把该州列为布什的胜选州。

在城市另一端的四季酒店的一间套房里，切尼也经历了与布什同样的过山车式的选举结果。他从报纸上剪下一张全国的选举地图，用一本黄色便签簿把各州得票数记录下来，然后划掉那些落败的州名。跟他一起关注投票的人都是他的朋友和竞选顾问，包括詹姆斯・贝克、唐纳德・拉姆斯菲尔德、艾伦・辛普森、尼克・布莱迪、绰号“滑板车”的利比，还有戴维・阿丁顿。布什曾一度打电话告诉切尼：“我们还活着。”

布什全家人都涌入州长官邸楼上相对拥挤的房间里。劳拉・布什在厨房一边煮着咖啡，一边不断地往洗碗机里塞碗碟，据她女儿詹娜所说，“每当她感到紧张的时候，就会洗东西”。芭芭拉・布什则坐在沙发上，一边做着帆布刺绣，一边用耳机听着桑德拉・布朗的有声小说。老布什显得很紧张，在芭芭拉看来，老布什“一夜之间苍老了许多，人也显得很疲惫，忧心忡忡”。有一位当晚与老布什交谈过的工作人员后来回忆说，老布什被投票的悬念所折磨，他甚至要吃抗酸药来缓解压力。

得克萨斯时间午夜时分，布什拿到了西弗吉尼亚州、阿肯色州和田纳西州的选票。在此前的 17 届总统选举中，西弗吉尼亚州有 14 次把选票投给了民主党；阿肯色州和田纳西州则分别是民主党籍的现任总统和副总统的家乡。如果能拿下佛罗里达州，胜利就唾手可得了。当然，仅仅是“如果”。

在得克萨斯时间凌晨 1 点前，布什接到了表兄约翰・埃利斯的电话。埃利斯曾在电视台的大选报道部门工作多年，当晚他为福克斯新闻频道报道大选情况。

“你有什么看法？”约翰・埃利斯问布什。

“你的看法呢？”布什反问道。

“我觉得你已经赢了。”

这话不久后应验了。在得克萨斯时间凌晨 1 点 15 分、美国东海岸时间凌晨 2 点 15 分，福克斯新闻频道宣布佛罗里达州已经属于布什和切尼，他们获得了 271 张选举人票，远远超出所需的基本票数。在 5 分钟之内，其他所有电视频道也跟进报道了这一消息。

大概 15 分钟后，布什终于等到了期盼已久的电话。

“恭喜你！”戈尔在电话里对布什说道。戈尔承认自己败选了。

“你是一位强大的对手，也是一个好人。”布什说。

“我们给全国人民奉献了一场势均力敌的竞选。”戈尔说。

“我知道，这是一场艰巨的选举，让你的家人也承受了不少压力。请代我向蒂柏（戈尔的妻子。——译者注）问好。”

随着戈尔承认败选，布什认为自己已经当选了总统，于是他打电话给自己的竞选伙伴。在四季酒店，切尼也和布什一样精疲力竭，坐立不安的他躲到了房间里，躺在床上休息了几分钟。后来，他记得自己是被女儿莉兹叫醒的。莉兹对他说：“爸爸，你已经被选为副总统了。新任总统要跟你通话。”

玛丽・切尼记得，是母亲叫醒父亲的，而艾伦・辛普森和尼克・布莱迪则记得是自己叫醒了切尼。

辛普森记得他冲切尼大喊道：“起床，你这个混蛋！你现在是美国副总统了！”

而在切尼的记忆中，他对此反应相当谨慎。他当时说了一句：“这一切还没结束呢，阿尔。”

切尼从卧室里走出来，衬衫的下摆还挂在裤子外面，但思路仍相当清晰。他对自己的好友兼摄影师戴维・胡米・肯奈利说，他现在衣冠不整，还是不要给他拍照了。布什告诉切尼，戈尔已经打过电话给他了，于是切尼一家马上从酒店出发前往州长官邸。为了安全起见，特勤局安排人员护送他们从酒店的厨房离开。当他们一行人匆匆走过厨房烹饪台时，琳恩・切尼留意到，所有人都是眉开眼笑，唯独她的丈夫面无表情。

“你刚当选上美国的副总统，”她说，“你至少要看起来高兴一点。”

“我感觉有点不对劲。”切尼回答道。

他的直觉是正确的。当他们到达州长官邸时，所有人都称呼布什为“总统先生”或者“新任总统先生”。但他们很快注意到，戈尔并没有向公众承认败选。凌晨2点30分，戈尔又给布什打了个电话。

“上次给你打完电话后，情况发生了戏剧性的变化，”戈尔说道，“佛罗里达州的票数太接近了，胜负还没有定论。”

布什不敢相信自己的耳朵：“你说的和我想的是同一件事吗？让我把话说清楚点吧，你打电话过来，是想撤回刚才承认败选的话吗？”

“你先别急，”戈尔回答道，“请让我向你解释一下。”戈尔说，如果佛罗里达州确实把选票投给了布什，那他肯定会承认败选；但由于最终结果还没出来，所以现在宣布败选有点为时过早。

布什留意到，佛罗里达州州长此刻就在现场，于是他说：“我弟弟说，该州的投票已经结束了。”

戈尔反驳说：“我认为，现在的局面不是你弟弟能够左右的。”

“那就干你该干的事情去吧！”布什语气严厉地说。

布什带着满腹疑虑挂了电话。他走下楼，悄悄地经过厨房，加入其他人的行列。他看上去非常震惊。

“他收回去了，”他喃喃自语道，“他收回去了……”

“谁把什么收回去了？”肯奈利问他。

“戈尔刚给我打过电话，他收回了承认败选的话。”

接下来，布什不知道该做些什么。他建议，公众已经在雨中等待了好几个小时，或许他应该走到他们面前，向他们宣布选举胜利的消息，毕竟数据对自己这方有利，干吗非得听戈尔的话呢？

杰布劝阻他这样做：“乔治，别这样做，计票结果太接近了。”唐·埃文斯替他向公众发言，他称目前结果待定。最后，劳拉·布什走到丈夫身边，用胳膊搂住他。她知道他肯定很累了，想让他好好休息一下。

“小布，”她逗他说，“你是想赢呢，还是想去睡觉呢？”

布什笑了，回答道：“去睡觉。”

扑朔迷离的重新计票案

自1876年拉瑟福德·伯查德·海斯与萨缪尔蒂尔顿争夺总统宝座以来，总统选举的结果从未如此难分高下。大选投票后的第二天凌晨，两大阵营的律师立即飞往佛罗里达。布什和切尼在早上醒来时，还难以确定这天会发生什么事情。

随着佛罗里达即将成为法律诉讼和政治角逐的“战场”，布什向他父亲和切尼的亲密朋友，也就是共和党最身经百战的顾问詹姆斯·贝克求助，他想让贝克来主导这场斗争。但是，布什不太想把这件事情个人化，于是他一切照常进行，仿佛已经赢得选举一样。他直接去农场度假了，而切尼则在四季酒店继续待了 10 天，把酒店房间当成临时作战室，然后才回到华盛顿郊外的家中。当佛罗里达州的律师们就挂角票和其他投票违规行为争得面红耳赤的时候，布什却摆出一副沉着而自信的姿态，对每天听到的政治阴谋论无动于衷。他在农场里没有装有线电视，并且让他的助手告诉别人：他正在阅读一本关于乔·迪马乔的传记。

他还抽空结识了安迪·卡德。如果他赢得选举，卡德将出任他的白宫幕僚长。他们一起清理灌木，一起吃“蓝铃”牌冰淇淋，讨论当选后要做哪些事情。卡德回忆说：“我们花了好几个小时讨论了许多问题，包括‘你将如何组建白宫？’‘你喜欢与哪些人共处？’‘哪些人是你不太喜欢但又需要让他们加入这届政府，同时想与他们保持适当距离的？’诸如此类。”卡德认为，这样的机会“几乎是天赐的”，因为人们的注意力都集中在佛罗里达州，这让布什有机会停下来思考，并重新凝聚能量。如果他在大选之夜毫不费力地赢得胜利，他是不会以这样的方式进行反思的。

随后，布什返回奥斯汀处理州务。有天晚上，他参加了一群朋友的晚餐聚会，餐桌上的菜都是中式外卖，每人都有一份签语饼（也称“幸运饼干”），但布什拒绝打开自己那份签语饼。他的一位朋友帮他打开了，里面的签语写着：“你的前途无可限量，属于你的奖赏迟早要到来。”劳拉·布什惊叫道：“这是你故意安排的！”

当然，布什一直关注着佛罗里达州的进展。每天早上，他和切尼都要与贝克开一次电话会议讨论最新进展，并且不断地向他的妹妹多萝西和其他人发信息，询问他们正在发生的事情。他还经常与父亲保持电话联络，老布什在给一位朋友的信中写道：“我们随时保持沟通。”在佛罗里达州最高法院做出不利于布什阵营的一项判决那天，凯伦·休斯觉得布什“第一次显现出了疲态”。作为布什发言人的阿里·弗莱舍在前往华盛顿之前，在农场与布什见了一面，此时布什的语气中几乎要屈服于不受他控制的命运了。布什说道："如果他们要窃取大选成果，那就随他们好了，如果他们真这样做的话，我就在农场继续我的生活。"话虽如此，但他绝对不是一个被动的旁观者。在竞选团队的疑惑当中，他授权贝克前往美国联邦最高法院，要求停止重新计票。

贝克和唐·埃文斯找到了正在坎昆度假的约翰·丹佛斯，请求他做布什的全权代表。几个月前，布什放弃了丹佛斯而选择了切尼；如今，丹佛斯认为这是一个徒劳无功的苦差事，于是他拒绝了。

丹佛斯说："我简直无法想象，联邦法院会对一件与州选举法相关的事情启用司法权，我真不敢相信。"丹佛斯认为，布什还年轻，如果这次选举失败了,他还有光明的未来。但如果他向联邦法院提出一桩毫无价值的案件，"那会影响到他的名声"。

贝克坚持要求丹佛斯那样做，他很不情愿地答应了。但是，当他刚退掉酒店房间之后不久，贝克又给他打了个电话："从你的话听得出来，你并不是很乐意做这件事情，所以，我们还是找其他人吧。"

于是，竞选团队找到了一位著名的共和党籍律师西奥多·奥尔森，他用行动证明了丹佛斯的看法是错误的：联邦法院受理了这桩案子。

在这一切的进行过程中，布什让切尼负责组建过渡政府。此前，即将上任的总统从来没有授权副总统组建过渡政府。在奥斯汀的竞选办公室，切尼随手拿起身边唯一的一张纸，那是他和布什针对棕榈滩县投票结果所发表的联合声明新闻稿。他把这张稿件翻过来，开始筹划就职前10周应该做的事情。返回华盛顿后，由于现任政府不会为过渡政府提供办公场所，所以在莉兹和戴维·阿丁顿的协助下，切尼把办公地点设在他在弗吉尼亚州麦克莱恩的联排别墅中，家里的厨房餐桌成了他的办公桌。他的通讯设施就只有3部手机，屋里信号不好，有时候还得拿到外面打电话。鉴于无线手机的安全问题，每当切尼要拨打一些非常敏感的电话时，琳恩就会从阁楼拿下来一台浅褐色的旧式"公主"牌拨盘式电话给他。切尼曾经历过5次总统换届，但没有一次是像这样的。

11月22日清晨，在佛罗里达州最高法院宣布延长重新计票期限之后几个小时，切尼从睡梦中醒来，觉得胸口非常难受，随后被紧急送往乔治·华盛顿大学附属医院。医院起初排除了突发心脏病的可能性，而布什也向新闻记者传达了这一消息。但当医生把血管支架放入切尼心脏，用来打开动脉阻塞的时候，进一步的测试表明，他真的是突发心脏病。医生们出席了媒体发布会，但他们用的是技术性术语。发布会结束后，凯伦·休斯担心这些医生一直没有用“突发心脏病”这个词，于是命令他们出去再举行一次新闻发布会，这样就没人会怀疑他们掩盖事实。

这是切尼的第 4 次心脏病发作，这让人们又开始质疑他是否胜任这项工作。在重新计票的过程中，人们的看法至关重要，而竞选团队最不愿意看到的就是切尼在公众心目中留下一个身体不健康的未来副总统形象。因此，切尼找 CNN 的拉里·金做电视谈话秀，在医院里接受现场采访。

“我感觉很好，一切正常，”切尼对着电视镜头说道，“再过一两天，我就可以出院了。”

“你感觉压力大吗？”金问他。

“坦率地说，在过去的两周里，我没觉得压力太大。这跟我以前所经历的诸如海湾战争之类的事情相比，压力小得多。这话听起来或许让人难以置信，但确实如此。”

金继续问道，如果他和布什赢得了选举，对于出任副总统，他是否有任何疑虑。

“没有任何疑虑。”切尼斩钉截铁地回答。

感恩节这天，科林·鲍威尔的妻子阿尔玛在医院里为大家准备了一顿丰盛的晚餐。感恩节过后，切尼出院了，又接着忙过渡政府的事情。竞选团队在麦克莱恩租用了办公室，切尼开始为新政府招揽他信得过的人才。

不确定因素正在增加。如果关于选票的争端不能及时得到解决，可以想象的是，在总统就职日到来这天，将出现没有总统宣誓就职的局面。为了防止出现这种状况，中央情报局开始向众议院议长丹尼斯·哈斯泰特作简报。哈斯泰特是总统职位的第一继承人，在没有总统的情况下，他将出任代理总统。

最终，美国联邦最高法院为这起争端画上了句号。12 月 12 日晚上 10 点左右，联邦最高法院以 7 票对 2 票裁定：在布什与戈尔的总统选举计票案中，由于不一致的计票标准违反了美国宪法的平等保护条款，所以在被选定县进行的重新计票工作必须马上停止；在另一项表决中，最高法院以 5 票对 4 票裁定：在佛罗里达州选民投票的最后期限到来之前，没有时间制订重新计票的标准。这两项复杂的裁决让电视台记者摸不着头脑，他们还没来得及仔细揣摩裁决的细节，就匆匆地拿着裁决复印稿进行现场直播了。

此刻,切尼正待在麦克莱恩市的家里。戴维·胡米·肯奈利刚拜访过他。离开切尼家不久，肯奈利就听说法院正在公布裁决结果，于是他赶紧给切尼打电话。

“迪克，最高法院准备在今晚公布裁决结果。”肯奈利说道。

“那你赶紧回来，快回来。”切尼对他说。

这时，肯奈利正在和一位名叫迈克尔·格林的美联社摄影师朋友喝酒，他离切尼家只有几个街区的距离，因此他们一路小跑前往切尼家。

他们到切尼家的时候，琳恩和玛丽都在楼上，她们患了感冒；切尼独自一人待在厨房里看电视新闻。切尼不断地换台，直到发现皮特·威廉姆斯在美国全国新闻广播公司新闻频道中报道新闻，他说：“如果有人知道这件事情，那这个人一定是皮特。”果然，威廉姆斯早于绝大部分记者领悟出了法院裁决的含义：布什和切尼已经赢得了大选。

随后，切尼给詹姆斯·贝克打电话。

“你好，新任副总统先生。”贝克说道。

“谢谢，吉姆，”切尼说，“我也要恭喜你，你做了大量的工作。在你的领导下，我们领先的票数从 1 800 票变成了 150 票。”

挂了电话后,切尼转身对客人们说:“我要开一瓶上等红酒庆祝。”不久，莉兹和她丈夫菲尔·佩里带着香槟来到切尼家中。肯奈利回忆道：“庆祝的场面不是很狂野，他可是玩飞钓的人，那需要坐禅般的耐心和冷静。”

裁决结果出来时，布什在自己的州长官邸中准备上床睡觉。电话响了，是卡尔·罗夫打来的，他叫布什打开电视机。布什转到了 CNN 频道，该台的记者们并没有明白裁决的含义，此刻他们正在报道各方的异议。

“恭喜你，总统先生，”罗夫说，“这真是个好消息！”

“你在说什么呢？”布什问道，“这消息简直太糟糕了。”

“你在看哪个频道？”罗夫问他。

布什告诉了罗夫，罗夫让他换台，转到 NBS。

布什换了台，看了几分钟，然后挂掉了罗夫的电话，打电话给贝克，征求他的法律意见。贝克确认了罗夫的看法。

随后，布什给父亲打电话：“虽然我不是律师，但我知道，这个裁决意味着我赢了。”

戈尔花了整个晚上考虑自己要做出何种选择。次日凌晨，他致电布什，这次真的承认自己败选了。他对布什说："这次我不会再打电话反悔了。"

经过 36 个近乎疯狂的日夜之后，一切终于尘埃落定。最终计票显示，在佛罗里达州的 600 万张选票中，布什和切尼以 537 票的优势领先于戈尔，并在选举人团上获得 271 张选举人票，以仅比胜选所需的票数多出一张的微弱优势当选总统。

佛罗里达州重新计票案成为权力斗争的真实写照，因为共和党和民主党都放弃了长久以来坚守的政治哲学立场，不惜一切代价想要入主白宫。戈尔的竞选团队坚持要计算所有的票数，但这也仅限于那些支持民主党的县市，因为这些地方最有可能争取到更多的选票；对于那些驻扎在海外的军方单位，民主党是没有兴趣全部计票的，因为这些单位更倾向于把选票投给共和党。共和党人则坚称，一定要按照法律条文的要求排除掉那些可能存在疑问的选票，但军人应享有疑点利益的权利。一直以来拥护具有决断力的联邦司法体系的自由派人士则呼吁保护各州的司法主权。传统上对平等保护主张和联邦法院干预各州争端的做法持怀疑态度的保守派人士，却突然叩响了联邦最高法院的大门，要求它干预这个案件。那些以不带任何政治立场面目示人的法官和陪审员，其所做的判决却很合他们哲学盟友的心意。

整个案件的过程有着明显的可疑之处，所以无论哪一方胜出，都会难以让人信服。联邦最高法院的判决受到左派人士的广泛嘲笑，布什的批评者们也认为他不是一个合法的总统，因为选举成果被那些非民选、穿着法官长袍的保守派窃取了。但不管法庭的裁决是合理还是存在过错，布什和切尼都不是由联邦最高法院选举出来的；它虽然中止了重新计票过程，但重新计票也不会对最终结果产生任何改变。在后来由媒体机构发起的两次全面重新计票活动中，人们发现，即使佛罗里达州最高法院命令的手工重新计票继续进行，或者戈尔试图在 4 个支持民主党的县里重新计票继续进行，布什和切尼仍然会赢得选举。

不过，经过这次风波，布什明白了，他的胜利背后还有其他含义。抛开佛罗里达州不说，他在全国范围内的普选中已经失败了，这是不争的事实。在凯伦·休斯看来，布什在争议声中登上总统宝座，对于那些不支持他的人来说，就像是"在伤口上撒盐"。因此，12 月 13 日，当布什在民主党议长的介绍下，在得克萨斯州众议院议事厅发表胜选演讲时，他特别阐明了自己的观点："在这里，一个民主党人士占多数派的地方，共和党人和民主党人曾同心协力，为我们所代表的人民做了许多正确的事情，我们曾经消除了诸多分歧，最终达成了具有建设性的共识。"他赞赏戈尔完成了一次"鼓舞人心的竞选"，并在"这个对他而言如此难受的时刻"表达对戈尔的同情。布什承诺要与民主党人一起精诚合作，拯救社会保障和医疗体系、改善学校教育质量、降低税赋，并制订"符合两党利益的外交政策"。

"我在这个大厅所见证的合作精神，"布什补充道，"正是我们在华盛顿特区所需要的。它是我们这个时代所面临的最大挑战。"

D A Y S O F F I R E

第5章

菜鸟总统的强势副手

新官上任的布什与切尼该如何处理一系列问题？如何组建政府，如何减轻税负，怎样应对京都气候变化协定，又怎样对待朝韩关系？在这一系列问题上，布什这个菜鸟总统或多或少都在跟着强势副总统的剧本走——态度强硬，决不妥协。

留下强势的第一印象

不管布什在得克萨斯州众议院议事厅看到的是怎样一种合作精神，对于远在华盛顿的切尼而言，都是无法理解的。在布什接受戈尔败选声明并发表安抚演讲的同一天，切尼来到国会山，传达出一条截然不同的信息：新团队要入驻了，而且这个团队绝不对任何人妥协。

如果说分析家们认为刚当选的总统和副总统会收敛一点，放弃他们的基本理念，并坚持走中间派道路的话，那他们就大错特错了。切尼准备让他们打消这些念头。“我们的态度就是坚决说‘不’，”他后来回忆道，“我们已经当选了，现在，我们不必担心不上不下的税收改革，也不会让全国一半的孩子教育问题得不到解决。不，我们不会那样做。现在我们要全速前进了。”切尼认为，如果行动上不够强硬的话，就会显得底气不足。他们应该像军人执行命令一样推行改革措施，迫使华盛顿看到他们行为的合理性，并接受这些行为。

来自宾夕法尼亚州的参议员阿伦·斯佩克特向切尼和其他五位温和派共和党参议员发出了邀请，希望他们于 12 月 13 日参加在自己的隐居处所举行的晚宴。在目前参议院中，共和党和民主党各占 50 个席位，这意味着共和党人必须得到来自新任副总统打破僵局的一票，才能获得对参议院的控制权。由于两党实力非常接近，斯佩克特和其他五位温和派共和党人认为自己的作用极其重要，他们分别是来自佛蒙特州的詹姆斯·杰福兹、来自罗德岛的林肯·查菲、来自缅因州的苏珊·科林斯和奥林匹亚·斯诺。

在晚宴上，切尼毫不顾忌最近心脏病发作的事，点了一份炸鸡，他不仅吃了炸鸡，还掉了一块鸡肉在地上，弄脏了这间世外桃源小屋的白色地毯。正如他对房屋整洁的无视，切尼也无视这几位温和派参议员希望他别太过激进的建议。相反，他规划了一系列大胆的计划，包括减轻赋税、退出京都气候变化协定、拒绝承认国际刑事法庭以及废除与俄罗斯签订的《反弹道导弹条约》并发展导弹防御系统等。

“真正让我担忧的是他的态度，”查菲回忆说，“他很喜欢制造冲突。”查菲想知道，切尼哪来的勇气，敢到国会山耀武扬威，他的态度完全是在发号施令，而非征求意见。

“我们在座各位的选票很重要。”查菲对切尼说。

切尼完全无视这几位温和派议员，说：“每一张选票都很重要。”

不只是切尼如此争强好胜，布什也一样。说到得克萨斯式的两党合作，他已经向人们表明，他所谓的“建设性共识”，真正含义是强迫他人接受自己的观点。只有在真正必要的时候，他才会作出妥协。正如卡尔·罗夫声称的那样，约翰·菲茨杰拉德·肯尼迪在以极其微弱的优势赢得大选后，并没有缩减他原来的计划；而比尔·克林顿在普选中以不过半数的选票赢得选举后，也是如出一辙。

在减税政策方面，布什的态度更加强硬。减税是他竞选的核心诉求，也是使他父亲的总统生涯折戟沉沙的原因。按计划，未来十年内，联邦政府的税收收入将达 5.6 万亿美元，这个数字远大于其财政支出。大部分收入将被用作社会保障和医疗储备金，但布什认为，应把税收中不足三分之一的 1.6 万亿美元返还给纳税人。

“你觉得这行得通吗？”布什询问尼克·卡里奥。卡里奥是老布什的法务主任，他将在布什政府中重操旧业。

卡里奥描述了国会山的进展情况。他隐晦地指出，在某些时候他需要作出一些让步。

布什打断了他的话，从桌子那边靠过来。“尼克，”他说，“我们将要谈论 1.6 万亿美元的问题。如果有人说其他事情，我们还是说 1.6 万亿美元的问题。我们要一直讨论 1.6 万亿美元。我不是说，我们不会在某个时候接受其他东西，但我们永远不会主动提这件事。我们只需要一直说 1.6 万亿美元，看看我们要花多长时间来得到这笔钱。”

“你明白我的意思了吗？”布什问。

“明白了，先生，一清二楚！”卡里奥回答道。

新政府过渡期只持续了短短38天，切尼就将自己的工作场所搬到了政府办公地点，并加快了组建新团队的速度。他聘请了福特执政时期的同事保罗·奥尼尔担任财政部长，参议员约翰·阿什克罗夫特担任司法部长。阿什克罗夫特曾是罗夫的客户，在谋求连任时被一位挑战者打败，而这位挑战者却在大选日之前意外去世了。

曾与切尼一起在尼克松政府共事的新泽西州前州长克莉丝汀·托德·惠特曼将领导美国环保局。布什希望康多莉扎·赖斯出任国家安全顾问，切尼则提拔了他的前助手斯蒂芬·哈德利做赖斯的副手，并聘请了另一位前任助手肖恩·奥基夫担任白宫预算副主任。他还为保罗·沃尔福威茨、道格拉斯·费思、约翰·博尔顿以及罗伯特·约瑟夫等人在新政府中谋得了一席之地。众所周知，这些人都是共和党中最强硬的鹰派人士。切尼知道如何按自己的喜好组建政府，且坊间已有关于谁才是白宫掌权者的流言蜚语。布什其实也没弄清楚这个问题。当惠特曼问布什，环保方面的问题是由她还是CEQ（“白宫环境质量委员会”的缩写。——译者注）来做决定时，布什反问她：“CEQ？那是什么？”

鉴于科林·鲍威尔在国内的威望，布什已经决定命他为国务卿。但作为一名退役将军，鲍威尔在接受任命时的自大表现让他的未来上司心生不满，更加强了他们要在内阁中安插一名能制衡鲍威尔的人的想法。正如鲍威尔想的那样：“切尼一心想束缚我的手脚，让我的权限不如在老布什任期时那么大。”有一阵子，切尼甚至产生过自己兼任国防部长的念头。虽然美国历史上从来没有出现过副总统掌管内阁部门的情况，但宪法也没有明文禁止。这种情况甚至还有过先例：亨利·基辛格曾在尼克松政府和福特政府时期同时担任过国家安全顾问和国务卿两个职务。

不过，当福特为了明确职责和限制权力而撤销基辛格的白宫头衔时，切尼是站在福特这边的。因此，他认为在目前环境下，类似做法是不明智的。国防部长提名人必须经参议院确认，并受国会监督。如果要做国防部长，他可能被传唤作证，并当场展示个人资料。在内阁担任要职的情况下，似乎很难保护他的行政特权。切尼后来说：“从某种意义上来说，为了在内阁得到一席之地，你得放弃现在的职务，放弃宪法给你的权利，并经过参议院确认后，才能成为一名内阁成员。这真的给我们的体制带来了极大压力。”

相反，在布什心目中，国防部长的第一人选是美国联邦快递公司创始人弗雷德里克·史密斯。然而，在感恩节假期时，史密斯刚做了一次紧急的心脏搭桥手术。布什心中的第二人选是来自印第安纳州的前任参议员丹·科茨，他得到多数党领袖、参议员特伦特·洛特的支持。但当科茨接受面试时，布什和切尼发现他不够强势，根本镇不住鲍威尔，所以没有对他留下太深印象。他们只好考虑第三人选：唐纳德·拉姆斯菲尔德。其实，在布什的回忆录中，他更倾向于让康多莉扎·赖斯担任国防部长，但显然，切尼在物色候选人的过程中扮演着更重要的角色。在 12 月底，切尼派车将拉姆斯菲尔德送至华盛顿的麦迪逊酒店。为掩人耳目，拉姆斯菲尔德悄悄从地下室经过，辗转来到切尼的房间。两位老朋友寒暄之后便坐了下来，切尼告诉拉姆斯菲尔德，自己正考虑让他担任国防部长或中情局局长。

2000 年 12 月 22 日，拉姆斯菲尔德飞往奥斯汀，与新当选的布什总统见面。当初，布什把拉姆斯菲尔德排除在副总统人选之外，而今同样“棘手的问题”又出现在任命他为内阁成员一事上。詹姆斯·贝克对布什说：“我只想说一句话，你知道他当年是怎么对付你父亲的。”不过，即使 25 年前在拉姆斯菲尔德的一手操控下，老布什没有被选为副总统候选人，布什也不会再以这个理由来反对他。

后来布什在回忆录中写道：“那件事到底是真是假，我也无从知晓。”显然，他没去问父亲这件事；或者就算他真的问了，也不会毫无保留地相信父亲的说法。他说：“无论 25 年前他和我父亲有何恩怨，只要唐纳德能胜任这项工作，我就不会计较那些事。”罗夫也不赞成起用拉姆斯菲尔德，他提醒布什，如果任命拉姆斯菲尔德为国防部长，就会让人们觉得切尼才是大权在握的人。布什对罗夫的意见置之不理。

4 天后，正当拉姆斯菲尔德在新墨西哥州度假时，切尼给他打了个电话。拉姆斯菲尔德开始建议另一种方案。

“迪克，我有一个有趣的想法。”他说道。

切尼打断了他的话：“等等，唐纳德，我有另一个电话打进来。待会儿我再打给你。”

10 分钟后，切尼打回来了：“总统刚给我打电话了，他让我告诉你，他想让你担任国防部长。”

“实际上，”拉姆斯菲尔德插话说，“在我们刚才的对话被打断前，我想建议由你担任国防部长。”

切尼似乎并不吃惊，他说道：“总统之前的想法和你一样。”切尼把这个想法推到了布什头上，但实际上拉姆斯菲尔德才是布什的真正人选。

在华盛顿的一些人看来，似乎这帮老伙计们又聚到一起了。美联储主席艾伦·格林斯潘曾在福特政府与切尼、拉姆斯菲尔德和奥尼尔共事过，他觉得这届新内阁的组合简直就是福特政府的翻版。长驻华盛顿、经常出入各种社交场合的沙特阿拉伯王子班达尔·本·苏尔坦则认为，布什政府更像是老布什政府的翻版。

在老布什执政时期，苏尔坦本人就曾与切尼和鲍威尔合作过，他们一起组织、发起了海湾战争。“我的天，往事重来，”他说，“那简直是再好不过了。”然而，新总统此刻正左右为难，一方面他深受福特和老布什的“跨党派合作”思想影响，另一方面还得考虑到新任副总统毫不妥协的决心。在得克萨斯州任州长时，布什曾与自己的副手、民主党人鲍勃·布洛克通力合作，如今他多么渴望再出现一位像布洛克这样的人物。但得州的民主党人风格与华盛顿的共和党人更为接近，布什宁愿找一个能与自己步调一致的民主党人，也不愿找一个试图让自己妥协的人。

1 月的一天，天气阴冷。布什来到民主党领袖、参议员汤姆·达施勒位于国会的办公室，两人坐在壁炉前，布什迫不及待地称布洛克就是自己所信奉的两党合作精神的典范。

“我们以前的合作非常紧密，”布什说道，“我想看看将来能否成为搭档。”

达施勒正在权衡之际，布什又补充道：“我希望你不会骗我。”

听到布什这句话，达施勒有点吃惊，他回答道：“其实，我倒是希望你不要骗我。”

布什比达施勒想象中的更迫切。随后，布什含蓄地提到切尼在白宫的地位问题。

“我知道，外面的人一直在谈论谁才是白宫的掌控者，”布什说，“以后，关于这个问题不会再有任何疑问。所有的决策过程都必须经过我，我才是做最后决定的人。”

达施勒觉得他这段话有点为自己辩护的意思，听起来甚至有些缺乏自信。

米德兰小青年的总统梦

2001 年 1 月 20 日，阴冷的小雨落在国会山上。这天，比尔·克林顿正准备将权力移交至 8 年前自己曾击败过的那个人的儿子手上。白宫外，布什和切尼坐在豪华轿车中，等着克林顿出来迎接他们，请他们走进白宫喝杯咖啡，然后前去参加就职典礼。这是白宫权力交接的一项传统。不过，现在已经有些落后于原定时间表了。

在与克林顿匆匆见面之后，切尼和阿尔·戈尔一起钻进豪华轿车，前往国会山参加典礼。戈尔说，克林顿在离任前正忙于签署特赦文件。“你觉得在中午之前，他能再签署多少份文件？”戈尔以挖苦的口吻问切尼。经过 8 年的共事，克林顿和戈尔之间已经形同陌路，总统与副总统之间的伙伴关系以决裂而告终。

国会山西面的台阶比布什想象中的窄得多，他强迫自己集中注意力，以免在走上台阶时摔倒。当他看到下面人山人海的观众时，注意力被那些嘈杂的声音和人影所分散，他甚至担心霏霏细雨会让自己看不清提词器上的演讲词。在读完 38 个单词的就职誓言后，布什向民众提出了他在总统任期内的展望，这个展望非常适合现状。他说：“我为人处世的原则很简单——坚信自己而不强加于人，为公众的利益勇往直前，追求正义而不乏同情心，勇担责任决不推卸。”切尼坐在几英尺外的皮椅上见证了这一时刻。演讲结束后，布什拥抱着父亲，眼泪顺着脸颊滑落。

许多自由派人士视布什为篡位者，在这样的大背景下，这一号召全民团结的演讲正当其时。吉米·卡特总统的演讲稿撰写人亨德里克·赫茨伯格称该演讲“出奇的好”，堪称一篇出色的文学作品，“是近 40 年来最优秀的就职演说，自合众国成立以来，只有少数总统的就职演说可与之媲美”。

来自得克萨斯州的非洲裔美国人卡尔德威尔牧师主持了赐福仪式。和其他人一样，卡尔德威尔把布什这次演讲视为布什走向美国政治中心的标志。他说：“如果你闭上双眼，根本听不出来到底是共和党人还是民主党人在作演讲。”就职仪式结束后，他拉住布什，问了几个与政策相关的问题。问题的细节他后来不记得了，但布什的回答倒是令他记忆犹新。

“你听了我的演讲吗？”布什问。

“听了。”

“嗯，我的政策都在演讲内容里。”

卡尔德威尔认为这是一个中庸的回答。

在沿着宾夕法尼亚大道游行路线行驶一圈后，布什的车队到达白宫，这也是他首次作为总统来到这里。与许多前任相比，布什对这里十分熟悉，但不知何故，他又感到一些异样。他令人将自己的父亲请过来。此刻，老布什早已走进了白宫家属居住区——皇后卧室，为了御寒，他正躺在浴缸里泡热水澡。当被告之儿子正在寻找自己时，老布什立刻蹦出浴缸，穿好衣服，往椭圆形办公室跑去。

“欢迎你，总统先生。”老布什刚走进办公室，儿子就向他发出问候。

“也很高兴见到你，总统先生。”父亲回答道，他的头发还是湿的。

当年那个胡作非为的米德兰小青年，如今已成为美国总统，这样的经历让人难以想象。他需要适应这样的转变。而后，两名陌生人向布什自我介绍说，他们是总统的贴身男仆，布什有些不知所措。

“我觉得我不需要男仆。”他悄悄对父亲说。

老布什微微一笑：“别担心，你很快会习惯的。”

欢迎来到布什的白宫

从入主白宫开始，布什就想在这里留下属于自己的印迹。他保留了“坚毅桌”，这张桌子是用英国皇家海军“坚毅号”的船身打造的，由英国维多利亚女王作为礼物赠送给当时的美国总统拉瑟福德·伯查德·海斯。布什还保留了亚伯拉罕·林肯的半身雕像。不过，他扔掉了原来的地毯，重新设计了一张带有旭日图案的新地毯，以向外界展示自己的乐观主义精神。他将克林顿钟爱的安德鲁·杰克逊半身像撤了出去，换上了德怀特·艾森豪威尔的塑像，并在内阁会议室也挂上了一幅艾森豪威尔的画像。他还把约翰·昆西·亚当斯的一幅画作挂在自己的私人书房内，这是他和老布什两人间的一个小玩笑。因为亚当斯父子是布什父子之前唯一一对曾入主白宫的父子总统。布什父子会以“41”和“43”的代号相称，这两个数字分别代表着他们的总统任次。白宫里的饭厅也被他们称为“约翰·昆西厅”。

为在椭圆形办公室放置一件重要的艺术品，布什从朋友乔·奥尼尔那里借来一幅名为《当尽本分》（*A Charge to Keep*）的画作。这幅作品出自

W.H.D. 柯纳之手，画作上一名粗犷的牛仔骑着一匹马，飞奔在树木繁茂的山间小路上，后面跟着两名骑手；牛仔骑马的速度很快，连帽子都飞落下来。布什认为，这幅画作的创作灵感源于查尔斯·韦斯利的同名赞美诗。诗是这样开头的："我有本分当尽，我有上主当荣。"在做州长时，布什也将这幅画挂在州长办公室里，每当有人来拜访时，他就向拜访者们介绍这幅作品，把它描述成卫理公会（基督教新教卫斯理宗的美以美会、坚理会和美普会合并而成的基督教教会。——译者注）的巡回牧师在阿利根尼山脉传播卫理公会的教义。布什非常喜欢这幅画作，在他的竞选自传中，也用了《当尽本分》作为书名。

然而，后来的研究表明，那幅画并没有任何宗教含义，与赞美诗更扯不上关系。实际上，它是 1916 年由《星期六晚邮报》（*Saturday Evening Post*）委托柯纳所画，用作一个发生在内布拉斯加州的故事配画。在这个故事中，一名盗马贼偷了一匹马，被愤怒的群众追赶，盗马贼落荒而逃。后来，这幅画被刊登在另一本杂志上，用以阐述另一个故事。这个故事同样名为《当尽本分》，内容是关于一名男子从父亲那里继承了一座森林，他要阻止木材大亨来砍伐这片森林。无论这幅画的起源是什么，人们都给它添加了不少其他代表含义。而在布什眼里，画里的这名神秘骑士代表着某种英雄品质。曾为四任总统和切尼工作过的戴维·格根后来说，批评家们从这幅画里看到了"一个孤独、傲慢的牛仔漫无目的地向前猛冲，毫不注意潜在的危险，不朝左看、也不朝右看，刚愎自用、不听劝告"。

对切尼而言，就职典礼意味着自己重返了离开 24 年之久的白宫西厢。这一次，他把办公室选在了一楼大厅，刚好在椭圆形办公室的转角处。这个房间比他担任白宫幕僚长时的转角办公室要小一些，但其中有一扇很大的飘窗、一张红木桌、一张深绿色地毯以及一排国旗，其中一面还带有副总统的印章。他的办公室里挂着两位昔日美国总统约翰·亚当斯和托马斯·杰斐逊的画像。在切尼上任后的第二周，他的两个女儿定制了一幅手绘地图，作为他的 60 岁生日礼物。地图上标出了美国内战时期，切尼的祖父萨缪尔·弗莱舍·切尼在北方联军参与过的战役地点。在接下来的 8 年里，这幅地图一直挂在切尼的办公室里。

与布什全家在就职典礼后就搬进白宫新居不同，切尼上任后，他的家人还是住在华盛顿郊外的联排别墅中；他本人则住在海军天文台大院的住所里，那间屋子急需整修，尤其是里面的地板。虽然有些共和党人抱怨戈尔把这间房子弄旧了，但切尼觉得这只不过是有孩子的家庭所造成的正常损耗。他对戈尔延后搬家时间也毫无怨言。有一阵子，他甚至亲自走进超市购买日常生活用品——当然，他身后随时都跟着特勤局的特工。

由于过去在白宫待过，布什和切尼非常清楚如何才能将事情运转起来。布什想让白宫西厢回到自己父亲执政时期所遵循的一些传统，包括在椭圆形办公室里必须穿外套、打领带等着装要求。克林顿时期盛行的一些做法在布什眼中是不可容忍的，例如穿休闲装上班、加班到深夜，以及那种大学比萨聚会的工作氛围等。不过，他也有着属于自己的大学兄弟会男孩的风格。比如，他喜欢在助手们开会时突然闯进会议室，看着他们吓得跳起来；然后他离开会议室，过一会儿又杀个回马枪，助手们又被吓一跳。他有意回避一些类似国宴的正式场合。他非常喜欢白宫厨师们做的午餐，包括用培根肉、莴苣和西红柿做的三明治，或者用白面包裹卡夫奶酪片组成的烤芝士三明治，又或者在三明治里放花生酱和蜂蜜，一旁再摆上几片乐事薯片。至于晚餐，他喜欢吃任何带墨西哥和美国西南方口味的食物，不喜欢喝汤或吃沙拉，也不喜欢吃“带水的鱼”——蒸过或水煮过的鱼类。

在组建团队时，布什借鉴了父亲的经验。他想让组织架构更扁平一些，让更多幕僚能直接向他汇报，这样做的原因是他的白宫幕僚长相对弱势一些，不像约翰·苏努努那般强势。但他也希望自己的团队能训练有素，不被外事所左右。在他宣誓就职时，他的团队就帮他安排好了头21天的工作。他极其注重时间观念，既不喜欢让别人等他，也不喜欢等别人。甚至在开会时，只要一到会议结束时间，他就会突然中断会议，而不管会议进行到哪里。他的一位幕僚约翰·布里奇兰评论道：“这可能源于良好的家教。”那些不了解布什守时观念的人很快就被上了一课。在召开第一次内阁会议时，科林·鲍威尔迟到了，布什命人锁上了会议室的大门。过了好几分钟，门把才开始转动，会议室里传出了一阵笑声。虽然这事在轻松的氛围里结束了，但布什的目的已经达到了。

布什从父亲主政白宫时期学到的最重要的经验，或许就是团队始终如一的绝对忠诚。在父亲的团队里，布什没有看到谁做过肆意妄为的事，更不会有谁自以为是或自我膨胀。布什身边也有一群从得克萨斯追随他来到华盛顿的心腹，包括咨询师凯伦·休斯、高级顾问卡尔·罗夫、对外联络部主任丹·巴特利特、白宫法律顾问艾伯特·冈萨雷斯、白宫办公厅秘书哈里特·迈尔斯以及国内政策顾问玛格丽特·斯佩林斯。布什任命安迪·卡德为白宫幕僚长，并让乔·阿尔博担任美国联邦应急管理局局长，这样的安排将阿尔博排除在了核心顾问团之外。其他帮助布什赢得竞选的老部下也在白宫中谋得了新职位，这些人包括白宫新闻发言人阿里·弗莱舍、总统演讲稿撰稿总监迈克尔·格尔森以及白宫副幕僚长乔舒亚·博尔滕和乔·哈金。核心顾问团的两位重量级人物分别是休斯和罗夫。休斯认为自己是普通美国人中的佼佼者，而罗夫则喜欢以厚黑观点看待政治。

切尼同样看重忠诚度，他也将几名长期跟随自己的顾问带到白宫西厢。“滑板车”利比成为了切尼的国家安全顾问，还主动要求兼任切尼的办公室主任，切尼也同意了。戴维·阿丁顿将成为切尼的法律顾问，曾在老布什执政时期有着丰富应对媒体经验的玛丽·马塔林也将成为其顾问。为切尼撰写共和党全国大会演讲稿的约翰·麦康奈尔将成为他的撰稿人。切尼非常关注国家安全问题，当利比把塞萨尔·孔达带到切尼面前应聘国内政策顾问一职时，这一点得到了充分体现。面试持续了不到 10 分钟，切尼盯着电视，只问了孔达一个问题：他是否曾做过任何将来可能令政府尴尬的事。“没有，先生。” 孔达回答道，然后他就得到了这份工作。

最值得注意的是，切尼想方设法把自己的团队与布什的团队捏在一起。利比和马塔林的另一个头衔是总统助理，相当于卡德和赖斯的角色。麦康奈尔将成为格尔森演讲稿撰写团队中的一员，这意味着他也将为总统撰写演讲稿。阿丁顿将与冈萨雷斯密切配合，甚至到了掌控法律顾问办公室的地步。国家安全委员会的幕僚被告知，他们电脑里的日程表可以让副总统的工作人员进入查询。“我们说没问题，但同时问他们，我们可以看他们的日程表吗？”负责亚洲安全事务的顾问迈克尔·格林回忆道，“他们说不能。刚开始我们被这个回答吓到了。”后来，格林不时在自己的日程表中添加上“与副总统见面”一项，戏耍切尼的助手们。

虽然切尼很想把自己塑造成一个与寻常副总统不同的形象，但有时他也不得不收敛一些。阿丁顿认为，在总统没有出席内阁层面的国家安全会议时，切尼应该主持这些会议。这种情况不是没有先例，艾森豪威尔执政时期，时任副总统的理查德·尼克松就干过这事。但在现代，这样的会议一般由国家安全顾问主持。

赖斯也与布什探讨过这个问题，她说："总统先生，国家安全顾问要做的，是召开国家安全原则方面的会议，然后向你提出合理的建议。"布什对此表示赞同。

赖斯的副手斯蒂芬·哈德利找到切尼，对他说："副总统先生，你的幕僚想让你主持主管委员会，这应该不是你的初衷吧？""主管委员会"是国家安全委员会的正式名称，哈德利有意这样对切尼说。

"你说得非常对，"切尼回答道，他把这个主意归咎于那些过分热心的幕僚，"我不想那样做，那是康迪的工作。"

人们将这件事归咎于利比。实际上，当利比得知此事时，他感到非常恼怒。这个建议实际上来自阿丁顿，而他并没有向切尼澄清事情的来龙去脉。切尼和利比都认为这个主意太蠢了。不过，不是所有人都相信切尼的说法，因为不止一名赖斯的助手看到过一份备忘录，其中就提到过这个建议，而切尼在这份备忘录上签了字。赖斯认为，切尼的幕僚"似乎具有非常强烈的鹰派意识"，这件事上就显露了一些苗头。赖斯在这场内部较量中取得了胜利，而媒体也收到了风声。这件事贬低了切尼、抬高了赖斯，在切尼的幕僚看来，这是一个非常危险的信号。

切尼虽然不会主持主管委员会，但绝对不会袖手旁观。当年，他认为杰拉德·福特的副总统不应该参与白宫顾问的会议，因为他的出现不利于顾问们讨论问题；然而，当他本人成为副总统后，仍然出席了主管委员会会议。他令布什同意每周与他共进一次午餐，布什告诉自己的幕僚们，若切尼想出席任何会议，那就一定要邀请他参加。布什的行程安排主任后来估算，切尼参加了布什出席过的 70% ~ 80% 会议。切尼甚至还让人每天早上 6 点 30 分在他处所的书房里给他汇报一遍被称为《总统每日简报》的情报文件，然后，他会在早上 8 点整与布什一起参加正式的简报发布。汇报由中情局局长乔治·特内特主持。特内特是由克林顿任命的，在老布什的一再坚持下，布什才选择留用他。切尼对情报工作表现出如此大的兴趣，以至于做简报的中情局官员专门为他准备了另一部分内容，并将这部分内容命名为"标签背后"，代表着总统永远看不见的内容。

副总统的影响力范围，从一开始就是一个敏感话题。切尼的新闻发言人朱莉安娜·格洛弗建议他每周面向新闻记者召开一次背景情况介绍会，这个建议甚至还没得到切尼的确认，就被白宫幕僚们集体否决了。切尼的另一位助手尼尔·帕特尔评论说："我觉得，那帮家伙对于白宫中出现的强势力量总感到有些不安。"虽然切尼很乐于置身事外，但他不会像戈尔和丹·奎尔那样故步自封。乔舒亚·博尔滕建议他承担三大领域的工作职责，包括国土安全、能源、重启戈尔曾领导过的政府项目，切尼和利比只同意带领国土安全工作小组，拒绝了后两项任务。

在总统就职后不久，奎尔拜访过切尼。当他听说了切尼对工作职责的描述后，感到非常吃惊，他原以为切尼会像他一样，大量募集资金并出席葬礼之类的仪式。

"一直以来，副总统做的都是这样的事。"奎尔说道。

"相比往届政府对副总统职责的看法，布什总统有着不同的理解。"切尼不动声色地回答奎尔。

"那么，你是直接从布什那里得到权限的吗？"奎尔继续问道。

"是的。"

礼贤下士，树立敌人

虽然经历了一场势均力敌的大选，但在对全国选民进行了一次详细研究后，布什坚定了不把家搬到政治中心的决心。大选战略顾问马修·多德将 11 月的选举结果与过去 5 年的总统选举结果进行对比。他发现，总统候选人长期以来寻找的"摇摆选民"，其实是美国政治生态圈中正在消失的物种。

有些选民虽然自称独立选民，但实际上，他们肯定会把票投给民主党或共和党，多德对这类选民进行了重新归类，并断定这部分相当容易被说服的选民比例从 1980 年的 22% 缩减至目前的 7%。多德把这项研究发现写进了一项备忘录中，并交给罗夫。这份备忘录将极大地影响布什对后续 4 年总统生涯的思考。如果说，"富有同情心的保守主义"这一概念旨在争取独立选民，那么多德的研究数据表明，这些选民并非具有决定意义的人群。正如多德后来所说的那样："你可以失去这 6% 或 7% 的选票，依然能赢得大选。这个发现具有革命性，因为直到那时，每个人都还在争取摇摆选民，他们嘴上总在喊，'我们需要摇摆选民！摇摆选民！摇摆选民！摇摆选民！摇摆选民！摇摆选民！'"与争取摇摆选民同样重要的是，应调动共和党内部选民的积极性，使那些倾向于支持总统候选人的党员提高投票率。

虽然布什有着不屈的天性，但在他看来，这种天性是与他“跨党派沟通者”的自我定位相冲突的。他上任后的首要工作，就是签署两项讨好保守派人士的行政命令，其中一项命令是限制向那些提倡堕胎的国际慈善组织提供资助，另一项命令则是在白宫设立了一个办公室，负责制订、组织与宗教信仰有关的活动，帮助宗教组织进行慈善工作。与此同时，在布什就任总统后的第二个工作日，他就邀请美国最著名的自由派人士特德·肯尼迪（约翰·肯尼迪总统的弟弟。——译者注）来到椭圆形办公室，探讨教育改革方面的问题。

由于一直在寻找新的鲍勃·布洛克，所以布什待人接物总是表现出谦逊的态度。他向特德展示了那张“坚毅桌”，并告诉特德，自己保留了他哥哥当总统时使用过的这张桌子。曾担任过达拉斯校董会主席，后追随布什从得克萨斯来到白宫担任教育顾问的桑迪·克雷斯评论说，布什当时表现得“非常真诚、非常热情，博学与爱心在一言一行中尽显”。布什还向肯尼迪介绍说，联邦政府将以前所未有的积极姿态，参与到与全国学校相关的事务中去。在向学校提供更多资金的同时，也将对学校进行严格检测，使其对教育成果负责。不过，这些都不是令肯尼迪印象最深的话题，只有当布什与他热烈讨论如何缩小白人儿童和少数族裔儿童之间的成绩差距这一话题时，才真正拉近了两人的距离。在讨论过程中，布什用“数据分解”这个专业术语来形容公开少数族裔儿童考试成绩的重要性，这样学校就不能再隐瞒他们所存在的问题。通过这段谈话，肯尼迪已在心中断定布什是一位做事非常认真的总统。

讨论结束后，肯尼迪起身告辞，布什提醒他注意外面的记者。“你知道的，参议员先生，当你走出这个房间，他们会问你一些关于凭证或其他有可能挑拨离间我们关系的问题，”布什说，“我只是想让你知道，我想与你达成共识，在教育问题上与你通力合作，我不想看到任何阻碍我们合作的事情发生。”

肯尼迪表示赞同，他说道：“我理解你的想法，我不会让这种情况发生。”在向守候在白宫外的记者发表讲话时，肯尼迪说自己已经在多个领域与布什达成了共识，他“很想马上将这些计划付诸实施”。

看到这一幕，布什认为，眼前这个人是值得信赖的。“我认为，起初他们两个人都认为对方不会买自己的账，”克雷斯评论道，“但事实证明，他们的确很欣赏对方。”

布什在国内寻找新盟友的同时，也给美国在海外的盟友打了一通自我介绍的电话。他在外交政策方面完全是一个新手，在与国外领导人通话时，时差问题也让他抓狂不已。他想以一种自以为是的方式来掩盖自己外交经验的不足。

1 月 25 日，布什与韩国总统金大中通话。金大中向布什解释了自己所奉行的“阳光政策”：韩国主动向敌对的朝鲜伸出友谊之手。

布什用手捂住话筒，问身边的助手：“这个幼稚的家伙是谁？”

资深外交官查尔斯·普里查德此时也在旁边听他们通话，他不敢相信布什竟如此幼稚。

对于韩国政治的复杂性，金大中比这位刚上任 5 天的菜鸟总统明白 100 倍。金大中在韩国政坛摸爬滚打 40 年，大多数时间都在与独裁政府作斗争。他人生中的许多时光都在监狱或者软禁中度过，还躲过了多次针对他的暗杀。他为韩国民主改革贡献了毕生精力，在 1997 年被选为韩国总统，并且在 2000 年赢得诺贝尔和平奖，此后流亡美国。在布什与金大中通电话当天晚些时候，普里查德被要求写一份与“那个家伙”有关的材料，并呈交给布什。普里查德花了整整一个晚上来写这份报告，“但这并没有改变总统的观点”。

在布什执政之初，还有一些人想得到他的青睐。在金大中致电布什那天，从克林顿政府留任下来的反恐协调专员理查德·克拉克给康多莉扎·赖斯提交了一份备忘录，呼吁“我们亟须”在内阁层面审核与“基地”组织作战的问题。在备忘录中，他把“基地”组织的英文“al Qaeda”错写成了“al Qida”，称“‘基地’组织并非小范围、不足挂齿的恐怖主义组织，我们在制订更广泛区域的政策时，应把‘基地’组织考虑在内”。他还补充道：“如果我们低估“基地”组织带来的挑战，就将犯下一个弥天大错。”中情局曾制定过一个所谓的“蓝天计划”，希望从政府得到更多权限，以更具攻击性的方式追击奥萨马·本·拉登；而克拉克则希望新总统同意资助阿富汗反塔利班的北方联盟及其邻国乌兹别克斯坦。虽然赖斯授权克拉克制订一套相应的战略，但她好几个月都没召开过一次针对这个问题的会议。“基地”组织曾在上一年秋天袭击过美国海军“科尔”号驱逐舰，但克林顿政府只是向阿富汗扔了几枚巡航导弹便草草了事。新政府认为，“基地”组织问题应审慎处理，而不应该像克林顿政府那样做无用功，因此并没有采取过多措施。

1月30日下午3点35分，布什召开了他上任后的第一次国家安全委员会会议，并宣布在他缺席的情况下，不会由切尼来主持该会议。“康迪·赖斯将主持这些会议，”布什宣布，“我会经常来看你们。但我希望你们能在这里讨论事情，然后由康迪向我汇报结果。”

落实这件事后，会议讨论的重点转到棘手的巴以冲突。克林顿在任的最后一段时间里，巴以问题曾耗费了他大量精力。在卸任期间，克林顿还曾怒气冲冲地给鲍威尔打了个电话，发泄对巴勒斯坦领导人亚西尔·阿拉法特的不满，他说阿拉法特根本不值得信赖。当克林顿错失和平解决巴以问题的机会时，布什只是一个旁观者，他也没兴趣去趟这股浑水。

“我们要纠正前任政府在中东问题的不平衡政策，”布什宣布，“我们的政策要向以色列倾斜，并且要有连贯性。克林顿太自不量力了，把事情弄得一团糟，导致我们现在麻烦缠身。如果巴以双方都不想要和平，那我们也不会强迫他们。”

这段话引起了鲍威尔的警觉。他同意“克林顿自不量力”的说法，但他认为矫枉过正的做法也极其危险，这相当于给以色列总理阿里埃尔·沙龙亮出绿灯，同意他向巴勒斯坦领土派驻以色列军队，这会使本就紧张的局势进一步升级。切尼反驳鲍威尔说，布什的观点是正确的，不应该浪费他在会议上的宝贵时间。

随后，话题又转到伊拉克。在海湾战争结束10年后，美军仍在伊拉克维持着两个禁飞区，而联合国的制裁计划也已变质。赖斯后来说：“几乎从一开始，伊拉克就成为了国家安全事务小组念念不忘之地。”由国会制定、克林顿批准的美国官方政策要求伊拉克更换政权，但却没有提出可以实现这个目标的可行措施，这时候也没人提议发动战争。

鲍威尔提出，是时候修改制裁措施了，这样才能使这些措施更加有效。

“我们为什么要为制裁措施而费心呢？”拉姆斯菲尔德反驳道。他认为，目前最关键的一点，就是要找出伊拉克的大规模杀伤性武器，并将它们全部销毁。

中情局局长乔治·特内特在会议桌上摊开一些超大尺寸的监控照片。从照片上可以看出，在巴格达附近有一些防空炮塔和他称之为化学武器工厂的不明建筑。财政部长保罗·奥尼尔仔细看了看这些照片，他有些不相信特内特的说法。“全世界的工厂都是这个样子的，”他说道，“请告诉我，如何分辨这是不是一座制造大规模杀伤性武器的兵工厂？”

特内特引用了一些他认为是“蛛丝马迹”的证据，但会议室里的其他人似乎对特内特的一家之言表示怀疑。

最后，布什指示鲍威尔制订一个更好的制裁措施，并要求拉姆斯菲尔德重新审核现有的军事行动方案。

布什决定将墨西哥作为外事访问的第一站，因为这体现了美国对它南方邻居的责任感，而且由于他在得克萨斯州多年的工作和生活经历，令他对南部的风土人情了如指掌，他不必担心此行会出现什么问题。2 月 16 日，布什到达墨西哥，向前来迎接他的墨西哥总统比森特·福克斯热情问候，两人仿佛老朋友一般。布什坚信，美墨关系的新时代将成为他外交政策的基础。但此时，考验他总统权威的时刻突然来临。与福克斯的会谈进行了大约 1 小时左右，布什注意到坐在会议桌远处的赖斯正在接电话，然后鲍威尔和凯伦·休斯也相继接到电话。“发生什么事了？”布什问道，语气中明显有着怒意。赖斯低声向他耳语，伊拉克那边出事了。

原来，美国军方认为其在伊拉克禁飞区巡逻的飞机受到伊拉克方面的威胁，于是与英国军队一起出动战机，轰炸了巴格达周边的指挥和控制设施，以此作为回应。布什听到这个消息顿时目瞪口呆。他事先毫不知情，这事怎么就发生了呢？在与福克斯前往新闻发布会的路上，布什心知记者们提的问题一定是关于伊拉克的。助手们建议他不要向记者透露自己对此毫不知情，并建议使用“常规”一词形容此次行动。布什接受了这些建议，他向世界各国宣布，美国“采取了一次常规军事行动，目的是为强化禁飞区的管理”。

对墨西哥的国事访问结束后，布什飞回他在得克萨斯州的农场，并从电视上看到了美英联军轰炸巴格达时的情景。

“我要给迪克打个电话。”坐立不安的布什说道。

切尼接了电话，告诉总统说，这次行动十分顺利，强化了美国对付萨达姆的决心。

在充满变数的时刻，布什首先想到要咨询的人居然是切尼，这让赖斯大受打击。她后来说：“那对我意味着某些事情，他想找的是一种安心。”

由于英国是美国在打击行动中的主要伙伴，所以布什决定与英国首相托尼·布莱尔就此事达成共识。布莱尔是克林顿最可靠的朋友，他是英国劳动党成员，该党派政治立场偏左，使他几乎不可能与布什这样的保守派共和党人成为最佳合作伙伴。但即便如此，布什依然邀请布莱尔访问华盛顿，以便试探其底细。

双方接触的开端非常尴尬。在与布什见面前，布莱尔首先要在2月23日与切尼进行座谈。布莱尔的顾问阿拉斯泰尔·坎贝尔回忆道，切尼抨击英国“过于松懈，而且还在制造紧张局面”；而英国驻美大使克里斯托弗·迈耶则认为，此次会面“带有一种苏联式的粗鲁”。布莱尔的团队十分窝火，因为切尼“似乎并没有为首相传说中的魅力所倾倒”。当布莱尔及其随行人员乘直升机到达戴维营时，他们开始变得小心翼翼。布莱尔的妻子切丽从机窗往外看，发现布什一家正在外面等着迎接他们，她喃喃自语道：“我想，跟我们相比，他们想见我们的愿望并不强烈。”

但让布莱尔一家意想不到的是，布什的态度与切尼相比简直是天壤之别。布什常开怀大笑，对待他们就像久违的朋友一样热情。“他的性格夹杂着不同的方面，既有狂妄自大的一面，又有自嘲、无拘无束和亢奋的另一面。”坎贝尔评论道，“他喜欢简单直接地表述事情，也会让别人为某件事情进行复杂的争论，然后再尝试以简短的语言来提炼他们的观点。”布莱尔发现布什“既谦逊又喜欢自嘲”，并且“幽默感十足”。不过，双方并没有进行深入讨论。美方的一名官员不时碰一下布什手里的备忘卡片，以防他在谈话过程中走神。

会谈结束后，两位领导人与媒体记者见面，记者们的问题集中在布什与布莱尔这对横跨大西洋的奇怪组合。一名记者问到，他们两人是否有任何共同点。

“嗯，”布什说，“我们都用高露洁牙膏。”

在场的人笑作一团，布莱尔微笑着插了一句话：“乔治，他们会好奇你怎么知道这事的。”

当晚，两位领导人和他们的伴侣、助手们在轻松的氛围中共进晚餐。用餐后，布什提议说：“要不我们看一场电影吧？”他挑选了一部由公认的低俗喜剧演员本·斯蒂勒和罗伯特·德·尼罗主演的喜剧片《拜见岳父大人》（*Meet the Parents*）。

在观影过程中，布什笑声不断，尤其当看到斯蒂勒饰演的角色真名是盖伊·福克（Gay Focker）时，他更是捧腹大笑（这个名字的笑点在于，Gay 的含义是“同性恋”，而 Focker 与 Fucker 发音相近。——译者注），而赖斯却已经在椅子上睡着了。

当然，布什初上任时广交朋友的计划有时也会出点岔子。送别布莱尔一家后，布什回到白宫，打算招待城里的共和党籍州长们在白宫住一晚，准备参加第二天举行的年度全国州长协会大会。但一直到夜幕降临，也没有人来到白宫。

后来，布什忍不住问劳拉：“呃，你邀请他们的时候，他们都怎么说的？”

“我邀请他们的时候？”劳拉说，“我还以为你已经邀请过了！”

强硬的切尼与脆弱的心脏

当布什一家逐渐适应他们的新家时，切尼和他的妻子也终于搬进了属于他们的新房子。3 月 2 日，随着副总统官邸的新地板铺设完毕，最后 100 箱书籍和其他物品也全部被送到了新居。当晚，切尼夫妇与女儿莉兹、女婿菲尔·佩里及三个孙子共进晚餐，庆祝他们的乔迁之喜。

在搬过来的书籍中，历史书和关于国家安全方面的书籍当然必不可少，但切尼最常看的还是关于飞钓的书。在任职期间，只要来这里拜访他的人，都会看到书架上摆着 37 本飞钓书籍，而在书架下面，还整齐地叠放着另外 43 本同类书籍。

在拆包时，切尼感到身体有点不适。第二天，3 月 3 日，当他在跑步机上锻炼的时候，胸口一阵刺痛，于是他马上停下来休息。这种刺痛感没有持续太久，所以他不以为意。实际上，在次日参加美国有线电视新闻网的节目《最新版本》时，切尼表示自己的健康状况良好。“呃，我感觉良好，”他说，“我很听话，他们控制着我的食谱。所以，作为一个有着冠心病史的 60 岁老人来讲，我会对自己负责，做那些他们告诉我该做的事情。到目前为止，情况不错。”

那天下午，他的胸口又是一阵刺痛，但他还是去参加了艾伦·格林斯潘的生日聚会，直到第二天早上穿衣服时，刺痛感变得更加厉害，他才打电话给自己的医生。

即使到了那个时候，他也没向任何人提起心绞痛的问题，而是径直前往白宫参加会议。到了中午，情况变得更严重了，他被紧急送往乔治·华盛顿大学附属医院。医生给他做了手术，发现他的动脉再次堵塞了。他们清除了堵塞，并批准切尼第二天早上出院回家。

出院后的第二天，3 月 7 日，切尼打算与总统一起会见金大中，也就是那位 1 月份在电话中被布什不屑一顾的韩国总统。随着切尼的回归，布什总统对朝鲜的看法变得更加厌恶，这与克林顿不同。克林顿在任时，曾与朝鲜签订过一项《框架协议》，该协议旨在以平壤同意冻结核项目为条件，换取美国的政治、经济补偿。

可当布什在 3 月 7 日早上醒来时，他发现《华盛顿邮报》上刊发了一则新闻，标题写着《布什与朝鲜重启克林顿时期的核弹谈判》，新闻来源是科林·鲍威尔在一次新闻发布会上的讲话。布什心想，这样可不行！这与他对朝鲜的态度简直背道而驰。

布什拿起话筒，他没有通过白宫接线员，直接拨通了赖斯临时住所的电话。当时是凌晨 5 点 15 分，赖斯还在睡觉。

“你看了今天的《华盛顿邮报》吗？”他以盘问的口气问赖斯。

“没有，总统先生，我还没看。”睡眼惺忪的赖斯回答道。

“那就到外面找一份来看！”布什很不客气地命令道。

赖斯穿上睡袍，找到一份当天的《华盛顿邮报》。

“看 A20 面。”布什继续命令道。

赖斯按布什的话做了，她迅速读了一遍标题和文章的开头部分。

“你想让我亲自来处理这件事，还是你来处理？”布什问她。

这个问题简直多余，赖斯回答说：“我会处理好的，总统先生。”

她立刻给在家里的鲍威尔打了电话，告知他必须在布什与金大中会面前处理好这件事。鲍威尔却认为这是小题大做，他当时接受采访时，想表达的意思是美国正在重新审视朝鲜局势，并且不会把克林顿时期开始的项目全都不加以区别地搁置不管。后来他认为，这件事的真正问题在于，他提到了一个致命的单词：克林顿。那天早上晚些时候，鲍威尔只能自食其言，他对新闻记者说：“有人暗示说，美国将与朝鲜重启谈判，实际情况绝非如此！”这种自相矛盾的说法造成了一定的混乱。

几周后，鲍威尔为这种混乱状况进行了辩解，他说：“有时候，你踩在滑雪板上，会不由自主地滑得太远。”但这一幕是布什与国务卿关系恶化的前兆。“这事把总统给吓坏了，他同意了切尼要对下属进行约束的观点。”鲍威尔总结道。

在布什和切尼上任之际，加利福尼亚州正处于全面能源危机中。自从能源管制在多年前撤销后，随着经济的增长和人为操纵市场，能源价格因需求的增长而迅速飙升。因此，在新政府成立的最初几个月里，加州的公用事业被迫采用轮流断电的方式以节省开销，也就是说，美国最大和最重要的一个州的许多地方，夜间居然是一片漆黑。

为了应对这种局面，切尼改变了心意，同意领导一个负责制订能源政策的专门工作小组。他一直把“对抗气候变化”当做一个不明智的竞选承诺，但他并没有等待工作小组作出取消这个承诺的结论。布什曾承诺要限制碳排放，可现在能源需求却似乎与日俱增。切尼提出，现在还不是给工业增加负担的时候。

参议员查克·哈格尔和其他三名共和党人联名给切尼写了封信，要求总统表明在能源问题方面的立场。3 月 13 日早上，切尼拿着这封信找到布什，主张放弃限制碳排放的承诺，并退出由克林顿签署过的京都气候变化协定。布什同意切尼的主张，并在切尼起草的给参议员的回信上签了字。信中写道：“我反对《京都议定书》(《联合国气候变化框架公约》的补充条款，其目标是将大气中的温室气体含量稳定在一个适当水平，进而防止剧烈的气候改变而对人类造成伤害。——译者注)，因为该协议没有把中国和印度这些正在崛起的经济体包含在内，所以它是不公平的、无效的，并会对美国经济造成严重损害。”信件还指出，布什认为“政府不应该把减少二氧化碳排放这一重任强加在发电厂身上，因为《清洁空气法》(欧美国家针对造成大气污染的排放行为而制定的法律。——译者注)并没有把发电厂定义为污染源”。

布什拒绝京都协定并不让人感到惊讶，因为在总统竞选时他就提到过这点。

而就某种程度而言，美国的能源政策也没有发生根本性的改变，因为即使是支持限排的克林顿，当年在两党参议员以 95 票对 0 票的非强制性决议反对这项协议时，他也没有把该协议递交给参议院批准。美国本应与其他国家一起寻找备选方案以弥补该协议的不足，但对此，布什只是在信件一笔带过，也没有人提醒美国的盟友要对即将发生的污染问题做好准备，这让人们觉得这位新上任的总统是一个喜欢单打独斗的人。同样重要的是，布什对限制碳排放的立场，推翻了他自己的竞选承诺，而他团队中的一些成员正是承诺的坚定支持者。

既然选择了和切尼站在一边，布什现在就得向他的环保局局长克莉丝汀·托德·惠特曼解释自己的立场。惠特曼于早上10点来到椭圆形办公室，准备为遵守竞选承诺找到合适的理由。当她坐下来时，才发现自己不是来这里辩论的，而是来被告知有人已经做出了决定。

在离开椭圆形办公室时，惠特曼碰巧遇到了穿着厚外套的切尼。“签字了吗？”切尼问一位助手，这位助手马上把布什刚签过字的信件递给了切尼。切尼将这封信塞进口袋，然后离开了白宫。

惠特曼后来才知道信中的内容是什么，因为之前布什并没有向她提及这封信件。她总结说：“那已经是板上钉钉的事了。”她认为，布什之所以没有告诉她这封信的存在，是因为布什可能认为，这样等于是对她釜底抽薪。而他也确实这么做了。

切尼拿着这封信直奔国会山，亲手交给了正在进行每周午餐聚会的共和党参议员。当他宣布总统的决定时，这群参议员顿时爆发出阵阵欢呼。他们高声庆贺，其中一名参议员还得意洋洋地大喊：“最好有人把这个消息告诉克莉丝汀！”

当然，已经有人告诉过克莉丝汀这个消息了，而且故意选择了一个让她束手无策的时机。鲍威尔和赖斯对此毫不知情。当惠特曼前往椭圆形办公室时，有人给鲍威尔和赖斯各送了一份那封信的复印件，他们两人的反应都是一样的：这项政策是正确的，但不一定要用这么激进的语言来描述这项政策。他们认为，这封信件应该重写，向人们表明：否定京都协议本身，并不意味着全盘否定控制气候变化这件事，并强调美国承诺会找到解决气候变化的方案。鲍威尔边跑向自己的座驾，边对赖斯说：“在我到那里之前，尽量拖一下时间。”

当她来到椭圆形办公室的时候，已经太迟了。“那封信已经不在这里了，”布什告诉她，“副总统把它带去国会山了，因为他要在那里开个会。我还以为你知道这件事情。”

赖斯大吃一惊，她之前并不知道这封信的存在。

几分钟后，鲍威尔也到了。

“它不在这里了。”赖斯告诉他。

“什么不在这里了？”鲍威尔问她。

“那封信。”

“那它去哪里了？”

赖斯解释说，切尼已经把信带走了。

布什看着鲍威尔，说：“是这样的，我们刚才想马上把信拿去国会山交给哈格尔。”

鲍威尔叹了口气回答道：“你很快就会看到这封信带来的后果了。”

后果比布什想象的更加严重。无论公平与否，多年以后，当他在阿富汗和伊拉克问题上寻求国际援助时，这个决定依然困扰着他。

惠特曼认为，“他们做这件事的方式，就好比向世界其他国家伸起了中指”。布什不知道的是，美国的欧洲和亚洲盟友已经为京都协议作出了大量投入。正如赖斯后来对她的助手所说的那样：“其他人做了一个很漂亮的水晶雕塑，而我们走进他们的房子，然后说，‘噢！对不起，我是不是打烂了什么东西？’”布什后来也明白了这点。“虽然他对京都协议的立场是正确的，但我们处理这件事的方式却是错误的，”斯蒂芬·哈德利说，“我们勉强接受了这个事实，而这件事正是‘布什单边主义’的开端。”

切尼单边主义也是一个问题，在注重流程的美国政府，副总统在做一个重大决定时，居然没有从反对者那里听取意见。

赖斯对布什说，副总统在没有向国家安全顾问或国务卿征求意见的情况下，就被允许拿着一封与重大国际政策相关的信件前往国会，她简直“吓坏了”。“人们都说副总统‘在管理国家’，”惠特曼后来评论道，“没错，他确实有着很大影响力，但真正的问题在于，总统认为许多事没必要去争取，这件事就是其中之一。”

切尼的朋友、财政部长保罗·奥尼尔支持对气候变化采取果断的行动，他非常同情惠特曼的处境。他对惠特曼说，哈格尔的信件听上去像是切尼本人写的，他怀疑切尼可能要求哈格尔递交这封信件，这样就有了给布什施压的理由。

“我们曾以为很了解迪克，”奥尼尔后来反思说，“大概就在这个时候，人们开始想，迪克变了吗？或者，我们真的了解迪克吗？”

许多人会把切尼改变的原因归于他对自己健康状况的担忧。在他最近一次动脉扩张手术之后，他就非常关注生死问题。

对于接班人，也就是通常所说的“政府延续性”问题曾做过大量思考，这是美国历史上大多数副总统都没有经历过的。在尼克松政府和福特政府，切尼曾亲眼目睹过副总统升为总统，也曾在里根政府中亲身经历了千钧一发的冷战考验。

在切尼的要求下，戴维·阿丁顿对美国宪法进行了一番研究，他向切尼汇报说，宪法规定，若总统无行为能力，可解除其职务；但对于无行为能力的副总统，却没有提供相关机制。因此，如果切尼因病昏迷，美国会陷入无法替换副总统的尴尬境地。更糟糕的是，如果真发生这样的状况，并且总统在职期间不幸离世，那么代理总统也将是一个无行为能力的人；或者说如果总统也变成无行为能力的人，那么也没有办法来解除他的职务，因为按照宪法要求，如果总统无行为能力，必须要由副总统来顶替他的职务。

考虑到这一点，切尼于 3 月 28 日秘密签署了一份辞职信。这封信只要递交到国务卿手上就将生效。在阿丁顿的建议下，这封信并没有包含生效日期的条款，主要是顾虑到这样的条款会产生歧义，未来可能造成争议。因此，切尼拿出一个印着“副总统”单词的信封，潦草地写了另外一封简短的信件：

戴维·阿丁顿，

在必要情况下，请把附件中的文件呈交给乔治·沃克·布什总统。

理查德·布鲁斯·切尼

然后，切尼向阿丁顿交代道，要由布什来决定是否要把这封信交给国务卿。“你不是做决定的人，”他告诉阿丁顿，“琳恩也不是做决定的人。如果我哪天变成无行为能力，你唯一要做的事情，就是拿上这封信，把它交给总统，由他来决定是否将信件转交给国务卿。总统才是做这个决定的唯一人选。”

“遵命，副总统先生。”阿丁顿回答道。他把信件装入两个黄褐色的信封里，并放在家中一张书桌的抽屉里，以防将来白宫有出人意料的事发生。

后来，他家发生了一场火灾，房子被完全烧毁了。阿丁顿从大火中救出了两样东西，一样是含有家庭财务信息和出生证明的文件夹，另一样则是切尼的辞职信。

切尼从来没向布什和阿丁顿以外的任何人提到过这封辞职信，直到离任后出版回忆录时。

DAYSOFFIRE

|第6章|

最后的宁静

中美撞机事件顺利解决了，减税计划基本落实，干细胞研究事件也日渐平息，虽然经常有人怀疑布什被切尼牵着鼻子走，但布什仍然自信，一切尽在掌握之中。此时，恐怖袭击已经初露端倪，但沉浸在自得情绪中的布什并未太过留意。与未来动荡的岁月相比，这八个月可谓是无忧无虑。

道歉也要刚柔并济

2001 年 3 月 31 日，星期天，布什总统和第一夫人正在戴维营过周末，赖斯也伴随左右。晚上 10 点，赖斯告知布什，美国一架间谍飞机与中国的一架喷气式战斗机在空中相撞，美方飞机已经紧急迫降在中国领土。

当时，美国海军的 EP-3E 白羊座二号侦察机正在距离海岸线 70 海里的南中国海上空收集情报，一名中国飞行员驾驶的飞机突然飞过来，两机的距离非常近。美方这架四引擎涡轮螺旋桨飞机垂直下落了数千英尺，最终驾驶员重新控制住了飞机，并设法降落在位于海南岛的中方基地。在被中方扣留之前，24 名机组成员尽力销毁了一些敏感设备。中方的 F-8 战机被美方飞机的螺旋桨击中，断成两截；飞机驾驶员已经弹射出舱并失踪，据推测可能已经身亡。对于一位刚上任 2 周的总统而言，这将是他在国际舞台上面对的第一个考验。

布什决定不让事态升级。“他不打算对这起事件采取强硬态度，”那个周末，同在戴维营的参议员贾德·格雷格说，“内部讨论的基调是这样的，我们的立场要坚定，但绝不能让这件事破坏了中美双方的积极关系。”首先，布什发表了态度坚决的声明，要求中方释放机组成员，送回被扣押的飞机；但与此同时，他尽量避免使用激烈的言辞，并将此次冲突大部分责任归咎于科林·鲍威尔。可是，他的努力没有立即奏效，因为中方官员好几天都没有接美方的电话，也没有回复任何讯息。美方将此解读为北京方面意见不一。后来，中方要求美方道歉，这成为化解这次危机的关键。4 月 2 日，在椭圆形办公室中，布什与鲍威尔、赖斯以及唐纳德·拉姆斯菲尔德讨论了中方的要求。赖斯和鲍威尔同意发表某种形式的声明，鲍威尔说，国务院更倾向于暂停后续的侦察飞行任务，以免进一步激怒中方。拉姆斯菲尔德既不同意道歉，也不同意暂停侦察飞行。他认为，美方飞行员没有做错任何事情，是中方飞行员造成了此次事故；此外，他还说，向中方屈服会助长他们的气焰，并且显得美国很软弱。副总统切尼同意拉姆斯菲尔德的看法。

随后几天，布什想到了能讨好中方的措辞。4 月 5 日，他说："我为中国飞行员的失踪感到遗憾。"但他没有为美方的行为作出道歉。3 天后，鲍威尔也称，为中方飞行员身亡"感到遗憾"，但又补充说，"这不是承担责任的道歉行为"。拉姆斯菲尔德在私下嘲笑内部对这起事件的讨论。他曾一度开玩笑说，鲍威尔应该在自己的话里加上一句"求求你了"。最后，他们终于想到了一个折中的方案：由美国大使给中方写一封信，信中提及美方对于中方飞行员的不幸身亡，以及美方飞机在没有得到中方口头许可的情况下进入中国领空并迫降"深表遗憾"，但美方不会作出道歉或承担撞机责任。4 月 11 日，这封由 17 段文字组成的信件被送交给中方，中方承认其为"道歉信"，并释放了机组成员。

这个方案让切尼和拉姆斯菲尔德大为失望，他们认为总统措辞"不当"，并且"实际上就是在道歉"。罗伯特·卡根和威廉·克里斯托尔等一些新保守派人士也对此提出了批评，他们认为"中国赢了，美国输了"。机组人员被释放后，美方还要等 3 个多月才能取回飞机。中方拒绝让该飞机直接飞回美国，而是要求美方技术人员来对飞机进行拆卸，把拆下来的部件装到箱子里运回去。虽然如此，布什仍为自己对危机的处理方式感到自豪，他自认为已经通过了对自己统帅能力的测试，因为中美关系并没有因此受到太大影响。一些顾问甚至认为，撞机事件可以被视为布什在外交政策上的一次胜利，有利于 2004 年的连任竞选。但他们都没有意识到，前方还有更大的考验尚未到来。

倒向一边还是骑墙走？

作为参议院主政官员，副总统通常在国会山有一间象征性的办公室，并扮演推动立法者的角色。可是，切尼所扮演的角色比他的前任多得多。

他争取到了参加共和党参议员每周举行一次的午餐会，而当年林登·约翰逊成为副总统后，也曾做过类似尝试，却被民主党人拒绝了。切尼还是首位在国会山众议院旁边得到一间办公室的副总统，他可以在这里监控整个下议院。布什曾经明示过，切尼就是他的代理人。“你在跟切尼谈话的时候，就是在跟我谈话，”布什对一名共和党参议员说，“而切尼在说话的时候，也相当于我在说话。”

然而，通常情况下，切尼是一名坚决的执行者。“如果总统打电话给你，那是好消息，”众议院议长丹尼斯·哈斯泰特回忆道，“但如果副总统打电话给你，那麻烦就大了。”

每当总统的助手需要招聘或开除一名下属时，切尼也是一位有用的介入者。4 月 18 日，切尼给蒂姆·波伦蒂打了个电话。波伦蒂是明尼苏达州的一名州立法议员，他正打算竞选参议员。可刚做完这个决定后 90 分钟，切尼就给他打来电话。由于卡尔·罗夫认为，在 2002 年的参议员竞选中，圣保罗市市长诺姆·柯尔曼将是参议员保罗·韦尔斯通的强有力挑战者，所以需要波伦蒂让贤。切尼对波伦蒂说：“为了顾全大局，我们要求你放弃竞选。”波伦蒂就这样退出了。

切尼的职责在不断扩充。5 月 8 日，布什要求他对国土安全问题进行一次全面审核，而这个领域正是切尼长期以来孜孜以求的。在几届政府中的所见所闻让切尼坚信，对于不断增长的生化武器威胁，美国并没有做好充足的准备。国土安全问题比其他任何一件事都更能挑起他的热情。几天前，他对一位采访自己的记者说，在后冷战时代，国家安全威胁的一种新形态就是“恐怖分子最终可能使用大规模杀伤性武器进攻美国，这些武器包括有害昆虫和气体、生物或化学药剂，甚至可能在某天使用核武器”。

切尼还在完善一份能源报告，呼吁美国在增加石油和天然气产量的同时，重振核能工业。但他受到多方质疑。国会要求切尼提供他所带领的能源专项工作小组的信息，这个小组的成员与公用事业和能源公司的高管、说客进行广泛接触。这些公司中也包括安然公司，而这家公司的董事长肯尼斯·莱正是布什的强有力支持者。不过，在切尼的许可下，戴维·阿丁顿对工作小组进行了系统安排，使他们免于信息自由法律的约束。阿丁顿也以拒绝民主党立法议员和审计署的要求为乐。

工作小组的执行主任安德鲁·伦德奎斯特找到切尼，建议无论以何种方式，都可以把手上的信息交出去，因为他们没有任何东西值得隐瞒。结果，他的建议遭到严厉回绝。凯伦·休斯和丹·巴特利特等人也认为应该披露这些信息。在切尼看来，自 25 年前“水门事件”发生以来，政府行政部门的威信就不断遭到蚕食，而这次是他重振行政部门所遇到的第一个考验。他辩解说，如果批评者认为这份能源报告对产业过于友好，那他们可以对报告所提出的建议进行评判，而没有必要去了解每一个和自己谈过话的人。

这件事被捅到了布什那里。布什坐在椭圆形办公室里，仔细听着汇报，沉思了几秒钟，最终选择站在切尼这边，反对那群好管闲事的立法议员。

“对他们狠一点。”布什说道。

切尼还与休斯争论这份报告的本质。在多伦多的一次演讲中，切尼似乎贬低了节约能源的必要性，他因此饱受攻击。“如今，节约能源是我们所有工作中的一个重要组成部分，”他在演讲上说，“但是，如果只谈节约，就是回避了最棘手的问题。节约或许是个人美德的一种体现，但它本身并不能成为制订合理的、全面的能源政策的充分依据。我们还要想出更多依据来制订政策。”休斯认为，普通美国民众需要解决方案更甚于理论依据。根据演讲撰稿人戴维·弗鲁姆的回忆，休斯和切尼“就能源政策报告的每一页内容进行了争论”。当这份报告在 3 月 16 日发布时，人们记住的只有它带来的争议，而报告中所提出的建议由于多年来没有行动而被人遗忘。白宫环境质量委员会主席吉姆·康诺顿说，“个人美德”一词“确实定义了接下来的三年”。

尽管风波不断，但对于还没有意识到即将发生什么大事的白宫来说，这段日子还是相对无忧无虑的。布什此时正专注于物色大法官人选这类事宜。他认为，自己能在卸任后留下的一项重要遗产，就是任命大法官。卡尔·罗夫本人每周都要参加在罗斯福厅举行的大法官候选人筛选会，而布什则全身心投入到筛选工作中，他要选出那些与自己志趣相投的候选人。他亲自给每一位被提名候选人打电话，甚至连地区法官候选人也要亲自过目，而这通常不在总统的职责范围之内。一名曾参与这一过程的白宫律师布拉德·贝伦森说：“通过这种方式，总统可以与被提名人建立一种联系，他们会知道，是总统亲自挑选了他们。”

布什虽然已经见识过一些风雨，但他仍保持着大选活动时的那种开朗和淘气。有一天，在审议提名时，法律顾问办公室的助手提出让小斯特罗姆·瑟蒙德候选联邦检察官一职。小斯特罗姆当时28岁，与南卡罗来纳州参议员同名同姓。在检察官办公室，助手向布什介绍了这名年轻人的背景。

布什打断了助手的话。“你叫小斯特罗姆·瑟蒙德，是吧？”他说道，“你的名字跟斯特罗姆·瑟蒙德一模一样吗？”

“是的，总统先生。”

布什想了一会儿，然后微笑着说：“我不喜欢靠父亲出名的年轻人。”

事实证明，减税计划才是对这位新总统的真正考验。在上任后的头100天里，为了把支持他的民众团结起来，他坐飞机拜访了美国的26个州。布什认为，成功会带来连锁效应，如果减税计划成功，那就证明他也能推动其他事情，这有利于促进教育、医疗、社保和其他重点事项的改革。布什永远无法忘记父亲在税收改革方面所遭遇的挫折，他不想重复那样的错误。

财政部长保罗·奥尼尔劝布什三思而行，一旦政府财政状况恶化，多方因素将导致减税比例降低，所以必须把这些因素提前考虑进去。但布什拒绝了奥尼尔的建议，他说：“我不会向自己妥协的。”与奥尼尔持同样观点的美联储主席艾伦·格林斯潘认为，布什之所以不妥协，是为了在谈判中占据有利位置，这与以往的白宫领导人别无二致。格林斯潘后来说：“我看不出来布什政府与往届政府有什么不一样的地方。”

因此，当布什派往国会山的首席说客尼克·卡里奥汇报说，国会可以同意少于1.6万亿美元的减税金额时，布什坚定地否决了这个提议，并让卡里奥继续与国会谈判。

“尼克，”布什说，“千万别动摇，说1.6万亿，一直跟他们说1.6万亿。”

不久之后，卡里奥又回来找他。他已经与两位保守派民主党参议员约翰·布鲁、本·纳尔逊谈过了，他们同意1.375万亿美元的减税额度，只要布什点头，就可以达成协议。但卡里奥也告诉布什，参议院里的共和党领导人认为他们可以争取到更大金额。

布什只好向切尼求助。“你的看法如何？”他问切尼。

“我认为，在这个时候，”切尼回答道，“我们只能坚持原来的想法。”

布什同意了，他让卡里奥继续施压，以争取更大金额。

很快，减税问题让布什在政治上付出了代价。4月2日，参议院就减税方案展开了辩论，两党在这个问题上分歧明显，共和党想保持1.6万亿美元的减税金额，而民主党则想削减这一数目，双方的辩论异常激烈，直到最后一刻，他们才一致同意就追加财政预算进行投票。切尼在参议院办公室的电视上观看了整个辩论过程。那位在大选重新计票后曾与切尼见过面的温和派共和党参议员林肯·查菲把赞成票换成了反对票。切尼从椅子上站起来，径直走进议事厅，第一次投出了打破僵局的一票。

但这轮减税之争并没有结束，切尼还得继续努力，为税收立法锁定足够的票数，他的首要目标就是参议员詹姆斯·杰福兹。杰福兹也是一名温和派人士，他主张降低减税额度，增加 2 000 亿美元用于残疾儿童的特殊教育。切尼把杰福兹叫到自己在参议院的办公室。

随后在那里面所发生的一连串对话成为人们争议的焦点。特伦特·洛特认为杰福兹已经同意为减税投赞成票，而杰福兹则认为洛特已经把部分减税金额用于特殊教育。但有一点是无可辩驳的：他们双方对彼此的需求并不了解。后来，切尼再次把杰福兹叫到办公室讨论这个问题，以至于杰福兹的幕僚开始把切尼的办公室称为“刑讯室”。然而，两人还是没能谈拢。卡尔·罗夫后来暗示说，布什曾绕过身为教育委员会主席的杰福兹，直接与参议员贾德·格雷格一起制定了《不让一个孩子掉队》法案，这让杰福兹十分恼怒。而在杰福兹看来，总统和副总统在普选失败后，还是一味依附于右派保守势力治理国家，这是极不合理的。杰福兹心灰意冷之余，开始萌生去意。

5 月 21 日晚，安迪·卡德从缅因州共和党参议员奥林匹亚·斯诺那里得到一条紧急消息，称杰福兹准备退出共和党。他的离去将打破参议院两党各占 50 个席位的局面，使民主党获得参议院控制权。卡德感到事态严重，赶紧邀请杰福兹于次日下午 2 点前往白宫与布什面谈。可是，会谈进展并不顺利，杰福兹认为布什“为人随和，很有个人魅力”，但他在减税计划方面已经下定了决心，不打算接受任何人的游说。

“我们现在在椭圆形办公室里，”布什对他说，“你现在所考虑的事情将对我们国家产生深远影响，会让我不能代表美国人民解决问题。我只是想知道，你为什么要这样做？你的举动具有历史意义，你能告诉我原因吗？”

杰福兹谈到自己对特殊教育事业的支持，并认为布什应以中间路线治理国家。他提醒布什，如果他“在为教育提供更多资源这样的问题上，不摆脱保守派共和党人的影响，那么他就只能当一届总统”，步他父亲的后尘。

布什反驳说，杰福兹在主张某些事情时，已经有了先入为主的观念了。

"你手里握着一张关键选票，"布什说，"你能发挥巨大影响力。"

杰福兹并没有被布什的话打动。布什和切尼以为，杰福兹对他们治理方式的指责只是一个借口，而退党的真正原因，是民主党向他提供了委员会主席的职位。尼克·卡里奥后来回忆道："很明显，杰福兹和民主党已经私底下说好了。"切尼认为杰福兹的退党要求是一个勒索行为，绝不能让他得逞，如果为了留住杰福兹而满足他的要求，从而保住共和党的多数派地位，那么这样的多数派也只是貌合神离而已。"切尼说，让步是无济于事的，他也不想我们这样做，这根本不合情理，我们不会那样做的，"洛特回忆道，"我当时真想亲他一下。"

5 月 24 日，布什乘坐空军一号前往克利夫兰发表演讲。在旅行途中，他在飞机的电视上看到杰福兹宣布退出共和党并参与民主党的会议。就这样，在上任 4 个月后，布什失去了对参议院的控制权。阿里·弗莱舍总结说："这是一次沉重的打击。"

虽然已经退党，但杰福兹也同意不会阻碍减税方案。在一次会议中，切尼拿出一张黄色餐巾纸，在上面潦草地写下"1.425 万亿美元"这几个字，并将它递给参议员本·纳尔逊。经过一番讨价还价后，这个数字被降至 1.35 万亿美元，且规定如果减税计划十年后没有更新，那它将自动过期。在切尼的撮合下，这项交易终于达成了，虽然作出了一点让步，但仍不失为一次重大胜利。最终版本的减税计划将最高所得税率从 39.6% 降低至 35%，而后面三个最高税率则在原有基础上各下降了 3 个百分点。同时，低收入劳动者新增了一个 10% 的低税率，并增加了儿童税收抵免、逐步取消遗产税、减少了所谓的"婚姻惩罚税"。减税的主体是占美国总人口 1% 的最富裕的纳税人，不过，他们的人口占比大致反映了他们的税负状况。收入最低的美国民众不用交个人所得税，但要交工资税，他们并没有受到这次减税计划的影响。5 月 26 日，众议院以 240 票赞成、154 票反对的结果通过了这项计划；差不多 1 个小时后，参议院以 58 票赞成、33 票反对的结果同样通过。

在参议院的投票中，有两名共和党参议员投了反对票，林肯·查菲正是其中之一。减税计划通过后，查菲要求与布什见面。

这次会面可谓剑拔弩张。查菲警告布什说，他极端保守的政策，会威胁到 2002 年共和党在参议院的席位，这些席位包括缅因州参议员苏珊·科林斯和俄勒冈州参议员戈登·史密斯。

“不用担心苏珊和戈登。”布什对他说。

查菲问布什，为什么他在堕胎问题上拒不妥协，查菲说：“就连劳拉也支持女性有权堕胎。”他在说这话的时候，并不知道第一夫人的立场，只是在瞎猜而已。

布什生气了，但他没有否定查菲的话：“不要把我的妻子跟这件事扯上关系！”

虽然参议院重回民主党人之手，但 51 席对 49 席的微弱优势是非常危险的，因为共和党此前也经历过这样的局面。布什仍没有放弃寻找另一个鲍勃·布洛克的努力，他决定再次向新的多数派领袖、参议员汤姆·达施勒伸出橄榄枝。他邀请达施勒及其夫人琳达前往白宫与自己及妻子劳拉共进晚餐。但在关键时刻，第一夫人却带着一个女儿飞往得克萨斯州。晚宴上，布什一边吃着墨西哥玉米饼，一边大谈特谈自己在白宫如何孤单，尤其是周末休息的时候。他说，自己就像一名囚犯似的，不戴眼镜就没法走出家门。“这就是我们想回到得克萨斯州的原因。”他对达施勒说道。晚饭过后，布什亲自把达施勒一家送到三楼的电梯口，并向他们道晚安。那一刻，达施勒突然觉得布什充满魅力，而且如此友好。他后来回忆说：“我终于亲眼见识到处于最佳状态的乔治·布什了。”

虽然减税计划已经落实，但两党合作的压力仍然非常大。在教育计划方面，布什受到来自党内的反对。在夏季的某一天，众议院共和党领导层来到椭圆形办公室，他们告诉布什：保守派党员不愿接受《不让一个孩子掉队》法案。长期以来，共和党一直要求取消教育部，对于这样一个党派来说，想让它投票支持政府扩大其在学校管理中的职能，这实在难以接受。

众议院议长丹尼斯·哈斯泰特、多数党领袖迪克·雅梅以及多数党党鞭汤姆·迪莱极力主张布什放弃与特德·肯尼迪的盟友关系。

“总统先生，保守派人士对这个法案很不满，他们不赞成这个法案，”迪莱说道，“在共和党这边，我们可以得到所有支持票。在这件事上，我们需要有倾向性，而不是走两党合作路线。”

布什深知，如果在这个教育计划上只顾及共和党的意见，那将是一次极大的妥协。但同时，他也认为必须信任本党的领导层，如果对他们的建议置之不理，那麻烦就大了。

但尼克·卡里奥却劝他坚持原来的计划："总统先生，我得告诉你，我认为在这件事上，从一开始你就是走两党合作路线，你应该把它进行到底。"

拉拢普京

随着夏季来临，布什准备开始首次欧洲之行。他已经同意与俄罗斯总统弗拉基米尔·普京会面。

老布什就任总统后，苏联开始解体，美国与俄罗斯的关系已经发生了翻天覆地的变化。10 年后，动荡的 20 世纪 90 年代使俄罗斯的民主状况越发恶化，普京在俄罗斯政坛的崛起，预示着一个新的中央集权时代即将到来。布什时刻提防着普京，他把这位俄罗斯领导人称为"一个冷酷的家伙"，然而，如果发现美国有受到来自其他地方的威胁，布什倒是有兴趣与普京建立一种工作关系。康多莉扎·赖斯曾邀请过一些俄罗斯问题专家与布什进行交流，其中一位名叫迈克尔·麦克福尔的斯坦福大学教授告诉布什，对付俄罗斯最好的办法，就是把它"拉拢过来"。布什深以为然。

6 月 16 日，布什抵达斯洛文尼亚的卢布尔雅那市，这里将是他与普京首次会面的地方。当两位领导人在一座 16 世纪古堡的鎏金大厅内见面时，普京立刻展示出了自己对布什的了解。

"我的确会打橄榄球，"布什回答道，"你的介绍非常到位。"

布什也谈起了自己对普京的了解，他说："总统先生，请允许我说一些引起我注意的事情，那就是令堂曾给了你一个十字架饰物，你曾在圣地以色列为它祈福。"

这话令普京大吃一惊，他说："确实是这样的。"

"这对我而言很有意义，总统先生，"布什说道，"我可以称呼你为弗拉基米尔吗？"

在苏联时期，普京的母亲曾偷偷为他洗礼，但普京很少公开展示自己对宗教的虔诚。当赖斯在现场看到布什与普京的交流时，她很难相信普京真的是一位有宗教信仰的人。如果这样的话，那就跟布什常把宗教信仰挂在嘴边的做法完全不同。不过，普京当年在克格勃工作时，曾被派驻到民主德国，这段经历教会他如何获得他人的信任与合作。因此，当他觉察到布什在很大程度上是以基督教信仰判断一个人时，他当即告诉布什一个小故事：有一次，他在乡下的别墅着火了，整座房子被烧得精光，他在废墟里找到的只有这个十字架饰物。

会面结束后，布什满怀希望地离开了。虽然布什曾经指责过比尔·克林顿把美俄关系变成了他与鲍里斯·叶利钦的个人关系，但如今他与普京的关系也是如出一辙。有一次，记者问布什是否信任普京，一旁的赖斯突然想起来，他们没有给布什准备好这个问题的答案。布什对这个问题也有些为难，他称普京是“一位诚实、坦率的人”，并补充说：“我看着他的双眼，能感受到他的灵魂。”赖斯顿时僵住了，她担心这话可能有些过于热情了，但她并没有说什么。

在华盛顿那边，切尼及其幕僚比赖斯更觉不安。在切尼看来，俄罗斯就是弱化版的苏联。他的这个观点可以回溯到福特执政时期的亚历山大·索尔仁尼琴之争，以及老布什时期对米哈伊尔·戈尔巴乔夫的批判。每当切尼看到普京时，他都会私下对别人说：“我想到的只有克格勃、克格勃、克格勃。”布什“注视灵魂”的言论一出，顿时引起人们的质疑。切尼手下的国家安全副顾问埃里克·埃德尔曼后来说：“我们大多数人对此并不赞同。”

除了这件事以外，切尼还有其他需要担忧的事情，6 月 30 日，他再次住院动手术，要在体内植入一个心脏起搏器和除颤器。这个复杂的装置将被植入他的左边锁骨附近，它不但起到传统心脏起搏器的作用，加快心跳速度，而且还可以当做一个微型的除颤器，解决心律不齐的问题。当切尼决定植入这个装置时，外界对他健康问题越发担忧，这让他在白宫的助手非常紧张。不过，做完手术当天，切尼就出院了。为了证明自己身体强健，他在 7 月 2 日重返工作岗位时连续接受了三家电台的采访。

而后，切尼忙里偷闲，与朋友杰克·丹尼斯前往西部进行了一次垂钓之旅。在一艘船上钓鱼时，他打起了瞌睡。由于此时距离完成除颤器植入手术仅仅几天，丹尼斯非常紧张，他赶紧查看切尼是否还在呼吸。

“好吧，你想怎么样？”切尼醒后没好气地说，“我没呼吸又能怎么样？请不要担心我好吗？别管我，该来的迟早要来，能死在这里简直棒极了！”

切尼越强势，布什越省心

当副总统在恢复身体时，美国的情报机构收集到许多令人震惊的报告，显示“基地”组织正在策划一次重大阴谋。虽然没有确切消息表明他们要在何时何地发起攻击，但这也足以让人不寒而栗了，正如乔治·特内特后来所说的那样，这个消息“简直让我毛骨悚然”。

7月10日，特内特给赖斯打了个电话，要求立刻与她碰面。随后，他与两名助手赶到白宫，对赖斯、斯蒂芬·哈德利和理查德·克拉克说，在数周或数月之内，美国很可能会遭受一次“惊人的”攻击。

“我们该怎么办？”赖斯问道。

“我们全国都要进入备战状态。”中情局反恐负责人科弗·布莱克回答说。

赖斯说，她要先给总统汇报这件事。多年后，在她的个人回忆录中，对这次预警事件的记忆比较模糊，但她记得美国政府已经提高了警戒级别，并努力请各国盟友帮助捉拿像阿布·祖巴耶达赫这样的恐怖分子。然而，要制订并通过针对“基地”组织和塔利班的新策略，还需要再过2个月时间。可惜，到那时，一切都已经晚了。

7月，布什在英国与托尼·布莱尔举行了首次会晤。布莱尔将一尊出自雅各布·爱泼斯坦（英国著名现代主义雕塑家。——译者注）之手的温斯顿·丘吉尔半身像送给了布什，让他放在椭圆形办公室；而这尊雕像是英国政府借给布莱尔，由他在剩余任期内使用的。从戴维营的会面中，布莱尔就意识到布什不太喜欢一本正经的外交礼节，于是他把这些美国客人邀请到契克斯别墅。

这座别墅建于16世纪，是英国首相的官方乡间别墅，常被用作招待外宾的国家门户。为了让布什的访问在一种轻松的氛围中进行，布莱尔和夫人切丽决定同意让助理们参加正式会议，但只允许第一家庭住在别墅中。赖斯也要求住在别墅，但被布莱尔拒绝了。

后来，契克斯的管理者们对切丽·布莱尔说：“我已经让布什先生的医生住进别墅了，我让她住我的房间。”切丽听后大吃一惊。

“哪位医生？”切丽问道。

“赖斯医生啊。”

布什一家于7月19日乘坐直升机抵达契克斯。布什没有系领带。两位领导人先单独在外面散了会儿步，然后上楼与助手们探讨了中东问题。到晚餐时间，两位夫人和布莱尔的孩子们加入了他们的行列，其中一位孩子在晚宴上提到了死刑问题。在当得克萨斯州州长时，布什曾执行过152场死刑，自 1976 年联邦最高法院恢复死刑以来，这个数字比其他任何政治家的执行次数都多。

切丽·布莱尔是一位厉害的律师，她也加入到这个话题。她认为，死刑在本质上是错误的，一个人如果犯了错，就算使用死刑，也不能纠正这个错误。

“哦，在美国可不是这么回事，”她记得布什是这样对她说的，“我们支持的是‘血债血偿’观点。”

结果，这顿晚餐的大部分时间在友好的辩论中度过了。作为总统，在吃晚饭的时候居然要面对如此直白的挑战，这种情况实在不多见。

“让他喘口气吧，妈妈。”布莱尔的儿子尤安说道。

在华盛顿这边，拉姆斯菲尔德正准备对伊拉克政策进行更全面的重新评估。7 月 27 日下午，他向切尼、赖斯和鲍威尔递交了一份标有“绝密”字样的备忘录。在这份总共 4 页的备忘录中，拉姆斯菲尔德提议召开会议讨论对伊政策的三个选择：

1. 解除禁飞区和对伊制裁，因为这些措施都已经失效了；
2. 接触“我们的温和派阿拉伯朋友”，研究制订“一项更稳健的政策”，以推翻萨达姆·侯赛因政权；
3. 与萨达姆展开对话，看他是否准备好“寻求和解”。在拉姆斯菲尔德的报告中，还描述了许多将要到来的威胁。

“在数年之内，美国将面对核武加身的萨达姆，这点毫无疑问。”拉姆斯菲尔德在备忘录中写道。虽然他并没有提出直接采取军事行动，但也在报告中总结道：“如果萨达姆政权被推翻，我们在该地区和其他地方的影响力将大幅提升。”但他要求的这次会议并没有如愿召开。

布什和切尼正在寻找一个适合双方的工作节奏。切尼抓住每周午餐会和其他与布什单独相处的机会，最大程度发挥了自身影响力。每次面见布什的时候，切尼通常会提起三到四个想讨论的话题，而有时候布什也想谈一些自己所关心的话题。“我一直觉得，没什么话题是我谈不来的，”切尼说，“有时候，在争论某些事的过程中，你会发现一些机遇。”他们两人的谈话范围非常广泛，有时候是关于家庭的，有时候是与内阁和国会相关的个人事务。切尼后来说："有时候则是关于一些政策问题，他会告诉我他做了哪些与政策相关的决定。"不管他们在私下碰面时说了些什么，其内容都是白宫最大的秘密。有时候布什和切尼会把他们说过的一些事与助手们分享，但大多数时候都守口如瓶。

通过与布什的这些私下会面，切尼在多大程度上悄悄左右着决策？在选择方案被递交给布什之前，切尼又是如何塑造这些选择方案的呢？这些问题在白宫西厢引发了持续不断的猜测。在做任何重大决定前，切尼通常采取三个步骤：首先，他的幕僚参与到制订政策的委员会中；其次，副总统本人参加内阁层面会议，讨论各种提议；最后，找机会与布什单独探讨这些提议。有时候，切尼对政策的影响是显而易见的，但有时候也仅仅是人们的猜测。"就像是看着铁屑从桌面滚过，"演讲稿撰写人戴维·弗鲁姆说，"你知道桌子那边有一块磁铁在吸着铁屑，你也知道磁铁在移动，但你就是看不到那块磁铁。切尼就是这块磁铁。"

副总统强大的影响力以及人们对这种影响力的看法，让卡尔·罗夫和凯伦·休斯等布什的助手们深感不安，他们对总统被人牵着鼻子走感到恼火。但在那个时候，布什对此却并不在意。"他表现得满不在乎，"阿里·弗莱舍回忆说，"他并没让这事往心里去。"事实证明这话是对的。有一天，布什把休斯拉到一旁单独谈话，希望打消她的疑虑。"你不明白，"他对休斯说，"切尼越强大，对我就越有利。这意味着他能帮我们完成更多的事。"

在布什的支持下，切尼开始迎接各种挑战。他最关心的领域是众所周知的，例如，他对一场名为"新建污染源审查"的环保政策辩论就表现出了极大兴趣。这项政策规定，如果发电厂在扩建过程而不是在基础维修过程中排放出污染物时，它们就必须安装过滤设备清除污染物。在这种情况下，工业企业当然想把基础维修的定义范围扩大了。在来自切尼的压力下，克里斯汀·托德·惠特曼领导下的美国环保局只能重新考虑克林顿政府采取的激进措施。切尼不断给惠特曼打电话讨论这件事，甚至连她在科罗拉多州度假的时间也死缠不放。惠特曼回忆说："他无时无刻不缠着我。"在教育和津贴改革等其他事务上，切尼并没有过问。"副总统没必要事必躬亲，总统才需要事事过问，"切尼的副幕僚长迪恩·麦格拉思说，"这样副总统才能更自由一些。"

在上任后的最初几个月里，布什所遇到的最大难题，或许就是干细胞研究问题。他纠结了好几个月，考虑该不该把联邦政府的资金投入到治疗阿兹海默症和帕金森综合征的研究。其研究方向是在实验室培育出的胚胎中提取干细胞，再对这些干细胞进行一系列试验，把试验成果用于上述两种病症的治疗。总的来说，人们不会去讨论是否要禁止此类研究，而是讨论是否能用纳税人的钱来资助这些研究。对布什而言，一方面，他反对堕胎；另一方面，这个项目可以拯救数百万生命，或改善他们的生活。这样一个矛盾的选择让他进退两难。布什曾收到过南希·里根寄给他的一封信件，内容令人倍感心酸。在丈夫被诊断出患有阿兹海默症后，南希就成为了人造干细胞项目的积极推动者。然而，布什的许多保守派朋友和顾问对于毁灭胚胎的做法非常不满。这个项目的道德界线究竟在何处？

顾问们给布什发了一个又一个的备忘录，他本人也越来越深入地了解了这个领域，并开始每天给主导该项目审核的助理杰伊·莱夫科维茨打电话，询问项目进展，或者让他提供最新信息。他向自己所遇到的各阶层人士征求意见，这些人包括出席白宫玫瑰花园庆典的某位毫不相干的医生、参加某个生日宴会的白宫医务人员、参加弗吉尼亚州某项活动的青年助理等。莱夫科维茨给布什带来一本奥尔德斯·赫胥黎的小说《美丽新世界》（*Brave New World*）。在这本科幻小说中，人类是在孵化场中培育出来的。莱夫科维茨向布什朗读了小说中的一些段落。“我们必须非常谨慎，”布什对他说，“因为这就像在悬崖边上走路一样，一失足成千古恨。当你意识到错误的时候，你已经跌入谷底了。”

安迪·卡德取消了外界与总统会面的 30 分钟时间限制，让布什尽情地与伦理学家和科学家进行探讨。来自哈佛大学的道格·麦尔登是干细胞研究领域的一位著名学者。他告诉布什，胚胎本身是没有生命的，不过，他也赞成不应“以傲慢的态度对待胚胎”。他认为，干细胞研究可以为现实中的人们带来一个截然不同的世界。他提到自己的儿子患上了幼年型糖尿病。

“我发誓要尽一切努力来帮助我的儿子。”麦尔登对布什说。

布什说，他能理解麦尔登的心情，并提到自己的妹妹就死于白血病。

7 月 9 日，布什在椭圆形办公室与两位生物伦理学家会面，一位是来自芝加哥大学的莱昂·卡斯；另一位则是来自哈斯廷中心的丹尼尔·卡拉汉，该中心是一家致力于生物伦理学的研究机构。

“我必须承认，我纠结于一个非常困难的决定，”布什对他们说，“我担心以后会产生一种贬低生命价值的文化。我觉得，自己的工作应该是激起人们对生命的尊重；而另一方面，我认为科技可以帮我们解决许多医学上的难题，我对于许多疾病的治疗抱有极大期望。”

在场的两位客人深有同感。但与麦尔登不同的是，卡斯认为冷冻胚胎虽然处于人类成长的早期阶段，但它们也是有生命的人类。

“至少，我们要给予它们应有的尊重，不能利用它们达到我们的目的。”卡斯对布什说。

而现有提取干细胞的方法，都是从已损坏的胚胎中提取。这种方法又是否涉及伦理问题呢？

卡斯认为，假如布什在将来明确反对破坏胚胎的做法，而且不鼓励这种行为，那么这种方法就不会带来道德上的负罪感，因为“你不一定破坏胚胎的那个人”。

从这些交流中，或许布什已经找到了他所寻求的中间立场。

会议结束后，布什叫住了凯伦·休斯。“你对这个说法感到满意吗？”他问她。

休斯点了点头，但有些迟疑。

“不，你不满意，我看得出来，”布什说道，“我想听听你的看法。”

“我无法接受摧毁新的胚胎。”休斯回答。

“深有同感。”布什表示赞同。

7月底，布什把休斯和莱夫科维茨叫到白宫。他将同意资助已有的人类胚胎干细胞系的研究，但不再将联邦政府的资金用于开发新的胚胎干细胞系。据说现在已有的人类干细胞系已达60个。不过，在白宫内部，这一决定没有得到普遍支持。曾任白宫助理的克丽丝滕·西弗尔伯格回忆说：“内部很多人都不赞成这个做法，因为他们认为这会激怒所有人。”保守派人士会反对联邦政府资助任何与此有关的研究，而自由派人士则会对该方案的局限性感到不满。

布什将在电视节目的黄金时段发表演讲，向全国人民解释自己的决定。这是标志性的一刻，只有在爆发战争或进入全国戒备状态的情况下，总统才会在夜间发表演讲；而这次演讲从本质上来说，是关于方针决策的。虽然这个决定充满尖锐的质疑，但与向海外派遣军队相比，严重程度已算较轻了。不过话说回来，这也是布什上任几个月以来所做的最困难的选择。

布什的幕僚认为这次演讲极为重要，因此休斯亲自为布什撰写了演讲稿，这是她的白宫岁月中唯一一篇从头到尾亲自操刀的演讲稿。

8月9日，布什在位于得克萨斯州农场的别墅里发表了电视讲话。镜头前，他坐在一张有软垫、带棕白相间花纹的椅子里，他后面有一扇窗，右手边是一面美国国旗。休斯希望在家中公布这个决定能更自然一些，尽量减少椭圆形办公室那种严肃的氛围。布什对着摄像机描述了自己的决定："通过提供纳税人的资金，允许或鼓励进一步摧毁那些有生命可能性的胚胎，让我们在不跨越基本道德底线的前提下，能够探索干细胞研究的希望和潜力。"作为一位因自己的决策不拖泥带水而自豪的领导人，布什暗示说，人们对他的质疑仍让他倍感痛苦。"经过深思熟虑之后，我才做出这个决定，"他说，"我祈祷这个选择是正确的。"正如他的助手们预测的那样，他的这次电视讲话让保守派和自由派人士都抓狂了。但在表述自己的决定时，布什使用了温和、有理有据的措辞，按照其演讲稿撰稿者之一的戴维·弗鲁姆的说法，布什已经在"最坚定的反堕胎立场上又迈进了一步，而这是之前的总统从未当着大庭广众表达过的立场。"弗鲁姆认为，这篇演讲词简直是"神来之笔"，也是休斯的人生巅峰。

8 月 6 日，当布什在准备关于胚胎干细胞的电视讲话时，他在《总统每日简报》中看到了一份题为《本·拉登决定攻击美国》的备忘录。最近几个月以来，美国情报机构一直在留意一些危险信号，正如乔治·特内特后来形容的那样："整个情报体系都在闪红灯。"布什曾问过中情局的信息通报官：是否有迹象表明美国本土正在成为恐怖分子的目标？这份只有一页多的备忘录就是最好的回答。

这份文件后来变得非常出名，或者说臭名昭著。但在那天早上，这份备忘录显得言之不详，只提供了一些粗略的信息，而且大部分都是三四年前的内容。备忘录的首页连动态情报都没有提及。它指出，本·拉登"在1997 年和 1998 年接受美国电视台采访时，曾暗示过"将攻击美国；而在1998 年，当美国用巡航导弹攻击本·拉登在阿富汗的基地后，他"对自己的追随者说自己要报复美国"。备忘录称，"基地"组织成员"已经在美国旅居多年，这些人显然会成为协助本·拉登攻击美国的支柱力量"。

除此之外，备忘录还说情报机构"一直未能证实一些更敏感的恐怖威胁报告"。这里所指的恐怖威胁，包括 1998 年的一份报告指出的，本·拉登“想劫持一架美国飞机，以此要挟美国政府释放那些在 1993 年世贸中心爆炸案中被判有罪的恐怖分子”。直到第二页，备忘录才暗示当时所发生的事：“然而，从那时起，联邦调查局的情报显示了一些在本国发生的可疑行为，这些行为的模式符合劫机准备或其他类型的恐怖行为特征，包括近期对纽约的联邦办公大楼的监控等。”这句话迫切需要进行详细说明。是什么样的可疑行为？又是什么样的监控？这段话语焉不详，根本不构成“可作为行动依据的情报”，即可以指导具体反应措施的详细信息。布什获悉，联邦调查局正在整个美国进行与本·拉登有关的 70 项调查行动，但这一信息并不完全准确。

回顾往事，布什承认自己没有意识到事态的严重性，也没有及时作出反应。他没有召集联邦调查局和中情局局长讨论此事，也没有下令提高警戒级别。当然，备忘录中也没有要求总统采取任何措施。布什说：“当时我没有体会到那种紧迫感。”言之不详的备忘录以及对联邦调查局的信心，使布什产生了一种错误的安全感。

熄灭反恐警报灯

得州的 8 月闷热潮湿，布什决定休假几个星期，回到农场放松下心情。他以炎热的天气为乐，并且把这种有悖常理的乐趣强加给别人，他还戏称自己是“挡风玻璃农场主”。这个农场是他的世外桃源，除了戴维营，这里是唯一可以令他无拘无束的地方，四处闲逛或者出去钓钓鱼，甚至可以开着他那辆白色皮卡在农场里兜风。“我与这个农场情深义重。”布什说。

这是一个不规则的纯天然农场，到处都是树木和小溪，还有七座峡谷，里面满是火鸡、鸽子，偶尔还能看到棉口蛇。那年 8 月，来自得克萨斯农工大学的两名专家曾到农场考察，鉴别出 17 ~ 18 种不同类别的阔叶树。农场的主建筑带有环保的地热和冷却系统：水泵把水注入地表以下 300 英尺，并让它保持在常温状态，这样与传统的供热和冷却系统相比，能使房子节省 75% 的用电量。农场安装了一个容量为 2.5 万加仑的雨水储蓄池，专门用于灌溉农作物。布什还有另一幢后来被称为“州长之屋”的房子，是他用来招待诸如康多莉扎·赖斯和凯伦·休斯等宾客的。就任总统之后，布什又购入了两架联排式流动房车，这样每当他离开首都在外常住时，幕僚们就可以住在这种移动式房子里。

布什每天都起得很早，那时候他正在读纳撒尼尔·菲尔布里克的小说《海洋深处》（*In the Heart of the Sea*），并准备接着深入研读戴维·麦卡洛的传记小说《约翰·亚当斯》（*John Adams*）。华盛顿那边依然不断有事打扰他，但身处农场这样的环境，这些事倒也可以忍受。有时候，参联会的会议能开上一整天，而且他每天早上都要听取简报。譬如，8 月 25 日，他于 5 点 45 分起床，第一件事就是读简报，然后在早上 7 点外出跑步；7 点 45 分回到家后，在他那能够俯瞰湖泊的阳台上听中情局官员做 1 小时的简报，紧接着是国家安全助理再做 1 小时的汇报；快到中午的时候，农场外聚集了不少等待他假期结束的记者，他决定带他们在农场里转一圈。布什换上棕色 T 恤、蓝色牛仔裤，穿着长靴，还戴了一顶牛仔帽。他花了一个半小时，不慌不忙地带着记者们参观了农场中令他心旷神怡的峡谷和步行道。

“我们要做的，就是在这里开辟一条路。”他对记者们说，“我们正在开辟一条从山顶到这里的小路。你们想从这里走上去吗？这条路很干净纯粹，从这个角度看过去，悬崖的造型独一无二。”

他让几名记者坐在他的皮卡车里，然后他们就出发了。他对记者们说，有时候，他要每天花上 3 个小时，拿着一把链锯砍掉农场里的雪松，这项工作成了他在农场里的主要消遣项目。布什解释说，雪松会过多地吸收农场里的水资源，对其他野生物种而言，它属于有害植物，所以他要把它们全部砍掉。

布什载着记者们来到被他称为“大教堂”的地方，并提醒摄影师们不要接触有毒的常春藤。他还带记者们参观了他某天跑步时偶然发现的一处瀑布，并开玩笑说：“这是个神奇的地方，一来到这里，你就会开始思考财政预算的问题。”随后，他又带他们参观了农场的湖泊，里面养了许多垂钓用的黑鲈鱼；湖边还有一艘小船，布什喜欢乘它打发炎热的午后时光。最后，他们又去了其他一些地方，例如布什的爱犬巴尼追赶犰狳的地方以及一处游泳池。游泳池是他的小女儿恳求建造的，所以他给这个游泳池取了个绰号，叫“哀求池”。

“你为什么这么喜欢来这个农场呢？”一名记者问布什。

“只有在少数几个地方，我可以毫无顾忌地走出大门，然后对自己说，我要出去走 2 个小时。这里就是其中一处。”布什回答道。

可是，另一位记者提出，像布什这样喜欢社交活动的人，居然会“退隐山林，过着与世隔绝的生活”，自己的朋友都感到有些不可思议。

“我想，他们或许并不了解总统的生活。”布什说道。

一番休整之后，布什于9月返回华盛顿。幕僚们担心他的总统生涯失去了方向感，因为随着减税政策落实、教育改革走上正轨，他们感觉布什已经找不着下一个目标了。演讲撰稿人彼得·魏纳说：“再也没有激动人心的事了。”迈克尔·格尔森正在撰写一份他称之为“带有社区特征”的演讲稿，其中将政府描述为帮助民间机构成长的催化剂，但在魏纳看来，“这个观点太浅薄了”。

在国家安全事务方面，经过好几个月的研究和拖延，政府在反恐和阿富汗问题上终于开始达成共识。9月4日，劳动节之后的第二天，赖斯把内阁层面的各部门负责人召集到一起，审议一项打击“基地”组织的计划，这项计划只作了小部分修改，就等布什和切尼到办公室后进行审核。在开会之前，深感失望的反恐顾问理查德·克拉克给赖斯递交了一份耸人听闻的备忘录，他在备忘录里发牢骚说：“决策者们应该想象一下，在未来的某天，当反恐安全小组无法阻止‘基地’组织的进攻，无数美国人倒在血泊中的时候，他们是否会懊悔没有防患于未然？这一天随时可能到来！”

6天后，9月10日，赖斯把针对“基地”组织的策略上报给了布什，而她的副手斯蒂芬·哈德利则正在与国家安全部门的二把手们开会，准备制订另一项补充计划。这项计划以阿富汗的塔利班组织为目标，通过培养反对派和策划秘密行动的方式，从内部瓦解塔利班政权，并彻底消灭“基地”组织在阿富汗的基础。会议召开前一天，反塔利班北方联盟领袖，有“潘洁希尔雄狮”之称的传奇人物艾哈迈德·沙阿·马苏德被暗杀了。会议室里的一些人觉得，这时候才制订这样的计划，是不是为时已晚。

然而，如果说在夏季初，美国政坛还闪烁着反恐的红色警报，那么夏天快结束的那段时间里，这些警报灯又灭了。乔治·特内特回忆说，自从布什从克劳福德农场返回白宫后，每天早上的情况简报中，就再也没有讨论过美国国内可能遭受恐怖袭击这一话题。

当天，布什飞往佛罗里达以推广他的教育计划。

DAYS OF FIRE

|第7章|

恐怖之日

前一秒还在安静聆听孩子的朗诵，后一秒就听闻两架飞机撞上了世贸中心。上任后一帆风顺的布什经历了美国史上最恐怖的一幕，没有任何一位总统像他一样见证过如此多无辜民众的死亡。一场影响世界、至今改变无数人命运的“21世纪的战争”就此拉开序幕。

9月11日，星期二，清晨6点30分，在佛罗里达州萨拉索塔市郊外的科勒尼海滩网球度假村里，布什总统穿着一身慢跑装从别墅中走出来，天还一片漆黑，但气候舒适，只有75华氏度（华氏度 = 摄氏度 *1.8+32）。他想沿着海滩跑一圈，但特勤处阻止了他，因为这样太显眼了。于是，他们用14辆汽车组成的车队，将布什送至度假村的高尔夫球场。车队刚抵达球场，布什就迫不及待地从车里钻出来，开始沿着由特工预先标记好并且已经清场的球场道路跑圈。他的幕僚们已经安排了一位陪伴者——理查德·凯尔。凯尔是彭博社的新闻记者，在总统竞选最紧张的时刻，布什开始欣赏这名身材高大、平易近人的记者。

“快跟上来，大高个！”布什叫着凯尔的外号，“快跟上！”

随着太阳在地平线上冉冉升起，布什和凯尔沿着球场小路奔跑着。一名特工在他们身后跟跑，另一名特工则怀里揣着突击步枪、骑着自行车跟在他们身旁。凯尔在读大学时，曾是一名越野赛跑手，而且是全美田径明星运动员。布什想知道他们的速度有多快。

“我感觉我们的速度大概在每英里7分15秒～7分20秒之间。”凯尔说道。

“真的吗？”布什问他，“你感觉？”

由于这年秋季没有大选或其他重要活动，布什决心将提高自己的跑步速度定为目标，他正在练习以每英里7分钟不到的速度跑完3英里路程。

凯尔说，他觉得布什可以完成这个目标。

布什问为什么。

"因为我们现在的跑步速度已经差不多有那么快了，而在运动状态下你还能正常地说话，没有出现气喘吁吁或大口呼吸的状况，"凯尔解释说，"如果你现在还能够谈话，那么当你不开口的时候，就能跑出每英里 7 分钟的速度。"

布什笑了笑。每跑过用粉笔标注的路标时，他都很注意听身旁的特工报出的时间。为了让布什在跑步时能算出自己的步幅，特工们已经预先在他跑步的路径上做好了标记。

"我们刚才花了多长时间？"特工告诉了他一个数字，布什快速心算，叫道："每英里 7 分 15 秒！"

早上 8 点整，布什回到度假村，洗了个澡，换上西服，开始听取《总统每日简报》。当天简报内容涵盖了中国、俄罗斯的一些事项，以及巴勒斯坦的动荡局势。幕僚们开始为他介绍一些稍后要参加的教育活动注意事项，包括有哪些人将出席活动、活动流程是怎样的、他该如何发表言论等。布什点头表示明白。接下来，布什本该起身前往车队的，但这位以守时著称的总统却并没有这样做，而是做了一个奇怪的举动：他开始与顾问们漫无边际地聊天。来自得克萨斯的律师桑迪·克雷斯也在顾问行列中，他来华盛顿帮助布什推行《不让一个孩子掉队》法案。他们的谈话无关痛痒，无非是得克萨斯的一些陈年往事。布什一反常态的慢条斯理让克雷斯大为困惑，他不停看手表，迟到时间从 3 分钟变为 5 分钟、从 5 分钟变为 10 分钟，但布什显然很享受当下的聊天。自从来到白宫后，在克雷斯的记忆中，这是唯一一次看到布什如此轻松而没有计划性。克雷斯回忆说："这是他总统任期内，最后的无忧无虑时刻。"

四百米高空上的悲伤

早上 8 点 54 分，布什的车队到达艾玛·布克小学。当总统走进教学大楼时，卡尔·罗夫告诉他，一架飞机撞上了纽约世贸中心双子塔的其中一幢。布什以为那是一架小型螺旋桨飞机。但随后，康多莉扎·赖斯打电话过来，说那是一架商用飞机。布什联想到自己当年在得克萨斯空军国民警卫队的经历，以为驾驶员突发心脏病，才造成了飞机失控。他说："这肯定是一起可怕的意外事故。"

在校长格温多林·托斯·瑞吉的陪同下，布什走进一间教室，与这个班的老师桑德拉·凯伊·丹尼尔斯见面。他找地方坐了下来，丹尼尔斯开始带领学生们进行朗读练习。布什心情很好，保持着微笑，并一直按规矩行事。此时，他感觉右后方有人走过来，安迪·卡德俯身在他耳边轻声说了句话。

“又一架飞机撞上了双子塔的另一幢，”他用浓重的马萨诸塞口音对布什说，“美国正遭受袭击。”说完这句话后，他就退了下去。

布什顿时面色僵硬、双眼发直，嘴角的笑容也消失了。第二架飞机撞上大楼，意味着这不是一起意外事故，而是一种战争行为。

不知道是何原因，他并没有突然站起身离开教室。布什敏锐地意识到电视镜头正对着他，而且面前还有这么多学生，所以，当这群大部分是非洲裔的美国小学生为他朗诵儿童故事《宠物羊》（*The Pet Goat*）的时候，他仍保持着坐姿。布什拿起一本故事书打开，但他的眼睛却盯着教室后面。孩子们在读书的时候，他虽然强颜欢笑，但注意力显然不在这里，而且撅着嘴，这是他紧张的表现。

布什发现，教室后面的新闻记者手机铃声大作，这一幕让他产生了一种奇怪的感觉，仿佛在看一出默剧。他在人群中看见白宫新闻发言人阿里·弗莱舍，于是他在一本笔记本上写下几个印刷体单词：“请暂时不要发表任何言论。”

时间又过去了几分钟，学生们继续练习朗读，而布什则在思考着美国所遭受的袭击。

“哇，你们读得太好了！”布什想把注意来拉回来，他对学生们说，“非常出色，谢谢你们向我展示朗读技巧！”

接着，他又开了几秒钟玩笑，询问孩子们是否读书的时间比看电视的时间多。有几个孩子举起了手。“噢，真是太棒了，非常棒！”

然后，他开始为这次访问画上句号：“谢谢你们让我加入朗读课，你们的表现非常出色。”

从卡德对布什耳语，到布什彬彬有礼地离开教室，只有不到5分钟时间，但正是这短短的5分钟，成为了他总统生涯最受批评的一段时间，也成为人们不断拿布什开涮的理由。既然已经被告知美国正遭受袭击，他为什么没有立刻站起来离开教室？批评者暗讽布什作为一名总统，在这种关键时刻居然茫然无措。布什后来解释说，他想为教室里的孩子和电视机前的美国观众营造一种冷静的氛围。但这是转折性的时刻。布什是一个重视秩序和体系的人，无论来去，他都严守时间，也不喜欢随意打破原有计划。显然，好几分钟以后他才明白：他的生活、他的总统生涯，已经发生了翻天覆地的变化。

白宫这边，上司不在办公室的这个早晨，时间过得特别慢。演讲撰稿人彼得·魏纳在写给上司迈克尔·格尔森的电子邮件中说道："今天没发生什么特别的事。"上午 7 点 57 分，副总统切尼来上班了。像往常一样，他的日程表上排满了会议。白宫预算局副主任肖恩·奥基夫在经过副总统办公室时，顺便与切尼探讨了一下财政支出的问题；另一名演讲撰稿人约翰·麦康奈尔跟着奥基夫走了进来，请切尼对一个即将要发表的演讲稿提出意见。

切尼的秘书黛比·海登和阿什利·斯尼打开外面办公室的电视。当她们看到新闻说一架飞机撞上世贸中心大楼时，立刻拨通了副总统的电话。切尼只听见她们说："快点打开电视！"

切尼马上按下电视开关，电视中，世贸中心北楼浓烟滚滚。和布什一样，他也以为撞楼的是一架小型飞机。"好家伙，联邦航空局今天有大麻烦了，"切尼说道，"真是一个悲剧。"

接着，他亲眼目睹了第二架飞机撞向南楼，终于明白这不是一场意外。他"嗖"地站起来，大步走向隔壁安迪·卡德的办公室。

"他电话打进来的时候，我要跟他说话。"切尼对自己的幕僚长说。

他回到自己的办公室，拿起直拨热线电话，对接线员说："我要跟总统说话。"接着，他挂上话筒，等待接线员为他接通电话。

其他幕僚开始聚集在他办公室，包括"滑板车"利比、康多莉扎·赖斯、乔舒亚·博尔滕、理查德·克拉克以及玛丽·马塔林。他们赞成到战情室协调联邦各机构的行动。电视上，穿着衬衣的彼得·詹宁斯正在为美国广播公司新闻频道播报新闻。这时候，电话响了，是布什打来的，此刻他正在佛罗里达小学的一间休息室里，正准备发表声明，然后马上赶往"空军一号"专机。

在休息室里，布什拿出他的"三福"记号笔，在一个黄色便签本上潦草地写了几个字。他坐在一张课桌旁，背对着电视机。所有人都盯着电视画面，而布什却专注于在自己的便签本上写东西。当电视重播第二架飞机撞击南楼的镜头时，丹·巴特利特用手指着电视，大声惊呼："快看！"

布什这时候正在跟联邦调查局局长罗伯特·米勒通电话。听到巴特利特的呼喊，他转过头来，非常认真地看了一会儿，然后又转过身去继续整理讲话稿。他开始大声朗读起来。

"今天，我们经历了一场国家灾难，"他朗诵道，"在一场针对我们国家的恐怖袭击中，两架飞机撞上了世贸中心大楼。"

巴特利特插话说："我们还不能肯定这是一场恐怖袭击。"

"这当然是恐怖袭击，"布什说，"如果不是，你觉得是什么？"

白宫副新闻发言人弗莱舍和斯科特·麦克莱伦赞成布什的说法。

"我只是说，我们还没有证实任何事，"巴特利特说，"我们不知道谁将为这起事件负责。"

"要不就说'疑似'恐怖袭击？"麦克莱伦说。

在便签本上，布什写着：联邦调查局正全力抓捕罪魁祸首。他先是写道，"我们要惩治他们。"然后又把这句话删了，改为"针对美国的恐怖主义行径是不会成功的"。

几分钟后，布什阔步走进学校的体育馆。里面坐满了老师和学生，他们没意识到发生了什么事。他对师生们提到"疑似"恐怖主义袭击，并发誓"追查并找到那些犯下罪行的人"。在描述这起自杀式袭击的凶手时，布什很奇怪地选择了一种随意的描述方式。然后，他补充道："针对我们国家的恐怖主义是不会得逞的。"这句话的原文本来是"不会成功的"，但布什念错了稿件，因为他在无意识中，想起了父亲在萨达姆·侯赛因入侵科威特时所说过的同样的话。他的表现不够稳定，持左翼立场的顾问担心他并没有完全打消民众的顾虑，或是要求不够坚决。

发表讲话后不到1分钟，布什走出了大门。上午9点30分刚过，他的车队以80英里的时速驶向机场。白宫摄影师埃里克·德雷珀回忆说："我们坐在车里，感觉却像在飞。在我记忆中，从没见过速度这么快的车队。"

就在布什车队上路1分钟后，白宫这边，特勤处的一群特工闯入切尼的办公室。"副总统先生，我们要马上离开这里！"特工吉米·斯科特一边大声喊着，一边在桌子附近来回走动。

特勤处收到消息，称一架飞机正朝白宫飞来。斯科特从切尼身后一手抓住他的腰带，另一只手放在他肩上，这实际上就是推着切尼往外走。奥基夫回忆说："大门突然打开，冲进来一群特勤处的人，然后切尼就消失了。"奇怪的是，离开办公室的时候，切尼顺手抓了一本《经济学家》(*Economist*)杂志。那一瞬间，他可能不知道要被带去哪里，如果等待太长时间，他就会无事可干。办公室只剩下赖斯和博尔滕，两人怔怔望着彼此，惊讶得一句话都说不出来。

早上 9 点 37 分，荷枪实弹的特工们匆匆忙忙地把切尼护送到白宫的地下通道中。此时飞机并没有向白宫飞来，而是撞向了五角大楼。后来有人推断，劫机者想找到白宫所在地，但从空中往下看，附近的高楼大厦让他们无法看见白宫的确切位置，于是转而袭击美国的军事总部。如果这个推测被证实的话，那真是救了切尼一命，因为在特工把他护送到地下通道之前，飞机可能已经撞上白宫了。

白宫里的其他人也被疏散了。"女士们，脱下你们的高跟鞋，赶紧跑！"特工们大声喊道。在大门外，有人告诉这些受惊的助理们拿掉身上佩戴的白宫徽章，以防成为狙击手的伏击目标。有些人不知道下一步该做什么，只好茫然地走路回家；还有些人受到同事提醒，跑到两个街区外的戴姆勒·克莱斯勒大楼办公室里待着。老布什时期的白宫助理蒂姆·麦克布莱德将自己的手下送回家，然后为滞留在这里的 72 名总统助理点了三明治外卖，把克莱斯勒中心变成了临时白宫总部。

白宫的地下通道里，切尼在路过一处有电视、长椅和电话的地方时，停了下来等待消息，此时有消息传来，说又有一架飞机撞上了五角大楼。

"帮我接通总统的电话。"他命令一名特工。

布什此刻正坐车前往机场。赖斯打电话过来，告知国防部五角大楼也被袭击了。上午 9 点 45 分，布什登上"空军一号"，他一边往机舱舷梯上走，一边叮嘱身边的特工要确保妻女的安全。劳拉这时正在国会山，她受特德·肯尼迪的邀请为教育项目作听证。得知恐怖袭击后，她被安保人员紧急护送到特勤处总部。他们的女儿在 1 小时后才受到保护。琳恩·切尼也被特工带到白宫地下掩体外的通道处，她在那里与丈夫会合了。

布什拨通切尼的电话。"看来我们这里发生了一场小型战争，"布什说，"我听说五角大楼被袭击了。我们进入了战争状态。"他还补充说道："有人要为此付出代价。"

切尼站在安全通道里，他告诉布什，在没有确定华盛顿是否安全的情况下，不要回到华盛顿。布什提出了反对意见，但切尼、安迪·卡德以及贴身保护布什的特工负责人爱德华·马林泽尔都劝说他不要立刻返回华盛顿。摄影师埃里克·德雷珀看到布什脸上流露出失落感，但他还是试着鼓舞在场的每一个人，他说："兄弟们，他们将为这一切付出代价。"

上午 9 点 54 分，"空军一号"冲上云霄。目的地尚未明确，驾驶员只想尽快起飞，而且飞得越高越好。当飞机达到平稳飞行状态时，他们已经在 4.5 万英尺高空，远高于正常巡航高度。布什脱掉外套，从他的舱室里走出来，说道："我刚听说'天使'将成为下一个被袭击目标。""天使"是"空军一号"的代号。布什能感觉到飞机正急速倾斜、转弯，朝西飞去，离华盛顿越来越远。

是谁下令击落民航客机？

切尼走进白宫东翼的地下三层掩体，在他身后，利用气密结构建造的沉重铁门发出"嘶嘶"声，缓慢地关上了。这个掩体的正式名称是"总统紧急行动中心"，初建于 1934 年，与白宫东翼同时落成。1942 年，第二次世界大战期间，富兰克林·罗斯福将它改造成防空洞。掩体内建有安全电话系统，就安装在会议桌下的抽屉里，看起来就像来自 20 世纪 60 年代的老古董。正对大门的那面墙和一面侧墙上各安装了两台液晶电视，其中还有几张床位可供休息，并且还有可消耗数天的给养。但自落成以来，由于没发生过真正的危机事件，所以这个掩体也从未被使用过，里面的设施非常落后，正如乔舒亚·博尔滕所说，这里"毫无科技含量"。

进入掩体后不久，切尼称自己已经与布什再次讨论过让战斗机紧急起航保护华盛顿的问题。后来，在切尼和布什的回忆录中，都回想起切尼曾经要求获得授权，可以在被劫持航班不接受军方指令的情况下将其击落。布什回忆说，他的回答是："没问题。"而当时与切尼在一起的赖斯，以及与布什同在空军一号上的卡尔·罗夫则回忆说，他们都无意中听到了类似的电话。当时，一名军事助理也记得切尼在进入掩体后不久就给布什打过电话。但是，那天保留下来的官方日志和笔记都没有记录切尼打过这个电话，这让许多人怀疑切尼是否真的得到了布什的授权，使他可以对后续袭击作出决策。

一名军事助理向切尼汇报说，美国联合航空公司 93 号航班正朝华盛顿飞过来，距离华盛顿只有 80 英里。当他询问切尼是否击落该航班时，切尼毫不犹豫地说："是。"按利比的说法，切尼作出这个决定的思考时间，只相当于"一名棒球击球手判断是否击球的思考时长"。

当飞机距离华盛顿只有 60 英里时，助理又问了他一遍。

切尼重复了一次自己的命令。

最后，助理又进来作了第三次确认："长官，我只是想跟你再确认一遍，你真的授权我们击落航班吗？"

"我说过了，是的！"切尼回答道，他的语气中明显带着不满。

房间里突然安静下来，人们终于意识到事态的严重性。副总统刚刚命令军用战机击落一架商用航班，而在这趟航班上还有着大量无辜乘客。

切尼毫不退缩。"我也不想让人觉得我们残忍无情，但我们没有其他办法，"他事后解释说，"这种事不能优柔寡断，因为数以千计的人命悬一线。"

博尔滕坐在会议桌的另一边，他先前没有听到切尼和布什关于授权击落民航班机的对话。他悄悄向切尼建议，最好给总统打个电话，告知他这个命令已经发出去了。这通电话被记录在早上 10 点 18 分的官方日志中。总统认可了切尼的决定。事后，博尔滕说，他不是质疑切尼是否有发布命令的权利，而仅仅是认为总统需要知道这个命令已经被发出。

几分钟后，又有一份报告称，联合航空公司 93 号航班已经坠毁。切尼在想，他是不是真的让人击落了一架民航飞机。

实际上，在切尼发布命令之前，这趟联合航空的航班就于上午 10 点 03 分坠落在宾夕法尼亚州的尚克斯维尔市，机上的乘客实施了一次反劫机行动。当时外界还没人知道这一点，但切尼已经想到，飞机坠落或许与自己的阻击命令无关。他说："我觉得，飞机上肯定有人做出了英雄行为。"他这话没有对特定的人说，更像自言自语。

但他还是没有得到一份关于坠机的准确报告，这让他很失望。"你必须要弄清楚我们是不是真的开火了，我们的战斗机是不是真的击落了一架民航客机，"切尼在电话里对五角大楼说，"你要找到这个问题的答案。"

后来他们才得知，在那天的一片混乱中，切尼的命令没有传达到正在驾驶战斗机的飞行员处。数架 F-16 战机从安德鲁空军基地匆匆起飞，他们甚至来不及为飞机挂上导弹。飞行员已经下定决心：如果他们真的接到了阻击被劫持飞机的命令，他们就用自己的战机与目标相撞。希瑟·彭尼中尉就是其中一名飞行员，他的父亲是联合航空公司的机长，彭尼虽然知道父亲可能就在那趟航班上，但他也无暇顾及了。

切尼抬头看了一下自己的国家安全副顾问埃里克·埃德尔曼。“副总统先生，”埃德尔曼说，“斯蒂芬·哈德利让我来这里一趟。”哈德利和理查德·克拉克认为切尼应该被疏散到一处偏僻的地方，以防止白宫仍在恐怖分子的攻击目标之列。

虽然切尼曾要求布什不要回华盛顿，但他本人却拒绝离开这里。“你知道的，我得留在这里与总统保持联络，我一直在与他通电话，而且这地方在受到核弹攻击的情况下也能运转。如果我们现在离开这里，坐直升机到其他地方，那么从我们起飞到降落，到重新与总统建立联系，至少要 45 分钟时间。现在发生的事情太多了，我们还没有了解事件的全貌，所以我要留在这里。把我的话带给哈德利和克拉克吧！”

埃德尔曼转身准备离开。

“你要去哪里？”切尼又把他叫住。

“呃，长官，我正要去传达你的指令。”埃德尔曼说。

“不，我要你留着这里，”切尼说道，“给哈德利打电话就可以了。

于是，埃德尔曼给哈德利打了通电话，告诉他副总统的决定。切尼打算参加克拉克在战情室举行的视频会议，讨论国家安全问题，但无论怎么调试，视频都发不出声音。切尼怒了。“把视频关掉！”他最终命令道，“打开有线电视新闻频道，这样我就能弄清楚这里到底发生了什么事情。”他叫埃德尔曼拿着电话，听战情室那边的电话会议说了些什么，可埃德尔曼只听了一会儿就听不下去了。

“声音太模糊了，听起来就像在游泳池底听《鼠来宝》（*Alvin and the Chipmunks*）里的花栗鼠们说话一样。”埃德尔曼不耐烦地说。

切尼说，算了，别碰那个破电话。

这时候，南楼倒塌了。上午 10 点 28 分，切尼从电视中看到北楼也在滚滚浓烟中开始坍塌。除了切尼以外，房间里的每个人都倒抽了一口气，脸上露出震惊的神情。而切尼则很坦然地盯着电视屏幕。

此时，有人报告说另一架飞机朝华盛顿飞来了。

“干掉它，”切尼命令道，“如果它看起来有威胁，那就干掉它。”

后来发现，那只是一架救护直升机而已。

切尼与交通部长诺曼·米内塔一起排查了正在美国领空飞行的 4 000 架飞机。其中一架飞机搭载着总统的父母，它被强制降落在密尔沃基市。桌子上堆了三摞不同的数据资料，切尼逐个追踪每架飞机的去向，看有多少飞机还在空中飞行，米内塔则负责读出机尾编号。各种各样的错误报告接踵而至，包括国务院发现炸弹、美国商城发生火灾、发现飞机出现在戴维营和克劳福德农场等信息。凭着在多届政府中获得的演习经验，切尼命令在场官员找到国会领导人，并用飞机将他们送往预先安排好的安全地址。

上午 10 点 39 分，切尼通过电话找到唐纳德·拉姆斯菲尔德。当五角大楼被袭击时，拉姆斯菲尔德跑到外面帮助伤者。切尼将最新进展告知了拉氏。

“我们这边收到了至少三例飞机接近华盛顿的报告，其中两例已经被证明是飞机遭到了劫持，”切尼对他说，“根据总统的指示，我已经授权将它们击落。”

那边没有回答，切尼不确定拉姆斯菲尔德是否还在电话旁，他大声问：“听到了吗？”

“听到了，我明白了，”拉姆斯菲尔德回答道，“你的指令下给谁了？”

“我是从这里下的指令，通过华盛顿中心传达的。”

“好的，”拉姆斯菲尔德说，“我有个问题，指令已经被送到战斗机飞行员处了吗？”

“是的，已经送到。”切尼回答。

“那么，现在这个时间，我们已经有两架战斗机得到指令了？”

“没错，而且就我的理解，他们已经击落两架飞机了。”

“我们还无法确认这点，”拉姆斯菲尔德说，“我们得到的信息是一架飞机已经坠毁，但目前还没战斗机飞行员汇报说击落了民航客机。”

拉姆斯菲尔德下令将国家战备等级提高到三级戒备。自 1973 年的赎罪日战争以来（即第四次中东战争，又称斋月战争、十月战争，发生于 1973 年 10 月 6 ~ 26 日。——译者注），这是最高级别的战备等级。但是，布什团队的几名成员意识到，应确保这一信息不被俄罗斯所误解。拉姆斯菲尔德、赖斯以及副国务卿理查德·阿米蒂奇与许多俄罗斯官员进行了交流。碰巧的是，当时俄罗斯正在进行军事演习。弗拉基米尔·普京成为美国遭袭击这天第一个致电布什并提出给予帮助的外国领导人，他后来也充分利用了这一点来发展与美国的关系。不过，普京在那天最初没能找到布什，接电话的人是赖斯。他对赖斯说："我国已经取消了军事演习。"

谁胆敢对美国动手?

"空军一号"马力全开，以630英里的时速向西飞去。一些机组成员大为吃惊，连他们都不知道这飞机可以飞这么快。布什一脸严肃地望着左舷窗外，看见几架F-16战机正在为他们护航，战机与"空军一号"间的距离非常近，以至于布什能看见一名飞行员脸上的胡茬；那位飞行员也看见了布什，并向他敬了一个军礼。

飞机的目的地是路易斯安那州的巴克斯代尔空军基地。这是一趟令人气恼的飞行。飞机上没有专属的电视信号，只能在经过不同城市上空时，接收当地基站发出的信号，但飞过那个城市后，信号即刻断掉。电话也接收不到信号，当看到世贸中心其中一幢大楼倒塌的时候，布什心想，在美国历史上，没有哪位总统像他一样看见如此多的民众死亡。在这起美国历史上最致命的恐怖主义袭击中，已有3 000人死于非命，而这些，都在他的亲眼目睹之下。在当时，他甚至以为有更大的伤亡数字。

美国东部时间上午11点45分，飞机降落在巴克斯代尔空军基地。基地里到处都是全副武装的轰炸机，由持枪部队守卫着。布什还没从恐怖袭击的震惊中缓过劲来，又被眼前的场景吓了一跳。"这一幕太惊人了，"他后来回忆道，"我们的飞机就像在战地中飞行一样。"这里没有总统专属车队等着他，布什钻进一辆军车，军车飞速上路。

"慢点，孩子，"布什高声说道，"这个基地没有恐怖分子！"

在基地里，布什又录制了一份全国讲话录音，然后打电话给拉姆斯菲尔德，对他说："现在轮到你出招了。"

但这份讲话与上次一样，并没有让民众感到安心，演讲撰稿人戴维·弗鲁姆认为，布什的"言行让人觉得他不是猎人，而是猎物"。巴克斯代尔基地的通讯也不是太顺畅，所以在切尼的建议下，布什的专机再次起飞，前往内布拉斯加州的奥法特空军基地，那里是美国的战略司令部，设施先进，如果有必要的话，完全可以在那里指挥一场战争。飞机上，布什就返回华盛顿一事与手下争论不休。“我们要回到华盛顿，”他对特勤人员说，“我们不能让几个虚张声势的恐怖主义份子把我们吓倒。美国人民想知道他们那位该死的总统到哪里去了。”

布什不断追问中情局简报官迈克尔·莫雷尔：“你觉得这是谁干的？”

“有两个国家有能力干这事——伊朗和伊拉克，但它们这样做会得不偿失，”莫雷尔说，“如果让我猜的话，我会投‘基地’一票。”

“那我们什么时候能知道真相？”

“要么很快，要么等很久。”

巴克斯代尔空军基地不是唯一有通讯问题的地方。白宫的掩体与楼上的战情室本该有一条开放电话线路的，但这条线路一直在掉线。战情室的理查德·克拉克不断重拨掩体内的电话号码，要求与迈克·芬泽尔少校通话。接电话的人每次都嘟哝几句，然后把话筒交给芬泽尔。

“迈克，帮你接电话的那个混蛋是谁？”克拉克问道。

“那是副总统。”芬泽尔平静地回答道。

人们一开始认为，奥萨马·本·拉登领导下的“基地”组织是这次袭击的幕后黑手，但很快，伊拉克却成了最大嫌疑人。在五角大楼被袭击后 5 个小时，也就是下午 2 点 40 分，五角大楼内举行了一次会议。拉姆斯菲尔德提出，虽然没有确凿证据证明萨达姆·侯赛因与这起袭击有关，但还是应该向他发起进攻。拉姆斯菲尔德的助手斯蒂芬·甘邦负责会议的速记工作，他在速记过程中使用了大量缩写语，如 S.H. 代表萨达姆·侯赛因，UBL 代表奥萨马·本·拉登。其中一句话是这样的：“最佳快讯。判断同时进攻 S.H 是否妥当——不仅仅进攻 UBL。”

白宫这边，掩体内的空气越来越污浊，二氧化碳含量也越来越高。特勤人员想让切尼周边的空气畅通一些。戴维·阿丁顿要求一些闲杂人员离开掩体。切尼越来越担心总统简短的讲话不足以让美国民众了解到政府正在采取的措施，他不喜欢在公共场合露面，因为他知道，人们一直都认为他才是幕后掌控一切的人，如果在这个时候露面，会加深民众的这种印象。“我们处于战争状态，”他事后说，“我们的最高统帅必须能掌控全局、坚强果断，就像布什一样。如果我公开发表言论，就达不到这个目的。”因此，他派凯伦·休斯去做情况介绍。

切尼想确保休斯在做简报的时候手上有最全面的信息。到目前为止，他只知道有一架飞机坠毁了，却不能确定这架飞机是否因他的命令被击落。

“给国家军事指挥中心打个电话。”切尼对助理埃里克·埃德尔曼说道，“要确定我们没有击落那架飞机。我们只有一次机会来讲这个故事的开头，如果出了岔子，我们就要付出巨大代价。所以，一定要确保我们没有击落那架飞机。”

埃德尔曼拨通了指挥中心的电话，对方军事人员说他们没有击落飞机，空军的战斗机与那架坠毁在宾夕法尼亚州的民航客机没有发生任何接触。埃德尔曼向切尼转述了指挥中心的话。

“再问他们一遍。”切尼吩咐道。

“但是，长官，我刚刚才问过他们。”

“再去问他们一遍，确认清楚。”

埃德尔曼只好又拿起电话，要求军事指挥中心再次确认。对方还是回复说：“不，我们跟这事没关系。”埃德尔曼又给切尼汇报了一遍。

切尼还是不满意，他说：“你要确保万无一失。”

于是埃德尔曼打了第三通电话，得到的是同样的答案。

这回切尼终于满意了。

东部时间下午 2 点 50 分，布什的专机降落在奥法特空军基地，他走进一个像电影《战争游戏》（*War Games*）场景般的指挥中心。下午 3 点 15 分，布什与高级顾问们开了一次关于安全事宜的视频会议，视频画面上的人包括切尼、拉姆斯菲尔德、乔治·特内特以及刚上任一周的联邦调查局局长罗伯特·米勒。

“我们现在处于战争状态，”布什率先发言，“我们要找到这次袭击的罪魁祸首，他们要为袭击美国承担应有的后果，不惜一切代价找到他们。”

特内特告诉他，“基地”组织似乎真的要为此负责。在对 4 架遭劫持飞机的乘客名单进行核查后，发现了几名众所周知的“基地”组织成员，而电子监控网络也监测到了“基地”组织人物之间相互祝贺的交流信息。

正当他们在讨论该采取何种应对措施时，一个声音打断了视频会议，宣称一架来自马德里的飞机没有回复无线电呼叫，请求总统允许将其击落。布什心想：这到底有完没完？他授权对方在必要的情况下，可以采取致命的行动。不久，这个声音又打断了电话会议，报告说这趟马德里航班已经降落在里斯本。

布什深知这一切是不会结束的，也知道自己的总统生涯已经完蛋了。“我们正在进行一场反恐战争，”他宣布道，“从今天开始，反恐就是本届政府最优先的任务。”

会议结束后，他命令“空军一号”飞回华盛顿，这样他就能在椭圆形办公室向全国人民发表讲话。他说：“回到白宫后，如果有飞机来袭击我，我只能说，希望我那天已经读过了圣经。”

起飞前，布什给西奥多·奥尔森打了个电话。奥尔森是一名律师，他曾处理过布什与戈尔的选举争议案，后来他成了布什政府的副司法部长。奥尔森的妻子芭芭拉也是一名律师，是华盛顿政界的知名人物，但她不幸乘坐了那架撞击五角大楼的飞机。布什向奥尔森保证，他一定会找出应该为此承担责任的人。

降落在安德鲁空军基地后，布什登上了他的海军直升机，再飞几英里，他就能回到华盛顿了。当直升机在华盛顿上空侧弯飞行时，他看到五角大楼仍在冒着浓烟。“世界上最强大的大楼着火了，”他喃喃自语道，“你刚才亲眼目睹了 21 世纪的战争。”

下午 6 点 55 分，“海军一号”降落在白宫南草坪，那里还摆放着一些野餐桌和流动炊事车，这些东西都是当天早上设置好的，原本是为晚上举行的国会野餐聚会作准备。布什在草坪上与几名助手交谈了一会儿，然后径直走向他此前从未去过的掩体。在掩体门口，劳拉正在那里等他，他拥抱了妻子，然后与切尼汇合了。

晚上 8 点 30 分，布什坐在椭圆形办公室的桌子旁，摄像机镜头准备转播他对此次危机的全面评价。演讲稿撰写团队已经反复推敲过多种版本的演讲词，但最终被休斯修改了大部分内容。那天晚上，布什并没有宣布美国进入战争状态，因为他想让美国民众安心。演讲中的一些台词让撰稿者们汗颜不已，例如“这些行径可以粉碎钢铁，但无法挫伤美国人民捍卫国家的决心”。演讲撰稿人们认为，这简直是一篇“糟糕的在职演讲”。迈克尔·格尔森认为，这篇演讲“不适合当时的情形”，它让布什看起来太过“呆板和低微”。当飞机撞向五角大楼时，格尔森正被堵在五角大楼附近的高速公路上。

但撰稿人马修·斯库利所写的一句话被保留了下来：“对于肇事的恐怖分子和胆敢包庇他们的人，我们将视同一律。”

就这样，布什宣布了一项全新的、影响深远的美国国家安全原则，而在此之前，他并没有与切尼、赖斯、拉姆斯菲尔德或科林·鲍威尔讨论过这一话题。过去，布什用“一拳打在沙子上”来形容比尔·克林顿对恐怖主义袭击无所作为；现在，他这项新的原则不会再重蹈克林顿的覆辙，对于任何国家、任何人，只要与此事有关，美国都会不遗余力地追究到底，这包括“基地”组织的老巢阿富汗、甚至可能还有据称支持恐怖主义的伊拉克。

在另外一场会议结束后，切尼与妻子和几名高级助手走出掩体，来到白宫南草坪，在那里登上一架白顶的海军直升机，并在晚上 9 点 57 分离开了白宫。正如布什在几个小时前看到的那样，他也亲眼目睹了受损的五角大楼，这刺眼的一幕让他联想起了 1812 年战争（又称第二次独立战争，是美国与英国之间发生于 1812 ~ 1815 年的战争，也是美国独立后第一次对外战争。——译者注），那是外国军队最后一次攻击美国的首都。

切尼一家要去一处被称为“秘密安全地点”的地方，其实就是戴维营。他们在晚上 10 点 30 分到达那里，住进了总统的住所白杨楼。莉兹·切尼和她的家人早就被带到营地。按常规，只有总统才能在白宫南草坪降落或起飞，即使 1981 年罗纳德·里根遇刺时，老布什飞回华盛顿，他也拒绝在南草坪降落。不过，切尼正在实施他于 20 世纪 80 年代学到的一组协议，即美国在遇到灾难性袭击的情况下，必须要让总统和副总统待在不同的地方。他会在白天返回白宫，但下一周的大多数晚上他都会在戴维营度过，这开启了他长达数月的半隐居生活。

而布什一边，他的特勤处保卫人员卡尔·特拉斯科特告诉他，当晚要在掩体内过夜。布什在掩体里看到一张折叠床，他想象着是哈利·杜鲁门放进去的。他宣称：“我可不想睡在那儿。”然后上楼回了自己的房间。

当他躺在床上时，白天的一幕幕在他脑海里闪过：飞机将要撞上美国力量的象征；机上乘客意识到死亡即将来临，有些人甚至与劫机者搏斗；消防队员和警察冲进火海救人；大楼倒塌后扬起漫天尘土。为什么会发生这一切？怎样才能作出正确的反应？他该如何在安抚民众和决心战斗之间保持平衡？怎样才能在世界另一头的山洞里找出应该为此负责的隐藏敌人？劳拉躺在他身边，能感觉到他在黑暗中发呆。

然后，布什注意到房门那边出现一个人影，甚至能听到沉重的呼吸声。

那是一名特勤人员，他朝房里叫道："总统先生！总统先生！你得过来一下，白宫正受到攻击。"

布什穿上一条运动短裤，抱起他那只苏格兰小猎犬巴尼；劳拉则穿上睡袍，抓起她的宠物猫凯蒂。走出房间时，他们还叫他们那条史宾格犬"小斑点"跟上。实际上，第一夫人在漆黑中看不到任何东西，必须摸着东西走路，所以布什领着她走下走廊。

拿着突击步枪的特工急匆匆地把他们护送到楼下掩体中，尼尔·布什、安迪·卡德、康多莉扎·赖斯以及总统的管家都在那里。进入掩体后，布什听到身后传来"砰"的一声，那扇加压金属门在"嘶嘶"声中合上了。

一两分钟后，一名空军士兵宣布："别担心，总统先生，那是我们空军的战斗机。"

原来，一架 F-16 战机发送了错误的应答器编码。穿着运动短裤的总统和穿着睡袍的第一夫人带着他们的宠物，拖着疲惫的脚步回到楼上，努力重新进入梦乡。

DAYSOFFIRE

|第 8 章|

复仇信条

向“基地”组织宣战！在民众的复仇欲望驱使下，布什—切尼磕磕碰碰地开始了备战工作——抚平国家伤痛、重振经济、安排反恐任务。经历了最初的惊慌失措，“爱好和平的美国”正逐渐转变成一个“凶猛的国度”，而布什也从菜鸟总统逐渐成长为真正的“三军统帅”。

第二天早上，当布什夫妇醒来的时候，第一夫人留意到草坪上有一堆婴儿车，它们是参观白宫的游客们留下的。在紧急疏散时，这些游客抱起自己的孩子就跑，把婴儿车留在了原地。这里的一切都跟以前不同了：一夜之间，白宫里充斥着各种枪支，部队在首都街头巡逻；许多为他们工作的人害怕回来上班；而她的丈夫所面临的考验，是他从未想到过的。

布什总统昨天过得不太顺利。他做了很多事：留在佛罗里达的教室里听孩子们朗读、穿梭于各个空军基地、从公众视线中长时间消失，并做了一次不坚定的讲话，但这些都没有在危机时刻向民众传达出能让他们安心的信息。他的顾问们都明白这一点，所以尽力为他辩解。历史学家罗伯特·达莱克和专栏作家威廉·赛菲尔曾批评总统没有及时回到华盛顿，于是卡尔·罗夫设法找到他们，并告诉他们“空军一号”当时被恐怖分子设定为攻击目标。达莱克把罗夫的这通电话解读为一种恐吓行为，只要任何人质疑总统，都会被恐吓。至少这反映了一个问题，印象一旦形成就很难改变。如果布什那天貌似逃跑的做法留在人们的印象中，那他此后的总统生涯将举步维艰。

布什开始召开一系列会议，为此次恐怖袭击制订一个反应措施。当他与众多高官坐在会议室里评估所遭受的损失时，他变得越来越生气，并突然转向司法部长约翰·阿什克罗夫特说道：“不要让这样的事情再次发生！”

他这句话的含义，不知道是专门针对司法部长还是房间里的所有人，但阿什克罗夫特“非常在意”。乔治·特内特汇报说，他现在非常确定奥萨马·本·拉登的网络正是本次劫机事件的幕后操手。他说，要粉碎这个网络，需要有更大的权力和更多的资金。

“不惜一切代价。”布什说道。

然后他转向新任联邦调查局局长罗伯特·米勒。

“跟我简单说下情况，”布什吩咐米勒，“现在事态进展如何？”

米勒赞成“基地”组织是幕后元凶这个说法，因为从空中交通管制的无线电中，他们听到了劫机者高呼“真主安拉”。他汇报了调查的最新进展，但随着对话的深入，米勒对于以牺牲传统流程为代价、采取攻击性行为的讨论表现出担忧。

“请等一下，”在讨论过程中，他说道，“如果我们真的做了这些事，将可能削弱我们的公诉力。”

阿什克罗夫特打断他的话：“我们就是不能让这样的事再次发生，公诉力不是我们优先考虑的事，就算我们丧失了公诉力，那也不算什么，但我们一定要防止恐怖袭击再次发生。防患于未然才是我们应该优先考虑的。”

阿什克罗夫特顿了顿，看布什是否认可自己的观点。在得到肯定的反馈后，他才继续说道：“美国司法的首要任务，就是要防止发生下一次恐怖袭击，并在恐怖分子及其帮凶再次袭击我们之前抓住他们。如果我们不能把他们送上审判台，那就接受现实吧。”

上午 11 点 30 分，国会领导人来到内阁会议室，加入了布什的会议。在一些领导人看来，布什身心疲倦，但当他向立法议员介绍情况时，立刻换上了坚决的口吻。“这是 21 世纪战争的开端，”他以这句话作为开场白，“这场战争需要新的策略。”他谈到在纽约的救援工作，并提到最新披露的一些细节，显示联合航空公司 93 号航班的乘客曾反抗过劫机者。突然，他话锋一转，谈到了政府需要更多的执法权、紧急开支和动用武力的授权。

“美国人民眼下义愤填膺，一定要血债血偿，我们要响应他们的意愿，”布什说道，“我们要把钱花在刀刃上，让它们产生作用。我们要非常耐心，因为我们面对的是一场战争。敌人做梦都想阻止我们在这座大楼里开会，他们想把白宫变成一片废墟。”

接着，布什开始阐述他的新信条，包庇恐怖分子的行为也会被视为与美国人民为敌。“这些家伙就像响尾蛇一样，”他借用了得克萨斯州的一句格言，“他们会缩回洞里。我们不但要把蛇找出来，还要打击养蛇的人。”

与此同时，他强调不能把阿拉伯裔美国人当成替罪羊。

汤姆·达施勒对这种战争言论倍感担忧。这并不是说，他没有把刚发生过的事件看作是对美国的袭击，他只是注意到，“战争”一词在过去几年已经被滥用了，例如向贫困宣战、向癌症宣战、向毒品宣战等。达施勒觉得，这样的用词可能不会带来显著效果，应该避免再次使用类似词汇。

“‘战争’是一个非常有力的词语，”他对布什说，“这是一场截然不同的战争，在考虑修辞手法的时候，需要特别谨慎。”

布什的一些顾问听到这话呆了一下，他们心想：在称呼“战争”的时候需要谨慎？如果这不叫战争，那该叫什么？不过，布什不愿在这个问题上作过多纠缠。

他从另一位民主党领袖、国会议员理查德·格法特那里获得了更多支持。“总统先生，我们的当务之急是要相互信任，”他说，“但这并不意味着我们凡事都要达成一致，况且我们也从来没有这样做过；但是，我们的职责是保护美国人民的安全，为了做到这一点，我们必须真正团结在一起，把政治立场放在一边，尽我们全力作出最好的决定。”

那天傍晚，布什穿过波托马克河，来到五角大楼。大楼的火还没有完全扑灭，工作人员正从废墟中把受难者遗体搬运出来。布什搂了搂拉姆斯菲尔德的肩膀，与人们一一握手，向他们保证，美国“不会被恐怖分子吓倒”。在走回专车的过程中，他发现一群处理善后事宜的军人正在与白宫副幕僚长乔·哈金商量要与总统见面。布什跟这些穿着防护服和长靴，戴着塑胶手套的军人们聊了很久。哈金回忆说：“他非常投入地跟他们聊了很长时间。”

回到白宫后，布什行色匆匆，独自一人走到楼下的战情室。反恐主任理查德·克拉克心想：他似乎急着要做什么事。克拉克记得，布什叫上他和另外几个人来到战情室，然后把门关上。

“听着，我知道你们都有许多事要做，”布什说道，“但我还是想让你们尽快把所有资料重看一遍。记住，是所有资料。我们要看这次袭击是不是萨达姆干的，看他是不是跟这件事有关。”克拉克不敢相信自己听到的话：“可是，总统先生……这事是‘基地’组织干的。”

“我知道，我知道，但你们要看看萨达姆是否插手过此事。听着，哪怕一丁点相关信息，我也要知道。”

克拉克对这要求感到十分不安，他认为，这体现出布什和切尼对萨达姆的成见。后来，布什虽然和克拉克意见不一，但却对调查委员会说，自己已经与克拉克谈过伊拉克问题。对布什而言，这是一个简单的逻辑问题：伊拉克是美国的死敌，虽然这一次它不一定资助过“基地”组织，但以往的资助是毋庸置疑的。这事值得深究。

随后，白宫官员在当天晚上完成了授权使用武力的立法草案，并通过传真发给国会。草案宣称：“总统被授权正确使用一切必需的武力来对付那些与此次袭击相关的人，并阻止未来任何针对美国的恐怖主义或侵略行为。”达施勒等民主党人认为该草案只是一纸空文。紧接着，白宫与国会进行了磋商，希望能找到满足双方要求的措辞。

美国民众期盼总统在危机时刻要表现出强大的公共领导力，在这方面，布什还没有找到适当的说法，这让顾问们非常担心。迈克尔·格尔森当晚来到卡尔·罗夫的办公室，表达了自己的担忧。

“如果我们认为到目前为止，我们对事件的反应是成功的，”格尔森对罗夫说，“那我们就大错特错了。”

危机处理，需要一点冲动

“总统先生，等我们找到这帮家伙，要让他们死无全尸。”9 月 13 日上午，中情局反恐主任科弗·布莱克在给布什和切尼做简报时说了上面这番话。布莱克秃顶、脸型微胖、戴着一副眼镜，他看起来根本不像好莱坞电影里的间谍组织首脑，更像一名会计。但在中情局内部，人们说他身上有一种“介乎科学狂人和乔治·巴顿将军之间的特质”，而他强硬的说话风格，非常符合渴望采取军事行动的总统和副总统的口味。

不过，此时此刻一切都只是即兴行为而已。切尼把凯伦·休斯拉到一旁，向她建议说布什应尽快访问纽约，因为全国民众都希望在此时看到总统出现在现场。布什一直不想妨碍救援工作的进行，但目前这项工作已经从搜寻生还者变成了寻找遗体。他本来计划周日再去纽约，哈金则一直要求他等到下周一。白宫将在这周五的时候在华盛顿国家大教堂组织一次祈祷活动，布什于是建议说：“或许我们应该在明天祈祷活动结束后前往纽约。”

稍后，布什给纽约州州长乔治·帕塔基和纽约市市长鲁迪·朱利安尼打了电话，并邀请记者们到椭圆形办公室记录这一刻。在对遇难者表示同情和提供帮助的同时，布什还当场宣布他将于次日访问纽约，这让他的幕僚们异常惊讶。

“你刚才盛情邀请我访问纽约市，”他在电话里对朱利安尼说，“我接受你的邀请，明天下午我会到达那里。”

布什的助手们在震惊之余，相互交头接耳问道：他刚才说了什么？布什打完电话后，开始接受记者提问。记者的问题包括这时候乘坐飞机是否安全、他是否已经认定谁应该为此事件负责以及他会组成什么样的国际同盟打击恐怖主义等。然后，来自《基督教科学箴言报》的记者弗朗辛·基弗揭下了这些貌似专业的面具。

她直接问布什：“你方便让我们了解一下你心中的祈祷文是什么吗？你内心的真实想法是什么？”

布什双手放在桌上，脑子里在想合适的措辞。“呃，我现在并没有考虑自己，”他说，“我想的更多的是遇难者的家庭，还有他们的孩子。”五角大楼殡仪小组的形象和西奥多·奥尔森的声音顿时浮现在他的脑海中。

他停顿了大约 8 秒,然后回过神来。电视镜头把这一刻永远记录了下来。“我是一个有爱心的人，”他继续说，“但我也是一个身负重担的人，而且我愿意背负起这副重担。这是一个可怕的时刻,可怕的悲剧降临在美国的身上，但我们要从这样的悲剧中拯救自己和他人，直到那时，我们才会重新变得温和。”

然后，他昂首离开办公室，他的脸因悲伤而变得扭曲。

随后他遇见格尔森。布什不确定自己在电视直播时是否失态了。

他问格尔森：“我刚才的表现还可以吗？”

“我觉得,刚才对这个国家而言是一个非常重要的时刻。”格尔森对他说。

布什向休斯道歉：“对刚才的表现，我非常抱歉。”

助理们都知道布什肩上所承受的重任，因此都想安慰一下他。此时，埃及总统胡斯尼·穆巴拉克打来电话，为了不影响布什接电话，在场的几位演讲撰稿人逐个退出椭圆形办公室。约翰·麦康奈尔在往外走的过程中，不禁留意到总统坐在那里，戴着婚戒的手指正有节奏地敲击着桌面，整个人已经陷入沉思。

当安迪·卡德提到总统办公室调度主任布拉德·布莱克曼的侄子在世贸中心失踪时，布什才意识到恐怖袭击对身边人的家庭带来的影响。他无法相信这是真的。恐怖袭击才刚刚过去两天，他就获悉身边最亲密的合作助手的家庭被卷入袭击事件中。布莱克曼的侄子托马斯·尤尔根斯是一名受过战斗训练的军医，他的日常工作是法庭庭警。当他听说发生了恐怖袭击，便立刻征用了一辆接送陪审团的面包车，带着装备奔赴现场。从那以后就没了他的消息。

布什拿起话筒，拨通了布莱克曼的电话。“你怎么不告诉我你侄子失踪了？”他用命令的语气问道。

“因为你有很多事情需要处理。”布莱克曼回答道。

“我们要为他祈祷，希望他能平安归来，”布什说，“我想让你的家人知道，我们要找出这件事的元凶，让他们就地伏法。”

“谢谢你，”布莱克曼说，“我们都希望他能回来。”

布什挂上电话，但仍感到难过，他从座位上站起来，走出椭圆形办公室，来到布莱克曼的办公室。“我想让你告诉你的家人，我会找出这件事的元凶，让他们就地伏法。”他又当面向布莱克曼重复了一遍刚才在电话里说过的话。布莱克曼未来几天的工作，是研究前任总统们应对类似危机的措施。后来，他侄子的警徽和手枪被找到了，但遗体没有被发现。

那天，总统和第一夫人短暂拜访了华盛顿医院中心，慰问那些在五角大楼袭击事件中受伤的人。布什遇到了双手和后背都被烧伤的布莱恩·伯德威尔中校。布什向他致意，而伯德威尔花了 15 ~ 20 秒左右的时间，才痛苦地举起缠着绷带的胳膊，向布什回了个军礼。在慰问过程中，布什一直帮他抬着胳膊。

午后，当总统车队回到白宫时，没等布什下车，卡德就一头钻进了他的专车。

“白宫又受到威胁了，”卡德说，“我们要严肃对待这件事。”

布什快疯了，他质问卡德：“你为什么要在这里给我说这事？你就不能等我进了办公室再说吗？！”布什知道新闻摄影师不会放过这个细节。

布什大步走进白宫大楼，在椭圆形办公室里继续这场对话。他太累了，变得有些脾气暴躁。他心想：不管后面再来什么威胁，他都懒得搭理了；如果他们觉得担心，那可以让无关人员回家，并确保切尼在另一个地方就行。

“我不会离开这里了，”布什不耐烦地说，“如果有飞机撞过来，那我就死在这里好了！”

然后，他转身对海军干事费迪南德·加西亚说：“对了，费迪，我饿了，我想吃个汉堡。”

凯伦·休斯用听天由命的态度调侃道：“可能你需要加一片奶酪。”

卡德所说的威胁，只不过是恐怖袭击发生后数小时和数天内的许多威胁之一而已。根据特勤处的日志记录，那天下午，在短短 4 个小时里，华盛顿的大清真寺报告说收到炸弹威胁；白宫旁边的艾森豪威尔行政办公大楼因发生火灾警铃大响而被全员疏散；英国大使馆收到可疑包裹；一架塞斯纳公司的飞机闯入华盛顿领空，被数架 F-16 战机拦截；国会山也由于一只警犬对一个包裹作出反应，而导致整个国会人员被疏散。现在，华盛顿已变得草木皆兵。

布什和切尼还要面对一系列令人晕头转向的挑战，因为他们不但要抚平这个国家的伤痛，还要考虑经济复苏的问题。他们要明确何时才能让航班重新起飞、何时重开股市、何时重建纽约。他们甚至还要考虑如何保住美国的汽车产业，因为美国边境关闭后，国外原材料无法进口，汽车产业已经濒临崩溃；他们还要想办法，逼迫塔利班交出奥萨马·本·拉登，并关闭“基地”组织的营地，还要让该组织在巴基斯坦的资助者意识到局势已变。

布什手里的优势有两点：一是美国民众希望追随他的领导，二是这次全世界都团结在美国周围。法国的《世界报》打出了《我们都是美国人》的头条新闻。

北约组织自成立以来，首次启用其宪章的第五条规定：对其一个成员国的攻击，就是对其所有同盟国的攻击。在伦敦白金汉宫的一次卫兵换班中，冷溪卫队（英国皇家卫队。——译者注）演奏了《星条旗之歌》（*The Star-Spangle Banner*），当康多莉扎·赖斯在电视转播中看到这一幕时，顿时热泪盈眶。

布什与内阁在 9 月 14 日会面。当他走入会议室时，顿时响起了掌声，经久不息。他感动得说不出话来，眼泪顺着脸颊流了下来，这是他两天内第二次流泪。他请唐纳德·拉姆斯菲尔德来带领大家做祷告。“今天，我们寻求你特别的祝福，献给那些如剑与盾一般保护大众免受少数残暴者侵害的卫士，”拉姆斯菲尔德念道，“我们不断祈祷，愿你能指引我们的努力，并保佑我们所做的都是正义的斗争。”

战争由他们开始，但由我们结束

那天下午，布什要去大教堂发表演讲，科林·鲍威尔担心他的精神状态看起来太脆弱，于是悄悄把一张纸条塞给他。“亲爱的总统先生，”他在纸条上写道，“当我作类似演讲时，我将避免使用‘爸爸’、‘妈妈’这种会让自己流泪的字眼。”

布什看到这句话，觉得既感动又有趣。他把这张条子举起来让在座的人看。“我来告诉大家，国务卿刚才跟我说了什么，”布什咧嘴笑着说，“亲爱的总统先生，别搞砸了！”在场的人都笑了，化解了现场的紧张气氛。

“大家别担心，”布什补充说，“我不会搞砸的。”

迈克尔·格尔森、约翰·麦康奈尔和马修·斯库利联手为布什撰写了一篇简练、优雅并能打动人的演讲稿，他们希望通过这篇演讲，能帮助布什在经历了如此多迟疑不决的行动后，仍能稳固其总统生涯。麦康奈尔加入了一句话，大意是：战争开始的时间由别人决定，但结束的时间在我们手里。这句话的出处是 1941 年德国潜水艇击沉了美国的一艘驱逐舰后，富兰克林·罗斯福总统所发表的演讲词。劳拉·布什觉得音乐能使人放松，但休斯想在音乐中带点反抗恐怖主义的意味，因此她选择了《共和国战歌》(*Battle Hymn of the Republic*)，它通常不会被用于悼念的场合。布什赞成休斯的想法，他说：“反抗的含义很好。”有人告诉他，华盛顿国家大教堂想让他按照惯例，跟随教堂司事走上讲坛，但他拒绝了，他要自己走上讲坛。从飞机撞上世贸中心大楼那一刻，他就成了一名孤独的领导者。

来到大教堂这天，阴雨连绵，似乎上天也为这个国家的遭遇而感到悲痛。布什来到一间接待室，准备感谢牧师带领大家祷告。他在那里看到了来自得克萨斯的老朋友可毕扬·卡尔德威尔牧师。

“我可以跟你一起去世贸大厦遗址吗？”卡尔德威尔问道。

“当然，”布什回答说，“那再好不过了。”

当布什往大教堂的主殿走去时，他看到了特别的一幕：这个国家的所有领导人都聚集在这里，包括数名前任总统，国会、内阁和军方的高级成员，民主党人和共和党人，甚至还有他的手下败将戈尔。他们所有人在这一刻都团结在一起，唯一没有出现的是切尼，因为他已经飞往戴维营，以防发生难以预料的事情时，可以留下一线希望。

当布什看到现场有三名军人在哭泣时，他明白了鲍威尔之前对他说的话是有道理的，于是他下定决心，无论演讲时发生什么都不会看自己的父母。“在巨大的悲痛中，我们来到这里，”他开始演讲了，“我们当中的许多人承受了如此重大的损失。今天，我们代表整个国家表达哀思。”在恐怖袭击那天，布什失去了他的口才和鼓舞人心的能力，而现在他将它们重新找了回来。“从事情发生至今，只过去了3天，美国人民还没有产生历史距离感，”他说，“但我们的历史责任已经告诉我们，回应这些攻击，消灭这个世界的罪恶行径。他们用密谋、欺诈和谋杀发动了一场针对我们的战争。美国是一个爱好和平的国家，但一旦被激怒，他将变成一个凶猛的国度。这起冲突在他人的时间安排和条件下开始，但将会以我们所选择的方式结束。”

这次演讲只有7分钟时间，却成为了他总统生涯中最具标志性的时刻之一。他没有流泪，当他回到座位上坐下时，老布什没有看他，只是伸出手来，轻轻捏了一下儿子的胳膊。这是一个充满父爱和自豪感的举动。当追悼活动在《共和国战歌》的歌声中结束时，父子二人为之深深动容：“他已拔出带着宿命闪光的快剑，他的真理正在向前迈进……”

悼念结束后，布什大步走出教堂，钻进他那辆豪华轿车，与劳拉·布什和可毕扬·卡尔德威尔一起前往纽约。

布什留意到卡尔德威尔的袜子里有一块地方凸起，于是问：“那是什么东西？”

“我的手机。”卡尔德威尔回答道。

“噢，”布什说，“看起来有点像一支手枪。”

卡尔德威尔想起布什年轻时曾在休斯敦一个扶贫项目中所担任的工作，于是开玩笑说：“那一定让你回想起在第五区的日子吧。”

布什笑了，他为在这沉重的一天里找到轻松一刻而高兴。

他们需要的，只是你毫无修饰的勇气

当“空军一号”飞临纽约上空时，布什能看到一个巨大的伤疤留在这座伟大城市的中间，它比图片上看起来更严重，也比他想象中的更严重。

飞机降落在新泽西州麦奎尔空军基地，布什登上了“海军一号”直升机，从这里飞往曼哈顿只需很短的时间。下了一整夜雨之后，天空放晴了，阳光普照，一如三天前。直升机以非常低的飞行高度快速飞往纽约。当自由女神进入眼帘时，空气中顿时弥漫着一股难忍的气味，夹杂着燃烧过的航空汽油和烧焦尸体的味道。卡尔德威尔回忆说："你真的能感受到一种大屠杀的气息。"

直升机降落在华尔街的着陆场。鲁迪·朱利安尼和乔治·帕塔基早已带着车队在那里等候，他们将一同前往世贸中心遗址。当车队行进到西街拐角时，废墟残骸顿时映入眼帘。虽然下过雨，但瓦砾仍在燃烧；所有人和所有东西都被灰尘和碎片覆盖着。布什从车里出来，在被雨水和消防水袋打湿的废墟中蹒跚前行，他觉得这简直就像"在地狱中行走一般"。

救援人员在大声高呼："美国！美国！"

"乔治，让他们付出代价！"有人朝他喊道。

"不惜一切代价！"

一名救援人员用手指着布什说："别让我失望！"

布什大为惊讶。他能明显地感受到民众对复仇的渴望。"别让我失望""不惜一切代价"，这些话深深印在他的脑海中，多年不曾散去。

布什遇到一位名叫罗科·齐埃里切拉的前纽约消防员。恐怖袭击发生时，他正在宾夕法尼亚州，听到这个消息后，他立刻钻进自己车里，一路开到曼哈顿参与救援。

齐埃里切拉把胳膊搭在布什肩膀上，让他转一个方向，然后用手指着一堆灰烬。

"总统先生，"他说，"看看他们对我们做了什么。你不能就这样放过他们。"布什在他耳边轻声说："你一定要有耐心，我不会放过他们中任何一个人。"

布什此行并没有预先安排讲话，但一位名叫尼娜·毕肖普的先行人员找到卡尔·罗夫，对他说："他们想听到总统的声音。"罗夫同意了，他让尼娜去找一个手提式扩音器，他则找到安迪·卡德，由卡德把这个提议告知总统。

在其他人的协助下，布什爬到一辆被坠落物压塌的消防车车顶上。帮助他爬上去的人是一位名叫鲍勃·贝克维斯的退休消防员，当时他已经 69 岁了。灾难发生后，他立刻穿上自己的旧制服，赶到现场帮助搜寻生还者。布什登上车顶后，贝克维斯开始从车顶上爬下来。

"你要去哪里？"布什问他。

"他们让我下去。"贝克维斯答道。

"不，不，你就待着这儿。"布什说。

布什一手搂着贝克维斯，一手拿着扩音器开始演讲："我想让你们都知道，美国今天……美国今天弯下双膝，为那些在此失去生命的人祈祷，为那些在这里工作的人们祈祷，为那些失去亲人而哀伤的家庭祈祷。我们的国家与纽约市、新泽西州、康涅狄格州善良的人民同在！"

有人一直在叫喊："我听不到你的声音！"喊话的人是齐埃里切拉。

布什的本能反应来了。"我能听到你的声音！"布什回应说，"世界上其他地方的人也能听到你的声音，撞毁这两幢大楼的人也将很快听到我们所有人的声音！"

总统的威信总是在不经意间，在一些意想不到的时刻建立，而这一刻正是布什的标志性时刻。无论是迈克尔·格尔森诗歌般的演讲词，还是在大教堂悼念时的庄严肃穆，都比不上此刻。最能感动一个国家的，在他面对灾难时，所表现出的几秒钟毫无修饰的勇气。

纽约市官员建议，总统在经过雅各布·贾维茨会议中心时，应逗留一个半小时，安抚那些失去亲人的民众。乔·哈金采纳了这个建议。当布什逐个慰问那些悲痛欲绝的民众时，时间从原定的一个半小时延长到两小时二十分钟。他遇到一个人，双眼布满血丝，举着一块牌子，上面写着："你看见我哥哥了吗？"布什拥抱了他，以示安慰。他还拥抱了一个紧紧抓着玩具泰迪熊的小男孩，并在他的失踪亲人照片上签了字，这样当他们找到失踪亲人时，就可以向亲人证明他们遇到过总统。但布什知道，这种可能性微乎其微。

场面如此令人动容，就连在场的特勤人员也想流泪。凯伦·休斯在那里只待了 20 分钟就走开了，因为她实在无法承受这种悲伤。当她返回时，一名男子找到她，对她说一位港务局官员的母亲想把她儿子的徽章交给总统。布什接见了这位名叫阿琳·霍华德的女士。阿琳从自己的钱包中拿出那块金属徽章，塞到布什手里。

"这是我儿子的徽章。他的名字叫乔治·霍华德，请记住他。"

布什承诺说，他会记住的。

慰问结束后，布什离开会议中心，准备返回华盛顿。阿里·弗莱舍告诉他，国会已经通过了授权使用武力以应对恐怖袭击的决议。他问布什，是否要发表一份声明欢迎这次表决。

布什看起来一脸疲态，他只简单说了一句话："发表吧。"

助手们从没见过布什如此疲倦。白宫摄影师埃里克·德雷珀后来说："可以看得出，他已经累垮了。"在总统车队开往直升机停机坪的路上，数千名纽约人沿街围了八九层，目送车队离开。按理说他们已经很疲惫了，但他们仍手捧蜡烛，一边鼓掌一边欢呼。其中一块标语牌上写着："我之前没有投票给你，但我很感谢你来到这里。"

当布什重新登上直升机时，他一屁股坐在座位上，瞬间精神全无，整个人完全垮了下来。

密会的巨头们

当天晚上，总统和第一夫人飞往戴维营，他们要在那里过周末。布什还要与切尼，以及后来被称为"战时内阁"的成员们开会。戴维营位于马里兰州的群山之中，是一处占地 148 英亩的复合型庄园。富兰克林·罗斯福最早把这里用作度假胜地，并给它起名叫"香格里拉"，而后被德怀特·艾森豪威尔以自己孙子的名字"戴维"重新命名为"戴维营"。

在布什接管这座庄园的时候，里面一共有 11 间石木结构的小屋，还有好几个网球场和游泳池，以及一间餐厅、一家电影院、一座保龄球馆、一个飞碟射击场、一间健身房、一座小教堂和一个高尔夫球轻击区。最重要的是，这是一处静谧幽深之所。在官方地图上，根本找不到这个与世隔绝、充满原始风味的世外桃源，因为这里是美国总统休息静养的地方。比尔·克林顿并不十分喜欢戴维营，而布什则跟他父亲一样，非常喜欢逃离都市，来到森林围绕的地方。只要有机会，他每个周末都会来这里。布什喜欢家人相伴的感觉，他对住在华盛顿地区的弟弟马文和妹妹多萝西说，只要他周末在戴维营，都欢迎他们来这里玩。弟弟马文果然经常来，所以布什戏称戴维营为"马文营"。但这次度假跟以往不同。布什想借此场合唤起一场深入的对话，探讨如何在更长的一段时间里对"9·11"事件作出反应。切尼之前已经在戴维营了，而其他内阁官员则在布什到达后的第二天才陆续赶到。当晚，切尼邀请拉姆斯菲尔德、鲍威尔以及赖斯到度假村里的冬青树屋参加他的私人晚宴。在品尝完切尼最爱的一道菜——水牛牛排之后，他们四个人开始正式讨论起未来的决策问题。这是一个强大的组合，在他们四人中，有三个人曾担任过各种高级职务，并经历了大量危机事件。在这样的场合中，赖斯第一次感到拘谨。

第二天早上，布什召集内阁成员在月桂屋开会。月桂屋是戴维营中专门用于办公和开会的地方，它的会议室镶着木板，里面有一张很长的橡木桌。布什里面穿着一件蓝色休闲衬衣，外面套了一件粗犷的橄榄色夹克衫，衣服上还别着一个总统印章。他坐在橡木桌中间，坐在他右边的是切尼、约翰·阿什克罗夫特和“滑板车”利比，坐在他左边的则是鲍威尔、拉姆斯菲尔德及其副手保罗·沃尔福威茨。其他出席者还包括赖斯、安迪·卡德、乔治·特内特、约翰·麦克劳克林、科弗·布莱克、罗伯特·米勒、保罗·奥尼尔、艾伯特·冈萨雷斯、参联会主席休·谢尔顿将军以及副主席理查德·迈尔斯将军。桌子中间是一张很大的阿富汗地图。这个国家如此偏远、人迹罕至，让俄罗斯问题专家赖斯不禁觉得那是一个“埋葬强国的地方”。

布什让讨论先从鲍威尔开始。鲍威尔汇报了他为即将到来的战争寻求盟友的努力，奥尼尔则谈到了重开股市、追踪恐怖分子财务记录的问题。特内特拿出一个标记着“准备开战”字样的包裹，里面有“基地”组织的信息及一份草拟的总统令，授权中情局以之前从未使用过的手段打击“基地”组织。拉姆斯菲尔德让沃尔福维茨提出反对意见，沃尔福威茨开始为打击萨达姆陈述理由。他认为，侯赛因有10% ~ 50%的几率与恐怖袭击有关，但是他并没有提出明确证据以证明这个数字的可靠性。他指出，阿富汗并不是一个开展战争的理想之地，因为该国发展水平落后，可攻击的目标不多；伊拉克就不一样了，它有着大量可打击目标，在那里采取军事行动，可以显示出美国不会坐视萨达姆这样的人为非作歹而不管不顾。

鲍威尔、赖斯、卡德和谢尔顿都非常生气。鲍威尔说：“如果不是打击那些袭击我们的人，将没人理解或支持我们所做的任何事。”打击伊拉克将会瓦解正在形成的同盟。

拉姆斯菲尔德反诘道，如果这个同盟不愿意面对伊拉克，或许“它就不是一个值得我们拥有的同盟”。

讨论的重点又回到阿富汗身上。谢尔顿提出三种军事行动方案：“第一种是利用巡航导弹打击，第二种则是巡航导弹与载人轰炸机混合打击……”

没等谢尔顿提出第三种方案，沃尔福威茨就打断了他的话。“现在，我们的思路要放宽一些，”他说，“只打击阿富汗是不够的，我们要确保在打击阿富汗的同时，也要打击萨达姆。这是最好的机会。”

根据谢尔顿后来的回忆，布什被沃尔福威茨的话激怒了。“还要我说多少次？我们此时此刻不准备攻击伊拉克！”他训斥沃尔福威茨说，“我们要打击的是那些我们确定袭击过我们的人。你听懂我的话了吗？！”

谢尔顿的第三个方案是采用巡航导弹、载人轰炸机和地面部队联合打击的方式。当然，这个方案需要做最充分的准备，而且还不完全清楚该派遣哪些部队。布什和切尼决定不能重复克林顿打击“基地”组织的做法，他们认为前两个选项是不可接受的，而第三个选项则缺乏想象力。

会议快结束时，他们才回到另一项议题上，即如何防止美国本土将来再遭受类似袭击。阿什克罗夫特说，最重要的一点就是立即瓦解恐怖分子组织。有人问他应如何瓦解，他回答说：“我对你能提出这个问题感到很高兴。”接着，他抛出一整套能极大地扩大执法权的立法体系。

经过 3 个多小时漫无目的的自由讨论后，布什终于决定休会吃午饭，并让与会者休息几个小时，在附近散散步、锻炼一下，重新梳理一下头绪。用完午餐后，布什把卡德拉到一边，让他告诉沃尔福威茨不要再这样插话，他希望听到列位内阁部长的发言，而不是他们的副手在说话。切尼回到他住的小屋，给杰里米・格里克的遗孀莉兹贝斯・格里克打了个电话。杰里米是联合航空 93 号航班上的一名乘客，他和其他乘客一起对劫机者发起了反击。切尼对莉兹贝斯说，他对她丈夫的英雄行为表示感谢。这次对话，让切尼更专注于他认为的首要任务：别再有第二次了，这事不能再次发生！

下午 4 点 30 分，会议重新召开。布什加强了对话题的控制，他在桌子旁来回走动，不断征求与会者的意见。鲍威尔又是第一个发言，他建议向阿富汗发出最后通牒，要他们交出本・拉登和“基地”组织头目，否则等待它的就是战争。他再次提出，为了避免盟国不齐心，一定要把打击焦点放在阿富汗身上。“不管伊拉克有什么问题，他都不是恐怖袭击的始作俑者。”鲍威尔说道。

拉姆斯菲尔德说，刚才所提出的三种军事行动方式都已经过时，但他并没有提出具体的建议，这种强盗逻辑让鲍威尔一时竟无言以对。另一方面，卡德和特内特也同意鲍威尔的建议，即美国应打击阿富汗而非伊拉克。

在布什的要求下，赖斯没有发表观点，她将私下与布什进行交流。切尼最后一个发言，他同意目前不是关注伊拉克的最好时机。“如果我们打击萨达姆·侯赛因，我们就会丧失作为无辜者的正义立场。”切尼说道。布什感谢所有参加会议的人，并说他会让他们知道自己的决定。

当天晚上，内阁成员花了1小时时间小聚，并共进晚餐。布什和切尼站在壁炉前，听沃尔福威茨再次发表自己的意见。沃尔福威茨说，他的意思并不是要入侵伊拉克，而是要求侯赛因交出那些在伊拉克领土上的恐怖分子，并重新接纳联合国核查员；如果萨达姆拒绝这个要求，美国就可以采取比全面战争更富想象力的行动，例如在伊拉克南面形成包围圈，使其丧失大部分油田，并为什叶派提供一处基地，让他们发起推翻萨达姆的叛乱。

“嗯，这个方案很有想象力。”布什说。

鲍威尔不会用“很有想象力”来形容沃尔福威茨的方案，私底下，他讽刺这个想法是要制造一起“羊湾事件”（暗讽沃尔福威茨的方案类似于制造一起新的“猪湾事件”，即1961年4月17日，在中情局的协助下逃亡美国的古巴人向卡斯特罗领导的古巴革命政府进行的一次武装进攻。——译者注）。

最后，他们终于暂时停止讨论战争问题。阿什克罗夫特看到屋里有架钢琴，于是坐下来开始弹奏圣歌。赖斯吟唱了一曲《他既看顾麻雀》（*His Eye Is on the Sparrow*），这是一首福音派圣歌，在非洲裔美国人的教堂活动中特别流行。稍后共进晚餐时，布什请赖斯带领大家做祷告。“我们已经看到罪恶的面目，”赖斯开始祷告，“但我们心无畏惧。”

第二天，9月16日早晨，切尼被送往格林托普营，那里离戴维营不远。他要在这里接受《与媒体见面》的电视节目主持人蒂姆·拉瑟特的采访，这也是他在“9·11”事件后首次接受媒体访问。这次采访的初衷原本是借助切尼在政府工作多年所得的口碑，来消除民众的疑虑，让他们知道一切都在控制中。然而，随着采访的进行，重点却集中在了新时代中切尼所扮演的角色上，并陈述了切尼将如何帮助这个国家应对未来可能发生的恐怖袭击。

“如果谁为恐怖分子提供庇护，他面对的将是整个美国的愤怒。”切尼对拉瑟特说。在他冷静、低沉的语调下，说出的却是极具攻击性的话语。

他警告说，这场战争与其他任何战争不同，与他领导过的海湾战争也不同，这场战争不仅仅是动用地面部队和空军那么简单。

“如果你真的那样做的话，我们将不择手段，”切尼接续说道，“我们将在情报工作上下很多功夫，我们将躲在情报世界的阴暗角落，悄悄完成许多必须完成的事，不会经过任何讨论。只要我们想成功实现某些目的，就会动用一切对我们情报机构有利的资源和手段。这就是我们的情报人员所要做的事。”

切尼还暗示说，他对新的安全架构已经心中有数。在新出现的敌人面前，他将摈弃旧有的、貌似过时的屏障。“基本上，我们要能自行决定使用哪些手段来实现我们的目标，这点非常关键，”切尼说道，“情报工作是残忍、卑鄙、危险和肮脏的，而我们又不得不游走在这个领域。我坚信我们能胜任这项工作，并成功完成这项工作。但我们必须确保我们的情报机构在执行任务时，不会被束缚手脚。”

在伊拉克问题方面，切尼也画出了一条底线，这条底线与布什在那个周末所说的话完全一致。当拉瑟特提出伊拉克问题时，切尼马上把这个提问压了下去。

“当前阶段，我们的关注重点还是‘基地’组织和最近在纽约发生的事，”他说道，“现在我们暂时不讨论萨达姆·侯赛因的问题。”

当被问到是否有证据显示萨达姆·侯赛因与此次袭击事件有关时，切尼的回答很简单：“没有。”

周日下午，布什乘直升机回到白宫。下午 3 点 20 分刚过，当“海军一号”在白宫南草坪上降落时，布什发现下面有一大堆记者在守候着，于是他停留了相当长的时间来回答问题。“这次‘十字军东征’，或说这次反恐战争，将会持续一段时间，”他回答记者提问时说道，“美国人民必须有耐心。我会很有耐心，但我可以向美国人民保证，我已经下定决心，绝不半途而废。”

在这段话中，布什不假思索地为反恐战争打上了“十字军东征”的印记。这个词让人想起了 13 世纪结束前所进行的宗教战争。在那场战争中，基督教军队向东方挺进，重新夺回了“圣地”。

布什在说这话时并非借用历史典故，但如果换作一位有着更丰富外交经验的领导人，或许就能预料到使用这样带有特殊含义的词汇将带来什么样的后果。

当顾问们向他解释了这个词的含义后，布什就再也没有用这个词来形容反恐战争，但曾经的口无遮拦，让许多中东人士在多年后仍耿耿于怀。

那天晚上，布什张罗了一次聚会，这次聚会是恐怖袭击发生前就计划好的，是为他的老朋友兼助手德布拉·邓恩及其丈夫艾伦·邓恩举行的结婚十周年纪念晚宴。远在老布什参与总统竞选时，德布拉就已经开始为布什工作了，她现在是切尼的帮手。所有人都曾以为这次晚宴会被取消，但劳拉·布什坚持如期举行，这样可以让她的丈夫忙里偷闲，在那段让人抓狂且迷茫的日子里暂时回归生活的常态。德布拉不敢相信这场晚宴还能按计划进行。“不，我们想为你举办这次晚宴，”布什对她说，“你了解我的，如果我不愿意做某件事的话，我是不会勉强去做的。”

在白宫的家庭餐厅，七对夫妇围坐在餐桌旁。布什的一旁坐着德布拉，另一旁则坐着德布拉 6 岁大的女儿海伦。布什先带领他们做了简短的祷告，为祖国和上周在恐怖袭击中遇难的同胞们祈福。不过，他很快就把话题转到周年晚宴上常说的事。他的脸上明显带着疲态，但大家都不想自讨没趣。

布什一直对小孩非常和蔼，他对小海伦的关心也是无微不至，不但帮她切烤牛肉，还提醒她不要喝洗手碗里的水。

“你现在在看哪本书呢？”布什问她，“你会看书吗？”

“会的，我刚刚开始学看书。”

“我也爱看书，”他眼中闪烁着一丝光芒，说道，“不过别人都以为我不爱看书。”

晚餐结束后，布什和其中几位客人走下楼，来到南草坪上散步。他把宠物狗“小斑点”也带了出来。这一晚出奇的安静，没有交通的嘈杂声，也听不到太多其他的声音。突然，一架飞机从他们头上轰鸣而过。

布什抬头看了一下。“这时候怎么会有飞机飞过？”他问道。在场所有人的脑海里都涌现出同样问题。飞机最终消失在夜空里。后来他们才知道，那是一架执行巡逻任务的喷气式战斗机。但布什当时并不知情，他低下头，轻声说：“我在明处，敌人在暗处。”

第二天，也就是 9 月 17 日，布什开始战斗了。早上，他先造访了毗邻白宫的艾森豪威尔行政办公大楼，他的下属已经在这里待了好几天。咖啡厅里，他与员工们逐一握手，说道：“谢谢你回来上班。”他知道大家都心有余悸。在回去白宫西厢的路上，布什在人群中看到彭博社记者理查德·凯尔，于是主动上前握住凯尔的手，说他很难相信不到一周前两人还一起跑步。

“在……在我们被袭击前，”布什轻声说道，“你是最后一个与我单独相处的人。”

平时，凯尔是最具职业态度的记者，但此时此刻，他抛开了新闻记者的超然和冷静。“你要知道，总统先生，我一直都在为你祈祷，”他说，“所有人都为你祈祷，先生。”

布什和他紧紧握了一下手，然后转身离开。

上午 9 点 35 分，布什参加了战时内阁会议，并宣布了自己在周末就已决定好的策略。“本次会议的目的，”他说，“就是为我们的第一轮反恐战争分配任务。战争从今天开始！”

接着，布什开始分配任务。约翰·阿什克罗夫特、罗伯特·米勒和乔治·特内特负责国土防御计划的协调工作。科林·鲍威尔负责向塔利班发出最后通牒，要求其停止庇护“基地”组织，言辞必须强硬，要让“他们双腿发抖”。如果塔利班拒绝美国的要求，唐纳德·拉姆斯菲尔德和休·谢尔顿将负责制订应急预案，利用“导弹、轰炸机、地面部队实施进攻”。保罗·奥尼尔负责追踪“基地”组织的财务动向。此外，布什还签署了一份密令，给予中情局更大的权限，允许其采取秘密行动和使用致命武器。

对于拉姆斯菲尔德和保罗·沃尔福威茨在戴维营上提出的观点，布什明确表示，他在原则上赞同，但时机未到。“我相信伊拉克与这次袭击有关，”他说道，显然，这话基于猜测而非证据，“但我现在不打算打击他们，目前我还看不到充分的证据。”任务布置完成后，布什前往五角大楼。国防部员工们刚刚回来上班，他们站在大楼废墟旁边，听取布什的动员讲话，他们的同事前几天就牺牲在那堆废墟中。尔后，布什拜访了华盛顿的伊斯兰教中心。该中心是美国首都最大的一家清真寺。然而，他那心血来潮的言论再次受到人们关注，因为他的话让人觉得是在虚张声势。一名在五角大楼采访的记者询问布什，他是否想击毙本·拉登。布什低下头，说：“我想要的是正义。”然后，他身体朝后，靠在椅背上，继续说道：“我记得在西部，有一种老式的公告，上面会写，‘悬赏：无论死活’。”

布什的一些助手认为这番言论没有任何问题，阿里·弗莱舍甚至认为这准确地表达了国民的心情，但劳拉·布什不这么想。她后来见到布什时，只能以开玩笑的方式问他：“小布，你真打算杀死他吗？”布什明白妻子说这话的含义，他询问康多莉扎·赖斯，自己这番话是不是说错了，赖斯回答说："对美国总统而言，这句话用词有些偏激。"布什点头表示赞同。他的国家安全高级法律顾问约翰·贝林格甚至给艾伯特·冈萨雷斯发了一封电子邮件，提醒说，布什的言论会被视为在煽动非法暗杀。切尼的法律顾问戴维·阿丁顿闻讯暴怒，他告诉冈萨雷斯："让贝林格闭嘴！"

支持与唾骂只隔一场演讲

虽然布什声称暂时不会攻打伊拉克，但对于这一问题的争论却从未停止过。9 月 17 日，沃尔福威茨给拉姆斯菲尔德发了一份备忘录，辩解说即使只有 10% 的概率证明萨达姆·侯赛因是"9·11"的幕后主使人，他们也应全力以赴地消除这个威胁。理查德·克拉克在布什的要求下，于第二天给赖斯发了一份他自己写的备忘录，向她汇报了伊拉克与"基地"组织勾结的坊间传闻，并得出结论：没有"令人信服的理由"证明伊拉克策划或实施了此次袭击。布什对这份报告很不满意，他对特内特说，他想知道萨达姆与"基地"之间的关系，并让特内特就这个问题咨询切尼。因为切尼曾听说，疑似劫机头目穆罕默德·阿塔在发动袭击前几个月，曾在布拉格与一名伊拉克特工见过面。

为防止再次遭受恐怖袭击，布什决定找一位国土安全顾问。最终人选是宾夕法尼亚州州长汤姆·里奇。当初布什让切尼物色副总统候选人时，汤姆·里奇也在其中。由于支持堕胎权，里奇是无法胜任副总统一职的，但对于国土安全顾问这个角色，则完全不是问题。此外，里奇有着多年服役的经历，他担任过州长，且是"9·11"发生地之一——宾夕法尼亚州的州长。综合这些因素，里奇无疑是最适合的人选。

众议院议长丹尼斯·哈斯泰特一直敦促布什在国会上下议院联席会议上发表讲话，效仿富兰克林·罗斯福当年在珍珠港遇袭后的举动。卡尔·罗夫和凯伦·休斯赞成这个提议，但迈克尔·格尔森却投了反对票。布什本人也有些不情愿，他没有发表任何意见。演讲撰稿人格尔森、马休·斯库利和约翰·麦康奈尔被告知要在当天晚上 7 点前写一份演讲稿，他们反对说，这么短时间内根本写不出演讲稿。但他们别无选择。

于是，三个人挤在一台电脑前，试着用文字构建出即将到来的战争和要面对的敌人。他们每个人都想出了一些脍炙人口的台词，比如，麦康奈尔想到，用“被埋入令人唾弃的历史坟墓中”来形容恐怖主义的下场。布什在审阅这篇稿件的时候，发现有一段话引用了罗斯福的名言，于是他要求把这段话删掉。“我不想引用任何人的话，”他说，“我要引领这个时代，我要我的话被别人引用。”他还对另一段带有“不服从”、“无休止”字眼的台词感到不满，认为这些字眼太消极了，不过他并没有删除这段话。休斯建议在演讲稿中加入一句话，劝诫美国人“珍惜每天的生活，拥抱你的孩子”，但撰稿者们都表示反对，他们认为这太过俗套，但布什却同意加上这句话。休斯还建议布什在演讲时，手里要举着阿琳·霍华德给他的那枚徽章。

靠着手里那支“三福”牌记号笔，布什俨然一名严格的演讲稿编辑。切尼通常不会花太多精力在演讲艺术上，而与切尼相比，布什在起草演讲稿时则要细致得多。当年，在耶鲁大学的语言课上，布什就树立了自己的写作风格。他喜欢使用主动式动词和语气坚定的措辞，而不喜欢被动句。他也不愿用被动句式的“it”作为句子开头，并且会删除那些清嗓用的短语，如“我想说”或者“正如我之前提到的那样”。他不喜欢用“我觉得”、“我相信”这类词，并且把句子里的许多形容词都删掉了。他的文章必须开篇、中间和结尾都清晰无比，他尤其反感重复同一话题。对格尔森这样近乎诗人的演讲撰稿人而言，布什得克萨斯式的口音和抑扬顿挫的方言着实令他头疼。

尽管如此，在这篇演讲稿中，格尔森还是做到了平淡简练，没有多余的话，也没有让人惊奇的句子。然后，赖斯在里面加了几句话和对塔利班的最后通牒。

“你看，这样写可以吗？”她问布什。

布什回答说，可以。演讲稿就这么定了。

当布什考虑如何才能抚慰国民，并让他们为一个新的战争时代做好准备时，切尼正全身心投入对生化袭击的研究中。这一令人不安的话题总是不时地出现在情报部门的简报中，它给人们带来的恐惧感更强，因为其造成的影响要大于被劫持的民航飞机。的确，在“9·11”事件发生前，切尼就一直关注这个问题。在日程安排没那么紧的时候，切尼召集专家们于 9 月 20 日在艾森豪威尔行政办公大楼会议室开会。

会议上，切尼面无表情，但他非常专注地听着专家们发言。专家们告诉他，6月时，几个学术机构在安德鲁空军基地举行了一次代号为“暗冬”的演习，该演习持续2天，目的是检验当俄克拉何马州爆发天花疫情时，会发生什么事。在参与演习的人员中，前参议员山姆·纳恩扮演总统，前白宫助理戴维·格根扮演国家安全顾问，前国防部副部长约翰·怀特扮演国防部长，前中情局局长詹姆斯·伍尔西以及前联邦调查局局长威廉·赛辛斯都“重操旧业”，俄克拉何马州州长弗兰克·基廷则扮演他自己。许多新闻记者也参与其中，包括《纽约时报》记者朱迪思·米勒。演习结果给人们带来不安的感觉：在天花爆发的13天内，疫情蔓延至25个州和海外15个国家；数月内，300万人受到感染，其中100万人死亡。演习结果表明，政府的应急计划不够充分。

“生化武器长什么样？”切尼询问专家们。

兰德尔·拉尔森是一名已退役的空军上校，多年来他一直在研究生化战。他从公文包中拿出一根试管，用引人注意的声音说：“长官，生化武器就是这样的。”

拉尔森说，试管内有一种名叫“球状芽孢杆菌”的粉末，这是一种生物制剂，并且已被武器化。虽然球状芽孢杆菌本身不会造成危害，但它的作用类似于炭疽杆菌，能够引发炭疽病，而且极易获得。“顺便说一下，”拉尔森说道，“我曾把这东西带进过你的办公室……”

在切尼对黑暗的生化战进行深入了解的同时，布什正在准备演讲。他深知这次演讲将决定他的后续总统生涯。第一次演讲彩排是在白宫的家庭剧场中进行的。布什穿着一套运动服，带着自在的心情参加了排练。当彩排进行到他举起那枚徽章的环节时，他举起了一瓶水作为替代品。但是，到最后一次排练时，他的态度却截然不同了，他看起来更严肃、更认真，似乎在稳住自己。这个过程中，他的一颗大牙牙套掉了下来，但他完全忽略了这种不适感。

9月20日下午，演讲排练结束后，布什走上楼想休息一会儿，却被一通电话打扰了。晚间，英国首相托尼·布莱尔直接乘坐一趟跨大西洋的航班来到美国。布什很高兴见到布莱尔，因为后者很快就成为了布什在世界舞台上最亲密的朋友。布什沉稳的举止让布莱尔感到吃惊。布莱尔回忆说：“他那种超乎自然的冷静令人难以置信。”由于担心美国会对恐怖袭击作出鲁莽的反应，从而疏远其他国家，布莱尔询问了布什对伊拉克的看法。布

什向布莱尔保证，萨达姆·侯赛因不是当前最迫在眉睫的威胁。布莱尔的幕僚长乔纳森·鲍威尔觉得这一幕非常讽刺，因为当年伊拉克入侵科威特时，英国首相撒切尔夫人提醒布什的父亲不要“摇摆不定”；而现在，他又亲眼目睹了另一位英国首相告诉另一位布什总统，“这正是需要摇摆不定的时候”。

两位领导人与顾问们共进晚餐。餐桌上有扇贝、小牛肉、沙拉等菜式。布什心情很放松，他拿起盖在扇贝上的一块薄圈饼。

“天啊，这究竟是什么东西？”他问道。

服务生误解了他的意思，以为他问的是被薄圈饼盖住的扇贝，于是说那是扇贝。然后布什说，这东西看起来就像天使头上的光环。

晚餐结束后，布什向布莱尔表达了自己的担忧，他担心其他国家会借“9·11”事件的名义来达到自己的目的，他特别提到了以色列和俄罗斯，因为这两个国家都与激进分子有武装冲突。布什对布莱尔说，他已经向以色列总理阿里埃尔·沙龙施压，让他不要对亚西尔·阿拉法特有过激行为：“我对他说，阿拉法特不是本·拉登，你不要轻举妄动。”同样地，普京似乎也在谋求加速针对车臣叛军的军事行动。至于美国国内，布什说自己的顾问们害怕恐怖分子会再次发动袭击，并担心好莱坞可能成为下一个被攻击的目标，因为激进分子认为好莱坞的高层人物都是犹太人，正是他们把堕落的好莱坞文化推向了全世界。

布莱尔说，他们需要得到舆论的支持，并主张布什将关注的重点放在“基地”组织和塔利班上面。

“我同意你的观点，托尼，”布什说，“我们首先对付‘基地’组织和塔利班。但是，当我们处理好阿富汗问题之后，必须回头来处理伊拉克问题。”

考虑到布什不久后还要发表演讲，布莱尔想跟布什告别，让他有多一些时间准备。但布什不想他离开，坚持让他留下来多谈了一会儿。他不想独自一人，这时候有个朋友在身边，他心里会踏实一些。

当他们走进白宫电梯准备前去乘车时，布莱尔问布什是否感到紧张，因为这是他当总统以来最重大的一次演讲。“不，不是特别紧张，”布什回答道，“我这里有演讲稿，而且要表达的信息也很清晰。”

的确，布什当时并不紧张，不仅因为他对演讲稿十分满意，更为重要的是，他对自己的新使命也已经心中有数。

布什来到国会山，演讲开始前，他私下与国会领导人们互致问候。国会议员们都被他的风度和自信打动。有人在想，“9·11”刚发生时那个无所适从、摇摆不定的布什，已经蜕变为一位坚定的战时国家领袖了。“他越来越像一位三军统帅了，”汤姆·达施勒回忆道，“他的形象似乎高大了一两倍。”

布什登上众议院议事厅的演讲台，开始把国民的悲痛化为决心。他向从未听说过“基地”组织和奥萨马·本·拉登的美国人民解释了他所认为的恐怖袭击的根源，他发誓对爱好和平的中东人士采取宽容态度，并向阿富汗领导人发出了最后通牒。

“今晚，美国向塔利班提出以下要求。”布什缓慢而庄重地说道。他所提的要求中，包括交出“基地”组织领导人，关闭其训练营，“这些要求没有谈判或商量的余地，塔利班必须采取行动，而且是立即采取行动。他们或者交出恐怖分子，或者下场与恐怖分子一样”。

布什把“基地”组织定为美国的敌人。本·拉登曾发表过针对美国的不满言论，例如在海湾战争结束十年后，美国军队仍驻扎在沙特阿拉伯，但布什对这种言论根本不予理会。“美国人民会问，为什么他们这么恨我们？”布什说，“他们恨的是我们在这里认为正确的东西——一个通过民主选举产生的政府，因为他们的领导人都是自我任命的。他们憎恨我们享有的自由，宗教信仰的自由、言论自由、投票和集会的自由以及可容纳异见者的自由。”

陪布莱尔在众议院旁听席旁听的人包括已经同意掌管白宫国土安全办公室的汤姆·里奇和托德·比默的遗孀丽莎·比默。托德·比默是联合航空93号航班上的一名乘客，据称在恐怖分子劫机时，乘客们打算夺回飞机，他的一句“开始干吧”坚定了大家的决心，而这句话也鼓舞了整个国家。布什提醒国民，这将是一场旷日持久并且艰苦卓绝的战争，有时候敌人会出现在明处，有时候则会躲在阴暗的角落。他举起阿琳·霍华德给他的警徽：“我不会忘记我们国家所遭受的伤害，更不会忘记那些带给我们伤害的人。”然后，他用丘吉尔式的语调说出了他曾经拒绝过的那句话，但后来这成为了他表明决心的一句名言：“我不会屈服，我不会停歇，我不会在这场关系到美国人民自由和安全的斗争中有一念之仁。”

这场耗时41分钟的演讲，被观众的掌声打断了31次。如果说，美国民众在布什刚当选总统时还不确定他是什么样的人，那么当演讲结束时，数以百万计的人已经与达施勒观点一致。这场演讲正合时宜，全场观众长时间起立鼓掌，甚至一些死硬派的民主党批评者也认为，布什的这次讲话就像完成了一次本垒打。当布什要走出众议院议事厅的时候，他遇到了达施勒。两人拥抱在一起，这位保守派的总统与这位自由派的参议员让人们此刻的情绪宣泄而出。当报纸将捕捉这一瞬间的照片冠以《拥抱》的标题发往世界各地时，在不经意间，两人便创造了象征国家统一的标志性宣言。

后来布什才知道，他的这次讲话吸引了全国观众的注意力。在费城第一联盟中心进行的一场费城飞人队和纽约流浪者队的冰球比赛中，由于球迷们坚持要看大屏幕上的总统讲话，而不想看第三节比赛，导致两队推迟了比赛时间。

在经历了那些跌跌撞撞的时刻，以及让人感到呆板和不情愿的演讲草本后，现在的布什似乎处于巅峰状态。在灾难发生后第 9 天，他终于找回了自己的状态。演讲结束后，他又恢复了往常的活力。以往的演讲结束后，几乎没有出现过这样的情况。

“巴蒂，你觉得那个讲话怎么样？”布什问丹·巴特利特。

“非常出色。”巴特利特回答道。

“我这辈子做了那么多次演讲，没有一次像今天这样让我感到自在。”布什说。

他给格尔森打了个电话。虽然格尔森为布什写了许多重要的演讲稿，但由于各种原因，他很少出席布什的演讲场合。布什非常兴奋，不断地重复说：“我这辈子从来没感觉这么舒服过。”

第二天早上，布什打电话给达施勒。“昨晚我们相互拥抱后，没惹什么麻烦吧？”他轻快地问道。毕竟，在政治之都华盛顿，任何不恰当的举动都可能损害他们的政治前途。

“我觉得没事，”达施勒回答说，“那似乎是再自然不过的事了，我想，我们的拥抱正是美国人民所希望看到的。”

D A Y S O F F I R E

|第9章|

黑暗面的开端

历经了令人毛骨悚然的一幕后，恐惧促使反恐凌驾于美国人的一切事务之上，包括谋求连任与允许秘密监听。而在阿富汗战争拉开序幕之前，布什还下令制订了入侵伊拉克的计划——美国越来越不能容忍一个公开与美国为敌的国家，而反恐正是入侵的最佳理由。

金融制裁是首场战役

在“9·11”事件发生后的数周时间里，在每一个场合都极具威严的副总统切尼，从此在电视屏幕上只闻其声，不见其人。由于白宫非常担心恐怖分子发起“第二波袭击”，切尼花了不少时间从白宫里搬出来，以便在最坏的情况发生时继承总统的权责。为了避免重复，特勤处制订了一份用颜色标注的特殊计划表，上面用“开拓者”和“垂钓者”为代号，分别标出总统和副总统将来为躲避恐怖袭击而暂居的住所。

对于副总统销声匿迹，住在一个隐匿的安全地点这件事，民众难免诸多揣测。刚开始时，人们以为这是他们的生活方式将要发生变化的标志，因此感到恐慌；后来，这又成为人们茶余饭后的笑料。事实上，这个被民众批得体无完肤的隐匿地点并不神秘，它只是副总统的一处住所而已。这个地方离白宫只有几英里远，但只要没人知道他住在那里，就已经达到目的。切尼的高级助理尼尔·帕特尔说：“这样做的最终目的就是不让总统和副总统同时出现在一个地方。”在海军天文台大院里，切尼在他官邸的第三层设了一间办公室，“滑板车”利比和他一起在那里办公；另外两名高级助理则挤在切尼办公室旁边的一个小办公室中，或者借用琳恩·切尼手下员工所在的一楼办公室的空闲地方办公。

更多的时候，这个秘密藏身地点就是“戴维营”。历史上只有这一次它成为真正意义上的政府总部和避难所，而不是家庭度假风景地或不定期举行的中东峰会会场。切尼在每周日的晚上乘直升机到戴维营，然后在周五晚上再飞回华盛顿，随行人员除了利比，还包括一名私人助理、一名秘书、一名军事助理、一名医生以及帕特尔或戴维·阿丁顿。他和幕僚都有自己的小木屋，平时一起在月桂屋吃早餐和午餐，然后在总统办公地点以外的地方工作一整天。通常，切尼会在自己的小木屋里吃晚餐。有时候，他也会使用离戴维营不远的宾夕法尼亚州边境的一个军事基地作为藏匿点，这个布满了卫星接收天线的基地被称为“R 地点”。他在怀俄明州的度假屋也被偶尔用作藏身地。

对安全的重视几乎体现在每一个方面。“9·11”事件后，总统和副总统的日程安排不再通过电子邮件发送，能看到行程表的密码也被严格限制。切尼在受保护初期还常偷偷跑去杂货店买东西，后来被完全限制在更严格的安全区域内，不能随便外出，这是前所未有的情况。他的车队外出遇到红灯不再停车，在他那辆装备武器的车里还配备了一套防护服，以便在遇到生化袭击时使用。

这种人身限制对切尼的日常工作造成了巨大的影响。他只能通过安全视频连接的方式参加大多数会议，这让他感到有点尴尬。在视频会议时，他的身后挂着一块幕布，没人知道他所在的确切地点。有一次，幕布不小心被挤成一堆，助手们从背景认出来那就是切尼自己的家；还有一次开会时，副总统居然在视频镜头前打盹，这让与会者十分吃惊。

很快，“隐秘安全地点”一词成了美国文化词汇的一部分。某天，当切尼从助手所谓的“洞穴”中出来，准备返回白宫时，他的一名内政顾问罗恩·克里斯蒂递过一份录像带，是《周六夜现场》的一期喜剧节目。这期节目中，副总统的秘密藏身地被说成是阿富汗城市坎大哈，而他本人则被塑造成“拯救阿富汗的孤胆英雄”，一手摧毁了塔利班和“基地”组织。“切尼”在患有心脏病的情况下如何能做到这一点？这出喜剧的“切尼”扮演者达瑞尔·哈蒙德在向观众解释这个问题时，撕开了自己的衬衣，里面露出了一个贴在胸口上的金属装置。

“我有一颗仿生智能心脏！”这名模仿切尼的艺人洋洋得意地说道，“这玩意儿不仅能调整我的心跳，还能提供夜视功能，并且让雷达完全发现不了我！”

然后，他按了装置上面的一个按钮，说：“看看这个！”咖啡开始从机械心脏里流出来：“我亲自煮了不含咖啡因的咖啡！噢，没错，这杯咖啡味道不错。”

短短几个月，就发生了这么大的变化。在“9·11”事件发生前，《周六夜现场》针对切尼的搞笑题材是他单调乏味的举止。模仿切尼的演员在发表能源政策演讲时说，为了以身作则，展示他的保守派作风，他已经把自己的性格调成“节能模式”。毫无疑问，切尼更喜欢现在这个改进版的模仿秀，他形容这个“仿生智能心脏”的喜剧是他最喜爱的节目之一。

在恐怖袭击发生后的几周时间里，白宫西翼不但看不到副总统，而且发生了翻天覆地的变化。一夜之间，这里到处都是拿着突击步枪和散弹枪的黑衣人，他们人高马大，个个长得凶神恶煞。参观白宫的活动被暂停了，进出白宫西翼也受到了严格限制。白宫食堂里的大部分员工餐桌已经闲置多日，似乎助理们都“不能或不愿意被人看到”忙中偷闲，正如克里斯蒂所说：“紧张和压力让我们所有人都透不过气来。”每天上班前，员工们都在想自己可能没有机会结婚或者生孩子了，因为在上班时很可能丢掉性命。这种想法在多年以后看来似乎太过极端，但在当时这是他们的真实感受。乔·哈金说：“家里无论是兄弟姐妹，还是父母配偶，逢人就说不能让你再去白宫上班了。”布什的日程安排也被打乱了，他的计划员花了 3 周时间才把行程重新理顺。白宫的厨师开始为总统准备可口的菜肴，包括大量的黑安格斯牛里脊肉，配以银玉米脆皮，或配芦笋的蒜香鸡胸。

每天早上，布什和切尼都会收到一份新的《反恐特勤组报告书》（*Threat Matrix*）。这是一份关于潜在恐怖威胁的摘要，从一系列情报资源搜集而来，每天可达上百条信息，其涵盖了从窃听监控到匿名线索等一切收集信息的手段。不管内容有多牵强，这份报告几乎没有遗漏任何与恐怖主义相关的信息。在后“9·11”时代，没人想错失任何与恐怖威胁有关的信息，然而，这种广撒网的做法却削弱了报告的实用性，因为很难从海量信息中辨出真伪。布什和切尼都明白，这只是形式主义流程的一部分，用切尼的话说，这是官员们“明哲保身的一套东西”。但是，每天让国家元首和二号人物看这些没完没了的报告，告诉他们可能会发生的骚乱和悲剧事件，自然而然会影响到他们保卫国家的方式。赖斯回忆说：“那份报告对我们的心理造成了非常大的影响。”乔治·特内特后来说，每次看了桌子上汇报的材料，他“都会被吓得半死”。劳拉·布什也记得这份报告对丈夫的影响：“他没有把全部报告带回家，但单看他带回来的那部分内容，我就能看出他神情凝重。而且晚上睡觉时，我也能感觉到他彻夜未眠，脑子里在想事情。”

对于布什而言，他将要面临新的使命。他的演讲撰稿人戴维·弗鲁姆说，在“9·11”事件发生前，“布什缺乏大局观”。如今，反恐战争将成为他任期内的首要任务，而他所推崇的“富有同情心的保守主义”对内政策则要完全靠边站了。布什的朋友乔·奥尼尔说道：“‘9·11’事件不但让我们偏离了原来的人生轨迹，也让他偏离了原来的施政方向，突然之间，反恐凌驾于所有事情之上，包括谋求连任。我们被袭击了，所以他要去把袭击我们的人揪出来。”随着布什的支持率上升到 90% 这个所有前任总统都没有达到过的高度，他在政策选择上也有了相当大的自由度。

可对于切尼而言，反恐并不算是新使命，因为他早已料到有这么一天。在过去的岁月里，他一直关注政府的延续性和国土安全问题，这些努力没有白费。切尼的新闻发言人安妮·沃马克说：“我觉得，他在某种程度上有一种宿命感，他总是觉得这个世界不太安全，我想，‘9·11’事件证实了他长久以来所揣测的许多事情。”从那时候起，除了反恐，其他事情对他而言都不那么重要了。切尼的另一位新闻发言人凯文·凯勒姆斯说：“那些坏蛋打算以什么样的方式袭击我们？这是他每天早上醒来后脑袋里浮现的第一个问题。”切尼的前任助理兼朋友皮特·威廉姆斯说，副总统认为“美国根本没有准备好应对恐怖袭击”，而“这在很大程度上是由他造成的”。

尽管分隔两处，布什却开始以一种前所未有的方式求助于切尼。他让切尼在选举重新计票期间负责政府过渡事宜、制订国会的立法策略、主导诸如能源等问题的决策工作。作为一名前州长，在“9·11”事件以前，布什一直指挥着大部分国内民众关注的事务；如今，他要进入一个完全不熟悉的领域，他为身边有切尼这样的引路人而倍感欣慰。切尼的助手帕特尔回忆说：“从那时起，他们的关系比以前更紧密了。”

在国会发表电视讲话之后的几天里，内阁开了许多次会议，也做了不少决策，但都缺乏明确的目的，因为布什和切尼的作战计划是匆忙之中临时拼凑的，包括采取传统的军事行动，动用特种部队、外交手段、立法和金融工具，以及采取情报行动等。

9 月 21 日，即国会讲话后的第二天，布什邀请切尼和军事团队到他在白宫二楼的住所，研究在塔利班不接受最后通牒的情况下，如何打击阿富汗。当讨论快超出预定时间时，他在自己的行程安排中又挪用了两个小时继续开会，这在任何一位总统的日程安排中都是很少见的，而且他看起来一点都不着急。在军队将领轮流给他作简报时，国防部长拉姆斯菲尔德催促他们抓紧时间，布什对他说："不用急，老唐，他们汇报的都是重要信息。"

负责进攻阿富汗的美国中央司令部司令汤米·弗兰克斯上将向布什汇报了一项分为四个阶段的进攻计划。弗兰克斯与布什是老乡，上学时还跟劳拉做过同学。他的言行举止与布什一样，有着浓厚的"孤星之州"（Lone Star，得州的别称。——译者注）的风格。有一次，当布什问弗兰克斯过得怎样时，他答道："我简直是生龙活虎！"

布什脱去夹克衫，点了一支雪茄，专心致志地听着弗兰克斯讲述将如何采取一连串的行动，以及他所需要获得的权利。布什的爱犬巴尼在会议室里走来走去。助理们觉得，自从恐怖袭击发生后，布什从未像现在这么专注和放松。拉姆斯菲尔德提醒说，这个计划太粗糙了，有临时拼凑的嫌疑。他说："这个计划不够周密。"由克林顿任命的参联会主席休·谢尔顿将军认为，布什和他的前任一样，"对战术细节、行动细节掌握得很扎实，对全盘战略也有周全的考虑"。布什希望军事行动能体现出持久性的特点，他想要的是连续性的军事行动，而不是简单的一次性打击。

布什问弗兰克斯军事行动什么时候开始。

"总统先生，大概在两周之内。"他回答道。

"我知道了，"布什说，"两周。"

弗兰克斯指出，他们可以很快就实施空中打击，但他们想在空中打击的同时发起特种部队作战行动，这需要与类似乌兹别克斯坦这样的阿富汗周边国家就军队驻扎权和过境权进行谈判。

"我知道了，"布什说，"一次大规模的空中打击将说明一切。"

他停顿了一下，然后继续说："但话说回来，我还是想等一等。我们在采取军事行动时，必须要师出有名。我向美国人民传递的信息也是要求他们要有耐心。"

但对于渴望采取行动的美国民众而言，要保持耐心是很困难的。布什担心的是，政府做出反应的时间越长，就越难以得到公众的支持。因此，当布什在周末听说财政部长保罗·奥尼尔计划宣布采取行动，冻结与恐怖分子有关联的个人和组织的资产时，他马上找到了正在主日学校的凯伦·休斯。

"金融制裁是这场战争的首场战役，"他说，"为什么我不去宣布这个消息呢？"

第二天早上，即 9 月 24 日，布什与奥尼尔、科林·鲍威尔一起，在白宫的玫瑰园宣布了这道命令。他宣布："金钱是恐怖主义行动的命脉，今天，我们要求全世界停止给恐怖主义分子提供资金。"

入侵伊拉克早有预谋?

多年以来，布什每天早上做的第一件事就是阅读《圣经》。在"9·11"事件发生后的那几天，他也是从《圣经》中寻求慰藉。在恐怖袭击后的某天早上，他读到了箴言篇的第 21 章第 25 节的一句话："秉公行义，能使义人喜乐，却使恶人恐惧。"

这句话深深地印在布什的脑海中。9 月 25 日，他的车队来到离白宫不远的联邦调查局总部。他把这里变成了演讲的会场，要求国会通过一项新的执法权，而这是他一直所寻求的。他说："我认为，对美国做出这种事情的人，以及打算实施进一步袭击的人，都是邪恶的人。他们不代表任何意识形态，也不代表任何合法的政治人群，他们就是恶人，他们所考虑的也都是邪恶的事情。"随后，他两次使用了"恶人"来形容恐怖分子。

阿里·弗莱舍对布什的这番言论深感困扰，他担心这段话听起来过于肤浅了。在回白宫的车上，弗莱舍建议布什不要滥用"邪恶"这个词，因为它过于简单了。

布什反驳说："如果这个词不好，那该用什么词呢？"他提醒弗莱舍说，里根拜访柏林时，没有说"在柏林墙上开扇门"，或"拿掉墙上的几块砖头"，而是说"推翻这堵墙"，全部推翻。有时候，简单就是最好的表达方式。

布什开始学会事事处处深思熟虑了。不久后，休斯和他谈起了用"家伙"这个词来形容恐怖分子的问题。

"总统先生，我不确定你是否该用'家伙'称呼恐怖分子，这听起来就像是隔壁家和蔼的邻居一样。"

"被称为'家伙'的人并不都是好人，"他说，"这世界上还有很多坏家伙。"

"但这个词听起来太随意、太和气了，"休斯说，"这些恐怖分子都是经过训练的杀手，叫他们'家伙'听起来有点不恰当。"

布什生气了，他转过身对安迪·卡德、康多莉扎·赖斯和卡尔·罗夫说："你们还有谁对我说过的其他话不满意的吗？"

9 月 26 日，布什和切尼得到消息，第一批中情局准军事人员已经抵达阿富汗。“9·11”事件发生 15 天后，美国已经准备好与敌人战斗了，其战略就是利用当地的阿富汗军队作为地面部队，再辅以强大的美国空中打击力量，从而达到驱逐塔利班政权的目的。这一战略已经开始付诸实施。中情局军事人员乘坐俄制的直升机，提着装有 100 美元面额的 300 万美元来到阿富汗，准备与北方联盟会合。北方联盟是一支主要由塔吉克族和乌孜别克族贫民组成的武装力量，在其成立之初，曾发动过一次反塔利班政府的叛乱，但基本没有收到成效。不过，他们现在有世界上唯一的超级大国作为后盾了。

但是，正当阿富汗战争临近的时候，布什却另有打算。虽然他在戴维营训斥了保罗·沃尔福威茨，但实际上他一直在考虑如何对付伊拉克。在那天早上的国家安全委员会会议结束后，布什让拉姆斯菲尔德留下来，两人在椭圆形办公室进行单独谈话。

“我想让你制订一个入侵伊拉克的计划，”布什说道，“但是要通过非正常渠道来做这件事。要有创造性地完成这件事，这样我们就没有那么多收尾工作了。”

拉姆斯菲尔德感到很吃惊。国防部现有针对伊拉克的作战计划就只有“沙漠风暴”计划的翻版，不过，由于他已经看过军队以往的所有战斗计划，因此他告诉布什，他可以让汤米·弗兰克斯在不引起太多关注的情况下更新攻打伊拉克的计划。

这次面谈被严格保密，一直到 2011 年，拉姆斯菲尔德才在他的回忆录中披露此事。这是布什首次开展军事行动，而这次行动将最终成为他总统生涯的一个标志。在那个时间点，他为何要攻打伊拉克，这始终没有定论。自始至终，伊拉克都是布什和切尼的心头大患，但这并不意味着他们一直打算入侵伊拉克。美国民众对于与伊拉克开战的意愿并不强烈，而在布什就任总统后的头 8 个月里，他也没有专门制订针对伊拉克的策略。布什的国家安全助理、后来成为美国驻巴格达大使的扎勒米·哈利勒扎德说：“那时候，在谈到伊拉克问题时，根本没有人强烈要求入侵伊拉克。”7 月，当拉姆斯菲尔德敦促布什召开高层会议制订新的对伊策略时，布什并没有响应。可能布什已经找到了最终发动战争的理由，但也有可能他想发动一场更具侵略性的隐秘战争。其实，这样的战争在他父亲的那个时代就已经开始了，就是采用秘密行动来动摇萨达姆的统治，并向反政府团体提供援助，以谋求政权的更迭；除了不派遣地面部队，一切手段皆可使用。

不管怎样，“9·11”事件已经让局面发生了变化。即使伊拉克不像切尼所猜测的那样与“基地”组织有关联，萨达姆也渐渐成为威胁世界安全局面的因素，美国再也不能让这样的威胁继续加剧。如果说，萨达姆曾经在华盛顿为他设定好的框架内行事，那么对于现在的布什和切尼而言，再也没理由让一个公开与美国为敌的人继续当权，因为他不但可能拥有化学武器、生物武器，甚至还可能有核武器；他不但可以自行使用这些武器，而且有可能把它们交给恐怖分子使用。

几年后，这种看法有所改变，但在当时它是符合逻辑的。布什给拉姆斯菲尔德下达了进攻的命令。

但在让拉姆斯菲尔德离开之前，布什问了他一个私人问题。

“迪克跟我说了你儿子的事情。”布什说道。拉姆斯菲尔德已经成年的儿子尼克一直在与毒瘾抗争，而且刚刚住进了戒毒所。

平时强硬的拉姆斯菲尔德出人意料地情绪失控了，他哭了起来，哽咽得说不出话来。后来他平复了情绪，说道：“我很爱他。”

他的这次情绪波动给布什留下了深刻印象。布什对他说：“我无法想象，你为这个国家和你儿子承担了多重的责任。”

然后，布什站起来，从桌子那边绕过来，拥抱了拉姆斯菲尔德。

后来，拉姆斯菲尔德在他的日历上草草写下笔记，记录他与总统的这次会面：“这是美好的一天，他是一个好人。”

看不见的武器

虽然中情局的准军事人员已经投入战场，但布什和切尼仍然准备好应对国内可能会出现的更多恐怖袭击。每天晚上，当布什上床睡觉时，他总会感到片刻的轻松，因为这一天又在平安无事中度过了。“基地”组织先将了美国一军，现在肯定是它趁热打铁的最佳时机。对于像美国这样幅员辽阔的开放国家而言，至少要花数周、数月，甚至数年的时间来加强安保；而且，如果说恐怖分子在这时候不会继续发动袭击，似乎有点不合情理。中情局副局长约翰·麦克劳克林回忆道：“人们的普遍感觉是，‘9·11’事件本身并不是故事的结尾。”9 月 28 日，麦克劳克林临时代替特内特，向布什和切尼作每日情报汇报。他们一起回顾了在过去 24 小时中收集到的各种恐怖威胁信息和花边新闻。

最后，布什开始变得焦虑和烦躁不安，他问麦克劳克林：“你为什么会认为除了这些就没有别的事情发生呢？”

麦克劳克林没有给出明确的答复，他只是说：“我们采取了更严格的安保措施。”他推测，他们所做的事情正在使局面变得不一样，他们瓦解“基地”组织的努力可能已经让恐怖分子四散逃窜。

布什也希望如此，但很快他就有理由怀疑麦克劳克林的推测。10 月 4 日早上，布什得到消息：佛罗里达州发生了一起袭击事件，有人使用致命的生物制剂炭疽病毒实施袭击。通俗小报《太阳报》的一名图片编辑收到一份邮寄过来的信件，当他打开信封时，发现里面含有炭疽病毒，随后他被送往医院。没人知道这是否恐怖分子所为，但布什担心这是事态恶化的开始。在机场加强安保是一回事，炭疽病毒却是另外一回事。他们如何能制止一种完全看不到的武器呢？

此时，布什正在前往国务院发表演讲的路上，但他的思绪已经不在这上面了。他看起来非常憔悴和担忧，他耷拉着肩膀，眼睛盯着车窗外。当时陪同布什的阿里·弗莱舍回忆说：“当布什刚得到关于佛罗里达袭击事件的信息时，还没人知道真相是什么，那是我看到的情绪最低落的布什。”

布什拿起电话，拨通了凯伦·休斯的号码，她此时正在家里起草一份声明。“我和阿里在一块，”布什说，“你的电话在加密线路上吗？”

休斯说不是。

他也不管那么多了，继续说道：“嗯，我们又遇到状况了，佛罗里达州的劳德代尔堡可能遭受了炭疽病毒袭击。我们还不知道病毒的来源，似乎有人受到了高浓度炭疽病菌的感染。这是一个紧要关头。我们得先让民众保持冷静，我可能要发表一个声明。”

最后，为了避免民众恐慌，他们决定由卫生与公众服务部来发表这个声明，而不是由白宫出面。这份声明强调了“到目前为止，这似乎只是个案”。至少他们希望如此。那位名叫鲍勃·斯蒂芬斯的图片编辑在第二天去世了，他也是美国在过去 25 年中首位死于炭疽病的患者。问题在于：谁将成为下一个受害者？切尼的副幕僚长迪恩·麦格拉思回忆说：“人们真的有一种近乎宿命论的担忧，害怕再次遭受袭击。在那种氛围中，炭疽病毒袭击让人们胆战心惊。”

披上爱国的外衣做非法之事？

在对第二波恐怖袭击的恐惧中，布什和切尼开始寻求他们所能找到的有利条件。他们要求情报机构加强情报收集工作。控制着多颗间谍卫星、窃听电话和监控海外电子邮件服务器的美国国家安全局开始放开自我约束。多年来，为了保护公民自由，国安局一直在实施所谓的“最小化”策略，即如果美国公民在海外监听记录中没有受到任何怀疑，在监听报告中他们的姓名和身份信息就会被删除；但在“9·11”事件之后，国安局局长迈克尔·海登中将在针对阿富汗的监听记录中取消了这种保障措施。

政府律师将这一切视为合法，但在一次早会简报中，乔治·特内特向布什和切尼提及这一动向，对国安局这种长期保持敏感的行为不以为然。

“噢，对了，”特内特说，“海登快要坐牢了。”

“告诉他，我们会把他保释出来。”切尼冷冰冰地答道。

特内特于是开始认真地解释起司法流程，布什和切尼并没有提出异议，他们只是想知道海登还采取了哪些其他措施。

切尼问道，海登还可以做哪些事情？

特内特说他要去问海登。

会议结束后，特内特打电话给海登：“你还可以做哪些事情？”

“在我目前的权限下，只能做这么多了。”海登回答。

“我问你的不是这个问题，我的问题是，”特内特说道，“你还可以做哪些事情？”

海登说他稍后再打电话过来。在与自己的幕僚商讨过后，海登致电特内特，说他有一个扩大监控网的计划。根据 1978 年制订的《外国情报监听法案》，国安局必须拿到秘密法庭的授权令，才能对美国以外的通信进行监听。但是海登及其团队认为，随着经过美国通信干线的国外电话和电子邮件数量剧增，如果还要逐个申请授权令的话，那是不切实际的，因为国安局要从司法部那里获得秘密许可证需要 4 到 6 周时间；即使在现有法律条文下使用紧急授权，通常也要耽误一天左右的时间。

海登团队制订了一个绕过《外国情报监听法案》的计划，即利用美国宪法第二条所赋予总统的保卫国家这一固有权力。在通信过程中，当有合理的依据怀疑某个身在阿富汗的人，或怀疑某人准备采取恐怖主义行为时，国安局可以被授权收集该通信的数据以及电话和电子邮件内容。

海登说道："副总统先生，我们能做到这一点。但你知道的，我们真的要非常小心。自从丘奇委员会成立后，国安局就一直如履薄冰。我们是在危险的边缘游走。"

"好的，"切尼说，"我知道了。"

海登提到的丘奇委员会，正好触及了切尼长期以来对行政权限的关注。丘奇委员会得名于爱达荷州民主党参议院弗兰克·丘奇，该委员会在 20 世纪 70 年代曝光了中情局、联邦调查局和国安局滥用权力的案件，并主导了情报活动的改革，包括制订《外国情报监听法案》。在切尼担任白宫办公厅主任的福特政府时期，切尼就一直把它当作眼中钉，他认为该委员会对政府机构的调查侵犯了政府的行政权。

布什把海登叫到椭圆形办公室，想听听他的计划。显然，切尼已经向布什汇报过此事。

"迈克，谢谢你来到这里，"布什打开了话题，"我理解你的担忧，但你知道，如果有些事情我们能够做，那我们就应该去做。"

在世贸中心还在冒烟、人们还在搜索受难者遗骸的当口，当务之急就是采取一切能想象得到的措施，避免另一次恐怖袭击的发生。布什和切尼认为，如果政府有能力追踪恐怖组织的通信，他们就必须去做这件事情，任何法律条令都不应该阻止这种行为。否则，如果再次出现恐怖袭击，他们该如何向民众解释自己没有用手中的权力去阻止事情的发生呢？布什想起了在世贸中心遗址那名男子对他说的话："不惜一切代价。"

海登那天晚上回家后，和妻子一起到外面散步。"我有办法了。"他对妻子说。不过，他并没有向妻子透露细节，只是说："我不能按他们的要求去做，但我的这个办法是没有风险的。"

10 月 4 日，布什签署了政令，授权执行这个新项目。他设立了保障措施，要求该项目必须在 30 天或 45 天左右重新授权。但由于项目匆忙启动，司法部长约翰·阿什克罗夫特在获悉这个项目的当天就被要求批准该项目，而在一个月后，即 11 月 2 日，司法部法律咨询室一位名叫约翰·尤的年轻律师才起草了第一篇观点文章，支持该项目的合法性。

布什和切尼还探讨过是否应将这一项目告知国会。布什同意只通知国会领导层。切尼邀请了由参众两院共和党和民主党领导人组成的“八人团”，再加上国会主席和情报委员会的少数党成员。切尼和海登向他们解释了该项目的由来及其职责。

“我们需要通过立法来启动这个项目吗？”切尼问道。

根据众议院议长丹尼斯·哈斯泰特的回忆，当时每个人都环顾四周，然后说：“不，我认为我们不需要立法。”

在当时的条件下，这些立法者们根本不能与同事或助手讨论这个项目，所以他们无法以更严谨的方式研究该项目的合法性。实际上，多年以来其他人根本不知道这个项目的存在，甚至连最接近布什的顾问也不知道。戴维·阿丁顿亲手起草了授权令，并亲自把它拿到国安局。但国安局的律师要求阅读为该项目提供法律依据的司法部备忘录时，阿丁顿拒绝了。拉姆斯菲尔德虽然是国安局的上级领导，但就连他也没有提前得到消息。在此后 4 年中，该项目成为布什和切尼在反恐战争中的最高机密之一。

第10章

邪恶轴心

白宫侦测到致命的肉毒杆菌毒素，包括总统与副总统在内的所有白宫人员都可能感染上病毒；政府机构陆续有员工死于炭疽病毒袭击；巴基斯坦核科学家疑似帮助本·拉登研制出足以毁掉半个华盛顿的核弹……在萨达姆这个“恶棍”被推翻的同时，心惊肉跳的白宫摧毁伊拉克政权的决心也愈加极端。

脆弱的国内外战线

在接下来的那个周末，布什来到戴维营度假。他坐在月桂屋办公室的沙发上，把办公桌留给迈克尔·格尔森写一份声明。军方已经准备好在阿富汗展开军事行动。布什不想要华丽的辞藻，他只需要直白的语言和坚定的语气。

格尔森在写声明时，布什一直在给参议员特伦特·洛特和其他国会领导人打电话，准备通知他们这件事情。加密电话线路总是断线，这让布什非常气恼。

在某个时刻，他用手盖住话筒，问格尔森："你会修电话吗？"

"我不会。"格尔森说。

"那你现在有机会来练一下了。"布什说。

形势发展得太快，很多事情都在一转眼的工夫就发生了。上个周末，有一群朋友本来约好要拜访布什，但由于收到恐怖威胁的报告，布什临时取消了这次拜访。10 月 6 日，布什在戴维营迎来了得克萨斯州的老朋友迈克尔和南希·韦斯，陪同他的人包括格尔森、凯伦·休斯、安迪·卡德以及康多莉扎·赖斯。在朋友面前，他只是走走过场，没有向他们透露即将要发生的事情。劳拉·布什为当天的晚餐准备了可口的饭菜：配以土豆泥的软炸牛排，以及作为甜点的香蕉布丁。在用餐时，迈克尔和南希注意到，一名助理拿了一些笔记给布什和赖斯看，他们在上面写写画画之后，就让助手拿走。第二天早上，布什带上朋友，坐直升机前往马里兰州的埃米茨堡，那里正在举行第 20 届殉职消防员纪念活动，布什向殉职消防员表达了敬意。当他们重新登上直升机时，布什开始练习他的声明。他对韦斯说："你可能已经猜到我们要开始空袭阿富汗了。"

回到白宫后，当天下午 1 点，条约厅里摄像机的镜头亮起。"下午好，"布什开始讲话，"按照我的命令，美国军队已经开始向位于阿富汗境内的本·拉登恐怖组织训练营以及塔利班政权的军事设施实施军事打击。这次经过精心准备的军事行动的目的，是为了让阿富汗不再成为恐怖组织的训练基地，并削弱塔利班政权的军事实力。"他指出，他已经给过塔利班机会，但被拒绝了，"现在，该是塔利班为此付出代价的时候了"。

他承认其他人也会付出代价。"最近，我收到一封感人的信件，它体现了美国人民在这个困难时期的精神。这封信来自一位小学四年级女孩，她的父亲在军中服役。她在信中写道，'虽然我不太希望爸爸去打仗，但是，我愿意把他托付给您'。"他在 7 分钟内圆满完成了演讲，并以他对国会发表过的演讲词作为结尾："现在，战争就在眼前。我们不会退缩，我们不会停歇，我们更不会踌躇不前，我们必将取得胜利！"

炸弹如雨点般落在喀布尔，生动地释放着一个超级大国的愤怒和仇恨。但很多天过去了，21 世纪的高科技在面对 15 世纪的战场时，却没有取得实质性的进展。在没有派遣大规模美军地面部队的情况下，布什和切尼只能依靠那些穿着塑料凉鞋、披着松散长袍的北方联盟战士。在某种程度上，他们受限于一支不在他们控制之中的原始军队。正如拉姆斯菲尔德和保罗·沃尔福威茨所预料的那样，空中打击迅速地消灭了为数不多的几个合法目标。

同时，国内"战线"却变得越发脆弱。10 月 15 日，布什被告知汤姆·达施勒的参议员办公室收到了一封含有炭疽粉末的信件。自从佛罗里达州首次发生炭疽病袭击以来，NBC 新闻频道主持人汤姆·布罗考也收到了一封含有炭疽病毒的信件。与佛罗里达的那封信件一样，达施勒和布罗考的信封上都有手写的"09 － 11 － 01"字样，邮件寄出地是新泽西州首府特伦顿。白宫赶紧关闭了邮件收发室，把收到的邮寄包裹都寄存在国会山的副总统办公室，因为那里不像其他地方那么常用。整个华盛顿市出现了抢购抗生素的风潮。布什和切尼想知道谁是这件事的幕后主脑，猜测的对象再度指向了"基地"组织和伊拉克。

在阿富汗，这种新的战争形态注定要造成领土争端和指挥权的混乱。在地面进攻方面，中情局已经取得了北方联盟的领导权，而美国军方则遵循“轻足迹”原则，专注于空中打击由中情局和盟军确定的目标。毫无疑问，这种前所未有的安排，在10月16日召开的国家安全委员会会议上引起了巨大争议。

拉姆斯菲尔德抱怨说，这都是中情局的策略，而“我们只是执行这一策略而已”。

临时代表乔治·特内特出席会议的中情局副局长约翰·麦克劳克林说，中情局只不过是支援中东地区军事指挥官汤米·弗兰克斯的行动，并明确了一旦阿富汗成为交战区，他将有最终决定权。

“不，”拉姆斯菲尔德反驳说，“你们才是负责人。”

布什注意到，临时代表科林·鲍威尔出席的副国务卿理查德·阿米蒂奇不断地摇头，于是他问阿米蒂奇是怎么想的。

“呃，长官，我觉得这简直是一团乱麻！”他说道。

失望之余，布什转向康多莉扎·赖斯，用命令的口吻说：“康迪，你来搞定这个事情。”

等待命运的宣判

副总统切尼快要死了——或者说，有人告诉他大限将至。

“9·11”恐怖袭击发生5个多星期后，切尼终于要第一次前往纽约视察受灾情况。他还接受了一项邀请，准备在艾尔弗雷德·史密斯纪念资金会慈善晚宴上发表讲话。这场高规格的慈善晚宴每年举行一次，为天主教慈善机构募集资金。

但是，当“空军二号”在10月18日向北飞往纽约时，切尼又得到消息称可能发现另外一个恐怖威胁。“滑板车”利比告诉他，白宫的生物传感器侦测到疑似肉毒杆菌毒素，这是一种具有极强致命性的化学制剂，只需要1克，在理论上就可以毒死100万人口；无论任何人，只要在白宫待过，都可能被这种病毒感染，包括总统和副总统。布什刚抵达上海准备参加一个峰会，那里正是午夜时分，所以切尼决定有进一步的消息再叫醒他。

当飞机降落时，切尼指示利比留在飞机上等候进一步的消息，他本人则乘坐直升机前往世贸中心遗址。遗址仍然像恐怖发生袭击当天一样令人毛骨悚然。切尼觉得，如果恐怖分子用几把美工刀就能造成这样大的破坏，那当恐怖分子使用像肉毒杆菌毒素这样的生物武器时，会造成多大规模的死亡，他简直不敢想象。在他抵达华尔道夫·阿斯多里亚酒店准备参加晚宴时，发现利比正等着向他汇报最新进展。白宫的探测器确实侦测到了两例生物武器袭击，现在正在做进一步测试，第二天中午可以得到更多确定的结果。

切尼已经安排好了与布什的加密视频会议，等身处上海的布什醒来就可以开始了。

在丽思卡尔顿酒店，布什走进一个蓝色帐篷里。

“早上好，迪克。”布什说道。

从显示屏上，他看到切尼戴着白色领带，穿着燕尾服，准备发表演讲，但看起来一副刚遭受过打击的样子。布什问他是否一切顺利。

“总统先生，”切尼表情严肃地说道，“白宫的生物检测仪已经显示出肉毒杆菌毒素的存在，目前还没有可靠的抗生素。我们当中任何人被感染了都会死亡。”

布什大吃一惊，他试图消化一下刚才听到的话：“迪克，你刚才说的是什么东西？”

科林·鲍威尔此时插了进来，他也问道：“病毒暴露的时间多长？”

布什和康多莉扎·赖斯觉得他是在计算他最后一次待在白宫的时间，以便弄清楚他有没有感染病毒。结果发现，在可能的病毒接触期内，他正好在白宫。

由于他们能做的就是等待进一步的测试结果，所以话题很快就转移到阿富汗上面，但是每个人心中都在想着可能爆发的生物病毒疫情。会议结束后，布什让赖斯去查看什么时候可以得知结果。原来，实验室给老鼠注射了采集来的样品，如果样品中存在这种毒素，老鼠就会死掉。因此，赖斯向布什转达了斯蒂芬·哈德利的详细说明，即如果老鼠四脚朝天了，就证明它们已经受到病毒感染；如果它们还能站着，那就是没事。

切尼还从约翰·阿什克罗夫特和汤姆·里奇那里获悉，传感器最后一次发出警报，是在 58 个小时前，这意味着如果他们已经感染病毒的话，那现在可能要显示出中毒的症状了。他继续在慈善晚宴上发表演讲，并开玩笑说："我终于不用躲躲藏藏了，这样的变化真好。"他发誓，将毫不留情地把针对恐怖分子的战争"进行到底，直到他们被完全和永久地消灭掉"。但在中国，布什、赖斯和鲍威尔简直如坐针毡，每一分每一秒都过得很慢，似乎在等待命运的宣判。终于，赖斯从华盛顿那里知道了结果，她对布什说："小老鼠们都站着的，没有四脚朝天。"原来是虚惊一场，根本没有出现肉毒杆菌毒素。

10 月 23 日，白宫西翼的恐惧感又升级了：布什和切尼被告知，巴基斯坦逮捕了两名研究核能的科学家，因为他们曾与本·拉登接触过，有可能帮助"基地"组织制造核弹。这是个让人令人心悸的消息，这是自被劫持航班撞上双子塔那刻起，切尼最担心的事情。巴基斯坦方面在美国情报机构的提示下，及时抓捕了这两名科学家。23 日早上，当布什和切尼与国家安全委员会剩下的成员坐在战情室时，情况比他们之前获知的更为严重。

布什对国家安全委员会说，本·拉登"可能已经拥有了核武器"，完全可以摧毁半个华盛顿；他们还拥有大量来源不明的俄制武器级核燃料，其数量足以制造一颗核弹。

接替休·谢尔顿成为参联会主席的理查德·迈尔斯将军觉得切尼看起来脸色苍白。

"我们得加强对本·拉登的搜捕。"切尼坚称。

当天晚些时候，布什获悉美国邮政华盛顿分局的两名员工死于炭疽中毒。显然，他们经手过那些有毒的信件。由于一周前那封被污染的信件曾到过达施勒的办公室，因此据称还有好几个人可能被病毒感染。但布什和切尼仍然不知道谁是这次袭击的幕后黑手。

布什的助手斯科特·麦克莱伦注意到，布什"深受炭疽袭击的影响"。肉毒杆菌造成的恐慌、如无赖般的巴基斯坦核科学家以及炭疽病毒袭击，这一切都使布什感到不安。有一天，布什的表兄约翰·埃利斯来访，晚餐后，两人到白宫南草坪上遛狗。布什注意到，有一架飞机正在接近里根华盛顿国家机场。他认为，如果这架飞机左转弯朝白宫飞来的话，那么不到一分钟时间，他们俩都会死于非命。

对于切尼而言，后来发生的事情证实了他之前的预感。他后来说道："未来的威胁不是另一场'9·11'式的恐怖袭击，而是比我们曾看到过的袭击更致命、更具毁灭性，这种可能性会一直存在。"

10 月 25 日晚，在布什的白宫寓所，当布什刚完成体育锻炼，赖斯就来拜访他了。布什这时还穿着运动短裤和袜子。赖斯对他说，她非常担心战时内阁顾问们的心情，他们很担心美国难以从阿富汗的复杂局势中摆脱出来，而媒体报道也在不断地渲染这一可能性。

“你知道吗，总统先生，”她说，“政府官员和民众的情绪都不太稳定，他们很担心目前事态的发展。目前事情的进展很不顺利，我想知道你是否担心这一点。”

“我当然很担心这一点。”

“嗯，那你要考虑采取其他策略吗？”

“我们还有哪些策略可供考虑？”布什问道。

“你知道，人们一直认为你可以让更多的美国民众参与在内。你可以用美国化的方式解决这个问题。”

“你要知道，”布什说，“这离上次颁布授权令没多久时间。”

“是的。”

“你觉得这办法可行吗？”

赖斯没有直接回答他的问题，而是建议他征求内阁的意见。

布什同意了。但在此之前，他先征求了切尼的意见：“对于我们制订的这个策略，你有什么担忧吗？”

切尼斩钉截铁地回答：“没有，总统先生。”

第二天早上，10 月 26 日，在国家安全委员会会议上，布什按照惯例让与会者先发言，然后他提出了自己的问题。

“我想确认一下，我们所有人都赞成这项计划，对吧？”

他绕着会议桌走了一圈，一个个地询问内阁部长们的意见，然后又问了靠墙坐着的副部长们的意见。所有人都表示同意，他们赞成这项计划。

“还有人有想法需要提出来讨论的吗？”他问道。

没人出声。

布什说：“好的，那么在座的各位要坚定地执行这项计划，不能让媒体动摇信心。”他曾经说过：“我们要有信心和耐心，冷静并且坚定。”现在距离他说这句话只过去了 19 天。

布什和赖斯觉得，在场的人有一种如释重负的感觉。或许这项计划真的缓解了紧张的态势。

当天，布什签署了这项由约翰·阿什克罗夫特在戴维营首次提出的权限扩张法案，该法案允许政府采取“漫游窃听”的方式，对民众的任何电话都可以进行监听。它还授权联邦特工可以获得搜查令，以扣押与安全调查相关的“任何有形物品”，包括商业客户资料等；同时，该法案扩大了警察机关没收财产的权力和驱逐恐怖活动嫌疑人的权力，并延伸了与恐怖主义相关罪行的定义和判决范围。

此外，反恐调查人员还将获得毒品调查和诈骗罪调查的权限。但是，法案给予政府的权力过于膨胀，以至于政府可以借怀疑与恐怖分子有联系之名窥视国民的日常生活。国会增加了一些条款，规定几年后如果这一法案没有更新，则自动作废；不过，对于该措施侵犯了公民自由权的反对声音，国会却不予理会。参议院的投票结果为一票反对、其他全票赞成；众议院则以66票赞成通过了该法案。

立法者们急于加强国防，而且急于显示他们的强硬态度。白宫的一份备忘录指出，国家安全委员们在清除一个障碍后，“他们为了标榜自己的正确性，把这项法案贴上了《爱国者法案》（全称为‘Uniting and Strengthening America by Providing Appropriate Tools Required to Intercept and Obstruct Terrorism Act of 2001’，意为‘使用适当手段阻止或避免恐怖主义以团结并强化美国的法律’，简称‘USA PATRIOT Act’，‘patriot’意为‘爱国者’。——译者注）的标签”。虽然布什从未后悔制订这项法案，但他后悔使用“爱国者”这个称谓，因为这暗示着，如果有人反对这项法案，那他就是“没有爱国之心”。在离任之后，布什总结这件事时说：“在签署这项法案前，我本应敦促国会更改法案名称的，但是我没有那样做。”

几天后，安全威胁警报达到了高潮。情报部门截获的“基地”组织成员对话显示，他们正策划某个重大行动，可能会采取一次比“9·11”袭击更具破坏性的放射性武器袭击。在10月29日举行的国家安全委员会议上，布什处于一种反抗情绪中。

“我就在这里等着那些混蛋，”他说，“我哪儿也不去。如果他们想干掉我，那就让他们来吧！”

切尼温和地进行了反驳，他对布什说：“他们不是想打败你个人，他们想打败的是我们的宪法。”

不过，美国宪法似乎有时候要依赖于旁观者的看法。大约在这个时候，国安局未获授权的监听项目需要进行第一次重新授权。国安局局长迈克尔·海登认为该项目富有成效,但当他与戴维·阿丁顿讨论重新授权问题时,他获悉了一些新消息。

“现在，你知道总统令可以允许你对国民进行监听吗？”阿丁顿问道。总统令授权范围之广，以至于国安局不但可以在无授权令的情况下监听美国国民与海外人士的电话或电子邮件往来，而且可以监听所有美国国民的通信。

海登大吃一惊，他说：“不，我根本不知道这事儿，戴维。”然后，他说这些内容应该在总统令中删掉：“我个人的观点是：第一，我们是海外情报机构，监听本国国民不是我们的职责所在；第二，我的个人尺度告诉我，如果我们监听本国国民，我是要被告上法庭的，你明白吗？”

“我明白了。”阿丁顿说道。然后他转过身去，坐到椅子上，在电脑上重新修改了总统令。布什于 11 月 2 日签署了这份命令。

切尼办公室：一个真正的权力中心

在阿富汗战争开始后的最初几个星期里，最让布什倍感压力的事情，就是要在纽约举行的世界职业棒球大赛第三场比赛中开球。这原本是展示美国在危机时期坚定决心的最好机会，因为没有其他地方比纽约这个遭受恐怖袭击最严重的城市更适合于展示决心了。但是，布什心情紧张。这将是他第一次以总统身份为棒球比赛开球。他还记得 4 月为密尔沃基米勒公园球场落成开球时，他开出的球击到地上了。当时并没有多少人注意到这个细节，但现在全世界的目光都会注视着他。

10 月 30 日，在比赛开始前，布什在扬基队的球员通道里向球员们问好。他穿着纽约消防队的风衣，拉链拉到了脖子的高度，以遮住特勤处让他穿在里面的用凯夫拉纤维制成的防弹背心。正当他感到焦虑之际，意外碰见了明星游击手德雷克·杰特。

“总统先生，你是想从投球区的土墩位发球呢，还是在本垒板（投球手投球时必须站的长方形硬橡胶板。——译者注）上发球？”

“我想从土墩位发球。”布什回答道。

“如果我是你，我可不会这么做。”杰特提醒他说。

"为什么？"

"这里是纽约。如果你从土墩位发球，他们会向你发出嘘声的。"

"你觉得他们真的会那样做吗？"

"这里是纽约，他们真的会嘘你的。"

布什无奈地说："我想我还是从土墩位发球吧。"

然后，当杰特动身前往球场时，布什听到他大声叫道："总统先生，如果你从本垒板发球的话，千万别拍球，他们会嘘你的！"

在人群的欢呼声和相机的闪光灯中，布什站在投手区的平台上；在大约 55 820 双眼睛的注视下，他的肾上腺素迅速飙升。他一露面，就让看台上的观众掀起了人浪，并向他竖起了大拇指。看台上有一副手写的横幅，上面写着："美国不惧怕任何人，让我们打球吧！"布什看到这一幕时，双眸似乎有点湿润了。然后，他把球投了出去，那颗棒球越过投手板，飞行了 60.5 英尺，干净利落地落入接球手托德·格林的手套里。观众顿时欢呼起来。布什显然松了一口气，虽然脸上没有露出笑容，但却透出一种满足感，似乎在说："接招吧，杰特！"当他转身离开球场时，观众反复呼喊着："美国！美国！"

第二天早上，当布什拿起当天的《纽约时报》时，立刻从天堂回到了人间。他在这份报纸看到了由著名记者小雷蒙·沃尔特·爱普撰写的一篇带有悲观情绪的头版报道。爱普在来到华盛顿开始漫长的记者生涯之前，以报道越南战争著称。他在这篇报道中写道："'深陷泥潭'这个不祥之词已经成为探讨阿富汗问题时最常用的词汇。"

布什被激怒了。他在早会上向顾问们发泄道："他们根本不了解这场战争！"后来，他对一位支持他的传记作家说："这是一场不同于以往的战争，你得跟他们说多少次才行？我的意思是，我们才打了 3 个星期的仗，他们就没完没了地谴责我们的策略。"如果仅仅是媒体的怀疑，那也就算了，但是连他自己的团队也被疑惑所困扰，完全忘记了他在动员大会上说过的话。

随着阿富汗国内民众对美国敌对情绪的不断增加，布什政府需要想办法妥善处理在战场上俘虏的塔利班和"基地"组织的武装分子。政府专门成立了一个跨部门小组来研究这个问题，但数周过去了，还是没有大的进展，这让切尼和阿丁顿十分失望，他们已经没有耐心再拖下去了。白宫律师布拉德·贝伦森是这个任务小组的一员，他向上司艾伯特·冈萨雷斯及其助手蒂姆·弗拉尼根汇报说一切进展顺利，但在感恩节到来之前，无法发出任何命令。冈萨雷斯和弗拉尼根听到这话时，他们惊讶得“下巴都要掉下来了”。

冈萨雷斯是布什的得力爱将，他是一名墨西哥裔美国人，出生在得克萨斯州一个名为“翰博”的小镇上，父亲是一名建筑工人，家里一共有 8 个兄弟姐妹，小时候全家人就挤在一个两居室的房子里。长大后，他加入了空军，然后考进哈佛大学法学院进行深造，后来在休斯敦成为一名成功的律师。布什在得克萨斯州将他纳入麾下，给他取了个绰号叫“弗雷多”，并且用自己半生不熟的西班牙语称呼他为“我的法律顾问”。不过，冈萨雷斯是一位安静、低调，甚至于逆来顺受的人。因此，当切尼对任务小组的缓慢进展感到不安时，他把责任归咎于弗拉尼根和阿丁顿。他们介入了这项任务，并且“控制着这件事”。他们将罗斯福在“二战”中签署的控告纳粹战犯的军事法庭令进行了改编，该命令在那时候得到了联邦最高法院的支持。如果当初这项命令没有问题，那它也应该适用于现在。但是，在数十年过后，关于这类事情的国际法和美国国内法也逐渐成形，最显著的就是《日内瓦公约》的制订。

11 月 10 日，切尼召集了阿丁顿和其他几个人，在罗斯福厅举行了一次小型会议。不过，有些人并未在邀请之列，甚至不知道这次会议的召开，他们包括科林·鲍威尔、康多莉扎·赖斯以及军方的一些领导人。当会议上提出由弗拉尼根和阿丁顿起草的法令时，约翰·阿什克罗夫特表示反对，他认为，自己作为司法部长，负责监督所有的检举和起诉事项，而不应由国防部长来把嫌疑犯送进监狱。

切尼对阿什克罗夫特说，他已经从他的司法部那里得到了合法的许可，而约翰·尤正是给予许可的人。阿什克罗夫特勃然大怒。每当切尼尝试插话时，阿什克罗夫特都会摆出充分的论据。切尼认为，阿什克罗夫特担忧的是自己的地盘被人抢去。他觉得这种观念已经过时了，但为了减轻阿什克罗夫特的不快，切尼让人稍微调整了一下该项法令，明确了总统“保留决定何时将嫌疑人送往特别军事法庭的权力”。11 月 11 日，“基地”组织的一名指挥官伊本·阿勒·沙伊哈·阿勒·利比在巴基斯坦被捕，此时对于切尼而言，更需要快速地采取行动。

两天后，阿丁顿和弗拉尼根起草了 4 页法令，授权军事委员会审判恐怖嫌疑人。切尼拿着这份法令来到椭圆形办公室。布什欣然同意了该法令。于是，切尼又把法令拿回去交给阿丁顿，阿丁顿把它转交给弗拉尼根，弗拉尼根则把它交给贝伦森，并让贝伦森把这项法令形成书面文件，以便让总统签字。

贝伦森并不知道切尼在这件事上绕过了赖斯和鲍威尔，他把法令拿到专门负责总统文书工作的办公厅秘书那里。值班的办公厅副秘书斯图尔特·鲍恩坚持要按通常的程序把这份文件发给白宫各部门审核。贝伦森于是回去把弗拉尼根带了过来。弗拉尼根对鲍恩说："别担心，副总统已经向总统汇报过这件事了。"然后他又补充道："总统现在正等着这份文件呢。"

鲍恩心想，如果总统在等着，那他就不该在这里碍手碍脚了，于是他把法令写成了文书。律师们拿着文书一起前往椭圆形办公室。此时，布什正准备动身前往得州，他要在自己的农场里接待普京。在白宫外面的南草坪上，"海军一号"直升机的螺旋桨已经开始转动了。

"就是这份法令吧？"布什问道。

"是的。"安迪·卡德回复。

布什迅速看了一遍法令。贝伦森回忆说，由于布什早前已经看过一遍该法令了，所以这时候"他更像是快速浏览，而不是逐字阅读"。他站在原地，从上衣口袋里拿出一支"三福"牌记号笔，签上自己的名字，把文件递了回去。然后，他和卡德径直走向直升机。

贝伦森追上他们，询问是否要发表公开声明。他问道："在推行这项法令前，我们要做些什么？"

"什么也不做，"卡德回答说，"就这样执行下去好了。"

最终，在没有发表任何公开声明的情况下，就直接发布了该法令。继气候变化问题之后，在与对手的较量中，切尼再次占了上风，并促成了一个具有深远意义的决定。正如贝伦森所言，凭借与布什的良好关系以及对政府运行体系的熟悉，切尼把他的办公室变成了"一个真正的权力中心和令人生畏的地方"。但是，这并不意味着切尼像外界所猜测的那样操控了总统。有时候，当布什听到一些温和的观点时，他会受其影响；但总的来说，当他支持切尼时，是因为他赞同切尼的看法。贝伦森说："在这些问题上，我从未觉得切尼把布什拉往右倾的方向，在我看来，他们表现得非常团结，就像是朝着同一个方向前进的一艘双人赛艇。"

超级大国都在同一个地方栽跟斗

与此同时，切尼还陷入了另一场争论之中。鲍威尔认为，美国不应让阿富汗盟友、主要由塔吉克人和乌兹别克人组成的北方联盟夺取喀布尔，因为他担心这样会疏远阿富汗南方的普什图族人和在巴基斯坦的资助者；此外，还要避免吸入现有的全部人力。切尼和拉姆斯菲尔德认为这个想法很愚蠢，因为他们认为美国需要一场胜利，应该让北方联盟夺取喀布尔。

在布什签署军队法庭令这天，对于这一观点的争论达到了高潮。拉姆斯菲尔德给布什写了一份言辞激烈的两页备忘录。他写道："总统先生，我认为，那种关于'美国不应该进攻喀布尔'的说法是错误的。如果不这样做，就相当于告诉塔利班和'基地'组织：喀布尔是他们的避风港。我们夺取喀布尔的目的在于，要让塔利班和'基地'组织日子过得艰难，而不是让他们逍遥自在。"

可是，拉姆斯菲尔德的争辩其实没太大必要，因为正当他写这份备忘录时，北方联盟的军队已经涌入喀布尔。虽然北方联盟曾承诺不靠近首都半步，但当他们的指挥官听说塔利班已经在半夜溜出了喀布尔，准备向南撤退时，诺言早已被抛诸身后。北方联盟的指挥官对他们的美国靠山解释说，进城的目的，仅仅是为了保护被塔利班遗弃的民众。

无论事情进展如何，喀布尔的陷落使得塔利班政权在 5 个星期的战斗后被推翻了。在北方联盟拿下喀布尔这天，阿富汗民众欢呼呐喊，高举拳头，把包头巾抛向空中，并高喊："美国万岁！"布什和切尼对这一幕印象深刻。战争并没有结束，但占领阿富汗的首都，代表着正在兴起的反恐战争已经取得了首个看得见的胜利。虽然还有普什图族人和巴基斯坦政府的敏感问题需要处理，但除开这些疑难问题，此前制订的战争策略已经奏效了。接下来美国所面临的挑战，就是要追击塔利班的残余部队，将他们一网打尽，并且摧毁"基地"组织剩余的训练营地，揪出本·拉登。在那个时候，这一切看起来都是有可能做到的。

当时，似乎布什和切尼已经完成了英国和俄罗斯未竟的事业。毕竟，按照俄罗斯问题专家赖斯的说法，阿富汗曾是英国和俄罗斯这样的超级大国栽跟头的地方。对俄罗斯人来说，苏联在解体前与阿富汗所进行的 10 年战争是灾难性的，这段梦魇般的过去仍历历在目。因此，有人讥讽道，在美国取得胜利的光辉时刻，普京还在白宫访问。布什和普京讨论了阿富汗问题和它的未来发展态势。普京当然知道，在阿富汗的崇山峻岭中，美国所取得的军事胜利只是暂时性的，而且他也对下一步要发生的事情颇感兴趣。在苏联从阿富汗撤军后的多年时间里，莫斯科一直都与领导北方联盟的阿富汗人保持着联系，资助他们长期以来反塔利班的斗争。所以，虽然巴基斯坦反对北方联盟接管阿富汗首都喀布尔，但俄罗斯却支持它的盟友对抗普什图族人。阿富汗再次成为一场大博弈的中心。

在一次工作午餐时，布什和普京回顾了一些其他事项。从参加总统竞选时起，布什就已经明确提出，他要在里根提议的“星球大战”计划基础上建立一个新的反导弹系统，以防止来自流氓国家的袭击。为了实现这个目标，他已经准备废除1972年制订的《反弹道导弹条约》。对于无法追赶美国先进军事技术的俄罗斯而言，放弃《反弹道导弹条约》本身就是一个不稳定的因素。不管布什或其他人怎么说，美国的任何导弹防御系统似乎都是为了抵消俄罗斯战略核力量所带来的影响。

但在“9·11”袭击发生后的两个月内，布什和普京已经决定重新定义新时期的美俄关系，并决心不能让《反弹道导弹条约》的争端使双方关系恶化。为了树立一个新型合作关系的标志，双方同意大幅削减各自的核武器数量，把它们降低到冷战前期的最低水平。

美俄双方都发表了单方的裁核声明，但这样的声明也是互惠的，作为交换条件，另一方承诺将其已部署的战略核弹头削减至1 700 ~ 2 200枚，与1991年布什的父亲签署《削减战略核武器条约》（*Strategic Arms Reduction Treaty*，简称START）所允许存在的6 000枚核弹头相比，这一数量已经下降了很多。

第二天，即11月14日，布什再次与普京会面，这次会面地点改在了他在克劳福德的农场。不过，布什这天遇到一件恼人的事情：当他用皮卡车载着这位俄罗斯领导人在农场里转了45分钟后，突然天降暴雨，毁了这段行程。他的手下手忙脚乱地把桌子搬走，临时请来的牛仔厨师则在雨中忙着烧烤。

后来，普京在晚餐开始前一个小时来到了餐厅，在意识到来早后，普京又返回了宾馆，直到指定时间才再次过来。这事让布什更为气愤，他朝赖斯和凯伦·休斯发了火，厉声说：“有人忘记告诉普京时间已经延后了！”

赖斯知道这是在说她，但她还是忍不住想嘲笑普京，因为普京作为一名前克格勃特工，却连时差这么简单的事情都会搞错。

一个小时后，两位领导人及其夫人、顾问们开始了最放松的时刻，他们把外套、领带扔到一旁，穿着蓝色牛仔裤和毛衣，一起享用轻松的晚餐。晚餐的菜式包括炸鲶鱼、玉米面包、碳烤牛里脊以及为赖斯准备的生日蛋糕。作为寿星的赖斯为大家弹钢琴助兴，而其中一些客人则伴着音乐起舞。普京的妻子柳德米拉穿着一件红、白、蓝色组成的亮片背心。布什用他那蹩脚的西班牙语和俄罗斯外交部长伊戈尔·伊万诺夫闲聊，双方的助手都惊愕地发现，他们根本听不懂这俩人在说什么。

"美俄关系正在发生历史性的转变，而我们是这一时刻的见证者，"布什在向普京敬酒时说道，"通常，我们只邀请朋友到自己家里，我觉得现在就是这种情况。"

"我还从来没到过其他国家领导人的家里，"普京回应说，"现在我被邀请到了美国总统的家里，这对我本人和我的国家来讲，都是有巨大象征意义的。"

普京的这次造访，为数周后布什正式退出《反弹道导弹条约》铺平了道路。普京对布什说，他会在公开场合反对这项决定，但不会让这件事损害双方关系。不过，普京想得到其他东西：为他们刚刚宣布的削减核武器声明制订一份新条约。对于俄罗斯人而言，一方面，新条约能够在苏联解体后的国际舞台上证明其重要性，另一方面，布什也不喜欢旷日持久的日内瓦谈判。虽然切尼对普京的要求持强烈的反对意见，但布什急于向普京示好，于是他同意起草一份条约。

伊拉克才是重要的活儿

"副总统先生，这是我们最担心的事情，这会改变一切的。"

这话是乔治·特内特在向布什、切尼和赖斯做关于巴基斯坦科学家情况汇报时说的。这几名科学家被控帮助本·拉登研制核武器装备。特内特对他们说，这几名科学家在一个月前被捕，现在的形势让人既害怕又担心。

其中一位科学家名叫苏尔坦·巴希鲁丁·马赫默德，他是巴基斯坦原子能委员会的前任主席，而且是塔利班的公开支持者。马赫默德曾与本·拉登见过两次面，拉登也追问过他制造原子弹的方法。虽然马赫默德在浓缩铀技术方面是专家，但他并没有制造核武器的经验，因此本·拉登敦促他与另一位懂得制造核武器的巴基斯坦科学家联系。本·拉登暗示，在另一个与“基地”组织结盟的激进团体的帮助下，他已经从黑市上获得了可裂变材料。马赫默德对审讯官说他并没有帮助过本·拉登，但是审讯官对他做了 12 次测谎试验，结果有 6 次显示他在说谎。

切尼问他们，这个消息是否意味着“基地”组织已经拥有了核武器？跟随特内特一起开会的一名中情局特工说可能不是，但他的语气并不坚定。

“如果巴基斯坦正在帮助‘基地’组织制造或研究原子弹，即使只有 1% 的概率，”切尼回答说，“我们也要以万无一失的态度来做出回应。”

切尼的意思并不是要忽略反面证据，但是，一旦恐怖分子拥有了核武器，其后果是不可想象的，所以不能用常规的风险评估方式来看待这件事情。情报机构常用“高可信度”或“低可信度”来对情报做出判断，而法律上则常用一些类似于“优势证据”的术语来形容情报的准确度，但这些对于瞬间就可以摧毁整座城市的核武器而言没有任何意义。切尼在说那句话时，他已经看到了美国所遭遇的危机，并勾勒出一个新的评估方法。在这种背景下，切尼认为，在谈到危险人物时，不能光考虑萨达姆一个人；在过去的 12 年里，对伊拉克一国的遏制似乎也不再适用了。海湾战争之后，美国发现萨达姆不但拥有化学武器，而且还想制造核弹。如果他真的造出了核弹，那该怎么办？即使他自己不使用核弹，而是把它交给像本·拉登这样的恐怖大亨，又该怎么办？随着喀布尔的陷落，布什和切尼开始更认真地思考如何对付伊拉克的问题。

11 月 21 日，国家安全委员会开完会后，布什把拉姆斯菲尔德拉到一旁。

“你对伊拉克计划有什么看法？”布什问道。

拉姆斯菲尔德对布什说，他已经看过这份计划了，果然不出其所料，这份计划只是另一个版本的“沙漠风暴”行动计划而已。为了修改这份计划，他得多吸收几个人参与进来。

布什说：“好的，但新进人员仅限于白宫里面的人。”

当天晚些时候，又有一位康涅狄格州的居民死于炭疽袭击，这是第 5 名，也是最后一名死于炭疽病的受害者。虽然这起案件直到多年以后才被侦破，但炭疽袭击的热潮终于消退了下去。炭疽袭击只是一起孤立事件，并不是切尼所担心的关乎美国生死存亡的恐怖威胁，更不是之前所提到的 1% 的重大危险。不过，他仍然担心这 1% 概率的危险随时会到来。

但是，虽然美国的注意力已经转移到伊拉克的身上，但阿富汗战争还远没有结束。11 月 25 日，马扎里・沙里夫的一处监狱发生了暴动，导致一位名叫约翰尼・迈克尔・斯潘的中情局探员死亡，这也是反恐战争开始以来首名被杀的美国人。在马扎里监狱里，关押着一位名叫约翰・沃克尔・林德的年轻人，他是美国籍，因加入塔利班被捕，他将被押回美国受审。美国的特种部队及其阿富汗盟友已经把本・拉登和他的数百名追随者驱赶到了靠近巴基斯坦边界的托拉・博拉山区。本・拉登在这人迹罕至的地区建立了据点。

此刻，机会就在眼前，美军可以活捉或杀死袭击美国的策划者，但拉姆斯菲尔德和汤米・弗兰克斯却坚持使用之前制订的策略，继续采用美国空军进行轰炸、阿富汗本土军队实施地面进攻的方式。在该地区，只有不到 100 名美军特种部队人员和中情局特工在执行任务。当美军的 B － 52 轰炸机把重达 70 万磅（1 磅约合 0.45 千克）的军需品空投给美国雇佣的阿富汗军阀时，这些军阀只是往口袋装满了美钞，然后就让本・拉登给跑掉了。

华盛顿的一些人士敦促布什和切尼向阿富汗派遣更多军队。在斯潘身亡那天,海军陆战队就已经在坎大哈附近登陆了。詹姆斯・马提斯准将认为，他能迅速出击托拉・博拉。中情局阿富汗行动的负责人汉克・克伦普顿向白宫表达了自己的担忧，恳求布什派海军陆战队切断拉登的逃跑路线。

“如果我们大意的话，我们的猎物就要逃掉了。”克伦普顿说。

“这些阿富汗军队到底有多差？”布什问他，“他们能胜任这项任务吗？”

“完全不能，总统先生，”克伦普顿说，“完全不能。”

但是，弗兰克斯认为，大规模地部署美国军队需要好几周时间，而且就算部署到位，也不能完全封锁该区域。布什听从了他的意见。要以足够快的速度派遣足够多的部队以改变目前这种局面，这本身就是艰巨的挑战。指挥官们曾做过评估：部署 1 000 名～ 3 000 名士兵，需要一周内出动几百架次直升机；就算真的这样做，也可能无法阻止拉登逃跑。然而，依赖阿富汗人显然已经没有效果。

12 月 16 日，本・拉登和他的一群士兵偷偷地逃离了托拉・博拉山区，消失在巴基斯坦的崇山峻岭之间。布什本来想让军方控制事态的发展，但最终，他失去了在担任总统期间抓住美国头号敌人的最佳机会。当布什前往戴维营度假时，朋友们注意到他比平时看起来冷漠了一些。布什的儿时玩伴查理·扬格说："除了正在进行的海外战事，他对周围的一切都不太投入，他会牵着狗到树林里散步，凝神沉思，心不在焉，似乎有很多心事。即使到了吃饭时间，他也不像往常那样了。"在他 8 年的总统生涯中，这是扬格唯一一次看到他这样。

布什满怀心事。12 月 22 日，一位名叫理查德·里德的"基地"组织追随者在他的鞋子里藏了爆炸物，试图在一趟飞往迈阿密的航班上引爆，结果被警觉的同机乘客及时制止了。显然，美国仍然处于危险之中。布什后来说："这件事对我影响很深。"同一天，勇敢的普什图族部落领袖哈米德·卡尔扎伊被正式任命为阿富汗的临时总统。但是，这只是促使布什再次把注意力转移到萨达姆身上。12 月 28 日，布什把弗兰克斯叫到克劳福德，让他汇报入侵伊拉克应急方案的最新进展。

那是得克萨斯州一个寒冷的早晨。布什下身穿着一条牛仔裤，上身套着一件格子呢衬衫，脚上穿着一双皮靴。他带着弗兰克斯及其行动指挥官、绰号"基因"的空军少将维克托·莱努阿特，上了他那辆联排式的流动房车。如今，这辆房车已经被用作安全的通讯中心。

他们坐在一张小橡木桌旁，看着房间对面墙上的等离子电视，只要触碰一下电视上的一个按键，电视就会打开，并分成好几个长方形画面，显示出战时内阁的其他成员。切尼在他怀俄明家中二楼的书房参加了这次视频会议，拉姆斯菲尔德则在新墨西哥州陶斯镇的家里参加会议，而科林·鲍威尔、康多莉扎·赖斯、乔治·特内特、安迪·卡德和理查德·迈尔斯则在白宫的战情室进行视频连线。

会议一开始，他们首先对阿富汗的局势作了简单回顾。布什趁机拿弗兰克斯最近的喀布尔拜访报告开玩笑，他问弗兰克斯："汤米，我听说你刚躲过喀布尔上空的导弹，这是怎么回事？"

"没什么大不了的，总统先生，"弗兰克斯回答道，"我以前就当过靶子。"

"汤米，"布什继续说道，"我不想你死于非命，那是我们最不想看到的事情。我现在有活儿给你干，很重要的活儿。"

布什想要给弗兰克斯分配的"重要的活儿"就是伊拉克问题。自从 1998 年以来，军方一直都没有明显地更新针对伊拉克的应急计划，即"1003

号行动计划”，该计划所提出的策略基本与海湾战争时的策略相同，也就是用 6 个月的时间，集合为数 40 万名士兵的攻击部队对伊拉克发起进攻。包括弗兰克斯在内的所有人都认为这个计划已经不适合现在的形势。弗兰克斯指出，伊拉克的军队规模已经从当年的 100 万人缩减到现在的 35 万人。

曾经见证过上一次进攻伊拉克的切尼打断了他的讲话：“弗兰克斯将军，你说与海湾战争开始时相比，现在伊拉克军队的规模已经减少了一半，那是否意味着他们的战斗力也减少一半了呢？”

“长官，人数规模的缩小，不一定意味着战斗力减弱了。”弗兰克斯回答。他指出，伊拉克共和国卫队的人数虽然减少了，但他们的人员配置合理，武器装备依旧精良。“你对这个计划是怎么看的，汤米？”布什问道。

“总统先生，这个计划已经过时了。”弗兰克斯回答道。他说，暂且不论该计划的集结时间过长，它根本没有考虑到美国的武器装备比 10 年前已经突飞猛进这一事实。

接着，弗兰克斯提出了他称之为“新的指挥作战方案”，这是分为四个阶段、含有三个不同选择的方案。首先，在战争开始阶段，先派遣 10 万名士兵进入伊拉克，其他军队则陆续赶赴该作战区域，最终人数达到 14.5 万人；如果有必要，作战人数可扩充至 27.5 万人。

特内特指出，伊拉克与阿富汗是截然不同的两个国家。阿富汗大部分是未经开发的区域，由许多部落和军阀割据，他们指挥的是一群未经训练的士兵；伊拉克则是一个相对现代化的国家，其军队训练有素、装备精良。此外，美国在伊拉克没有像北方联盟这样的盟友。

在 1991 年的什叶派暴动中，美国的情报机构并没有帮助什叶派达成目标；20 世纪 90 年代，美国情报机构曾多次密谋颠覆萨达姆政权，但均以失败告终。所以，自从海湾战争结束后，美国的情报机构就已经切断了与伊拉克盟友的联系。

布什让拉姆斯菲尔德和弗兰克斯继续更新这一计划，他希望通过外交手段不断施压，迫使萨达姆自动解除武装，但他说，万一这种情形没有发生，他们就需要做好开战的准备。布什说：“我们不能让大规模杀伤性武器落入到恐怖分子手中，我决不允许这种状况发生。”

说完这话后，会议宣告结束。虽然本·拉登还藏匿在群山之中，但布什和切尼已经把注意力转移到伊拉克身上了。

白宫的政治圈套

“9·11”恐怖袭击甚至在一段时间里改变了布什政府的国内项目计划。在袭击发生前几个月，布什一直和他的新朋友特德·肯尼迪一起敦促国会通过一项名为《不让一个孩子掉队》的教育改革计划。这项计划得名于一个竞选口号。为了获得资金注入，学校会对小学三至八年级的学生和高中生进行数学和语文测试，其目标就是在2014年之前让每个小孩都能获得基本的读写能力。国家将制订测试标准和负责考试；没有达到标准的学校将面临处罚，并且允许这些学校的学生转学。肯尼迪认为，这项计划“虽然有缺陷，但却是必要的”，而且是近25年来最重要的一项教育法案。不过，无论是左翼还是右翼人士，都对该法案提出了强烈的反对意见。自由派人士对该法案过于强调考试表示不满，而保守派人士则不满华盛顿干涉学校的运营。为了阻挠该项目的实施，共和党的立法议员们匆匆制订了一项补充计划，给予各州更多的灵活度来实施该项目。布什知道后，把这项补充计划的提案人叫到白宫，极力要求他放弃这个想法。

但在“9·11”事件发生后的几个星期里，布什和肯尼迪突然发现立法议员们变得更听话了。总统教育顾问桑迪·克雷斯回忆说：“他们几乎给你一种感觉，就是他们想要在自己的领域内与你同心协力。”“说来也怪，”他想起布什为了推动这项计划，还专门跑了一趟佛罗里达州，他补充道，“这种同心协力、共图大事的感觉，比我们那时候所进行过的任何谈话都要强烈。”许多反对者都消除了之前的疑虑，在圣诞节到来之前，国会以压倒性的赞成票数通过了这项计划。这可能是布什的总统生涯中，在内政问题上最具意义的一次两党合作的胜利。到现在，也就是1月8日，布什和肯尼迪、约翰·博纳及其他立法委员一起在全国巡回庆祝他们的胜利。他先是到博纳所在的俄亥俄州签署法令，然后在当天黄昏时分飞往波士顿，向人们展示他和肯尼迪的合作关系。

至少在这一件事上，布什已经找到了新的“鲍勃·布洛克式人物”。在波士顿拉丁语学校，他对前来听演讲的人群说：“你们知道吗，在得克萨斯州克劳福德的一家咖啡厅里，我曾对那里的人们说过，特德·肯尼迪这个人还不错，他们几乎要跟我翻脸了。”现场哄堂大笑，布什微笑着继续说道：“但他确实很不错，我越来越欣赏他了。他是一位聪明、有能力的参议员。

我可以告诉你，他就是那种你想拉拢的人。”布什继续回忆着肯尼迪在“9·11”恐怖袭击事件发生后，是如何接待和安慰劳拉的。他用自己特有的方式给予肯尼迪最高形式的赞赏，他说：“你不但是一名优秀的议员，还是一位好人！”

不过，当布什回到华盛顿后，他的心思已经转移到其他更重要的事情上去了。克雷斯也承认，教育问题对于布什来讲虽然也很重要，但只能先暂时搁置一段时间。

“总统现在无暇顾及这个事情。”克雷斯对他的同事说。

事实上，布什与肯尼迪的这趟环游飞行，标志着后“9·11”时代华盛顿团结氛围的终结。即便在他们携手登上“空军一号”专机之前，共和党和民主党的两党合作精神就已经开始分崩离析了。由于经济刺激方案没有在国会获得批准，民主党人指责布什没有为该方案做出足够的努力。《纽约时报》引用了一位匿名共和党助理的话，说布什“无所作为”，这让他非常生气。布什的顾问们将此事归咎于汤姆·达施勒。达施勒曾是布什理想中的合作伙伴，但后来却逐渐成为白宫政治中专门下套使绊的典型。2002 年 1 月 4 日，在一次演讲中，达施勒抨击了布什的经济政策，指责布什造成了“我国历史上最严重的财政恶化状况”。第二天，布什在加州的一次市政厅集会上回击了达施勒，他宣称：“除非从我的尸体上踏过去，否则他们别想提高你们的纳税额！”此时，距离布什与达施勒情不自禁的拥抱已经过去了很长时间。

1 月份的某一天，当切尼给达施勒打电话时，白宫与参议院民主党领袖的矛盾升级了。参议院当时正在进行“9·11”事件听证会，调查在袭击事件发生前的事情，切尼非常担心，他要求达施勒对此严加管束。

切尼对达施勒说：“对于我们那些在前线对恐怖袭击做出回应的人而言，这是一件既危险、又费时费力的事情，听证会会弄出一大堆的问题，这会束缚我们的手脚，我们不能这样做。我们已经忙得不可开交了。”

切尼这样说不无道理，因为在一个极其危险的时刻，听证会将耗费大量的时间。与此同时，听证会也意味着一个极其严重的政治风险。在华盛顿，人们总喜欢找替罪羊，而对于政府为何没有及时阻止恐怖分子对美国本土的突然袭击，人们会产生无限的遐想。

民主党人也深知这一点。如果副总统反对追究该事件，那恰恰说明他有极深的政治考量，而这正是他的对手们想要调查的东西。如果说共和党对于政治卷入国家安全事务还有任何犹豫的话，那么当卡尔·罗夫于1月18日在奥斯汀举行的共和党全国委员会冬季大会上发表演讲时，这样的犹豫已经消失了。

“美国人民相信共和党人能更好地保证我们的社区和家庭的安全，”罗夫对共和党的拥趸们说，“我们也可以在全国大选上提到这一点，因为他们相信共和党能更好地保护和强化美国的军事实力，由此更好地守护美国。”然而，从另外一个角度来讲，罗夫的发言乏善可陈。作为总统的首席政治策略家，卡尔·罗夫向政治听众提到了即将到来的大选和民主党人一直所具备的优势；但是在恐怖袭击仅仅4个月后，罗夫的话给人留下了不好的印象，即白宫在利用反恐战争为党派谋取利益。民主党人立刻做出了反应，他们既愤怒又急切地指责共和党利用战争谋取政治利益。理查德·格法特称这是一次“可耻的演讲”，民主党全国委员会主席特里·麦考利夫则惊呼：“这简直是卑劣无比的演讲！”

在政府内部，布什正在调解另一场激烈的冲突。切尼和其他顾问们正讨论如何处置在阿富汗和其他地方抓获的俘虏。布什团队并不想把俘虏带到美国本土来受审，因为美国的法庭会给予俘虏应有的人权。因此，他们决定将俘虏们拘押在靠近古巴北部的一个海军基地里，那是一个合法的无人岛，这样在理论上战俘们不会受美国法官的管辖。部分战俘将在军事法庭受审，而切尼在11月时已经让布什给予了该法庭授权；另一部分战俘则可能不会在此处受审，切尼也不想让联邦法官们猜测白宫的决定。

1月11日，在经过长途飞行后，20名首批囚犯从阿富汗被送到了这个阳光普照的温暖小岛，他们戴着手铐和脚链，穿着橘色的连体囚衣。海军工程师们用铁丝网围栏在水泥板上匆忙地搭建了几十个户外牢房，就这样做成了一个被称作“X射线营”的露天监狱。囚犯们到达监狱的照片立刻在全世界传开了，标志着一个新时代的到来。不管选择关塔那摩背后的法律依据是什么，首批囚犯的照片流出，恰恰起到了适得其反的效果。这些照片让人觉得关塔那摩是一个粗暴，甚至野蛮的地方，即使后来建成了现代化、人性化的监狱设施，人们对关塔那摩的坏印象也一直没有改变。

在首批囚犯到达关塔那摩监狱后，布什决定，无论这些囚犯来自“基

地”组织还是塔利班，都将不受《日内瓦公约》的保护。他的这一判断依据来自司法部约翰·尤起草的一份 42 页的备忘录，但却忽略了由威廉·霍华德·塔夫脱四世所提出的一份 37 页的反驳陈词。塔夫脱四世是国务院的一名顶级律师，也是当年塔夫脱总统的曾孙，他认为约翰·尤的事实性假设和法理分析是“有严重缺陷的”。布什的决定引起了五角大楼的理查德·迈尔斯和在亚洲访问的科林·鲍威尔的警惕，作为美国的现任将领和已退休将领，他们都曾深入研究过战争法的概念。在制订国际标准方面，美国所做的工作比世界上其他任何国家都多，但是，当这些标准对美国不利时，美国会毫不犹豫地弃之不顾。这种做法会让人觉得很不明智，而且如果美国士兵被敌方俘虏，也很有可能危及他们的生命。在椭圆形办公室，鲍威尔把他的看法告诉了布什，后者同意先就此问题展开辩论，然后再提交给国家安全委员会。

不久后，布什、切尼和国家安全委员会一起探讨关塔那摩在押人员政策。鲍威尔和迈尔斯联手为《日内瓦公约》辩护。他们提出，即使按《日内瓦公约》的定义不被视为战俘的战士，也应举行听证会，以决定他们是否符合战俘的条件。切尼和他的支持者感到非常震惊，因为这种在他们看来纯属盲目忠于流程的做法，将让他们无法审问那些可能拥有情报的囚犯，而这些情报可能会阻止另一场“9·11”事件的发生。“基地”组织不是《日内瓦公约》的签约方，而且它的武装人员并没有穿军装或构成一支能发动合法战争的合法军队。切尼的团队采用了约翰·尤的分析观点，认为阿富汗虽然在多年前就已经签署了《日内瓦公约》，但它并没有遵守公约的规定，因此不能再被视为公约的缔约国。这种新奇的解读倒是公约的条款没有明确规定的。

“我们要在全世界维持一种形象，”鲍威尔反驳说，“如果我们不这样做，我们将更难以仁慈待人，也更难激励其他国家以仁慈待人。”

迈尔斯赞成鲍威尔关于道义的说法，他说：“总统先生，你也看到了，在场每个人都带了一名律师，但我没有带律师，因为我认为这个问题与法律无关。”

但是接下来，约翰·阿什克罗夫特又把约翰·尤的分析向前推进了一步。他认为，阿富汗已经不是一个真正的国家，而“基地”组织和塔利班在本质上是一群“乌合之众”。

“你认为《日内瓦公约》适用于伊拉克吗？”布什问阿什克罗夫特。

“适用，总统先生。”阿什克罗夫特回答道。他认为伊拉克是一个合法的国家。

“但你也可以说萨达姆·侯赛因是个流氓头子。”布什说。

切尼说塔利班和“基地”组织成员都不是合法的战斗人员。“我们都同意仁慈地对待他们，但我们不想让自己束手束脚。”

最后，布什有点放弃了原先的主张，但他的妥协并没有带来本质的不同。2月7日，布什签署了一项行政令，判定《日内瓦公约》虽然不适用于“基地”组织恐怖分子，但却适用于反塔利班政府的战争。不过，布什随后又认定，即使根据《日内瓦公约》的定义，所有的塔利班战士都属于非法战斗人员，因此不符合战俘的条件。他在行政令中规定，美国“会采用符合军事需要和《日内瓦公约》原则的恰当方式”对待关塔那摩在押人员。行政令的用语给予政府非常大的回旋余地，让政府可以按自己的需要制定规则。

布什正准备以更直白的方式，把战争问题放到国家的层面进行讨论。随着他的《国情咨文》演说即将到来，他要求演讲稿撰写人描绘出一个新时代所需的信条。在这个时代中，美国必须要面对恐怖主义和诸如化学武器、生物武器和核武器之类的非常规武器。迈克尔·格尔森要戴维·弗鲁姆在演讲中顺带一两句提到伊拉克。弗鲁姆想到了恐怖主义国家和恐怖主义组织之间的同盟关系，不知道出于什么原因，这让他联想起了第二次世界大战中的轴心国，于是他匆匆地在本子上写下了“仇恨轴心”来形容美国在当代所面对的国际关系。格尔森很喜欢这个词，但他换了一个布什喜欢的说法，改成了“邪恶轴心”。

最初，在演讲稿里只提到伊拉克，但康多莉扎·赖斯和斯蒂芬·哈德利担心这样会让人以为布什要与伊拉克开战，因此撰稿人在演讲词里增加了伊朗，认为它是哈马斯和黎巴嫩恐怖组织的支持者。随后，哈德利重新考虑是否要把伊朗包含在内，因为那里已经出现了民主的萌芽。布什说：“不，我要把它包含在内，我要向伊朗施加压力。”格尔森没有提出反对意见，他说：“将这些国家作为支持恐怖主义的例子，不会引起太大争议。”鲍威尔及其副手理查德·阿米蒂奇通读了一遍演讲稿，也没有对这个用词提出反对意见。

1月29日晚，布什走进众议院议事厅，发表了可能是他的总统生涯中最令人难忘的演讲。他说：“就是这些国家以及他们的恐怖主义盟友构成了‘邪恶轴心’，图谋武装起来威胁世界和平。这些政权妄图获得大规模杀伤性武器，对世界安全造成越来越大的威胁。他们可能会向恐怖分子提供武器，为他们的复仇计划提供方便。他们可能攻击我们的盟友或妄图胁迫美国。在以上任何一种情况下，不闻不问的代价都将是一场巨大的灾难。”

当布什完成演讲时，全场响起一片掌声。此刻，他的幕僚认为，该演讲的重点在于他承诺在阿拉伯世界实现“人类的尊严所需要的无可辩驳的要求”，包括法治的权利、自由言论的权利以及妇女权利。对于那些知道“邪恶轴心”的人来说，他们误解了这个词的含义，从而引起许多争议。丹·巴特利特后来说：“当时，我们更关注这个词的‘邪恶’部分，而有点忽略‘轴心’这个概念。”一直以来，一些左翼人士都对“邪恶”这个词感到愤慨，他们从来没想过，“轴心”一词才是最核心的问题。布什内阁在谈到“邪恶轴心”时，是指流氓国家和恐怖分子之间有一根轴线，而不是说在这三个国家之间有任何联系，也并非指美国有一张打击名单。哈德利后来说道：“说他们是轴心，不是因为他们是盟友，而是因为这三个国家在各自做着同样的事情，即寻求大规模杀伤性武器和支持恐怖主义。我们认为，这只是一种修辞手法，从来没想过有人会以为我们说这些国家彼此结盟。”

这一措词甚至让一些类似保罗·沃尔福威茨这样的鹰派人士感到困扰，但布什毫不在意。他喜欢这个说法，而且从不后悔这样说。“因为别人的批评而退缩，这不是布什的行事风格。”格尔森回忆说。他说的没错。1 月 31 日，也就是《国情咨文》演讲后的第三天，布什在《纽约时报》上看到一篇报道，称他的某些下属曾试图让演讲词变得温和一些。布什被这篇报道激怒了。当天，作为《国情咨文》的后续跟进项目，他要去推广一项新的志愿服务计划，该计划后来被命名为“美国自由服务团”。在路上的时候，布什给待在华盛顿的赖斯打了个电话，对她说自己不会在这个问题上妥协。当阿里·弗莱舍来到布什的酒店套房时，布什告诉他，他将拒绝任何要求白宫妥协的建议。布什认为，“那些不了解我的人，却对我的想法添油加醋，这简直是懦夫的行为”。

|第 11 章|

布什的私心

是什么原因促使伊拉克战争爆发？布什要为父报仇，还是想藉此成为一个伟大的总统，又或是阿富汗政权的倒塌不足以抚平民众伤痛，还是说萨达姆已经实现了生化武器、核武器野心？中情局与海外盟友也推波助澜，而这一切因素中，“布什想打”才是伊战爆发的核心原因。

谁才是邪恶轴心？

2002年2月的某个周五下午，总统豪华座驾停靠在中国八达岭长城脚下，布什从车里走出来。在与中国领导人共进午餐后，他简短地游了一趟长城。27年前，当他的父亲作为美国特使到访中国时也曾到过长城，而现在，他是以总统身份重游故地。

导游把布什带到长城的一处景点，那是1972年尼克松访华时曾到过的地方。正是那次历史性的破冰之旅，开启了中美合作的新时代。

“当时尼克松停留在哪个位置？”布什询问导游。

导游说：“就在您站着的那个地方。”

“那让我们再往前走100码吧。”布什说。

布什酷爱竞争。年轻时，他一直在与父亲的光辉历史竞争，无论是在安多弗和耶鲁求学、在军队当飞行员，或是经营石油公司、竞选国会议员，他总是达不到父亲的高度；最终，他在经营得克萨斯流浪者队时获得了成功。当上总统后，布什在与特勤人员跑步比赛中胜出，他为此深感自豪。他还向自己的助手发出挑战，谁要是能在100多华氏度的高温下，在他的农场里跑完3英里路程，就能加入他的“100华氏度长跑俱乐部”。在总统生涯后期，布什又与卡尔·罗夫展开了读书比赛，他们比的不是所读书籍的数量，而是看谁读的页数最多，甚至是所读文字的平方英尺数最多。

当然，在成为总统的道路上，从一开始就要面对无数的竞争。有多少人在照镜子时能自信满满地认为，镜子里的那个人才是统领3亿人口国家的最佳人选？当一位总统入主白宫时，他总会把自己和曾经主宰过这里的

40 多人进行比较。他会思考：林肯是如何拯救这个国家的？西奥多·罗斯福为何能成为拉什莫尔山国家纪念公园总统雕像的一员？富兰克林·罗斯福是如何承担经济危机和“二战”重任的？布什下定决心，他不仅要成为一名好总统，还要成为一名伟大的总统；用他的话来说，就是要“摈弃小球战术”（棒球术语，在此比喻追求稳健，不敢冒险。——译者注）。他这个说法是在嘲笑前任总统克林顿谨小慎微的治国策略。布什上任后，有着更大的雄心，他要改变美国的教育体系、医疗卫生体系、社保体系，还要改革军队甚至是华盛顿的政治文化。“9·11”恐怖袭击给了他一个改变世界的机会。他不想在自己的演讲中引用富兰克林·罗斯福的话，而是要成为别人所引用的对象。

至少在这一点上，他成功了。他的“邪恶轴心”言论在世界范围内引起了轰动。不出所料，那些被布什称为“邪恶轴心”的国家都公开谴责他，用朝鲜外务相的话来说，布什的这种言论“在政治上是不成熟的表现，是一种道德上的麻风病”。就连美国的盟友也对这个说法感到不安，虽然他们愿意帮助美国攻打阿富汗，但却不愿意对其他国家动武。况且，他们认为布什的这番言论只是在虚张声势。欧共体外交政策委员会告诫美国不要采取“单边主义过激行为”。当布什取道韩国前往中国时，韩国示威者举着横幅向他示威，上书：“谁才是邪恶轴心？是你，布什先生！”

布什的韩国、日本和中国之行，让他第一次有机会近距离地观察他的演讲所带来的连锁反应。事实上，他并不介意人们的不安和担忧。如果简单的四个字就能让世人关注这三个不合群的国家，而且还可能让这三个国家担心美国会采取行动，那正好是他求之不得的。他利用这趟亚洲之行安抚盟友，却并没有收回自己的观点。实际上，当布什参观韩国的“三八线”非军事区时，有人告诉他，在对面的一家博物馆里，展出了几把曾在 1976 年砍死过美国军人的斧头。布什听闻后说：“难怪我觉得他们很邪恶。”

但朝鲜并不是布什和切尼最念念不忘的对象。从一开始，他们就把萨达姆看作是美国的头号威胁。“邪恶轴心”演说并不是战争宣言，况且，如果要避免军事冲突，仍然有多种方法，但是这番言论让布什和切尼走上了另一条发展轨迹，他们将沿着这条轨迹度过余下的执政时期。

即将到来的美伊对峙，使布什家族和萨达姆长久以来的复杂冲突濒临危机关头。实际上，布什家族与萨达姆的关系始于 20 世纪 80 年代，当时美国和伊拉克还是一种务实的友谊关系。那时候，伊拉克正在和伊朗交战，而伊朗是美国在中东地区的主要敌人，时任美国副总统的老布什主动向伊拉克示好，要向它提供帮助。根据 1992 年《纽约客》杂志的一篇文章透露，老布什通过阿拉伯国家的中间人找到了萨达姆，并建议他加强对伊朗的轰炸。但是，萨达姆在 1990 年 8 月入侵科威特的举动被证实是一种战略误判，这让他站在了老布什和迪克·切尼的对立面。

1993 年 4 月，在海湾战争结束后，老布什前往科威特，准备接受英雄般的礼遇。据说有一群伊拉克人越过边境，准备刺杀老布什，但行动没有成功。芭芭拉·布什和劳拉·布什当时也随同老布什前往科威特，差点命丧途中。布什那时候正在得克萨斯州准备参选州长。后来，有人质疑这次暗杀企图是否真有其事，或者就算有人想暗杀老布什，刺客是否与伊拉克有关。不管怎样，这次事件让布什家族大为震惊。当布什在 1999 年 11 月竞选总统时，他说自己不会重复父亲犯过的错误，他不会再让萨达姆当权。他说："我们认为他（萨达姆）时日无多了，是时候完成这项任务了。"两周后，在一次辩论会上，布什用了更加直白的说法："如果我发现他以任何方式和形式在发展大规模杀伤性武器，我会立刻消灭它们。"

2002 年初，当布什和切尼频频对伊拉克施加压力时，许多人禁不住猜测：布什这样做，或许是因为他想完成父亲未竟的事业，又或许是想在跌倒过的地方爬起来。有一次谈及他父亲在海湾战争的军事战略时，布什说："他提前溜之大吉了。"在伊拉克问题上，虽然布什坚决否认他带有任何个人动机，但是就连他最好的朋友也猜测他这样针对萨达姆，是否出于一种要完成未竟的家族事业的责任感。布什的挚友乔·奥尼尔说道："无论他有没有这样想，只有上帝知道，我不知道我们是否有机会了解真相。"

然而，即使布什的确带有个人动机，且不论这种动机是否下意识的，这也并非真相的全貌。首先，切尼和拉姆斯菲尔德、保罗·沃尔福威茨、"滑板车"利比以及道格拉斯·费思等人都大力支持对伊拉克采取行动，这些人并没有父辈留下的恩怨。切尼曾是老布什政府的一员，他也赞成在不进攻巴格达的情况下停止海湾战争，因为他料想萨达姆会自行垮台。这一决定如今让他备受争议。

不止布什政府认为萨达姆是世界安全的威胁，想推翻其统治，就连民主党也持有同样的观点。克林顿在卸任前曾签署了一项法案，宣布美国对伊政策的转变。萨达姆是世界上唯一敢在禁飞区经常向美国军人开火的人；他无视联合国的裁军决议，而且以极其凶残的手段对待人民；所有人都知道，他还有发展生化武器与核武器的野心，而这些武器的毁灭性比恐怖分子手中的美工刀可要大得多；在两伊战争和镇压国内库尔德族暴动期间，萨达姆还想使用致命性毒气，其残忍程度可见一斑。

在"9·11"事件之后，布什和切尼对他们这一代人以及民族与国家的模式进行了反思。他们认为，恐怖组织网络是没有国家形态和固定架构的，要追击这样的敌人，美国并没有多少经验；相比之下，打击伊拉克更符合他们的经验。美国政府一名负责伊拉克事务的官员支持布什对伊采取行动，他说："这是一个大国角逐的时代，这是善与恶、我们与他们之间的战争。在这样的时代，我们每个人对外交事务的看法都趋向一致。"但是，他后来为自己这段话感到后悔了："从根本上说，'9·11'事件之后，我们所面对的问题并不适用于大国冲突模式。我们的敌人是没有国家形态的，所以人们常说：为什么乔治·布什要说'我们与他们之间的战争'？是为了引蛇出洞，然后再抓住他们吗？那是因为他知道的就只有这些，人们知道的也只有这些。"

成功推翻塔利班政权，让布什产生了打击另外一个目标的欲望，但他可不愿像克林顿那样无的放矢。对他而言，一名伟大的总统要承担的使命，就是与独裁者进行较量、铲除恐怖分子、与拥有大规模杀伤性武器的流氓国家相对抗，甚至可能要在世界播下民主的种子。阿富汗似乎向世人表明，在一个人人都想倒戈的国度，美国很容易推动其做出改变，更不用说美国的特种部队正在把"基地"组织的武装人员从托拉·博拉山区赶到喀布尔南部天气变幻莫测的沙伊库特山区。

美国人似乎需要更多的慰藉，才能平复"9·11"袭击带给他们的愤怒。阿富汗远远满足不了他们复仇的心态。布什和切尼虽然一直盯着伊拉克不放，但在行动上面，他们还是先要迎合公众的口味。仅过去一代人的时间，美国在海外问题上就变得如此武断。就在布什发表"邪恶轴心"演讲前，美国进行了一次民意调查，结果显示 77% 的美国人赞成对伊拉克动武，只有 17% 的美国人表示反对。后来又进行了一次民意调查，还是得到了近似的结果，有 76% 的美国人认为萨达姆曾向"基地"组织提供过帮助。在大约同时期进行的另一次民意调查中，72% 的美国人说萨达姆本人非常可能与“9·11”事件有关。美国民众对双子塔记忆犹新。负责伊拉克事务的政府官员说：“我现在对人们说，我们进入伊拉克的唯一理由，就是我们要给某人一些教训。阿富汗简直是小菜一碟。”

83 次水刑换来的情报

在 2 月一个寒冷干燥的早上，切尼和中情局的简报官坐在办公室里，查阅最新的情报信息。布什喜欢在听取简报时与简报官互动，而切尼则喜欢自己读信息，让简报官安静地坐在旁边，当切尼有疑问时，他才会向简报官提问。通常他都会提出很多问题。这天早上，他看到了一份来自国防情报局的报告，报告名为《尼亚美签署了一项每年向巴格达销售 500 吨铀的协议》。

这份日期为 2002 年 2 月 12 日的报告引起了切尼的注意。尼亚美是非洲国家尼日尔的首都，该国拥有大量的铀矿床，而伊拉克国内并没有民用核能项目，因此它从非洲购买铀矿的唯一理由，就是要制造核弹。铀原料必须经过浓缩后才能使用。铀浓缩不是一项容易的任务，伊拉克也并没有掌握提取浓缩铀的技术。但是，如果伊拉克真的掌握这项技术的话，购进的 500 吨铀矿足以制造出 50 枚核弹。该报告的信息来源于一个国外情报机构。切尼让他的简报官去了解中情局对此事的看法。

通过这份情报，切尼想找出伊拉克拥有生化武器甚至核武器的证据，这样就可以证明伊拉克违反了海湾战争后联合国安理会决议中要求其承担的责任。多年以来，美国情报机构一直推测萨达姆在发展武器，但自从 1998 年年底之后，他们就再也没机会对伊拉克一探究竟，因为联合国核查员在此之前没有得到伊拉克方面的配合，于是他们在克林顿对伊拉克发动为期 4 天的空袭之前离开了该国。从 1998 年底到 2002 年，美国和欧洲的情报分析专家都认为萨达姆并没有放弃其武器开发项目，或者说没有放弃开发武器的野心。切尼要求中情局确认这份尼日尔报告的信息，这让中情局处于高度戒备状态。

两天后，中情局简报官向切尼提交了评估报告，该报告提出的疑点比国防情报局报告还要多。在报告中，中情局分析员指出，“所谓的伊拉克与尼日尔签订铀矿合同的信息，完全来源于一份国外政府的报告，缺乏关键性细节”；此外，评估报告还提到，“这份报告中的一些信息与美国驻尼亚美大使馆提供的信息相悖”。尼日尔的铀矿山是由法国政府领导下的一个财团经营的，而法国政府不太可能允许把铀矿非法卖给伊拉克。分析员说，提供内幕消息的国外情报机构，其实就是意大利的情报机关，而在情报界，意大利情报局在欧洲算不上顶级的情报机关，所以这是一个值得怀疑的危险信号。在中情局总部，一名分析员找来她的丈夫约瑟夫·威尔逊，他是前任美国驻尼日尔大使，与尼日尔保持着一定的联系。中情局决定派威尔逊去打探进一步的消息。这一切都是在外界不知情的情况下进行的。

另一方面，布什和切尼还要应对国内问题的挑战。美国本土的钢铁业正遭受国外竞争者的冲击，白宫全然不顾美国所奉行的自由市场原则，开始讨论是否要对钢铁产业实施干预。在 2000 年大选中，布什和切尼曾承诺要帮助西弗吉尼亚州的钢铁工人。该州一般在大选中都会支持民主党，但在这年的大选中却投奔了共和党阵营。

卡尔·罗夫也非常关注其他产钢大州，例如宾夕法尼亚州和俄亥俄州，因为这些州对于布什将来获得选举团多数票至关重要。但是，布什经济政策团队的大多数人都反对征收进口钢铁税这一有悖于自由市场原则的做法，这些人包括保罗·奥尼尔、格伦·哈伯德以及白宫预算办公室主任米奇·丹尼尔斯。2 月 11 日，丹尼尔斯在一次会议上说：“如果你在获得 85% 支持率的情况下不去做正确的事情，那你什么时候才去做正确的事情呢？”

切尼的幕僚给他找了许多反对征收进口钢铁税的专栏文章。1 月 25 日，切尼读到了一篇摘自《华尔街日报》的文章，称征收进口钢铁税是一种“危险的贸易保护主义行为”。2 月 28 日，切尼又收到了一份备忘录，该备忘录总结了 6 篇反对征收关税的社论。哈伯德向布什展示了一幅地图，把因提升关税而使消费者受影响的州在地图上标了出来。他对布什说：“我不是政治家，但我的观点是：在政治层面，提高关税是个好主意；但从经济角度考虑，这可是个坏主意。”

但布什和切尼的立场是一致的。3 月 5 日，布什对大部分进口钢铁征收 30% 以上的附加税，用他所称的“临时防护措施”来抵消外国政府向本国钢铁出口企业提供的补贴。在一份书面声明中，虽然布什重申了他的自由市场理念，但他还是说：“有时候，进口产品会对国内产业造成非常严重的危害，所以采取临时性的限制措施是很有必要的。”布什和切尼希望通过这一举动来取得国会授权，从而在没有立法议员使用单项否决权干扰的情况下商讨新的自由贸易协定。

布什在办公室里一直保留着一份“基地”组织头目的头像，每当这些头目被抓住或身亡，布什都会在他们的头像上画一个大大的叉。3 月 28 日，在一场枪战之后，美国和巴基斯坦特工活捉了阿布·祖巴耶达赫，他被认为是自去年秋天的“9·11”袭击发生以来被捕的最高级别的“基地”组织成员。祖巴耶达赫试图逃跑时，胸口、腹股沟和大腿上都中了枪，但美军医生立刻对他进行了救治。对布什来说，这张图越来越好看了。

不过，胜利的一刻很快就变成需要抉择的时刻。怎么处理一个被活捉的恐怖分子？这一难题后来成为布什和切尼总统生涯的转折点。从世贸中心被摧毁起的 6 个月时间里，当布什和切尼为这场 21 世纪的战争所困时，他们早已把一切旧的清规戒律抛诸脑后。现在，中情局断定普通的审问手段不足以让恐怖分子开口，他们请求布什允许他们使用酷刑。

由于担心再次发生比“9·11”袭击更严重的恐怖活动，布什和切尼认为传统的执法式审问已经不适用于新的恐怖威胁。若中情局和司法部要想办法引入更残酷的新型审问形式，还要证明其合法性，那将要花去好几个月时间。最终，在切尼的敦促下，布什批准了几乎所有提议的审问手段，只拒绝了其中两项。在世贸中心废墟上，有人曾对布什说：“我们要不惜一切代价。”如今，他正不惜采用一切手段来保护这个国家，至于这些手段会带来什么后果，那就要通过时间的检验才能得知。

在海外一处秘密监狱，布什的命令产生了明显的效果。中情局探员用带子把祖巴耶达赫绑在一块木板上，把他的脚部抬高，稍微高于头部，再用一块布盖住他的嘴巴和鼻子，然后用水连续在那块布上浇 40 秒钟，以此来模拟人在溺水时的情形。然后，他们一遍又一遍地重复这个过程。在接下来的一个月里，祖巴耶达赫总共被实施了 83 次水刑。

最后，祖巴耶达赫终于招供了。在中情局官员的支持下，布什和切尼宣称祖巴耶达赫提供了一些关键信息，帮助他们抓住了拉姆齐·本·阿尔·什布和何塞·帕迪亚，前者是“9·11”事件策划者哈利德·谢赫·穆罕默德的高级助手，而后者是潜伏在美国的“基地”组织阴谋分子。不过，祖巴耶达赫的案子将成为各方争论多年的焦点。联邦调查局探员称，在正常审问时，祖巴耶达赫其实就已经与他们合作了，然后中情局情报员拿着木板和头罩来对祖巴耶达赫实施水刑，把联邦调查局的探员甩在一边。但即便如此，祖巴耶达赫也没有透露任何信息。有人声称祖巴耶达赫的精神不太正常，因为他的日记反映出他有多重人格。乔治·特内特怀疑这种说法，他说，这种结论未免过于夸张，因为日记只能反映祖巴耶达赫的文字技巧而已。

不管怎样，祖巴耶达赫的案子让两位总统在切尼所说的“黑暗面”这条路上越走越远。虽然公众对“水刑”产生了无限遐想或者恐惧，但这也仅是酷刑手段的其中一种而已。美国对这些被羁押者的其他刑罚包括：扒光他们的衣服、强迫他们长时间站立、连续数日不让他们睡觉、只让他们吃流食、扇耳光或击打他们的腹部以及向他们身上浇冷水等。一份主要由法务部约翰·尤起草，但由副司法部长杰伊·拜比签署的备忘录断言，只要不造成嫌疑人器官衰竭、身体机能损伤或者死亡等情况，这样的行为就不构成虐囚。中情局则用“高级审问手段”这样的委婉说法来形容这些行为。

布什和切尼还授权中情局把一些抓来的嫌疑人移交给像埃及这样的盟国，让这些国家用它们自己的审讯方式来审问囚犯。这一过程被称为“非常规引渡”。一些对伊拉克耸人听闻的指控，就是通过这种审讯方式得来的。在对一位名叫伊本·阿勒·沙伊哈·阿勒·利比的囚犯的审讯过程中，他招认伊拉克曾训练“基地”组织成员使用炸药和化学武器；不过，他后来推翻了自己的证词，称为了让审讯者停止残忍的逼供方式，他当时撒了谎。

在关塔那摩，美国军方有自己的审讯规则。当年年底，拉姆斯菲尔德的下属向他提交了不同的审讯手段方案。这些手段一共分为三大类，拉姆斯菲尔德批准了其中两种不太残酷的手段。与中情局不同的是，他拒绝使用最残忍的手段，但接受“温和的、不造成伤害的身体接触，包括抓取身体、用手指戳对方的胸以及轻微推搡等”。在关塔那摩，不允许使用水刑。

拉姆斯菲尔德在签字栏上签下了自己的名字，然后，他又在文件上另外手写了一行字：“但是，我主张让囚犯每天站 8 至 10 个小时。为什么这里规定最多只能站 4 个小时？”

一只雌火鸡挽救了外交困局

3 月，切尼开始了他就任副总统后的首次海外之旅。他此行的目的是为了寻求其他国家对伊拉克战争的支持。当他在安德鲁空军基地登上“空军二号”专机时，他感觉似乎在重复多年前代表布什父亲出使中东的一次经历。如今故地重游，他要在 10 天时间内访问 12 个国家，包括英国、约旦、埃及、也门、阿曼、阿联酋、沙特阿拉伯、巴林、卡塔尔、科威特、以色列和土耳其。他要向所有国家传递同一个信息：布什现在还没有下定决心对伊拉克动武；但如果他决定开战的话，那么其结果将具有决定性的影响。

琳恩将随同切尼前行。她不但可以在一路上陪伴着切尼，还可以充当他的法律顾问，而且后来发生的事情证明，她还是一个很实用的诱饵。前往也门时，由于该国是本·拉登的祖籍地，而且是世界上最危险的出行目的地之一，特勤处非常担心安全问题，于是想出了一个让切尼在也门安全着陆的计策：在埃及的沙姆沙伊赫开完会后，切尼与妻子一起走向由波音 757 改装而成的“空军二号”，但登机的只有琳恩一人。飞机随后飞往也门首都萨那。到达萨那后，飞机在下降一段高度后又重新拉升，直接飞往阿曼。切尼则悄悄地登上一架不太起眼的 C-17 飞机前往也门。在到达萨那上空时，为了避免来自地面的炮火袭击，飞机做了一次螺旋形的下降动作，最终安全着陆。

在这次令人疲倦的旅行即将结束时，切尼去了一趟以色列，与美国在中东地区最亲密的盟友会面。在飞行途中，切尼与助手展开了辩论，探讨是否要与亚瑟尔·阿拉法特见面。负责该地区事务的副国务卿威廉·伯恩斯建议切尼与阿拉法特会晤，因为如果只与以色列人会面的话，会给巴勒斯坦发出一个不好的信号。切尼的顾问“滑板车”利比、约翰·汉纳以及埃里克·埃德尔曼都反对这一建议，他们认为，阿拉法特就是一名众所周知的恐怖分子，与他见面，对他来说无疑是一种赞赏。在飞机降落时，切尼才最终拿定了主意。他走出机舱，与前来迎接他的托尼·津尼将军一起钻进专车里。

津尼将军是美国派往中东的特使，他的使命就是要实现以色列和巴勒斯坦停火。他向切尼描述了自己为和平斡旋所付出的艰辛努力。切尼问他，如果主动向阿拉法特提出会面，以激励其采取措施改善该地区的安全环境，这样是否有用？津尼给出了肯定的答复。但最终，阿拉法特没有同意切尼提出的条件，这让切尼觉得，阿拉法特的态度恰好证明了他没有诚意实现和平。

切尼访问结束几天后，以色列发生了严重的暴力事件。布什在“空军一号”上听说，在逾越节（Passover，又称无酵节、巴斯卦节，自每年 3 月或4月开始，持续七八天，是犹太教的主要节日之一，也是犹太人的新年。——译者注）晚餐时间，一名巴勒斯坦籍的人体炸弹袭击者走进了一处拥挤的酒店餐厅，并当场引爆了炸弹，造成 30 人死亡、140 人受伤。事件发生后，以色列部队立刻占领了约旦河西岸和加沙地带。

4 月 1 日，以色列军队进入巴勒斯坦城市伯利恒，到达离基督耶稣出生地圣诞教堂只有几百码的地方。数小时后，布什与他的国家安全顾问团队碰面。在会议上，布什不顾拉姆斯菲尔德的反对，决定让鲍威尔紧急出访中东以平息事态。会议结束后，布什把鲍威尔拉到一旁说，他知道鲍威尔在国际上的地位比他高，所以要解决巴以问题，必须仰仗鲍威尔。

“这是一项艰难的任务，”布什说道，“它可能会损害你部分名声，但你的名声比我们其他人都好，所以你要承受得住这个考验。”

结果，鲍威尔倒是感觉自己在华盛顿的名声受损了。他在中东待了 10 天时间，却没能取得太大进展，所以，为了展示斡旋进程，他最后要求召开一次国际和平会议。“为了离开耶路撒冷而又不被人用私刑处死，这是我能想到的唯一办法了。”鲍威尔后来回忆说。

切尼认为召开和平会议是最糟糕的一种解决方式，当他听说鲍威尔不断地公开提出这个建议时，他马上从“空军二号”上面打电话给赖斯，要求她约束鲍威尔。赖斯随后给鲍威尔打了个电话。根据赖斯后来的回忆，她当时对鲍威尔说，他的这个想法只能“胎死腹中”；而根据鲍威尔的回忆，赖斯的原话是：虽然她也认为和平会议是可以召开的，但切尼“坚决反对这一建议，并劝她说此事是百害而无一益”。鲍威尔告诉赖斯：“很抱歉，我总得从这里带点东西回去，总统想看到成果。”

后来，切尼将这件事视为他与鲍威尔关系破裂的标志。这两位曾经在海湾战争中紧密合作的伙伴，在共同为布什政府效力的剩余日子里，变得形同陌路。切尼在回忆录中写道：鲍威尔认为这件事是对他“人格的侮辱”，而切尼则开始听说鲍威尔在华盛顿逢人就抱怨他对政府政策的不满。切尼说：“那种感觉就像绳子被割断一样。”后来，鲍威尔对切尼的话提出了异议：“那简直是无稽之谈，我不知道那件事怎么就成为‘分水岭事件’了。”

不过，鲍威尔在巴以冲突现场努力实现和平时，却没有得到任何的支持，这让他感到十分沮丧，这是不争的事实。当他向布什汇报工作时，语气里只有愤怒。

“情况糟透了，总统先生，”他对布什说，“以后请别再让人单枪匹马去做这种事情了。”

在鲍威尔看来，在他返回美国后，布什所发表的言论才是更糟糕的事情。4 月 18 日，当布什和鲍威尔在椭圆形办公室探讨中东局势时，记者问布什，他是否认为以色列总理阿里埃尔·沙龙是一个爱好和平的人。布什回答道：“我的确认为阿里埃尔·沙龙是一个爱好和平的人，我坚信，他希望以色列能与邻国和平共处。”

坐在布什右边的鲍威尔听到这话，顿时哑口无言，因为美国曾请求沙龙从巴勒斯坦退兵，但沙龙完全不予理会。在摄像机面前，鲍威尔没有说什么，但会面结束后，他立刻找赖斯发泄不满。

“这一旦在阿拉伯国家的电视台上播出，你知道会有什么后果吗？”他问赖斯，“以色列人藐视我们的总统，总统为什么还要为沙龙说好话？”

想知道其中原因的，不止鲍威尔一个人。沙特阿拉伯的实际统治者、王储阿卜杜拉看到布什的这番言论后大发雷霆，他乘班机飞往美国，直接向布什表达自己的愤怒。4 月 25 日，在克劳福德农场，布什和切尼、鲍威尔、赖斯一起接待了阿卜杜拉。阿卜杜拉想让布什向沙龙施加压力，迫使以色列撤出驻扎在巴勒斯坦的指挥部。

“你告诉我，那些猪猡什么时候会离开拉马拉（巴勒斯坦中部城市，位于约旦河西岸。——译者注）？”阿卜杜拉质问布什。

布什回答说，他曾尝试劝说沙龙，但被沙龙拒绝了。

阿卜杜拉递给布什一盘录像带和一本摄影集，里面显示的是以色列残忍虐待巴勒斯坦人的画面。

切尼想把话题转移到伊拉克上面，但阿卜杜拉一心一意地想要解决巴勒斯坦危机，他提出一项含有八点内容的计划。

“我不能就这样空着手回去。”阿卜杜拉王储说道。

阿卜杜拉说，他想和自己的顾问私下里谈谈。于是，布什和他的团队暂时回避了。正当布什在办公室等待时，长久以来担任美方翻译的贾迈勒·赫拉尔冲进来叫道：“总统先生，我感觉沙特人快要离开了！”他说，阿卜杜拉显然希望布什在他来访前迫使以色列人撤出拉马拉，并且在刚才谈话时就想让布什给沙龙打电话。沙特威胁要离开，是预先计划好的步骤，目的是想让布什重视他们的诉求。

布什对于阿卜杜拉这种矫揉造作的做法很气恼，他不喜欢被人要挟。

“他们离开的话，会有关系吗？”他大声问道。

有关系，赖斯说：“那将会是一场灾难。”

鲍威尔同意赖斯的说法。

布什让鲍威尔去与沙特人交流。“去把这件事办妥。”布什对鲍威尔说。

鲍威尔找来了沙特常驻美国大使班达尔·本·苏尔坦王子，极其生气地抨击他：“你到底怎么搞的？你怎么让事态发展到这个地步？”两个人开始大声争吵，连布什都听到了。他走过来看是怎么回事。

不管怎么生气，布什非常清楚，一旦沙特这个美国最亲密的阿拉伯盟友甩手而去，他在中东地区的所有计划都会被耽误。他走到客厅，要求与阿卜杜拉单独会谈。然后，他与王储大谈特谈宗教话题，希望借此引起阿卜杜拉的兴趣，从而打破目前的僵局。这一招他在一年前曾在普京身上用过。可是，当布什侃侃而谈自己的宗教信仰时，阿卜杜拉只是面无表情地坐在那里，一言不发。

布什只好祭出撒手锏，他对阿卜杜拉说：“在你离开这里之前，我可以带你逛一下我的农场吗？”

他陪同阿卜杜拉走到外面，坐上了他那辆白色福特牌皮卡车，然后开车沿着他家附近转了一圈，参观农场里的树林和野生动物。刚开始时，阿卜杜拉没有表现出任何兴致，直到路上出现了一只雌火鸡。

“那是什么动物？”阿卜杜拉问布什。

布什告诉他那是一只雌火鸡，并且提到了本杰明·富兰克林曾想让火鸡成为国鸟。

“我的兄弟，”阿卜杜拉突然抓住布什的胳膊，说道，“它是真主阿拉给我们的预兆，这是个好兆头。”

随后，两人又回到了农场继续开会。5 个小时后，阿卜杜拉拥抱并亲吻了布什。

“我爱你，就像爱我的儿子一样。”阿卜杜拉对布什说。

布什一直没搞明白为什么一只雌火鸡就可以当作好兆头，但它似乎让布什的外交政策避免了彻底失败的局面。

在以色列的坦克仍然包围着巴勒斯坦激进分子借以避难的圣诞教堂的情况下，谈判专家们又花了一周多的时间，才达成最终协议：以色列方面将缓解攻势，作为交换条件，巴勒斯坦方面要驱逐某些激进分子。双方达成协议后，在5月8日这天，布什在白宫会见了另外一位阿卜杜拉——约旦国王。与沙特王储一样，这位阿卜杜拉也敦促布什让以色列撤军，但布什明确表示，他不想与阿拉法特合作，他说："我不知道巴勒斯坦还能涌现出哪些新的领导人。"他认为，巴勒斯坦需要出现新一代的领导人，这些领导人必须与恐怖主义毫无瓜葛，而且没有贪污腐败的历史。

"我能想象得出，如果沙龙在跟我开会时，听到自己的国家发生了自杀式炸弹袭击，他的感受是怎样的。"布什对约旦国王说。

阿卜杜拉看得出来，"9·11"恐怖袭击让美国总统和以色列走得更近了。他所担心的是，这意味着布什并没有清楚地看到巴勒斯坦人所遭受的苦难。

5月16日，《纽约邮报》以"布什知道"作为当天早上的头条新闻。纽约州参议员希拉里·克林顿走到参议院所在的楼层，举起了这张报纸。"总统知道什么？"她语气里有几分强硬，"我的选民想知道这个问题的答案，以及很多其他问题的答案。"

"9·11"事件发生9个月后，终于有传言称，在恐怖袭击发生前，布什在他农场的会议室里就看到过标题为"本·拉登决定袭击美国"的谍报。哥伦比亚广播公司新闻频道是第一个报道此事的媒体，它称中情局已经提前告知布什与"基地"组织威胁有关的信息，也就是希拉里现在手里拿着的这份《纽约邮报》的引人注目的头版内容。由于新闻机构还没有拿到这份谍报，所以美国民众对此只是一知半解。但是，"9·11"事件背后的政治阴谋就这样浮出水面了。

要求对事件真相进行调查的呼声越来越强。布什的助手们非常气愤，因为他们觉得希拉里和其他民主党人在含沙射影，暗指布什已经提前收到了恐怖袭击的警告。阿里·弗莱舍说道："这种说法虽然让我们很多人紧张，但却吓不倒他。"不过布什后来承认："这件事当时让我心烦意乱。"在5月16日当天举行的午餐会上，布什对共和党参议员们说，假如他早知道恐怖分子要袭击美国，他会"动用美国的全部军事力量和美国人民的愤怒来阻止他们"。不出他所料，这些话很快就被透漏出去了。

随后，布什打电话给切尼，同意让他在当晚举行的募资晚会上回击那些谣言。切尼提醒道："我们现在所作的努力，就是要预防袭击再次发生；任何对事件真相的调查都不能影响这项工作，因为毫无疑问，下一次恐怖威胁仍然真实存在着，并且这个威胁可能更具毁灭性。"

布什和切尼的助手们都知道，对事件的深入调查将会揭开更多令人吃惊的真相，正如乔治·特内特所说，这好比是"红色警报在闪烁"。况且，由于信息不清晰，公众和媒体会对布什追根刨底。第二天，即 5 月 17 日，布什开始直接面对批评者的挑战。他在白宫玫瑰园接见美国空军学院橄榄球冠军球队时，重述了他曾对共和党参议员说过的话。

"假如我预先知道敌人要在那个灾难性的早晨用飞机杀害民众的话，我会动用手上的一切权力来保护美国民众，"他铿锵有力地说道，"我们将用美国的力量来保护美国人民。"

布什的反击，在某种程度上成功地扑灭了党派之争的火焰，希拉里服软了，她说自己并非借机"指责任何人"。但越来越多的民主党人、"9·11"事件受害者家属以及部分共和党人反而要求深入调查"9·11"事件的起因。

这一年春天到来之际，布什前往莫斯科，巩固美国与俄罗斯正在不断改善的双边关系。此前他曾同意与普京进行协商的核武器条约已经出炉，全文只有 475 个单词，是美俄军控史上最短的一份协议。《华盛顿邮报》也只用了往常篇幅的三分之一来报道此事。这份协议承诺，到 2012 年年底前，美俄双方都要把核弹头减少到 1 700 ~ 2 200 枚。与此前的范围相比，这一数量已经大幅减少了。该协议允许双方存储核武器，而不是销毁它们，但也延长了自冷战以来的双方相互核查的期限。当然，这种核查的象征意义大于其实际意义。

在去莫斯科之前，布什知道，普京的当务之急就是要安抚莫斯科那些核心人物。有一次，布什对顾问们说："普京要冒极大的风险，因为他需要极力摆脱极端守旧派对他的束缚。"此外，布什还希望美国在对抗伊拉克的道路上，能得到俄罗斯的支持。5 月 24 日，布什飞抵莫斯科后，来到克里姆林宫里金碧辉煌的圣安德鲁大厅，他与普京坐在一张桌子旁，共同签署了《莫斯科条约》（*Moscow Treaty*），该条约也被称为《削减进攻性战略武器条约》（*Strategic Offensive Reductions Treaty*）。布什兴奋的心情溢于言表，他说："这份条约结束了我们两国自冷战以来的核武敌对状态。"

但是，在暗地里，两国关系似乎并非如此乐观。为了报复布什征收进口钢铁关税政策，俄罗斯也宣布停止进口“布什鸡腿”（苏联改革后期，国家经济形势不断恶化，食品供应时常短缺。为解决吃饭问题，当时的苏联总统戈尔巴乔夫与美国总统老布什签订了进口鸡肉的商业协定，美国冰冻鸡腿作为食品援助开始源源不断进入俄罗斯市场。美国鸡腿刚一摆上莫斯科柜台，人们便争相排队抢购。因为这些美国鸡腿不仅比本地鸡腿价格便宜，而且肉更多更肥。“布什鸡腿”因此得名，这在当时是对老布什的称颂。——译者注）。当布什和普京在私下里探讨这一贸易僵局时，普京断言，美国故意把劣质家禽销往俄罗斯。

“我知道你们为美国本土市场和俄罗斯市场建立了不同的养鸡场。”普京对布什说。

布什惊讶地回答道：“弗拉基米尔，你这个说法不对。”

普京不相信他的话：“我的人告诉我，这都是真的。”

俄国守旧派的多疑症给布什留下了深刻的印象。普京的身边仍然充斥着克格勃的资深顾问，他们非常精通于冷战模式下的猜忌和怀疑。但是，如果布什要将此归咎于普京的顾问而不是普京本人，那就证明他对这位俄罗斯领导人有着根本上的误解：其实，用旧眼光看待美国的不仅仅是普京的顾问，还有普京本人。

这次会晤提醒布什：想要撼动过去，是如此的困难。在俄美不再为敌的时代，布什尝试重新定义国家安全的概念。他眼中的真正威胁不是俄罗斯，而是不具备国家形态的极端主义组织以及支持这些组织的国家。而现在，他正在把世贸中心倒塌那晚他所说的话变成现实。一直以来，对于将要向美国发动进攻的敌人，美国都保持着先发制人的策略，但布什现在想更进一步。他认为，在后“9·11”时代的世界局面中，“敌不动我不动”的策略是不够的；相反，美国应主动寻找潜在的威胁，这正是作家雅各布·韦斯伯格所说的“迪克·切尼的‘预防性攻击’概念”。

在美国陆军军官学校的一次毕业典礼演讲中，布什首次提出这个新战略。布什对这些“9·11”事件后首批毕业的军官学员说道：“乐观的想法并不能保卫美国和我们的朋友，我们不能轻信专制统治者的话，因为他们会很庄严地签署核不扩散条约，然后再有条不紊地破坏这些条约。倘若我们等待威胁完全成熟，那我们就错过了时机。”

他还补充道：“想实现美国民众的安全，就要求我们眼光放长远，要有坚定的决心。我们要时刻准备着，为捍卫我们的自由和生命而采取先发制人的行动。”

这种策略后来被称为“先发制人的战争”。学者和国际法律专家认为，这种叫法混淆了两种概念。“先发制人的战争”是指敌人即将要攻击你时，你首先发起进攻，代表案例就是 1967 年以色列所发动的“六日战争”；但布什所讲的是“预防性战争”，是指一个国家在没有遭遇紧急危险的情况下主动发起攻击。政府的一些官员后来争论说，伊拉克战争不符合上述两种情况，因为这次战争是始于 1991 年的中东战争的延续，它只是由于各方达成了停火协议而暂时停止了，而伊拉克却一直违反该停火协议。不管哪种说法，布什都对咬文嚼字不感兴趣。国家安全委员会高级官员史蒂夫·拜根说：“他不会让自己陷入律法和神学的辩论中，最后，他扔下一句话，‘当我们的国家正面临恐怖主义和大规模杀伤性武器威胁的时候，我们不能坐视不管。我们不能容忍这样的情况发生’。”

部门间的地盘争夺战

以上都是进攻措施。在国土防御方面，为了更好地防止恐怖袭击，布什决定重组政府。对布什来说，这是一项逆转性的工作。好几个月以来，一些像参议员约瑟夫·利伯曼这样的民主党人一直在提议建立一个新的内阁部门，其主要职责是负责国土安全事务，但白宫却出人意料地反对这项提议，因为它认为这样的部门会造成机构臃肿，是官僚主义的体现。当外界压力不断加大时，布什觉得国会可能将同意成立一个没有他参与的新部门，出于战略考虑，他妥协了。“最终，他们不得不屈服了，因为这是一项顺应民心的措施。”利伯曼后来说道。

布什下定决心后，他的顾问们就得想办法完成自冷战初期制订《国家安全法案》以来，美国政府最大规模的一次官僚机构重组任务。布什认为，如果他事必躬亲，各个部门的工作进展就会更加缓慢，而且官员不作为的理由也就更多；只有忽略没完没了的跨部门沟通，才是完成这种复杂任务的唯一办法。安迪·卡德悄悄地找来 5 位幕僚成员，让他们发誓保密，然后把他们送到切尼处置“9·11”事件的紧急掩体中，在那里起草重组计划。

这 5 名成员包括：布鲁斯·洛勒少将、理查德·福肯瑞斯、乔·卡普兰、布拉德·贝伦森和马克·艾弗森。他们的绰号是“五人帮”，或简称“G－5”。他们每周要碰几次面，并且只有少数几位高级官员能在保密状态下参加他们的会议，这些官员包括卡德、赖斯、汤姆·里奇、米奇·丹尼尔斯以及“滑板车”利比。他们在白板上写出各机构和部门，然后把其中一部分划掉，合并成单一且庞大的国土安全部。

这个过程大多数时候是随意、无计划性的。被取消的部门包括联邦航空署、边境巡逻队、海关总署、缉毒署、海岸护卫队、移民归化局以及特工处。此外，在布什的忠诚助手乔·阿尔博领导下的联邦应急管理署也被并入国土安全部。还有人提议取消中情局，但在政治层面，这显然是一个不切实际的想法。同样的，卡德还建议把国民警卫队从国防部中取消掉，这也被证明是不可行的。其他新加进国土安全部的机构，由于其人员太年轻，根本不知道要做什么。“五人帮”还将劳伦斯·利弗莫尔国家实验室也并入新成立的国土安全部，却根本没有意识到这是一个致力于核武器研发的实验室。

组建国土安全部的消息开始走漏出去了。当阿尔博听说联邦应急管理署可能要被并入新部门时，他打电话给卡德说这是一个错误的决定，因为应急管理署需要与白宫保持直接沟通。

卡德告诉他，现在讨论这个问题为时已晚。他说：“这件事得到了上头的大力支持，我认为这已经是大势所趋。”

阿尔博怒不可遏，他决定，一旦他的部门被吞并，他就立马辞职。

在走漏风声之后，布什才将这次彻底重组的事情告知内阁，从而引发了那些被重组部门的地盘争夺战。威斯康星州前任州长、现担任卫生与公众服务部部长的汤米·汤普森想保住国家灾难医疗系统和国家药品储备；能源部长斯宾塞·亚伯拉罕和他的团队向布什解释了利弗莫尔实验室的真正职能，从而阻止了实验室被并入国土安全部。

拉姆斯菲尔德一直不知道要成立新部门的事情，直到布什宣布这个决定的前一天晚上，卡德才打电话告诉他这个消息。他记得卡德是这样对他说的：“总统明天要宣布这个消息，我们要撤掉五角大楼里 4 ~ 6 个部门。我先给你提个醒。”

由于利比一直与“五人帮”共事，所以切尼早就知道了这个计划。他对于为了解决某个问题而成立一个庞大的政府机构持保留意见，但是，他意识到布什非常热衷于这个项目，因此没有提出反对意见。6 月 6 日，布什宣布成立国土安全部的计划，于是真正的地盘争夺战开始了。

改变中东政治游戏的格局

当夏天来临，切尼对布什的另一项重大计划不再保持沉默。此时，伯利恒正被坦克大军包围着，布什觉得是时候为中东问题制订一个更广泛的策略了。但是，切尼担心布什这样做会削弱以色列的实力，使巴勒斯坦受益。

布什这项新计划的主旨，就是要彻底地改变中东政治游戏的格局。他打算向以色列要求巴勒斯坦建国。这种向长期以来受压迫的巴勒斯坦人民明确承诺领土主权的做法，比当年克林顿斡旋中东和谈时来得更爽快。但与此同时，布什还打算要求巴勒斯坦人推翻他们的长期领导人亚瑟尔·阿拉法特。

很久以前，布什就认定阿拉法特是个骗子。受克林顿与阿拉法特打交道的经验影响，布什就任总统后，对阿拉法特仍旧满腹狐疑。有一次他参加联合国大会，一名中间人走上前来，建议他和阿拉法特握手。布什怒斥那个人："告诉他，让他握自己的手吧！"后来又发生了另外一起事件，更加深了布什对阿拉法特的猜忌。在一次突击检查中，以色列的突击队员在一艘锈迹斑斑的蓝色货轮上发现 50 吨火箭弹、反坦克榴弹以及其他爆炸物。这艘代号为"卡里纳 A"货轮当时正从伊朗驶向巴勒斯坦。在卸任后，布什回忆道："我不得不开始想，我以后不会与阿拉法特打交道，他骗了克林顿，他不但是个骗子，还盗窃钱财。虽然他获得了诺贝尔和平奖，但却无法给人们带来和平。"

布什的构想在白宫内部引起了激烈的讨论。切尼赞成让巴勒斯坦抛弃阿拉法特的设想，但他认为，呼吁巴勒斯坦建国的做法，将会疏远美国和以色列之间的关系。丹·巴特利特回忆道："他坚决反对巴勒斯坦建国这一提议，并对此深感失望。"鲍威尔的担心则来自另外一方面：虽然温和派的阿拉伯领导人已经意识到阿拉法特要为某些事情承担责任，但他们仍然认为阿拉法特是巴勒斯坦人最信赖的声音；因此，除掉阿拉法特，就会让这些阿拉伯国家领导人疏远美国。但是，布什坚信，只要巴勒斯坦找到一位与以往恐怖主义毫无瓜葛的新领导人，巴勒斯坦建国就指日可待，并且可以让巴勒斯坦人摆脱阿拉法特的影响。他还认为，巴勒斯坦人民被他们的领导人和阿拉伯国家背叛了，并向他们表示同情。在一次会议上，布什说："有谁能为巴勒斯坦人民考虑一下吗？"

为这项计划起草演讲稿是一件折磨人的事情。草稿改动了30次。但即使这样，布什还是心存顾虑。某天，他与赖斯、凯伦·休斯和迈克尔·格尔森坐在一起讨论这个问题。

"在这个会议室里，在你们三个人当中，"他说道，"有几个人认为我应该发表这个演讲？"赖斯、休斯、格尔森全部举手赞成，布什也举起了手。

所有的争论，在演讲发表前的那个周末达成了一致，而布什也在他的演讲稿中加入了对阿拉法特的评价。在6月24日那个阳光明媚的早上，布什走进玫瑰园，花了17分钟时间重新定义了美国的中东政策。身边站着赖斯、鲍威尔和拉姆斯菲尔德，他说："我呼吁巴勒斯坦人民推选新的领导人，那些不向恐怖主义妥协的领导人，我呼吁他们建立一种基于宽容和自由的真正的民主。"他接着说道："当巴勒斯坦人民拥有新领导人、新政府机构，并与他们的邻国建立起新的安全机制的时候，美国将支持他们建立一个巴勒斯坦国。这个国家的边界和某些方面的主权只是临时的，直到中东问题得到最终解决。"

对于国务院的外交官而言，外交的警铃响起来了。他们认为，推翻阿拉法特的言论所造成的伤害将是巨大的，他们开始筹划如何弥补这种伤害。布什的这番演讲在他自己家里也引起了巨大争议。

后来，布什的母亲对他说："我们的第一位'犹太教总统'现在感觉如何？"从母亲尖酸的语气里，布什认为母亲不赞成他的想法，而且"这意味着老爹以前可能也被这样揶揄过"。

在中东问题上，老布什对相关各国总能保持一视同仁。如果非要说他有所偏倚的话，那就是他与阿拉伯国家领导人的关系更亲密一些，并且在离开白宫后的岁月里，也与他们保持着良好的关系。但布什却是朝另外一个完全不同的方向发展，他对阿拉法特本能地怀有厌恶感，并且对身为恐怖主义受害者的以色列人也本能地怀有同情。

和美国国务院一样，欧洲的盟友也对布什的这番演讲感到不快。多年以后，布什评论道："即使在盟友的眼里，我也成了'头号公敌'，可能有人问我：'你这样做的目的是什么？'我会回答他说：'因为我不想和一个道德败坏的小偷打交道。他根本不关心自己的人民，对中东和平进程也不承担任何义务。除非他们选出一位尊重人权、能与我们一起实现和平的合法领导人，否则一切免谈。'”

很多人认为，反美恐怖主义源于中东国家对美国的反感，而巴以冲突是造成这种反感的关键因素，所以，解决巴以冲突，是化解反美恐怖主义的重中之重。但切尼并不这么看，他说：“你总不能坐等以色列和巴勒斯坦找到某种解决方案，然后才决定是否主动发起反恐战争。”切尼的注意力仍然集中在伊拉克身上，虽然他对布什的玫瑰园演讲没有提出异议，但他仍敦促布什轰炸伊拉克北部的一处疑似恐怖分子营地。

中情局得到消息称，一个逊尼派极端组织在运作一个化学武器实验室，该实验室的地点临近库尔德族聚居的库马尔镇，地处伊拉克东北部偏僻的扎格罗斯山脉。中情局分析人员认为，曾在阿富汗运作“基地”组织训练营的一名约旦籍极端分子阿布·穆萨布·扎卡维在美国主导的一次突袭行动中受伤后，已经逃到了库马尔镇避难，并与上述的极端组织会师。该处营地据信已经收容了许多疑似恐怖分子。中情局官员告诉布什，恐怖分子的实验室正在研制蓖麻毒素和氰化物，他们不但在动物身上做过试验，而且还在其中一名同伙身上试用这些药物，结果在众人注视下，这名同伙以极其恐怖的方式中毒身亡。在给白宫的一份简报中，中情局推断“扎卡维一直在幕后操控着不明化学原料的走私活动，把这些原料从伊拉克北部偷运到美国”。

6 月底，参联会制订了一份袭击库马尔实验室的计划，并呈交给了白宫。联席会议所有人一致建议在 7 月 4 日展开陆空协同作战行动。首先利用对空火网摧毁营地，然后由直升机搭载特种部队从土耳其进入该地区，对袭击中的生还者进行攻击或抓捕，并全面搜查该营地，寻找有用的情报资料和大规模杀伤性武器的证据。这项任务可不简单，目标位于高海拔山脊地区，而且还可能遭遇沙尘暴，这些因素都会使地面行动复杂化。军方作战计划者认为，该行动计划“可行，但有难度”。白宫对此展开了前所未有的激烈争论。切尼和拉姆斯菲尔德大力支持袭击行动，其理由是这样的行动正体现了新“布什主义”的精神。理查德·迈尔斯对布什说，参联会赞成这项计划。

但鲍威尔提出了反对意见。他认为，目前并没有确凿证据证明萨达姆故意将扎卡维藏匿在库尔德地区，因为该地区实际上是不受巴格达管辖的自治区。这种有限的打击很容易升级为一场战争，而这将是一场布什此前没有决定要发起的战争，而且就算要这场战争，美军也要花数月时间进行备战。此外，鲍威尔坚称，美国正在联合其他国家来孤立萨达姆，如果匆忙发起武装袭击，会破坏一直以来的努力。况且，如果情报出错了怎么办？土耳其人对美国人使用他们的领土会怎么想？如果袭击行动造成平民伤亡怎么办？这个计划不禁让人回忆起 1998 年克林顿政府收到的一份情报，称苏丹的一处制药厂是与本·拉登有关联的化学武器制造基地；虽然这份情报疑点重重，但克林顿还是对制药厂实施了导弹袭击行动，结果证明这是一次误杀事件。前车之鉴，令人反思。

随后，大家又对在 6 月展开军事行动的可能性进行了激烈的辩论。讨论结束后，赖斯跟随布什回到椭圆形办公室，并对他说，她赞成鲍威尔的意见。

布什告诉赖斯，他也有着同样的担忧，也并没做好发起战争的准备。要打击库马尔实验室，可能还要等待一段时间。

新“布什主义”

虽然后来有人指责布什仓促发起战争，但在此时，他还是想花点时间逐步实施针对萨达姆的外交策略。切尼则认为布什的做法欠妥，因为“布什主义”的含义在于：无论在哪里发现恐怖分子，都要立即将其消灭。这种优柔寡断的做法，无疑削弱了其内涵。

外界一直在取笑或暗讽切尼是“王座背后的神秘人物”，不过，在 6 月 29 日，他确实一度坐上了头把交椅。

随着布什的 56 岁生日即将到来，他同意接受一次常规的结肠镜检查手术，但手术要对身体进行麻醉，这将让他短暂地失去行为能力。为了在战争期间“极其谨慎”，布什决定按美国宪法第二十五条修正案的要求，将总统权力暂时移交给切尼。

这种做法几乎没有先例，因为宪法第二十五条修正案是在 1967 年通过的，上一次总统暂时将权力移交给副总统的案例出现在 1985 年。当时，里根要接受肠道手术，布什的父亲就暂代总统之职，但即使在里根签署权力移交授权书时，他并不认为这是按美国宪法第二十五条修正案在移交。布什在把权力交给切尼时，并没有宪法方面的疑虑。布什诙谐地对记者们说："他已经做好准备了，他将意识到，他当不了多久总统的。"

在戴维营桉树屋的客厅里，布什坐在一张沙发上，向排在切尼之后的两位顺位继承者众议院议长丹尼斯·哈斯泰特和参议院临时议长罗伯特·伯德签发了内容相同的确认函，通知他们："在手术和复原期间，我将把美国宪法赋予我的权力和职责暂时移交给副总统。"白宫法律顾问艾伯特·冈萨雷斯乘坐高尔夫球车把这两封信送到了戴维营的通讯中心柳树屋，并在早上 7 点 09 分的时候把信件传真了出去。

随后，白宫内科医生、空军上校理查德·J. 塔布对布什进行了手术。手术在上午 7 点 29 分结束，没有发现任何息肉。布什在上午 7 点 31 分苏醒，不久后就能起床了，他吃了一个华夫饼，然后和自己的爱犬玩耍。随后，他再次给哈斯泰特和伯德各签署了一封确认函，表示"立即收回此前移交的权力和职责"，并让人在上午 9 点 24 分把信件传真给收件人。切尼当了 2 小时 15 分钟的代理总统，在这段时间内，他基本上在白宫主持国家安全会议。在公开资料中，他没有进行其他活动。

在布什新交的朋友里面，布莱尔似乎是最知心的一位了。当布什筹划进攻伊拉克时，布莱尔举双手赞成。事实上，如果说布什没有在华盛顿找到他的"鲍勃·布洛克"，那么在伦敦的布莱尔足以充当这一角色。凯伦·休斯说："一位是自由派的工党领袖托尼·布莱尔，另一位则是来自得克萨斯州的保守派共和党人乔治·布什，他们对伊拉克的威胁有着相同的看法。"

在那个夏天，布莱尔的团队觉察到布什已经下定决心了。7 月 23 日的一份备忘录显示，英国情报机构负责人在向布莱尔及其团队汇报时说道："看得出来，布什的态度已经发生转变，现在看来，军事行动已经在所难免。布什想借资助恐怖主义和发展大规模杀伤性武器之名，通过军事行动除掉萨达姆。但是情报和事实都是为政策服务的，美国国家安全委员会没有耐心去执行联合国的和平路线，也不热衷于印发关于伊拉克政权以往劣迹的宣传材料。华盛顿甚至几乎没有讨论过采取军事行动的后果。"

该备忘录还总结了外交部长的一份报告："虽然具体时间还没有确定，但布什显然已经决定要采取军事行动了。然而，美国对伊拉克的指控缺乏说服力，因为萨达姆并没有威胁到邻国，而且他所拥有的大规模杀伤性武器远不如利比亚或伊朗。”布什后来否认了这一说法。但事实上，在这年春夏两季召开的关于伊拉克问题的所有会议上，讨论的话题都集中在如何打击伊拉克，包括该向伊拉克的什么地方派遣部队、谁来指挥这些部队以及战争将持续多久等。在切尼主导议题的情况下，与会者几乎没有对“是否应攻打伊拉克”和“军事行动的后果是什么”进行过探讨。

国务院政策规划主任理查德·哈斯曾向赖斯表达过担忧，他担心美伊战争将成为本届政府外交政策的主导。赖斯为了打消他的顾虑，对他说总统已经下定了决心。哈斯从赖斯的话中领悟到：虽然军事行动还要过几个月才开始，但“在政治上和心理上，布什都已经做好破釜沉舟的准备了”。对布什的伊拉克政策持怀疑态度的人后来回忆：“当时，他们都极力鼓吹军事行动的必要性。”的确，英国人说的没错。对朝鲜问题，布什决定通过与朝鲜及其邻国进行多方谈判来解决，也就是后来众所周知的“六方会谈”；而在伊拉克问题上，他根本不想进行任何谈判。

鲍威尔想与布什面对面地讨论这个问题。他对赖斯说：“我真的要见总统，我要在没有那些好战分子在场的情况下与他见面。”

他们见面的时间定在了8月5日。此前，鲍威尔刚从亚洲出差回国。在飞越太平洋的长途航班上，他在便签纸上匆匆写下了会谈的要点。

在会谈当天下午4点30分，布什、切尼、鲍威尔以及国家安全顾问团队的剩余成员收到了来自汤米·弗兰克斯发来的关于伊拉克的一则最新消息。拉姆斯菲尔德坚持要求在场人员不得做笔记，并在会后收回讲义。弗兰克斯正在筹划采用机械化的方式攻打伊拉克。在这种方式中，投入的部队人员数量将远远少于10年前的海湾战争，取而代之的是进攻快速的现代化军队和更加先进的科技装备。

随后，讨论的主题转向了战后规划问题。切尼后来回忆说，布什看着乔治·特内特，问他伊拉克人对美国入侵将作何反应，按照切尼的说法，特内特当时的回答是：“萨达姆被推翻的话，大部分伊拉克人都会欢欣鼓舞。”这话与切尼后来在公开场合的说法几乎一模一样，这一预言也成为切尼傲慢自大的标志。离任后，切尼把这句话收入回忆录中，以此表明他的预言并非毫无根据，或至少以此分散人们对他的指责。

会议结束后，布什带鲍威尔到白宫的住所吃晚餐，然后邀请他到二楼的条约厅单独面谈。在过去，条约厅曾被用作内阁会议室，结束美西战争的合约文件也是在这里签署的；现在这里被改造成了总统的私人书房。劳拉在房间里摆放了美国第 18 任总统尤利西斯·辛普森·格兰特时期的家具，以便布什把这里用作家庭办公室。

鲍威尔把他写在便签纸上的内容逐条念给布什听，包括入侵伊拉克的后果、对国际团结的影响、原油价格飙升的可能性以及可能扰乱沙特阿拉伯和中东地区其他盟国的政局等等。这一切都会让布什在任期内疲于招架，最重要的是，这意味着布什要为一个支离破碎的国家负责、为 200 万名流离失所的伊拉克人民以及他们对未来的憧憬和向往负责。

“如果你入侵了这个国家，你就得为它负责，”鲍威尔对布什说，“攻进巴格达不成问题；真正的问题是攻入巴格达后会发生什么事情。这不是一件简单的事。”

布什问鲍威尔，他该怎么做。

“我们应该把问题交给联合国解决，”鲍威尔说，“伊拉克违反了多项联合国决议，从法律上讲，联合国才是权利受到侵害的一方。”

“就算联合国无法解决这个问题，”鲍威尔补充道，“最终要诉诸战争的话，把问题提交联合国的做法，也能让你得到更多盟友的帮助。”

但鲍威尔也提到了伊拉克屈服的可能性。在这种情况下，即使这意味着萨达姆将继续掌权，布什也不得不接受现实。

鲍威尔的深入分析给布什留下了深刻的印象，布什表示自己愿意就这一话题进行公开讨论。后来，布什回忆道：“科林表现出来的激动，比我在任何一次国家安全会议上看到的都要强烈。”

8 月 15 日，即与鲍威尔共进晚餐 10 天后，布什在农场里随意翻阅着报夹，偶然间看到了他父亲的密友、前国家安全顾问布伦特·斯考克罗夫特在《华尔街日报》上发表的一篇评论文章，文章的标题是《不要攻打萨达姆》。

这篇专栏文章指出，伊拉克战争将分散人们对反恐战争的关注。“美国肯定能打败伊拉克军队，并推翻萨达姆政权，但这不是一件轻而易举的事情。相反，战争的代价无疑将是巨大的，美国经济和全球经济都要为此承担严重的后果；而且，这场战争将会非常血腥。”文章还指出，入侵伊拉克“将破坏该地区阿拉伯国家政权的稳定性”，并意味着美国要“实施大规模、长时间的军事占领”。

布什大发雷霆，他知道这篇文章将被视为来自他父亲的信息，或者至少被视为他父亲的核心集团对入侵伊拉克这个决定持批判态度。丹·巴特利特回忆道:"他彻底被激怒了,并且让周围的所有人都知道他的愤怒,包括赖斯。虽然他知道那不是赖斯的错,但还是严厉责骂了她。"作为斯考克罗夫特的门生,赖斯对他发表这样的言论也感到猝不及防。她对布什说,斯考克罗夫特在这种事情上相对谨慎,但她会打电话向他了解情况。随后,布什也给父亲打电话询问此事。老布什想让他冷静下来,对他说:"儿子,布伦特是我们的朋友。"切尼也看了这篇文章,他认为斯考克罗夫特的思想抱残守缺,他的言论显示出"他仍停留在'9·11'事件之前的思维模式"。

赖斯给斯考克罗夫特打了电话,责怪他在没有预先和她商量的情况下,擅自向公众发表言论。她记得自己是这样对他说的:"布伦特,你知道吗?我多希望你在发表那篇文章之前,能够来我这里坐坐,跟我说说你的想法。"斯考克罗夫特回复说,他从来没想过要批评总统,他只是"觉得这篇文章有助于给狂热的开战言论降降温"。这次谈话不欢而散,正如斯考克罗夫特后来所说:"我有种被训斥的感觉。"但事实上,斯考克罗夫特觉得自己被排除在新政府之外,白宫是不会听取他意见的,所以把自己的想法诉诸一家国家级的新闻报纸。那篇文章的标题是报社的一位编辑写的,可能比他想象的要更直白一些,但他并没有提出异议。他认为,伊拉克战争的出发点是错误的,美国忽略了存在于该地区的一个更根本的问题,即一直悬而未决的巴以冲突问题。有人认为,老布什政府在1991年没有铲除萨达姆,是最大的失策。斯考克罗夫特对这种看法感到很愤怒。他说:"所有的新保守主义者都在叫嚷,'完成我们的使命',事实上,说这话的正是总统本人。"虽然斯考克罗夫特否认自己是在老布什的指使下写这篇文章的,但很多人不相信他的说法。与布什家族关系甚笃的一位人士说道:"没经过老布什的同意,斯考克罗夫特不可能在《华尔街日报》上发表这篇文章。"

第二天,即8月16日,鲍威尔开始向国家安全委员会宣贯联合国路线,布什在自己的农场里通过视频参加会议,切尼则在怀俄明的家中连线视频。切尼知道,布什已经决定支持鲍威尔了,但他私下里非常蔑视联合国,认为它只不是一个软弱无能的辩论协会,早就被萨达姆之流给带坏了,根本没有自己的立场。旷日持久的外交攻势只能给萨达姆充足的时间扩大其武器库、找到藏匿大规模杀伤性武器的办法,甚至于对美国本土或美国在海外的利益发起攻击,这是最糟糕不过的情形。

切尼曾思考过“9·11”事件的意义，而且还读过由维克托·戴维斯·汉森编写的最新散文集《秋天之战》(*An Autumn of War*)。这本书给他留下了极其深刻的印象，因此他邀请汉森参观白宫。切尼对于古典主义悲观论特别感兴趣，从索福克勒斯到美国西部的悲观主义，他都有所涉猎。这种世界观认为，世界上不存在好与坏的选择，只有坏与更坏的选择。对切尼而言，除掉萨达姆虽然是一个坏的选择，但让他继续掌权则是更坏的选择。他丝毫不怀疑萨达姆拥有大规模杀伤性武器。他仍记得在海湾战争前，美国对伊拉克的情报评估错得离谱。当时他坐在国防部办公室里，听情报分析专家告诉他说，伊拉克至少还要花 5 至 10 年时间才能发展出核武器；而在海湾战争结束后，他们才发现这一时间实际上更短，甚至可能只需要一年时间。从这件事情上，他得到了一个深刻的教训：如果说情报评估有什么作用的话，那就是它们一般会低估威胁，而不是重视威胁。

不过，切尼从朋友圈听说，斯考克罗夫特的观念在民众当中已经开始占上风，白宫最好向民众解释为何要紧盯伊拉克不放。8 月 18 日，切尼接到了共和党领袖、参议员特伦特·洛特的电话。

“迪克，我觉得你可能遇到一个大麻烦了，那就是公众对于可能发生的伊拉克战争所持有的看法，”洛特对他说，“我们还没有向民众解释这样做的原因。”

“别担心，”切尼回答他说，“我们会处理好这个问题的，要耐心点。”

在切尼还没处理这个问题之前，他的另一位老朋友又开始发表言论了。8 月 25 日，布什和切尼在翻阅《纽约时报》的时候，看到了前任国务卿詹姆斯·贝克自主发表的一篇倡议。贝克是切尼在 1970 年一手提拔起来的，他也是 2000 年大选重新计票的监督者，从而产生了现任政府。和斯考克罗夫特不同，贝克并不直接反对伊拉克战争，但他敦促布什向联合国寻求一项新的决议，要求伊拉克接受联合国的突击检查，并“授权使用所有的必要手段来执行该决议”，这里所说的必要手段，可能也包括使用武力。贝克继续写道：“虽然美国肯定能打败伊拉克，但我们应尽量不要单干，而总统也要回绝那些劝他单干的人所提出的建议。”贝克这里所说的“那些人”，指的正是切尼。

第二天，切尼开始履行他对洛特的承诺，向民众解释与伊拉克开战的原因。他委托别人写了一篇态度强硬的演讲稿，用于向海外作战退伍军人协会做演讲。与布什逐句审阅演讲词的风格不同，切尼对演讲稿的态度是要么全盘接受，要么全盘否定；如果确实需要修改，他会亲手把要修改的内容整段地写出来，并且字字清晰，没有任何错别字。这是他成为副总统以来最长的一篇演讲稿，他要确保没有差错。

在纳什维尔会议厅，切尼向退伍老兵们发表了演说，他省略了对伊拉克的任何警告："简而言之，萨达姆毫无疑问已经拥有了大规模杀伤性武器，毫无疑问，他正储存这些武器，用来对付我们的朋友、我们的盟国，还有我们自己。"他还断言萨达姆拥有的不仅仅是化学武器和生物武器，"我们现在知道，萨达姆已经重新开始尝试获取核武"。然后，他又补充道："我们当中许多人坚信，萨达姆将很快获得核武器。"

他继续说道，出于这个原因，根本没必要再让联合国核查员重返伊拉克。不过，这正是布什想做的事情。切尼说道："在这种背景下，我们要允许人们质疑让核查人员重返伊拉克的建议，这样我们才不用整天忧心忡忡。萨达姆欺骗了我们无数次，每次都能全身而退，他已经非常精于此道。在否认事实的背后，是一个又一个骗局，这套把戏他已经玩得相当娴熟。让核查人员重返伊拉克，并不能保证他会遵守联合国的任何决议；相反，这样做会极其危险，因为这会让人们误以为萨达姆又循规蹈矩了，从而放松警惕。"

当鲍威尔听说了这次演讲的内容时，顿时暴跳如雷，他马上拨通赖斯的电话，盘问道："康迪，有人事先审查过这次演讲内容吗？"赖斯回答时闪烁其词，鲍威尔于是认定演讲稿并没有提前审核过，他对赖斯说："在总统还没表态之前，他这样的言论简直就是在添乱！"

赖斯也承认切尼这次做得太过分了，她对鲍威尔说："我会处理好这件事的。"

正在克劳福德度假的布什也被这次演讲激怒了。阿里·弗莱舍后来回忆说："布什对此事非常不满，他很不开心。切尼所说的话不是布什想说的，那不是他的观点。"但是，布什并没有直接驳斥切尼，而是让赖斯出面摆平这件事情。

"打电话给迪克，告诉他我还没有做出决定。"布什对赖斯说。

赖斯回到州长官邸，这里是布什在农场里为她单独安排的住所。她拨通了切尼的电话。赖斯记得她是这样对切尼说的："你的演讲会被理解为跳过联合国单方面挑战萨达姆，总统非常担心这一点，这让总统无路可退。"

切尼表示，3 天后在圣安东尼奥市举行的朝鲜战争退役老兵纪念活动上，他还要发表一次演讲，但这次他会使用温和的言辞。他叫赖斯打电话给“滑板车”利比，让利比按她想要的效果组织语言，赖斯照做了。后来她说切尼在第二次演讲时的确是按稿发言。

但是，新的演讲词在外交路线方面只是稍微少了点轻蔑的口吻而已：“许多人建议说，要解决伊拉克问题，只需让核查人员返回伊拉克就可以了。但我们必须要牢记一点：核查本身并不是解决问题的最终目标，我们的最终目标是实现核裁军。”切尼补充道：“鉴于萨达姆此前曾多次阻挠核查，我们有理由担心他会故伎重演，抓紧能利用的时间运作资源，继续投入正在进行中的生化武器项目，并获取核武器的拥有权。”对于这篇修改过的演讲词，鲍威尔也没有多少好感可言。

与此同时，由于这篇演讲稿没有经过白宫撰稿人团队的审阅，乔治·特内特也深感失望。他认为里面的一些言论“大大超出了我们的审阅范围”。但他并没有质疑切尼，因为他不想插手与决策相关的事情。可是，后来他后悔了。他说：“在我看来，副总统在海外作战退伍军人协会上的演讲太过火了。我本该私底下提醒他的，但我没有这样做。”

DAYSOFFIRE

|第12章|

兜售战争

布什集团如何才能令国会、民众、联合国与世界都支持他动用武力？想寻找道德制高点，关键在于证明伊拉克萨达姆政权的确拥有核武器及生化武器，且将危害美国安全。于是接下来的一系列证据都开始有意无意地向这个关键点倾斜。

打赢也是一种负担

“我们为什么要谈论伊拉克问题？这话题从何而来？”

凯伦·休斯坐在奥斯汀家中的餐桌旁，从电视上看到了副总统切尼的演讲。作为布什总统长久以来的红颜知己和缪斯女神，凯伦·休斯为了多陪伴家人，不久前辞去了白宫的职务，回到了得州老家。虽然身处核心政治圈外，她仍然是布什非常看重的一位顾问。休斯对刚才看到的一幕非常不满。

休斯虽然是一名政治专家，但她并不是战情室中持续数月的伊拉克问题审议会议的一员；当拉姆斯菲尔德和汤米·弗兰克斯按布什要求制订进攻伊拉克计划时，休斯也没有参与其中。因此，政府对伊拉克的高度关注完全出乎她的意料。在她看来，与伊拉克交战简直是一件不着边际的事情。她不像切尼，能从“9·11”事件中找出攻打伊拉克的理由，她认为布什似乎正被引向一场危险的冲突之中。

她给在华盛顿的布什打了个电话，表达了她的担忧：“发生了什么事情？为什么伊拉克问题突然变成了头等大事？”

布什告诉她，他要考虑多方面的因素，才能决定是否要打击萨达姆，而不仅仅是切尼所认为的萨达姆与恐怖分子有关联这一个因素。布什还说，如果她被战争的前景所困扰，那她可以和赖斯聚聚，让赖斯给她解释事情的来龙去脉。

休斯同意了，很快她就约了赖斯一起吃晚饭。赖斯知道休斯很关心布什，她得让这位来自得克萨斯的白宫前顾问消除疑虑。她向休斯逐一解释了政府之所以如此关注伊拉克问题的一系列原因：首先，美军战机在联合国禁飞区执行任务时，被伊拉克军队击落，在这个世界上，只有伊拉克敢这么做；其次，萨达姆曾有过一段欺凌邻国和用化学武器镇压本国人民的历史；第三，在海湾战争期间，美国情报机构发现萨达姆的核武器项目发展得比他们想象中要快得多。

赖斯说，鉴于"9·11"事件，美国不得不重新评估所有的恐怖威胁，也不会再纵容像萨达姆这样的危险人物。

赖斯提出的理由让休斯印象深刻，但却没有让她完全信服。如果布什真的要与伊拉克交恶，那么她想确保布什留有足够的回旋余地，而不会被迫卷入一场他不想要的战争中。

当旁人看着布什即将与萨达姆发生正面冲突时，他的许多得州老朋友都在为他担心。这些老朋友不仅包括凯伦·休斯，还有乔·奥尼尔。奥尼尔赞成布什在"9·11"事件后攻打阿富汗的做法，但却不支持入侵伊拉克。老朋友们都担心布什要攻打伊拉克是不得已而为之，但他们只是把疑问留在心中。奥尼尔后来回忆说："我不会去掺和这件事，那不是我的工作。"

美国劳动节过后，当总统和国会议员返回华盛顿上班时，与伊拉克开战的动力更足了。9 月 4 日，布什召集国会领导人开会，要求他们就对伊动武问题进行表决。部分与会者十分惊讶，因为他们之前以为白宫不想征求他们的意见。可是，现在总统相当于给他们下了个套，逼着他们两者选其一：是向萨达姆动武，还是要放过他？

布什对国会领导人说："萨达姆对于美国、伊拉克邻国以及伊拉克国内持不同政见者都是一个严重的威胁，我们不能再坐视不理，我希望国会能同意我们的计划。"他准备向联合国施加压力，让它也参与到对伊战争中。他继续说道："萨达姆无视联合国安理会，他故意躲避和阻挠联合国核查，根本没有诚意遵守安理会的决议。如果联合国想让自己发挥作用，他们就必须要采取措施。正是因为所有国家都任由萨达姆胡作非为，才让他变成现在这样的大恶魔。"

10 分钟后，他终于打开了局面。国会议员们问道，美国现在掌握了哪些新证据，能证明伊拉克拥有大规模杀伤性武器？美国是否要采取单边的军事行动？布什回答说，他手上掌握着大量的证据；在动武问题上，他想获得联合国的支持，但如果有必要的话，美国也可以采取单边行动。

“如果我们向美国人民说的都是实情，我就支持你，毕竟我们的军队要在伊拉克待上一段时间。”参议院外交关系委员会主席、民主党籍参议员约瑟夫·拜登说。

“你说的没错。”布什回应道。

“如果你能攻下伊拉克，又不用让军队驻扎在那里，”拜登补充道，“我们就给你颁发诺贝尔和平奖，我也支持你连任总统。”

“我也不知道这次行动对我有利还是有害。”布什开玩笑说。

但民主党的其他参议员却开心不起来。参议员汤姆·达施勒意识到，攻打伊拉克的时间表意味着国会要在大选前讨论开战问题。他想起卡尔·罗夫曾经说过，要让选民决定是否对伊动武，所以他怀疑布什这样做是出于政治企图。

甚至连一位共和党领导人也认为对伊开战是徒劳之举。众议院多数派领袖迪克·雅梅说：“如果入侵伊拉克，你会在两三周时间里就赢得战争，然后那地方就归你管了，你永远都没法从那儿脱身，伊拉克将成为你总统生涯的沉重负担，它将让你无暇顾及国内的事务。”

布什想打消雅梅的顾虑，问他：“等我们找个时间给你详细介绍过我们的计划后，你再提出批评意见好吗？”

雅梅同意了。

当天晚些时候，布什派拉姆斯菲尔德前往国会山，向参议院召开吹风会。参议院大约三分之二的人员出席了会议。但是，根据白宫一名助理的回忆，这次会议简直就是一场“灾难”，几乎“毁掉了总统在上午的会议中所表现出的善意和奠定的良好基础”。这名助理还在当晚的备忘录中指出：“我不时地想大笑，但又得极力忍住，尤其是当国防部长拉姆斯菲尔德表现得滑稽又讽刺的时候。”他指出，拉姆斯菲尔德甚至连最基本的情报也不愿意与在座的人分享，“可在这里，很多事情都要说清楚”。

冒烟的枪会变成蘑菇云

9月6日晚，布什、切尼和国家安全小组的其他成员在戴维营碰头，为第二天早上召开的一个会议做准备。会议的内容是关于布什即将对联合国发表演讲。差不多在一年前的这个时候，在戴维营召开的那次重大会议制订了阿富汗问题的方针路线。现在这个团队又回到了马里兰州的群山之中，准备筹划下一步行动。

虽然鲍威尔成功说服布什向联合国求助，但还有一个悬而未决的问题：布什是否应要求联合国出台新的决议？切尼想避免这种情况的发生，因为他认为，让一个官僚作风严重的机构来制订他所谓的“又一项毫无意义的决议”，无异于自废武功。在他看来，这种做法是错误的，只能给萨达姆争取更多的时间。国家安全小组成员刚在月桂屋的会议室落座，切尼就迫不及待地提出：联合国是不会让美国人当核查员的，他们只能被萨达姆玩弄于股掌之中，从而使局面更加复杂。鲍威尔则坚称，联合国决议是很有必要的，这样才能向世界表明美国在动用武力之前，愿意尽一切可能的手段解决问题；就算战争真的不可避免，他们也将处于一个更有利的位置，可以建立更广泛的国际联盟。此时此刻，布什还是没有下定决心，但他直接做出了结论：“伊拉克必须清除大规模杀伤性武器，否则我们就动武。”

数年后，包括拉姆斯菲尔德和乔治·特内特在内的一些战时内阁成员会说，国家安全小组从来没有在是否应该开战这个根本问题上进行过辩论，布什也从来没有直接询问过他的顾问是否应该攻打伊拉克。事实上，那天在戴维营讨论的大部分是战术问题。但是，很多人把这次会议视为转折点，也就是布什下定决心进攻伊拉克的关键时刻。丹·巴特利特说：“一言既出，驷马难追。每个人心里都非常清楚这一点。”尽管在场的每个人都多多少少带有保守主义思想，但是没有人会对“伊拉克值得一战”这个核心判断提出异议。切尼后来回忆道：“无论是这次会议还是我参加过的其他会议，在总统的顾问团队中，从来没有人反对使用武力推翻萨达姆政权，也没有人认为应该让萨达姆继续掌权，因为这样会带来相当大的风险和成本。”与切尼在许多事务上意见相左的赖斯，在这一点上倒是赞成切尼的看法：“我们在这方面没什么分歧，前路非常清晰。”

当天，为了说服美国寻求安理会决议，布莱尔首相专程从英国飞往华盛顿与布什会面。布什在与切尼、布莱尔共进晚餐时，终于定下了与联合国谈判的方法。布莱尔告诉布什和切尼，只有获得安理会的批准，他们才能更容易形成一个真正的国际同盟；如果只有英美两国联手攻打伊拉克，其所带来的后果堪忧。布莱尔的顾问阿拉斯泰尔·坎贝尔回忆说，切尼看起来“自始至终都带着一种敌对情绪”。布莱尔的团队成员惊讶地发现，副总统切尼居然能参加所有的会议，甚至连仅限于最高首脑参加的会议，他也能出席，这让英国人终于清楚地认识到“切尼在布什政府中的影响力”。

在当天的晚餐会上，双方首脑的助理都在场，坎贝尔对布什说，他们需要弄清楚为什么世界上有些国家会憎恨美国；他说，大部分国家都是因为嫉妒，但也有一些国家是因为害怕美国的势力太强；对这些国家而言，华盛顿在政治上的花言巧语并不管用。

“你的意思是我们不应向别的国家宣扬民主吗？”切尼厉声问道。

坎贝尔反驳说，如果这种民主让人产生一种“美国化”的印象，就不值得宣扬。

布什同意向联合国安理会寻求伊拉克问题决议。布莱尔回忆说：“我认为，如果我们背后有盟友支持的话，事情会好办得多。他也最终接受了这个观点。”但在布什看来，这个观点只是原因之一，最主要的原因还是布莱尔本人，因为他的团队给布什留下了深刻的印象。“你们的人很有勇气！”布什对坎贝尔说道。在距离到达华盛顿刚好 6 个小时后，布莱尔就要启程回国了，临别之际，布什开玩笑说：“我想，你现在可以回去对英国人民炫耀说，托尼飞了一趟美国，把那个狂热的单边主义者从危险的边缘给拽回来了！”

不过，布什和切尼还是准备把这件事公之于众。安迪·卡德给《纽约时报》的一名记者写了篇文章，告诉他说，白宫一直在等待合适的时间宣布这个消息，因为“从市场营销的角度来讲，新产品一般在 8 月份推出”，而现在已经是 9 月，正是发布新品的好时机。这篇文章在布莱尔访问白宫当天被刊登出来。《时代》周刊的记者也致电白宫官员，询问情报机构知道哪些与萨达姆拥有大规模杀伤性武器有关的信息。白宫官员给他们透露了其中一条令人震惊的情报结论，该结论是从上报给布什和切尼的报告中提取的。9 月 8 日，《时代》周刊及时报道了这则消息，称伊拉克已经购买了可用于浓缩铀离心机的铝管，该报道还引用了白宫官员的一句话，即“冒烟的枪可能会变成蘑菇云”。这句充满睿智的话最初是由迈克尔·格尔森想出来的。

同一天，切尼和赖斯分别上了两个周日谈话秀节目，他们都引述了同一件事，让人感觉好像他们不约而同地确认了这个消息。切尼接受的是 NBC《与媒体见面》节目的采访，他在节目中说道：“今天早上，我看到《纽约时报》

讲述了一个故事，实际上，这事已经众所周知了。这种铝管是组装离心机时必不可少的部件。萨达姆一直想方设法通过特殊渠道获取这些铝管，而我们也一直尽力拦截和阻止他得到它们。”主持人问他，萨达姆是否已经拥有了核弹，他给出了一个不确定的回答：“我只能说，我确信他正在尽一切努力来获取核力量。”赖斯接受了 CNN 拉丁语频道的采访，在谈话过程中，她甚至引用了《时代》周刊那位未透露姓名的官员的话说道：“我们不想让冒烟的枪变成蘑菇云。”

9 月 11 日，在恐怖袭击一周年之际，切尼驱车前往五角大楼，和拉姆斯菲尔德一起向 36 位参议员介绍伊拉克大规模杀伤性武器的情况，和他们一起发言的还有乔治·特内特。他们的讲话相当具有鼓动性，一些参议员在会后离场时，认为入侵伊拉克已成定局。会后，参议员麦克斯·克里兰在自己的笔记中写道：“很明显，拉姆斯菲尔德和切尼已经准备好开战了，他们已经做出了动武的决定。对他们而言，这是唯一的选择。”

除了复仇，还有什么动机？

第二天，布什飞往纽约参加联合国大会。恐怖袭击让全世界团结了起来，而在恐怖袭击发生一周年后，他在一个不同以往的时刻，以完全不同的面貌出现在各国代表面前。由于为国家安全操心，并且急于打击敌人，他比一年前已经瘦了 15 磅。随着体重而去的，是他刚就任总统时的某种单纯之心。

在来开会之前，演讲稿还一直没有定稿，因为切尼和鲍威尔在争论是否以明确的态度要求联合国出台一项新的决议。直到出发前一刻，稿件才最终定了下来。走上联大演讲台时，布什看到面前一大堆陌生的面孔，他们当中许多人耳朵上戴着笨重的白色同传装置，这个装置将把他的话翻译成几十种语言。这些人都专心致志地等待他发言。布什先定了一下神，然后用半游说、半演讲的方式开始了他的讲话。他先以好消息作为开场白，宣布美国将重新加入联合国教科文组织（简称 UNESCO）。多年前，由于抱怨教科文组织腐败，美国宣布退出了该组织。各代表团对美国政府的这个决定鼓掌表示同意，这是他们在整个演讲过程中唯一一次中断鼓掌。

“我们最大的担忧在于，”布什接着发言，“恐怖分子将找到一种能实现他们疯狂野心的捷径，因为有一个为非作歹的政权能给他们提供大规模屠杀平民的技术。在某个地方的某个政权身上，我们发现这些危险以最致命和富有侵略性的形态出现，这种咄咄逼人的威胁正是美国注定要面对的。”他还阐述了伊拉克不遵守联合国决议的行为，想激起联合国对巴格达的不满。“我们都知道，即使在联合国核查员还在伊拉克执行任务的时候，萨达姆都敢购买大规模杀伤性武器，我们还能奢望他在核查人员离开后停止购买武器吗？从历史、逻辑和事实来看，我们只能得出一个结论：萨达姆政权是一个正在向我们迫近的严重威胁。”

很快，他带出了自己的观点。“我国将与联合国安理会通力合作，以迎接我们共同的挑战，如果伊拉克政权敢再次公然藐视我们，所有国家都必须从容不迫地坚决行动起来，让伊拉克付出应有的代价。”

坐在听众席上的鲍威尔和赖斯意识到布什遗漏了最关键的一句话，即寻求联合国的决议。由于此前演讲稿经过多次来回修改，工作人员误将不是最终版本的演讲稿输入了提词器。经过那么多的准备工作、那么多的争论，难道就因为后勤人员的一次失误，而导致他遗漏掉这个关键点吗？

正当鲍威尔和赖斯感到不安的时候，布什也意识到了这个问题，于是他临时插入了这句话：“我们将与联合国安理会共同出台一些必要的决议。”

顾问们听到这话，终于松了一口气。但是有点不对劲，他刚才说的是“一些决议”？难不成要让他们反复地跟安理会确认这件事情吗？这将是一件麻烦事。

不过，关键的还是后面两句话。“安理会的决议要得到执行，也就是说，伊拉克应满足安理会实现和平与安全的正当要求，否则军事行动将不可避免。”布什接上了提词器的内容，“一个失去合法性的政权，也必将失去其手中的权力。”这两句话其实是以最后通牒的形式向萨达姆宣战，其潜台词就是：你必须服从这些要求，否则我们的军队就会推翻你的政府。在全世界最公开的会场上，这位美国总统用最直白的方式表明了即将到来的最后决战。

演讲共持续了25分钟。布什圆满完成任务后，看着台下的听众，他知道自己并没有赢得各国的支持。他后来评论道：“感觉就像是对蜡像馆里的蜡像说话，他们根本无动于衷。”

9月16日，当布什在报纸上看到劳伦斯·林赛发表的言论时，他就知道对伊动武的方案被拖后腿了。林赛是布什的高级经济顾问，他在接受《华尔街日报》采访时称，伊拉克战争将耗资 1 000 亿～ 2 000 亿美元。实际上，这个数字只是林赛信手拈来而已，并没有经过正式的估算。其实林赛那番话的原意是，战争支出不会对美国经济造成太大影响；如果能使美国在将来免受恐怖袭击，就算战争支出占国内生产总值的 1% ～ 2%，那也是值得的，而这一比例刚好是 1 000 亿～ 2 000 亿美元的规模。当年，海湾战争支出占国内生产总值的 1%，越南战争则在 1.5% ～ 2%。

但是，从绝对数值来看，这一数字比其他政府官员的预测要大得多。林赛也意识到，同事们对他口无遮拦感到愤怒，他后来总结道："在那个时候，关于伊拉克的信息保密是很严格的，与战场上的无线电静默没什么区别。"后来布什见到林赛时，用挖苦的口吻问他："林赛，我还没开始算战争支出呢，你就已经估算好了？"白宫想在公开场合彻底推翻林赛的观点，让白宫财政预算主任米奇·丹尼尔斯对外宣称林赛估算的数字"很可能过高了"。

在寻求国会支持时，这个问题困扰着布什。9 月 19 日，他在白宫与 20 多位来自民主党和共和党的众议员举行闭门会议。加州的民主党众议员霍华德·伯曼问布什，萨达姆垮台后，丹尼尔斯是否愿意出钱给伊拉克进行战后重建。

"记住我的话：是的，该花的钱，我们都愿意花。"布什回复他。

另外几名议员要求布什在演讲词中强调伊拉克的威胁。

"我当然会这么做，"布什说，"当初他还想杀我父亲呢。"

从这些闲聊中可以看出，攻打伊拉克的背后，布什有着复杂的动机。当然，除了复仇，他还有更大的目的。第二天，白宫在布什"先发制人"为主题的西点军校演讲的基础上，制订并发布了新的国家安全战略。该战略提出了八大目标。人们原以为打击全球性恐怖主义会被放到第一的位置，但实际上它只排第二；第一大目标是"捍卫对人类尊严的追求"。很多人忽略了一点：布什的个人使命，已经不再局限于对抗美国安全所遇到的威胁。当晚，布什做东，邀请共和党的各州州长在白宫国宴厅共进晚餐。在没有媒体记者出席的情况下，布什指责萨达姆是"一个粗鲁、丑陋、令人反感的人"，但随后他间接提到了一个更宏伟的计划。布什对州长们说："我要做个预言，请记住我的话：阿富汗和伊拉克将引领中东地区的民主化进程，它们将成为改变中东和世界的催化剂。"

在游说立法议员以获取两党支持的同时，布什和切尼还要展开激烈的竞选活动，以赢得即将到来的中期选举。正如卡尔·罗夫预测的那样，他们把国家安全问题作为选举的筹码，并大获全胜。

在竞选中，他们提出最具争议性的话题之一，就是要成立国土安全部。其实，在“9·11”事件发生后的9个月时间里，布什是反对这一提议的，现在却转而支持它了。不过，各界对国土安全部的员工是否拥有集体谈判权产生了争议，令布什深陷其中。布什希望在管理国土安全部的时候，尽量不让它染上官僚作风；而民主党人则想保护该部门员工的利益，因为这个群体才是他们的核心选民。但是，布什在选民面前却把这说成是民主党软弱的标志。

9月23日，布什在新泽西州发表演讲时说道：“参议院对于华盛顿的一些特殊利益更感兴趣，但却不太理会美国人民的安全问题。”听到这话后，民主党人大发雷霆。两天后，汤姆·达施勒来到参议院所在的楼层，痛斥布什的言论：“简直是太无耻了！太无耻了！”共和党候选人则趁机借题发挥。在佐治亚州，竞选该州参议员席位的共和党候选人萨克斯比·钱布里斯在报纸上刊登了一则广告，抨击在“越战”溪山战役中曾经历过3次截肢手术的现任民主党参议员麦克斯·克莱兰。这则广告先显示了本·拉登和萨达姆的照片，然后宣称克莱兰对布什的国土安全提议投了反对票，因此他“不具备领导者的勇气”。

战争是兜售出来的?

在达施勒发表演讲的前一天，切尼悄然钻进他的专车，前往离白宫不远的国会山。到达位于众议院这一侧他的私人办公室后，他与带着满腹疑问的共和党领袖迪克·雅梅见面了。

“迪克，等我打开这个东西，你看到所有的证据之后，就会赞成我的意见了。”切尼说道。

雅梅不由得注意到,切尼说他会赞成“我的”意见,而不是“总统的”意见。在接下来的半个小时里，切尼打开手提箱，给雅梅看了那些铝管的照片和他称之为武器设施的一些建筑物卫星成像图。然后，他向雅梅介绍了海湾战争和联合国对伊拉克进行武器核查的历史。切尼还提醒他说，萨达姆可能会将大规模杀伤性武器小型化，能够把它们直接装进公文包里，这让雅梅产生一种不祥的感觉。最后，切尼再次强调了和伊拉克与“基地”组织之间的联系。切尼的语气变得严厉起来，他又回到刚才说过的最坏的情形：“迪克，如果你对这个提案投了反对票，然后伊拉克人偷运了一颗炸弹进来，把旧金山的大半人口都炸死了，你会有什么感想？”

不出所料，雅梅害怕了，但他心中仍然半信半疑。

“你会在伊拉克问题上陷入困境的。”雅梅做出了预言。

切尼回答说：“不，这将会像‘“二战”’时期美国军队解放巴黎一样简单。”

最后，雅梅觉得除了同意以外别无选择。这是一个重要的决定。如果这位共和党多数派领袖反对授权使用武力，就会让其他焦虑不安的共和党人解脱出来，并带动民主党人反对这一提议。至此，切尼终于完成了任务，但这事最终损害了他与雅梅的关系，因为雅梅后来觉得自己被切尼利用了。多年以后，雅梅说道：“再怎么样，迪克·切尼也不应该用那些谎话来骗我，我不敢确定切尼故意对我撒谎，但如果你证明他确实是这么做了，我也不会感到惊讶的。”

同一天，英国政府公布了一份档案，指责伊拉克拥有违禁武器，而且其严重程度更甚于美国情报机构的描述。除了美国所说的情况以外，这份资料还断言伊拉克已经“从非洲获得了数量巨大的铀矿”，并声称萨达姆的一些生化武器“可以在接到命令后 45 分钟之内部署到位”。这里所说的违禁武器，本来是指迫击炮和其他适用于战场的战术武器，但许多人从铺天盖地的媒体报道中推测，档案所称的武器就是能打到伦敦和华盛顿的洲际导弹。

中情局曾提醒布什反驳英国的说法，但布什最后竟然借用了这两条信息。9 月 26 日，布什不顾中情局的质疑，在白宫玫瑰园向媒体宣布：“根据英国政府提供的消息，伊拉克政权在接到命令后，能够在短短的 45 分钟内发动生化袭击。”

在走出办公室前往玫瑰园之前，布什刚与 18 位立法议员开过闭门会议。在会上，他还提出了另一项毫无根据的判断。他对议员们说：“萨达姆·侯赛因不是什么好东西，他和‘基地’组织狼狈为奸。”然而，他并没有充分的证据证明萨达姆与“基地”组织结盟。

其中一名议员问他，萨达姆倒台后，伊拉克局势将如何发展？布什却顾左右而言他，对这个问题一笔带过。

布什回答说："没有什么事情能比现在的状况更差了。"他补充道："我们距离发起进攻的时间，还剩6个月。"

当天晚些时候，布什飞往得克萨斯州参加一个资金募集大会。他借此机会再次公开谈论他的家族与萨达姆的恩怨，而这正是一周前他私下里与那些立法议员谈论过的话题。他说："毫无疑问，他的仇恨主要是针对我们的；毫无疑问，他受不了我们。毕竟，这家伙曾一度想杀死我父亲。"

但是，萨达姆真的像布什和切尼所说的那样拥有违禁武器吗？随着案件的展开，布什和切尼收到的调查报告显示，萨达姆确实有一些违禁武器。自从在众议院情报委员工作过之后，切尼就对情报有着如饥似渴的需求。为了深入研究中情局的情报，他甚至和助手们去过十几次中情局总部。有时候，乔治·特内特觉得，切尼和"滑板车"利比对情报的了解比中情局的人还全面，他们提出的问题常常让情报分析员们回答不上来，分析员们对此深感尴尬。后来，人们对他们常去中情局的做法产生诸多非议，因为在许多人看来，这是切尼对中情局施加压力的表现。不过，后来经过调查，没有发现任何证据可以证明，有人因受到来自副总统的压力而改变对伊拉克武器项目的评估。

后来，出席过大部分这些会议的中情局副局长约翰·麦克劳克林说："坊间有一些传言，说切尼经常来这里听取汇报，并试图干涉我们的工作。但我们并不这么看。"他还说："切尼在会场上并不被动，但他绝没有游说别人的意思。他总是表现得毕恭毕敬、令人愉悦，但又总和你唱反调。"然而，中情局的一些中高层分析员却不这样看。麦克劳克林说："他们的感觉可能和我不一样，人总是要捍卫一些东西。"

还有人说，虽然他们没有感受到明显的压力，但正如时任中情局行动副主任助理的迈克尔·苏里克所说，有时候情报分析员知道切尼要找什么样的信息，因此他们"过分急切地想取悦切尼"。当时，一名情报官员说："一部分情报分析员可能已经不记得，他们当初受到多大的政治压力。"中情局的一些人甚至给副总统起了个"埃德加"的绰号，意指他就像美国著名口技演员埃德加·伯根那样擅长用木偶来进行腹语交流。切尼身边的一名助手后来说，其实就连副总统本人也不想去影响任何人，因为"他是一个不怒自威的人，而在那个时候，他更加令人生畏，因为大家平常很难有机会看到他"。前中情局副局长理查德·克尔对此事的观点与众不同。据他推断，来自白宫持续不断的要求，“对情报界形成了巨大的压力，迫使他们去寻找伊拉克与‘基地’组织有关联的证据”。

在麦克劳克林看来，就算真的有压力，那也是为了得到一个明确的结论，而不是要那种典型的骑墙式观点。他说：“以往在撰写《国家情报评估报告》时，对事态发展总是做出摇摆不定的结论，但现在这种态度已经有所转变，更注重个人的关键判断，情报分析者只要说出自己的想法即可。也就是说，你的真实想法是什么？我需要的不是面面俱到的经济学家，只要告诉我，你是怎么想的？”这种转变源自于 20 世纪 90 年代由拉姆斯菲尔德领头的处理弹道导弹威胁的委员会。麦克劳克林说：“他们觉得我们在工作中太依赖证据了，几乎没人愿意在没有证据的情况下，根据自己看到的或没看到的东西去推测、猜想，直至得出逻辑性结论。”由于在“9·11”事件发生前，情报分析员没有把诸多线索和疑点串联起来，导致他们在后来的情报分析工作中走上了矫枉过正的歧途。

因此，在 10 月 1 日呈递给国会的《国家情报评估》报告中，提出了措辞强硬的关键判断，极度淡化了疑问和异议。特内特后来承认说：“那种模棱两可的语气没有了。”这份报告断定“巴格达已经拥有了生化武器”，它正在“重启核武器项目”，如果它能从国外获得裂变材料的话，“就能在几个月到一年的时间内制造出核武器”。这些结论是在落后的谍报技术、错误的假设以及过度解读的基础上得出的。萨达姆要重启核项目的证据，主要来自切尼在电视上看到的伊拉克购买铝管的消息。不过，美国能源部认为，那些铝管不适于提炼浓缩铀，但可以用于制造常规的火箭发射器。国务院情报研究司也支持这一论断。关于生化武器的结论，则源自某些不可靠的消息人士，尤其是一名代号为“弧线球”的伊拉克叛变者。此人被扣押在德国情报机构手里，还没有经过中情局的审问。还有消息称伊拉克正在生产无人机，以用于投放生化武器；但是按美国空军的说法，无人机是不适于执行这类任务的。不管是真是假，在《国家情报评估报告》的关键判断中，并没有包含曾引起切尼兴趣的伊拉克与尼日尔铀矿交易的信息；实际上，这则消息来源于意大利情报机构收到的一些伪造档案，这些档案里的姓名、日期、职务等基本信息都无法通过审查。不过，这一消息还是在报告的正文中有所提及。

这份 92 页的《国家情报评估报告》还包含了一些反对意见，但大部分都在报告的最后几页。由于71位参议员和161位众议员前往白宫听取布什、切尼及其助手们做汇报，所以只有不到6位参议员和寥寥几名众议员到国会的安全屋里看过这份评估报告，报告的前5页是关键判断内容，后面才是正文。后来，布什承认连他也从没有看过《国家情报评估报告》，因为他认为自己在《总统每日简报》中已经看过这些情报了。特内特后来总结说，每日简报中的那些内容比《国家情报评估》报告的结论“更加武断”。

这件事的重要性不可估量。在《国家情报评估报告》发布后第二天，布什与众议院民主党领袖理查德·格法特在授权使用武力的决议上达成了协议。然后，他们会同共和党领袖以及逐渐成为鹰派领导人的民主党人约翰·利伯曼一起出现在白宫玫瑰园的记者发布会上。汤姆·达施勒拒绝前往。对格法特来说，违禁武器才是他关心的问题，他后来回忆道：“萨达姆是个坏人，但我认为，我们不能仅仅因为他是坏人就要对伊拉克动武。否则的话，恐怕我们得和世界上几十个国家开战了。”因此，他对布什说：“如果我发现他没有违禁武器的话，那我就不会赞成攻打伊拉克。”

在同一天举行的一次闭门会议中，参议院军事委员会的民主党领导人、参议员卡尔·莱文与约翰·麦克劳克林曾有过一次短暂的对话，可能没有引起太多人注意。莱文问麦克劳克林，萨达姆是否会用生化武器袭击美国？麦克劳克林回答说，这种可能性不大；但如果美国先进攻伊拉克的话，那概率就“相当高”了。换句话说，只有在布什和切尼采取先发制人的策略时，萨达姆才会构成美国的直接威胁。中情局同意把这段对话公之于众，但没有引起人们的关注。麦克劳克林后来说道：“我一直搞不明白的是，他们在公开辩论的时候，为什么没有谈到这个观点。由此可见，当时的舆论氛围是怎样的。”由于《国家情报评估报告》属于保密文件，中情局在10月4日发布了一份白皮书，向公众透露了这份报告的一些结论。白皮书的语气更加坚定，基本上省略掉了所有异议和附加说明，譬如国务院对伊拉克核计划的质疑，以及空军对无人机的评估等内容。

激发起人们对萨达姆手中是否有违禁武器这个话题兴趣的，是一个名叫艾哈迈德·沙拉比的伊拉克流亡人士。沙拉比是一名银行家，其人长着一副双下巴，英俊潇洒，能说会道，还拥有芝加哥大学的博士学位，他领导着旨在推翻萨达姆政权的伊拉克国民大会。但是，美国的情报机构对他极不信任。20世纪90年代，在中情局的支持下，沙拉比曾发动过一次政变，却以失败告终。中情局官员指责沙拉比泄露了政变计划，把他列入了黑名单，并切断了对他的一切援助。但沙拉比巧妙地和华盛顿的权力圈合作，与一些包括理查德·佩里、保罗·沃尔福威茨、道格拉斯·费思以及约翰·汉纳在内的新保守派人物交朋友，而这些人后来都成为了布什和切尼的左膀右臂。他们都觉得沙拉比是一位英雄，因为他一直坚定不移地反对独裁者。佩里说，沙拉比是“极具天赋的”人物，而且是“美国的巨大财富”。相反，中情局和国务院则把他视为二道贩子，用乔治·特内特的话说，支持沙拉比的美国政府官员“就像是情窦初开的少女”。不过，这些偏见都无法阻止沙拉比提供的所谓的禁运武器信息在政府内部流转，它们甚至还登上了《纽约时报》等报纸的头版头条。

时任布什助理发言人、后任白宫新闻发言人的斯科特·麦克莱伦把这一切看在眼里，他将这个过程称为“兜售战争的宣传活动”。与布什决裂后，麦克莱伦宣称这是“一场经过精心策划的宣传活动，目的在于获得公众的支持并控制他们的意愿，使事情按有利于我们的方向发展”。他说：“我们要让民众觉得，萨达姆带来的威胁非常严重，而且迫在眉睫；至于情况的真实性，那不是我们重点关注的东西。”

他们也不会关心即将要发生的事情。在 10 月 1 日召开的一次闭门会议中，一位前来旁听的立法议员指出，已退役的韦斯利·克拉克上将曾预测说，美国会陷入伊拉克战争的泥潭，10 年不得脱身。

布什对此嗤之以鼻。他说：“我不知道他所谓的 10 年是怎么算出来的。”

最大的陷阱

随着国会投票临近，布什决定进行一次总结性辩论，以阐明自己的立场。很早以前，布什的顾问们就认定庄严的椭圆形办公室不太适合用作布什发表演讲的场所，因为他需要能与他进行互动的观众；一直盯着摄像机，会让他感觉不自在。所以，布什同意把演讲地点设在辛辛那提博物馆，这样他就可以在黄金时段向观众进行现场演说。他选择的这个地点正好位于美国版图的正中央，带有某种象征意义。

在起草演讲稿时，在稿件内容和风格方面，撰稿人进行过多次争论。白宫新闻助理亚当·莱文意识到这次演讲的时间几乎正值古巴导弹危机 40

周年，当年约翰·菲茨杰拉德·肯尼迪也遭遇过类似的威胁，因此他建议在演讲稿中重提肯尼迪的名言。

一名撰稿人表示反对，理由是：肯尼迪是民主党人。

“对，你说的没错，”卡尔·罗夫赞成这名撰稿人的说法，他问莱文：“你怎么看这个问题？”

“他说的虽然有道理，”莱文反驳说，“但是，还有一种最坏的情形就是，泰迪·索伦森会在《纽约时报》上刊登一篇专栏文章，质问为什么你们说的东西都是肯尼迪总统反对的。”

可是，莱文继续说道，如果事情真的朝这个方向发展的话，这意味着他们已经引起了共鸣。援引肯尼迪的话，可以让这件事减少党派之争的色彩，呼唤起人们关于同仇敌忾的记忆。

伊拉克拥有违禁武器的证据，则是这篇演讲稿的另一个重大争议点。由迈克尔·格尔森和其他撰稿人起草的稿件谴责萨达姆“储备了大量的炭疽病毒”，并且制造了“数千吨”芥子气、沙林神经毒气以及VX神经毒气。文章对伊拉克用无人机袭击美国的可能性表示了担忧，甚至还引用了伊拉克购买离心机铝管的传闻，断言萨达姆正在重启核武器项目，这番话正好与切尼在夏天的演讲内容遥相呼应。经过第6次修改之后，演讲稿还声称“已经有证据证明，伊拉克企图从非洲的矿山采购500公吨氧化铀，而该物质是提炼浓缩铀的一种基本要素”。10月5日，当这篇演讲稿被送往中情局审核时，情报分析员认为采购氧化铀这段不妥，于是赶紧去见乔治·特内特。

随后，乔治·特内特拨通了斯蒂芬·哈德利的电话，对他说：“斯蒂芬，把那段话删掉。”特内特认为，在一件尚存争议的事情上面，布什不应成为“事实证人”（在一些国家，证人包括两类，一类是事实证人，是就自己感知的有关案件事实进行陈述的证人；一类是专家证人，是根据自己掌握的专业知识就案件涉及的专门性问题提出意见的专业人士，又称“意见证人”。——译者注）。特内特的行政助理紧接着给哈德利和格尔森发去了一份备忘录，指出中情局已经就此事提出了与英国方面不同的看法。备忘录写道：“我们已经告知国会，英国夸大了这件事情。”第二天，中情局的另一位情报分析员又发来第二份备忘录，再次强调了这一点。它指出，“指控萨达姆购买氧化铀的证据太过薄弱”，况且伊拉克根本不需要购买氧化铀，因为该国有着丰富的氧化铀存量。此外，中情局还告诉国会，“关于非洲的故事显得夸大其词了”。

白宫听从建议，删掉了这段内容。但即便如此，布什的演讲词还是具有相当大的煽动性。10 月 7 日晚上 8 点，布什开始向全国发表讲话。他对民众提出了许多骇人听闻的警告，例如：如果伊拉克发展出核武器，它就“有能力统治中东地区”，“威胁美国”，并“将核技术转让给恐怖分子”。按照莱文的建议，他引述了肯尼迪的话，宣称全世界人民都不会“容忍任何国家的蓄意欺骗行为和具有攻击性的胁迫行为”，更不会等到“子弹已经射出枪膛”的时候才应对威胁。他的结束语几乎无异于向萨达姆宣战：“萨达姆必须自动解除武装，否则，为了实现和平，我们将带领盟军解除他的武装。”

3 天后，即 10 月 10 日下午 3 点 05 分，众议院以 296 票赞成、133 票反对的投票结果，授权美国政府对伊拉克使用武力。在理查德 · 格法特的帮助以及切尼的默许下，81 名民主党众议员站在了意见几乎与他们一致的共和党人一边。投票一直持续到深夜。不到 10 小时后，参议院如法炮制，以 77 张赞成票、23 张反对票通过了对伊动武提案。包括汤姆 · 达施勒、约瑟夫 · 拜登、约翰 · 克里和希拉里 · 克林顿在内的 29 名民主党参议员支持布什；共和党方面，只有林肯 · 查菲反对该决议。天亮后，助手们给布什发了一份备忘录，告诉他：他比他父亲在 12 年前赢得的多数党票数还要多。

此前，布什和切尼在游说议员时，曾列举了美国不攻打伊拉克所带来的坏处；但现在刚好相反，他们要面对的将是：如果美国在伊拉克战争中出师不利，那么将会产生什么后果？拉姆斯菲尔德亲手列了一张表，把有可能遇到的障碍都写进去了。然后他回到办公室，把这些内容打印成一份备忘录，在首页标上“机密”和“10 月 15 日”的字样。这份一共 3 页的文件也就是后来众所周知的《可怕后果列表》（*Parade of Horribles*），里面列举了 29 项有可能发生的糟糕结果。排在第一位的就是布什无法获得联合国的批准，这意味着“潜在的盟友可能不愿意参与这场战争”。其他一些后果包括：以色列卷入战争、土耳其军队侵入库尔德地区、阿拉伯国家发生暴动、国际原油市场陷入混乱、比预期要高的附带损失以及伊拉克使用大规模杀伤性武器对付美国军队等。第 13 项后果是“美国在伊拉克找不到大规模杀伤性武器，从而失信于世界"；第19项称，"推翻萨达姆后，国家重建超出2～4年时间，需要用8～10年时间来适应美国的领导方式，吸收美国的军事资源和金融资源"；第27项后果则是"伊拉克的逊尼派、什叶派和库尔德族产生种族冲突"。

尽管如此，拉姆斯菲尔德并不反对这场战争。在这份列表的结尾处，他指出："当然，我们还可以写出一份类似的列表，列出伊拉克不发生政权更迭时会产生的所有问题，这些问题也是需要我们深入思考的。"

此事刚刚尘埃落定，又一场危机开始在另一个国家中酝酿。美国情报机关所发现的证据表明，朝鲜正在秘密开展一项铀浓缩计划。这是继朝鲜与克林顿政府根据《朝美核框架协议》暂停了钚研究项目之后开始的另一项计划。副国务卿詹姆斯·凯利在前往平壤出差的途中，受命质询朝鲜政府这一问题。

突然之间，布什和切尼面前又出现了另一个发展核武器的国家。但是，他们暂时没有兴趣过分强调朝鲜问题，而且在公众对伊拉克问题的讨论中，10月16日的声明基本是被忽略的。切尼曾一度在椭圆形办公室里说："我们决定把这个朝鲜问题留待六方会谈解决，在此之前，我们先处理伊拉克问题。"

布什在国内所遇到的质疑，也同样发生在联合国安理会议事厅。如果他们不得不寻找另一个解决方案，切尼希望这个方案强大有效；他在一份稿件中坚称，如果萨达姆被发现违反了联合国决议，就威胁要"使用所有必要的手段"来惩罚他。鲍威尔知道这是无稽之谈，但还是把这份稿件送交了上去，以阐述美国的观点。果然不出所料，包括英国在内的安理会的其他成员国代表都反对这种露骨的语言。相反，鲍威尔和英国代表说服法国代表赞成"严重后果"这个说法，但却不解释其中含义，这种模棱两可的说法给华盛顿留下了足够的空间，能让它按自己的方式进行选择。

此外，鲍威尔在设置决议的条件时，知道伊拉克几乎一定会违背这些条件。他后来说道："我们在1441号决议中埋下了伏笔或陷阱，最大的一个陷阱就在开卷语，我们说伊拉克已经在实质上违反了决议。"为了不让伊拉克逃脱过去12年的罪责，安理会的决议以伊拉克仍然违背其义务为前提，以这样的方式给巴格达施加压力。鲍威尔设下的另一个"圈套"，就是要求萨达姆提供一份完整的声明，公开其所有违禁武器项目。这是一个让萨达姆进退两难的要求，因为如果他否认拥有违禁武器，那就会被普遍认为在撒谎；反之，如果他承认拥有这些武器，那就证明他多年来一直在撒谎。这样，美国就能得出“严重后果”的结论。

布什政府推动对伊战争的做法，让他的中期竞选大受裨益。在卡尔·罗夫的要求下，布什和切尼以反恐之名获得选民的支持，从而确立了战争领导者的地位。在中期选举的最后几天，罗夫的“72 小时计划”大幅提高了投票率。

11 月 5 日，布什邀请比尔·弗里斯特、丹尼斯·哈斯泰特以及国会的其他领导人到白宫的家庭餐厅共进晚餐，然后一起观看选举结果。切尼不在当晚的被邀请者之列。选举结果让布什异常兴奋：共和党候选人击败了麦克斯·克莱兰，在参议院获得两个额外席位，使共和党参议员占参议院总席位的 51%。自詹姆斯·杰佛兹退党后，共和党重新夺回了参议院的话语权。而在众议院，共和党人夺得 8 个席位，为其成为众议院多数党奠定了基础。布什一把抓过肯·梅尔曼的手机，给胜选议员们打电话，他欢快地对刚当选马里兰州州长的鲍勃·埃利希说：“你赢了！”

这是自 1934 年以来，现任总统所在的党派在中期选举中首次在参众两院同时获得席位。为了这次选举，布什募集了 2 亿多美元，到 40 个州进行游说活动，使共和党获得了 20 世纪 60 年代中期时的支持率，虽然这一支持率低于“9·11”事件发生后的支持率，但足以让共和党获胜。切尼也为这次选举投入了大量的时间，他在选举的最后两个月里，出差 30 余次，筹集到了 4 000 万美元。在许多顾问看来，这次选举胜利，使布什更加认可自己，甚至为他在 2000 年备受争议的选举结果找到了正当的理由。如果布什在当初没有获得总统任期的话，他也会在 2004 年赢得总统宝座。

选举结束两天后，即 11 月 7 日，布什心情舒畅地出席了庆祝选举胜利的新闻发布会。他号召共和党和民主党重归“9·11”事件后很少被提及的两党合作精神。

但是，随着 2002 年中期选举结束，记者们的眼光已经瞄向了 2004 年大选。《华盛顿时报》的记者比尔·萨蒙询问布什，他是否会让切尼跟他一起竞选连任。

“如果我决定竞选连任的话，”布什坦率地回答道，“我会选择副总统切尼作为我的竞选伙伴。他的工作非常出色，我很感谢他的建议和忠告，我也很感谢他对我的友情。他是一位杰出的副总统，我没有任何理由换掉他。”

在切尼看来，总统的话令他相当满意。但是，这不一定是对他的最终评价。

D A Y S O F F I R E

|第 13 章|

角力安理会

布什集团对伊开战的最大理由是伊拉克拥有违禁武器，但不管开战欲望如何强烈，都未有确凿情报证实此事。那么，如何争取安理会的支持？如何让这场倒萨运动更师出有名？如果安理会否决又该如何？尽管布什团队在怎么对付安理会上存在种种矛盾，但无论是强硬的切尼一派，还是稳重的鲍威尔一派，都从未质疑过开战的必要性。

用人不疑，疑人也用

2002年秋，副总统切尼明确指出了这届政府与上届政府的区别。“在本届白宫，”他说，“没有切尼亲信和布什亲信之说，我们都是布什的亲信。”他的意思是，在布什任期结束后，他不会去参选总统。这种情况在当代美国政坛几乎闻所未闻，因为这意味着总统和副总统之间的微妙竞争将不复存在，他们的团队也不会因此而产生分歧，而这在以前是常有的事。

和切尼合作之初，布什也持有相同观点。他很重视切尼的建议，而且他选择切尼作为搭档，就是看中“他不想当总统”。切尼虽然在其他人面前表现得非常强势，但他对布什却毕恭毕敬，从不在他人面前与布什唱反调，并一直保持低姿态，以避免抢了总统的风头。外界许多人认为切尼主宰了一切会议，但实际上，切尼在开会的大部分时间都保持沉默，只有当布什询问他意见时，他才开口说话；而当他发言时，他通常只是向大家提问，而不会明确表达自己的观点。不过，从他的提问中，一般不难听出他对某些事情的倾向。

然而，随着中期选举结束，实际上还是出现了布什的亲信和切尼的亲信。在国家安全和经济团队中，无论政策制定还是个性方面，这两方都产生了巨大分歧。布什和切尼的个人关系仍然非常亲密，布什也仍旧依赖他的二把手，但布什任由手下在自己面前争斗，却不会明显偏袒某一方。最明显的是，切尼和唐纳德·拉姆斯菲尔德一直与科林·鲍威尔作对，而康多莉扎·赖斯常会站在鲍威尔这边。有时候，布什也想做和事佬，希望手下这儿员大将和睦相处，虽然他为此做了一些劝解，但仍无法改变现状，于是他也放弃了。随着美国与伊拉克的对抗日渐升级，切尼有时会担心布什不够果断，而布什偶尔也会对切尼的逼迫感到烦躁。

按照布什得克萨斯式的作风，他不喜欢自己的团队内部产生矛盾。他本人还是一个执政经验不太丰富的新总统，他身边有着这个国家中经验最老到的一些人，这起初让他感到非常安心，但他的朋友们后来说，这反而成了布什的紧箍咒。"'9·11'事件后，我的天，没人会这么幸运，能有这些人在身边帮助自己，而他恰好就那么幸运。"布什的老朋友吉姆·兰登说，"而有了这些经验丰富的人，他在这些事情上亲自作判断的余地就不大了。他的团队陪他一路走来，帮助他完成了很多事，也目睹了很多事，他们在布什任得克萨斯州州长时就非常了解他。"

人们经常认为布什对切尼言听计从，但事实可能并非如此。即使在他们关系最亲密的这段时期，布什也会在关键时刻拒绝切尼的建议。他发表了关于中东问题的演讲，拒绝轰炸伊拉克北部的库马尔恐怖分子训练营，并不顾切尼的建议，放弃寻求联合国决议。阿里·弗莱舍曾回忆说："人们并没有认识到乔治·沃克·布什的另一面。在选择目标方面，他通常会同意切尼和拉姆斯菲尔德的观点，这是他鹰派的一面。但人们常忽略了一点，在如何实现目标方面，他听从的则是康迪·赖斯和科林·鲍威尔的意见。"

切尼与鲍威尔之间的不和极为严重，并产生了巨大的破坏作用。这两位老布什政府时期的搭档，因为海湾战争而在政坛崭露头角，但在布什政府中，他们却变成了死对头。鲍威尔曾一直以为切尼比他更保守，甚至有一次还当着切尼的面半开玩笑地称切尼是一个"右翼疯子"；但如今在伊拉克问题和恐怖主义问题上，他认为切尼过于激进了。而切尼心中对鲍威尔的不满也与日俱增，用他助手尼尔·帕特尔的话来说，切尼视鲍威尔为"眼中钉"，认为他是一个自由散漫的人，只对个人形象和声望感兴趣，从不愿按命令办事。

鲍威尔有着一套关于切尼的理论，可以说明为什么事情在此时此刻起了变化。有人认为副总统变得和过去不一样了，鲍威尔可不这么看。在杰拉德·福特和老布什手下工作时，切尼的才能被限制住了。在福特执政时期，切尼过于年轻且缺乏经验，不足以影响到福特的决策；而在老布什担任总统期间，其对外交政策和国家安全了然于心，根本轮不到切尼插手。在担任老布什政府国防部长期间，切尼提出的观点与以后成为副总统时的观点别无二致，但在当时，内阁中比他更有经验、更睿智的人比比皆是，如布伦特·斯考克罗夫特、詹姆斯·贝克、总统本人——当然，还有鲍威尔，至少鲍威尔是这么想的。他认为，在布什政府中，切尼没有受到任何人的限制，布什的成长背景，使他没有真正准备好成为最高指挥官，在这样的总统手下做事，切尼拥有更高的自由度。鲍威尔认为，切尼把自己视为电影《教父》（*Godfather*）中被称为“导师的老师”的汤姆·黑根，黑根正是年轻的黑帮领导人的军师。

切尼往往是这种内部斗争的胜利者。鲍威尔承认，切尼比他更具优势，因为切尼与总统关系密切，每天都能单独面见总统多次，这是鲍威尔无法比拟的。此外，布什并不待见鲍威尔。“总统一直都不太喜欢国务卿鲍威尔，”白宫一名官员说道，“因为鲍威尔的影响力如此之大，总统一直觉得这位‘全明星阵容四分卫’（四分卫是美式足球中的一个战术位置。四分卫是进攻组的一员，排在中锋后面、进攻阵形的中央。他通常是临场指挥的领袖，大部分进攻由他发动，并有责任在大部分进攻前发出暗号。——译者注）搭档对自己指指点点，像在教他该怎么做。”

慢慢地，布什让赖斯去处理切尼、拉姆斯菲尔德和鲍威尔之间的恩怨，但即便对赖斯这样深谙官场之道的人而言，这项任务也是极其艰巨的。此前，赖斯担任过的最高职务就是国家安全委员会的高级主任，这只是一个相对中层的职位。现在，她所要驾驭的三个人，一个是曾担任过国防部长和白宫幕僚长的副总统，另一个是有着四星上将军衔、曾担任过参联会主席和国家安全顾问的国务卿，还有一位也曾担任过白宫幕僚长，并两度入主五角大楼任职国防部长。

切尼和拉姆斯菲尔德是多年的老友，也是布什政府的一对强大组合。拉姆斯菲尔德说过：“他从来不会找到我，让我跟他联合起来反对某个决定，或者说我们要合力争取这样或那样的支持。”实际上，切尼也没必要这样做，因为他们天生就处于同一战线。拉姆斯菲尔德的强势程度不亚于切尼，他被公认为是一个才华横溢但脾气暴躁的人，常常惹恼手下的军官。正如休·谢尔顿将军所言，那些被拉姆斯菲尔德训斥过的军官认为，拉氏应该在自己的桌子上放一个牌子：“废话少说，我已经知道了！”拉姆斯菲尔德认为，在克林顿执政时期，军队的将军们权力过大，而现在必须使文职领导层重新掌控军队。而随着大权在握，他根本没耐心参加赖斯召开的无休止的会议，对白宫助理们向他手下人发号施令的做法更是不屑一顾，因此他与赖斯的争吵简直是家常便饭。有时候，他打电话给安迪·卡德，怒斥他在其位不谋其政；有一段时间，他甚至拒绝按惯例让军方官员加入国家安全委员会，或者作为国家安全委员与国务院之间的联络人，并质疑为什么要为其他部门的利益而牺牲自己手下的人才。每当白宫想从国防部了解信息时，拉姆斯菲尔德总是设置重重障碍，赖斯只好让高级助理弗兰克·米勒找来自己在五角大楼的亲信，才能了解到想要的信息。

有一次，赖斯召开会议，准备探讨如何处置被俘恐怖分子的问题，拉姆斯菲尔德拒绝出席。后来，在关于另外一个话题的会议上，赖斯又把战俘问题摆到桌面上来，令她惊讶的是，拉姆斯菲尔德居然站起身就往外走。

"唐，你去哪里？"她问拉姆斯菲尔德。

"我不想讨论战俘问题。"他回答道。

2002 年年末，拉姆斯菲尔德给赖斯写了封措辞激烈的内部通知书，使双方的关系到了剑拔弩张的地步。在通知书中，他警告赖斯："不要再向作战指挥官和参联会分配任务或者对他们指手画脚。你和国家安全委员会的成员应该明白，你们没有任何指挥权，但似乎你无法接受这个事实。既然如此，我唯一的选择就是去找总统，让他来告诉你这些事；或者让他告诉国防部的所有人，不要回应你和国家安全委员成员提出的要求。我已经决定采取第二种措施。如果你不按我的要求做，我就将面见总统。无论如何，只要我还是国防部长，我就要阻止你们的行为。"

赖斯为拉姆斯菲尔德信中傲慢的语气大为恼火，可又不知道该如何回复。有一天，在白宫的一次会议上，她和拉姆斯菲尔德又吵了一架。会后，赖斯和拉姆斯菲尔德在玫瑰园旁边的石柱走廊里碰面了。

"我们之间有什么问题？"赖斯问道。

"不知道，"拉姆斯菲尔德回答说，"我们一直都挺合得来。你很聪明，也很有责任感，但我们就是没法共事。"

聪明？赖斯很惊讶拉姆斯菲尔德用这个词来形容她，听起来就像他高自己一等。赖斯从这句话得出一个结论：在拉姆斯菲尔德心里，她根本不是同僚，而仅仅是一名下属。

后来，当拉姆斯菲尔德得知赖斯为此动怒时，他还有些吃惊。他说："我当时话里没有贬低她的意思。”拉姆斯菲尔德的拥趸认为，“聪明”这个词是他的常用语，赖斯想多了；但同时他们也承认，对于拉姆斯菲尔德这样好为人师的人来说，很难用平等的眼光看待赖斯。在这种情况下，赖斯想监督他对五角大楼的管理工作，甚至要求他预先上报行程，难免会让他感到愤怒。

至于鲍威尔，他一直催促赖斯谏言总统约束拉姆斯菲尔德的行为。赖斯不希望布什卷进来，而且她对鲍威尔没有直接向总统表达自己的不满感到疑惑。以他的身份地位，有很多机会让总统聆听自己的声音，但他却没有这样做。赖斯认为，鲍威尔的军人身份，使他内心深处抗拒与最高指挥官发生矛盾。尽管如此，他有一天还是问赖斯：“为什么总统不出面解决这个难题呢？我们两人总得有个人去上报这件事。”

利用局外人化解个人矛盾

事实上，联合国安理会在伊拉克问题上的意见出奇的一致。11 月 8 日，也就是中期选举结束 3 天后，安理会以 15 票赞成、0 票反对的结果通过了鲍威尔的决议，认定伊拉克“实质性地违反了”联合国此前的法令，并给予伊拉克“最后一次履行该法令的机会”，允许核查人员进入伊拉克，对其违禁武器项目全面核查。如不遵守，则会引发“严重后果”。让人感到惊讶的是，安理会唯一一名阿拉伯成员国——叙利亚也投了赞成票。

中期选举结束几周后，布什批准了一项为朝鲜“量身定制的遏制措施”，通过向朝鲜施加压力的方式，遏制其核发展计划。施加压力的第一步，就是停止向朝鲜供应燃油。布什还亲自飞赴布拉格，成功说服北约组织邀请 7 个东欧国家加入他们的阵营，这几个国家包括前苏联的拉脱维亚、立陶宛和爱沙尼亚。他不顾切尼的担忧，签署了一项法案，成立专门的委员会调查“9·11”事件起因。而在经历了令人不堪回首的中期选举之后，布什还签署了另一项立法，成立了国土安全部。后来，他将国土安全部交由汤姆·里奇管理。

不过，在那段日子里，最让布什操心的还是政府内部对于新增减税计划的激烈争论。布什想在 2001 年减税计划的基础上将减税金额翻倍，希望借此刺激经济增长。在制定第一次减税计划时，切尼没机会参与，因为他当时还没有正式成为布什团队的成员；而这一次，他决定在制订计划的过程中发挥核心作用。白宫经济学家格伦·哈伯德回忆说："我得说，他自始至终都是一个强有力的推手。"但切尼发现，他亲自聘请的财政部长却与他意见相左。保罗·奥尼尔反对再次实施一揽子减税计划，理由是"美国经济不需要"这样的计划，政府"需要把国家税收用于其他重要用途"，因为以往的盈余已经变成了财政赤字。奥尼尔认为，这样的减税计划纯粹出于政治目的，他后来回忆说："我认为，他们觉得这是一个确保连任的手段。"

11 月 15 日，在一次经济政策会议上，奥尼尔告诫说，随着财政赤字不断上涨，美国"正迎来财政危机"。

切尼反驳说："里根曾证明过，财政赤字根本不是问题，我们赢得了中期选举，赤字早在我们预料之中。"

切尼这段话的意思是，罗纳德·里根在 20 世纪 80 年代的减税计划和国防建设资金来源，有一部分是通过赤字支出完成的。切尼的国内政策顾问塞萨尔·孔达曾给他写过多份备忘录，提出在美国历史上，赤字的规模与利率似乎并无关联——这一观点与传统观点有所不同。但无论如何，这次减税计划风波，表明了奥尼尔已经被他的朋友切尼和白宫幕僚孤立，他们开始背着他制订经济政策。奥尼尔的一位助手回忆说："减税计划是由白宫自行制定完成后，再从我们这里走个过场。这样的做法简直令他抓狂。"

11 月 26 日，关于减税计划的辩论在白宫罗斯福厅展开。切尼通过加密线路参与了视频讨论，他的目标有两个：一是加速已经在逐步进行的降息政策，二是降低分红双倍税和削减资本增值税。在哈伯德和劳伦斯·林赛的支持下，切尼提出，这两项政策能在最大程度上帮助企业扩大业务规模并创造工作机会。哈伯德后来回忆说："副总统喜欢提出与经济增长政策有关的观点，尤其是税收层面的政策。"奥尼尔则提出要控制财政赤字，米奇·丹尼尔斯和乔舒亚·博尔滕也不时发言支持奥尼尔的观点。可是，相对于财政赤字，布什更关心税收计划的框架。他想对分红双倍税作出改革，因为在这项政策下，公司在向股东分配红利前，已经为这部分红利纳过税了；而个人在拿到红利时，还要再次向政府交税。在布什看来，这项政策是不公平的，他认为应该完全取消这项政策，而不是降低税率。与此同时，他对削减资本增值税提出了质疑，因为他认为政府已经为富人做得够多了。

哈伯德说："总统真正注重的并不是副总统提出的观点，而是公平原则。

他确实很关心分红双倍税政策，但他对资本增值税的看法，与被他称为‘遗产税’的房产税看法一致，都是持反对意见。坦率地说，这些观点让民众十分受用。我认为，经济学家们关于经济快速增长之类的理论无益于推广减税政策。民众的疑问很简单，凭什么要他们交两次税？总统的政治本能是精准的，他能牢牢抓住民众的这种心理。”

与此同时，另一项重大计划也在形成中。从就任总统以来，布什就对非洲抗击艾滋病事业产生了兴趣。他已经同意向一个抗击艾滋病的国际基金组织捐赠资金，后来，他还启动了一个项目，向感染艾滋病病毒的孕妇提供药物，以降低将病毒传染给婴儿的风险。但这些对他来说都只是开始，他还想在这方面作出更多努力。迈克尔·格尔森说：“当我们帮助非洲抵抗艾滋病时，才意识到美国在这方面所作的努力简直少得可怜。”

因此，布什让博尔滕筹划一些影响更大的抗艾滋项目。被博尔滕称为“白宫富有同情心的保守主义看护者”的格尔森对抗艾滋病事业也有着浓厚的兴趣，因为他大学的一位室友就死于艾滋病。博尔滕将一些负责制订政策的白宫助理召集到他的办公室来讨论这件事，这些人包括加里·埃德森、杰伊·莱夫科维茨以及克丽丝滕·西弗尔伯格。此外，为了听取一些改革性的意见，他们还从白宫外邀请了安东尼·福西。福西是著名艾滋病研究学家，担任着美国国家过敏症与传染病研究所所长一职。

“如果资金不成问题的话，”博尔滕问福西，“你会做什么？”

博尔滕和其他人希望福西谈谈艾滋病疫苗研究的问题，因为这正是福西的研究领域。

“我希望能再投入几十亿美元用于疫苗研究，”福西说道，“但我们现在已经投入很多资金在疫苗研究领域了，至于追加投资能否比现在更快找到疫苗，我无法向你保证。”

然后他补充道：“相比于疫苗研究，将钱投入治疗药物领域会更有效。”

开发出低成本抗艾药物，意味着世界将首次能控制这种疾病，让数百万艾滋病感染者不会被病魔夺去生命。“那些病人现在需要的是用于治疗的资金，”福西说，“从现在起到未来十年时间里，他们需要的不是疫苗。”

这些人秘密起草了一份计划，该计划甚至连科林·鲍威尔和卫生与公众服务部部长汤米·汤普森都不知情。他们打算在12月4日直接向布什呈交这份计划。这天，在参加会议之前，布什去了趟罗斯福厅，接见了前来白宫参加当天晚些时候举行的光明节（犹太纪念节日之一。——译者注）庆祝活动的犹太领袖。来访者都很支持布什对抗伊拉克，并对布什的做法赞不绝口。其中一位名叫乔治·克莱因的犹太领袖，是共和党犹太人联盟的创始人，他回忆起自己的父亲曾和其他犹太领袖一起劝说富兰克林·罗斯福采取更多措施阻止纳粹屠杀犹太人。“我敢代表这间屋子里的所有人对你说，如果你在 20 世纪 40 年代成为总统，或许有上百万犹太人将免遭残害。”克莱因对布什说道。

听到这话，布什感动得说不出话来。克莱因回忆道：“看得出，他的眼睛都湿润了。”接见完犹太籍领袖后，布什径直前往参加艾滋病会议，而克莱因的话还在他耳边回响。与布什一起从罗斯福厅走向椭圆形办公室的莱夫科维茨认为，人们曾就一个耗资 150 亿美元、为时 5 年的财政支出计划展开了激烈争论，但他坚信，如果布什听到这个计划会塑造怎样一个未来，他的道德责任感会促使他做出决定。丹尼尔斯和其他有预算意识的助手对于政府要花这么多钱“有些缓不过神来”，尤其是把那么多钱花在反恐斗争和入侵伊拉克上。但布什没有让丹尼尔斯等人发表太多意见，而是让那些支持该财政计划的助手畅谈他们的看法，这些助手都强烈支持布什实施这项计划。

“格尔森，你有什么看法？”布什问格尔森。格尔森回答道：“如果我们有能力做这件事，却又缩手缩脚，那简直太丢人了。”

布什也持同样看法。因此，在全力应对即将到来的战争的同时，他也悄悄启动了一项有史以来影响最为深远的拯救生命计划。在他内心深处，总有着帮助无助者的冲动，因为对他这样曾经嗜酒如命的人而言，帮助他人就是一种自我救赎，而每个人都需要这种救赎。

“听我说，这是一个能真正改变数百万人生活、改变整个非洲大陆命运的时刻，”在会议结束时，布什对莱夫科维茨说，“我们怎么能无所作为、袖手旁观呢？”

但争议并未就此结束。几周后，格尔森起草了《总统防治艾滋病紧急救援计划》声明，准备让布什在联合国大会上发表。凯伦·休斯和玛丽·马塔林试图阻止格尔森这样做，因为她们担心这份计划会让美国民众误以为布什只关心海外事务。但布什已经下定决心在联合国大会讲坛上宣布这项计划。

在帮助非洲防治艾滋病这件事上，布什和奥尼尔的立场是一致的，但这也几乎是他们唯一一次观点一致。布什一直与奥尼尔“不太合得来”，他觉得这位财政部长过于关注一些无关紧要的问题，而游离在本届政府的“经济优先”政策之外。“就任财政部长以来，他就一直谈论着铸币局的安全问题，”博尔滕说，“而货币安全并不是我们优先考虑的问题。”在布什的一名助理眼中，曾在一家企业担任过多年首席执行官的奥尼尔“不是一个有团队精神的人”。

布什也担心如果自己不关注经济的话，就会重蹈父亲的覆辙，所以，他对政府的经济团队进行了重组，以此向民众发出积极的信号，而奥尼尔就将成为重组的第一个牺牲品。布什还想把劳伦斯·林赛撤掉，林赛因私下预测伊拉克战争将要花费 2 000 亿美元而麻烦缠身，更惨的是，他要协调一个拒绝协作的经济顾问团队。虽然布什已经决定解雇这两个人，但为了避免产生矛盾，他还是将相关事宜交给了切尼。

12 月 5 日，午餐时间过后，切尼给白宫旁边的财政部大楼里的奥尼尔打了个电话。

“保罗,总统决定对经济团队做一些调整。”切尼先开腔了。奥尼尔记得，切尼说完这句话后，顿了一下才接着说道：“你就是被调整的一部分。”

在切尼打进电话时，奥尼尔正在与助手们开会，讨论金融市场问题。切尼带来的消息令他大吃一惊，他知道自己平时与布什、切尼不太合拍，但被这样一通电话洗牌出局，是他万万没想到的。

奥尼尔找个地方坐了下来。“总统是应该找一些他想要的人来帮他，”他对切尼说，“如果总统想做一些人事变动，我很乐意配合他。”

由于办公室里人比较多，奥尼尔说等一下再给切尼打过去。重新接通电话后，切尼向奥尼尔大致描述了一下计划。

“我们想让你明天或下周过来见见总统，然后向外界发表声明，说自己已经决定重回私营企业工作。”切尼说道。

奥尼尔的态度突然变得强硬起来。他觉得，既然自己已经出局，那他会在第二天宣布辞职的消息，而不会去找各种托辞。

“我这么老才学撒谎，未免太晚了点。你的说法就是在让我撒谎，”他说道，“我是不会那样做的。你们可以告诉民众真相，让他们知道总统想对团队作出调整，我完全没有意见。这是总统的特权。”

奥尼尔记得，这中间又是一段尴尬的沉默，然后切尼才回话。

“好的。”切尼回复说。

后来,切尼还是想让这次人事变动可以平稳过渡。当晚,切尼让安迪·卡德给待在家里的奥尼尔打了个电话，邀请他与总统见上一面，但被奥尼尔谢绝了。卡德又要求他先缓一缓，等他们宣布林赛离职、CSX 公司首席执行官约翰·斯诺接管财政部后再提出辞职，但这个要求也被奥尼尔一口回绝了。他在第二天一早就递上了辞职信。

“对我来说，辞职根本不是一件困难的事，”奥尼尔后来回忆道，“因为我当时非常不满，我很高兴能离开白宫。”多年以后，当他在布什的回忆录中看到一段文字时，心里更加不舒服了：“保罗对减税政策毫不重视，这无疑是在暗地里与我作对。”奥尼尔说，自己一直都明确反对减税政策。“当总统说我在暗地里跟他作对时，他在撒谎，”他说道，“我曾三次当着他的面说过这件事。我要告诉你，这简直让我气疯了。总统给不知情的读者留下一个印象，让他们觉得是我破坏了减税计划。”奥尼尔的离去，也让他的支持者艾伦·格林斯潘深感失望。“我曾以为,布什政府会是福特政府的翻版，但事实证明，两者间区别太大了，”格林斯潘后来说道，“如今的政治运作，比以往更加明显。”

这样的政治运作很快就体现在另一出闹剧上。12 月 5 日这天，是南卡罗来纳州参议员斯特罗姆·瑟蒙德 100 岁生日，来自密西西比州的共和党领袖特伦特·洛特在他的生日庆典上说了一番话，这番话被认为具有种族煽动性。洛特提到，当瑟蒙德在 1948 年竞选总统时，他的家乡卡罗来纳州就曾把票投给了瑟蒙德。他还说：“如果当初其他州仿效我们的话，这些年来我们国家就不会出现这么多问题了。”洛特没有提到的是，当年瑟蒙德是以支持种族隔离制度的美国民主党人身份竞选总统的。布什的高级国会联络人尼克·卡里奥认为，洛特这番话只不过是政界的阿谀奉承之语，是为了讨好一位老人，而不是对瑟蒙德在半个多世纪前的竞选问题进行评价。但后来两天里，在博客文章和有线电视的渲染下，这句话的意义被夸大了，洛特也被迫不断发表道歉声明。

一周后，布什要飞往费城发表一个与信仰和社区倡议有关的演讲，这次演讲的观众有许多是非洲裔美国人。临行前，洛特的共和党同僚们不想让他同行。12 月 12 日，在乘坐“海军一号”直升机前往“空军一号”途中，布什对助手们说，他要在演讲中责备洛特，但这样做完全是不得已而为之，否则他该如何在国民面前确立威信？如果他不对洛特的言论作出评价，民众就会认为他在纵容种族隔离思潮。

“人们会觉得你这是在落井下石。”卡里奥提醒布什。

“我们不会那样做的，”布什坚持自己的观点，“我们没有落井下石。”

卡里奥问他，有没有人告诉过洛特这件事，布什说没有，然后他转身对安迪·卡德说：“安迪，你得马上给他打个电话。”布什再次利用局外人来化解自己与他人的矛盾。

抵达费城会场后，布什走上演讲台，他看到正前方是一个大标语，上面写着“付诸行动的同情心”。在演讲进行到三分之一时，他谈到了洛特这起令人尴尬的事件。“如果有人认为过去的种族隔离制度是可接受的或值得肯定的，那这种观点对我们而言就是一种挑衅，是完全错误的。”在观众的热烈掌声中，他继续说道，“洛特参议员近期的言论并不能反映我们国家的精神。”掌声更热烈了，布什也提高了自己的嗓门：“他已经向大家作出了道歉，他的歉意是理所当然的。”

洛特在电视上看到了这一幕，他感觉仿佛被人重重打了一拳，尤其是布什强调说“歉意是理所当然的”，更让洛特深受打击。他对这个结论无话可说，但布什说这话的语气却让他极为震惊。后来，陪同布什到宾夕法尼亚州的参议员里克·桑托勒姆从“空军一号”给洛特打了个电话：“总统已经与你划清界限了。”

洛特拨通了布什的电话，称自己同意布什的评价。他说话时的语调尽量平静，而没有表现出受到伤害的样子。

在电话另一头，布什的声音听起来出奇的愉快，他说：“你忍耐一下，别泄气。”

但洛特已经无法忍耐了。不到一周，作为多数党领袖的洛特下台了，取代他的是布什手下红人、田纳西州参议员比尔·弗里斯特。正如卡里奥预测的那样，外界普遍认为华盛顿是在用“丢车保帅”的策略摆脱洛特所带来的负面影响，而洛特本人则将此归咎于卡尔·罗夫。“我没有证据可以证明这是卡尔干的，”他后来说道，“但白宫中，肯定有人在陷害我。”

切尼显然不赞成白宫的做法，他打电话给洛特，表达了自己对洛特的关心。“那通电话不是来自一位副总统，”切尼说，“而是一位朋友。”

萨达姆必死无疑

洛特失言事件只是伊拉克战争的一段插曲。作为对联合国决议的回应，萨达姆·侯赛因向联合国递交了一份 12 000 页的声明书，坚称自己没有违禁武器。切尼想立刻断定这份声明是一纸谎言，并宣布伊拉克已经“实质性违反”了联合国决议；但布什决定让政府专家先评估这份报告再做定论。一番研究过后，他们最终还是得出了同样的结论。12 月 19 日，白宫认定萨达姆的声明无效，并“实质性违反”了伊拉克应承担的义务和责任。然而，布什还是要等联合国核查人员重新进入伊拉克进行核查后再采取行动，这让切尼深感失望。

当切尼对布什步步紧逼，希望他果断采取行动时，布什在 12 月份的某天接到了凯伦·休斯的电话。休斯一直在得克萨斯的家中关注着形势的发展。现在，她觉得事态越来越严重了。她担心布什在联合国已经发表了演讲，所以就算他不想入侵伊拉克，形势也会迫使他发动战争。休斯后来回忆说：“我给他的建议是，他不应该迫于形势压力开战，我们还有其他行之有效的办法收回之前的豪言壮语。”布什向她保证说，自己并没有被逼迫的感觉。这一次，在老朋友面前，休斯还是没有直言自己反对与伊拉克交战，但她给布什指出了一条退路，也算是以自己的方式尽量阻止战争的发生了。

无论布什心存何种疑虑，在圣诞节到来前几天，这些疑虑都加剧了。鉴于萨达姆一直矢口否认，布什要求中情局拿出最充分的证据证明伊拉克确实拥有违禁武器。12 月 21 日，当华盛顿的大部分民众都在街上疯狂购物时，布什和切尼在椭圆形办公室的壁炉前依次坐好，听取中情局副局长约翰·麦克劳克林陈述与伊拉克有关的情报。康多莉扎·赖斯、安迪·卡德、“滑板车”利比以及乔治·特内特则坐在沙发上旁听。

与喜欢抽雪茄、待人友善的乔治·特内特相比，麦克劳克林是一位资深特工。说话时，麦克劳克林总是一板一眼，与他辞藻华丽的上司对比鲜明。在做汇报时，麦克劳克林注意到他的情报并没有说服在场的任何人。“我在做汇报时非常谨慎，”他后来说，“我没有刻意去说服他们，只是告诉他们，这件事我们是有把握的。”麦克劳克林的发言没有给布什留下太深印象。“干得不错！”他对麦克劳克林说，“不过，你说的东西很难让普通民众明白，也没法让他们从中获得信心。”

接着，布什转身问特内特："有人告诉我，这些情报是关于伊拉克拥有大规模杀伤性武器的证据，难道我们手上就只有这些了吗？"

"这事很容易。"特内特对布什说道，然后他把这句话又重复了一遍。

布什从特内特充满自信的话中得到了些许安慰，后来他说，这句话对他来说，"非常重要"。但是，特内特觉得他的话被断章取义了，因为在说那句话时，他指的是让民众看明白这份报告是很容易的事，而非很容易获取伊拉克大规模杀伤性武器的情报。麦克劳克林和特内特的看法是一样的。这是一种细微的差别，而且特内特在其他场合也曾作出过强有力的保证。但无论怎样，布什还是要求幕僚团队中的律师按法庭上的形式制作起诉材料。同一天，他接种了天花疫苗，以声援他此前要求接种疫苗的三军将士。

有那么一小段时间，布什表现出了迟疑的态度。几个月以来，他们正走向一场看似不可避免的冲突，现在，他求助于坐在椭圆形办公室里的赖斯，直接问了她一个问题，而他从来没问过其他顾问这个问题。

"你觉得我们应该这样做吗？"布什突然问道。

赖斯能感受到这个问题的分量。

"应该。"她回答说。她还指出，如果萨达姆不作出回应，那他们就别无选择。

在美军大规模进驻中东地区、为接下来的军事行动做准备时，布什来到了戴维营度假，并私下与父亲进行了交谈。老布什的朋友们都认为，老布什是反对攻打伊拉克的；但布什后来在回忆录里写道，父亲是支持他的。

"你已经尝试过一切能避免战争的手段，"布什引用父亲在戴维营里对他说过的话，"但如果那家伙拒不妥协，那么除了动武，你别无选择。"

在海湾战争爆发前夕，老布什曾给布什和他的弟弟妹妹写了一封感情真挚的信，现在，轮到布什坐在书桌前，给他的双胞胎女儿写信了。

"我向上天祈祷，希望伊拉克的那个人会以和平的方式解除武装。"他在信中写道，"我们正迫使他那样做，而且这世界上的大部分国家都支持我们的行动。"

"伊拉克人民将用糖果和鲜花迎接美国的军队。"

2003年1月10日，布什和切尼在椭圆形办公室接见了三名持不同政见的伊拉克人士。他们向两位总统保证，如果美军进驻伊拉克，他们将受到伊拉克人民的欢迎。《恐惧的共和国》(*Republic of Fear*)一书的作者嘉南·马基亚描绘了一幅类似美国从纳粹手中解放巴黎时的场景。

布什问他们，美军要在伊拉克待多长时间？他们回答说：两到三年。

这个时间比布什对国会议员所说的6个月要长得多，但在布什看来，这仍不失为一个合理的时间。战争的感觉变得越来越真实，越来越让人觉得不可避免。如果说外交手段曾经是一种选择的话，那它现在更像一种走过场的形式，只是为了让所有人知道，战争正在来临。

与伊拉克异见人士见面后的第二天，切尼在白宫召见了沙特驻美国大使班达尔·本·苏尔坦王子，切尼要求唐纳德·拉姆斯菲尔德和理查德·迈尔斯一同出席。在海湾战争打响前，切尼曾提前给科林·鲍威尔打过招呼；现在，他准备如法炮制，将开战计划提前透露给苏尔坦王子。

“总统已经决定，他将打击萨达姆·侯赛因。”切尼告诉苏尔坦。

拉姆斯菲尔德对这个消息颇为吃惊，因为这是他第一次得到如此确切的信息。

班达尔则对此持怀疑态度，他问切尼：“萨达姆这次还会死里逃生吗？”

“班达尔，”切尼答道，“一旦我们展开行动，萨达姆必死无疑。”

班达尔离开后，拉姆斯菲尔德对切尼刚才说的话提出了疑问，他说：“这是我第一次听到这个消息。”但切尼并没有透露自己是怎么知道这个消息，总统又是怎么对他说的。拉姆斯菲尔德只能猜测布什必定以某种方式提醒了切尼，但却没有告诉内阁中的其他人，他后来回忆说：“显然，他（切尼）知道自己在说些什么。”

在是否应该对伊拉克开战这个基本问题上，虽然布什从来没有直接询问过自己的团队，但他很清楚，当这一刻真的来临时，他需要他们的支持。而在他的手下人中，最关键的还是鲍威尔，因为鲍威尔是白宫里唯一一位在声望上能与总统匹敌的人。1月13日，在椭圆形办公室的一次会议过后，布什请鲍威尔留下谈话。

两人坐在高背椅上，布什说道：“我真觉得自己得做这件事。”

“你确定吗？”鲍威尔问他。

布什回答说：“确定。”

鲍威尔说：“你知道这会产生什么后果的。”

布什当然知道。他问道：“你支持我吗？我觉得我一定要做这件事，但我需要你的支持。”

鲍威尔曾试图让布什和切尼放慢开战的脚步，并给了布什一个放弃入侵伊拉克的理由，他也对美伊双方处理冲突的方式表达了自己的担忧。但是，他从没有坚决反对过对伊动武；在这个紧要关头，他也没有明确提出反对意见。

“是的，长官，”他说，“我会支持你的，我站在你这边，总统先生。”

布什非常高兴，他说：“是时候穿上你的军装了。”

不过，布什也赞成再外交斡旋一段时间，因为他受到了来自法国和德国的强烈反对。法国外交部长称，在当今时局下，“没有任何理由”发动对伊战争。鲍威尔对此言论感到“措手不及”，并且“暴跳如雷”。拉姆斯菲尔德作出反击，他提出“老欧洲”论，将德、法等“老欧洲”国家与近些年从前苏联独立出来的东欧国家进行比较。他说，这些“新欧洲”国家比“老欧洲”国家更愿意去推翻一个极权主义政权。

布什想再努力一把，让其他国家相信伊拉克确实违反了联合国决议。1月27日，他要求鲍威尔把证据提交给联合国。当年，艾德莱·斯蒂芬森（美国政治家，曾于1952年和1956年两次代表美国民主党参选美国总统，但皆败给艾森豪威尔。后被任命为美国驻联合国大使，在古巴导弹危机中发挥了重要作用。——译者注）曾拿着苏联在古巴部署核弹的证据质问苏联特使，布什期待着这一刻重现。

“我们必须要向联合国提供证据，我想让你去办这件事，”布什说道，“你有足够的公信力，或许他们会相信你。”

和布什一样，切尼也意识到鲍威尔的国际声望比他们高。“你的支持率很高，”在讨论完证明材料后，切尼对鲍威尔说，“就算因此失去一点人气，也不算什么。”

不过，布什首先要完成自己的舞台秀。1月28日晚，布什走进众议院议事厅，在议员们的夹道欢迎下走上演讲台，准备发表新年国情咨文演讲。布什常常嘲讽说，国情咨文演讲的好坏会影响总统一辈子，没想到，这次演讲竟真的成了他总统生涯的转折点。因为它打消了人们对即将到来的伊拉克战争的质疑。事实上，《纽约时报》的编辑们在报道这次演讲的时候，最初想说布什已经宣布战争开始，但报社驻华盛顿的记者劝这些编辑的语气要婉转一点，并且要忠于布什的原话。

和3个月前在辛辛那提所作的演讲一样，布什首先罗列了伊拉克的罪状。

他断言伊拉克曾一度拥有足够的原材料，可以制造出 2.5 万升炭疽病菌、3.8 万升肉毒杆菌毒素以及差不多 5 000 吨沙林毒气、芥子气和 VX 神经毒气；他还声称伊拉克曾一度拥有好几个“流动的生物武器实验室”，这种实验室是带有特种装备的拖车，专门用于制造可发动细菌战的试剂。布什还引述了切尼的说法，声称萨达姆又重新开始发展核武器，其依据是引起诸多争议的铝管采购事件。随后，他说了一句令在场 5 400 名听众极为扫兴的话：“英国政府已经获悉，萨达姆·侯赛因最近从非洲采购了数量巨大的铀矿。”

这段话正是乔治·特内特要求哈德利从布什的辛辛那提演讲稿中删除的片段。但在前一天，当这篇国情咨文草稿被上交给布什的高级顾问时，特内特把审稿工作交给了手下处理，因此这段文字出现在了国情咨文中。

布什和切尼打算在两天后与军中将领会面，再认真讨论一下作战计划。这也是美国最高级别官员表达他们担忧的最后一次机会。

布什走进内阁会议室，发现参联会和区域司令部指挥官们都识相地穿着军装。参加会议的一名官员回忆说，在会议开始前，布什紧紧拥抱了一下刚刚见过面的拉姆斯菲尔德。“我完全支持唐·拉姆斯菲尔德，”他对在座的人说道，“我认为他的工作非常出色。”

随后他话锋一转，谈到了会议的主题：“对于作战计划，你们还有什么担忧吗？”

在场的一些人听出了话里有话。布什支持拉姆斯菲尔德，就是为了防止某些军官不听话。

某些参谋长很担心汤姆·弗兰克斯的快速进攻计划。有一段时间，他们处处刁难弗兰克斯，让弗兰克斯忍无可忍，当面指责他们是“参联会的败类”。但在布什和切尼面前，他们又对弗拉克斯的计划表示有信心。

真正对作战计划表现出担忧的人，是陆军参谋长埃里克·新关将军。他列举了几处让他担忧的事项，包括军力的调动、补给线问题等；此外，由于到目前为止，土耳其还没有同意让美军使用其领土进攻伊拉克，所以美国还面临着不能从土耳其北部进入伊拉克这一问题。在场的一些人认为，新关提出的问题并不十分严重，对于实施作战计划不会造成影响；另一些人则认为这些问题很重要。虽然新关以比较温和的方式提出了批评意见，但这些意见却破坏了布什的基本策略。“在我的人生中，第一次感觉听到了历史的铰链转动的声音，”参加会议的国家安全委员会成员科丽·舍克说道，

"显然，总统对新关的意见不知作何回应。" 所以，布什先感谢了新关的发言，然后继续开会。

第二天，也就是1月31日，布什接见了前来拜访的托尼·布莱尔。布莱尔此行从伦敦直飞华盛顿，目的是劝说布什再次寻求安理会的决议，以明确宣称伊拉克实质性违反了联合国禁武协定，并让安理会授权使用武力。布什团队认为这样做没有必要，因为在11月的决议中，已经使用了"严重后果"这样的字眼。这一次，切尼和鲍威尔终于站在了同一战线。但是，布莱尔显然把对伊动武与个人利益联系起来了。他说，他的政府有垮台的风险，而伊拉克问题"能让我们在国际上找到一个护身符"。根据英国方面的描述，布什同意布莱尔的观点，并驳回了切尼的反对意见；他还答应布莱尔，为让安理会同意他们的请求，他会"施加压力，甚至不惜威逼"。

在讨论过程中，布莱尔明确指出：无论核查员是否发现违禁武器，或者安理会是否决定动武，他都决心攻打伊拉克。事实上，布什告诉布莱尔，他已经将3月10日暂定为开战时间。一份篇幅为5页的会议备忘录中，布莱尔的外交政策顾问戴维·曼宁写道："3月10日将是空袭开始的时间。因此，我们必须根据军事计划来制订外交策略。"布莱尔表示，他将"与布什总统步调一致，不惜一切代价解除萨达姆的武装"。

他们讨论的内容，大部分是关于如何找到一个发动战争的理由。他们甚至想用移花接木的办法制造一个人为的借口。在备忘录中，曼宁称这个想法来自于布什。"美国当时还考虑过把U2侦察机涂装成联合国飞机的颜色，然后在战斗机的掩护下飞临伊拉克上空，"曼宁写道，"如果萨达姆朝飞机开火，那他就违反了安理会决议。"布什预测，伊拉克军队将"很快被击溃"，而萨达姆的精英部队"共和国卫队"也将"在空袭中被摧毁"。曼宁还写道，布什从历史经验中得出一个乐观的结论，他"认为在不同宗教和民族团体之间，很少有两败俱伤的战争"。

鲍威尔向联合国作报告的难度也增加了。报告做得光有说服力是不够的，它还要足够强势，能说服法国和其他持怀疑态度的安理会成员国支持第二次决议。切尼的幕僚给鲍威尔提供了一份48页的汇报稿，这份稿件是由"滑板车"利比牵头完成的，参与撰稿的人员还包括约翰·汉纳、尼尔·帕特尔以及萨曼莎·拉维奇。其内容不但涉及所谓的违禁武器，还提到了萨达姆与恐怖主义的联系和践踏人权等事项。这次汇报原本要进行两到三天的，但鲍威尔在粗略浏览一遍之后，便拒绝了发表这篇冗长的报告。相反，他想把演讲时间缩短到一到两个小时，把问题主要集中在违禁武器上，毕竟这才是此前决议的主题，也是说服理查德·格法特和其他民主党人的一个理由。

鲍威尔把这份切尼团队所写的稿件交给了自己的办公室主任劳伦斯·威尔克森，让他拿到中情局进行审查。鲍威尔对切尼狂热的战争倾向持质疑态度，他希望自己演讲中所提到的内容无懈可击。威尔克森带上汉纳和其他人一起前往兰利（中情局总部。——译者注），让中情局审核这份稿件。但他很快得出结论：这份报告太没有说服力了。6 小时后，他把报告扔到桌上，大声说道："诸位，这份报告太差了，根本没法修改。"乔治·特内特建议放弃切尼团队的草稿，采用《国家情报评估报告》作为演讲稿。现在，鲍威尔知道切尼版本的报告是"一个败笔"，简直"前言不搭后语"，所以他亲自前往兰利，花了三个晚上来讨论稿件内容，其中有两个晚上赖斯也参与进来。国务院情报研究司给鲍威尔发了一份备忘录，指出了稿件中 38 处"没有说服力"或"没有事实根据"的地方。后来，情报研究司又指出了另外 7 处类似的错误。总体而言，在已发现的 45 处缺乏充足证据的言论中，有 31 处被删掉了；但这也意味着鲍威尔同意保留 14 处他的专家们认为是站不住脚的论点，包括对伊拉克购买离心机铝管的指控。

对于鲍威尔删去大部分伊拉克与恐怖主义有染言论的做法，切尼大为恼火，他强行要求鲍威尔把部分内容放回去，但却徒劳无功。自从"9·11"袭击发生以后，来自捷克情报部门的一份报告引起了切尼的注意。这份报告称，被认为是劫机事件指挥者的穆罕默德·阿塔曾于 2001 年 4 月 9 日现身布拉格，与一名伊拉克情报官员会面，但美国情报部门否认了这个消息。因为他们发现，除了向捷克方面透露消息的那个线人以外，没有其他证据表明阿塔曾到过布拉格；相反，证明阿塔没有去过布拉格的证据倒是一大把。比如，其中一些证据表明：4 月 4 日，阿塔曾出现在弗吉尼亚比奇市，而后又于 4 月 11 日出现在佛罗里达州的科勒尔斯普林斯市；而在这段时间内，包括 4 月 9 日，他的手机信号被侦测到在佛罗里达州出现过几天。没有证据表明阿塔曾离开过美国或进入过捷克共和国。

虽然情报分析专家已经下了定论，但切尼对于这场传言中的"布拉格会面"仍念念不忘。在 2001 年的一次媒体采访中，他称这个消息"相当确定”；但随着更多情报涌现，他在后来的公众场合中改口了，称该情报“尚未确认”，但仍不排除情报内容属实的可能性。事实上，在伊拉克和“基地”组织是否有关联这个问题上，切尼已经与中情局明争暗斗多年。在过去几年里，“滑板车”利比、道格拉斯·费思以及其他人找到过伊拉克与“基地”组织联系的一些蛛丝马迹，于是他们宣称，就算伊拉克和“基地”组织不是彻头彻尾的盟友，至少也保持着某种关系。

中情局也起草过几份与此相关的报告，其中一份是在2002年6月21日完成的，报告名为《伊拉克与“基地”组织：解读一段不为人知的关系》。最近的一份报告完成于1月29日，也就是布什发表国情咨文之后的第二天。在这份报告出炉前，中情局副局长、情报部门主管雅米·米希克满脸怒气地冲进特内特的办公室，威胁说如果利比继续逼他们更改情报内容，他就立刻辞职。

按照报告的推断，伊拉克与“基地”组织多年来一直保持着联系，而伊拉克似乎也为恐怖分子提供过庇护，但报告并没有把伊拉克与“9·11”事件联系起来，也没有发现两者间有任何“指挥权的联系”。利比和他的支持者反驳说，塔利班也没有“指挥”过“基地”组织，但却一直支持它的恐怖活动，在“布什主义”原则下，这已经构成打击的条件了。切尼、利比、费思和保罗·沃尔福威茨认为，中情局对伊拉克和“基地”组织的联系视而不见，是一种把情报工作政治化的做法。

在鲍威尔前往联合国时，拉姆斯菲尔德又老调重弹，建议布什重新考虑立刻对阿布·穆萨布·扎卡维在伊拉克北部城镇库马尔运营的疑似化学武器设施进行打击。自从布什在去年秋天否决了这项提议后，切尼和拉姆斯菲尔德已经不止一次把这个话题重新摆上桌面。但现在，拉姆斯菲尔德争辩说，鲍威尔在联合国的发言将表明美方知道训练营的地点和扎卡维的下落，这意味着扎卡维的同党在被干掉之前，会提前撤出该地区。

“考虑到科林会在联合国提到这个问题，”拉姆斯菲尔德说，“我们应该在他发表演讲期间进攻库马尔镇。”

“那样会彻底毁掉我的演讲，”鲍威尔提出了异议，此外他还补充说，“况且，我们本来就将在几周内拿下库马尔镇。”

所有人的注意力都集中在外交政策和作战计划上。拉姆斯菲尔德的脑海中总浮现出《可怕后果列表》中所列举的情况；汤姆·弗兰克斯则不断向白宫汇报进入“巴格达城堡”的作战计划,而这正是许多人所担忧的巷战。不过，几乎没有人关注下一步将会出现什么情况。

在一次会议上，赖斯为布什安排了一次关于“大后方安全”的汇报。但汇报结束后，不知道有意还是无意，布什贬低了该议题的重要性。

“这是康迪想讨论的事情。”在会议开始时，布什说道。

赖斯马上觉察到，当参会的将领们意识到这是她的事而不是总统的事时，他们对这个话题就失去了兴趣。

“如果他那样对我，我早就辞职了。”后来，哈德利对赖斯说。

“是啊，我知道，”赖斯说，“但那样又有什么用呢？”

经过数天的争论后，鲍威尔飞往纽约，并在 2 月 5 日这天走进安理会会议厅，坐在美国代表席上。他让乔治·特内特务必坐在他身后，以显示中情局已经核准过报告中的情报信息。然后，鲍威尔开始有条不紊地展示各项证据。他播放了美国所截获的对话录音，接着又举起一个小玻璃瓶，向在场的各国代表演示了只需少量的炭疽病菌，就能造成大规模伤亡。布什坐在椭圆形办公室的餐桌旁,边从电视里看着现场直播,边嚼着奶酪饼干、小口呷着无糖可乐。在直播快结束时，赖斯也加入了观看者的行列。他们一致认为演讲进行得非常顺利。“他说服了我。”《华盛顿邮报》传奇自由专栏作家玛丽·麦格罗里在专栏中写道,“我可是像法国人一样难以被说服的。”

但结果却不完全是这样。无论是法国还是德国，都没有被鲍威尔说服。布什本来指望他的老朋友弗拉基米尔·普京会帮他一把，或者至少不要跟他唱反调。但这种想法严重误解了普京和俄罗斯对自身地位的看法。一旦开战，俄罗斯将失去不少在伊拉克的业务，普京希望得到补偿，而这一要求一直未能被满足。然而，他的立场从支持转为公开反对，源于他的柏林和巴黎之旅。他在这次访问中，被德法两国待以皇室礼遇。在出发之前，普京称，在敦促伊拉克与核查人员合作和裁军方面，俄罗斯“与美国伙伴持相同立场”。到达法国后，法国总统雅克·希拉克在机场接见了普京，并护送他来到道路两旁挂满法俄两国国旗的香榭丽舍大街，并在凯旋门举行了一场热烈的欢迎仪式。到 2 月 10 日，普京站在希拉克身边宣布：“俄罗斯反对伊拉克战争。”第二天,他还暗示说,会动用俄罗斯在安理会的否决权,以制止“不合理使用武力”。

在美国，民众对法国的怨恨情绪正在增加。佛罗里达州的一位酒吧老板为表示抗议，将自己酒窖中的法国红酒全部倒在街上；而北卡罗来纳的一位餐馆老板则把菜单上的法式炸薯条改名为“自由薯条”；国会中的共和党人则更甚，他们不但将国会山咖啡厅的炸薯条改了名，还把法式烤面包也改名为“自由烤面包”。政府官员们提出了更严肃的反制措施，他们提议阻止法国和其他反对美国攻打伊拉克的国家在战后获得伊拉克原油和重建工程合同。欧洲国家认为，除了战争手段，还有更好的方式对付萨达姆，但拉姆斯菲尔德不以为然。在2月18日的一份备忘录中，他对布什说：“显然，法国想利用欧盟取代北约组织。它反对美国提出的几乎所有建议，想以此确立自己在国际事务中的角色。”拉姆斯菲尔德接着说道，赖斯、鲍威尔以及他本人都赞成将更多的北约决策权从北大西洋理事会转移到盟国的国防政策委员会，因为该机构的成员国不包含法国。敌意总是相互的。几天后，当西班牙总理何塞·玛丽亚·阿斯纳尔在参观布什的克劳福德农场时，对布什说：“我们需要多几个像鲍威尔这样的人，而像拉姆斯菲尔德这样的人，还是少一些为妙。”

外交斡旋正在考验切尼的耐心。一天，他把法国驻美大使叫到了自己的住所。

“法国到底是我们的盟友还是敌人？”他开门见山地问。

法国大使被这个问题吓了一跳，谨慎地回答道：当然是盟友。

“可我们有诸多理由相信，你们不是我们真正的朋友或盟友。”切尼说。

在切尼看来，联合国路线完全是在浪费时间。每过去一天，威胁就增加一分，并给了萨达姆更多的时间备战。终于有一天，在离椭圆形办公室不远的餐厅举行的每周午餐会上，切尼按捺不住了。

“你到底想不想干掉那个家伙？”切尼用不耐烦的口吻质问布什。

对一位总统而言，这是一个相当无礼的问题。布什十分惊讶，以至于多年以后，他还清楚地记得这一幕。他对切尼说，他还没有做好行动准备。

“好吧，总统先生，随你吧，”切尼说，“这就是他们花大价钱选你当总统的原因。”

面对切尼这句尖酸刻薄的话，布什只是报以微笑，但切尼的意思已经很清楚了，他担心布什心中摇摆不定。

这种剑拔弩张的态势，作为局外人的老布什正看在眼里。身在得克萨斯州的老布什留意到一篇由沃尔特·哈灵顿撰写的、支持布什的专栏文章，于是他拿起笔，给哈灵顿写了封信："沃尔特，他不想发动战争，他只想做好自己分内的事，并希望伊拉克信守诺言。你见过一位总统要同时面对这么多棘手的问题吗？反正我从没见过。"

在布什和切尼面见军队将领几周后，拉姆斯菲尔德与军队领导人之间的紧张关系公开化了，其中的导火索就是陆军参谋长埃里克·新关在 2 月 25 日向参议院军事委员会作证一事。

"新关将军，"民主党籍参议院军事委员会主席卡尔·莱文问道，"我们需要多大规模的军力才能占领伊拉克，并顺利结束战争？"

新关没有直接回答这个问题，他说："说到具体数字，那就要看作战指挥官们的具体要求了。"

莱文则步步紧逼，他追问道："总有一个大概范围吧？"

然后，新关说出了他的想法。这个想法在他脑海中萦绕已久，但在与总统见面时，他并没有将这个想法说出来。他说："兵力大概需要几十万人左右，你要知道，这个数字是必需的。"

新关将军为人温文尔雅，但他的这番话却如同匕首般插入布什和切尼团队的心脏。一直以来，人们指责政府没有为后萨达姆时代的伊拉克配备充足的运营资金，而新关的这番言论，无论有意还是无意，都将成为人们抨击的新素材。拉姆斯菲尔德"快速行动、速战速决"的军事策略并没有考虑到数十万军队会长年滞留在巴格达和巴士拉，他只想着完成打击任务后迅速离开伊拉克，并尽快地让新一代伊拉克人接管这个国家。

拉姆斯菲尔德和他的副手保罗·沃尔福威茨被新关的言论激怒了。2 天后，2 月 27 日，在向众议院预算委员会作证时，沃尔福威茨在没有被询问的情况下主动提出了这个问题："我们最近听到一些政府高官对战争前景作出了预测，例如我们需要派遣数十万军队维持后萨达姆时代伊拉克的稳定。这些想法都太离谱了。很难想象，维持后萨达姆时代伊拉克稳定的兵力居然比战争本身和让敌方军队投降的兵力还高。"在第二天的简报会上，当拉姆斯菲尔德被问及新关的预测数字时，他说："我的个人观点是，事实会证明，他的预测数字有些过高了。"

政府的批评者们最终把新关塑造成一位敢于对抗总统、阻止战争发生的殉道者，然而这并不是真正的他。除了那个信口胡诌的数字之外，他从没有正式提议过在萨达姆倒台后要派几十万军队前往伊拉克维稳。事实上，在 2003 年 6 月，当新关从军队退役时，他给拉姆斯菲尔德写了一份备忘录，称自己的言论“被误解了”，而且他认为，在战后伊拉克维稳人数这个问题上，“根本没有标准答案”。他写道：“我给的答案是开放式的，因为我说的数字比实际数字更大，而非更小，这样你和弗兰克斯将军就能在最大限度上灵活调整最终的数字。”

拉姆斯菲尔德把这件事当作是媒体的谬误报道，而不是他与新关之间的分歧，从而掩饰了他与新关的深层次矛盾。无论是拉姆斯菲尔德还是沃尔福威茨，都没有问过新关与这番公开言论相关的问题，也没有问过他这番话的含义是什么，因此，新关觉得自己的观点不受欢迎，也是有道理的。拉姆斯菲尔德已经让所有人都知道了自己的想法，如果有人胆敢与之背道而驰，就要冒着被排挤的风险。

那周的某一天，当布什路过赖斯的办公室时，看到她正在接见“二战”纳粹大屠杀的著名幸存者埃利·威塞尔。他的决心因此变得更加坚定了。布什刚刚读过迈克尔·比奇罗斯的著作《征服者》(*The Conquerors*)。这本书谈到了富兰克林·罗斯福和其他国家领导人在“二战”时没能阻止纳粹大屠杀的发生。“我反对保持沉默，”威塞尔对布什说，“我也反对保持中立，因为这无法帮助受害者，反而会帮助侵略者。”

离开战只差一个借口的距离

“你不知道这件事有多重大！”

布什非常兴奋，因为在 3 月 1 日，“9·11”袭击的策划者哈利德·谢赫·穆罕默德被美军抓住了。此前，穆罕默德还在巴基斯坦杀害了一位名叫丹尼尔·珀尔的《华尔街时报》记者，珀尔是一名犹太裔。美军在靠近伊斯兰堡的军事要塞城市拉瓦尔品第活捉了他。当赖斯得知这个消息时，布什还在戴维营酣睡，于是她决定不叫醒他。但这次抓捕活动是反恐战争开始以来的最大成就，所以布什在早上醒来得知此事后，马上与丹·巴特利特分享了自己的喜悦。

可是就在同一天，布什还收到了一则来自海外的坏消息：土耳其议会最终拒绝了美国派部队经由土耳其领土进入伊拉克的请求。切尼和拉姆斯菲尔德责怪鲍威尔没有付出更多努力，而鲍威尔则指责他们破坏了外交斡旋。不管怎么说，没了北方入口，就只能从伊拉克南部的科威特侵入伊拉克，但这样会给伊拉克军队留下充足的撤退和重新部署空间。

虽然英国仍然支持布什，但他的老朋友托尼・布莱尔面临的压力越来越大了。3 月 5 日，布莱尔的外交部长杰克・斯特劳私下提醒他说，联合核查员到现在也没发现违禁武器，如果他在没有联合国二次决议的情况下对伊拉克动武，那么“政权更迭就会在英国发生”。两天后，国际原子能机构得出结论：传闻中伊拉克与尼日尔交易铀矿的消息是伪造的。这一结论让倒萨运动遭受打击，也使布什在国情咨文中的言论基础完全被推翻了。布什的演讲撰稿人曾将这个消息来源归于英国，而英国人则声称他们还有其他情报来源，并且绝不松口。但这个理由实在过于牵强。

现在的核心问题是，如果伊拉克政权真的出现更迭，那下一步会发生什么事？在过去几个月时间里，切尼的支持者们不断提议让艾哈迈德・沙拉比领导新的伊拉克政府。多年来，这位流亡美国的伊拉克反政府人士一直在游说华盛顿除掉萨达姆・侯赛因，只不过布什不太喜欢这个提议，因为他对这位颇具感召力的反对派领导人持怀疑态度，而且担心这样做会被外界解读为美国在扶植自己的势力。

布什一直在等待时机，直到开战前一周，他才和团队坐下来讨论罢黜萨达姆的后续事宜。在 3 月 10 日召开的简报会上，会议主持人是已退役的杰伊・加纳中将，他曾在海湾战争结束后指挥过伊拉克北部城镇的救援工作，并且主导过后萨达姆时代的伊拉克规划。加纳强调说，在伊拉克的重建过程中，必须给伊拉克军人、警察和政府官员支付工资，并利用伊拉克军队作为国家重建的主力；国内政局的维稳工作，则交给国际维和部队。随后，加纳提出了一项计划：遣散伊拉克士兵，并立刻把他们整编为基础建设团体。布什赞成这项提议。

在当天的另一场汇报中，国家安全委员会成员弗兰克・米勒向布什介绍了伊拉克执政党复兴社会党的情况。米勒指出，该党有 150 万名正式党员，但许多人都是教师和公务员，他们为了获得工作，不得不加入复兴党。在巨量的党员人数中，只有 1% ~ 2% 的成员才是其中精英，也是萨达姆借以推行高压统治的工具，他们的人数大约 2.5 万。米勒建议解除这部分人的职务。布什批准了这个建议，但同时也表达了自己的担忧，他说：“要惩罚 2.5 万人，这是件难以想象的事。”

两天后，即3月12日，布什和切尼再度与团队碰面，讨论伊拉克军队的安置问题。在唐纳德·拉姆斯菲尔德的要求下，道格拉斯·费思汇报了加纳的计划：遣散萨达姆的准军事部队，以及诸如共和国卫队、特别共和国卫队这样的顶尖安全部队，但保留和重组主力部队；原主力部队的3～5个师将形成新伊拉克军队的核心力量。费思指出，对于是否保留旧军队的主体，目前有两种截然不同的观点。一种观点认为，应该让旧军队投入伊拉克的国家重建工作中，以避免大量武装人员失业；另一种观点则认为，应完全铲除腐败、无能、滥用权力的旧军队，建立一支全新的军队。加纳的建议是保留原有军队，而与会者没有人提出反对意见，布什也投了赞成票。

费思还提出了另一项计划：成立一个名为“伊拉克过渡政府”的临时机构。由于布什反对单独扶持沙拉比上位，所以预想中管理伊拉克的新政府将由“外部人士”和“内部人士”共同组成。新政府机构将在美国领导的同盟支持下运作，但在新秩序确立的过程中，这个临时机构要以伊拉克人的面貌出现，并为未来的政府奠定基础。布什同样点头应允了该计划。

切尼与布什团队中的其他人仍旧矛盾不断，而布什也继续充当着和事佬。3月14日早上，在召开情报例会之前，特内特找到布什，向他抱怨说，切尼打算发表讲话描述萨达姆与恐怖主义之间的联系，而这正是科林·鲍威尔在其联合国演讲词中删掉的内容。

“总统先生，副总统打算发表一个关于伊拉克与‘基地’组织关系的演讲，这次演讲的内容与情报所显示的情况有出入。我们不能支持他发表这样的演讲。”

切尼后来取消了演讲，但布什有没有干预这件事，特内特无从得知。

随着安理会投票日临近，布什越来越沮丧，因为像墨西哥和智利这样的盟友也打算投弃权票或反对票。当身处得克萨斯的凯伦·休斯致电他，询问是否需要帮助时，他的失落感更加明显了。

“需要我来华盛顿一趟吗？”休斯问道。

“我不知道，”布什回答说，“要不然，我们这边投票决定吧。”

赖斯和劳拉此时和布什在一起，另外还有两名随从。

“投票结果如何？”休斯继续问道。

“两票赞成，两票反对，一票弃权。”布什说。

“谁弃权了？”她问道。

“我！”布什没好气地回答说，“所有人都是这样对我的！”

休斯登上了飞机。

布什和布莱尔决定在安理会投票前再碰一次面，但问题是地点。布莱尔政府风雨飘摇，不能让人看到他前往华盛顿；而邀请布什到伦敦也不是明智之举，因为这样会遭遇到民众的愤怒抗议。布什的助手建议在百慕大会面，但在布莱尔团队看来，这个属英国管辖的大西洋小岛又离美国太近了。最后，他们决定将见面地点定在更靠近欧洲的葡萄牙亚速尔群岛。受邀参加这次会议的人还包括另一位支持对伊开战的西班牙总理何塞·玛丽亚·阿斯纳尔，而葡萄牙总理何塞·曼努埃尔·杜兰·巴罗索将主持这次会议。

3 月 16 日，布什乘飞机抵达拉日什机场，该机场属于葡萄牙，但长期租给美军使用。而在此之前，雅克·希拉克提议再给核查人员 30 天时间开展工作，然后安理会再开会决定是否采取军事行动。布什认为，这个建议又是另一种拖延战术，只会给萨达姆带来好处。布什没有向外界透露的是，他已经在该地区部署了 24 万名战斗人员，在炎热的气温下，如果继续让他们原地待命，那既不合理也不人性化。战争开始得越晚，部队就越可能要穿着沉重的防弹背心和化学品防护服在酷热难当的环境下作战。

布什与布莱尔以及西葡两国领导人聚在一起，他告诉他们，自己将在第二天向萨达姆发出最后通牒，给伊拉克 48 小时时间作出决定，否则就要面对战争。他们已经对安理会不抱任何希望了，而且在布莱尔团队看来，安理会投票感觉就像敷衍了事一般。布什虽然貌似冷静，但他后来称自己当时“极其失望”。

布什认为，现在真正的问题在于，恐怖组织手中握有大规模杀伤性武器的概率有多大。他对布莱尔说：“我不会让这一切在我眼皮底下发生。”

法国的最新提议只会加重这次危机。布莱尔说：“如果另一个国家介绍新方案的目的仅仅是为了拖延我们的步伐，我们会将视其为外交层面的敌对行为。”

布什则认为，法国的提案简直令人啼笑皆非。“我很想否决他们的某些提议，”他说，“真的很想！”

他对法国的不满，已经蔓延到后续的媒体报道上了。他把希拉克描绘成萨达姆的教唆者，并坚决要求安理会在第二天否决法国的提议。“在得克萨斯有一句老话，当你玩牌时，需要‘亮出底牌’，”布什对记者们说，“而法国已经亮出了他们的底牌。”匆匆用过晚餐后，布什准备返回华盛顿。临走前，他就即将到来的英国议会投票询问了布莱尔及其助手，并表示他对布莱尔在投票中胜出充满信心。为了缓和气氛，布莱尔的高级顾问、与布什一样爱好跑步的阿拉斯泰尔·坎贝尔问布什是否会资助他参加即将到来的马拉松赛。

“如果你赢得国会投票，”布什回答说，“我亲你的屁股都可以。”

坎贝尔说，他只要布什资助他参赛就可以了。

当“空军一号”离开亚速尔群岛、飞行在大西洋上空时，布什和赖斯、迈克尔·格尔森、安迪·卡德、凯伦·休斯以及丹·巴特利特一起书写了最后通牒。在5个小时的飞行途中，他们休息了一段时间，一起观看了由梅尔·吉布森和茱莉亚·罗伯茨主演的电影《连锁阴谋》(*Conspiracy Theory*)。布什还拿电影情节开起了玩笑。

在华盛顿这边，切尼花了几个小时时间，与《与媒体见面》节目主持人蒂姆·拉瑟特一起讨论了对伊战争问题。

“这将是一场旷日持久、代价昂贵的血腥战争，并且会带来巨大的伤亡，你认为美国民众是否已经准备好迎接这场战争了？”拉瑟特问道。

“呃，蒂姆，我认为事情不会朝那个方向发展，”切尼回答说，“因为我深信，在他们的眼里，我们是他们的解放者，他们会欢迎我们的。”

切尼也提到了与伊拉克流亡人士会面时的情形：“从伊拉克民众身上可以看到，他们很想推翻萨达姆·侯赛因，这是毫无疑问的。如果我们能做到这一点，他们就会把美国当作国家的解放者。”

切尼补充道，他这话的意思并不是指“行动可以不费吹灰之力”，相反，如果萨达姆真的向“基地”组织提供过非常规武器，那美国将付出巨大的代价。对于埃里克·新关的战后维和部队规模预测，他提出了自己的反对意见：“有人建议说，军事行动和战斗结束后，我们需要派遣几十万兵力前往伊拉克维稳。我认为这个数字是不准确的，这话言过其实了。”

第二天，3月17日，布什与国会领导人会面。会议室中的许多人惊奇地发现，布什居然让赖斯来解释议员们所提的问题；而赖斯本人似乎也对布什此举感到惊讶，但她还是硬着头皮与提问者们周旋。

会议结束后，弗吉尼亚州参议员约翰·华纳把斯蒂芬·哈德利拉到了一旁。华纳是共和党籍参议院军事委员会主席，他满头银发、身上散发出一种贵族气息，看上去就是典型的共和党人。“你最好找到存放这些大规模杀伤性武器的地方，”他对哈德利说，“否则我们就惹上大麻烦了。”

当晚，布什走上白宫十字厅演讲台，通过全国电视讲话向萨达姆发出最后通牒。在等候摄像机就位时，整个会议厅突然安静下来。他留意到格尔森正在看演讲稿，于是问道：“格尔森，你没事吧？”然后他卷起手中的稿纸，开玩笑地在格尔森脑袋上敲了一下。格尔森在重大场合总是很紧张，而且在这种时候他喜欢咬钢笔，有一次在椭圆形办公室里甚至咬破了一支钢笔，里面的墨水流出来弄脏了总统的沙发。为了让格尔森放松，布什跟他讲起了当年老布什在参加总统竞选辩论时，作为儿子的自己也是非常紧张；为了放松紧张心情，他和弟弟去看电影，却又不断让弟弟到电影院外打电话了解竞选进展。不知布什是否记得，他早已对格尔森讲过这个故事了，但这确实有效缓解了格尔森的紧张情绪。

晚上 8 点 01 分，直播摄像机的红灯亮起。“几十年的欺骗和暴行现在已走到尽头，”布什宣布说，“萨达姆·侯赛因和他的儿子必须在 48 小时内离开伊拉克。若他们拒绝这样做，将会遭到军事打击，打击何时开始将由我们决定。”事实上，萨达姆确实有机会离开伊拉克。埃及建议给萨达姆 10 亿美元让他离开，而布什也已经批准给萨达姆一大笔钱，相比战争将付出的生命与其巨额开支，这只是一笔小钱而已。然而，即使到那时，美军还是会入侵伊拉克。在最后期限即将到来的前几个星期，哈德利领导的一个小组已经审视过许多可能出现的情况，他们的结论是：即使萨达姆被废黜或自愿离开伊拉克，美国军队还是应暂时进入伊拉克，控制住疑似违禁武器。

摄像机的红灯熄灭时，布什站在原地。他明白，局面已是箭在弦上，不得不发。不出意外的话，美国将与伊拉克开战。而这次战争与被大部分人遗忘的阿富汗战争不同，它将是一次全面战争，数以万计的美国地面部队将进入一个极其危险的国家，而它曾是世界范围内军队规模最大的国家之一。

第14章

乱局之始

短短十多天，酝酿多年的倒萨运动似乎就已结束了，“鲜花和掌声迎接美国”的情况也确实出现了，白宫高层进入狂欢状态。然而，战争真的接近尾声了吗？这个最危险的国度真的这么容易屈服？切尼的朋友问他：“为何至今我们还未发现大规模杀伤性武器？”这个问题似乎预示着乱局的开始。

面对疑似情报要做两手准备

3 月 19 日，美国总统布什把他的战争顾问班底召集到一处，听取他们对作战计划的最后意见。布什神色异常凝重，这次会面，他要下达命令，在两天内发动战争。白宫战情室内，总统入座后，顾问们纷纷围坐周边。墙上的电视屏幕上，各大军区指挥官早已就位，等待总统发话。

“汤米，”布什对弗兰克斯将军说，“我想跟你的团队说几句话。”

紧接着，他轮流与各位指挥官谈话，问的几乎都是同一件事。“需要的东西你们都配备好了吗？完成这次任务所需的一切都准备就绪了吗？”指挥官们众口一词：“是的，总统先生。”

“很好。”他回答道，转而与下一位将军会谈。布什问完问题，并且得到满意答复后，便转向国防部长唐纳德·拉姆斯菲尔德。接下来，他要说的一番话，早已在心里模拟了好几遍。布什深知这一刻的重要意义。

“国防部长先生，”他说，“为了世界和平，为了伊拉克人民的自由和利益，我在此郑重下令，发动‘伊拉克自由行动’。愿上帝保佑我们的军队。”

屏幕上，远在卡塔尔中央总部指挥所的弗兰克斯将军立即向布什敬礼致意：“总统先生，愿上帝保佑美利坚。”

布什坐在原位，回礼。刹那间，房间变得鸦雀无声，在场所有人都陷入沉默。科林·鲍威尔伸出手，轻轻碰了碰布什的手，一言不发。随后，总统起身离开。他踱步走出战情室，白宫御用摄影师埃里克·德雷珀正好站在门口，他看到布什眼眶泛红，泪水呼之欲出。他知道这一刻早晚会来到，只是没想到总统流露出了自己从未见过的感性。的确如此，这就是战争。布什上楼，径直步入总统办公室，没理会旁人。又迅即走出办公室，走上南草坪，他想带着小狗“小斑点”散会儿步，收拾收拾自己的心情。随从们能明显感觉到他内心的百感交集，便没有跟上去，打扰他独处。过了一会儿，他才回到大楼。“不难发现他脸上凝重的表情。”德雷珀回忆时说道。

布什上楼，走进白宫条约厅。坐下来，给父亲写了一封亲笔信。

亲爱的父亲：

今天早上大约 9 点 30 分，我给国防部长下达命令，执行“伊拉克自由行动”作战计划。尽管几个月前，我就决定在必要时使用武力解放伊拉克，使其免遭大规模杀伤性武器的蹂躏，但真正做出这个决策，也包含了一定成分的意气用事……

我明白，这无疑是个正确的决定，但同时我也不得不衷心祈祷，希望这场战争能避免重大的人员伤亡。伊拉克将获得自由，世界会更加安全。决策刹那的情绪已经慢慢消散，现在我将静候秘密行动开展。

你当年所经历的内心挣扎，我现在彻底明白了。

你的爱子乔治

没过几小时，父亲老布什通过传真复函如下：

亲爱的乔治：

刚收到你的亲笔信函，内心备受震动。很高兴，你在做着正确的事。你刚刚做出的决定，无疑是迄今为止你所面临的最艰难抉择。令人欣慰的是，你在决策时，坚毅果敢而不失悲天悯人的情怀。不论是伊拉克人还是美国人，无辜生命的丧失无不令人痛惜，你内心的忧虑，实属人之常情。但是，请相信，你做了自己该做的事……

还记得罗宾曾说过的话吗?

“我对你的爱无以言表。”

是的，这就是我此时此刻心情的真实写照。

永远爱你的父亲

事后，布什告诉白宫顾问丹·巴特利特，在正式下令发动战争的那一刻，他内心有所触动。“但那时候，已是箭在弦上，不得不发，”巴特利特说道，“不是怀疑这个决定，而是一种释怀，所有人仿佛都松了口气。他做了决定，其他人心里的石头也落了地。”

对总统而言，发动一场战争，从某种程度上说，像经历一场大选。经过几个月的高强度研究，一旦做出决定，那么布什本人除了等待和担忧，恐怕什么也做不了了。副总统切尼忙着与埃及、以色列、匈牙利、韩国等国领导人通话。

然而，形势又出现了新的变化。大约下午 3 点 40 分，布什接到国防部长拉姆斯菲尔德的电话。“我想改变作战计划，希望能得到你的首肯，”拉姆斯菲尔德在电话中说道，“我能过去和你面谈吗？”

布什立即召集切尼和其他国家安全班子成员召开紧急会议。随拉姆斯菲尔德一同到达的，还有时任美国中情局局长的乔治·特内特以及参联会主席理查德·迈尔斯。一行人前往总统办公室旁边的餐厅进行讨论。

中情局从它部署在伊拉克的特工，即代号为“摇滚之星”的情报网络获得报告，称萨达姆·侯赛因和他的两个儿子——乌代和库赛，今晚可能会在当地出没。特内特在桌上展开地图，指出他们可能出没的具体地点——巴格达南部底格里斯河畔的一栋寓所。这栋房产归萨达姆的妻子所有，名叫“多拉农场”。特工们对该寓所进行了空中侦察，探测到了重型车辆，表明此地戒备异常森严。虽然还不能确保目标人物就在里面，但特内特认为，情报基本可靠，不能当成“传闻”轻易放过。根据布什先前下达的最后通牒，侯赛因家族必须在当天晚上离开伊拉克。布什也刚批准了一项精心部署的计划：先进行两天的秘密行动，再发动突袭。而现在，他们似乎有机会除掉伊拉克总统，并避免一场血腥杀戮。

布什忍不住紧张起来。万一其中有诈呢？万一情报有误呢？他最不希望看到的是，因判断失误而伤及无辜平民。他不想像父亲老布什在第一次海湾战争中一样，酿成“婴儿奶粉厂”事件（第一次海湾战争期间，以美国为首的多国部队空袭了一座“生化武器厂”，最后被证实是巴格达的一座婴儿奶粉厂。——译者注）。“坦白说，一开始我很犹豫，”布什事后回忆道，“因为我担心到时从伊拉克发回的第一组照片，是我们杀死了一群无辜的伊拉克儿童。”而且，轻易改变计划，错误地发动突袭，可能会破坏国际援助，甚至可能影响已经秘密潜入伊拉克的特别行动小组的安危。

布什不停追问特内特："你们在伊拉克的线人可靠吗？这个情报的可信度有多高？"

特内特说，线人比较可靠，但他们也不能百分百证实这个消息。

经过近一个半小时的思考，布什似乎已经打算下令发动"战斧"式巡航导弹袭击。"好吧，就这样。"他说。

但是，当部下们出门打算执行命令时，总统又叫住了他们："不，稍等一下。"他仍感到不太踏实。

一行人转移到总统办公室继续讨论，官员们不停进进出出，打电话四处搜集更多消息。美国首都华盛顿暮色渐浓，迈尔斯向窗外眺望，夜色中，无数轿车点亮车灯，汇入车流，踏上回家的路。

最新报告显示多拉农场里有个弹坑掩体，这就意味着仅用"战斧"式巡航导弹袭击根本不够，还需要调遣人工驾驶的军用战机，投掷掩体钻地炸弹，即"碉堡星"。但这样做，会提升作战风险，因为伊拉克防空部队还没有宣布中立。布什正慢慢消化这些突如其来的最新情报，将军们下令两架驻扎在卡塔尔的 F－117 隐形战斗机做好准备。终于，特内特前来汇报说，萨达姆刚搭乘一辆出租车到达目标寓所，这是这位伊拉克独裁统治者惯用的掩护伎俩。

布什绕房间走了一圈，征求顾问们的意见。所有人一致认为，总统应该下令袭击。他必须在晚上 7 点 15 分，即伊拉克当地时间凌晨 3 点 15 分之前做出决策，这样两架战斗机才有足够时间到达目的地执行任务，并能趁着白天及时返回。晚上 7 点整，总统命令房间里的其他人离开，只留下副总统切尼与自己单独交谈。在这个生死攸关的重要决定上，他很想听听自己最信任的副手的意见。

"迪克，你认为我们应该怎么做？"布什问切尼。

"发动袭击。"切尼斩钉截铁地回答。如果情报无误，他们能斩首成功，那么战争没开始就将结束，这能拯救很多人的生命。这个险值得冒。

布什颔首同意，于是把其他人召回办公室。

"就这么办！"布什下令时已是晚上 7 点 12 分，比最后期限仅仅提前了 3 分钟。

将作战时间提前，打乱了白宫的外宣计划。布什原本决定在 3 月 21 日中午发表全国讲话。切尼坚持认为，袭击多拉农场后，白宫仍应秘而不宣，但布什觉得这不太妥当，决定当晚就发表电视讲话，公开宣布战争开始。为了防止走漏风声，白宫办公厅没有像往常一样召集普通工作人员前来布置讲话场景，而是由白宫幕僚长安迪·卡德、副幕僚长乔·哈金以及总统的助手布雷克·戈特斯曼等人亲自动手把总统办公室里的沙发挪开，腾出足够空间架设摄像机。

一切准备就绪后，布什前往官邸，寻找夫人劳拉。劳拉正在与自己的发小帕梅拉·哈德森·内尔逊聊天。布什告诉她们，他刚刚下达命令发动战争，两位女士深为震撼，心境与布什下令时如出一辙。三人简单吃了点鸡肉馅饼作晚餐，之后，布什迅速在脑海中把电视演讲稿过了一遍。他情绪低落，并坦率地表示，希望提前袭击多拉农场能取得决定性的胜利。“也许运气会眷顾我们，”他说，“但这一次战争恐怕不会像上一次那么容易。”他深知萨达姆诡计多端，比塔利班更难对付。最后，布什一边与两位女士握手，一边祷告“愿上帝赐予我们力量与智慧”。

布什来到白宫条约厅，与他的发言稿主笔迈克尔·格尔森和亲密顾问凯伦·休斯探讨讲话内容。他坐在总统专属席位上，又仔细把演讲稿通读了一遍。晚上 8 点刚过，电话响了。他拿起听筒，听了一会儿，又把电话挂了。这是幕僚长卡德的来电，他说，已经过了时间，但萨达姆没有遵照美方下达的最后通牒离开伊拉克。布什缄默不语。他并没有对萨达姆的举动感到意外，相反，他早有预感。“接着，我见他脸色苍白，这是我唯一一次在白宫看到他露出这样的神情，”格尔森说道，“以前从没有过。”

华盛顿时间晚上 9 点 30 分，也就是最后通牒期限过去一个半小时后，两架 F－117 隐形战斗机向目标地点投下 4 枚重约 908 千克的 EGBU－27 制导炸弹，39 枚“战斧”巡航导弹也同时击中目标。根据安排，布什马上要进行电视讲话。化妆师忙着在他脸上扑粉，总统目不转睛地盯着电视屏幕上烈焰纷飞的轰炸场面。晚上 10 点 15 分，布什整装待发，他身穿一套深色西服，系着红色领带，翻领上别着一枚美国国旗图案的徽章。他走进总统办公室，在专属的“坚毅桌”前就座，面对镜头。布什的双手自然叠放在胸前的桌上，身后，他那对双胞胎爱女的照片清晰可见。

“我已经命令联军开始对特定的重要军事目标实施打击，以期重创萨达姆·侯赛因的作战能力！”布什用温和却也庄严的语调说道，“一场大规模的多国部队协同作战正式拉开帷幕。”讲话中，他没有提及多拉农场，而是将最新发动的战争与“9·11”恐怖袭击联系在一起。他解释说，向伊拉克开战、推翻萨达姆是为了避免另一次对美国本土的切实威胁。“美国人民、我们的朋友和盟友，都不会眼睁睁任由一个非法政权逍遥法外，肆意使用大规模杀伤性武器威胁世界和平，”他说，“我们宁可现在就集齐我们的陆、海、空、海岸警卫队以及海军陆战队等各兵种力量，直面威胁。否则，晚一步，我们就会陷入被动。等敌人伸出魔爪，我们恐怕只能出动消防部队、警察和医生四处搜救散落城市各处的平民和伤员了。”

4 分钟之后，布什总统讲话完毕，他返回白宫的总统官邸，打算休息。他在卧室与妻子劳拉一起看电视，这期间，屏幕下方打出一行字幕说，布什总统和第一夫人劳拉已经入睡，其他事务全权交给楼下的新闻发布室。“唉，”劳拉说，“我们终于可以睡了。”

第二天，3 月 20 日，布什一早醒来就收到一则令人扫兴的消息。赖斯打电话告诉他，有中情局特工发来报告称，发现一名长相酷似萨达姆的男性从多拉农场的废墟中被带走，上了救护车，此人仍有很强的生命迹象。稍后又有消息证实，此人并非萨达姆。至于昨晚的突袭有没有击中萨达姆，萨达姆一开始是否在多拉农场，还无从知晓。但无论如何，战争还是要继续。

“我们已经尽一切可能，希望能通过和平方式解决问题。”布什在当天的内阁会议上这样说道，他试图向自己和在场的人表明，“动用武装力量，是完全正确的”。布什历数了萨达姆政权的众多卑劣行径，又补充道：“我们所做的一切，完全是为了人类的自由和解放事业。”

当晚，布什在总统官邸与劳拉以及她的朋友帕梅拉·内尔逊共进晚餐，但他的心思却在千里之外的国度——伊拉克身上。等待上菜期间，布什开始滔滔不绝地讲述他所听闻的、有关萨达姆独裁政权在伊拉克的暴行，从严刑拷打、割舌等虐囚事件到对平民的奸淫掳掠。“他讲得惟妙惟肖。”内尔逊事后回忆时这样说道。他们吃饭时，劳拉则大声朗读了老布什发来的信函。

美英联军轰炸伊拉克南部地区，接着又加紧朝巴格达迅速推进。国防部长拉姆斯菲尔德事先设想的许多恐怖场景都没有出现：伊军没有使用生化武器，当地没有出现难民危机，大规模轰炸也没有促使以色列卷入战争，伊拉克地区的油田没有遭受严重损毁。

但联军遭到了剧烈抵抗。一辆载有后勤人员和厨师的补给车中了埋伏，数人死亡，其余人员被俘。美军在伊拉克军事重镇及其他地区遭受重创。一支被誉为萨达姆敢死队的非正规武装人员神出鬼没，有时化装成平民，有时利用儿童当人肉盾牌，有时佯装投降，接着发起猛攻，令美军措手不及。沙尘暴以及这些非正规军的突袭延缓了美军的作战步伐。与布什在阿富汗战争之初的遭遇一样，华盛顿高层再次疑云密布，不少人开始担忧，美军会陷入伊拉克战争泥潭无法自拔。

战争刚开始就结束了

美国进攻伊拉克的第一个周末，布什与顾问以及朋友们一起前往戴维营度假。他试图向人们证明，自己并没有因前线战争升级而感到困扰。然而在此期间，他除了偶尔在健身房锻炼，或与朋友沿戴维营的小路漫步外，其余时间几乎都在密切关注电视上播放的战争新闻。与人交谈时，话题也很少能绕开战事。“他整个人沉浸在战争之中。”罗兰德·贝特斯下山后感慨道。贝特斯是布什在耶鲁大学时的老同学，当时随总统一起前往戴维营共度周末。

随着战事加速推进，军事行动逐渐锁定到早已瞄准的目标上，即位于伊拉克北部库穆尔地区的安萨尔极端组织。3 月 21 日，正式开战的第二天，联军对该地发起了大规模轰炸，投下 64 枚“战斧”式巡航导弹。一周后的 3 月 28 日，美军特种部队与库尔德武装人员赶往该地，经过 4 天的浴血奋战，消灭了残余极端分子。布什和切尼收到前方传来的报告，称有证据显示该地区存在化武设备。探测仪检测到了微量的氰化物及其盐类、蓖麻毒素和氯化钾，士兵们还在当地搜到一批化学防护服和阿拉伯语的化学武器制造指南，但目前还没有证据表明该集团与萨达姆政权有关。更为不妙的是，特种部队歼灭伊拉克恐怖分子行动指挥扎卡维的行动受挫。

3 月 27 日，布什在戴维营招待时任英国首相托尼·布莱尔，两人讨论了战事。布什展望未来，希望此次攻打伊拉克能对其他国际极端势力带来一定威慑力，而现在已经出现了一些积极迹象。利比亚的独裁领导人穆阿迈尔·卡扎菲上校的长子赛义夫·伊斯兰·卡扎菲刚刚通过英国的联络人接触美国，希望双方就利比亚的大规模杀伤性武器开启对话。这位卡扎菲的后人透露，利比亚正考虑与西方彻底和解，愿意“把一切都放到台面上商谈”，包括放弃其核武器计划。布什和布莱尔谈论着卡扎菲的动机：卡扎菲的葫芦里到底卖的什么药？他是认真的，还是在玩什么把戏？

利比亚已经开始坦白一些事件，例如宣布对 1988 年的“洛克比空难”负责。利比亚当局承认派遣恐怖分子，在苏格兰小镇洛克比炸毁泛美航空公司的 103 航班，造成数百人丧生。卡扎菲很可能看到伊拉克目前的形势，决定转变策略，避免落得萨达姆的下场。“我们很清楚，等布什收拾完伊拉克之后，他还会寻找下一个目标，”卡扎菲在接受法国第一大报《费加罗报》采访时激愤地说，“用不了多久，他就会攻击伊朗、沙特阿拉伯或利比亚了。”当时大约是美国入侵伊拉克一个星期之前，卡扎菲在采访中将布什比作希特勒。

布什和布莱尔达成默契，想看看形势究竟会发展到什么地步。两人谈话甚秘，就连英美两国政府内的许多人都不知道会谈的具体内容。只有布什、切尼、赖斯、特内特、白宫国家安全顾问斯蒂芬·哈德利及其他几名布什的亲信知道。国务卿鲍威尔和国防部长拉姆斯菲尔德只知道谈话内容的梗概。布什把下一步行动计划交由中情局和自己的部下研究。“我们当时真的很担心，如果我们把有关情报告诉国防部，那么消息不出 10 秒就会泄露出去；如果告诉国务院，那么不到 5 秒钟就会走漏风声，”接到保密任务的国家安全委员会反扩散高级官员罗伯特·约瑟夫事后说，“因此，目标是全力封锁消息。”

随着战争升级，美国国务院与国防部之间的矛盾日益凸显。3 月 31 日，拉姆斯菲尔德指责鲍威尔的副手，时任美国副国务卿的理查德·阿米蒂奇“到处说五角大楼坏话”。鲍威尔不甘示弱，反击称拉姆斯菲尔德的副部长保罗·沃尔福威茨到处指责国务院的不是，拉姆斯菲尔德对此予以否认。国家安全决策团队的坚持让这位国防部长沮丧异常，他认为美方动作太过迟缓，他们应该及时组建新伊拉克政府，等萨达姆倒台后，立即取而代之。第二天，也就是 4 月 1 日，拉姆斯菲尔德给布什、切尼及国家安全委员会其他成员递交了一份备忘录。他在信中敦促安全委员会成员，允许他组建伊拉克临时政府。“我们必须立即着手此事，”他写道，“再进行跨部门之间的漫长讨论会误事，我们恐怕等不起了。此事迫在眉睫，我想我没必要再强调，现在对我们来说，时间就是生命。”组建新政府会让更多伊拉克人相信，美国不会轻易罢手，必将消灭萨达姆，这样他们才会更坚定地站在联军这边。拉姆斯菲尔德提议创立由流亡人士艾哈迈德·沙拉比为首的伊拉克临时政府，尽管布什当即反对，但五角大楼和白宫之间在这个问题上的角力还在继续。

此后，美军一路长驱直入，兵临巴格达城下。4 月 3 日，布什与夫人劳拉登上“空军一号”专机飞往北卡罗来纳州的勒琼兵营，慰问海军陆战队。美军前线捷报频传，布什也变得兴致高昂起来。他登上陆战队营地临时搭建的看台，看到周边驻停的坦克满载着年轻的海军陆战队士兵，他们个个意气风发。勒琼营已经派遣 17 500 名陆战队员与海员前往伊拉克，接下来还将陆续调遣更多战士赶赴前线。

“12 000 名美国海军陆战队员及医护兵如此威武，整装待发，这场景令人无比激动。我们的敌人，伊拉克共和国卫队该闻风丧胆了。”布什的话赢得了台下雷鸣般的喝彩，他宣布，“萨达姆的日子不多了。”

在部队食堂与将士们一起吃了排骨、通心粉和奶酪后，总统和第一夫人来到教堂旁边的一栋建筑内，与五名在伊拉克阵亡的官兵家属见面，听他们追忆亲人们的故事。自伊拉克战争开始以来，布什还是第一次慰问伊战遗属。迄今为止，已有 13 名勒琼兵营战士战死沙场，另有 6 名士兵失踪，比其他兵营伤亡更严重。不同阵亡将士的家属们各自为坐，有些人的领口上别着过世亲人的相片，布什和夫人一一安慰他们。“他去了天堂。”布什对一名阵亡士兵的家属说道。还有两名年轻的海军陆战队员战死沙场，甚至未来得及见他们刚出生的孩子。

布什看到一对刚满一个半月的双胞胎女婴，她们的父亲不久前牺牲。他忍不住想起自己那对可爱的双胞胎女儿詹娜和芭芭拉，她们几乎是自己生命的全部。眼前这对襁褓中的婴儿对她们的父亲来说，意义何尝不是如此？然而，她们将再也见不到自己的父亲，这是怎样的伤痛？布什眼中泛着泪花，走出小教堂，登上了总统直升机专机“海军一号”。往常，布什经历感性一刻后，情绪会很快平复，但这一天，他再也高兴不起来了。从兵营坐直升机返回华盛顿的 20 分钟里，总统陷入沉默，若有所思地盯着窗外。随行的白宫新闻发言人阿里·弗莱舍表示，从未见过布什如此安静，“战争造成的家庭破碎、骨肉分离，亲眼目睹的人间悲剧令他久久不能释怀，毕竟总统本人也曾有过相似的经历”。

副手们担心布什熬不下去。一天，开完会后，斯蒂芬·哈德利与总统单独聊了一会儿。这位国家安全顾问问他，最近过得怎么样。

“是我做出的决定，”布什说，“我晚上睡得很踏实。”

尽管布什拒绝建立由伊拉克流亡者组成的政府，然而作为五角大楼的宠儿，艾哈迈德·沙拉比的美国后台老板依然帮助他秘密潜回伊拉克。4 月 5 日早晨，鲍威尔和特内特收到消息，沙拉比及其下属的“伊拉克自由军”已坐飞机到达伊拉克军事重镇纳西里耶。拉姆斯菲尔德认为，伊拉克流亡者的加入能有效改变公众看法，因为“外界经常指责美国入侵伊拉克，而不是想解放这个国家”。鲍威尔和特内特则认为，这种做法简直疯狂：美国向来标榜，尊重伊拉克人民的意愿，由他们自主选择国家领导人，强行把沙拉比推上去，只会搬起石头砸自己的脚。

4 月 9 日，布什的一位助手打电话到总统办公室，通知他看电视新闻。美军已攻入巴格达，成群的伊拉克人正在巴格达市中心“天堂广场”上，试图拉倒萨达姆的巨型雕像。总统的椭圆形办公室没有电视，所以他立刻走到外面的办公室，看电视上播放的最新动态。画面中一名伊拉克男子正挥舞着一把铁锤使劲砸向高达 6 米的萨达姆铜像。这组镜头有很强的视觉冲击力。接着，一名美国海军陆战队队员迫不及待地站上雕像升起了美国国旗。当然，从政治上考量，更明智的做法应该是升起伊拉克国旗。最后，一辆美军坦克开进广场，试图推倒雕像。

“他们已经出动吊车，把它（萨达姆铜像）吊起来了。”布什回到总统办公室时，一位助手打来电话说。

“很好，有什么最新进展，及时向我汇报。”他说。

“好的，马上就要拉倒了。”助手回答。

于是，布什马上又走到外面的办公室，观看具有标志性意义的“倒塌”。几年后，回首当时那一幕，布什表示自己“深深地松了口气，心中充满自豪”。但是，根据其他人的回忆，总统当时表现得很平静。他的御用摄影师埃里克·德雷珀说，布什只短暂停留，看了一会儿电视上播放的画面。“他很快就回到自己的办公室，”德雷珀说道，“他好像不以为然。他的注意力仿佛集中在别的一些事情上。对我们大多数人而言，这是激动人心的一幕，但对总统而言，这并没有什么大不了的。因为，他好像已经预料到会有这一天。他总有一些前瞻性的想法。”

事实上，在巴格达发生的这一幕的确没什么大不了的，只有几百名伊拉克人参加。但是，在许多人看来，它的象征意义却不亚于“二战”时期的诺曼底战役的胜利，巴黎的解放，也不亚于20世纪80年代末柏林墙的倒塌。各大媒体连番滚动播报那激动人心的一幕。萨达姆铜像被推倒后，美国有线电视新闻网平均每7.5分钟就重播一次，福克斯新闻网平均每4.4分钟就重播一次。

老布什给儿子发来电子邮件，盛赞儿子“坚决果断”。很难想象，身为总统看到这一幕能心如止水，毫无志得意满的感觉。

那天，副总统切尼正好应邀前往新奥尔良进行演讲，他是在当地一家酒店看的电视新闻。晚上，他乘机返回华盛顿，在白宫接待了一位不速之客——卡南·马基亚。这位伊拉克流亡作家曾告诉布什和切尼，伊拉克人必将用“鲜花和糖果”列队欢迎美军。

“感谢你们为我们带来解放。”马基亚说。

切尼带领马基亚到总统办公室，以便他当面向布什表达谢意。

国家安全顾问赖斯也刚好来到总统办公室。“你成功了。”她向布什表示祝贺，但总统没有回应，“他沉浸在自己的内心世界中”。

然而，所谓的解放并没有人们期待的那样美妙。当切尼和马基亚喜极而泣地认为，伊拉克人民会热烈欢迎他们的美国解放者时，他们并没有说错。只不过，这种你侬我侬的蜜月期犹如昙花一现，转瞬即逝。

伊拉克人民长期遭受压迫奴役，对萨达姆政权的轰然倒台自然鼓掌叫好。铜像倒塌后的那些时日里，萨达姆独裁政权惨无人道的暴行成了伊拉克街头巷尾人们交谈的主流话题。公众不禁感叹，萨达姆在续写“斯大林式暴虐”。切尼和马基亚多么希望伊拉克人民对美军的友善能长期持续，也希望伊拉克人民会永远铭记美国成功倒萨的恩情。然而，美好愿景终究会被残酷的现实灼伤。

多年来，萨达姆独裁政权给国内造成大规模的营养不良和疾病，经济陷入瘫痪，伊拉克因此遭受了十多年的国际制裁。政府宣传机器也长期向公众灌输这样一种思想：美国在海湾战争期间使用的大规模杀伤性武器残余及其在禁飞区实施的轰炸是伊拉克人民癌症频发的罪魁祸首。与此同时，什叶派和库尔德人也对美国怀恨在心。1991年，什叶派和库尔德人试图起义推翻萨达姆政权，最终被萨达姆镇压。当时，美国解放了科威特，却对萨达姆的所作所为熟视无睹。伊拉克民众对此抱有深刻的疑虑，他们认为此次美军重返海湾地区，不是为了帮助他们，而是为了当地丰富的石油资源。此外，萨达姆政权倒台后，一些暴徒洗劫了政府大楼，场面失控，而美军对此坐视不理。“有些事情无法避免。”拉姆斯菲尔德油腔滑调地辩驳道。然而，放纵已久的武装力量想再度变成训练有素的纪律部队，还需要好几年时间。

那一刻，白宫高层也被胜利冲昏了头脑。4 月 13 日，切尼筹办了一次小型宴会，庆祝成功推翻萨达姆。他邀请的贵宾包括白宫官员“滑板车”利比、副防长保罗·沃尔福威茨以及肯尼斯·阿德尔曼。阿德尔曼也是切尼和拉姆斯菲尔德的副手，他曾在《华盛顿邮报》撰文，称美军可“轻取”伊拉克。副总统前来迎接各位来宾，阿德尔曼出乎意料地给了切尼一个熊抱。要是在平时，这种举动一定会令切尼反感，但此时情之所至，倒也并不显得唐突。在场所有人都情绪昂扬。“我们都很开心，” 阿德尔曼回忆时说道，“每个人都心情大好，感觉太棒了。那真是美妙的一夜。”

席间，众人向布什祝酒，庆贺美国在伊拉克的胜利。切尼当着所有人的面，称赞自己的后生晚辈布什总统：“他真是勇气可嘉！”

“你们什么时候开始酝酿此事？” 阿德尔曼问道。

“‘9·11’之后我们就觉得这一行动无法避免，”切尼说，“但整个决策还是经历了漫长的讨论过程。”

大家一致认定，攻打伊拉克为美国消除了一个可怕的劲敌，展示了美军实力，也为美国团结中东地区的盟友带来了希望。布什热心于在伊拉克进行民主试验，切尼对此却并不感冒，他只关心美国的安全。

阿德尔曼突然提出的一个问题成了这个狂欢夜最不和谐的音符：“我很好奇，为什么我们至今还没有发现大规模杀伤性武器。”

利比很快接下话头：“噢，我们马上就会找到的，不用担心这个问题。”

“他们没找到，是因为他们一直在寻找别的东西。”切尼补充说。

“如果还不能马上找到，”阿德尔曼说，“人们恐怕马上就会怨声载道了。”

一条标语毁了完美的政治秀

萨达姆·侯赛因被赶下台后，联军以迅雷不及掩耳之势占领伊拉克核心区。布什及其决策团队以为战争接近尾声。斯蒂芬·哈德利甚至打电话给副国务卿理查德·阿米蒂奇，询问该如何筹备伊战结束后的胜利游行。

汤姆·弗兰克斯将军期待总统能发表演说，嘉许他的将士们短短几天内在伊拉克取得的显赫战绩。布什决定满足他的要求。

白宫办公室副主任乔·哈金向布什汇报，美国海军“亚伯拉罕·林肯”号航空母舰即将回国，预计将停泊在圣迭戈港口。这艘航母是“军中元老”，自越战起就开始在海外服役，对美国来说具有重要象征意义。届时，总统演说若能在这艘战舰上进行，一切将堪称完美。初步设想是，在“林肯”号航母回国途中，战舰慢慢靠近岸边，布什乘战机登上航母，在甲板上发表全国电视讲话。布什总统年轻时曾是得克萨斯国民警卫队的 F－102 战斗机飞行员，对这个提议自然举双手赞成，他的幕僚们也表示支持。

定下场地后，接下来要考虑的问题是讲话内容。记得“二战”结束时，道格拉斯·麦克阿瑟将军站在美军“密苏里”号航空母舰的甲板上做了一番激情澎湃的演讲。总统演讲稿主笔迈克尔·格尔森受此影响，为布什草拟了一篇热情洋溢的演讲稿，但遭到不少质疑，尤其是来自拉姆斯菲尔德的微词。拉姆斯菲尔德在伊拉克战争打响后，第一次前往巴格达的途中阅读了这篇稿子，他认为措辞太过高调，内容“过于乐观”，他告诉白宫，务必“淡化战争必胜这类言辞”。拉姆斯菲尔德很疑惑，讲话稿中关于民主化的观点让人摸不着头脑。他向来认为，“为伊拉克带来民主”并非此次战争的主要目标。之前，他们在白宫战情室进行的多次讨论中，唯一谈到民主化目标的人，只有赖斯，拉氏后来说：“但我并不清楚，是赖斯怂恿总统谈论民主问题的，还是总统本人授意触及民主话题的。”除拉姆斯菲尔德之外，科林·鲍威尔和凯伦·休斯也对讲话稿持异议。然而，布什的政治顾问把注意力都集中在演讲稿的措辞上，却忽略了白宫应“林肯”号航母全体官兵的要求而打出的标语内容。

白宫一开始提出，布什要乘战机才能登上航母，毕竟它离岸还很远，单是搭乘直升机不太现实，事实上航母到达的地方离美国西海岸较近，但出于拍摄需要，航母需重新定位。总统乘坐战机登上航母，幕僚们深知这一画面给世界带来的强大冲击力。布什提出要乘坐 F－18 双座教练机上航母，这主意当即遭到负责总统安全保卫的特勤局断然否决，因为他们绝不允许美利坚总统独自“上天”。最终，双方达成妥协：布什先乘“空军一号”

专机抵达圣迭哥，然后换乘一架可搭乘至少 4 人的 S － 3B“维京”海盗反潜侦察机前往“林肯”号。为保证总统的人身安全，布什将与随行的幕僚长安迪·卡德进行水上生存训练。一连好几天，布什都穿着飞行服在白宫游泳池内做跳水训练，他需要在触底前迅速把装备脱掉。

5 月 1 日，布什乘坐“空军一号”总统专机在圣迭戈湾的美国北岛海军基地降落，他会见了战机飞行员。海军指挥官约翰·斯齐普·卢西尔中校如实向布什汇报了乘坐战机在一艘行进中的航母上降落有何潜在危险。

“99.9% 的情况下，一切都会顺利进行，”卢西尔告诉布什，“但也有 0.1% 的可能会发生意外。”

“卢斯（卢西尔的昵称。——译者注），不用担心，”布什宽慰道，他还开玩笑说，“我们有位很棒的副总统。”

布什和卢西尔乘坐“维京”朝太平洋上空飞去。“总统先生，”飞行平稳后，卢西尔说道，“你想不想试试操控这架战机？”

总统欣然同意，他像孩子一样兴奋地接过控制杆，开始以 400 公里的时速飞行，令坐在后座的特勤局特工忐忑不安。

等到即将降落“林肯”号时，战机重新由卢西尔控制，“维京”以 150 公里时速降落在甲板上，精准地被舰上拦截索勾住，平安降落。布什穿着飞行服步出机舱，模样酷似电影《壮志凌云》中老年版的汤姆·克鲁斯。相信任何政治战略家都会被这位总司令的英勇神气所倾倒。接着，布什换上西装，开始向身着各色制服的数千名“林肯”号航空母舰将士发表讲话。与总统一起进入人们视野的，还有舰船上的巨幅标语：“任务完成！”

在拉姆斯菲尔德等人的一再坚持下，总统演讲稿的措辞几经调整，内容相对克制。“各位美利坚同胞们，”布什说道，“伊拉克的主要战斗已经结束。在伊拉克战场上，美军和我们的盟友取得了巨大胜利。”海军和空军将士们纷纷鼓掌庆贺。“现在联军已开始着手重建伊拉克，保护当地安全。”布什郑重其事地宣告：“我们铲除了‘基地’组织的一大盟友。”他再次高度肯定了情报机关的出色表现。但同时，布什强调，反恐战争远未结束。“在伊拉克，我们还有更多艰难任务要完成，比如为该国许多恐怖主义仍然猖獗的地区带去秩序。我们还要继续追捕，铲除萨达姆政权的核心领导层，他们必须为自己的所作所为付出代价。”

之后几年中，每当遭到国际社会质疑时，布什的这番话都会被他的幕僚们当作救命稻草，以解释美军继续存在伊拉克的必要性。显然，从大规模动武以推翻一个政权的层面看，布什并没有说错，“伊拉克的主要战争”已经结束。这种说法几乎没有引起异议。一个星期前，美国全国广播公司王牌节目主持人汤姆·布罗考采访布什时，也以这样的语句作为开端：“在伊拉克的战事即将结束……”布什在讲话中，字里行间流露着胜利的喜悦。他将“伊拉克战争”与先前的“阿富汗战争”联系起来，从打击恐怖主义的维度谈论这两场战争间千丝万缕的关系，如同谈论“二战”时解放欧洲的两大步骤。

至于那句标语，不管它到底是怎么出现在航母上的，也不管是出于何种用意，总之，它成为了当天那场堪称完美的政治秀中唯一的瑕疵。事后，布什说道：“我们的舞台布景出了问题，那是个重大失误。”

DAYSOFFIRE

|第15章|

特工门危机

在伊拉克根本没找到违禁武器！所以，总统哪来的证据证明伊拉克有违禁武器？伊战真的正义吗？两个问题直指白宫不可承受之重。面对铺天盖地的非议，白宫“无意间”泄漏了某中情局特工的身份，一场撕裂布什与中情局、副总统关系的内战由此而起。

从速战速决到长期占领

“林肯”号航空母舰上那场精彩绝伦的电视秀刚落幕5天，布什便召来一位神秘人物与之共进午餐。总统想对他委以重任，负责完成美军接下来在伊拉克的任务，他便是杰瑞·布雷默三世。此人曾是美国负责反恐事务的外交大使，也是前国务卿基辛格的亲密助手。布雷默被布什相中，负责管理伊拉克战后政治和经济重建事务，保证该国事务顺利交还伊拉克人手中。

布雷默也被唤作“杰瑞”，他是美国东北部精英阶层的后代，身家背景算不上出类拔萃，虽然父亲是克里斯汀·迪奥香水美国公司董事长，但这并不足以吸引布什的目光。布雷默拥有艺术史讲师职称，曾就读于菲利普学院，1963年获得耶鲁大学文学学士学位，1967年获得哈佛大学工商管理硕士学位，之后又进入巴黎政治学院深造。此外，他拥有一份耀眼的外交部门履职简历。他曾在国务院任职，从事外交事务多年。年届61岁的布雷默依然有一头茂密的卷发，相貌堂堂，脸部轮廓分明；他注重锻炼身体，全身散发着蓬勃的朝气，这些都颇为符合布什心意。

他们在5月6日那天第一次见面，布雷默直接拿出了一套解决方案，与布什团队制定的伊拉克计划框架大相径庭。布什及其幕僚希望联军迅速从伊拉克撤出，即到9月底将驻军减少至3万，然后尽快把权力交还伊拉克。而布雷默提出的计划更复杂，实施起来需要漫长的过程，它要求美国更多地介入伊拉克事务。用餐时，布雷默成功说服了布什接受自己的提议。没过多久，布雷默就被任命为美国驻伊最高行政长官。

“我们应该待到所有工作完成之后再撤出，”布什一边享用梨和蔬菜沙拉一边对布雷默说，“我完全支持你的做法，你不用理会政治家们或媒体怎么说。”

布什和切尼一直期望能找到布雷默式人物来管理伊拉克，等到杰伊·加纳上将开始担任美国驻伊拉克临时管理当局负责人时，他们更是加速推进这一计划。应该说，美国因推翻萨达姆政权而有些沾沾自喜，没料到未来还有更多挑战。事实上，早在巴格达天然广场上的巨型萨达姆铜像被拉倒前，布什内阁内部就已经为争夺对伊拉克的控制权而闹得不可开交。唐纳德·拉姆斯菲尔德对加纳说，按照“上级的意思”，令他除去团队中的托马斯·沃里克和梅根·奥沙利文。经过多方打听和侦查，加纳后来得知，所谓的“上级”指的是切尼办公室，他们认为这两人无法胜任美国在伊拉克的工作。沃里克曾为国务院效力，负责一个名为“伊拉克未来”的项目，并不入切尼团队的法眼；而奥沙利文著有一本书，里面提到对付伊拉克这样的流氓国家，可以使用武力之外的其他手段。最后，加纳说服拉姆斯菲尔德，让奥沙利文继续留在团队中，沃里克走人。

这一事件凸显了布什政府内部的分歧。国务卿科林·鲍威尔曾提议派遣 7 名曾驻中东多年且精通阿拉伯语的大使，前去辅助五角大楼的工作，但遭到拉姆斯菲尔德的副部长、布什内阁中新保守主义者头目之一道格拉斯·菲斯的反对。菲斯直截了当地对鲍威尔说：“我们需要尽职尽责且对我们的事业有认同感的人。”鲍威尔听后暴跳如雷，他打电话给拉姆斯菲尔德，扬言要报复。鲍威尔说：“你知道吗，你们将来会需要很多帮助，我特意从使馆以及其他部门调来这些帮手，你居然不领情？如果你不接受这 7 名大使，那么以后即使你有需要，也不会再有人响应了。”最终，拉姆斯菲尔德妥协了，接受了其中几名鲍威尔推荐的人。

此时，加纳已经失去了华盛顿高层的支持。首先他为拉姆斯菲尔德开罪，接着又因为私自改变过渡计划得罪了鲍威尔。加纳为人不够果断，而且明显不符合切尼派的需求。切尼迫切希望能有个强硬的人物来取代他。保罗·沃尔福威茨毛遂自荐，但大家一致认为，他是位优秀的思想者，但不是一名好的管理者，沃尔福威茨的提议就这么不了了之。“滑板车”利比打电话给布雷默说，高层有意让他取代加纳。

午饭后，布什将布雷默带到总统办公室，一同会见记者。切尼当时还不在场，布雷默就坐在壁炉前副总统常坐的位置上，布什在媒体面前，称赞布雷默是一位“能干的人”。

记者退场后，布什、布雷默、切尼及其他国家安全决策团队的成员举行私下碰头会。“我觉得好像已经没必要开这个会了，”布什对顾问们说道，“其实我和杰瑞已经谈妥了。”

布什这么说虽然只是开玩笑，但同时也释放了一个信号。布雷默将此解读成，“我是总统的人”而不是五角大楼的人。早就觊觎伊拉克全国领导权的拉姆斯菲尔德也注意到了总统这句话的言外之意。“总统居然与他单独吃饭，这种情况极其罕见。”他在本子上用潦草的笔迹迅速记录，用首字母缩写 POTUS 指代美国总统，“总统希望他成为白宫的人，而不是国防部或国务院的人。”

布雷默坚持请总统召回白宫幕僚、与伊拉克反对派有着深刻渊源的美国驻伊特使扎勒米·哈利勒扎德。布什答应了。布雷默认为，在伊拉克安置两个直接向总统汇报的特使，会很怪异。布什一向自诩为总统中的工商管理硕士，坚信高水平的管理意味着挑选最合适的人选委以重任。既然布雷默希望哈利勒扎德退出，布什自然会答应他的要求。

鲍威尔得知后很震惊，立刻打电话给哈利勒扎德：“扎尔，到底发生什么事了？”“科林，我还想问你呢，”哈利勒扎德回答道，“我在这里的日子很不好过。”

同僚们管中窥豹，认为这是布雷默在铲除竞争对手。但这种做法实际上将布什内阁中最优秀的伊拉克问题专家，即力图促进伊拉克政权迅速过渡的人逐出了伊拉克。至于加纳，他接到上级通知，暂时留在伊拉克协助布雷默，但他对这一人事调动心领神会，马上开始了行李打包工作。

布雷默穿着他的标志性服装——一件风衣配领带、一双沙漠靴抵达巴格达。他身负重任，要在 6 天后建立起联盟伊拉克临时管理委员会。5 月 16 日，也就是布雷默到达巴格达 4 天后，他发布了第一号命令，取缔萨达姆·侯赛因的阿拉伯复兴社会党，宣布该党党员无权在伊拉克新政府中任职。加纳和中情局驻伊拉克站站长竭力阻止布雷默，但都无济于事。布雷默将此举比作战后德国去纳粹化做法，而这是根据道格拉斯·菲斯给他的一份草案实施的。一个星期后的 5 月 23 日，布雷默发布第二号命令，遣散伊拉克所有军队。而按照布什批准的计划，只需遣散效忠萨达姆政权的精锐部队。

布雷默借口说伊拉克军队很大程度上已经自我消失，并趁机收编了他们原本驻扎的营地。此间，布雷默十分注意对库尔德人和什叶派的安抚，他们都曾长期遭受萨达姆政权及其党羽的蹂躏。重建伊拉克军队可能引发宗派战争的反弹。“扣动内战的扳机就掌握在我们手中。”事后布雷默这样说道。

这两项命令都与布什最初的想法背道而驰，不过他并没有干涉或阻止，而是继续袖手旁观，亦如当年在阿富汗的托拉波拉地区对付本·拉登时那样。两项命令一出，伊拉克的街头便充斥着成千上万无业游民，他们中不少人都带着武器，接受过专业军事训练。布雷默还授权艾哈迈德·沙拉比负责清除复兴党的事务，让这个充满争议的人物来决定谁可以保留政府职位，谁必须被解职。随着时间的流逝，布雷默不得不为自己的做法辩护，他坚称“这些决定都是正确的”。最终，他勉强承认，自己唯一的错误是把清除党羽的任务交给了沙拉比，使得沙拉比肆无忌惮地滥用权力。

命令颁布仅 2 个星期，布雷默就提议收回控制权，并延长过渡期。5 月 22 日，他向布什递交了第一份工作报告，里面写道，他已经向伊拉克各部族和党派清楚表明，“只要他们通过民主选举组建伊拉克政府，就能拥有国家的完整主权，当然，他们必须按照全体伊拉克人民认同的宪法行事。完成这个过程，需要一定时间”。

第二天，布什批示了这份报告，表明自己在伊拉克问题上的态度变化：由先前的快速移交主权战略，转变为如今的长期占领政策。“我全力支持并相信你，”他写信给布雷默道，“我们整个内阁团队都支持你，我们知道完成这项工作需要时间。我们会让不耐烦者闭嘴……”

这些不耐烦者中，其中一部分一直在追问伊拉克境内的大规模杀伤性武器在哪里。伊战爆发几个星期后，联军依然没有发现此前所声称的大规模杀伤性武器，白宫内部也对长此以往可能引发的政治风险感到担忧。就在布什正式任命布雷默的同一天，白宫官员看到《纽约时报》发表了一篇专栏，详细描述了此事将引发的灾难性后果，直击美国决策层不可承受之重。

这篇专栏题为《在行动中迷失的真相》，作者是尼古拉斯·克里斯托弗。克里斯托弗注意到美军没有在伊拉克发现所谓的大规模杀伤性武器，指出白宫实际上忽略了这一显而易见的事实，那就是它们也许从未存在过。克里斯托弗重提布什国情咨文中用 16 个单词谈到的“尼日尔情报门”事件（即“英国政府获悉，萨达姆近期从非洲获取了大量铀”，这句话的英文由 16 个单词组成，故有“十六词”之说。——译者注），他指出“副总统办公室要求调查伊拉克从尼日尔购买铀的交易，于是派出前美国驻非大使去往尼日尔彻查此事”。这位大使报告说：“情报是错误的，那些文件是伪造的。”

克里斯托弗所称的前大使是指约瑟夫·威尔逊，在几天前的民主党秘密会议上，克里斯托弗遇见了威尔逊。威尔逊就是这篇专栏中那个不愿意透露姓名的消息人士，不过他向克里斯托弗夸大了一些细节。比如，他根本没有亲眼见过那些他所推翻的文件；国会调查组后来得出结论，认为威尔逊此行调查出的证据并没有他宣称的那么明确。即便如此，克里斯托弗在文中提出的观点已经产生了一系列连锁效应，使政府攻打伊拉克的正义性遭到质疑，且加剧了白宫内部的分歧和猜忌，并最终破坏了布什和切尼之间的友好关系。

布什和切尼把伊拉克事务交给布雷默后，就开始把所有精力集中在最新的减税方案上。经过内部辩论，布什政府提出一项 10 年内减税 7 260 亿美元的计划。其中，核心内容是减免股息税，此举得到切尼力挺，他还希望加速推进 2001 年制定的减税计划，不过他对布什提出的削减中小企业资本收益税和扩大失业者社会保障这两项内容并不感冒。

立法程序进入国会山时，切尼的好友、众议院筹款委员会主席、议会代表比尔·托马斯同意将削减资本所得税加入法案中。尽管共和党人当时控制了参众两院，但他们要消化布什提出的这场经济豪赌，还是费了一番周折，他们需要试探布什的底线。

众议院的共和党人提出把减税规模控制在 5 500 亿美元；而参议院中，共和党以 2 票的微弱优势通过了减税计划，但他们听从了温和派的意见，提出了折中方案，即把减税规模缩小到 3 500 亿美元。参众两院在这个法案上的立场有着巨大鸿沟，以至于托马斯和他的同僚、参议院财政委员会主席查尔斯·格拉斯利发生了激烈冲突，还引得布什出面调停。

5 月 19 日，布什和切尼在白宫的杜鲁门阳台招待了托马斯、格拉斯利及其他共和党领袖。

切尼背对着阳台就座，国会发言人丹尼斯·哈斯泰特一进门就冲格拉斯利发难。“总统先生，”他说，“我想我们遇到麻烦了。”哈斯泰特说，格拉斯利只会钻牛角尖，应该禁止他参与参众两院的讨论。哈斯泰特注意到切尼的脸上掠过一丝“淡淡的微笑”，而格拉斯利则面色通红。

切尼只好充当说客从中斡旋。接下来好几天，他在托马斯、格拉斯利及其他共和党党魁间来回游走，最终说服他们同意 3 500 亿美元的减税计划，既符合参议院的要求，又融合了众议院的建议。5 月 23 日，在参议院对该法案的投票中，切尼的一票起了关键作用。同一天，众议院也批准了提案。

几乎与此同时，切尼及其他共和党人还在环保立法问题上吵得不可开交。两年多来，他一直催促环保局局长克莉丝汀·托德·惠特曼批准新的清洁空气法的解释条例，以便给企业单位更大的回旋余地，使他们可以升级工厂设施，而非急于安装昂贵的污染洗涤设施。惠特曼一直在尽可能地推迟修订所谓的《新排污源审查规则》，但这场拖延战最终失败了，安迪·卡德命令她签署法令。

惠特曼没有照做，而是于 5 月 21 日递交了辞呈。在向外界解释自己的做法时，她称是为了花更多时间陪伴家人。但实际上，切尼运作下的环保法案以及卡德的命令，才是真正的导火索。“正当我认定自己不能签字时，安迪打来电话命令我签字。他们的确有权命令我这么做，”她回忆道，“两年半来，我不签字，不是为了拖延而拖延，而是因为这其中有太多问题。安迪认为我故意推脱，但我不这么觉得——好吧，可能是有一点这个意思，但主要原因是我不想让大家犯错误。我认为他们走错了路，我希望能多争取一些时间，帮助他们发现其他解决办法，而不能让那些故意钻法律漏洞的人逍遥法外。”

看到她离任，切尼很高兴。两人很早结识，尼克松时期就曾一同在唐纳德·拉姆斯菲尔德麾下效力。但正如切尼与保罗·奥尼尔的关系一样，切尼和惠特曼也因政见相左、个性不合而渐行渐远。“许多认识他或曾与他共事多年的人告诉我，切尼变了。不知是得了心脏病的缘故，还是由于他在哈里伯顿石油公司的工作经历，又或者二者皆有，总之，重返政坛的切尼已经不是我们从前认识的切尼了。”惠特曼多年后说道，“也或许我对他的了解还不够深，根本无从辨认哪个才是真正的切尼，我只是觉得以前的切尼更平易近人。”

这一切进行得如火如荼时，布什正忙于另一条战线上的和解行动。与母校疏离多年的布什，特意在白宫举办了一场耶鲁大学同窗聚会，邀请 1968 级耶鲁大学学生参加，这是修补他与老同学关系的重要一步。他的一些同学因反对伊拉克战争而拒绝参加，与许多大学校园里不断上演的反战示威游行遥相呼应。但对总统来说，这毕竟是一次机会，可以与话不投机的老同学修补关系，也可以与老同学中的政敌化敌为友。

当晚，保守主义者布什终于展露了富有人情味的一面。接到邀请函的其中一位大学同学名叫佩特拉·蕾拉妮·阿科娃，她在大学时名叫彼得·克拉伦斯·阿克瓦，她于2002年做了变性手术后改名。阿科娃穿着晚装，忐忑不安地等待着白宫主人。

“乔治，你好，”她见到总统时说，“上次我们谈话时，我还是个男人。”

布什并不感到惊愕，他面带温暖的笑容，身子微微前倾向对方打招呼：“但现在的你才是真实的你。”

违禁武器在哪里？

截至春末，距萨达姆政权垮台已将近2个月，布什战前宣称的可疑武器依然没找到，他仍在等待结果。

“如果我们找不到呢？”有一天，他突然问道。“不，我们会找到的。”康多莉扎·赖斯宽慰他。然而，大家都只是动动嘴而已，根本没人带头执行搜查行动。布什与自己的战时内阁围坐在一起，他突然问杰瑞·布雷默和汤米·弗兰克斯，到底谁在负责搜查核武器。众人不置可否。

“那么事情就交给……”布什一边说，一边伸出手开始点将。他十分厌恶这种踢皮球般的脱责方式。他转向中情局局长乔治·特内特。“那么，乔治，”布什说道，“就由你来负责这件事吧。”

布什认为，特内特之前一直不遗余力，应该对调查伊拉克核武一事感兴趣，所以不失为理想人选。特内特请戴维·凯出山，特聘他为核查小组首席专家。戴维是1991年联合国驻伊拉克的首席武器核查员，对当地形势比较了解。伊拉克战争开始前，戴维·凯也与很多人一样，坚信该国藏有大规模杀伤性武器，于是欣然接受挑战。

布什内阁面临的压力与日俱增，公众要求美国为宣战拿出确凿证据。越来越多的媒体开始介入，试图找出真相。外界一直认为，切尼秘密授权某位前驻非大使前往尼日尔搜集情报，但切尼本人从没听说过此事，也没收到过任何调查结果。此外，他还因没有搜集到足够证据而受到多方责难。

终于，切尼拿起保密电话，直接拨通了特内特的号码。

“乔治，到底是怎么回事？”切尼问。

在切尼的印象中，特内特的处境也很尴尬，他也是在媒体披露后才知道有前外交官潜入尼日尔调查一事。谈话中，特内特指出，那位大使的夫人在军方工作，是她指使大使前去执行任务的。特内特向切尼保证，会搜集更多消息。

切尼听后大吃一惊，他听取各种情报多年，还从没听说过有特使被自己的夫人派去执行任务的，而真正的主使却一直躲在暗处。“这样的事竟然出现在中情局里，真是太可笑了。”切尼心想。

切尼接到“滑板车”利比的电话。利比打算听听领导的意思，然后再给《华盛顿邮报》记者沃尔特·平卡斯回电话。切尼把刚从特内特处得到的消息告诉利比，然后还有意无意地透露了一句，这位大使的夫人在中情局防武器扩散科工作。利比边打电话边做笔记，在本子上用蓝色钢笔记下：“大使的夫人在情报局工作。”利比还用潦草的笔迹写下几个谈话要点：

1. 对这项任务不知情。
2. 没有从前方收到任何反馈报告。
3. 没有证据显示，国际原子能机构的文件是伪造的。

利比打电话给平卡斯，把上述要点转告对方，但他并没有提及大使夫人。平卡斯于 6 月 12 日发表文章，重提这位尚不知姓名的大使的秘密行动，质问国情咨文中用 16 个单词概括的尼日尔情报事件，并指出副总统并不知情，也没有收到任何反馈报告。

正当副总统办公室绞尽脑汁想着如何为自己辩护时，伊拉克形势开始急转直下。汤米·弗兰克斯以为战争基本结束，接下来的扫尾工作很快就能完成，于是决定不再按计划派出第 1 骑兵师进驻伊拉克，并同时宣布了自己的退休决定。理查德·迈尔斯希望他三思，没想到弗兰克斯朝他大发雷霆：“不回家？难道等着他们命令我滚蛋？”弗兰克斯手下的军队暂时还驻扎在伊拉克，等待随后撤出，他的职位也被新晋指挥官里卡多·桑切斯取代。桑切斯现在是美军最年轻的中将，他将坐镇指挥美军驻伊总部，进而管理这个国家。

实际上，多数处于他这个军衔的人，最多就能指挥一个师。华盛顿高层一开始并没有注意到桑切斯的“火箭式晋升”。他晋升为三星中将时，由唐纳德·拉姆斯菲尔德亲自面试，但拉氏却否认自己与提拔桑切斯管理伊拉克驻军有关。迈尔斯并不相信拉姆斯菲尔德的话：“我觉得他的话简直令人难以置信。”美军在某些最重要的决定上出现了可怕的分歧。

在过渡时期，伊拉克安全局势持续恶化，这个国家已然成为滋生极端主义者的温床。人们依然清楚地记得，布什在“林肯”号航母上发表演讲，豪言“在伊拉克的主要行动完成”，航母上打着“任务完成”字样的醒目标语仿佛还在人们眼前。可是自那以后，又有 20 多名美国士兵在战斗中丧生。五角大楼得出结论，美军在与 5 类不同敌人作战，但它拒绝将此定性为游击战或叛乱。布什非常生气。7 月 2 日，他在白宫罗斯福厅召开记者见面会，用言语挑衅叛乱者。

“有些人可能异想天开地认为他们可以肆意打击我们，”布什说道，“我的答案很简单，尽管放马过来！我们会派遣足够的军队，彻底落实当地的安全形势。”这位得州牛仔又开始大放厥词。2001 年，布什也发表过类似的雷人语录：无论死活，都要抓住本·拉登。布什的话再次引起第一夫人及其幕僚的担忧，他们认为总统的言论太过自负，甚至有些麻木不仁。

“总统先生，如果一位母亲刚刚在伊拉克战争中失去儿子，她听到这番话会怎么想？”白宫新闻发言人阿里·弗莱舍私下问总统。布什说，他没想过这个问题：“我只是想表达对美国军事力量的信心。”布什放出的狠话在伊拉克叛乱分子们看来，是美国向他们递上的战书，他们决心用更激烈的抗争方式向布什发起反击。这种情况终于让布什意识到，面对不同的听众，他的话会被解读成不同的意思。言者无心，听者有意。布什的听众有好几位，分别是美国人民、出生入死的美国士兵、美国的盟友、伊拉克人民还有美国的敌人。他现在知道，那句“尽管放马过来”是多么巨大的失误，不仅措辞不当，而且还透露了美国对战争的评估有误。美国在伊拉克将面临的，绝非一场速战速决的小规模冲突。

主动泄密，转移公众视线

“尼日尔情报门”事件也拖沓不决。7 月 6 日，约瑟夫·威尔逊自己站了出来，他在《纽约时报》言论版发表了文章，还接受了《华盛顿邮报》

记者沃尔特·平卡斯和理查德·利比的采访；而后又出现在美国国家广播公司《与媒体见面》栏目上，他一直声称有关伊拉克核武器的情报“扭曲和夸大了伊拉克的威胁”。

切尼在乘坐“空军二号”从怀俄明州飞回华盛顿的途中看到了《纽约时报》上的那篇文章。他把文章剪下来，在 11 个地方做了标注，还在标题旁写下自己的读后感：“派一位大使来回答问题，有过这样的先例吗？我们通常不都是派合适的人为我们工作吗？为什么这次就像一位妻子派丈夫公费旅游这般儿戏？”

白宫被“十六词”事件搞得焦头烂额，他们决定撤退。7 月 7 日，也就是威尔逊身份曝光后的第二天，白宫举行的媒体吹风会上，《纽约时报》记者戴维·桑格尔逼问白宫发言人弗莱舍有关布什国情咨文的事。

“情报是错误的？”桑格尔问道。

“对，我们就是这么承认的。”弗莱舍说道。

但这件事还没完。切尼忧心忡忡，他与利比讨论了好几次。副总统“迫切希望找出真相”，利比事后这样说道。这之后，利比告诉弗莱舍有关威尔逊妻子的事。他们以及白宫政治顾问、被誉为“布什的大脑”的卡尔·罗夫一同与记者讨论了这则信息。有评论家后来将此事看成是故意揭露中情局罪行的一场有计划的战役。牵涉其中的人都矢口否认，逃脱了法律责任。但更合理的解释是，利比等人试图诋毁威尔逊的名誉，他们想方设法给外界营造这种假象：威尔逊是受他妻子的摆布前往非洲搜集情报的，而非受副总统的委派。

这件事让利比大伤脑筋，他还专门打电话给美国全国广播公司的新闻编辑部总编蒂姆·拉瑟特，向对方抱怨说，MSNBC（微软全国有线广播电视公司，即微软 MSN 与全国广播公司 NBC 合资成立的广播公司。——译者注）脱口秀节目主持人克里斯·马修斯的言论太过自由主义。当时，他们在电话中究竟说了什么，后来一直存在争议。

布什准备出访非洲一个星期，他不希望被争议困扰。临行前一天，他召集切尼、康多莉扎·赖斯和乔治·特内特开了个会。赖斯提出，应该否认“十六词”事件，尽量避谈这个问题。切尼表示反对，他认为这个消息已被纳入“美国国家情报评估”，属于合法引用。当时还有报道称，几年前，一个伊拉克代表团曾前往尼日尔谈判“扩大商业往来”事宜，切尼及其幕僚认为，他们洽谈的就是铀交易，因为铀是尼日尔的主要资源。此外，切尼指出，“十六词”从说法上看并无不当，因为说的是“英国政府获悉”，事实的确如此。但布什最终采纳了赖斯的意见，并让她与特内特商量，刊发一份声明。

当布什乘坐“空军一号”起飞时，形势再次恶化。当时，总统和赖斯出访海外，切尼留守华盛顿坐镇，特内特在爱达荷州的太阳谷出席新闻发布会。

布什内阁在这几天里对事件的回应毫无默契，给人自乱阵脚的感觉。特内特还没完成声明的最终版本，赖斯认为有必要立即解决此事。7 月 11 日，“空军一号”飞往乌干达的恩德培市途中，赖斯走进飞机上的新闻发布厅。

“如果中情局局长事先删掉国情咨文中的这句话，那么毫无疑问，就不会出现后来的一系列问题了。”赖斯对记者说。

当天晚些时候，布什在乌干达的一座海滨酒店会见媒体时，也被问及此事。他的表态与赖斯一致，强调说：“国情咨文讲话稿是经过中情局审阅的。”布什和赖斯公开声明的这一事实，在特内特看来却是转嫁责任的举动，他开始担心自己会不会被撤职，或者该不该主动提交辞呈。特内特在太阳谷一边写自我陈述，一边思考着这件事，越想越生气。他已经与白宫就细节问题争执了好几个回合，这份稿件被修改了 17 次之后，他投降了，最终声明如下：

1. 中情局事先批准了总统的国情咨文演讲稿。
2. 中情局对演讲稿的批准过程由本人全权负责。
3. 总统有理由相信最终呈现在他面前的稿子是没有瑕疵的。那 16 个词本来不应该出现在总统的演讲稿中。

但是，特内特心有不甘，于是补充了一些“历史背景”。他指出中情局此前就不同意英国政府有关尼日尔事件的报告，并没有把它纳入全国情报评估的关键论断中，不过附录中的确有这个情报。布什 10 月份在辛辛那提讲话时，演讲稿中原本也有尼日尔事件，是中情局要求白宫把它删掉的——不过，他并没有在声明中提及这个细节。

“尼日尔情报门”谜团使特内特与白宫的关系出现了无法愈合的裂痕。

切尼及其幕僚认为，赖斯的公开坦诚不仅于事无补，反而使事件恶化了。“实际上，这样做好像让白宫成为了众矢之的。”负责与中情局沟通国情咨文演讲稿的国家安全委员会官员罗伯特·约瑟夫当天晚上对白宫安全顾问斯蒂芬·哈德利说道。约瑟夫觉得，公开澄清只会让外界以为，白宫之前撒谎了。渐渐的，赖斯、罗夫和丹·巴特利特也产生了相同的感觉，但在当时的情况下，他们别无选择。

第二天，7 月 12 日，切尼飞抵弗吉尼亚州的诺福克参加美军超级核动力航母“罗纳德·里根”号的服役仪式。在返程路上，利比走近“空军二号”中的副总统休息室。他告诉切尼，不少记者打电话来询问威尔逊事件。切尼教授了利比应付记者的说辞。当天晚些时候，利比会见了 4 名记者，透露了前驻伊拉克大使夫人瓦莱丽·威尔逊的相关信息。

7 月 14 日，保守主义专栏作家罗伯特·诺瓦克撰文，指认瓦莱丽·威尔逊中情局特工的身份。讽刺的是，诺瓦克并不是从切尼派那里得知这个消息的。他是从切尼最激烈的反对者之一，国务卿科林·鲍威尔的副手理查德·阿米蒂奇口中探到消息的。当时，阿米蒂奇正在就另一件事接受采访，无意中泄露天机。天生口无遮拦的阿米蒂奇曾在一本书的推介会上接受《华盛顿邮报》记者鲍勃·伍德沃德的采访，期间，他也谈到了前伊拉克大使夫人的身份。令诺瓦克欣喜的是，他从卡尔·罗夫以及当时中情局的一位发言人那里证实了这一消息。三天后，利比在切尼的诺福克之行后会见的其中一名记者、《纽约时报》的马修·库珀在该报网站上发布了一则报道，其中提到了大使的妻子。库珀与诺瓦克一样，发文前也向罗夫核实过信息。另一名《纽约时报》记者朱迪思·米勒虽然因瓦莱丽·威尔逊事件访问过利比，但并没有因此撰文报道。

利比和罗夫起初以为泄露大使妻子的身份会帮助他们摆脱困境，最不济，也可以澄清约瑟夫·威尔逊并非受切尼指使前往非洲。但他们很快意识到，这种做法有多么失策。

尽管瓦莱丽·威尔逊是中情局总部的一名情报分析师，但她有多年在海外卧底的经历，按照《美国情报人员身份保护法》，有意泄露秘密情报人员的身份是一种犯罪。现在，记者们把注意力从追究威尔逊之行的幕后主谋转移到另一件事上：白宫是否为了惩罚布什政府的批评者，而不惜泄露中情局秘密情报人员的身份。

到了周末，事态进一步恶化。布什的主笔格尔森在一堆文件中发现了一份中情局发给他和哈德利的备忘录。备忘录在去年秋天就送到了他们手上，其中特别提醒他们，将尼日尔事件从总统的辛辛那提演讲稿中删除。格尔森将备忘录拿给哈德利，哈德利深感惭愧。这份篇幅长达三页半的备忘录中，第三页的醒目位置上特别提到了这一点，而哈德利却忘得一干二净。如此看来，中情局先前的确提醒过白宫，尼日尔情报的真实性有待商榷。这么重要的信息，负责审核总统国情咨文演讲稿的哈德利本该牢记在心。哈德利的工作表现有口皆碑，他说话和蔼、处事严谨，是个工作狂。他为自己的过失写了一份检讨书，并打算辞职。

第二天，7 月 22 日早晨，哈德利特意赶在早会前，单独会见了布什总统。

“总统先生，我想我应该辞职。”哈德利说道。

“啊？开什么玩笑，哈德利。”布什说着驳回了他的请求。

哈德利突然破天荒地提高了嗓音：“总统先生，你一定要听我解释。”

“好，我会听你解释的。”

哈德利说，总统应该对下属高标准、严要求，毕竟，能为总统效力是至高无上的光荣。因为工作失误而承担应有的责任，这并不丢人。“事实上，一个健康的工作体制就应如此。”哈德利拿出自己的辞职报告。“让我看看你的报告，”布什说着，而后将报告仔细阅读了一遍，“报告写得不错，每一段都很精彩，除了最后一段。”他指的是辞职。哈德利抗议道：“总统先生，我认为这是无法被原谅的错误。”布什说：“我明白你的意思。”

那时，切尼及其他几位白宫顶级顾问陆续到达，参加早上 8 点的会议。布什决定借机刺激哈德利，他向座下宣布：“哈德利想辞职。”“怎么回事，斯蒂芬，”切尼问道，“你对工作环境不满意吗？”要在这么多人面前宣布辞职，并且说出理由，让哈德利十分尴尬。他简单说明了一下情况，但也清楚这无济于事。“你可以陈述情况，”布什说道，“但不能辞职。”就在同一天上午，特内特带着备忘录复件前来，以证明中情局此前已经提醒过白宫要谨慎处理铀交易情报。特内特将文件交给哈德利过目后，又走进安迪·卡德的办公室。据特内特回忆，卡德当时摇摇头说：“我并不知道事情的真相。”

当天下午，哈德利在白宫罗斯福厅召开新闻发布会，向记者们解释了事件的来龙去脉，并宣布承担责任。在长达 1 小时 23 分钟的记者见面会上，哈德利和巴特利特耐心回答了记者提问，一再表明他们没有隐瞒任何信息。当然，他们并没有提及哈德利曾试图辞职一事。当被问及是否会辞职时，哈德利说："我与总统之间的谈话不便透露。"

一周后，中情局通知司法部，泄露瓦莱丽·威尔逊的身份可能构成犯罪。

DAYSOFFIRE

|第 16 章|

欢迎来到“自由的”伊拉克

始终没有找到核武器的现实令白宫很是尴尬。该如何维护被广泛质疑的伊战正义性？布什内阁动起了脑筋。将开战旗号从“搜查核武器”转移到“为中东送去民主”？联想到此前布什内阁中支持“民主应成为伊拉克主要议程”的唯有赖斯一人，这转变实在有些可笑。

主动出局？切尼的留任妙招

除了斯蒂芬·哈德利之外，那年夏天，还有一个人也在考虑辞职。这个人就是副总统切尼。他曾三次提出，希望放弃2004年大选后的连任。这件事除了总统本人外，鲜有人知。

“总统先生，”切尼在一次每周例行午宴上说道，“我想告诉你，你可以考虑与其他人一起搭档进行总统连任竞选，你有这个自由，不用感到为难。”

听到这话，布什不禁担心地看着切尼：他的身体还好吗？是不是心脏出了什么问题？

切尼说，并不是身体原因，他只是觉得，布什与另一个人搭档进行连任竞选，胜算会更大。

切尼明白，自己已经成为公众批评布什内阁时首当其冲的箭头人物。外界一向指责这位副总统实际上是垂帘听政的“真总统”。当时的民意调查显示，切尼的支持率还相对较高，远远没有大势已去的意思。盖洛普民调结果显示，有54%的民众支持他，另有51%的受访者相信布什会继续将其留在竞选团队中。2000年时，切尼曾像导师和咨询师一样，辅佐资历尚浅的布什；但在近4年后的今天，切尼在这方面的价值似乎已经不那么明显了。1976年，为帮助杰拉德·福特击败罗纳德·里根，以成功赢得共和党的总统提名，他事先将副总统纳尔逊·洛克菲勒踢出局；1992年，老布什进行连任竞选时，切尼也曾认为老布什应该将副总统丹·奎尔换掉，吸纳其他人进入竞选团队。

“1992 年时，我这么做是形势所迫。我认为换掉副总统，是老布什总统可能挽回颓势的唯一机会。”时隔多年，切尼这样解释，“1976 年大选同样出于迫不得已的原因，我与福特、洛克菲勒商量过，最后得出结论，如果我们想赢得提名，必须牺牲洛克菲勒。”他补充道：“我认为，从某种意义上说，副总统是应该为了大局而做出牺牲的。所以今天，我也愿意这样做。”

1992 年，布什曾提议父亲换掉奎尔，由切尼取而代之；可叹的是，如今，他竟要亲手换掉自己的副总统。布什有些不忍。不久后的每周例行午宴上，切尼再次提出此事。“我最初提了两次，但他好像以为我在开玩笑，没有当真。”切尼回忆道，“所以我又提了一次，他只淡淡地说了句，好吧，然后转身离开，走到一旁陷入了沉思。”切尼说，自己并非轻率地提出这个建议：“我认为，总统只需简单说一句，‘好的，迪克，我会调整的’，然后让我出局。我能坦然接受。”

布什确实认真考虑了切尼的提议，甚至还想到了一个可能人选——田纳西州共和党参议员比尔·弗里斯特。布什欣赏弗里斯特待人接物的方式，喜欢他的医学工作背景，也看好他身上所折射出的代际传承。弗里斯特坚定地支持共和党保守分子提出的一系列富有同情心的项目，包括艾滋病紧急救援计划。他曾和布什携手推进立法，扩大联邦医疗保险计划，使之将处方药费的报销也囊括在内。不过，布什并没有联络弗里斯特。他只是将这个想法私下告诉了几名心腹，如安迪·卡德、卡尔·罗夫和丹·巴特利特。布什并未在会议上公开自己的想法，所以这一直是个秘密。他甚至没有向肯·梅尔曼、马修·多德和康多莉扎·赖斯等连任竞选时的智囊团透露分毫。切尼也守口如瓶，没有向自己的幕僚提及，也没有对唐纳德·拉姆斯菲尔德和艾伦·辛普森等多年至交好友说过。“我根本不知道有这事。”辛普森后来说。

布什对切尼的提议有所心动，这也从一定程度上说明两人间的关系已经开始发生微妙变化。布什在回忆录中写道，切尼“在这个团队中起着举足轻重的作用”，但“他后来逐渐成为媒体及左翼势力批评的矛头所向。他被视为黑暗与无情的象征，是本届内阁中的达斯·维达（电影《星球大战》中的“黑武士”。——译者注)”。然而，更能说明问题的是，布什曾提到，他觉得切尼才是白宫真正的操纵者。“接受迪克的建议，起码可以证明我是真正做主的人。”布什说。外界对此的议论沸沸扬扬，称切尼是“总统的总统”，这种传闻让布什十分恼怒，他急于证明自己才是主事者。

尽管总统竞选团队的顾问们对切尼的提议并不知情，但他们其实经常在讨论这个问题。多德等人也提议换掉切尼，让赖斯取代他。因为切尼已成为这个阵营中的鸡肋，会成为总统连任竞选道路上的绊脚石，而且他们也要为共和党在 2008 年总统大选中的政治前途考虑。“我们很多人都认为，切尼是个问题。”多德事后坦承。然而，罗夫对此不以为然，巴特利特也拒绝表态。“这事有待商榷，”巴特利特说，“我们先观察，再做定夺。”

但私下里，巴特利特却警告布什，不要轻易更换竞选搭档。他与布什的其他幕僚一样，经常因为切尼的强硬而感到沮丧，但他认为换掉切尼，效果可能会适得其反。“人们可能会说，‘布什到底怎么回事’？”他说，“民主党会借题发挥，大做文章。况且，我认为就算把切尼换掉，也不可能让他彻底脱离所有充满争议的决定。每当你想解决一个麻烦时，实际上是同时创造了另外两个麻烦。”在美国早期历史上，总统换届时更换竞选伙伴的例子司空见惯。但是，自富兰克林·罗斯福之后，没有哪位在职总统更换了副手，仍能连任的。这种做法并不明智，因为它往往会让外界质疑总统的基本判断力，这意味着身为堂堂美利坚合众国的总统，所做的第一个决定——任命副总统，就是错误的。

布什找到切尼，正式拒绝了他的提议。切尼记得那是“几天后”，而在布什的印象中，那是“几个星期后”。不管多久，布什都做好了心理准备：“继续把切尼留下，不是为了增加政治资本；我选他做副总统，是希望他帮我处理一些事务。这就是他一直以来扮演的角色。”

从切尼的角度看，这步棋可谓高招，充满了政治家的谋略。表面看来，他大公无私。连任竞选年即将到来，总统一般会有诸多想法和策略，包括更换竞选伙伴。切尼主动提出此事，能让布什少些顾忌。但同时，此举也等于提前决定了副总统人选。按布什的个性，一旦决定的事就很少变卦。所以，此时的切尼实际上迫使总统提前定下了自己的连任。

“从切尼的角度说，这是一步妙招，”布什和切尼的一位共同好友说道，“切尼向来老谋深算，他走的每一步都是经过深思熟虑的。”这也相当于切尼给了布什一个机会，让布什证明自己才是最终拍板的人。“布什最大的弱点，就是他总要时刻提醒人们，他才是做主的人。不知道是因为他竭力想摆脱父亲的阴影，还是罗夫、切尼等人都比他资深的缘故，又或者是他与生俱来的不安全感。”这位友人说道，“确定自己一把手的身份，对他来说很重要。从情感上说，他必须提醒人们，自己才是总统。”切尼此举正是投其所好。此外，提出这个问题，“切尼实际上提醒了布什，他在布什的世界、布什内阁和白宫中处于什么位置。切尼再次确立了自己在布什顾问团队中的中心地位。这招实在聪明。”

漫漫主权路

9 月 8 日，布什和切尼拿起《华盛顿邮报》，惊讶地发现了一篇杰瑞·布雷默写的专栏，标题是《伊拉克的主权之路》。布雷默在文中提出了一项计划，意在将伊拉克主权交还伊拉克人。计划由七个部分构成，包括起草一部宪法，通过全民公投确立宪法，然后选举出一个政府，接着美军撤出。

7 月份，布雷默开始着手组建过渡时期的伊拉克管理委员会，共有 25 名委员为他管理伊拉克提供建议和咨询。委员中有 13 名什叶派、5 名逊尼派、5 名库尔德人、1 名土库曼人和 1 名基督徒。整个夏天，伊拉克的安全局势持续恶化。美国军队在收到情报后，经过周密部署和 6 个小时的激烈交火，击毙了萨达姆·侯赛因的两个儿子，乌代和库赛。两兄弟作恶多端，声名狼藉。之后，萨达姆扬言报复，要暗杀布什的双胞胎女儿。布什和劳拉一直没将萨达姆的威胁告知女儿们，只是令特勤局加紧对她们的安全保护。

8 月 19 日，联合国驻伊拉克特派团总部所在地巴格达运河旅馆遭到汽车炸弹攻击，包括联合国人权事务高级专员兼秘书长伊拉克特使塞尔吉奥·比埃拉·德梅洛在内的 23 人遇难，其中大部分是联合国工作人员，还有数百人受伤。德梅洛是布什政府及其批评者都十分敬重的人。赖斯曾带他到总统办公室与布什见过面。如今，他遇难了，这一悲剧极可能导致联合国撤走它在巴格达的大部分工作人员。

美国人也逐渐退回自己的堡垒区，这是一个相对安全的绿色区域，简称“绿区”。从某种意义上说，建立占领委员会是一场偶发事件，美国对这个即将要管理的国家知之甚少，甚至可说毫无头绪。

美国曾在国内招募了一批平民去管理伊拉克。一名曾在房地产公司工作的 24 岁小伙，此前从未去过中东，却被派到伊拉克重建证券交易所。一名美国军官为制订伊拉克的交通法规忙得心力交瘁，基本都是靠复制、粘贴马里兰州的交规来完成任务的。一名大学都没毕业的毛头小子，生平做过最了不起的工作是冰淇淋卡车司机，恰恰是这样一个人却被派到伊拉克负责清除内政部的民兵组织成员。

伊拉克的暴力冲突远未停止，美国的战略目标依然是尽早撤军。美军认为，任务已经完成，他们待的时间越长，遭到的反抗就会越强烈。但是，由赖斯指定前往研究伊拉克形势的资深外交官罗伯特·布莱克维尔递交了一份备忘录，里面提出再派4万多美军进入伊拉克。拉姆斯菲尔德和白宫对这一建议并不理会。“应该一开始就派驻大量军队占领先机，”鲍威尔说道，“而不是像现在这样被动地弥补之前的错误。”

布雷默认为自己的计划能保证伊拉克主权有序交接，而这与他几个月来向华盛顿报告的情况完全相符。但华盛顿显然没有领会其中的意思，因为布雷默在《华盛顿邮报》上发表的专栏已经给白宫和五角大楼敲响了警钟。即便是刚与布雷默一起待了一段时日的拉姆斯菲尔德看到报纸时，也很吃惊。布雷默的计划要求美国继续占领伊拉克两年。切尼和拉姆斯菲尔德则一直主张伊拉克的快速交接，他们显然无法接受这个计划。于是，他们开始考虑如何加速推进伊拉克的主权回归。

切尼的得力助手“滑板车”利比通常会全力赞同副总统的意见，但此时的利比却身陷中情局泄密丑闻。他认为应该撤销布雷默的职务，但想到自己的处境，他退缩了。

9月16日，中情局向司法部提交了一份备忘录，详细描述了内部调查过程，并且要求联邦调查局能介入此事，彻底查处到底是谁泄露了瓦莱丽·威尔逊的身份。同一天，接替阿里·弗莱舍担任白宫新闻发言人的斯科特·麦克莱伦在会见记者时表示，责难卡尔·罗夫泄密是“极端荒谬的”，但他并没有为利比辩护。

10天后，美国全国广播公司新闻栏目报道了此事，中情局要求调查泄密事件的消息终于公之于众。在白宫看来，中情局的调查要求是故意转移注意力，因为参议院不久前已经决定彻查中情局特工搜集伊拉克情报有误的事。特内特“正在利用此事转移大家的注意力，这招奏效了”，白宫新闻助手亚当·莱文事后指出。特内特在回忆录中写道，他根本没想过要转移公众视线。

《华盛顿邮报》又发起了新一轮冲击。9月28日，该报撰文称，早在罗伯特·诺瓦克发表专栏前，“两名白宫高级官员就召集了至少 6 名华盛顿的记者”透露了瓦莱丽·威尔逊的身份。消息一出，舆论便炸开了锅，一场精心策划的宣传攻势赤裸裸地展现在公众面前。报道援引了一位不愿透露姓名的高层官员的话：“显然，这是一场直截了当的报复。”报道还引用了《华盛顿邮报》记者麦克·艾伦和莱文之间的一段对话。利比、罗夫和阿里·弗莱舍的确与几名记者说过瓦莱丽·威尔逊的事，但不是在诺瓦克的专栏发表前，也不是直接打电话故意推销这条信息的。“在诺瓦克发表专栏前”这句话是《华盛顿邮报》的编辑添加的，因为他弄错了时间。在诺瓦克披露瓦莱丽·威尔逊的身份后，向记者提起瓦莱丽的特工身份，与在这之前就泄密，性质是不同的。

这则报道加深了布什—切尼团队内部的猜疑。之前否认罗夫与丑闻有关的麦克莱伦，现在又过来当面质问他。罗夫承认自己与诺瓦克谈过话。

“他说，他听说威尔逊的妻子在中情局工作，”罗夫解释说，“我告诉他，我不能确定，因为我不知道。”

麦克莱伦很气愤，因为罗夫之前从未坦白过自己与诺瓦克谈过话。“那你到底有没有牵涉此事，不管以什么方式？”麦克莱伦问道。

“没有，”罗夫回答，“我甚至不认识威尔逊的妻子。”罗夫没有提及，其实他与《纽约时报》记者马修·库珀也聊过威尔逊妻子的事。

布什也打电话质问罗夫：“你是不是诺瓦克文章中提到的其中一位高官？”

根据总统回忆，罗夫当时告诉他，他的确与诺瓦克谈过，但“根本没提瓦莱丽·普莱姆·威尔逊的身份”，她“根本不在话题中”。如果布什的记忆没错的话，罗夫实际上是在误导他。

罗夫有另一个版本。他在回忆录中写道，他告诉布什，诺瓦克询问过威尔逊的身份，他回答：“我也听说了。”但这就是全部了。“布什有些生气，但还是相信了我的话。”罗夫写道。

《华盛顿邮报》报道出来后的第二天早上，布什向麦克莱伦转达了罗夫的保证。

“卡尔没做过。”布什告诉麦克莱伦。

“我知道……”麦克莱伦开始插话。

“他告诉我，他没做过。”布什接着往下说。

安迪·卡德打了个手势，示意布什不应趟这浑水。

“什么？”布什生气地说道，“这就是卡尔告诉我的。”

“我知道。”卡德说。“但你不该和每个人都说这事，即使是对我，也请守口如瓶。”

麦克莱伦告诉布什，他打算在稍后的新闻发布会上说，这个问题很严重，需要查证清楚。

“是的，你说得对，”布什说，“我也认为这是个严肃的问题。我希望他们能找出真正的始作俑者。”

麦克莱伦又回过来请示总统，他想公开宣称，所有涉案人员都将被解除政府职务。

布什同意了：“不管是谁牵涉其中，我都会炒了他。”

但事实证明，罗夫和利比都有参与，理查德·阿米蒂奇同样脱不了干系。10月1日，诺瓦克发表专栏指出，他最初的消息源是“一位无党派偏见人士”，阿米蒂奇意识到这是在隐射自己。他向科林·鲍威尔坦承了自己在其中扮演的角色，然后主动向检察院投案。国务院的一位律师只是隐晦向白宫表示，国务院有些消息要呈交检察院，但并没有透露更多细节，当然，白宫律师本也不想知道得太多。为了不影响调查，鲍威尔和阿米蒂奇没有向布什和切尼提及。后来，切尼得知了这件事，国务院的种种提防更是加剧了他们与切尼之间的裂痕。

白宫新闻处洗脱了罗夫的嫌疑，却没有帮利比澄清，这让切尼很不是滋味。利比原以为麦克莱伦也会为自己开脱，他甚至在笔记本上替麦克莱伦写好了说辞：“卡尔和利比，人们总会过多地揣度我在评论这两人时的不同点。我跟利比聊过，人们对卡尔的非议太荒谬了，我也对卡尔说过，怀疑利比简直是荒唐。利比并不是诺瓦克那篇文章的消息源，他并没有泄露机密。”遗憾的是，麦克莱伦并没有公开帮助利比的想法，利比只好将这些话划掉了。

利比将笔记拿给切尼，下面还写上了自己的备注：“我们今天必须做些什么。打电话给几家主流媒体，告诉他们利比跟卡尔一样，是无辜的。不能因为某些人的无能，而让其他人成为代罪羔羊。也不能为了保护自己的员工，而牺牲另一名员工。”切尼也认为，利比是在为他们之前责难中情局埋下的祸根买单。切尼向布什反映了这个问题，布什答应，白宫新闻处也该为利比澄清。10 月 4 日上午 8 点 30 分，麦克莱伦还在家里，卡德就打来电话：“今天早上总统和副总统发话了，他们希望你向媒体保证，利比是清白的，就像你之前为卡尔做的那样。”

麦克莱伦直接打电话给利比，想亲耳听听他怎么说。

“你是否以任何方式涉及了泄密事件？”麦克莱伦问道。

“没有，绝对没有。”利比表示。

随后，麦克莱伦召来四名记者，向他们转达了利比的意思。

伊拉克战争使白宫内耗严重，地面战争的形势也没有好转的迹象。布雷默的表现令人失望，拉姆斯菲尔德也开始撒手不管；赖斯说服布什，建立“稳定伊拉克”小组，负责华盛顿和巴格达之间的协调工作。《纽约时报》的记者戴维·桑格尔听说后，向赖斯求证。赖斯证实了这一消息，但在没与拉姆斯菲尔德通气的情况下，这则报道就播发了。

10 月 6 日，当拉姆斯菲尔德看见报纸时，当即大发雷霆。这位国防部长在给布什和切尼的备忘录中写道：“这则消息称，赖斯说这个组织是由她本人、副总统、鲍威尔和拉姆斯菲尔德共同组建的，但我并没有提供咨询，最多算是提过建议。”如果赖斯急于把管理伊拉克这件事揽过去，拉姆斯菲尔德也很乐意摆脱这个烫手山芋。他建议：“布雷默不用再向国防部汇报工作，改为直接向总统、赖斯或科林·鲍威尔汇报，具体请白宫定夺。”而后他又带着明显的怒意写道：“毕竟，布雷默已经等于直接向科林、赖斯和你汇报工作了。赖斯实际上已经公开宣布了这个情况。”

布什告诉赖斯，让她稳住拉姆斯菲尔德：“你必须摆平唐纳德。”

他建议赖斯去找切尼。赖斯照做了，切尼答应与拉姆斯菲尔德好好谈谈。

一个星期后，赖斯碰见拉姆斯菲尔德，特意将他拉到一边，当面向他道歉。拉姆斯菲尔德依然不依不饶，他直截了当地对赖斯说：“你这么做太不合适了，你应该事先在国家安全委员会会议上，给总统和同僚们打支预防针。”

“唐纳德，”赖斯说，“我相信在你漫长的职业生涯中也犯过错误。”

“是的，”他说，“但我总会尽力改正。”

在伊拉克问题上的分歧，成了两人关系的决定性转折点。过去，赖斯和拉氏之间也出现过紧张情况，但从没有像这次一样爆发冲突，造成不可挽回的局面。从此以后，拉姆斯菲尔德和赖斯总是刻意回避对方，不得不见面时，也时刻设防，攻击对方或预防对方的攻击。

还有不少事都让布什头疼不已。就在那一天，他在罗斯福厅会见了参议员，以推进一项186亿美元的拨款动议，用于重建伊拉克。但参议员希望这项动议由拨款改为贷款，伊拉克今后必须偿还款项。

“我来这里不是跟你们商谈的。”布什一边说，一边用拳头狠狠地砸向桌子。

来自宾夕法尼亚州的共和党参议员阿伦·斯佩克特说，联合国决议中，预期伊拉克的石油资源可以促进该国经济复苏。

布什再次猛击桌子：“我说得还不够清楚吗？”

来自南卡罗来纳州的共和党参议员林赛·格雷厄姆也不甘示弱，当面顶撞道：“好吧，我来这里也不是跟你商量的。总统先生，让我告诉你，我为什么反对。我并不想激励那些认为我们是为了石油而攻打伊拉克的人，这些人都疯了。我只担心人们会因为要缴纳巨量的税款而怨声载道。”

在明年5月前速战速决，并取得胜利，已经成了天方夜谭。随着这场反恐战争的逐步发展，拉姆斯菲尔德在他10月16日的备忘录中如实表达了内心的沮丧。“很显然，联军可以打赢阿富汗战争，也可以用这样或那样的方式赢得伊拉克战争的胜利，”他写道，“但这无疑是一条漫长而艰难的路。”

布什还是力挺布雷默。10月的一次会议上，他当着联军驻伊拉克临时管理当局的现任和前任官员们的面说道：“我一直都这样告诉国会议员，只要布雷默开心，我就开心；布雷默担惊受怕，我就跟着担惊受怕；如果布雷默沮丧，我也会同样沮丧。”

10月28日，布什、切尼及其幕僚们在华盛顿会见了布雷默，讨论伊拉克的下一步计划。会谈结束后，布什还邀请这位伊拉克总督一起健身。在布什内阁，特别是拉姆斯菲尔德看来，这是个明显的信号，表明总统很相信布雷默。布什在椭圆机上锻炼了45分钟，而布雷默则在跑步机上锻炼。随后，两人上二楼吃了三明治补充能量。

布什问布雷默对拉姆斯菲尔德的看法：“为他效力感觉如何？他真的事无巨细，什么都要管吗？”

布雷默表示，他欣赏并敬重拉姆斯菲尔德。“不过，他确实事无巨细，”他说，“唐纳德对下属十分严格，所以我只能听从他的命令，而不能听其他人的。”

布雷默担心，五角大楼正在打自己的主意，让自己当替罪羊。因为国防部想立即结束占领，布雷默对此表示反对：“所以以后伊拉克发生什么问题，都会成为我的错。”

“别担心，”布什说，“我支持你，而且我们不会在伊拉克失败的。”

布什对布雷默的承诺只会进一步加深拉姆斯菲尔德心中的芥蒂。他们一起健身是什么意思？布雷默到底是为五角大楼工作，还是直接为总统效命？

“我一直以为布雷默是向你汇报工作的。”他的朋友肯尼斯·阿德尔曼说道。

“只有书面报告。”拉姆斯菲尔德抱怨道。

“这就是书面报告的用意，唐纳德。”阿德尔曼说。如果布雷默绕过他，“把书面报告稍作改动”，就可以正式向布什报告了。

转眼到了秋天，传闻中的大规模杀伤性武器还不见踪影，布什只好为伊拉克战争另寻一个更令人信服的理由。当得知由罗纳德·里根发起的美国国家民主基金会马上要庆祝其成立 20 周年纪念日时，他突然想到了一个完美的点子。

里根曾强调他讨伐“邪恶帝国”是基于道义，布什也想将攻打伊拉克纳入中东地区民主运动的范畴中。虽然这并非美国入侵伊拉克的决定性驱动力，但布什的确思考过民主化的问题，甚至还将它纳入了自己的国家安全战略中。如今，美国已经冲破伊拉克，鲍威尔曾说过一句令人印象深刻的话，“美国拥有了伊拉克”。布什正在研究，如何将支离破碎的伊拉克摆出一个可以示人的姿态。

11 月 6 日，布什在白宫向印第安纳州拉斐特公园对面的美国商会民主团体发表了讲话。

在讲话中，布什驳斥了“中东文化土壤天然地不适合民主”这种说法，因为以前也有人说过，日本、德国和印度无法实行民主：“我相信，每个人都有能力和权利获得自由。”为了不打击美国在中东地区那些依然实行独裁的盟友，布什措辞谨慎，还表扬了埃及和沙特阿拉伯等国相对温和的改革，并且呼吁他们继续放开手脚。但他明确表示，只有民主的新政权才能对抗极端分子。

“伊拉克的民主一定能够成功，”布什说，“而且伊拉克的成功能把这样的理念传到世界各个角落，无论是大马士革还是德黑兰，人们会相信，任何一个国家都能实现自由。在中东的心脏地带，建立起自由的伊拉克，必将为全球民主革命树立里程碑。60 年来，西方国家一直找借口，声称中东地区缺乏民主的土壤，这并没有让我们变得更安全，因为从长远来看，以自由为代价并不能换来地区稳定。”

这种论调的变化让迈克尔·格尔森等白宫要员颇为振奋，但切尼对此抱谨慎的乐观态度。副总统认为，把民主作为一个目标固然好，但他并不是一个新保守主义卫士；相比之下，他更关切国家安全，总是提防着威胁美国安全的潜在对手。切尼的助手约翰·汉娜称他为“美国的民主主义者”。布什表示，这些目标并不是相互矛盾的，因为更加自由民主的中东，也符合美国国家安全利益的需要。就这一点而言，他有一个重要的盟友——副总统的女儿莉兹·切尼。她任职副助理国务卿，负责近东事务，也是国务院“中东伙伴关系行动”计划的负责人。该计划始于 2002 年，旨在促进该地区的民主改革。随着时间的推移，莉兹·切尼逐渐成为推进中东地区民主改革的领军人物之一。

然而，在布什政府内部，每个人对伊拉克形势都感到越来越沮丧。一方面，华盛顿高层被布雷默提出的延长占领伊拉克期限计划搞得精疲力尽，另一方面，美军对日益猖獗的伊拉克国内叛乱越来越不上心的趋势，也让这位美国驻巴格达总督忧心忡忡。

“内阁中产生了很大分歧，”国家安全委员会新闻秘书弗雷德里克·琼斯回忆时说道，“人人都对形势发展感到不满意。”

一天，布雷默打电话给利比并留了言，结果是切尼回的电话。布雷默借此机会，说出了自己的担忧。

“副总统，我觉得我们并没有具体的军事战略去取得在伊拉克的胜利，”他说，“在我看来，我们的政策更多是受军队轮换计划驱动的，而非受战胜伊拉克的战略指导。”

“我也一直在问同样的问题，我们到底有什么赢得战争的战略？”切尼回应道，“我的印象是，在五角大楼看来，战争已经结束了，他们现在是在‘收尾’阶段。他们并没有意识到，我们正在进行一场重要战争，目标是打击伊拉克境内外的恐怖分子。”

拉姆斯菲尔德和鲍威尔正在制订各自的方案，以缩短布雷默给出的占领时间表，早日转移主权。11 月 10 日，布雷默给拉姆斯菲尔德、鲍威尔和赖斯寄了一封信，试图拖延转交主权的时间。他在信中写道，应该制定临时宪法，以促进交接。几个小时后，赖斯打电话给他，让他直接飞赴华盛顿亲自向布什汇报。布雷默立即启程，坐上一架军用飞机，第二天早上 8 点，就到达了安德鲁斯空军基地。

11 月 11 日，正当布什和切尼召集顾问团队与布雷默会谈时，中情局传来消息，伊拉克叛乱活动愈演愈烈。拉姆斯菲尔德打断了这位中情局官员的话。

“你为什么说它是叛乱活动？”他问道。

这位中情局官员概述了五角大楼对于叛乱的定义，但人们都不愿承认这是叛乱，因为这意味着占领计划并不顺利。

布雷默修订后的移交计划并没有太多新意，切尼建议直接让伊拉克管理委员会选择过渡政府。

布雷默认为这种做法风险太大，所以他又连夜与梅根·奥沙利文一同修改自己的计划。他同意在次年 6 月 30 日前将主权交给伊拉克党团会议选举出的临时政府，而不再等待全民选举。第二天，他在白宫陈述自己的新方案时，赢得了大多数人的赞同。“布雷默工作很出色。”当天，布什在来访的北约秘书长面前高度评价了布雷默。当然，并不是人人都同意他的方案，但布雷默为自己赢得了更多时间。11 月 15 日，他飞回伊拉克，并宣布了自己的计划。

美国驻伊拉克指挥官里卡多·桑切斯中将与布雷默及白宫变得越来越疏远。他认为是华盛顿的拙劣计划导致了后萨达姆时代的伊拉克陷入混乱，华盛顿对形势产生了严重误判。他认为，转交伊拉克主权的决定完全是受美国政治日程的驱使，并非理性决策。“政府认为，这段时期内必须有所动作，这样才不会影响 11 月的总统大选。”他指出，“此举纯粹是为了赢得总统选举，保住权力。”

也许这个解释有些过于极端了，但国内政治斗争与海外军事战争的确很难彻底分开。秋去冬来，利比仍热衷于揭露约瑟夫·威尔逊的报告不可信，还不断给刚刚成为副总统新闻发言人的凯文·凯勒姆斯施加压力，让他召集记者诋毁这位前美国大使。实际上，布什已经明确下令，不要再掺和这件事。利比的要求让凯勒姆斯很不舒服，于是他征求了戴维·阿丁顿的意见。阿丁顿建议他不要理会利比：“不用听他的，总统说了算。”

一笔交易换来的赞成票

那年秋天，布什正在努力推进的另一项计划也遭到许多批评声，这项计划涉及国内改革。2000 年大选期间，布什承诺改革医疗保险，把老年人的处方药费用报销也纳入其中。但是，当他敦促国会批准这项方案时，包括白宫内部的很多人都认为，这是老谋深算的卡尔·罗夫在背后出谋划策，因为卡尔想在 2004 年选举时，赢得老年公民的支持，特别是退休人员的天堂——佛罗里达州的选票。“我认为，这项议程是罗夫怂恿的，”曾帮助布什准备 2000 年大选辩论的共和党议员加德·格雷格说道，“他们希望向老年人有所表示。”

这项倡议当然有一定理由。美国自 1965 年颁布医疗保险后，卫生保健越来越多地依赖处方药，老年人的医疗费用日益飙升。布什提出的这项计划几乎是医疗保险实施以来，最雄心勃勃的保险项目扩展计划。但是，要想获得通过，布什显然面临着极其复杂的政治纠葛。民主党反对，他们声称这是讨好制药行业的小恩小惠，并谴责布什及其同僚提出的将医保项目市场化的提议。格雷格和特伦特·洛特等共和党人则认为，这项政策是布什政府高压统治的象征，将导致 10 年间共计 4 000 亿美元的开销无人支付。该政策也驱使美国退休人员组成了布什的铁杆粉丝团。

11 月 21 日，众议院的关键辩论一直持续到深夜。按照原定日程，布什将在这天结束对英国的访问，乘“空军一号”回国。“空军一号”刚刚起飞，白宫首席说客戴维·霍布斯就给布什打了个电话，向他报告了一串目前态度摇摆的众议员名单，他们中多数是保守主义者。于是布什开始在大西洋上空打电话拉票。有几位众议员没能接听电话。其中一位年轻的议员接到电话，他对布什说：“我来华盛顿的目的不是让政府的势力变得更加庞大。”

“你知道吗，我也不愿看到政府膨胀，”布什回答说，“我来华盛顿的目的，是让政府能够解决问题。如果我们还要继续使用医疗保险体制，那么我们应该让它与时俱进，而不是走向死亡。”

当飞机降落，布什回到白宫时，他仍旧没有在议会中获得多数席位的选票。国会发言人丹尼斯·哈斯泰特宣布，凌晨 3 点开始投票。根据众议院的规则，议员们有 15 分钟的投票时间。初期统计结果对布什很不利。哈斯泰特紧急延长了投票程序，希望布什能劝说一些国会议员回心转意。哈斯泰特告诉戴维·霍布斯，布什应该找更多的共和党人聊聊。但霍布斯找不到布什，他已经上床睡觉了。“霍布斯快疯了，因为他打不通总统的电话。”哈斯泰特回忆说。

终于，凌晨 4 点 45 分的时候，霍布斯打电话把布什从梦中叫醒，恳请总统给几位摇摆不定的议员做做思想工作。霍布斯在房间里来回走动，把电话转交给几位可能回心转意的共和党议员，一个接一个地游说 20 名代表接听了布什的电话，直到手机没电。然后，以亚利桑那州议员特伦特·弗兰克斯为首的一群保守派代表说，他们想与总统谈谈。于是，他们走到众议院旁边的一个房间里，围在电话机边与总统谈话。

“议员们，我知道你们应该有办法能令法案获得通过。”布什对弗兰克斯说，其他人在一边旁听。

弗兰克斯清楚地表示，他和同事们并不支持这项法案，因为这会扩大政府在医疗保健领域的作用。

“是我误会了，”布什说，“我还以为你们已经有计划让法案通过了。”

“我正好想告诉你。”弗兰克斯说道，他把保守派对法案的看法如实告诉布什。想让他们改变主意的唯一办法，是以另一项对国家更为重要的提案来换取。

“比如什么？”布什问。

为了不显得那么咄咄逼人，弗兰克斯特意用了第三人称。“如果我们今晚能获得美利坚合众国总统的承诺，他只会任命有能力推翻罗伊诉韦德案(堕胎案)、维护宪法规定的未出生婴儿的人格、严格解释法条的人担任最高法院大法官，那么我们可以马上按照总统的意思，改变主意。”他说。

这已经超出了正常讨价还价的范畴。这不是让总统投票支持建造一座桥梁或一条公路这类小事。他们要求布什对大法官的任命做出承诺。

“议员先生，我不能这么做，”布什说，“如果我这么做，会被叫去听证会接受聆讯的。”

弗兰克斯说，他不是要求布什公开承诺。

布什试图将话题引向医疗保险法案带来的好处上，但弗兰克斯固执己见。两人来回周旋了好几分钟。弗兰克斯明确表示，他们并不要求布什直接删除无法推翻罗伊诉韦德案的候选人，这个底线是总统不能突破的。

“好，再把你们的标准说一次。”布什说。

弗兰克斯又重复了一遍。之后，他又更大胆地补充道："总统先生，这意味着候选人不包括艾伯特·冈萨雷斯。"

保守派知道，布什一定迫不及待地想让他的白宫法律顾问成为美国首位拉美裔大法官，但他们不信任冈萨雷斯。屋中一下子沉默了，众人对弗兰克斯直白的厚颜无耻感到惊愕。但布什对此没有做任何评论。接下来，他说了一番颇具争议性的话。

当时在场的保守党中，不止一人记得，布什同意了这项交易。"议员先生，"其中一本回忆录中，布什是这样说的，"我告诉你，我想我会考虑做出这个承诺的。你知道，我是很讲信用的。"

"我知道你是个言而有信的人，"弗兰克斯说，"那么，我能得到你的保证吗？"

"是的，议员，我向你保证。"

其他人都不记得布什当时说得这么明确。白宫的说客霍布斯回忆，总统当时说得很隐晦。"我并没有明说，"布什在他的回忆录中写道，"你知道我的想法，明白我的司法理念。"霍布斯和另一位当时也在房间的国会议员杰夫·弗莱克说，他们不记得总统做过任何承诺。丹尼斯·哈斯泰特事后也说，布什"很谨慎，不会做这种勉强的承诺"。

无论事实如何，弗兰克斯认为自己已经得到了总统的承诺，布什将会任命一位反对堕胎的法官。当然，布什本人也倾向于这么做，但保守党总是试图操控他。弗兰克斯后来给布什寄了一份符合标准的候选人名单。其中有几位是上诉法院的法官，如约翰·罗伯茨和塞缪尔·阿利托等。

弗兰克斯等人按照之前的约定改变了主意，众议院以 220 比 215 的票数通过了提案，时值早上 5 点 53 分，太阳刚刚从地平线升起。此次投票持续 2 小时 51 分钟，用时是历史上第二长的那次投票的两倍。

提案交上参议院时，戏剧性的场面再次上演。布什的盟友需要 60 票才能推动立法，使之进入 11 月 24 日的最后一轮投票，现在还差一票。对总统来说，唯一的希望是争取到特伦特·洛特。布什曾带洛特一起参加了参议员斯特罗姆·瑟蒙德的生日聚会，洛特在宴会上出言不逊，之后便失去了多数党领袖的职位。"我觉得，他们并没有实事求是地说出这项计划需要付出的代价。"洛特回忆说。另外，说到国家福利项目成本的增长，洛特认为这个议案就像"在一艘正在下沉的船上又增加了几把椅子"。

当洛特沿过道前往计票员的办公桌，登记投票时，他听见接替自己职位的比尔·弗里斯特恳求说：“请帮我们一把，特伦特。”洛特违背了自己的初衷，投下了关键的赞成票，使议案获得通过。几分钟后，布什打电话给他表达谢意，但是洛特回答说，这是他生平投过的最糟糕的一票。1 天后，11 月 25 日，洛特在最后一轮投票中投了反对票，不过这时候，法案通过只需 50 票，最终它以 54 比 44 通过。

秘密潜入：布什的伊拉克之旅

布什前往克劳福德过感恩节，但他脑子里却想着另一个目的地。自 10 月中旬以来，他一直在与安迪·卡德讨论，希望秘密前往伊拉克，亲眼看看这个在他总统生涯中占重要地位的国家。出于安全考虑，这个想法显得十分荒谬。在针刺防空导弹尚未发明、电视也没实现 24 小时播放的年代，的确有不少总统会秘密潜入其他国家，视察战区。

11 月 26 日上午，身处农场的布什与赖斯、切尼、卡德召开了一次视频会议，他想看看大家是否认为他应该去伊拉克。“我们认为，应该这么做。”赖斯回忆道。劳拉同意了，但他们的双胞胎女儿不太赞同。布什在出发前半个小时才把消息告诉了詹娜和芭芭拉。“爸爸，我害怕。”芭芭拉说，“一定要安全回来！”

那天下午晚些时候，布什穿着牛仔裤、靴子、工作外套，与赖斯一起钻进一辆没有标记、茶色车窗的红色货车。他们都把棒球帽压得很低。“我们看起来像一对寻常夫妇，”他后来说，“而且是一对悠然自得的雅皮士夫妇。”为避免人们起疑心，开货车的司机是特勤局的便衣特工，他们开着车经过农场警卫时，没有人知道后面坐的是谁。货车沿 35 号州际公路直奔得克萨斯州韦科机场。这条高速公路并没有因为总统车队的到来而清场封路，这还是头一次。布什对于车子行驶如此缓慢感到吃惊。

“怎么回事？”他问道。

“堵车。”赖斯一边回答，一边为总统调整了座位。

到达机场后，他们登上“空军一号”，随行的只有几名助手外加 7 名记者。这些记者是临时接到消息赶来的，为了保密，记者们按要求取出了手机电池。当地时间晚上 7 点 27 分，飞机起飞朝华盛顿飞去，总统及随行们在华盛顿安德鲁斯空军基地的机库中，转机到另一架波音747型“空军一号”上。这架飞机早已加满燃料，准备环游世界。飞机停在斜坡顶端，布什转身面向记者们，伸出手放到耳边，用拇指和小手指比划着打电话的样子说道：“不准打电话，明白了吗？”接着，他登上飞机，几名助手和记者紧随其后。当地时间11点06分，总统再次飞上天空。

起飞不到15分钟，布什便睡着了。当他们靠近英国海岸时，一架负责给地面控制中心发送无线电信号的商用飞机的飞行员侦查到了这架醒目的蓝白相间飞机。

“伦敦，伦敦，那是‘空军一号’吗？”他问道。

“不，那是一架‘湾流五号’。”空中交通指挥员回答道。

飞行员显然已经明白是怎么回事，于是笑着说了句：“好吧，伦敦。”

“空军一号”飞行组组长马克·蒂尔曼上校负责驾驶飞机，与他一同保持高度警觉的，还有统筹总统此次出行的白宫副幕僚长乔·哈金。布什问过，是否应该中途放弃计划，但他们最终决定继续。随行人员一直密切关注，确保新闻报道中没有出现总统突然从克劳福德农场消失的消息。

飞机逐渐临近巴格达，赖斯、卡德、哈金和丹·巴特利特等人越来越紧张，他们担心布什可能也很紧张。“我们是不是应该和总统一起祈祷？”赖斯提议道。于是，一行人前往总统休息室，他们一起握住双手进行了短暂的祷告仪式。

布什朝驾驶舱走去，想看看巴格达附近的景色。他注意到远处夕阳下一座清真寺的塔尖若隐若现。“从飞机上看，这座城市如此宁静。”他后来说道。然而，他明白危险无处不在。工作人员告诉他，要时时盯着红灯，一旦有导弹袭击飞机，红灯就会闪亮。就在5天前，一架货机刚从巴格达机场起飞，就遭到“萨姆”—7型地空导弹袭击，被迫紧急降落。随着“空军一号”总统专机临近，在停机坪上等待的里卡多·桑切斯中将越来越焦灼，他听着远处此起彼伏的爆炸声，很担心此时遭到迫击炮袭击。

“空军一号”的主机舱内，百叶窗已经关闭，灯也熄了，只有数字时钟在跳动，闪耀着奇异的色彩。防弹衣已经发放给总统及随行人员，飞行员采取规避路径，飞机直接、快速地降落在地。

当地时间11月27日，周四下午5点32分，“空军一号”在巴格达降落。飞机淹没在漫天的尘土和薄雾中，并不是多么扎眼。布什穿着牛仔裤和一件蓝色衬衫走下飞机。在机场迎接他的是驻伊部队最高指挥官里卡多·桑切斯将军、杰瑞·布雷默和少数工作人员。

“总统先生，欢迎来到自由的伊拉克。”布雷默说。

布什张开手臂与他拥抱。准将马丁·登普西递给布什一件第 1 装甲师的风衣，布什迅速穿上。

布雷默等人把布什一行带到鲍勃·霍普餐厅，用布雷默的话说，“这里就像一间杂草丛生的拱屋”。布雷默在华盛顿时，已经知道总统将秘密来访，桑切斯在总统来的 3 天前才得知消息。而正准备一起享用感恩节大餐的 600 名士兵根本不知道这件事。

总统等候在隐蔽处，布雷默和桑切斯走到食堂的麦克风前，好像要发表重要讲话。

“桑切斯将军，”布雷默开始说道，“据说我来这里，原本是要向大家转达总统的感恩节问候，但现在我收到的消息是，有位高级官员会代我做这件事。请问这位高官是你吗？”

桑切斯也跟着一唱一和。“是吗？先生，我不知道啊。也许我们应该看看后面是不是藏着一位高级官员。”

“那就让我们看看后面是否还有更高级别的官员，来帮我宣读总统的感恩节致辞，”布雷默说，“请问后面有没有比我们级别更高的官员？”

这是总统出场的提示语，布什随后从幕布后面走出来，登上了这个挤满人的大厅的讲台。不知所措的战士们犹豫片刻，之后爆发出震耳欲聋的呼喊声。“整栋建筑实际上都在震动。”在场的一名士兵这样描述。看着这些激动万分的年轻士兵，布什不禁流泪。副手们担心哽噎的布什可能无法讲话。“我被现场的氛围深深感动了。”布什事后回忆道。

他尝试着开了个小玩笑，尽量稳住情绪。“我就是想找个地方吃顿温馨的家常便饭。”他对士兵们说。

他在战区待了 2 个小时，与士兵们合影，与伊拉克管理委员会的成员简要会谈。一些美国批评家们事后嘲笑他，本来拿着一盘火鸡要犒劳将士，到后来却发现，这只是一只道具火鸡。但对战地的将士们来说，看见总司令冒着生命危险飞到战地，与他们一起过节，带给他们的是强烈的感动。即使是多年后，他们心中始终铭记着这份感动。

这次出访一直高度保密，直到飞机驶离导弹射程。留守农场的劳拉·布什发现电视上没有出现相关报道，因此越来越担心。她忘了，等总统离开伊拉克后，电视上才可能出现消息。焦急万分的劳拉打电话到特勤处指挥所，询问情况。

“总统在哪里？”她问道。

“我们看到他在农场别墅出现过，夫人。”一位特工回答说。

劳拉意识到他们还不知道总统离开农场的事。“哦，那我再找找。”她不动声色地回答，竭力掩饰内心的不安。

这次夺人眼球的出行，带着神秘和危险的气息。此行坚定了布什的信心，他知道伊拉克的美军会继续坚持下去，但布什团队在处理伊拉克问题上的分歧并没有因此消停。继布什之后，唐纳德·拉姆斯菲尔德也出访了伊拉克，他最终决定不再管布雷默和伊拉克事务了。在机场休息室，拉姆斯菲尔德明确告诉布雷默，让他直接向布什和赖斯汇报工作。

“我不打算再参与伊拉克事务，”他对布雷默说，“让赖斯和国家安全委员会来处理吧。”

这个问题拉姆斯菲尔德想了很久。他认为，如果有人想顶替他的职位，这很好，只要他们承担起相应的职责。白宫西翼开了一整天会，官员们纷纷出来。楼梯上，距离拉姆斯菲尔德几步之遥的赖斯叫住他，托他打电话给布雷默交代一些事情。拉姆斯菲尔德拒绝了：“他已经不再为我效力了。”拉氏一直认为，这是对指挥体系问题的合理、合法回应。但在同事们眼中，他只是一个想从日益混乱的伊拉克泥潭中脱身的人而已。布雷默的助手丹·塞纳说道：“说到伊拉克的政治进程，拉姆斯菲尔德总是离得远远的，丝毫没兴趣参与。”拉姆斯菲尔德的顾问、国防政策委员会委员理查德·珀尔说道：“巴格达陷落后，拉姆斯菲尔德就丧失兴趣了，他已经受够了各部门间的互相倾轧、自相残杀，他的态度是放任自流。”

独裁者的末日

12 月 13 日，布什在戴维营接到拉姆斯菲尔德的电话。

“总统先生，”他说，“第一批消息可能没那么确切，不过……”

布什打断他的话，说道：“听起来，是有好消息要告诉我？”

拉姆斯菲尔德说，美国中央司令部司令约翰·阿比扎伊德将军来电报告，美军可能抓住了萨达姆·侯赛因。约翰刚于 6 月接替了退休的汤米·弗兰克斯。

“很好，这是好消息，”布什说，“阿比扎伊德有多大把握？”

“很大。”

根据一名战俘提供的消息，特种部队突袭了萨达姆家乡提克里特附近 8 英里处的一个农场。部队搜索这片土地时，其中一名士兵发现了一个地洞。他爬进洞，拉出一个浑身脏兮兮、怒气冲冲的男人。他手里握着枪，但没有反抗。“我是萨达姆·侯赛因，伊拉克总统，我要求谈判。”男人说道。士兵回答：“我带来了布什总统的问候。”这名男性左腿上有枪伤留下的疤痕，手腕附近有一处独特的文身，三个蓝点是其部落的标志，这泄露了伊拉克独裁者的身份。但美国人清楚，萨达姆惯用替身，所以他们要完全确认后，才敢公布这个消息。

激动不已的布什努力克制着自己的情绪，致电赖斯。赖斯此时正在华盛顿的家中准备圣诞晚会，她打算邀请的客人中包括拉姆斯菲尔德。

“唐（拉姆斯菲尔德的昵称）刚才打来电话，军方认为他们已经抓获了萨达姆。不过，我还有些怀疑，”他补充道，“我们先不要对外走漏风声。”

“可能是他的替身。”赖斯说。

布什令她将消息告知安迪·卡德和科林·鲍威尔。他试图通知副总统切尼，但切尼正乘坐“空军二号”前往纽约州，出席一个募捐活动。他一下飞机就收到了消息，然后回了电话。总统和副总统在下午 3 点 34 分联系上了。

“迪克，”布什说，“我们好像抓到萨达姆·侯赛因了。”

切尼也认为应该小心求证，谨慎行事。

切尼挂断电话后不久，拉姆斯菲尔德来电说，他们打算做个 DNA 测试，提取萨达姆的基因与他其中一个被杀的儿子的基因作比对。拉姆斯菲尔德说，如果能确定是萨达姆，那么第二天就可以公布这个消息。在接下来的一个半小时里，切尼忙着打电话搜集消息，与他同行、准备募捐的几名共和党人一直等在一旁。

募捐活动结束后，切尼立即返回华盛顿，他告诉同行的女儿玛丽，下飞机后直接去拉姆斯菲尔德家中参加圣诞晚会。他的夫人琳恩·切尼已经先过去了。玛丽觉得奇怪，因为当时已经是晚上 9 点了，她不明白为什么那么晚了，父亲还坚持要去国防部长的家。飞机着陆后，切尼稍微向她透露了点口风。他们乘坐直升机回到美国海军天文台停机坪，然后搭上一辆豪华轿车，直奔拉姆斯菲尔德的家。切尼悄悄对女儿说，有些关于伊拉克的消息。不过她要暂时保密，因为消息还未得到最终确认。上车后，他递给女儿一张便条，上面写着："抓获了头号目标，正在进行 DNA 测试。"

整个晚会期间，切尼再也没有透露更多细节，但他和拉姆斯菲尔德都心情愉悦。晚会一直持续到深夜，他们还围坐在咖啡桌旁，重温尼克松和福特政府时期那些激动人心的战争故事。等切尼一家回到寓所，身旁没有外人时，副总统才告诉自己的夫人，他们可能抓获了萨达姆。

12 月 14 日凌晨 3 点刚过，一阵急促的电话铃将布什从睡梦中唤醒。电话是赖斯打来的。

"总统先生，对不起吵醒了你，"她说，"不过，我们真的抓到他了。"

"那太棒了，"布什说，"你确定吗？"

"是的。"她说，她刚接到布雷默的电话，落网的的确是萨达姆·侯赛因本人。

布什立刻将这个好消息告诉了父亲老布什。这一刻，对他们父子来说同样重要。萨达姆是布什家族的眼中钉，困扰了这对父子十几年，现在他终于落网了。

"恭喜你，"父亲对儿子说，"对美国来说，今天是个大日子。"

儿子稍稍纠正了父亲的话："对伊拉克人民来说，今天更是个大日子。"

几个小时后，布雷默在巴格达会见记者，当众宣布了这一消息："女士们、先生们，我们抓住了萨达姆。"话音未落，房间里的伊拉克人便掀起一片欢呼声。

拉姆斯菲尔德大为光火。他之前打电话给里卡多·桑切斯，让他宣布这个消息，毕竟是军方抓住了萨达姆。但赖斯另有打算，她认为，布雷默和桑切斯都不是最佳人选，应该由伊拉克人来宣布这个消息。她认为，美国因此失去了一个极好的机会，如果由伊拉克人宣布消息，可以证明，是伊拉克人自己从迫害他们多年的独裁者手中夺回了命运的主导权。不过，她并没有向布雷默提及这一点，反而打电话给他，称赞他召开了一场"一流的"新闻发布会。无论如何，萨达姆的落网让布什团队看到了希望，伊拉克人民的心理状态也会有所不同。很多人担心萨达姆会重新掌权，但现在一切都已明了：独裁者的时代永远终结了。伊拉克人可能会因此对国家的未来更有信心。

萨达姆将在伊拉克法庭接受本国检察官的审讯，当然，美国也会为之提供大量帮助，这也将向外界释放了一个信号：现在是时候继续前进了。美国军方公布大量照片和资料，展示了萨达姆独裁统治下，伊拉克混乱、民不聊生的情景。赖斯回忆道：“我们真的相信，这是结束叛乱的关键一步。”

那天晚些时候，布什在内阁会议厅亲自宣布了这个消息。华盛顿凌晨 0 点 15 分，布什发表电视讲话：“我有个消息要告诉伊拉克人。今后，你们不必再担心萨达姆的独裁统治了。所有选择自由的伊拉克人必将取得胜利。”

他继续补充说：“伊拉克历史上，黑暗和痛苦的时代结束了，充满希望的时代已经到来。现在，伊拉克全体人民可以团结起来，反对暴力，重建一个新的伊拉克。”

萨达姆落网的影响超越了国界，送达利比亚。早在 3 月，穆阿迈尔·卡扎菲主动承认后，美国和英国开始派专家秘密潜入利比亚，调查其武器生产项目。为了能使双方顺利实现接触，布什甚至瞒着许多内阁高层官员，亲自监督谈判进展。“这次利比亚行动计划的首席指挥官就是总统本人。”国家安全委员会高级官员罗伯特·约瑟夫回忆说，布什授权他领导这项任务。约瑟夫是内阁中最直言不讳的强硬派，重用他，等于是布什给切尼吃的一颗定心丸。

利比亚领导人穆阿迈尔·卡扎菲上校公开承认自己的国家正在开发化学武器与核武器。他们同意，将在国际社会的严格监督下，取消自己的大规模杀伤性武器研究计划并销毁相关导弹。利比亚人坦承，核武器设计材料是从巴基斯坦“核弹之父”、核武器走私网络的主谋阿卜杜勒·卡迪尔汗那里获得的。几个月来，利比亚对更多细节一直讳莫如深，不肯过多透露，但在美国宣布萨达姆被捕的消息后 2 天，也就是 12 月 16 日，他们就同意签署解除核武器协议。2 天后，托尼·布莱尔致电布什。之前，他与卡扎菲通过话，尽力说服对方同意协议，作为回报，他承诺将和布什一起发表积极的声明。

布什同意了。第二天，12 月 19 日，布什在白宫等待卡扎菲，以便一同发表声明，但几个小时过去了，的黎波里毫无音讯。布什从早上等到下午，再等到晚上，他越来越焦躁，赖斯尽力安抚总统的情绪。后来他们才知道，卡扎菲当时正在看一场很重要的足球比赛。本来卡扎菲应该亲自宣布声明，最后改成了书面。布什认为，这也足够了。

下午5点30分，总统走进接待室，就协议签署发表贺词。这传递出一个讯息，他说："美国愿与任何放弃生产和使用生化武器及核武器的国家建立良好关系，其他自由国家也将对其敞开怀抱。"

利比亚解除核武器，是布什和切尼的一次重大胜利。不仅因为美国少了一个潜在的拥核敌对国，还因为核武器走私项目的幕后黑手阿卜杜勒·卡迪尔汗终于浮出水面。这位核武科学家熟谙先进技术，成了当今世界危险材料的最大经销商。调查人员对他进行跟踪调查后发现，他不仅出售核武材料给利比亚，还给朝鲜和伊朗供货。利比亚签署协议后几个星期，华盛顿便向巴基斯坦施压，要求他们软禁卡迪尔汗，迫使他坦白罪行。

同时，布什和切尼确信，伊拉克战争能把其他国家拉回到谈判桌上。如果伊拉克战争能起到杀一儆百的作用，那美国就可以避免对每一个潜在威胁动用武力。"卡扎菲放弃了核武器项目，因为他不想落得萨达姆的下场，这是一个典型例子，足以证明伊拉克战争带来的其中一个效果。"几年后，拉姆斯菲尔德这样说道。然而，令布什和切尼大失所望的是，伊朗和朝鲜并没有效仿。

随着圣诞节的临近，布什愈发感到年华易老。时年57岁的他，从1972年开始就几乎每天坚持跑步锻炼。他对跑步的疯狂热爱，主要是因为这项运动能让他保持头脑清醒，提高身体协调力。但现在，他的右膝受伤了，医生为他做了核磁共振。诊断结果显示，他的膝关节磨损严重，需要立即停止跑步，只能做些交叉训练。这个调整太重大了，意味着布什正逐渐老去。他一时找不到更好的方式来排解越来越大的工作压力。

布什几乎没有时间来适应个人作息习惯的变化。情报机构发来报告称，有恐怖分子打算袭击从欧洲飞往美国的航班。这是自"9·11"事件以来，美国受到过的最严重的威胁之一，布什和切尼要考虑的是，该如何应对这个情报。应该冒着被外界指责反应过度、破坏重要假期、为政治目的引发恐慌的风险，提醒公众并取消航班，还是让飞机按计划飞行，他们则努力追捕恐怖事件策划者，并祈祷平安无事呢？

"看到这样的信息，你们当中还有谁愿意让家人乘坐这些航班？"与汤姆·里奇及其他顾问开会时，布什这样问道。

没人说他愿意。这反而让决策变得容易多了：目标航班应该被取消。第二天，里奇将国家威胁等级提高至高风险水平。恐怖袭击最终没有到来，美国平安度过了一个假期。

然而，对布什和切尼来说，那年年底仍然不断有坏消息传来。司法部长约翰·阿什克罗夫特主动申请回避中情局泄密案，因为卡尔·罗夫曾是他的下属，所以案子由他的副部长詹姆斯·科米接手。科米决定将它交给一名私人辩护律师。12 月 30 日，他宣布案子由自己的好友，来自芝加哥的律师帕特里克·菲茨杰拉德接手。于是，长着一张娃娃脸的菲茨杰拉德领导着几名白宫的律师，开始介入调查。

D A Y S O F F I R E

第 17 章

致命情报

中情局只做领导愿意听的情报分析？英德意等损友唯恐天下不乱竟提供伪造情报？萨达姆错判形势谎称自己拥有大规模杀伤性武器？当人们开始审视导致伊战爆发的原因时，得出了一个惊人的结论——所谓的违禁武器情报居然是错误的！

知己不知彼

2004年1月21日，切尼的手机响了，是女儿玛丽打来的：“我必须马上跟你谈谈。”

从她的语气可以判断出，事情很紧急，切尼让女儿立即过来。切尼的妻子琳恩和他们的另一个女儿莉兹·切尼得知消息后，也马上赶了过去。莉兹走得匆忙，甚至没来得及换衣服。她穿着牛仔裤，一身休闲装，大步流星地超过几名特勤局军官，直奔白宫西翼。这样的衣着显然不符合总统办事处的着装规范。

对切尼家族来说，这次危机与以往的情形何其相似，无外乎是个人原则与政治效忠之间起了冲突。玛丽同意继续担任父亲在2004年选战时的运营总监，就像2000年时那样，只不过这一次，她并不确定自己是否还应那么卖力地为布什总统争取选票。切尼和布什搭档3年有余，但像现在这样因个人原因而在某一具体问题上出现巨大分歧，还是头一次。

这个分歧是同性恋婚姻问题。前一天，布什发表国情咨文，义正词严地捍卫“婚姻的神圣性”，外界将这一举动视为布什吹响了反对同性恋婚姻合法化的号角。时值大选之年，很明显，这是布什为了保住自己在保守主义者中的选票而做出的姿态。他想提醒顽固不化的保守主义政治家，他们可以对布什的其他政策挑刺，但至少这位总统与他们有着一致的社会观念，换一位总统就很难说了。当玛丽事先看到国情咨文的复印件时，她惊呆了。她本打算坐在众议院的旁听席，仔细聆听布什讲话，但她突然改变了主意。

“我绝不会站起来为总统的讲话鼓掌欢呼。”她后来这样写道。

玛丽并非自由主义者，甚至可以说，她偏向保守主义，在很多议题上，她都支持父亲的观点。但现在她面临的是一个存在主义问题：她怎么能无视自己的性取向，而奋不顾身地为打算推动歧视性立法的布什内阁拉选票呢？总统选举团的一些人特意在总部停留，看望她，开解她，强调内部团结的重要性。有不少为总统效力的人，并不认同其政策，这也说明时代正在发生有着深远意义的变化。他们安慰玛丽，这没什么大不了的，毕竟还没有国家真正认可同性婚姻，但这样的安慰于事无补。她认为自己应该立即辞职,收拾东西,回到家乡科罗拉多州。玛丽与自己的同性恋伴侣希瑟·波打了一通长时间的电话，倾诉内心的感伤。

1 月 21 日，切尼一家四口坐在副总统办公室，听玛丽发泄不满。副总统早就明确表示过，在保护同性恋权利的问题上，他并不认同保守主义者的正统思想。2000 年，在与约瑟夫·利伯曼谈话时，切尼说道：“自由，意味着每个人的自由。”看着满脸委屈的女儿，切尼对她说，如果她决定辞职，他会支持她。但他同时又表示，玛丽在 2000 年总统选举中起到了举足轻重的作用，如果她能继续留在团队，一定会有更出色的表现。一家人为此讨论了好几个回合。

最后，切尼注意到时间差不多了，他必须动身前往纽约募集资金，因为玛丽在竞选团队中担任的职务，因此与他同行。琳恩突然主动要求与他们一同前往。当副总统在曼哈顿一间公寓中接受媒体拍照时，琳恩和玛丽母女俩就在旁边的卧室里谈了会儿心。母女俩在两张单人床上，相对而坐。“如果你内心觉得必须离开，”琳恩说，“那就说明这个决定是正确的。”

玛丽冷静地想了想，最终决定留下。辞职只会引发更多关注，她不愿被外界称为“副总统的同性恋女儿”，也不愿人们借题发挥，掀起一场运动。曾有激进分子将她的照片贴在牛奶盒上，指责她身为同性恋者，却没有为同性恋者争取权利，这件事已经让她十分恼火。她爱自己的父亲，支持他的政治生涯，她不希望政敌拿自己的个人问题来攻击父亲。

这次短暂的危机凸显出布什与切尼的伙伴关系已经出现了少有的裂痕。自 2000 年夏天两人联手卷走共和党的选票后，布什和切尼合作默契，鲜有分歧严重的时候。但现在，种种迹象表明，两人间的关系已在慢慢变化。有那么一瞬间，布什同意考虑撤换切尼，希望以此证明自己的主事人身份，这种轻微的游离也出卖了布什内心的敏感和软弱。切尼曾告诉布什，伊拉克藏有大规模杀伤性武器，可美军至今都未寻得，此事一直令布什焦虑。不少人质疑，被切尼牵着鼻子的布什可能正走在一条危险的道路上。此时，布什已经开始与康多莉扎·赖斯商讨修复与盟友间关系的办法，他想将重心转移到外交上。切尼对布什的影响力非同一般，远超人们预期。这届政府刚上台时，副总统切尼团队的幕僚原本以为，切尼对布什的影响力最多持续6～9个月，等布什完全适应总统权力时，就不需要再依赖这位经验丰富的副总统了。然而，切尼的影响力却一直持续，一是因为当时国家安全问题突显，二是切尼总能巧妙地在顺从布什的同时，推进自己的想法。

同性婚姻问题上，切尼还看到了白宫另一位举足轻重的人物——卡尔·罗夫从中作梗的痕迹。2000年，罗夫曾反对切尼当选副总统，之后他也一直小心翼翼地与副总统相处。只要是对方牵头的工作，切尼和罗夫彼此都会尽量回避，选择不插手，这似乎成了双方的默契，特别是“9·11”后，副总统在白宫的影响力如日中天。但现在已是2004年，新一届选举近在咫尺，罗夫大有重整旗鼓的势头。罗夫与布什家族渊源颇深，一直为布什家族成员的政治前途鞍前马后。早在1978年，罗夫就出任布什的顾问，帮助他参选得克萨斯州众议院议员之职。这位不按常理出牌的政治操盘手对数字十分敏感，能毫无差错地背出民意调查数据和票选结果，就像有些人能熟记棒球比赛结果一样。布什两次竞选州长，以及2000年竞选总统，都是由罗夫一手策划。罗夫、凯伦·休斯和乔·阿尔博是布什顾问团中的“铁三角”，但罗夫在布什身边的时间比其他两人更长。凯伦·休斯虽然曾任职副国务卿，但在布什第一个总统任期内近一半时间，她都缺席这一职位。高兴的时候，布什称罗夫为“天才”，生气时称他是“大便”；批评者称罗夫是“布什的大脑”，这是一种刻意贬低布什、抬高罗夫的说法。

进入2004年，罗夫又有了证明自己影响力的机会。2000年总统竞选，本该是罗氏政治大展拳脚的最佳时机，结果却遭遇了滑铁卢，这一次，他和布什都希望向外界表明，他们根本不需要最高法院的介入，就能赢得大选。哪怕要采取严厉手段，罗夫也不会退缩，他知道民主党人不是什么软柿子。据马修·多德分析，布什团队的政治影响力有所萎缩，罗夫采取了两手推进战略，一方面全力赢得共和党的选票，同时积极争取摇摆不定的选民。

一大批民主党人开始攻击布什，在他们看来，伊拉克战争越来越像一场因不实情报而错误发动的战争。这些人包括曾在伊拉克问题上支持布什的民主党众议院代表理查德·格普哈特，曾与切尼展开辩论的前民主党副总统候选人、参议员约瑟夫·利伯曼，越战英雄、美国著名反战运动积极分子、马萨诸塞州参议员约翰·克里，知名反贫穷案出庭律师、北卡罗来纳州参议员约翰·爱德华兹，赢得科索沃战争胜利的北约指挥官、退役将军韦斯利·克拉克，发起同性伴侣合法婚姻运动的医生兼佛蒙特州州长霍华德·迪恩。

格普哈特、利伯曼、克里和爱德华兹都曾在 2002 年时投票支持发动战争，现在他们联手起来指责布什，迪恩虽然没有投票权，但他也到处进行反战宣传。罗夫在总统的政治顾问中进行了一项非正式调查。其中 4 人预测迪恩会赢得民主党提名，包括布什在内的 5 个人预测格普哈特会赢得提名，没人想到克里才是那匹黑马。

每周末，罗夫都会在家中召开"早餐俱乐部"会议。他和战略家们一边享用炒鸡蛋、奶酪、奶油以及鹿肉、野猪肉和香肠，一边商讨搭建总统竞选团队的体系架构。为竞选马不停蹄的不仅仅是这些顾问们，还有布什的双胞胎女儿。在布什的前一次竞选中，两个女儿基本置身事外，但这次明显不同了。詹娜梦见父亲败选，于是和妹妹芭芭拉主动请缨，希望能在这次竞选中，为父亲做些什么。不管结果如何，她们都希望尽自己的一份力，布什倍感欣慰。

与 2000 年大选时一样，这一次罗夫对民主党候选人的预测结果并不准确。在爱荷华州的恶战中，迪恩在布什的帮助下战胜了格普哈特，赢得了选票。"那是 10 月份的某一天，迪恩在玫瑰花园放了一张海报，海报上是我与布什的合影，"格普哈特说，"那张海报一出现，我的支持率马上下跌。他根本无需再做任何努力。"格普哈特曾在 1988 年大选时，赢得了爱荷华州的选票，这一次他却遭遇了滑铁卢。2004 年 1 月 19 日，格普哈特最后在票选中排名第四，屈居克里、爱德华兹和迪恩之后。不过迪恩最后的下场也不怎么样。他的败选演讲结束时，台下一片嘘声，这一幕在电视上重播了好几遍。

罗夫一直将赌注押在迪恩身上，认为他会赢得提名，即便现在，他依然坚信迪恩有可能翻盘。但布什不这么认为。

当罗夫前往俄亥俄州和亚利桑那州时，布什把自己的判断告诉他："迪恩已经完了，没戏了。”“嗯，当年你父亲丢掉了爱荷华州，但最终赢得了胜利。”布什的政治部主任马特·斯库莱普提醒道。

“是的，父亲只是失去了爱荷华州，”布什说，“但这家伙已经彻底没戏了。”丹·巴特利特说，在现场听迪恩的败选讲话，其实没什么特别的，但经过电视报道，效果就被放大了许多倍。“这是一次很好的教训。”他说。

1 月 27 日，新罕布什尔州初选当晚，布什和家人、朋友们在白宫过夜。克里赢得了 38% 的选票，迪恩只有 26%。

夜渐渐深了，布什和宾客们讨论起克里和爱德华兹，谁会是自己的强劲对手，哪一位更难对付。布什认为，爱德华兹资历尚浅，容易打败，克里却不好对付。劳拉·布什持不同意见，她认为爱德华兹将是更严峻的挑战。她觉得，没人喜欢克里，而爱德华兹更有竞争力，他年轻、有吸引力，而且来自南部，有独特的魅力。

萨达姆的致命谎言

迪恩一直拿伊拉克问题说事，布什因未能找到大规模杀伤性武器而忧心忡忡。受雇于中情局的武器核查员戴维·凯负责调查违禁武器，但他与中情局局长乔治·特内特关系紧张，因此决定辞职。1 月 28 日，凯出席参议院军事委员会会议，递交了自己的评估报告。

“首先，我想说的是，我们几乎大错特错了，”凯告诉国会议员，“这当然也包括我自己在内。”

他指出，即使是法国和德国这样反对开战的国家，也曾相信伊拉克拥有大规模杀伤性武器的存在：“但在我看来，我们好像都猜错了，这一点是最令人不安的。”

当时常见的说法是，情报分析人员曾受制于政治领导人的压力。凯推翻了这个论调。他指出，他和工作小组在伊拉克发现了“数百例”涉及禁止性武器研究的活动，这些伊拉克人“不但没有把事情报告联合国，还收到指示不准泄露秘密，把材料藏起来了”。但这些活动，还无法称得上是在研制或储存大规模杀伤性武器。凯表示，华盛顿要“理解为什么现实情况和他们原先的预期、评估如此不同”，这一点很重要。

第二天，布什和切尼邀请凯共进午餐，详细询问了有关调查结论。康多莉扎·赖斯和安迪·卡德也参加了。大部分时间里，都是布什在盘问，而切尼基本保持沉默。

凯解释说，情报是错误的，因为伊拉克人假装成他们真的有大规模杀伤性武器一样。

“萨达姆为什么这么做？”布什问道。

因为在法国和俄罗斯的阻碍下，萨达姆从未想过美国会真的发动入侵，凯说。他进一步补充道，萨达姆更担心，如果知道自己没有杀伤力巨大的武器，什叶派和库尔德人会蠢蠢欲动，萨达姆政权内部不少反对者也可能发动政变，同时，他也害怕被伊朗当作弱者，失去在阿拉伯世界的地位。

但凯也批评了布什。他对总统说，情报机构这次工作失误的重要原因是，局长乔治·特内特既是情报分析师，又是决策层成员，兼任两种角色容易产生误判。“中情局局长是总统内阁官员，你与他走得太近，你也为此付出了代价。”凯说道，“每位总统都知道，自己应该有一个决策团队，不同于收集、分析事实的团队。情报局就负责事实这一工作，但乔治同时也是内阁官员，这让他很难分清界限。”

“你认为我应该少与他接触吗？”布什问。

“总统先生，这一点我并不想说。”凯说。

接下来的星期一，也就是 2 月 2 日，科林·鲍威尔在接受《华盛顿邮报》采访时坦承，如果他知道伊拉克没有违禁武器，他可能不会支持入侵。这则报道让形势雪上加霜。大约一年前，他在安理会做的那次具有里程碑意义的演讲言犹在耳，这一年来，鲍威尔的名誉近乎全毁，他承认这场战争是在一个错误的假定下发动的，尽管他对记者表示，他仍然认为战争“是正确的”。在被问及如果知道事情的真相，他是否还会支持战争时，他有些闪烁其词。“我不知道，”他说，“因为当时确实有证据证明存在武器库存，可能会对该地区和整个世界产生现实威胁。但找不到库存，就改变了政治决策的合法性，也影响了你得出的答案。”

鲍威尔试图将责任推干净，布什和切尼深感愤怒。

“决策是我们全体同意通过的，就算情况变化，我们也会做出相同的决定。”他告诉记者。

中情局局长乔治·特内特三天后在他的母校乔治城大学发表演讲，讲话中他的立场有所松动。他承认在这件事上的失误，但他为战前情报做了辩护。特内特指出，他聘请了另一位武器核查员查尔斯·迪尔费尔代替凯继续调查：“尽管有些公开声明称，我们多半是找不到证据了。”

特内特总结道，中情局“应该算是发现了”萨达姆的导弹项目，但“可能高估了萨达姆生产核武器的进展”。尽管还没有发现化学或生物武器，但侯赛因的确想研制核武器，并且有能力在短时间内生产出来。特内特承认，一个在伊拉克的线人严重左右了自己的判断，那位线人“有直接渠道接近萨达姆”。线人告诉中情局，伊拉克人很懂得如何瞒过核查人员。“当时看到这样的情报，难道我能无视吗？”特内特说，“不，绝对不能。”

当时对布什内阁的批评声早已甚嚣尘上。总统走马上任时，原以为能完成父亲未竟的征程，结果却令人失望。副总统坚信巴格达是个极大的威胁，向情报局施压以支持自己的判断。原本应该冷静分析事实的中情局，却无视多方意见，只做领导人愿意听的分析。民主党作为反对派迫于政治风向的压力，也不愿相信证据有误。英国、德国、意大利等盟军情报机构并没有完全分享情报，而是传递不疼不痒的信息支持美国最初的判断，甚至还提供伪造的虚假文件。伊拉克独裁者以为美国只是口头威胁，不会付诸行动，并没有站出来澄清这个假设。后“9·11”时代的新闻媒体，过度信任官方资料，传播信息时着重强调一些暗示杀伤性武器存在的蛛丝马迹，而很少提出质疑声。

不择手段的切尼

如果切尼原以为国情咨文中有关同性恋权利的问题不久就会自动平息，那他恐怕该失望了。2 月 4 日，马萨诸塞州最高法院裁定，根据州宪法，同性婚姻是合法权利。同性恋婚姻是否合法，这个问题已在全国范围内吵得沸沸扬扬，马萨诸塞州的决定无疑等于火上浇油。一个星期后，旧金山市长命令市政府官员给同性伴侣颁发合法证书，而此举与加利福尼亚州的法律不相符。

此事在白宫也掀起了轩然大波，卡尔·罗夫认为，国情咨文结束后总统还应该做些什么。他建议总统明确支持一项宪法修正案，将婚姻定义为一个男人和一个女人的结合。而布什坚持传统的婚姻观，并不支持修订宪法明文规定婚姻的概念。实际上，早在 7 个月前，比尔·弗里斯特提出了这个提案，布什拒绝了。而马萨诸塞州和旧金山的最新举动把这一问题推到了新的高度。随着大选临近，这个问题在保守派中引起了强烈反响。白宫新保守派、爱家协会的对外事务副主席蒂姆·戈格莱因说，过去一年中，“听到最多的就是有关婚姻问题的争议”。

布什答应考虑考虑。切尼让他的国内政策顾问尼尔·帕特尔调研这个问题。帕特尔把布什过去讲话中涉及该话题的资料和其他材料装订成册，交给副总统。切尼并没有说自己要拿这些材料干什么，帕特尔也不便多问。演讲撰稿人彼得·魏纳是白宫内政智库，是战略倡议办公室的负责人。布什任期结束后，该办公室又改名为“战略办公室”。魏纳起草了一份简报，冷静分析了现有宪法、婚姻制度和联邦法之下，争议双方论点的合理性。不少法院坚信，只能保护那些法律明文规定的权利，否则就属于捏造，他们对布什逐渐失去了信心。

争论愈演愈烈，切尼依然保持沉默，就像以往碰到类似情况时一样。每个人都知道他的想法，但他选择置身事外，无论是在公开场合还是私下单独与布什用餐时，他都有意回避这个话题。他原本可以参与辩论，并且可能因此扭转局面，但他始终保持缄默，从没有在同性恋权利问题上主动表达过看法，只有被问到时才偶尔说一两句。切尼老谋深算，懂得权衡，他知道什么样的问题值得投入政治资本，而同性恋婚姻问题显然不在这个列表上。这是一个信号，要么意味着他在暗示布什应该立即结束这个问题，要么反映了布什本身不愿触及这个问题。

另一位保持缄默的人是总统的竞选经理肯·梅尔曼。梅尔曼是个秘密同性恋者，他自己都没有认真思考过这个问题，更别提向布什和同事们坦承此事了。有人曾怀疑过他，但因为 2000 年时梅尔曼曾与竞选团队中的一名年轻女性约过会，这种疑虑也就不攻自破了。同样，自从在得克萨斯州流浪者棒球队相识后，一直伴随布什左右成为其得力助手的伊斯雷尔·赫尔南德斯也是一名同性恋者。

这个棘手问题成了总统连任竞选遭人攻击的重点。2 月的一个工作日，上午 11 点，布什邀请切尼及其他高级助手们听取罗夫和其他战略师制定的选战策略。罗夫递交了两位总统及其夫人之后每个月的竞选计划，包括竞选主题、路线和媒体宣传。竞选策略是，将布什打造成一位有力量、价值观正确，并能在危难时刻做出冷静判断的领导人。“人们有一种强烈的感觉，就是布什能确保安全，能让人们感到安全，”副手们2月份对克利夫兰进行了抽样调查，他们在调查报告中这样写道，“总统在‘9·11’事件中的表现给大家留下了这样的印象，而且这种印象得到了有效传播。”马克·麦金农重启了刚因技术故障而崩溃的笔记本电脑，打开文件夹，向众人展示了5个电视广告预案，其中一个包括了“9·11”恐怖袭击的画面。如果美国人还能想起恐怖袭击时他们内心的恐惧，那么他们应该会投票支持布什；但如果他们抓住布什让美国误入歧途、发动伊拉克战争这一点不放，那么布什可能会输。

2000年大选之后不久，罗夫、麦金农、梅尔曼、马修·多德以及布什的其他政治顾问就已经开始着手准备连任竞选。多德根据前一次的重新计票得出结论，认为独立选民的力量正在衰退，这种说法影响了白宫的竞选策略；顾问们现在制订的方案与他们4年前的策略几乎截然相反。最新方案中，他们不仅要投入资源拉拢摇摆选民，而且要同样专注于识别和维护共和党核心选民。“那个决定已经影响了我们所做的一切，”多德说，“它关乎我们如何通过邮件、电话和媒体等方式争取选民，也关乎我们该采取什么样的竞选路线，关系到总统和副总统要前往哪些地方进行游说，也关系到我们如何利用现有人力进行有效组织。”

为了研究美国前任总统们的连任竞选战略，多德在2002年夏天几乎走遍了各大总统图书馆进行调研，包括位于加利福尼亚州的罗纳德·里根图书馆、密歇根州的杰拉德·福特图书馆、得克萨斯州的乔治·H.W.布什图书馆。他写了一份很长的备忘录，阐明了在连任竞选中，在职总统所面临的机遇和挑战。中期选举前，他将这份备忘录分享给同事们。罗夫、多德等人现在制订的竞选战略具有前瞻性，使用了更为创新的技术手段，是前任总统们从未尝试过的。他们采用商业营销手段，根据选民们订阅什么杂志、开什么车、喝什么酒等标准，将选民分成几个区，逐个击破——这就是“微目标”策略。

劳拉劝丈夫不要把同性恋婚姻作为竞选辩论的话题：“我提醒过他，我们的不少好朋友或好朋友的孩子都是同性恋。”但没过几天，在和切尼共进午餐时，布什就告诉副总统，他决定授权修改宪法，明令禁止同性恋婚姻。“他提出这个问题，他知道我肯定有不同意见，因为他知道玛丽的事。”切尼回忆时说道，“他柔声细语地提出了这个问题，对，我只能用柔声细语来形容。

我知道，继续探讨这个问题，只会暴露我们之间的分歧。”布什是将自己的决定通知切尼，而非来征求他的建议。他请副总统转告玛丽，如果她想发表声明反对这个决定，他完全理解。副总统接受了这个决定，没有表达任何异议，但他很不开心。“切尼是生气，”有朋友说道，“我觉得，他可能在责怪卡尔出了这个馊主意。”

2 月 24 日，布什公开宣布了这个决定：“婚姻是一个男人和一个女人的结合，这是人类古老而悠久的事实，这种传统得到每种文化、每种宗教信仰的尊重和鼓励。”与此同时，布什也强调，有些州依然可以有其他选择，比如同性婚姻——他不希望遭人痛骂。“我们应该把这个困难的议题重视起来，理性探讨，而不要只为了宣泄痛苦或愤怒。”私下里，布什谴责过抨击同性恋的行为，还曾邀请过那位做过变性手术的大学同学到白宫赴宴。他语气平缓地阅读着这份声明，表明他心里其实并不完全认同。他是一个传统主义者，他认为法院不应该决定这类问题，他清楚地知道什么才是良好的政治，但他也知道自己正在打一张“仇恨”牌，这是他过去十分不屑的做法。

副总统打电话给玛丽，告诉她总统同意她发表声明，以反对总统这个决定。这是玛丽最不愿意做的事，因为这么做只会让外界更多地把注意力集中在她的性倾向上。经过一个月前的纠结，她已经决定留在竞选团队，同时保留自己的看法。

这一决定背后的政治意图很明显。布什宣布决定前一个星期，一项民意调查结果显示，64% 美国人反对同性婚姻，而只有 32% 的人认为应该承认同性婚姻的合法性。而罗夫锁定的目标人群——保守派选民中，比例差距更为悬殊。11 个州提出将这个问题列入 11 月的投票选项中，这牵涉到更多布什与切尼的潜在支持者。

布什的竞选团队最终决定，在广播中插入反同性恋婚姻广告，以吸引拉丁裔和非裔美国选民。这个广告特意放入面向这些底层民众的媒体中，一些助手们甚至不确定，布什是否知道这件事。

在宪法修订案宣布后的一次私人聚会上，布什对共和党国会领导人说，他感到自己的手好像被法院束缚了。但他心情依然不错，兴致勃勃地关注着即将到来的竞选。在民主党初选中，他“多次遭到攻击”，而他也告诉国会议员，自己正准备发起反击：“我和副总统都准备好战斗了。”

在这个繁忙的2月,布什还遭遇了一次情感重创。他那条忠诚的小狗“小斑点”在一系列中风后，于2月21日在睡眠中安然辞世。这条15岁的英国可卡犬，是老布什及夫人芭芭拉的爱犬“米丽”的女儿。1989年她出生于白宫，时值老布什担任美国总统，她也成了唯一随两届总统入住白宫的犬类。与许多子女已经长大外出上学的家庭一样，“小斑点”和另一条苏格兰梗犬“巴尼”成了总统家的重要成员。“巴尼”调皮捣蛋，常常被关起来；而“小斑点”温顺听话，她也因此常随总统前往克劳福德农场度假。

“小斑点”的去世，与布什上任以来所目睹的其他悲剧——特别是入侵伊拉克11个月以来的悲剧,一同给布什带来了沉重的打击。据劳拉回忆,“小斑点”死前，布什曾将这只病入膏肓的小狗抱到白宫南草坪上。他轻轻把她放在草地上，自己则躺在她身边，“在寒冷的黄昏，他用自己的体温为她取暖，他温柔地抚摸着她的头，与她做最后的告别”。

切尼似乎把他在同性婚姻问题上省下来的影响力，都加倍使用到朝鲜问题上了。因感觉美国处于下风，他一连好几个月都在想办法梳理和阐明美国的立场，他坚持新一轮的六方会谈必须围绕一个目标：“彻底核查并且拆除”平壤的核武器项目。“我们绝不与邪恶国家谈判，”他在12月的一个会议上宣布，“我们要打败它。”

2月26日晚，新一轮六方会谈开始，但切尼得知谈判各方在联合声明问题上陷入了僵局。他立即找到布什，希望他与前方的谈判代表沟通，采用强硬措辞。他打电话给布什的亚洲事务顾问迈克尔·格林，两人通了1小时电话，润色语言。

科林·鲍威尔和理查德·阿米蒂奇并不清楚事情的最新进展，他们正在参加一场盛大的晚宴，中途被召集到场外的豪华轿车里，接听保密工作电话，他们与斯蒂芬·哈德利一起决定了最终措辞。阿米蒂奇有些异议，却被哈德利驳回：“副总统要求语气非常强烈。”布什同意切尼的强硬措辞，哈德利命令格林通过非保密电话，把这些话原封不动地传达给前方谈判代表，通常情况下，这种事会通过国务院发送电报。谈判代表团由詹姆斯·凯利带队。

后来，某国外交部部长警告鲍威尔，美国的强硬立场会毁掉六方会谈。直到此时，鲍威尔才知道这是切尼的主意。美国代表还没来得及执行最新指示，这场谈判就结束了，避免了一场灾难。但类似举动已经让鲍威尔和阿米蒂奇积怨多年。“布什政府的外交政策就是一句话，‘听到没，你们这些笨蛋，按照我们说的去做’。”阿米蒂奇抱怨道。

第二天，2 月 27 日，鲍威尔前往白宫，在会见来访的德国总理前，当面质问了布什。

“昨天晚上很忙，是吗？”他语带机锋。

“他们没告诉你吗？”布什问。

“他们没告诉我。”鲍威尔说。

幸亏谈判暂时推迟，他责备总统道，如果谈判代表按最新指令行事，事情就要搞砸了：“机会将白白溜走。”

在切尼看来，这些话根本没说到点子上。他认为，鲍威尔已经被国务院的官僚做派困住了，他只重过程不重结果。“不知他们是否清楚，据我估计，那些外交官根本就没有获得达成协议的许可，”切尼的亚洲事务顾问斯蒂芬·耶茨说道，“他们可能认为他们有，所以一直试图签署联合声明，想出解决方案，不断尝试是他们工作的一部分。奇怪的是，每当协议快达成时，他们就会得到白宫最高层的指示，告诉他们不同意某些事项或者提醒他们，他们的权力有限。这种做法对外交官十分不利，也冒犯了鲍威尔、阿米蒂奇和凯利等人。这些人都是军人出身，意志坚强，在这样的事情上往往不愿改变主意。”耶茨还说，这些人有想法，但做不了主。

几乎就在同时，布什阵营的另一个潘多拉魔盒也打开了。自从切尼牵头帮助建立国家安全局非法监控项目两年半以来，该项目已经审批了 22 次。但情报机构每次都会出具一份所谓的“惊恐备忘录”，列出所有对美国本土的潜在威胁，以此证明该项目还有待更新。这件事保密程度很高，以至于要告诉国家安全局以外的人，都必须经过布什亲自批准。

约翰·尤已经卸任，司法部换了一批新律师，他们对于自己发现的事感到震惊。接管法律顾问办公室主任之职的杰克·戈德史密斯，是一位保守的法学教授，他认为前任交给自己的一些意见和理念是不合逻辑、站不住脚的。下一次重新审批的截止日期是 3 月 11 日，但他发现这个项目的发展已经超过了总统最初的授权范围，根本得不到法律支持。监控项目中有个部分叫“元数据”，它涵盖了电子邮件及其他人常用的互联网通信手段，而监控方面，包括发件人、收件人和邮件标题行，但不包括邮件内容。司法部长约翰·阿什克罗夫特因胰腺炎正在住院，日常事务主要由副部长詹姆斯·科米负责。之前，下令帕特里克·菲茨杰拉德调查中情局泄密事件的正是科米。而在监控问题上，科米赞同戈德史密斯的看法。

3月6日，戈德史密斯前往白宫，告知艾伯特·冈萨雷斯和戴维·阿丁顿，司法部不会批准该监控项目。

阿丁顿勃然大怒，他大喊道："如果你这么做，那么下一次恐怖袭击来临时，将断送成千上万条性命，你手上会沾满这些无辜生命的鲜血。"

戈德史密斯立场坚定："总统可以否决我，如果他想这么做的话。"

阿丁顿高高的个头，留着胡子，他是这个窃听计划的主创人之一，也是华盛顿行政特权的铁杆捍卫者。他城府极深、气场强大、行事谨慎，不管人在不在，他都会将办公室门锁上。他还随身携带一本破旧的宪法，要表达观点的时候，总会将它从口袋里掏出来，寻找法理依据。他认为，战争时期，总统的权力在很大程度上是可以不受约束的："我们要不停地逼迫、逼迫、逼迫，直到有更大的力量出面阻止我们。"阿丁顿在20世纪80年代的"伊朗门"事件调查团中与切尼共事时，就曾抨击其他人试图在涉及国家安全方面约束总统权力的做法。他尤其鄙视《外国情报监听法》以及执行这项法令的秘密法庭。一个月前的一次会议上，他就说过："其实我们很容易就可以摆脱那个可恶的法庭。"

当切尼听说司法部的意见时，他有些担心。3月9日中午，副总统及其顾问们在安迪·卡德的办公室召开会议，他向国家安全局局长迈克尔·海登、中情局副局长约翰·麦克劳克林、联邦调查局局长罗伯特·米勒和其他白宫官员征求意见。

切尼明确表示，司法部的法律反对意见绝不能阻止这项计划。"总统可能不得不在没有司法部批准的情况下，重新授权该计划。"他说。

"这样的话，我可能会有些问题。"米勒回应道。联邦调查局将"不得不审查该计划继续实施的合法性"。

所以，现在切尼面临的阻力不仅来自律师们，还有联邦调查局。于是，当天下午，他召集科米、戈德史密斯和其他律师来到白宫。

"这一次，你们怎么会阻止这么重要的项目？"切尼质问道。这项计划"极其重要"，他的说法与阿丁顿如出一辙，声称如果科米拒绝签字通过，就等于拿"成千上万"美国公民的性命当儿戏。

科米表示，这项计划再重要，也无法改变它不合法律的事实。"其分析是错误的，实际上，一看就知道是不合逻辑的，”他说，“没有哪位律师看了之后会相信它。”

“我是律师，但我相信。”阿丁顿插话道。

“抱歉，我指的是有良知的律师。”科米补充说。

3 月 10 日下午，碰了一鼻子灰的切尼邀请国会两党联合的“八人组”前来白宫，召开紧急会议。因为第二天，窃听计划的审批期限就要过了。

这是个重要计划，切尼向议员们解释：“我们觉得这项计划至关重要，但司法部拒绝签字通过。”

“你应该给自己找一批新律师。”参议院情报委员会主席、堪萨斯州的共和党议员帕特·罗伯茨说。

海登向众人介绍了监听计划的简要情况，因为在座的不少议员此前对该项目并不知情。之后，切尼问议员们，计划是否应该继续下去。“他们没有一个人说，‘你们应该停止计划’。”海登回忆时说道。切尼问，他们是否认为总统应该去国会，明确授权该计划。依然没有人表态。后来，一些民主党人说，他们并不建议计划继续推进。

那天晚上，布什让助手给正在乔治·华盛顿大学附属医院住院的司法部长阿什克罗夫特打电话。阿什克罗夫特前一天刚做了胆囊切除手术，他的妻子珍妮特不让他接电话。于是，布什只好亲自打过去，电话终于通了。布什讲电话时，卡德正好在场，据他回忆，总统当时对阿什克罗夫特说，自己重新授权该项目的审批报告，请司法部长签署，而现在审批报告快过期了。按照这个版本，阿什克罗夫特同意签署。“那我马上派艾伯特和安迪过去。”布什说。

珍妮特·阿什克罗夫特立即打电话将此事告知了司法部长的办公室主任戴维·艾瑞斯，当时，卡德和冈萨雷斯正在来医院的路上。艾瑞斯又马上给科米打电话，后者当时正在开车回家的路上。科米感到事关紧急，马上将警报灯装在车顶，一路飞车到医院。同时，他还打电话叫米勒及其他律师迅速赶来。

大约晚上 7 点 10 分，科米到达医院，他来不及等电梯，直接狂奔爬上了楼梯，他试图赶在两位总统密使之前进入阿什克罗夫特的病房。接着，他打电话给米勒，让他给联邦调查局下达指示，告诉他们，无论出现什么情况，都不能要求科米离开阿什克罗夫特的病房。晚上 7 点 35 分，卡德和冈萨雷斯到了，他们带着一个文件袋，里面装着更新后的监控计划文件。根据科米所述，两人根本没搭理自己。

冈萨雷斯询问阿什克罗夫特身体如何。

“不太好。”司法部长回答说。

“相信你已经知道了,这里有份文件需要重新审批。”冈萨雷斯试探着问。

阿什克罗夫特刚动完手术，还很虚弱，他挣扎着从床上爬起来，然后说道，他刚刚听了科米的想法。

“但这并不重要，因为我已经不是司法部长了。”阿什克罗夫特指着正代理部长职务的科米接着说，“司法部长在那里。”而后由于体力不支，他又躺下了。

卡德和冈萨雷斯事后说，他们不知道阿什克罗夫特已经把权力移交给科米，也就没再做进一步努力。“我们只说了句‘希望你能做得更好’，然后就离开了，”卡德回忆时说道，“我们并没有试图让他签署他并不想签的文件。”

卡德和冈萨雷斯离开时,珍妮特·阿什克罗夫特用轻蔑的眼神看着他们。晚上8点整，米勒来了，他和阿什克罗夫特说了几句话。“阿什克罗夫特坐在椅子上，身体十分虚弱，几乎不能说话，但仍能清楚地感受到他的压力。”米勒在他的笔记中写道。

有关这一事件的很多细节有矛盾的地方。据卡德所说，布什在电话中明确提出了监听计划，而阿什克罗夫特也同意签署，只不过科米比他们抢先一步到达医院，导致阿什克罗夫特再次变卦。布什在回忆录中，只提到他派卡德和冈萨雷斯去和阿什克罗夫特讨论一个紧急问题，没有说别的。阿什克罗夫特的下属们都不相信自己的上司会在电话中答应签署文件。

这场冲突升级了。当晚回到白宫后，卡德打电话给科米，勒令他立即来自己的办公室。科米拒绝在没有第三者在场的情况下前往，于是把正在参加饭局的副司法部长西奥多·奥尔森叫出来。科米首先在司法部与一批律师碰头，他们达成共识，一旦白宫推翻他们的决定，他们将集体辞职。一位律师悄悄发电子邮件把这件事告诉了他在白宫的一个朋友，朋友又将这事告诉了卡德。晚上11点，科米等人到达白宫时，卡德便感到来者不善。他劝说这位代理司法部长先让随行的奥尔森在外待一会儿，他们俩先进办公室单独谈谈。但科米仍然拒绝在监控项目上做丝毫让步。

第二天，3 月 11 日，虽然阿什克罗夫特或科米并没有签字同意，布什还是签署了命令，更新监控程序。阿丁顿重新打印了一份命令书，删掉了司法部长的签名档，取而代之的是白宫法律顾问的签字，以便让冈萨雷斯签字。但实际上，阿丁顿根本无权这么做。对于布什和切尼而言，这个计划实在太重要了。就在同一天，恐怖分子在西班牙首都马德里的 4 列短途列车上引爆了 10 个炸弹，造成 191 人死亡，1 800 人受伤。“3·11”连环爆炸案恰恰发生在西班牙原定大选日的 3 天前，这也是“9·11”后最严重的恐怖袭击，它发生在欧洲的中心地带，针对目标是布什的盟友、西班牙首相何塞·玛丽亚·阿斯纳尔。

科米和戈德史密斯连夜起草辞职信。3 月 12 日凌晨 1 点 30 分，米勒也手写了一份辞职报告，他说自己“不得不让联邦调查局撤出，拒绝参与该计划”。他补充说：“如果没有司法部长的法律签署授权，而是总统强制下令联邦调查局参与该计划，那么我只好辞去局长职务。”

布什根本不清楚因监听计划引发的冲突到底有多严重，直到那天早上，卡德告诉他，因为总统强行授权该计划，科米及其他 11 名官员打算辞职。“我惊呆了。”布什后来说，并声称他甚至没有意识到阿什克罗夫特已经将权力转交给科米了。那天上午，科米前来参加例行会议，布什让他在会后留下来谈谈。

“我只是不明白，你为什么最后要这么做？”布什说。

科米很震惊，他不知道布什一直被蒙在鼓里。“总统先生，”他说，“你的属下们几个星期前就知道了。”

到那时，布什才知道米勒也打算辞职。布什脑海中闪过理查德·尼克松“水门事件”的画面，当时尼克松下令解除该事件特别检察官的职务，但司法部长和副部长拒不执行命令，并宣布辞职。“我当时面临着大批高官集体辞职的窘境，这是前任美国总统们从未遇见过的，而我们此时还身处一场战争中。”布什这样说道。一位司法部官员预测，如果情况再严重一点，所有高级执法官员集体罢工，那么 72 小时内，总统也必须辞职，否则就将遭到弹劾。

切尼及其他幕僚敦促布什不要屈服。“正在发生的事我早就忍无可忍了。”副总统说道。但布什做出了让步，他修改了科米和米勒反对的网络监控部分。几个月后，该计划援引另一法理重启审批程序，这一次科米点头了。

但切尼却因此对科米怀恨在心，实际上，他早就对科米有所不满，因为调查中情局泄密事件的特别检察官就是科米任命的。几个月后，科米想任命帕特里克·菲尔宾为代理副部长，但被切尼截了下来。

猛攻敌人的痛脚

在选战方面，约翰·克里赢得了民主党总统候选人提名，令布什团队感到一定压力。布什在白宫总统府邸召开会议，试图宽慰忐忑不安的部下们。

“我参与过很多次竞选活动，”他开始说道，旨在提醒团队成员们，他近距离目睹过 5 次总统竞选，“竞选过程中最奇妙之处在于，它能让你一丝不挂。你的一切都展现在全美国人民的眼前。这就是为什么 2000 年时，人们取笑我随身带着枕头，令我无地自容，想藏在家里。事实上，每个人都得睡觉休息。这个过程真是太累了。”他突然话锋一转，坚定地说：“但是，今年这场仗的结果是，我们要赢，因为约翰·克里就是个混蛋。”

布什和切尼不敢掉以轻心，随即投入了这场围堵克里的恶战中。第一个挑战，是要赶在克里之前，为他塑造一个糟糕的公众形象，副总统将扮演比特犬的角色。“切尼将以攻击者的形象出现，会比总统更猛烈地抨击克里。”白宫新闻秘书斯科特·麦克莱伦说。

这场恶战在 3 月中旬正式拉开帷幕。竞选团队得知克里将访问西弗吉尼亚州，于是他们决定在当地电视台播放一则克里的广告，拿他反对资助美国军队攻打伊拉克的事做文章，故意给他下套。3 月 16 日，克里在亨廷顿的马歇尔大学演讲时，有观众提出同样的问题，克里已经被激怒了。他解释说，他同意民主党曾提出的一个方案，即降低布什所提议的为富人减税的额度，以此资助伊拉克战争。“事实上，我一开始支持 870 亿美元的拨款计划，后来才投票反对的。”他说。

太棒了，要的就是这句话。因为它足以表明，克里是个靠不住的墙头草。马克·麦金农负责坐镇布什—切尼竞选总部，听到这番话，戴着贝雷帽的麦金农情不自禁地欢呼起来。“完胜对手。”他心想。他很快将西弗吉尼亚州的那则广告进行重新剪辑，添加了克里的那句回答，然后将这段视频投放在全国电视平台播出。“当我看到它时，”切尼回忆时说道，“觉得这真是份天大的厚礼。”他很快将克里的话添加到自己的政治演说中。“我不能放过这么好的进攻点，几乎每次演讲，我都会引用克里那番话，而听众们则会嘘声一片。”

除了利用克里的言语失误外，布什还想方设法弥补着自己的短板：伊拉克战争中迟迟未见踪影的大规模杀伤性武器。历史上，不少美国总统都巧用幽默度过政治危机，布什也如法炮制。3 月 24 日，布什出席美国广播电视记者协会晚宴，期间他展示了一系列照片，包括不少他蹲在椭圆形办公室里，在各种家具中翻找东西时的照片。

“大规模杀伤性武器一定在某个地方，”他开玩笑说，当另一张类似照片出现时，他又打趣说，“没有，这里没有武器，可能在另一个地方吧。”

这些笑话在当时取得了良好的效果，但当真相大白，所有人都知道是因为情报失误才将这个国家推向战争时，这些笑话又显得太过低级趣味了。

在那场表演秀中，布什还不忘拿切尼开涮，称其是一片伟大的绿叶，以此赞许副总统在自己任职期间立下的汗马功劳。布什展示了他们两人在总统办公室与安迪·卡德的一张合照，照片中卡德用怪异的眼神看着他们，而副总统好像正对着自己的手指讲话。“你们可以从安迪的表情看出，我们最近有些担心副总统，”布什说，“任何时候你问他问题，他都会回答，‘让我先听听我的小伙伴对此有什么看法’。”

有些共和党人并不待见这些妙语，认为这反而透露了一些蛛丝马迹，他们中的重要代表就是切尼的忠实追随者。许多共和党人前去拜访杰拉德·福特，看福特能否帮助切尼缓解竞选中遭遇的困境。尽管政见不同，但切尼向来尊敬福特，后者可以说是切尼走向最高政坛的早期引路人。对于登门拜访的那些切尼的亲信们，福特都婉言谢绝。不过，3 月份在接受一位记者朋友的采访时，福特说道：“我并不打算把票投给他。你知道，他是我的好朋友，也曾是我的得力助手。但他好像还没有开窍，如果我没用错词的话。”

一方面，总统大选如火如荼地展开；另一方面，布什也不忘好好利用巴格达以外的政治争斗。愤怒的什叶派、逊尼派和库尔德人中间，有不少刚从海外潜回伊拉克的流亡者，他们个个野心勃勃。其中发生了两件互不相干的事，却激怒了什叶派和逊尼派，而且将许多美国士兵牵涉其中。3 月 28 日，杰瑞·布雷默命令美国军队查封了一家由什叶派激进神职人员莫克塔达·阿·萨德尔创办的报社。萨德尔向来反对美军占领伊拉克，美军在关闭报社大门的同时，其实也点燃了一系列暴力事件的引线，巴格达、纳贾夫及其他什叶派聚集地区的萨德尔支持者们纷纷揭竿而起，激烈反抗。

一方面，美军正在镇压萨德尔派的斗士们，另一方面，美国黑水私人安保公司的4名雇佣兵在巴格达西部安巴尔省的费卢杰遇伏身亡，那是逊尼派的控制区，也是现在阿布·穆萨布·扎卡维和“基地”组织追随者们的老巢。暴徒们把雇佣兵们烧焦的尸体从车上拖出来，五马分尸后游街示众。“布什在哪儿？让他出来，看看这个！”一个约10岁的男孩，脚后跟踩在一个烧焦的头颅上大声喊道。其中两具被肢解的尸体悬挂在横跨幼发拉底河的一座桥上。这挑起了美国强烈的报复欲望。

美国海军陆战队反对对当地发动全面攻击，建议采取更有针对性的攻击策略，以免误伤平民而失去民心。“也许我们应该先平息事端，而不是一味实施报复。”海军陆战队第一远征军司令詹姆斯·康威中将指出。他的同僚们纷纷发表意见：里卡多·桑切斯同意他的看法；但美国中央司令部司令约翰·阿比扎伊德将军认为，海军陆战队的间接攻击方式已经失败；布雷默也支持强势反击。华盛顿同意实施惩戒。“不，我们必须进攻，”桑切斯还记得拉姆斯菲尔德听完将士们的汇报后这样说道，“我们要确保杀一儆百，威慑伊拉克其他地区。”据桑切斯说，总统当时表示，军事行动要小心谨慎，“然后下令发起攻击”。卸任后，拉姆斯菲尔德否认自己做出过当时的战争决策，而是将责任推给阿比扎伊德：“这是军事指挥官做的决定，当然是这样。”

美军同时展开针对逊尼派和什叶派极端分子的军事行动，4月7日，布什、切尼与美国国家安全委员会在会议上视频听取了布雷默和桑切斯的汇报。布什情绪激动，他将萨德尔的迈赫迪军称为“敌对势力”，美国绝不允许一个激进教士改变伊拉克的民主进程。“这场行动结束时，阿·萨德尔必须消失，”布什说，“至少要抓捕他，而且必须铲除他的势力。”

期间，拉姆斯菲尔德问，应该采取高强度还是低强度作战，总统接过话茬：“高强度。”据桑切斯回忆，布什发表了长篇大论：“剿灭他们！在伊拉克民主化道路上，如果有人胆敢阻止，我们就把他们揪出来，消灭他们。我们要比魔鬼更冷酷无情。我们的意志正在接受考验，但我们坚决果敢，我们能找到更好的方法。保持坚强，坚持我们坚信的事业！除掉拦路者！要自信，要赢！我们要消灭他们，连眼睛都不眨！”桑切斯记忆犹新的这一幕或许比现实多了些戏剧性成分，但它反映了总统当时的心境。

然而，海军陆战队在费卢杰发动的攻击已经产生蝴蝶效应，巴格达因此产生了一场危机，迫使布什费神思考这个问题。伊拉克管理委员会的成员威胁称，如果形势持续恶化，他们将集体辞职。托尼·布莱尔打电话给布什，让他稍作妥协。布雷默同意暂停行动，因为他担心伊拉克政府垮台，而再过几个星期就要移交主权了。但阿比扎伊德不同意，他继续敦促发动猛攻。切尼同意他的看法。“副总统坚决要求继续攻击，他并不担心政府垮台。”一位与会者回忆道。但布什有所担忧。4 月 8 日，桑切斯接到命令，停止进攻。海军陆战队再次被激怒了。他们原本反对行动，接着在上级的命令下被迫行动，现在他们希望速战速决。4 月 9 日，阿比扎伊德乘专机抵达费卢杰，将这一消息告知陆战队指挥官詹姆斯·马蒂斯少将。马蒂斯的制服上还沾着血，听到消息后，他暴跳如雷。

“如果你想拿下维也纳，就他妈的拿下维也纳！”他咆哮着，喊出了拿破仑的名言。

但军令如山。“我再说一遍，我们要停止行动。”阿比扎伊德对他说。

对此感到不满的，并不只有马蒂斯。这个意外的决定也让切尼措手不及，他的助手立即打电话给军方高层，询问情况。

费卢杰事件凸显了身处华盛顿遥控战争的布什，在政策上的不确定性。前一分钟，他刚下令强硬反击；后一分钟又听信旁人建议，决定暂缓行动。直觉告诉他，要相信军方的判断，但当军方内部存在不同意见时，他又不愿调解或介入。他脑海中一直浮现着越战期间，林登·约翰逊挑选轰炸目标，却后果惨重的画面。他认为这是个反面教材，总统绝不能这样做。“你们发动战争，我负责为你们提供政治掩护。”他不止一次对将军们这样说过。但在这种情况下，模棱两可的态度只会令他付出巨大代价。康威总结道：“我们的做法已经加剧了本就存在的敌意。”美军惹怒了萨德尔及其追随者，却没能抓住萨德尔，费卢杰行动也严重受挫。桑切斯认为，3 月和 4 月，“美国在伊拉克的行动遭遇了战略性灾难”。综上所述，他说：“我们的行动无疑点燃了伊拉克内战火药桶。”

伊拉克战争极大地影响着布什在美国国内的支持率，舆论纷纷要求布什站出来承认入侵伊拉克是个战略误判。压力与日俱增。4 月 13 日，布什在白宫东厅举行了 2004 年以来的首场新闻发布会。期间，《时代》周刊驻白宫记者约翰·迪克森问总统，“9·11”以来他最大的错误是什么。布什认为这是个陷阱，目的是想让他在伊拉克问题上让步。他支支吾吾没能给出一个合适的答案，同样给大家留下了不好的印象。

“我希望你能提前把这个问题写给我，以便我好好准备，”布什一边说着，一边短暂思考，“嗯，约翰，我相信这个问题会由历史学家们来定论，他们会回过头来说，‘天哪，他最好应该这么做或那么做’。”

布什显然乱了阵脚，又一时失语。总统新闻秘书斯科特·麦克莱伦在一旁的房间里看得心急。他在心里默念：“加油啊，总统先生，这个问题并不难！”

“你知道，”布什接着说，“我只是，呃，在这个新闻发布会上，不停想答案想答案，我肯定会想出些什么，不过现在我还没想到。”

接着，他重申了入侵伊拉克的理由——尽管还没找到所谓的大规模杀伤性武器。“我真不知道现在该怎么回答你，”他对迪克森说，“我可能脑子转得没那么快。”

布什知道自己搞砸了。事后，他在餐厅与助手们商谈时说道：“我当时一直在想，他们一定希望我说，攻打伊拉克是个错误。但我不会这么说，因为这个决定是正确的。”

总统没有承认自己的错误，但他的回答同样引起一片哗然。这件事困扰了布什好几个星期。一天，即将离任的新闻助理亚当·莱文前来总统办公室道别，并与总统拍照留念。布什向他提出这个问题。

“如果是你，你会怎么回答迪克森的问题？”布什问。

“总统先生，这不太公平。因为我已经思考了 3 个星期。”

“我知道你想了很长时间，那你会怎么说？”

“我会看着他，然后说，这个问题很好，约翰。我犯过很多错误。劳拉每天晚上都会督促、提醒我。这个问题你最好去问她，因为她比我更清楚我犯过哪些错误。”

布什笑了，因为这也是事实。

布什没有承认错误，而乔治·特内特则认为，总统的人都试图让自己当替罪羔羊。4 月 17 日，当他拿起《华盛顿邮报》时，发现了一则关于鲍勃·伍德沃德的新书《进攻计划》的报道。书中指出，特内特曾告诉布什，在伊拉克找到大规模杀伤性武器是轻而易举的事。特内特看后不禁勃然大怒，认为自己就像“赤裸裸地走上了绞刑架”。他很快请假，前往新泽西海岸度假散心。他想着，白宫先是在国情咨文中，用 16 个词将自己出卖，现在又来这一手。在海滩度假时，特内特打电话给安迪・卡德，宣泄心中不满。“安迪，我打电话是想告诉你，我真的非常生气。”他说他抱怨了信息泄漏事件，“你们做的事，让我觉得自己像猴子一样被耍，我想告诉你，我有多么愤怒。总统身边的某些人现在把责任都推到我头上，这是我见过的最卑鄙的伎俩。”卡德竟无言以对。特内特觉得，自己和白宫的关系已经完全破裂，再无修复的可能。

这一次，布什主事

4 月 29 日上午，风和日丽、阳光明媚。布什和切尼迎来了 10 名调查“9・11”事件的两党委员会成员。他们在办公室接待了来访调查人员。布什友好而热情，切尼则沉默寡言。

白宫内部，尤其是切尼对调查团一直抱有疑虑，他们担心这会落人话柄，对大选不利。在调查委员会到来前，理查德・克拉克已经站出来指责过布什总统及其团队对恐怖主义威胁不够重视，希望他们向“9・11”遇难者家属正式道歉。

白宫拒绝提交机密情报，也不愿让总统助手出来作证。但后来抗议声越来越大，白宫只得同意康多莉扎・赖斯公开作证，并且允许委员会质询布什和切尼，前提是他们必须一起露面，且不能做任何笔录。坚持让总统和副总统一起面对质询的做法，令外界议论纷纷。公众普遍认为，总统总是依附于副总统，无论是“9・11”那天下令击落被劫持的飞机，又或是之后的一系列反恐战争，真正做主的都是副总统。“我当时就怀疑，他们一起接受问话，是不想被我们逐个击破，以免供词对不上，包括当时的击落客机事件。”调查委员会执行主任菲利普・泽利科回忆当时的情景时说道。调查委员会中的民主党成员蒂莫西・J. 罗默认为：“这么做可能是为了不让我们将矛头全都指向总统。”

但事实上，布什才是那场问询的主答。委员会成员们坐在沙发和椅子上围成半圆，总统和副总统坐在半圆的圆心，调查小组的领导人是新泽西州前州长、共和党人托马斯・H. 基恩以及来自印第安纳州的前民主党国会议员李・汉密尔顿。

他们开始发问，让布什就“9·11”当天发生的事做解释，这个过程持续了约1个小时。

切尼只回答了那些直接指向他的问题，布什问他有什么需要补充时，他会稍微说几句，除此之外，他几乎没张过嘴。基恩和汉密尔顿问完后，其他成员每人有10分钟时间，向总统和副总统发问。

其中一位民主党成员用完了10分钟的额度，但还想再发问，基恩试图打断他，但布什阻止了基恩。

“这是总统办公室，”布什说，“规矩由我来定。”

然后他转头对调查组委员说：“继续你的下一个问题。”

这个小插曲缓和了原本紧张的气氛，布什表现得从容不迫。尽管白宫律师团试图责难调查小组，但他们还是将总统上午的日程整个腾了出来，以便让他有足够的时间回答问题。这样安排，能显得总统宽厚大度，而非处处防备。“我们每问一个问题，总统都会完整而具体地回答，至少也会说，他记得是这样。”罗默说。

关于击落飞机的命令，布什同意切尼的口供：切尼首先在总统处得到批准，然后才付诸行动。“9·11”当天的日志或笔记中都没提到这通电话，但布什和切尼一口咬定，他们没记错，当时没记录下来是因为场面太过混乱。“我觉得可能是那天上午乱透了，通讯设备有些问题，一些通话记录没能保留下来。”切尼后来说道。

委员们将信将疑，副总统无权擅自发动军事行动，但如果是十万火急的情况，为了避免白宫遭遇灾难，副总统擅自行动也情有可原。但总统和副总统一口咬定是总统授意的，委员们认为，这么做是不想让外界认为白宫由切尼说了算，或者副总统可以只手遮天。

当时的共和党调查委员，也是后来成为布什白宫顾问的弗雷德·费尔丁，问到了第25条修正案，有关权力继承的问题。布什回答说，他与切尼的关系，就像其他总统与副总统之间的关系一样，不存在政治争斗。“副总统对我的工作不感兴趣，我对他的工作也不感兴趣。”布什说。

毫无疑问，至少那天在回答问题时，的确是布什做主。他没有做笔记，依然提供了完整的细节。

“除了真正了解这两位总统的人，其他委员们原本以为，切尼会说得比较多，”泽利科回忆说。出人意料的是，“布什完全主导了这场谈话。很多人都没想到会是这样，特别是民主党人。他们曾看过一幅漫画，讽刺布什要听切尼的命令行事，这幅画一直留在他们的脑海中，没想到这并不真实”。最后，“可能有 95% 的话都出自布什口中。切尼则保持沉默，他看起来很乐意这样做”。

所以，这场质询中，是布什在保护切尼，而非切尼保护布什。

D A Y S O F F I R E

第18章

恶战连任大选

随着大选日临近，布什—切尼阵营却麻烦不断——国务卿、国防部长、中情局局长、驻伊大使接连离任，基于错误情报而打响的伊战，阿布格莱布虐囚丑闻导致美国被世界戳着脊梁骨痛骂。切尼更是深陷贿赂与僭越权力的漩涡。种种负面消息迎面而来，布什连任凭什么赢？

从容应对辞职大潮

“这会害死我们的。”冈萨雷斯在白宫看着电视上播放的画面，异常平静地说。

4 月 28 日晚，美国哥伦比亚广播公司《60 分钟时事杂志》节目播出了阿布格莱布监狱中的美军士兵虐待伊拉克囚犯的资料照片。画面显示了美军惨无人道的挑衅行为。几乎都是伊拉克囚犯被扒光衣服、蒙上眼睛、戴着头套，而美国士兵在旁边露出得意的笑容，摆造型或者竖起大拇指，俨然一副胜利者的姿态。一张照片中，美国士兵强迫一大堆伊拉克囚犯赤身裸体叠成金字塔。最不堪入目的一张照片，几乎能让全世界都谴责美国虚伪的嘴脸。在这张照片中，一名伊拉克男子被迫站在一个装军粮的盒子上，他头罩沙袋，手指和生殖器都连着电线。他被告知，如果从盒子上掉下来，就将触电而死。

早在 1 月份，布什就得知，五角大楼在调查此事，但直到这一刻，布什才亲眼看到这些照片。他有些措手不及，也感到愤怒。“我真不知道还有这些奇奇怪怪的照片。”他在回忆时说道。布什明白，照片曝光后，全世界都会认定美国与萨达姆·侯赛因别无二致。

调查人员在这所监狱里，发现了美军各种各样的虐囚行为。在一份“绝密、不可外传”的文件中，美国陆军少将安东尼奥·M. 塔古巴写道，狱警常让囚犯们一连好几天赤身裸体；迫使男性囚犯集体手淫，然后拍照或用摄像机录下来；他们将狗链拴在裸体囚犯脖子上，然后让女狱警牵着他们摆各种造型；狱警会突然放出警犬吓唬囚犯或者咬他们，也会迫使男囚犯穿上女性内衣；对俘虏拳打脚踢更是家常便饭。审讯期间虽然没有发生虐待，但狱警说，是审讯人员教唆他们虐囚的，因为他们认为这能让囚犯们更听话，利于后续审讯。

5 月 5 日上午 10 点，布什会见了拉姆斯菲尔德。拉氏将一封手写信函交给总统。“请过目。”国防部长说道。

总统先生：

如有必要，总统先生可随时罢免我国防部长的职位。特写此函，以知悉。

唐纳德·拉姆斯菲尔德

拉姆斯菲尔德认为，总统必须出面问责，让外界了解政府高度重视此事，否则只会引起更强烈的公愤。

布什同意他的观点：“唐，这一次，某些人必须滚蛋了。”

拉姆斯菲尔德回答：“那么，我辞职。”

直到会面结束时，双方也没得出定论。

准确地说，拉姆斯菲尔德的信并不是辞职信，而是一种化被动为主动的姿态：如果总统希望他辞职，他就辞职。从正面角度看，它可以被解读成一种令人尊敬的负责任行为；但从负面角度看，它可被视为一种威胁：要么支持他，要么解雇他。布什是从负面角度来解读这封信的。

“这招稳赢不输，”布什对丹·巴特利特说道，“他在挑战我的权威。”

布什想过同意拉氏的辞呈，但又担心战争期间辞掉国防部长并不明智，而且他知道切尼肯定会反对。而且因为媒体的狂轰滥炸，就要辞去自己的顾问，这让布什心里烦躁。

布什打电话给身处五角大楼的拉姆斯菲尔德。

“我不接受你的辞职。”他说。

“我只是不想让你背更多包袱。”拉姆斯菲尔德回答说。

布什问，能否解雇其他人，比如理查德·迈尔斯。

“这样的话，就会错误地解雇那些不该被解雇的人。”拉姆斯菲尔德回答道。

布什不愿就此罢休。当天下午，巴特利特急匆匆地走进椭圆形办公室。《华盛顿邮报》指出，早在布什看到阿布格莱布的照片之前，拉姆斯菲尔德其实就已经知道了照片的存在及背后的肮脏故事了。

“我们现在很被动，”巴特利特对总统说，“《华盛顿邮报》列出了每张照片台前幕后的故事，而且颇具可信度。”

巴特利特建议，白宫新闻处向《华盛顿邮报》放出消息，称总统“很不高兴”自己被蒙在鼓里，而且已经将此事告知拉姆斯菲尔德。这么做至少能让布什撇开关系，把这股祸水引向它该去的地方。

“这就是为什么我们要设立内阁部长，”巴特利特对总统说，“他们应该在此时出面平息事端。”

“我同意，”布什说，“但你打算怎么做？一定要提前通知他们。”

巴特利特打电话给拉姆斯菲尔德的特别助理拉里·迪·瑞塔，告知自己接下来准备采取的战术，但他们都没料到外界会如何看待这些不痛不痒的措辞。《布什私下斥责拉姆斯菲尔德》，5 月 6 日的《华盛顿邮报》头版头条是这样一则硕大的标题。那天早上 6 点 10 分，巴特利特就上班了，他知道这将是艰难的一天。果然，刚到办公室没几分钟，白宫专用于播报总统行踪的对讲机便宣布：“老板离开寓所了。”几分钟后，巴特利特的电话响了，他被要求立即前往总统办公室报到。

“这是你干的？”布什问。

“是。”巴特利特坦承。

“好吧。”

拉姆斯菲尔德对透露消息一事很生气，家丑外扬对事情有什么帮助？“白宫已经失控了，”国防部长和总统通电话时，忍不住抱怨，“你有必要整顿一下公关团队。”

无论如何，布什都认为有必要为自己的政治导师罗夫开脱罪责。

“唐，这不是卡尔·罗夫干的，”布什说。当然，他也没有主动供出巴特利特，不过迪·瑞塔很清楚。

第二天，5 月 7 日，拉姆斯菲尔德出现在国会听证会上，宣布对虐囚丑闻负责。当被问及是否会辞职时，拉姆斯菲尔德说：“这是我从事情曝光开始，想得最多的一个问题。如果我感觉自己没什么用了，我会马上辞职，一分钟都不耽搁。”

这下轮到白宫不满了，拉姆斯菲尔德将总统逼到了两难境地。

巴特利特打电话给迪·瑞塔，将他从听证会现场叫了出来。

“请问他这是在做什么？”巴特利特质问道。

“他在说出真相，”迪·瑞塔回答，“他只是在如实回答问题。”

然而，许多人都认为，继续留任拉姆斯菲尔德是个错误。总统连任竞选战略家马修·多德冲到竞选团队总部，要求立即采取行动。

“拉姆斯菲尔德必须被革职！”他说，“我们不能只炒掉国民警卫队的领导或其他小领导，他是代表总统负责军方事务的，我们要等到什么时候才动手炒掉这些大人物？”

这番话似乎引起了肯·梅尔曼的共鸣。“我知道，我知道。”他说。

但罗夫却认为，这么做是在向政治对手和媒体妥协。他在电话中骂道：“多德，你们这么快就打算落井下石了？”

5 月 8 日，星期六，那天只有少数人与平时一样在白宫上班，切尼预约了调查中情局泄密事件的特别检察官帕特里克·菲茨杰拉德见面。4 个月里，为调查这起事件，菲茨杰拉德已经陆续将罗夫、罗伯特·诺瓦克、利比等大人物带到陪审团面前接受问询。约瑟夫·威尔逊刚出版了一本书，在谈到这一事件时，矛头直指布什和切尼。白宫上下蒙上了一层阴霾，助手们纷纷担心，却又对此讳莫如深，从不相互讨论。切尼因监听计划与詹姆斯·科米闹得不可开交，看着科米的朋友菲茨杰拉德，心中自然充满狐疑。切尼认为，对方真正的目标其实就是自己。

不过，布什坚持与他们合作，所以切尼与检察官一起坐下来，一五一十地回答问题，他反复表示，自己其实并不记得什么调查结果。最后，他告诉提问者，自己还有别的工作要忙，结束了问话。菲茨杰拉德调查团要求白宫官员签署一份放弃向记者保密的协议书，意味着他们有权在必要时站出来证实谈话。当轮到切尼签字时，切尼说他要考虑一下。

之后，切尼又面临一场与拉姆斯菲尔德相关的戏剧性事件。5 月 9 日，拉姆斯菲尔德坐下来，掏出信纸，落笔写道：“国防部长，发自华盛顿……”他给总统写了一封信，这封篇幅长达两页的信意思更为明确。

亲爱的总统先生：

本人特写此函，以辞去国防部长之职。最近几天，我反复考虑了当下情况，我在国会听证会上接受质询，也考虑了你的想法。你在全球反恐战争中展示了杰出的领导才能，你对我们的国家寄予厚望，我对你深表尊敬。然而，我认为，虐囚事件造成的不良影响，终是因我的工作疏忽而致，是我监管不严，我对此负有最终责任。我辞职，是对此最好的回应。

尊敬你的

唐纳德·拉姆斯菲尔德

第二天上午，布什和切尼来到五角大楼，听取有关伊拉克局势的汇报，观看阿布格莱布监狱的照片。这时候，拉姆斯菲尔德把刚写好的信交给布什。

“总统先生，如果我辞职，美国国防部将会更好。”拉姆斯菲尔德说。

“这不可能。”布什回答，把信放在桌子上推了回去。

拉姆斯菲尔德说自己心意已决，但布什希望他再考虑一下。然后，他们前往五角大楼会议厅。布什和切尼在会上表示，他们对拉姆斯菲尔德充满信心。

“你领导我国进行反恐战争时勇敢无畏，”布什在记者面前对拉姆斯菲尔德说道，“表现相当出色。你是一位强有力的国防部长，整个美利坚合众国欠你一声‘谢谢’。”布什私下里要求切尼去劝劝他的老朋友。第二天，5月11日，切尼又回到了五角大楼。他坐在一张小茶几旁，而拉姆斯菲尔德则站在那张靠近窗户、平时办公用的立式办公桌旁。

“唐，差不多35年前的这个时候，我就跟着你一起工作了，”切尼说，“但在这件事的处理上，你太草率了。”

拉姆斯菲尔德终于被说动了，他答应留下来。但事后，他又为这个决定感到后悔。“这是一次致命打击，”多年后他在回忆阿布格莱布监狱事件时说道，“不幸的是，一级一级地调查各位指挥官，没有发现哪个人应该负主要责任，被撤去职务。这之前，因为其他原因，我已经惩办过管理和指挥系统的一些主要官员，任命了一批新人取代他们，所以大多数人才刚刚走马上任，还有些地方的主管尚未到任。我认为，根本找不到一个应该对此负责的人，所以我只好站出来。如果追究不了别人，那只好追究我了。”回首往事，他若有所思地说道：“或许我辞职，能对我们的军队有所帮助，也对我们的事业有利。”

接下来的残局只能由布什来收拾了。“看见这些照片，我感到恶心，”他对来访的安哥拉总统说道，“这深深地伤害了我们。它让自由民主制度的敌人有机可乘，他们会戳着我们的脊梁骨嘲讽。”布什同时也表示，他们一定会彻查到底，将罪犯绳之以法，从而向世界展示“什么叫真正的自由社会”。

出于不同原因，科林·鲍威尔也在考虑辞职。他曾在联合国讲话时遭遇尴尬，但他留了下来；他曾与切尼和拉姆斯菲尔德闹得不可开交，但他留了下来；甚至在他的副手兼密友理查德·阿米蒂奇敦促他辞职时，他依然留了下来。阿米蒂奇认为，鲍威尔已经成了布什内阁平安度过一切风浪的保驾护航者；无论他们遇到什么困难，都会搬出鲍威尔的政治声望。不过，鲍威尔现在已经厌倦了这一切。私下会见布什时，鲍威尔告诉总统，他将在总统第一任期结束时辞职。他还趁机抱怨，战争内阁的表现不尽如人意。

“一开始我就说过，我只担任一个任期的国务卿，所以大选结束后，我就该离开了。”鲍威尔对总统说，“当然还有另一个原因，那就是你的整个团队运行并不是太顺利。我们有太多的不同观点，而且互不妥协。”

布什对这一批评进行了辩护。每届政府都存在问题，尤其是国务卿和国防部长之间的紧张关系，他想起里根政府时期，国防部长卡斯帕·温伯格和国务卿乔治·舒尔茨之间也是明争暗斗不断。

“观点不同是正常的，”布什说，“就像温伯格与舒尔茨。”

“总统先生，”鲍威尔说，“我经历过温伯格和舒尔茨时期，我也在场。是的，他们之间是有不同看法，但他们有一个能有效解决争端的制度。而我们现在并没有。我们每个人都在按照自己的方法行事。”

从其他人那里，布什也听过类似抱怨。切尼、拉姆斯菲尔德和赖斯等人总是互相吐槽。拉姆斯菲尔德曾告诉他，鲍威尔执掌的国务院出于内部政治斗争的需要，总是定期向媒体泄露消息。鲍威尔深感恼怒。他的团队泄露消息了吗？当然，因为每个人都在这么做。他甚至可以指名点姓地说出拉姆斯菲尔德手下哪位顾问见了记者，透露了布什内阁中的哪些分歧。鲍威尔认为，国务院泄露消息的能力远不如白宫，甚至还不及切尼办公室。

无论如何，他告诉布什，是时候重新开始了。“你在第二任期时，应该好好整顿这个问题，”鲍威尔对总统说，“我认为你应该有一支全新的团队。新团队的建设，从我的离任开始。因为我与其他人格格不入。但我真的认为你需要一支新团队。”

布什一方面要整顿团队，另一方面还要忙着打压另一名伊拉克人的嚣张气焰。几个月来，他一直在考虑艾哈迈德·沙拉比的事。沙拉比曾是华盛顿的宠儿，白宫政治顾问中，曾有不少人力挺他，但如今两者间已是貌合神离。

当布什发表国情咨文时，抬起头发现沙拉比就坐在第一夫人的位置上，顿时很生气。之后他又得知沙拉比在接受采访时，吹嘘自己拿劣质情报引诱美国推翻萨达姆·侯赛因的事,更是勃然大怒。“我们误打误撞成了英雄，”这位伊拉克流亡者在接受英国伦敦的《每日电讯报》采访时说，“我们知道，我们已经完全成功。独裁者萨达姆已经离去，美国人进了伊拉克。之前说过什么已经不重要了。”布什“面若冰霜”，康多莉扎·赖斯对杰瑞·布雷默这样描述总统当时的表情。沙拉比试图通过中间人向白宫传递消息，以修复关系。他在信息中不断澄清，这种说法并不是指自己在操纵情报，可为时已晚。“那些话断送了他的政治前程。”他的幕后赞助人理查德·珀尔说道。

5 月到来时，又有证据表明，沙拉比曾告诉伊朗情报人员，美国已经破解了他们的情报密码。

“这到底是怎么回事？”布什在一次会议上问道。

“如果妥协，会产生恶劣影响。”国家安全局局长迈克尔·海登说道。

仍然同情沙拉比的保罗·沃尔福威茨警告说，他们应该首先弄清“这条消息是否伊朗故意放出”以败坏沙拉比的名声，从而挑拨双方关系。

布什注意到，有媒体报道，沙拉比等人每月会收到美国给出的 35 万美元资金。

“沙拉比在为谁办事？”布什问拉姆斯菲尔德，“谁在付钱给他？”

“我不知道。”拉姆斯菲尔德说。

布什又问乔治·特内特：“乔治，他在替谁办事？”

“他没为我们干活，”特内特说，然后转过身问副手，“对吧？”

副手说，钱是国防部情报局，即拉姆斯菲尔德所在的国防部下属机构拨给沙拉比的。

“我们付钱给这家伙，不是让他泄露我们的秘密，”布什说，“绝不能让他继续为所欲为。”

那年春天，布什还准备换掉另外两名在伊拉克的官员。杰瑞·布雷默

和里卡多·桑切斯都将在伊拉克主权转移、政府实现过渡后离开。即将退场时，布雷默决定促使更多美军进驻。在一年的观察后，他得出结论：伊拉克的安全局势每况愈下。有一天，他问桑切斯将军，如果再来 2 个师，他会怎么做。“我会控制整个巴格达。”桑切斯回答。于是，5 月 18 日，布雷默给拉姆斯菲尔德发了消息，建议再派 2 个师或 3 ～ 4 万美军进驻伊拉克。

2 天后的 5 月 20 日，布什第一次听到这个消息。当时拉姆斯菲尔德在会议上提起它，桑切斯也在华盛顿参加了这次会议。他记得布什和拉姆斯菲尔德很好奇，布雷默为什么不直接按照指挥系统的程序走，而要在桑切斯的建议下提出此事。

“那我们应该怎么办？”布什问。

“总统先生，你应庆幸他没有把消息直接传给你，这样你就不用回应了，”康多莉扎·赖斯说，“布雷默打算离开，他要写书，他必须走了。”

“这个提议很惊人，”拉姆斯菲尔德一边说一边摇了摇头，“总统先生，你不需要做什么。消息是他发给我的，所以回应他的事就交给我处理吧。”

会后，拉姆斯菲尔德与桑切斯在白宫战情室坐下来聊了会儿。他告诉桑切斯，晋升四星上将一事，总统打算暂不上报国会，因为这将引发政治辩论。相反，有人将取代他在伊拉克的职务，而他暂时没有被安排新职位。虽然拉姆斯菲尔德没有明说，但桑切斯其实是因阿布格莱布监狱事件被炒掉的军方最高级别官员。

此后，布什和切尼再也没听说过布雷默要求派驻更多军队的建议。“布雷默快离开巴格达时，第一次建议美军派遣更多士兵，而且他没有亲自告诉我这个消息，也没有列出详细理由，我很不高兴。”拉姆斯菲尔德后来写道。然而，拉姆斯菲尔德也没有联系布雷默，问他增兵的理由。相反，拉姆斯菲尔德把这个问题交给了理查德·迈尔斯处理。迈尔斯 2 个月后才回应，然后报告说，约翰·阿比扎伊德认为其已经拥有足够兵力。布什和拉姆斯菲尔德一致认为，既然指挥官不要求增兵，那么他们就没必要瞎操心了。

但布什—切尼团队忘了一件事。他们起初盘算要派多少军队进驻伊拉克是基于两大假设，一是大部分伊拉克军队保持完好，二是其他阿拉伯国家会像海湾战争时那样派兵增援，但这两个前提假设都没有实现。可一直没人考虑弥补损失的兵力。“我们从未将这些问题贯穿起来好好想想，”哈德利说，“我不知道为什么。现在回头看看，简直一目了然。”

6月2日，布什准备飞往科罗拉多，在空军学院毕业典礼上演讲。这时乔治·特内特打电话给安迪·卡德，说自己必须马上面见总统。特内特没有说为什么，但卡德基本能猜到。卡德让特内特晚上8点到白宫，那时总统应该已经回来了。

当天晚上，卡德把特内特迎到总统官邸，三个男人坐了下来。“我是时候该离开了，”特内特说，“我一心为工作已经很长一段时间。儿子需要我，家人也需要我。为这份工作，我已竭尽所能。”

特内特没有提及他辞职的真正原因：与白宫失和。与拉姆斯菲尔德提出辞职时不同，布什没有试图令他改变主意，也没有表示挽留。

“你打算什么时候正式宣布？”总统问道。

“明天早上。”特内特说。

第二天，当布什前往“海军一号”准备开始欧洲之行时，他停下来告诉记者，特内特辞职了。特内特当时并不在场。“在反恐战争中，他一直是一位强有力的领导者，”布什说，“我会想念他的。”但切尼显然不会，他认为特内特这是落荒而逃：“他遇事就当缩头乌龟，现在是大选期间，他却要退出，在我看来，这对总统很不公平，总统曾对乔治·特内特寄予了高度信任和厚望。”

特内特离职之际，正是中情局面临重大转折的时刻。他决定辞职后不到2个星期，司法部突然中止了特内特发起的中情局泄密事件调查活动。曾反对国家安全局监听计划的法律顾问办公室主任杰克·戈德史密斯现在又跳出来，声称他是在约翰·尤的授意且由杰伊·拜比签字同意下，撤销了于2002年8月提出的反对意见，而其反对的正是授权审讯恐怖嫌疑犯时可运用水刑和其他酷刑的备忘录。他再次宣称总统僭越了自身权力。

戈德史密斯发表这份声明，正值原始备忘录被媒体曝光后几天。在阿布格莱布监狱照片现世后的几天里，人们清楚地看到，布什政府在维护国家安全的名义下，采取了许多越界行为。撤销法律顾问办公室的意见本身就是一种罕见的举动，但戈德史密斯觉得他当时别无选择。他的一些同事虽然对此感到震惊，但并没有阻止。他只听见戴维·阿丁顿“誓死捍卫”现在这份早已名誉扫地的法律意见。

与此同时，戈德史密斯感到自己无法继续为这样一个政府工作，因为他显得格格不入，况且多位重量级人物还一直怀疑他“对这份工作的忠诚度”。所以，在撤销法律意见的第二天，戈德史密斯向约翰·阿什克罗夫特提交了辞呈。

曾经的敌人可以是现在的朋友

那年春天，布什在另一条战线上试图寻求和解。与父亲老布什不同，他没有主要的挑战者，但他知道如果能与约翰·麦凯恩达成和解，形势会更有利。麦凯恩的阵营率先发出友好信号，双方的和解进程由此开始。布什与麦凯恩之间的敌意曾因两人的首席战略顾问而延续了很长一段时间。布什的贴身顾问卡尔·罗夫和麦凯恩的亲密顾问约翰·韦弗都是来自得克萨斯州的政坛老将，两人于 1988 年因金钱发生纠纷。2004 年初，韦弗主动打电话给布什的媒体顾问马克·麦金农，告诉他，自己是时候与罗夫和解了。麦金农安排他们在白宫附近的驯鹿咖啡店见面，希望他们平心静气地解开心结。没过几个星期，麦凯恩便加入了布什选战团队，支持他角逐总统宝座。

6 月 18 日，两人一同前往华盛顿州的路易斯堡度假，还私下会见了在伊拉克遇难士兵的家属。韦弗认为，那一刻布什和麦凯恩产生了“某种不言自明的默契”。至少在那一刻，双方往日的怨恨全都烟消云散。

然而，对布什而言，那是令人痛心疾首的一天。“你和奥萨马·本·拉登一样，是恐怖分子头目。”一位在伊拉克战争中失去儿子的妇女当面指责布什。

布什竟无言以对。

同一天，他还会见了另一位遇难士兵的母亲辛迪·希恩。她的儿子凯西年仅 24 岁，便在萨德尔城被火箭榴弹击中而丧生。

希恩对伊拉克战争倍感失望，她认为“每当发动战争的理由被证明是错误的”，布什都会换一个理由，但她并没有当面向总统宣泄不满。相反，会面结束后，她对总统还多少抱有些好感。“我现在明白了，他是真的想把自由带给伊拉克人民，”在接受当地媒体采访时，她说道，“我能感受到他的歉意以及对我们失去亲人的痛心。”

切尼十分狡猾，几乎很少在竞选期间中圈套。但在这个夏天，切尼也中招了。民主党人抓住他曾担任美国哈利伯顿公司执行总裁一事大做文章。该公司如今与伊拉克政府签订了许多大单子。6 月 22 日，切尼在参议院参加集体照拍摄，参议员帕特里克·莱希突然走过来挽起他的手臂，就像他们是老朋友似的。实际上，切尼前一天才认识莱希。那天，民主党人发起了所谓的“哈利伯顿”运动，与记者一起开了电话会议，要求全面调查一宗哈利伯顿的合同。

前一天还在怀疑他的诚信，第二天又主动凑上来套近乎，切尼自然无法容忍这种虚伪的行为。

“滚一边去。”他对莱希咆哮，接着走开了。

这次冲突好几天都没有被曝光，等曝光时，连切尼的家人都感到惊讶。

“你是这么跟帕特·莱希说话的吗？”女儿莉兹·切尼听后问父亲。

“是，我就是这么说的。”他坦承不讳。

白宫官员就切尼是否应该道歉展开讨论。其实，他们完全没必要白费苦心，切尼绝不抱歉。

切尼坐在“空军二号”副总统专机上，打电话给自己的竞选顾问史蒂夫·施密特：“你是唯一一个认为我没必要道歉的。”

施密特认为，道歉只会显得做作和虚伪，况且莱希是咎由自取。“而且，副总统先生，我来自新泽西北部，”施密特说，“这句话在我们那里表示两人关系很亲密。”

切尼笑了。他没有道歉。“也许在参议院那种场合，我不该使用这么粗鄙的语言，”他多年后写道，“但对方的确是自找的。”

莱希从来就不招布什政府喜欢。他曾经反对《爱国者法案》中的一些条款，白宫官员私下给他取了个绰号，叫“奥萨马·本·莱希”。莱希对哈利伯顿公司的攻击的确惹恼了切尼，随着阿富汗和伊拉克战争的进行，美国政府开始更多地依赖私人公司提供食物、汽油和安保等，而哈利伯顿公司是主要的战争获益者，通常它无需通过竞价就能获得合同。切尼在 2003 年时，就声称自己没有私下给予帮助：“我在哈利伯顿公司并没有任何形式的经济利益，3 年来都没有。”当然，在选举和总统就职典礼期间，他曾收到过 160 万美元的递延补偿，就任副总统后又收到过 39.85 万美元的资金。

切尼的意思是，递延补偿费早在他就任副总统之前就已定好了，与公司的财政收益状况无关。切尼在 90 年代曾担任哈利伯顿公司主席兼执行总裁，与许多企业高管一样，切尼也选择了延期支付薪酬的方式。也就是说，无论哈利伯顿盈利或亏损，他都会收到同样的薪酬，所以公司签订合同，他也无法从中获益。而且为了小心起见，切尼在成为副总统之前还买了 1.49 万美元的保险，以保证能如期从哈利伯顿公司获得足额的薪酬，哪怕该公司破产倒闭也不例外。所以，让该公司继续维持经营，并不能令切尼从中获利。任职前，切尼放弃了哈利伯顿公司及其附属企业价值 800 万美元的股票期权，还把税后红利捐给了慈善机构。在他看来，他已竭尽所能去避免冲突，因此近期发生的攻击只会让他发起更猛烈的反击。安纳博格公共政策中心也分析认为："切尼虽然曾经是该公司的领导人，但并没有从该公司的订单中获得财政收益。"《华盛顿邮报》的记者巴顿·杰尔曼为切尼写过一本传记《垂钓者》，书中表示"没有证据显示，切尼在任期内有任何以权谋私的行为，无论是涉及哈利伯顿公司还是其他公司"。

不过，其他人还是不亦乐乎地寻找白宫西翼行为不当的证据。当轮到布什就中情局泄密事件配合调查时，他的表现与切尼完全不同。布什十分热情地接待了来访者。6 月 24 日，布什花了 70 分钟时间，耐心回答了他们的提问，没有表露出任何不耐烦的态度。但他没有意识到，在描述自己与卡尔·罗夫的对话时，与罗夫本人的说法有所出入。他说，罗夫否认向罗伯特·诺瓦克提供过消息。

"如果罗夫说他没干过，那就是没干过，"布什告诉检察官，"如果他做了，应该如实告诉我。"

结束时，菲茨杰拉德拿出另一份放弃对记者保密的承诺书。

"当然，我会签字的。"布什本能地回应到，他接过文件，大致浏览了一下内容，然后掏出签字笔，根本没在意他的律师作何反应。

接下来的几天里，最高法院介入了切尼上任后两大最具争议的事件。于是，关于副总统长期维护和扩大行政权力的消息铺天盖地袭来。

起初，在 2001 年由副总统牵头秘密进行的能源任务小组工作中，法官是站在切尼这边的。最高法院以 7 比 2 的投票结果推翻了地方法院的裁决，认为在这项工作中切尼拥有更多行政特权是正常的。这一做法，切实避免了法律争端。切尼顿感自己的特权有了合法性。他帮助政府恢复了过去 30 年来行政部门被削弱的一些权力。不过，白宫的其他人则痛惜，原则上的胜利不一定能推动一个实际被企业巨头掌控的政府。那是为什么呢？最后，每个人都认为，不管怎么说，委员会提交的报告都是出于行业发展的需要，其建议形同虚设。

4天后的6月28日，正是同一所法院打了切尼一个措手不及，该法院裁定政府必须经过庭审才能关押塔利班分子和“基地”组织成员。在哈姆迪诉拉姆斯菲尔德案中，最高法院肯定了总统有权决断敌方战斗人员以及在阿富汗与亚瑟·伊萨姆·哈姆迪这样的塔利班武装分子战斗的美国公民，但要求政府允许这些被扣留人员,包括关塔那摩监狱的囚犯能上庭辩诉。“我们早就明确表示，战争状态并不是开给总统的一张空白支票，总统可在上面随意填写。这绝不意味着在涉及公民权利问题上，总统可以胡作非为。”大法官桑德拉·戴·奥康纳写道，而正是这一法院，在4年前的布什诉戈尔案中，裁定布什获胜。

2004年6月28日，布什出席了在土耳其伊斯坦布尔召开的北约峰会。与会代表发言时，身边的国防部长拉姆斯菲尔德递来一张纸条。纸条是康多莉扎·赖斯写的：“总统先生，伊拉克获得了主权。伊拉克时间上午10时26分，布雷默传来消息。”

布什拿出一支钢笔，在上面批示：“让自由去支配一切吧！”然后，他转向右边，与英国首相托尼·布莱尔握手。

对布什而言，这是一个激动人心的时刻，值得他珍惜回味。布什和“让自由去支配一切吧”这张小纸条的巨幅照片自此就悬挂在白宫西翼。许多照片不停更新换代，唯独这张照片，在那里一挂数年。

就这样，占领正式结束。但战争并没有结束。正如布什希望的那样，主权移交的方式凸显了这一结果喜忧参半的性质。布什担心，如果按计划在6月30日移交权力，可能会招来恐怖袭击，于是通过赖斯建议布雷默秘密将移交事宜提前几天。布雷默的助手甚至还将闻讯赶来听他宣布消息的记者的手机都没收了，这样等消息公之于众时，布雷默已经平安离开了这个国家。最好的办法无疑是在麻烦到来前逃之夭夭。

前来接替布雷默的也是一位美国大使，他依然会对伊拉克施加强大的影响力，但不再是以伊拉克临时当局的形式——布什挑选了美国驻联合国的资深外交官约翰·内格罗蓬特担此重任。接替里卡多·桑切斯的是乔治·凯西将军。凯西德高望重，但从未有过实战经验，也从未在阿拉伯地区工作过。布什邀请凯西夫妇前往白宫共进晚餐，但除此之外，直到凯西动身前往巴格达赴任，两人再没有过其他实质性的会面。布什和切尼希望伊拉克局势能走向稳定，随着总统大选之日到来，这种愿望变得越发强烈。

打打感情牌

布什和切尼都没有太关注民主党的选票情况。卡尔·罗夫以为约翰·克里将选择理查德·格普哈特作为竞选搭档,以赢得劳动者的支持,而马修·多德则预测是约翰·爱德华兹。

7 月 7 日，克里宣布竞选伙伴的第二天，布什在前往北卡罗来纳州首府罗利时，被记者问到他如何看待克里的竞选搭档。

“他被人们描述为一个魅力四射、聪慧过人的候选人，他是个民粹主义者。”记者说，“那么他与迪克·切尼相比，高下如何？”

“迪克·切尼会成为当之无愧的副总统。”布什直截了当地回答，然后继续接受其他记者的提问，“来，下一个。”

事实上，“9·11”委员会正在调查切尼是否有越俎代庖，履行总统之职的嫌疑，至少在劫机当天是这样。报告草案中，调查小组质疑副总统在得到布什总统的允许前，就下令击落飞机。切尼在这份草拟的报告公布前，率先阅读了一遍，他被报告中的内容激怒了，于是当即打电话给委员会主席托马斯·基恩。

“长官，这不准确，不公平，”他对基恩说，“总统已经告诉过你，是他下的命令。我只是执行他的指令而已。”

基恩说，他会让下属们重新审核报告中的语言。但是，委员会 7 月 22 日发布的报告中，内容基本没有改变。不久后，参议院情报委员又出具了另一份报告，透露了战前有关伊拉克核武器计划的情报有误。这两份报告堪称布什—切尼任内的最低潮，不仅暴露了他们未能充分认识“基地”组织的威胁，没有在“9·11”恐怖袭击前几个月就率先展开反恐战争；还暴露了他们无视最新情报,一意孤行发动伊拉克战争的行为。切尼认为“基地”组织和萨达姆政权有染，这两份报告无疑给他泼了一盆冷水。

与此同时，这两份报告也提供了一幅平衡的图景，使得批评者们对布什和切尼最严重的指控有了凭据。参议院的报告中没有证据显示布什和切尼曾向情报机构施压，歪曲有关伊拉克的消息。“9·11”调查委员会集体指责了布什内阁，而没有特别挑出布什和切尼两个人。尽管副总统怒气未消，但一直担心选举年会出现重大娄子的白宫官员们倒不禁松了口气。

“9·11”调查委员会发布报告后一个星期，民主党正式提名克里和爱德华兹参加选战。切尼满腔热情地投入竞选活动中。8 月 12 日，在俄亥俄州代顿市，他嘲笑克里太过软弱。“克里参议员还表示，如果他上任，将进行一场‘更为谨慎’的反恐战争。”切尼说罢，引来观众阵阵笑声。他补充道：“林肯和罗斯福都没有发动过谨慎的战争，那些威胁我们安全，在全世界滥杀无辜的人，根本不需要我们谨慎对待。他们应该被摧毁。”

然而，两周后，切尼终究还是碰到了他从 1 月份开始就一直在回避的问题。

“我想知道你怎么看待同性恋婚姻。”爱荷华州达文波特的一位选民在会上问道。

切尼没有逃避：“我的基本观点是，自由意味着每个人的自由。”

这位选民继续追问，布什支持出台宪法修正案，禁止同性婚姻。这个提案上个月已经在参议院进行投票，以 19 票之差未获通过。切尼本可避而不答，但他承认，他和布什在这个问题上有不同意见。

“我已经表达了我的个人观点，”切尼说，“但总统是政府的决策者，而且他也明确表示，他支持宪法修正案。”

切尼公开与总统唱反调的做法让助手们感到惊讶。“我们都为他感到骄傲，因为我们与玛丽关系很好。”切尼的国内政策顾问尼尔·帕特尔说道。切尼的随行新闻秘书安妮·沃梅克立即发电子邮件把情况汇报给竞选总部。很快，总部的电话打来，急切要求得知事件真相。但随后事情就这么不了了之。切尼说，之后布什和卡尔·罗夫都没有再提这件事：“他们很理解我的做法。”

匆匆行走在路上成了总统及其顾问们的生活常态，这也拉近了布什与助手之间的距离。8 月 30 日，在密歇根州泰勒集会结束后，布什听说他的副幕僚长乔·哈金的母亲过世了。哈金没有把这件事告诉总统，而且竞选游说活动场场不落。

布什前往哈金住的酒店房间里找他，当时他正在和自己的兄弟打电话。哈金背对着门口，没发现总统进来，所以布什坐在床上等他忙完。大约 5 分钟后，哈金才挂掉电话，发现总统来了。布什安慰了哈金 1 个小时，这对一位高高在上的总统来说，是极其罕见的事。

布什直接从酒店出发前去参加共和党全国代表大会，打算借此巩固自己作为美国保护人的资格。会议在纽约这座通常对共和党人并不友好的城市举行，布什和切尼试图提醒大家他们在 3 年前回应恐怖袭击的过程中扮演的角色，他们还表示，伊拉克战争是随之而来的反恐战争的自然延伸。但他们并没有如实说明，当时的伊拉克战争局势已变得多么糟糕。布什刚收到伊拉克新任总理伊亚德·阿拉维的来信，信中汇报了当地情况。“伊拉克的战斗局势非常不稳定，”阿拉维写道，“如今的伊拉克面临着比一年前更强大的安全威胁，而且形势还在继续恶化。”

不过，出于外宣的需要，布什和切尼一直声称伊拉克形势进入正轨，民主即将在伊拉克获得胜利。9 月 1 日晚，切尼做了一番热情洋溢的演讲，又狠狠地黑了民主党阵营一把：“参议员克里总是自相矛盾、出尔反尔。”不少台下听众起哄喊道“摇摆、摇摆”，切尼接着说：“他这种来回摇摆不定的立场，折射出他优柔寡断的性格，也总让人摸不着头脑。这是他惯有的行为模式。在过去几年中，他一直在支持和反对《不让一个孩子掉队》法案上来回摇摆；他曾经口头支持《北美自由贸易协定》，后来又表示反对；在《爱国者法案》问题上，他也一会儿支持，一会儿反对。克里参议员常说，他看到了两个美国，而他展示的恰恰是硬币的另一面——美国看到了约翰·克里的两面性。”

第二天晚上轮到布什演讲，助手们想更为慎重地定下基调。共和党全国委员会主席艾德·吉莱斯皮担心选民会对布什的演讲出现某种“审美疲劳”，他指的不是那些盲目痛恨布什的自由主义者，而是那些一般的选民。吉莱斯皮建议总统在讲话时，尽量用“新的任期”，而不说“连任或第二任期”，这能让人有新鲜感，而不会认为是老生常谈、大同小异。

布什在酒店的套房内练习演讲，但他总是在“烈士遗孤”这句话上磕巴。每当讲到这里，他都差点窒息，无法顺畅地说下去。尽管布什认为伊拉克战争是正当之举，但他也清楚这场战争给无数美国家庭带来了无法挽回的伤痛。这位得克萨斯牛仔始终无法释怀。

有人建议把这句话删掉，可能更保险些，但迈克尔·格尔森竭力反对：“总统先生，我们必须这么说。”

布什听后大为光火：“不是我们必须这么说，是我要这么说。”

那天晚上，布什在一片热烈的欢呼声中走上讲台。他首先盛赞自己的竞选搭档：“我很幸运，拥有那么一位出色的副总统。在那些艰难岁月中，我多次依赖迪克·切尼沉着冷静的决断力。我很荣幸有他陪伴左右。”

伴随着代表们热情高呼“再来4年”，布什开始滔滔不绝地描绘自己所谓的“所有权社会”，其理念包括提供税收优惠以鼓励卫生储蓄账户，允许工人将部分社会保障工薪税投资到股票或债券中，鼓励房屋所有权。“所有权社会”的理念比较保守，与“新政”和“伟大社会”不同，旨在把更多的决策权交到美国人民手中。但布什没怎么想过，让人们买房更容易其实是一种冒险行为。

不过，布什演讲的重点还是国家安全，他宣称“自由正行进在”伊拉克和阿富汗这样的国度里，他引用了克里之前所说的“现在虽然反对，但以前支持过”这一论点，直接向克里发起攻击。他提到双子塔倒塌那天，在那个美国人民极度悲伤的日子里，他在世贸遗址曾听到有人说过“不管付出什么代价”这句话。“为了保卫美国，我绝不会心慈手软——不管付出多大代价。”

他提及克里也支持入侵伊拉克，以此为伊拉克战争的决策进行辩护。他还将伊拉克战争与“9·11”恐怖袭击联系起来：“我是应该忘记‘9·11’事件的教训，去相信一个疯子的话呢？”他反问道，暗指萨达姆·侯赛因，“还是直接采取行动保卫我们的国家？无论何时，我面临这样的抉择，都会毫不犹豫地选择保卫美利坚合众国。”

他顺利地讲出了殉难者的遗孤那句台词，没出现任何问题。等他走到后台，格尔森问他是怎么做到的。

“我没看观众，”布什说，“我只是抬起头，两眼放空。”

第二天，布什前去参加另一场竞选演说，再次萌生动情时刻。9月3日，在宾夕法尼亚州穆西克的一个微型棒球联盟体育场上，人群中突然有人喊道：“总统先生，我们终于可以亲耳听你讲话了！”

其他人纷纷欢呼，但布什没有太多回应，并道歉说自己嗓子有些哑。坐在台上的劳拉·布什看着那名大喊大叫的男人。

“我就是在世贸大厦遗址大喊大叫的那个人。”他说。

罗科·齐埃里切拉，他是恐怖袭击当天，布什在废墟中亲自接见的消防员。劳拉对总统耳语了几句，他转过头来。“我一会儿要见你。”他对齐埃里切拉说。

演讲结束后，齐埃里切拉和他的儿子被带进更衣室面见布什。

“所以，我多年来一直引用的那句话，就是你说的？”布什说。

布什告诉他，这将载入史册。

齐埃里切拉耸耸肩："我听不到你的声音。"

布什握着他的手，情绪激动，忍不住用手拭去眼角的泪花。

"总统先生，我的女儿即将进入西点军校学习，"这位消防员告诉总统，"这都是受到你的鼓舞。你改变了我的生活。"

布什摇摇头："不，是你改变了我的生活。"

如何成为一个成功的辩论家？

布什和切尼以传统方式在共和党全国大会中重新崛起。卡尔·罗夫总是抓住一切机会来建构连任竞选团队。他很早就开始在法律条款允许下挖掘联邦政府中的可利用资源。总统的很多其他竞选战略家多年来也在做同样的努力，但几乎很少能做得像他这么系统。

罗夫以近乎资产监督式的方式管理竞选团队，致力于提高总统每次出行的曝光率，还定期发布官方公告，以宣传总统及其共和党同盟的行程。罗夫的团队在联邦部门和机构举办了多场政治会议，精心准备了以选举为主题的幻灯片。根据一则媒体分析，9 月底卫生及公共服务部批准的 22 笔政府津贴中，有一半已经在大选前几个星期落实到目标地区。新闻发布会指出，这些款项主要发放到 4 个最需要的地区。每次政治会议都会强调这些。媒体分析发现，在选举日到来的前几个星期里，劳工部长赵小兰到各地出访 13 次，很快就成为传媒市场的热门政治人物。将政府管理与政治炒作高度结合的方式招致相关部门的调查，也引发了罗夫的一些同事不满。白宫信仰和社团倡议办公室副主任郭大卫对该部门即将在全国举办圆桌会议一事并没有太大热情，但却被罗夫的助手告知，活动重点要关注 2002 年中期选举中指定的 20 个种族。为了应对压力，倡议办公室根据各州情况，制定了一份带有政治色彩的地图。

共和党全国大会闭幕几天后，竞选面临着危难时刻。9 月 7 日，美国在伊拉克的死亡人数达到 1 000 人，他们中的大部分人，都是布什在"任务完成"的横幅下宣布主要作战行动结束后丧生的。这是一个令人深思的时刻。但在竞选活动中，切尼说道，美国不能让步。

"从今天起到 11 月 2 日这 8 个星期中，我们必须做出正确的决策，这一点很关键，”切尼在得梅因市面对支持者时，进行了一场激情澎湃的演讲，“如果我们做出了错误选择，那我们会有再次遇袭的危险，后果将是毁灭性的。”

这个论断与几个月来布什和切尼一直在强调的立场如出一辙，但语气更为强硬。他们认为，民主党试图让美国退回到“9·11”前的心态，那就是将反恐看作执法而非战争。

但切尼思维刻板，他认为投票支持克里就意味着恐怖袭击的成功，也招来了民主党阵营的强烈抗议。“迪克·切尼今天语带恐吓，再一次表明，他和乔治·布什会口不择言、不择手段地去保住总统宝座。”约翰·爱德华兹反击道。

在切尼乘飞机向下一站新罕布什尔州飞行的途中，机载电话开始响个不停，是竞选总部打来的，他们不断质问“副总统到底说了什么”。“滑板车”利比认为，这句话被误读了，然后与速记员争执，应该将标点符号放在哪个位置断句比较合适。切尼团队指责记者们断章取义，媒体与切尼的关系进一步恶化。就在不久前，切尼下令禁止《纽约时报》记者登上“空军二号”，还试图阻止美联社记者登机。他的随行新闻秘书安妮·沃梅克受人之托进入切尼的休息室，试图让他再说些什么补救一下。切尼勃然大怒。他认为这太儿戏了，他厉声呵斥：“我怎么想，就怎么说。”

大选辩论日益临近，但布什并没有像4年前那样精心准备。身为战时总司令，他肯定比前来挑战总统宝座的克里少了许多时间。此外，布什本身对辩论也不感兴趣，不太愿意花时间练习。想到要应对克里的挑战，只会让他更加心烦。布什向来鄙视耶鲁大学精英们的傲慢文化，而克里则变本加厉地扩大了这种气质。“在布什眼中，克里是一个迂腐而傲慢的摇摆主义者，他并不喜欢这位马萨诸塞州参议员。”罗夫后来说道。

罗夫对布什在准备辩论时口齿不清、错误百出感到担心。总统有“口拙”的毛病，而克里不同，他是通过一轮轮艰难的初选辩论才脱颖而出的。布什没能正确判断对手，他告诉助手们，克里不会过于咄咄逼人，因为他希望自己看起来像一位总统。曾在2000年扮演过阿尔·戈尔的参议员贾德·格雷格，这次又戴上了民主党的面具负责扮演克里。4年前，他每星期都会飞往克劳福德农场给总统当陪练，但这次，他总共只去了三四次。“你已经不像4年前与戈尔辩论时那样高度紧张，总是富有新鲜感或创意了，”他回忆起 4 年前的情况时说道，“总统就是总统，他知道自己想说什么。”丹·巴特利特将此描述为“总统特性”，意思就是说，总统不需要预热，他随时都“心中有数”。

在第一场电视辩论时，布什提前一天抵达了佛罗里达。这次辩论的主题是种族问题，最新的盖洛普民意调查显示，他的支持率领先对方 8 个百分点。这场辩论应该可以巩固支持率。“如果总统表现得好，这场辩论可以开个好头。”马修·多德说道。9 月 30 日那天，布什抽空赶往灾区视察飓风带来的灾情。下午，布什回到酒店，做了个按摩。顾问又满怀歉疚地跑过来告诉他，一会儿还有别的行程安排。布什感到很疲惫。

直到辩论开始前几个小时，总统才打电话给巴特利特，让他到房间来一下。“现在，”布什说，“你能跟我说说，我该怎么对付克里吗？”

巴特利特不禁紧张起来。“我们会在休斯敦碰到麻烦。”离开房间时，他暗自想。随后，他立即找到竞选团队的其他成员碰头。

“怎么了？”有人问。

“我有种不祥的预感。”巴特利特说道。

第一场电视辩论于当晚在迈阿密大学举行，布什很快发现克里是个强劲的对手。克里迅速用连珠炮似的提问向总统发起猛攻。他声称，入侵伊拉克是布什的“重大判断失误导致的”，而且布什还将追捕本·拉登的行动“外包”给阿富汗军阀。布什发起了反击，他提醒选民，克里也曾表示萨达姆·侯赛因是“严重威胁”，而且投票支持战争。

双方在先发制人开战的有效性问题上争执不下。“你应该考虑一下你的行为可能带来的影响，”克里说，“要考虑到全球影响，要确保你的同胞、民众充分理解你为什么这样做，而且你应该向全世界证明，这么做是具有合法性的。”

布什痛斥了这种说法，他的言语中透露出无限轻蔑：“我不知道‘考虑全球影响’是什么意思，先发制人的行动还要考虑全球影响？我的态度是，为了保护美国人民的安全，我不惜采取先发制人的军事行动。”

拍摄规则要求摄像机只拍讲话的那位候选人，而不许拍另一位候选人的反应，但电视台从不遵守这种约定俗成的规则，布什团队早就知道这一点。然而，当顾问们看到播出效果时，依然感到吃惊。各大电视都用双镜头画面的方式报道了辩论会的情况，一边是克里在慷慨陈词，一边是布什不耐烦的神情。布什在任4年，自己所在的共和党执掌国会，幕僚们对他尊敬有加，布什似乎已经不习惯有人挑战他的权威。

2000年大选的第一次电视辩论会上，阿尔·戈尔的叹息声成为媒体报道的重点，而布什紧锁的眉头则成了2004年大选第一次辩论会的头条新闻。凯伦·休斯将情况如实汇报给他，并且说道，专家们一定会给出非常负面的评价。

“他们会说，你输掉了第一场辩论。”休斯对总统说。

“为什么？”

“因为你看起来已经失去了理智。”

“告诉他们，我没有失去理智。”

“我不能，因为你看起来的确很疯狂。”

对总统说这话的人，不止休斯一个。罗夫告诉布什，他对克里的厌恶，让他看起来也变得很不讨喜。巴特利特、肯·梅尔曼和马克·麦金农等纷纷表示同意罗夫的看法。安迪·卡德说，“真的很不愿意参加第一场辩论”。就连劳拉·布什也看不下去了。“我不知道发生了什么，”她对丈夫说，“你必须做你自己，但你表现出来的并不是这样。”他们还让布什看了几个回放画面。“我觉得，自己当时没那么生气啊，”选举结束后，他对一位当记者的朋友说道，“我的面部表情应该说明内心的真实感受。”民意调查结果证实了顾问们的判断。盖洛普调查显示，布什原有的8个百分点领先优势一夜间就消失了，他们的支持率打了个平手。“我们该从那场辩论中走出来，接下来又是一个全新的开始，”多德说，“前一场的表现的确是个悲剧。”

切尼对辩论的准备比布什早上许多，他希望自己的表现能帮助总统。2000年，他的形象还为公众所接纳，4年后，他已经变成令公众望而却步的人物。一天，他在自己的府邸进行辩论预备，结束后，大部分顾问都离去，房间里只剩下利比、尼尔·帕特尔和他三人。利比提出了一个其他白宫顾问都十分关注，而副总统身边却少有人提及的问题。

“先生，你是否关注过自己的支持率？”利比问。

“没有，没怎么关注。”切尼说，他说的好像是实情。

“你最好还是看一看，”利比说，“情况很糟糕。”

“真的吗？有多糟？”

在有些民意调查中，他的支持率不到50%。

“你要记住，”切尼说，“大家不是投票选副总统，我的支持率很低，但只要总统的支持率比较高，这也挺好的。”

“你是否认为在大选期间，我们应该努力将支持率提高一些？”利比问道。

“你真的要明白这件事，没人给副总统投票，他们是投票选总统，”切尼重申了一遍，“我真不关心自己的支持率有多高。”

切尼来到怀俄明州的杰克逊霍尔为最终辩论进行封闭式训练。一天，正专心备战的切尼抬起头，发现多德就在旁边。多德特意飞到怀俄明州来看望切尼。

“现在的情况是，”多德告诉他，“你必须好好准备，以免‘大出血’。”

莉兹·切尼再次负责这次辩论的准备工作，她担心有多年出庭律师经验的约翰·爱德华兹是位难缠的对手。副总统每天都留出四五个小时练习。罗布·波特曼再次扮演反对党候选人，斯图尔特·斯蒂芬斯则依然扮演主持人。斯蒂芬斯“问了一个没人会问的脑残问题”帮助大家放松情绪，可没想到切尼竟“给出了最令人难以置信的无聊回答”，尼尔·帕特尔回忆当时的情形时说道。

在场的一些人认为，最初的辩论练习中，切尼表现不如波特曼好，他的另一名助手特维·特洛伊说道：“起初，波特曼的表现更好些，之后，切尼表现得越来越好了。”随着辩论的临近，他的压力越来越大。就在辩论前一晚，利比告诉切尼，伊拉克战争的问题需要由切尼回答。琳恩·切尼愤怒地瞪着利比，显然不满利比把这么重的担子交给自己的丈夫。

辩论前一天，切尼又和波特曼去钓鱼，接着和家人安静地享用晚餐。10 月 5 日，他乘机飞往克利夫兰。在当地凯斯西储大学的舞台上，切尼遇到了对手爱德华兹。他低头看了一眼女儿莉兹写给自己的提示卡片：

> 你的孩子和孙子们永远不会忘记你为伟大的美国所做的一切，而且还会把你的丰功伟绩代代相传，继续告诉他们的儿孙们。我们最爱你。现在勇敢地干掉对手吧。

切尼的家人努力为他加油打气，而民主党人却想着如何灭掉他的威风。坐在他右手边观众席上的是参议员帕特里克·莱希，切尼曾在参议院与他发生过激烈冲突。

不过切尼有自己的战术，他攻击爱德华兹在一些真正的问题上立场前后不一致。切尼对爱德华兹没有丝毫好感，不像4年前，他对自己的对手约瑟夫·利伯曼还十分尊重。在切尼眼中，爱德华兹是个老奸巨猾、肤浅且狂妄自大的机会主义者，切尼毫不掩饰对他的轻蔑。“参议员，坦率地说，你在参议院的口碑是出了名的差，”切尼说道，指出对方在开会和投票中缺席是家常便饭之事。“现在，我是副总统，也是参议院议长和会议主持人。我基本每周二都会参加参议院举行的每周例会。可笑的是，你身为参议员，我第一次见你，居然是在今晚这个舞台上。”从严格意义上说，这话并不严谨。其实，他们两人曾一起出席过全美祈祷早餐会。不过，切尼在此想强调的观点是，爱德华兹不会是一位靠谱的副总统。

对切尼而言，辩论中最难忘的时刻，无疑是主持人、来自美国公共广播公司的格伦·爱菲尔问他，在同性婚姻问题上，是否与布什立场一致。

“人们应该按照自己的意愿，自由选择他们想要的组合形式，”切尼说，“这真的与他人无关，不需要政府认可或同意，也不需要其他人的授权。”他说，这个问题应该留给各地方州去处理。但他又补充说，总统有权为政府制定政策，而他支持总统。

当爱德华兹回应时，他提到玛丽·切尼。“我首先想说的是，副总统和夫人一定很爱自己的女儿，”他开口说道，“我想，他们一定非常爱她。你们必须尊重这样一个事实，副总统夫妇愿意谈论他们拥有一个同性恋女儿，而且愿意包容她。”

坐在观众席的玛丽·切尼火冒三丈。他居然想利用这一点？“谁给他这个权利，利用我的性取向为他的政治牟利？”事后，玛丽气愤地反问道。她狠狠地瞪着正看向她的爱德华兹，嘴里冒出了一句脏话：“去你妈的。”这一幕后来成为切尼家族的一桩趣谈。玛丽很希望爱德华兹当时读懂了她的唇语，而她的母亲和姐姐都惊愕地瞪着她。

爱德华兹还说，他和克里一样，都同意婚姻应该是一个男人和一个女人之间的组合，但他们也支持同性恋伴侣，并批评布什试图“假借宪法之名分裂这个国家”的做法。

当爱菲尔问切尼有何回应时，他说：“嗯，格伦，我感谢参议员对我家人和我女儿所说的那些善意的话。我在此深表感谢。”

“就这些？”爱菲尔问。

“就这些。”

就这样，切尼完成了多德交代的任务。民调下降的趋势有所减缓。

辩论后的第二天，也就是 10 月 6 日，接替戴维·凯担任伊拉克调查小组负责人的查尔斯·迪尔费尔完成了关于搜寻大规模杀伤性武器的最终报告。迪尔费尔的报告与凯大同小异，他指出，萨达姆·侯赛因没有大规模杀伤性武器,而且也没有努力研发这种武器。萨达姆生产非法武器的能力“在1991 年时就基本被摧毁了”，之后再也没能恢复。迪尔费尔率领其 1 200 名团队成员调查后得出结论，实际上伊拉克在联合国的压力下，已经在 1996年时，毁掉了最后一家有能力生产生化武器的工厂。他们还说，没有发现任何证据表明 1991 年之后，伊拉克试图从尼日尔或其他地方购买铀。

萨达姆的确曾经怀有愿景，希望能在说服联合国解除对伊拉克的制裁后重建核武器计划。因为他认为，两伊战争中正是这样的武器解救了他的政权；在海湾战争时，也是这样的武器，防止了美国不断对巴格达施压，并且还能借此威慑什叶派反对者。他破坏了联合国的石油换食品计划，基本将金钱用于收买法国和俄罗斯高官。迪尔费尔在报告中说，萨达姆想获得核能力，主要集中在弹道导弹和战术化学武器上。这位伊拉克独裁统治者发展核能力背后的驱动力，并不是与美国之间的冲突，而是对海湾地区主要对手伊朗的恐惧。但这些事还停留在推测分析阶段，因为“并没有正式的书面文件或战略计划表明，制裁后的伊拉克仍在生产大规模杀伤性武器”，迪尔费尔在这份长达 900 页的报告中如此写道。

布什和切尼自然而然地关注到报告中所说的“萨达姆有生产这种武器的野心”这部分，但这份报告传递的主要信息是，伊拉克战争是因情报有误而引发的。“美国公布报告，发现伊拉克在 20 世纪 90 年代就已停止生产非法武器。”《纽约时报》头版头条赫然写道。《华盛顿邮报》则写道：“美国在伊拉克核武器问题上‘判断失误’。”

离总统大选只有不到一个月时间，这份报告带来了严重的政治后果，也进一步恶化了白宫与中情局之间的关系。利比、斯蒂芬·哈德利等布什的顾问以及切尼都认为，是中情局故意将消息泄露给反对派和媒体，试图影响总统选举结果。双方的摩擦白热化，以至于特内特辞职后担任中情局代理局长的约翰·麦克劳克林曾亲自调查此事。“我真的在局里展开了调查，但并没有发现破坏布什总统竞选活动的有组织行为。”时隔多年后，他说道。

他当年还曾打电话给布什："我绝对相信，中情局里没有人想把你拉下马。"

10月8日，在圣路易斯的华盛顿大学，布什和克里进行了第二场电视辩论。在这个小镇礼堂式的会场里，密苏里州的人们将抛出各式各样的问题，布什比往常更努力地准备着。就在上台前一刻，布什提出让他一个人安静15分钟。总统向来乐于有人陪伴，提出这样的要求实属罕见。这确实很管用。与克里一起面对镜头时，布什竭力克制着自己恼怒的表情。不过，他在舞台上挥洒自如，论点振聋发聩，而表现又不失亲和力。克里则竭力保持低调，甚至有些缺乏激情。

布什—切尼竞选团队在奥兰多进行抽样调查，发现"前两场辩论中，约翰·克里的表现超过选民预期，他比人们预想的更讨人喜欢、知识渊博、有魅力"。抽样调查备忘录中写道："第一场辩论中，选民们对总统感到失望，但在第二场辩论中，选民们给总统打了高分，他们认为总统比克里更具亲和力。"对于接下来的第三场辩论，布什团队认为，应该"提醒选民，选择克里是种冒险，而这个险不值得冒。相较而言，他们了解布什。尽管他们不喜欢伊拉克战争，但他们至少知道布什是个不错的家伙，他会为自己坚信的事挺身而出"。

10月13日，布什抵达亚利桑那州立大学，进行最后一场电视辩论，与他同行的是约翰·麦凯恩。这两人一起出现令人始料未及，尽管他们已经和解，但据说麦凯恩曾考虑过做克里的竞选搭档。坊间将此事描绘得有鼻子有眼，而现在麦凯恩却在竭力取悦布什，甚至有些过火。亚利桑那州辩论开始前，两人待在同一间房里，麦凯恩给布什打气："你是位伟大的总统，所以现在你必须打败他。"在电视辩论开始前，力图保持平静的布什发现麦凯恩露出了拳击教练特有的亢奋和狠劲。"他怎么那么激动？"布什惊讶地问助手。

布什的家人在匹兹堡的一家酒店里观看了这场电视辩论。担任主持人的是哥伦比亚广播公司的鲍勃·西弗，他问道："你们认为同性恋是一种选择吗？"就像一个星期前约翰·爱德华兹的做法一样，克里也搬出了玛丽·切尼。"如果你去问迪克·切尼那位同性恋女儿，我想，她会回答你，她就选择做她自己，她生来就是这样。"克里说。

玛丽正在自己的酒店房间里研究接下来竞选团队的行程安排，听到这句话时，她忍不住抬起头对电视大喊："你这狗娘养的！"

然后她走到楼下父母的房间与他们一起看接下来的辩论。她的母亲和姐姐同样被激怒了，莉兹咬牙切齿地说道："真是个卑鄙的家伙。"火冒三丈的琳恩为了不打扰丈夫，退到卧室发泄愤怒。"约翰·克里试图利用她的孩子来为自己的政治加分，妈妈恼火极了，"莉兹回忆时说道，"她不停地重复这一点，她实在太生气了。"

事后，克里的竞选经理玛丽·贝思·卡希尔居然在电视上堂而皇之地说，打玛丽这张牌是"合理的"，这令切尼一家愈发愤怒了。副总统召集家人和顾问，商讨是否应该发起反击。他打电话给顾问史蒂夫·施密特。

"嗯，先生，如果玛丽不介意的话，我们没有任何理由不发起反击。"施密特说。

玛丽听后，对父亲说："怎么狠怎么做，一定要痛击对手！"

琳恩插话说，她想在辩论后的集会上发表讲话，虽然之前她并没有做这种安排。

施密特问她想说什么。

"就说那家伙心理阴暗，"她说，"他表面光鲜亮丽，内心深处却极其阴暗腐烂。"

电话里产生了较长时间的沉默，另一端竞选团队的工作人员听到这话后表现出了明显的不安。

利比打破了沉默。"我们还是理性面对这件事吧。"他说。

"她是我的女儿，我很生气，我一定要说些话。"琳恩坚持道。

利比把一旁的莉兹叫过来，希望她劝劝母亲。

"这样吧，"琳恩说，"我保证不干傻事，我会控制好自己的情绪。但我很生气，我必须说些什么。"

副总统夫人走到楼下，对着人群开始讲话。"刚才我终于有机会对约翰·克里再次进行评估，"她说，"我能得出的唯一结论是，他不是个好人，他不是好人。当然，说这些话时，我是一位母亲，一位非常愤怒的母亲。但他不是个好人。这实在是一种低劣而庸俗的政治伎俩。"

第二天，10 月 14 日，迪克·切尼发表讲话，一定程度上平息了公众对他的狂轰滥炸。在迈尔斯堡佛罗里达湾岸大学，切尼在 2 500 名支持者举行的集会上慷慨陈词。"你们可以看到，那个人为了当选，可以不择手段、口不择言，"切尼说，"我站在这里，不仅以一位父亲，一位极其愤怒的父亲的身份发言，同时也是以一名美国公民的身份说出这番话。”

出于内心的愤怒，也出于一定程度的政治考量，切尼夫妇拼尽全力惩罚了把玛丽扯进竞选的克里。事后，克里发表了一篇不痛不痒的书面声明，里面既没有评论此事，也没有道歉。“我爱我的女儿，”他说，“他们也爱他们的女儿。我只想在一些德高望重的家族处理这类问题时，说一些积极的话。”副总统候选人的妻子伊丽莎白·爱德华兹却说了一些并没有经过深思熟虑的话，她指责琳恩·切尼实际上是在为自己的同性恋女儿感到尴尬，她在接受记者采访时表示：“我认为，这表明她在一定程度上为女儿的性取向感到羞耻。”然而，公众却站在了切尼这边。这一民调上升的现象被称为“玛丽·切尼反弹”。

布什—切尼团队信心十足，甚至不失自大地进入了最后阶段。他们把克里定位成靠不住的人。电视广告显示这位向总统宝座发起挑战的人是个摇摆不定的墙头草，一会儿支持，一会儿又会改变立场。克里昔日的战友在布什总统保守派盟友的怂恿下，组成了一个叫“寻求真相的快艇老兵”的政治团体，谴责克里夸大其“战争英雄”形象。这无疑给克里的选战带来了沉重一击。布什阵营算是扳回了一局。因为此前，哥伦比亚广播公司的大牌主播丹·拉瑟在没有核实消息来源的情况下就质疑了布什的服役记录，最后又不得不道歉。

10 月 23 日，布什的专机降落在佛罗里达州的杰克逊维尔市。那天，卡尔·罗夫一副胜券在握的样子，找来白宫记者团，私下跟他们开起玩笑。罗夫说，他还藏着奥萨马·本·拉登，准备在最后时刻给总统一个惊喜。他还说，这名恐怖主义头目的确过得很痛苦，一周只能洗一次澡，吃光了所有的焦糖爆米花，甚至白天还不能出门遛狗。

但一个星期后，当本·拉登的视频在半岛电视台播出时，人们却再也笑不出来了。从阿富汗东部山区的托拉博拉逃脱后，本·拉登一直注意避开美国情报机构无处不在的耳目，他现在出来反驳布什的论断。布什曾说，“基地”组织袭击美国，是因为他们痛恨自由。本·拉登对选民们说：“如果这样的话，那么我想问问布什，为什么我们不袭击瑞典，却偏偏选了美国？”他暗示，如果布什连任，“基地”组织将发起另一场毁灭性攻击：“‘9·11’事件已发生 4 年了，但布什还在欺骗你们、隐瞒真相。因此，对于发生的事，他只能一再重复那些站不住脚的理由。”

布什走进一个比较私人的空间，与顾问们讨论这段视频将带来的影响。最后，他认为，如果提醒选民本·拉登有多么痛恨他，或许对他有利。就如何回应的问题，顾问们展开了激烈的争论。约翰·阿什克罗夫特在拉姆斯菲尔德的支持下，想要提高国家的警戒水平；汤姆·里奇认为，现在还没有情报证实会发生另一场恐怖袭击。“这到底是安全问题还是政治问题？”里奇回忆道，“接下来，爆发了一场激烈的讨论，甚至可以说是争吵。”里奇令助手苏珊·尼利打电话到“空军一号”，让丹·巴特利特请示总统。

巴特利特，请示了布什。“将国家安全政治化会带来何种危险，我想我已经不需要告诉你了。”巴特利特说。

“我明白。”布什说。很快，总统下令：无须提高全国警戒水平。

直捣黄龙。切尼打算利用心理战术，在最后一刻突然造访夏威夷，攻其不备。夏威夷是传统上的民主党堡垒区，但民调显示，共和党人与之的差距没那么大。竞选智囊团认为，意外访问，可以打反对派一个措手不及。几十年来，没有一个国家级领导候选人去过夏威夷拉票，那里路途遥远，能赢得的选票却很少。但琳恩·切尼认为此行值得，副总统同意了。

10 月 31 日，切尼从俄亥俄州的托莱多出发，飞经密歇根州的罗穆卢斯、爱荷华州的道奇堡、新墨西哥州的洛斯卢纳斯，越过太平洋，到达火奴鲁鲁时已是深夜，他发起了一场集会，勇敢地戴着花环出现在人们面前。在那里逗留仅 2 小时后，他再次登上飞机，飞向杰克逊霍尔。那天的 24 小时内，他的飞行航程近 1.1 万英里，在空中的时间长达 18.5 个小时。

虽然在夏威夷的集会已是晚上 11 点，但仍有 1 万人前来参加，可能是切尼举行的竞选游行中人数最多的一次。他和助手们顿时信心百倍，他们觉得，一切尽在掌握。

DAYS OF FIRE

第19章

漫长的大选日

对布什来说，成功连任意味着能超越父亲，这是他的夙愿。但选前的种种负面事件令布什的选票一路走低，大选日当天，布什备受煎熬。但最终的成功连任，令布什得以一雪此前因计票案而引发的“布什窃取总统宝座”言论带来的耻辱，证明了自己的实力与合法性。

风度比胜负更重要

大选日当天，布什在农场醒来，前一天晚上，他从达拉斯星夜赶到此地。11 月初的得克萨斯州清晨阴云密布，但相对温暖。对布什而言，这是决定性的一天，重新计票后的结果关乎他能否如愿连任，超越自己的父亲；又或者，他只是又一个过渡性人物，在美国的历史长河中转瞬即逝。布什在美利坚合众国即将遭遇危难的时刻走马上任，之后，他又基于错误假定让美国卷入战争。现在，裁决的时刻即将到来。事后，布什将此称为“秋后算账的时刻”。

他已做好心理准备，度过这漫长的一天。布什迅速前往位于克劳福德消防站的投票点给“布什—切尼”组合投了票，又随竞选车队赶往机场。

路上，他打电话给自己的首席策略师马修·多德：“今晚会怎么样？”

“你会赢，”多德说，“票选结果可能会比较接近，但你会赢。”

布什的战略家们认为俄亥俄和佛罗里达这两个州至关重要。如果布什拿下这两州的选票，连任便稳操胜券。几个小时前，也就是凌晨 1 点刚过，卡尔·罗夫和肯·梅尔曼曾试图在选举日对这两州做最后的公关。但罗夫与乔·哈金协商后发现，兼顾两地不可能实现。

“只能去一个地方，”罗夫对梅尔曼说，“你来决定吧。”

“俄亥俄。”梅尔曼答道。

于是布什立即启程飞往俄亥俄州。飞行途中，部下们开始与佛罗里达电视台对接信号，以便进行卫星采访。可是，关键时刻却掉了链子，他们发现这在技术操作上有一定难度。布什有些恼怒："卡尔到底想让我在这个选举日里干什么？"

布什启程返回华盛顿，期间他万分焦躁地等待消息。当飞机降落在安德鲁空军基地时，卡尔从正在竞选总部的助手萨拉·泰勒处得到了第一轮投票站的出口民调。投票后第一个民意调查结果很糟糕。泰勒用尽可能平静的口吻在电话中向罗夫汇报坏消息，希望能缓解上司心中的怒火，但显然无济于事。罗夫听罢，握着电话的手不禁颤抖起来，另一只手枕着膝盖在纸上记录结果。丹·巴特利特则帮罗夫扶着纸片。

不知这些数字有多大意义。在他们本该十拿九稳的州，选情很不理想；在一些至少该势均力敌的州，他们的支持率更低。出口民调显示，布什团队在宾夕法尼亚州落后 18 个百分点，在佛罗里达州和俄亥俄州，民调也比对手低几个百分点。现在他们一定要竭尽全力保住共和党的坚实阵地，如南卡罗来纳、弗吉尼亚、密西西比和阿拉巴马州等。怎么可能呢？如果这些数字准确的话，意味着布什将一败涂地。听罗夫念着结果，布什"感觉自己被对方猛击了一下胃部"。

机舱里所有人都震惊了。"丢掉弗吉尼亚州？这不可能！"随行的凯伦·休斯说。万分沮丧的康多莉扎·赖斯从房间冲出来，跑进洗手间收拾情绪——她无法正视布什的眼睛。

布什像泄了气的皮球："好，如果这就是现实，就让我们好好面对。但我不相信这就是最终结果，我们也曾在不利境地挣扎过。"

在飞机上，布什就开始用自己的方式努力了。布什感谢助手们的辛勤工作。"无论结果如何，我都爱你们。"他说。

布什真情流露，连续两次向传媒主任尼科尔·德夫尼什表示感谢，后者泪流满面。他还感谢了自己的媒体顾问马克·麦金农。

布什打电话给竞选总部，找到肯·梅尔曼了解更多信息。梅尔曼将数据从头到尾读了一遍，情况很糟糕。随后梅尔曼便开始分析这些数据。

"我觉得中间可能有误。"梅尔曼说，他从不轻信自己的直觉，而更倾向于理性分析。之后，他向总统展示证据，以表明自己的论调。

"很好，"布什马上来了精神，"请稍等。"

总统在飞机上拨通白宫的电话，他的父亲正在那里等待消息。

"请再说一遍。"总统让梅尔曼重复他的分析。

出口民调结果很快传遍整个白宫和竞选团队总部。早上，每个人都精神抖擞，准备迎接这决定性的时刻，但现在却像泄了气的皮球。泰勒在办公室找到多德时，发现他正以产妇分娩的姿势躺在地上，不愿下楼会见记者。"他躺在一个昏暗的角落不愿起来。"泰勒回忆时说道。于是，她只好代替多德下楼去应付记者。泰勒以近乎坚决的口吻说，现在下结论还为时过早。"很多人都陷入极度恐慌中，"她清晰地记得人们当时的心态，"那时候，失败似乎已成定局。人人都在想，'喔，天哪，我们输了'。"

尽管梅尔曼带来了一些宽慰，但布什依然以为自己要输了。当飞机降落在安德鲁斯空军基地时，他内心也很失落。他愈发担心自己会像父亲一样失去连任的机会。准备下飞机时，他对助手们说："无论如何，我们先把刚刚了解到的信息放一放，勇敢面对接下来的事。"

休斯提醒布什，每个人都在注视着他，他应该保持勇敢、自信的表情："有些人还在投票，你从'空军一号'走下台阶时，要微笑着向大家招手。"

布什采纳了休斯的建议，他微笑着朝摄像机挥手；但当他离开飞机，穿过停机坪，走向"海军一号"直升机时，依然"一脸茫然"。搭乘"海军一号"飞往白宫仅需10分钟，但布什感觉过了好几个小时。终于，直升机降落在南草坪。记者蜂拥上来，希望为晚间新闻拍到一组好镜头。凯伦·休斯建议："大家都微笑一下吧！"助手们注意到，布什走在南草坪时，嘴角微微上扬，但刚离开人群，他的脸色便迅速阴沉下去。

他上楼走进屋里，与那些伴随他一路进行竞选活动的助手们一样，不甘心所有努力只换来一败涂地。他"失落地在条约厅里来回踱步"，调整心态，为这个决定性的夜晚做准备。约翰·昆西·亚当斯是美国第一位继其父亲之后担任总统的人，但他竞选连任时未获成功。布什担心自己会步其后尘，总统生涯止步第一任期。

连任，布什进入精英总统行列

玛丽·切尼从萨拉·泰勒那里得知了坏消息，不过坐在"空军二号"上的副总统切尼倒显得很淡定。他的家人，特别是夫人琳恩，"感觉胃有些不舒服"。然而，副总统早就厌烦了所谓的民调，他更愿意相信，情况会像2000年时那样出现转机。"我对此持保留意见。"他说。

切尼刚结束了威斯康星州的最后一场竞选活动，他飞回华盛顿，准备在官邸举办一场选举之夜派对。宴会于下午 6 点准时开始。琳恩也像休斯一样，不断告诫自己要微笑，以此掩饰内心的焦虑不安。许多他们的亲密好友都来了，包括唐纳德·拉姆斯菲尔德、艾伦·辛普森、尼克·布雷迪，还有玛丽·马塔林。布什和切尼已搭档 4 年，在这个至关重要的夜晚，两人选择了用不同的方式度过。切尼有切尼的派对，布什有布什的聚会。虽然在宣告选战结束时，切尼会与总统一起，但在此前，两人都有各自的圈子。

在白宫，总统官邸正举办招待会，宴请亲朋好友。罗夫在其中一个房间开辟了观战室。罗夫把它称为“蝙蝠洞”。里面有 2 台巨大的电视显示屏，4 台电脑和无数手机。赖斯不知道自己该干些什么，就帮助罗夫跟踪几个主要州的选情。布什点燃一根大雪茄，时不时下来看看新情况，或者从总统官邸打电话给罗夫询问战情。最新出口民调波形图显示，虽然两人的差距有所拉近，但布什依然在几乎每个州都落后于克里。天色渐晚，罗夫将 2000 年以来的民调一个县一个县地进行分析，而后他认定出口民调结果有误。罗夫、梅尔曼和缓过神来的多德斥责网络主管，这些数据中有明显漏洞。

实际投票计数率接近罗夫的预期，布什和切尼在一些关键州都拿下了选票。先前的沮丧一扫而光，最新情况表明他们将获胜。晚上 11 点过后，布什下楼走进罗夫的“蝙蝠洞”，了解最新选情。“真是一场漫长的大选。”总统抱怨道。10 分钟后，美国广播公司的新闻称，佛罗里达州支持布什和切尼。4 年前的不少摇摆州，现在都成了他们的支持者。此时，越来越多的总统亲友们挤进观战室，“他们中有些人已经微醺”。罗夫十分恼火，厉声对布什的一位朋友说，不要妨碍他的属下们工作，“赶紧离开”。

安迪·卡德打电话给克里的竞选主管玛丽·贝思·卡希尔，准备探探口风：“参议员（克里）会给你们打电话道贺吗？”

不会，她说。

凌晨 0 点 41 分，福克斯新闻报道，俄亥俄州支持布什—切尼组合，他们离选举团的胜利只有一步之遥。正在楼上抽雪茄的布什接到罗夫电话，得知了这则消息。其余几个州若没太大问题，他们就将大获全胜。

总统走出卧室，找到夫人劳拉，激动地拥抱、亲吻她。“他看上去松了口气，一切终于要结束了。”总统御用摄影师埃里克·德雷珀说。

然而，事情还远未结束。凌晨 1 点左右，切尼一家匆忙上车，直奔白宫，他们还以为罗纳德·里根大厦和国际贸易中心的庆功会马上要开始了。但当他们到达时却发现，形势还没有那么明朗。通信网络没再显示较量结果，民主党方面一直紧追不放，丝毫没有让步的迹象。1点过后，卡德又打电话给卡希尔，卡希尔说："我们这边得到了一组不同的数字。"不久后，她向媒体宣布，民主党坚持对俄亥俄州的临时选票进行计数。罗夫估计，就算加上临时计票，也不可能超过共和党的选票，但布什和切尼仍然担心出现2000年时突然翻盘的情况。萨拉·泰勒和梅尔曼的兄弟等操作员和律师，连夜乘机赶往俄亥俄州。

布什很担心自己的父亲。老布什可能比任何人都紧张，他很担心儿子会落得自己十几年前的下场。为了分散自己的注意力，这位80岁高龄的前总统努力跟切尼的外甥女、年仅10岁的凯蒂聊天。

"凯蒂，你是这里年纪最小的，我呢，是最老的，"他对她说，"我们应该谈一谈。"

夜已深，总统催促父亲赶紧睡觉："快去，没问题，我会赢的。"

既然没看到民主党有让步迹象，布什和切尼的顾问们开始讨论，是否该出去宣布选举胜利。罗夫、卡德、迈克尔·格尔森以及总统的密友吉姆·弗朗西斯等均认为应该宣布。此时的选情明显有利于布什，最终大选结果将由艾奥瓦、新墨西哥、内华达以及俄亥俄4个州的票数决定，而许多媒体对这些州的预测基本都是布什获胜。

但在吸取了2000年的教训后，没有任何一家媒体愿意抢先报道布什的胜利。布什和切尼的顾问们认为，为什么在数字大大有利于他们的情况下，却受媒体要挟而不敢宣布胜利？时间拖得越久，民主党人把俄亥俄变成另一个佛罗里达的风险就越大。

尼科尔·德夫尼什与迈克尔·麦柯里保持着秘密联系。麦柯里是克林顿时期的白宫新闻秘书，现在是克里的顾问。德夫尼什了解麦柯里，也相信他的意见。麦柯里认为最好先等等，因为克里和爱德华兹准备通过法律程序对俄亥俄州的计票结果提出质疑。经过2000年的事情后，他们希望百分之百确定俄亥俄州的计票没问题后才甘心。

休斯、马塔林、丹·巴特利特和斯蒂芬·哈德利建议布什接受这个忠告。

"你不能就这么走出去，然后把王冠戴在自己头上，"巴特利特对布什说，"你不能这么做。"

在这关键时刻，劳拉站了出来，她赞成巴特利特的意见："乔治，你不能去，等到正式宣布获胜的时候吧。"布什同意了。

切尼让家人回去休息，但他们都坚持留下来。副总统在办公室的椅子上躺倒，他把脚搁在桌子上，和衣而睡；玛丽躺在父亲办公室的长椅上，她的恋人希瑟·波则躺在几张拼起来的椅子上；莉兹在罗斯福厅找了张沙发，睡在那儿；琳恩则在白宫医务室借了枕头和毯子，在医生的门诊办公桌上躺下。直到清晨 6 点，他们才离开白宫，回家冲了个澡。

第二天，11 月 3 日，形势更明朗些了。大约早上 7 点，只睡了 2 个小时的布什很快起床。8 点，他到达椭圆形办公室，他的父母已经回到休斯敦。顾问们讨论了该如何迫使民主党停止手上的把戏。卡德打电话给詹姆斯·贝克，问他能否与克里的辩论律师弗农·乔丹联系，请他说服克里承认大选结果。贝克查到乔丹的行踪，对方正在奥古斯塔国家高尔夫俱乐部里那个著名的阿门角，他向乔丹转达了这个请求。乔丹回电话说，克里可能已经准备承认了。布什和巴特利特立即从总统办公室打电话给德夫尼什，让她联系麦柯里，弄清到底是怎么回事。德夫尼什打通了麦柯里的电话，麦柯里说："别着急，克里正准备打电话。"

布什坐在椭圆形办公室与自己的亲密顾问一起等待克里的电话，其他人已经开始赶往白宫向他表示祝贺。拉姆斯菲尔德也来了，据麦克莱伦回忆，拉氏的"脸上笑开了花"，连声祝贺总统成功连任。拉姆斯菲尔德知道自己在布什的第二个任期中前途未卜，布什也从他脸上看出了端倪。"这实际上是一次面试。"拉姆斯菲尔德走后，布什对助手们这样说道。

11 点 02 分，总统的私人助理阿什利·卡瓦诺推开椭圆形办公室的门："总统先生，克里参议员的电话。"

布什接起电话，两人简短地聊了几句，很客气。"你是一个令人敬重的对手，"布什对克里说，"你领导了一场出色的竞选活动。我想你应该为自己付出的努力感到自豪。你应该自豪。"

就这样，布什赢了。打碎了一些坊间传闻，扭转了出口民调结果，出乎权威人士的意料，甚至让整个美国历史感到惊讶。他完成了父亲未遂的心愿，成为美国历史上第 15 位成功连任的总统，进入精英总统的行列。他的胜利优势十分微弱，选票比为 50.7% ：48.3%，是赢得连任的总统中选票优势最小的。不过，布什是 1988 年以来，第一个获得一半以上大众选票的总统，而1988年取得这一成绩的正是他的父亲老布什。而且这一次没有出现2000年那样的乌龙事件。进入选举团选举时，两人的投票差距稍稍拉大了一些，布什286票对克里251票。他也是1936年以来，首位本人赢得连任竞选，其所在的共和党又逐渐控制国会上下两院的总统。与2000年相比，他在拉丁裔美国人、犹太人、妇女、60岁以上老人以及受教育程度较低的选民中的得票率有所提高。那些看重恐怖主义或道德价值的选民几乎都把票投给了布什。民意调查发现，选民普遍认为布什诚实守信、有很强的领导力、尊重宗教信仰、是非分明。虽然布什丢掉了无党派人士的选票，但在社会底层人士的选民中，他的得票率从2000年的29%提高到了2004年的34%。然而，这些数字背后却隐藏着不祥的征兆。51%的美国人仍然支持伊拉克战争的决定，在那些支持伊拉克战争的选民中，克里基本得不到选票。

然而，对布什和切尼来说，最重要的结果是赢得了合法性。现在他们又多了4年，有足够的时间来收拾伊拉克的残局，为美国本土带来更多变化。布什已经想好了如何趁热打铁，在听到大选胜利的消息后，他不禁长舒了口气。他与那些陪他一路进行竞选活动的顾问们一一拥抱，几度激动得差点落泪。

“接下来4年，我们将会干得很开心，”他向巴特利特保证，“我们会大干一场！”

布什打电话到总统官邸，把这个消息告诉劳拉。之后，他开门朝走廊方向走去。

“副总统在哪里？”他喊道。

有人说，切尼在战情室，布什马上差人过去寻他。布什在走廊来回踱步，终于他看到切尼向他走来。

“祝贺你，迪克！”布什满怀喜悦地说。

“恭喜你，总统先生。”切尼郑重其事地回应。

布什忍不住朝这位以强硬出名的伙伴伸出双手，但他突然在半空顿住，说道：“我知道你不喜欢拥抱，那我们就改成握手吧。”

下午3点，布什和切尼出现在罗纳德·里根大厦，进行他们迟到的胜利庆祝。切尼不吝溢美之词，大肆夸奖布什。“他有着坚定信念和个人情怀，”切尼对来宾们说道，“他的领导英明、坚定、无所畏惧。他身上具备的品质，正是美国人民对总统的期待，也是未来 4 年我们成就大事所需要的。”

布什也对切尼吹捧有加：“副总统凭借自己的智慧和才干服务美国，我很荣幸能有他在身边辅佐。”他讲了 10 分钟，重申了自己的竞选承诺，发誓要实现国家的团结统一。“新任期对于增强国家凝聚力而言，是一个崭新的机会。我们是同一个国家，遵守同一部宪法，拥有一个共同的未来，我们应该更加紧密团结。只要我们齐心协力、同仇敌忾，美国就将更加强大。”

对布什和切尼来说，这是一个激动人心的时刻。“每个人都很开心、很兴奋，”国家安全委员会官员弗雷德里克·琼斯回忆道，“总统觉得实现自己的目标指日可待，空气中洋溢着乐观的气息。”

第二天，11 月 4 日，布什出现在巴特利特组织的媒体见面会上，答谢了全体工作人员。他特别表扬了以忠诚和口风紧闻名的白宫新闻秘书斯科特·麦克莱伦。“我想特别感谢斯科特，因为他……”布什特别幽默地停顿了一下，“什么话都没说。”

那天上午，布什还召集内阁，向他们表示感谢。他同时也暗示，部分内阁官员将有所调整：“我知道现在有不少传闻和猜测，涉及我们第二任期中的内阁组成。嗯，我们的确可能做出一些改变，但目前我还没时间考虑这个问题。”

通常在会议上保持沉默的切尼，当天表现得很反常。他借此机会反思了过去 4 年来的变化。“我记得 2000 年重新计票后我们就谈过是否要见机行事，着手处理一些问题，”他说，“你当时说时机还不成熟，事情的确如你说的那样。但现在，是时候了。”

涉及的问题包括伊拉克和阿富汗。布什说，他刚和伊拉克领导人通过话，他们得知布什内阁成功连任后，都松了口气。

“如果你输了，他们也完蛋了。”唐纳德·拉姆斯菲尔德插嘴道。

“对，他们就成法式吐司了。”布什打趣说。

布什早已在心里盘算着如何在第二个任期内大展拳脚，只不过他并没有在内阁会议上公开讨论过。他曾多次谈到把自由和民主带到中东，早在攻打伊拉克之前，他就在讲话中提过这个想法。有关伊拉克制造大规模杀伤性武器的假定被证实有误后，这个说法就成了最冠冕堂皇的开战理由。如今，布什打算把实现中东地区的自由民主当成第二个总统任期内的核心任务。他不仅可借此为自己打造历史标签，还能为反恐战争提供某种意识形态的支撑。布什认为，一个乐观甚至有些理想主义的口号，更能吸引国内外的反对派和对美国政府心存疑虑者的关注。

内阁会议后，他把迈克尔·格尔森叫到一旁，后者希望在布什第二任期内离任或调整职务。

“我听说你正在考虑接下来的工作安排，”布什说，“不过，你能否帮我拟定就职典礼的演讲稿？”

当然没问题，格尔森回答。

“我希望在演讲中凸显自由。”布什说。他想为全世界的民主树立一面旗帜。

在克里承认失败后的第二天上午，布什召开了新闻发布会。在回答记者提问时，他透露了自己的雄心壮志：“这么说吧，我在大选中赢得了足够的资本，政治资本，现在是我消费它们的时候了。”

交火的日子

布什与切尼的白宫岁月

DAYS OF FIRE

[美] 彼得·贝克(Peter Baker) ◎著
李文远　潘丽君　王文佳 ◎译

南方出版传媒
广东人民出版社
·广州·

DAYS OF FIRE

第20章

内阁大换血

赢得大选，如愿进入新任期，个人声望与影响力达到巅峰的布什接下来会如何呢？他用行动给出了最佳答案。切尼—拉姆斯菲尔德被边缘化，鲍威尔一脉更是被连根拔起。与之相反，布什忠诚的副手赖斯登上了国务卿宝座，冈萨雷斯和斯佩林斯也分别成为司法部长和教育部长。如今的内阁终于摆脱了切尼的阴影，布什已大权在握。

安插亲信，掌握实权

漫长的竞选战役终于画上了句号，成功连任的布什总统前往戴维营度假放松，以便更好地思考第二任期内的政治蓝图。好几个月以来，他出入全国各地，进行没完没了的竞选活动，每日每夜做着几乎相同的演讲，到处游说捐助者。如今，他准备好好休息调整一个星期，利用这段时间总结过去展望未来。

值得注意的是，这次布什只邀请了康多莉扎·赖斯和安迪·卡德与他一同度假，而没有切尼。记得第一任期时，布什授权切尼负责过渡时期的工作，但这一次他决定亲力亲为。当然，关于政策和人事安排，他还是会与切尼商量，只是不打算像以往一样完全放权。布什已经有些确定的想法，其中不乏切尼认同的；至于那些切尼不认同的，布什认为没必要经他同意。

眼下迫在眉睫的任务就是整顿国家安全团队。第一任期中，安全团队成员间激烈的派系之争已让布什困扰不已，现在是时候整风了。很早前，科林·鲍威尔曾告诉布什，他打算在大选结束后辞职。布什决定顺水推舟，顺应鲍威尔的心意。他钦佩鲍威尔，但同时也明白后者“并不完全认同自己的执政理念和政策”。切尼支持布什这一人事调整，鲍威尔是他昔日信任的伙伴，布什第一任期时，还是他举荐了鲍威尔。可是之后，鲍威尔似乎成了内阁中的破坏者，为了达到自己的目的，不惜向外界透漏内阁分歧；他还以卫道士的形象出现，公然抨击新保守主义强硬派。按副总统的外交政策顾问斯蒂芬·耶茨的话说，在切尼眼中，鲍威尔、理查德·阿米蒂奇等人俨然是国家安全团队中其他成员的反对派。“他们认为有必要干掉右翼那些笨蛋，于是对我们越加针锋相对，”耶茨说，“但我们并没有一套相应的反击策略，来针对左翼分子、国务院或鲍威尔、阿米蒂奇一方。”在这种情况下，切尼认为，鲍威尔离任或许是“最好的结局”。其实双方都有种如释重负的感觉。对鲍威尔及其团队来说，切尼和拉姆斯菲尔德已经形成了劳伦斯·威尔克森幕僚长口中所说的“秘密阴谋集团”。他们总是破坏正常程序，以推进激进做法。“鲍威尔真的认为切尼和拉姆斯菲尔德犯了叛国罪，”一名白宫官员指出，“而切尼和拉姆斯菲尔德则认为鲍威尔才是卖国贼。”

切尼可能没有意识到，除掉一个对手，取而代之的可能是另一个更为强劲的对手。布什任命赖斯代替鲍威尔担任国务卿之职。众所周知，赖斯与鲍威尔不同，她对布什几乎言听计从。她入主国务院，极可能将国务院变成布什政策的传声筒，而非反对总统政策的前沿阵地。加盟内阁后，赖斯不再像之前担任国家安全顾问时那样，单纯以政府公职人员的角色推动政策，而是成为了堪与副总统并驾齐驱的推手。如果切尼事先得知这样的安排，他一定会毫无保留地说出心中疑虑。然而，布什并没有征求他的意见，而是直接宣布了这项任命。“此事他已思虑良久，势在必行。”切尼事后回忆道。

布什和赖斯之间的关系显然比他与其他顾问更亲密。赖斯能以工作伙伴的身份与布什一起出现在公众视野中，私下里还可以与布什及第一夫人在总统官邸共进晚餐，甚至在周末与总统一家前往戴维营度假。布什对赖斯百分之百的信任，赖斯也明确表达了自己会全力执行总统政治蓝图的决心。他们亲密无间，以至于有人听到在一次晚宴上，还未结婚的赖斯面对一群华盛顿记者，不小心说错话，把布什唤作“我的丈……”，她意识到口误后立即转移话题。之后，赖斯矢口否认此事，几乎没有人认为他们之间的关系有何不妥，大部分人也就私下嘀咕几句。布什和赖斯看起来更像是兄妹。“她就像一个孤独的单身女孩。”与赖斯共事的一位白宫高官如是说。在布什第一任期时，有一次吃午饭，赖斯对克莉丝汀·托德·惠特曼说：“过去 3 年里，我和总统一整天不说话的日子，加起来还不到 5 天。”正如惠特曼多年后回忆时说的那样：“她没有自己的生活，工作和总统就是她的全部。”

一个是得州牛仔，一个是斯坦福的俄罗斯研究专家，两人之间的高度默契总让旁人十分困惑。“他（总统）其实对学者是很警惕的，”赖斯手下的高级情报官员戴维·戈登说，“因为知识分子总会试图向总统证明什么。布什和康多莉扎的关系很有意思，因为康多莉扎就是一名刻板的学者。当然，她也有很多兴趣爱好，比如她对文艺复兴时期的艺术文化无比痴迷。但无论如何，她仍有着学者的严谨。而奇妙的是，她又能与总统维系着极好的关系。”

多年来，人们一直在揣测赖斯对布什的影响。而她对自己的另一位密友说，事实正相反。“人们不明白，”她说，“并不是我在对他施加影响，我只是在内化他的世界。”但是，如果她真的善于引导布什，那么对其他团队成员来说，赖斯就是一个令人沮丧的伟大人物，因为她总是急切地希望消除差异，创造虚无缥缈的团队共识，而非向总统提供不同的方案。

赖斯也没能搞定战争内阁中一些厉害的对手。鲍威尔认为，赖斯会对付拉姆斯菲尔德；而拉姆斯菲尔德却认为，赖斯会干掉鲍威尔。赖斯自己发现，切尼总是越过她，自行其是，比如在《京都条约》和军事委员会等问题上。

“我个人更喜欢这样的国家安全委员会和安全问题决策过程，大家不需要考虑如何去除分歧，达成一个妥协的结论，而是把所有不同选项、不同办法和不同观点汇集起来，让总统最终定夺。”拉姆斯菲尔德后来说道，“这是最健康的运行方式，因为这样人们依然可以相互致意，然后各自干好自己的活。如果大家总是不断拖沓推迟，总是要妥协各种不同意见，很可能最终的解决方案比之前任何一个选项都更糟糕。”

经历了这一切后，赖斯居然成功推卸了发动伊拉克战争的责任。“她如此巧妙地保住了声誉，这种手腕真让我震撼，”斯科特·麦克莱伦说，“不管出了什么问题，她都可以推得一干二净，哪怕这件事在她的直接管辖范围内，比如大规模杀伤性武器的去向、国情咨文‘十六词事件’以及战后规划不够充分等。私下里，她总是补充或者支持布什的想法，而不会挑战或质疑它们。”

为了尽快做出调整，11月5日下午，布什在戴维营把这一消息告诉了赖斯。“我想让你担任国务卿一职。”他对赖斯说。赖斯表示自己深感荣幸，但最好事先讨论一下。她希望总统不要将这种回应当作批评，她说他们“有许多工作要做，以修复与盟友的关系”，而且还“重申外交斡旋在外交政策中的主导地位”。

事实上，她认为总统先前那种从不考虑外界看法的单边主义和先发制人的外交政策应该在新任期内有所改变。她认为，如今外界对布什的印象，实际上是一种误解，但这已经造成了强大的影响力，将会对未来的政策措施造成阻碍。特别是切尼，总是在渲染不必要的怀疑和敌意。赖斯认为，是时候抛开副总统的一些惯常做法，像老布什那样采取更有建树的外交政策了。赖斯并没有公开这么说，但她的确向布什指出了一些可以走的新路子，比如美国可以在解决巴以争端、建立巴勒斯坦国等事件中发挥重要作用。布什对此抱有疑虑，不过他同意考虑一下。

赖斯还坚持着一个清晰的信条，她在谈到拉姆斯菲尔德时说："我不打算花很多精力与唐纳德吵架，我将领导美国外交政策，而我并不需要他的意见。"

布什听后，似乎有些吃惊，但依然表示赞同。

如今面临着一个现实问题：拉姆斯菲尔德是否该走人了？卡德认为是时候了，他敦促布什认真考虑，甚至提供了一份国防部长潜在继任者的名单。布什对此持开放态度，他后来说道："有时，唐纳德会对军方领导人和我的属下粗鲁无礼，这总是令我难堪。"其实，感到难堪沮丧的人不止总统一人，就连拉姆斯菲尔德的副手、国防部副部长保罗·沃尔福威茨也会私下向朋友抱怨，自己快疯了。沃尔福威茨说，拉姆斯菲尔德在处理伊拉克问题时，"简直无法无天"！

布什最初考虑的国防部长人选是联邦快递公司首席执行官弗雷德里克·史密斯，他曾令卡德联系对方，但史密斯因女儿的病情而无心仕途。布什还向詹姆斯·贝克抛出橄榄枝，但后者曾担任过国务卿、财政部长，已经没兴趣第三次担任内阁部长了。布什还认真考虑了参议员约瑟夫·利伯曼。利伯曼是民主党中的鹰派成员，曾于 2004 年角逐过总统宝座，终因支持伊拉克战争而落败。但为了启用利伯曼而将拉姆斯菲尔德赶下台似乎说不过去，布什希望让某个已经准备好的人接棒，而利伯曼不是这个"合适人选"。切尼则强烈反对让其他人取代自己的导师拉姆斯菲尔德，他表示，战时更换国防部长并不明智；他同时指出，有关伊拉克战争的听证会，应该引入一个全新的环节——公共辩论。

布什也打算在其他方面做出改变，一些调整相对容易。在反恐战争问题上，约翰·阿什克罗夫特与白宫多次爆发冲突，已与布什内阁渐行渐远。

他反对布什和切尼升级国家安全局监控程序的决定；坚持只有通过正常法律程序，才能关押关塔那摩湾的囚犯。阿什克罗夫特曾努力维护被军事法庭判刑的罪犯的权利，认为在“9·11”之前被逮捕的“基地”组织成员萨卡里亚斯·穆萨维，应该在民事法庭接受与劫机事件有关的诉讼。阿什克罗夫特已经预感到自己即将出局，于是起草了一份辞职信，在大选日当天，特意回避了那些与他发生过冲突的总统顾问，亲自把信交给了布什本人。“他不再信任那些人，不希望那些人帮他转交辞职信，免得背后再被人捅一刀。”阿什克罗夫特的助手马克·克拉洛说道。他们彼此间的敌意是相互的，在布什的助手们看来，阿什克罗夫特是个“没事找事、喜欢卖弄的人”。

布什决定提拔冈萨雷斯为司法部长，并让自己的国内政策顾问，从得克萨斯州开始追随左右的玛格丽特·斯佩林斯接替即将离任的教育部长罗德里克·佩奇。挑选赖斯、冈萨雷斯和斯佩林斯等人担任要职，布什稳稳地将三名最亲密的顾问安插到了内阁中。第二任期内，布什有效掌握了政府实权。

尽管布什已经让赖斯出任国务卿，但他还没通知鲍威尔腾出职位。他的前提假定是鲍威尔会走人，但毕竟还没有打电话询问这位内阁中最具声望的官员是否打算下台。11 月 10 日，星期三，布什思忖再三，决定让卡德打电话通知鲍威尔：星期五之前递交辞职信。

鲍威尔对此并不感意外，只是吃惊于布什的急切。“我还以为，我们起码会先谈谈，”他对卡德说，“坦率地讲，我并不知道你们想让我什么时候离开，因为接下来还有几次非常重要的会议。所以，你们想让我立即辞职，还是再缓几个月？”

卡德解释说，总统是想把鲍威尔的辞职与其他内阁人事变动放在一起宣布：“我们希望所有即将离任的内阁官员马上提交辞职信，以便同时宣布。”

鲍威尔同意了，但他想知道拉姆斯菲尔德是否也会离任。

卡德回答说，不知道。

“如果我走，那么唐纳德也该走。”鲍威尔最后说。随后，两人挂断了电话。双方的理解可能存在偏差，卡德以为鲍威尔的意思是不愿离开。布什则感到“莫名其妙”，他怀疑鲍威尔是因为拉姆斯菲尔德没走人，所以心存怨恨。鲍威尔后来否认说，他并不想逗留超过 2 个月，只是想等参议院通过对赖斯的任命，然后交接完工作。理解上的分歧，最终产生了不良影响。

卡德打来电话的事，鲍威尔只告诉了妻子以及理查德·阿米蒂奇两人。回家后，他亲手起草辞职信，信件措辞谨慎，以表明辞职完全是出于本人意愿。“正如最近几个月以来，我们已经讨论过的那样，”他开篇写道，“现在选举已经结束，我认为，是时候辞去国务卿之职，享受家庭生活了。”11 月 12 日，星期五，他将这封辞职信交了上去。

布什依然纠结于自己的国防部长，并为此四处征求他人意见。收到鲍威尔的辞职信后几个小时，总统见到了来访的表兄弟约翰·埃利斯。布什滔滔不绝地向埃利斯讲述了连任竞选中发生的事，然后把他送上了停在白宫门口的车。埃利斯正要离开，布什突然拦住了他。

“你觉得拉姆斯菲尔德怎么样？”他问。

埃利斯毫不犹豫地说：“我认为你应该解雇他。我不知道具体细节，但关于五角大楼的事，我听过不少传闻。如果你炒了他，我是喜闻乐见的。”

“嗯，”布什说，“是时候考虑这个问题了。”

其他人也纷纷献计献策。迈克尔·格尔森大胆提议，值得“做些人事变动”。布什心领神会：“你是指拉姆斯菲尔德？”

格尔森承认了，虽然他没资格对战略问题说三道四，但他认为拉姆斯菲尔德先前的强硬作风留下了十分恶劣的影响。他一针见血地指出：“如果我们继续沿用现在的军方领导层，那我们将很难扭转公众对伊拉克问题的印象。”

格尔森知道，布什总是对自己身边的人怀有强烈的忠诚感。于是他安慰总统，在两个任期之间重新调整团队，并不是一种背叛：“任职 4 年后，有些调整是很自然的，这并不涉及忠诚问题。”此外，他还主张由利伯曼顶替拉姆斯菲尔德。

又经过了一个周末的深思熟虑，11 月 15 日，星期一，布什正式以书面形式宣布鲍威尔辞职，一同辞职的还有能源、教育、农业等部部长，以及共和党全国委员会主席。这份书面声明中，对鲍威尔的离职与对一般内阁成员一样，没有太多浓墨重彩的渲染。布什也没有公开露面谈论鲍威尔离职之事，而是分三段文字称赞他是“这个时代最伟大的人民公仆之一”。第二天，布什走进罗斯福厅，对着镜头宣布了赖斯的任命状，并提拔赖斯之前的副手斯蒂芬·哈德利接替她出任国家安全顾问。鲍威尔没有出现在公众面前，切尼也不在场。

清除遗留问题

“我们还没有赢。”

布什和切尼正在与国家安全团队成员交流，恰巧听到理查德·阿米蒂奇在大放厥词。阿米蒂奇将与鲍威尔一起离开，所以他敢于对伊拉克每况愈下的形势直言不讳。

布什大吃一惊：“我们输了吗？”

“暂时没有。”阿米蒂奇说，这并非布什想要的答案。

大选结束后，美国军队重返费卢杰，向那里的逊尼派武装分子发动袭击，这场攻势一直延续到4月。此后，这座城市彻底沦为“基地”组织的天堂。他们储备了充足的武器，以及许多精心设计的诱杀装置和简易炸弹，随时等待着进攻者。据统计，约3 000名伊拉克和国外叛乱分子盘踞在这座废弃的城池中。

11月8日，约1.5万美英联军和伊拉克军队的一支分遣队，发动了代号为“幻影愤怒行动”的第二次费卢杰扫荡战。这座30万人口的城市中，约90%的平民四下逃离。正如4月那样，此次军事行动也产生了爆炸性的政治反应。占主导的逊尼派政党退出政府，还呼吁抵制即将于明年1月举行的全国大选。伊拉克总理伊亚德·阿拉维有三个亲戚在巴格达被绑架，对方威胁，如果不立即停止扫荡行动，就将处死人质。在费卢杰，联军遭到激烈抵抗，挨家挨户的扫荡行动持续数周。报道称，2 175名叛乱分子被杀害，这成了伊拉克战争中最血腥的一次军事行动。

暴力还在持续，与此同时，伊拉克正如火如荼地准备选举第一届政府。阿拉维的临时政府任期将满，按计划，选举将于2005年1月30日举行，并同时选出议会，撰写永久性的宪法。接着12月，伊拉克将再次选举，挑选相对成熟的政府，以领导伊拉克进入新时代。

秋去冬来，投票日逐渐临近，华盛顿和巴格达几乎同时就是否推迟选举爆发了辩论。随着美军肃清在费卢杰的逊尼派武装分子，萨达姆·侯赛因政权中，统治伊拉克几十年的逊尼派领导人坚决抵制选举。他们担心，一旦新崛起的什叶派占主导，他们就会被边缘化。布什的一些顾问担心，强行选举会加剧已经被“基地”组织煽动的叛乱。

布什本能地反对改变已经定下的计划，而且他认为屈从于压力将是一个错误。伊拉克的至尊什叶派领袖大阿亚图拉阿里·西斯塔尼拒绝讨论推迟选举的事，什叶派的阿拉维也没有向布什提出推迟要求——推迟投票可能被视为出卖什叶教多数派的行为。12 月 2 日，布什发布了一则消息。在椭圆形办公室接受媒体拍照时，有记者问及伊拉克选举，布什说："选举不应该被推迟，是时候让伊拉克公民投出神圣的一票了。所以，我们坚持在 1 月 30 日进行选举。"

对拉姆斯菲尔德的处理，布什也遵循了相同的逻辑。正如他不想迫于压力而改变选举日期，他也不愿因为压力而更换国防部长。他说，五角大楼的不确定性木已成舟，而且他不希望将那些忠于自己的人排挤出去。布什认为，如果美国对伊拉克的战略失败，那也是自己的责任，不能归咎于拉姆斯菲尔德。相反，布什敬佩这位强硬的防长，以及他对华盛顿运作模式的透彻把握。军方通常都认为政治领导层是他们行动的障碍，但布什并不确定其他人能比拉姆斯菲尔德干得更好。第二天，12 月 3 日，布什的助手向外公布了总统的决定。

同一天，他还宣布免去汤姆·里奇国土安全部长之职，由伯纳德·克里克担任。布什希望有个更强硬的人物，来整顿这个试图吞噬 22 个机构的庞大官僚体系。前纽约市长鲁迪·朱利安尼打电话给布什，向他推荐了自己曾任警察局局长的朋友克里克。布什对这个举荐十分上心，他曾在世界贸易中心大楼的废墟中见过克里克，印象深刻。克里克做派强硬、个性鲜明，符合布什的偏好。克里克的母亲是一名妓女，多年前被皮条客杀害。他高中辍学，后来扎起马尾辫、戴着钻石耳环长年担任缉毒组卧底。1993 年，克里克作为司机加入朱利安尼的竞选团队，之后他便与朱利安尼越走越近。朱利安尼先是让他担任警务专员，后又提拔他为警察局局长。布什后来还将克里克派往伊拉克，训练当地安全部队。

布什决定让克里克进入内阁，但一直对外保密，他令冈萨雷斯私下调查克里克的背景。没过多久，冈萨雷斯就发现此人有许多令人不安的复杂经历——处事离经叛道，不顾伦理；曾被民事起诉，破过产，又迅速崛起，成为一家与国土安全局有业务往来的知名枪支公司董事；在伊拉克时的管理方式也受到不少人指责。最致命的是，克里克结婚时的伴郎在新泽西一家据说有黑手党背景的建筑公司工作，为了签下纽约市的一单大合同，曾贿赂克里克，其中包括价值 16.5 万美元的公寓装修券。冈萨雷斯与检察总长确认过这些消息，他用了几个小时才揭遍克里克的老底。但最终，布什还是因为个人偏爱，而忽略了克里克的其他问题。

这是个严重误判。布什宣布克里克任命的一个星期内，美国各大媒体便相继报道了克里克不堪的过去。最后，朱利安尼的公司在调查克里克的财政状况时，发现他没有为家中非法移民的保姆支付社会保障金。克里克后来说，除了保姆的事，媒体报道的其他事白宫早就知道得一清二楚。所以，12 月 10 日，烂事干尽的克里克竟是因为一名保姆才下台的。

虽然这件事带来的政治危害并没有持续多长时间，却给白宫敲响了警钟。成功连任伴随着危险，总统被胜利冲昏头脑而产生了一种傲慢，他认为，哪怕提名一个满身污迹的候选人，参议院也会通过这个任命。私下里，布什对朱利安尼很是气恼。他将朱利安尼视为知己，后者却给他推荐了这么一个问题人物。克里克事件反映出的，并非审查机制的问题，相反，它反映出位于权力巅峰的总统在个人声望和影响力达到极致时，试图藐视问题，令众人唯命是从的骄纵。

在寻找国土安全部长候选人的过程中，布什着实费了不少劲。理查德·阿米蒂奇选择了推托，约瑟夫·利伯曼也拒绝了，利伯曼此前还拒绝担任驻联合国大使一职。最终，布什及其团队成员将目光锁定在迈克尔·切尔托夫身上。切尔托夫曾在布什政府初期担任助理司法部长，后担任联邦上诉法院院长。

完成第一任期后，布什决定奖励三位曾作出杰出贡献的人物。12 月 14 日，他在白宫东厅举行了一个奢华的仪式，向乔治·特内特、杰瑞·布雷默和汤米·弗兰克斯授予总统自由奖章。“这三位获奖者代表了致力于公共服务的高尚情操，象征着美利坚所崇尚的良好品格，也昭示着美国给世界带来的积极影响。”布什说完这番话，亲手把奖牌挂上了获奖者的脖子。这一举动震惊整个华盛顿高层。批评者们立刻指出，三位获奖者正好是伊拉克战争三大严重错误的罪魁祸首，他们犯下的错误分别是提供虚假情报、提倡严厉占领、提出增兵而非妥善维稳的战后计划。

从某种意义上说，这一举动表明了总统对部下的忠诚，布什肯定了他们的爱国主义、兢兢业业以及为国家事务长期奉献的精神，他不愿责怪他们的错误。从另一个层面来看，这是一位总统成功连任大权在握后的挑衅行为。任凭其他人去批评吧，他有的是政治资本。或许布什有自己的盘算，此举也是为了笼络这三位桀骜不驯的关键人物。就在一个星期前，有报道称，特内特签署了一份价值超过 400 万美元的著书合同。鉴于特内特对白宫怀恨在心的事实，布什和切尼甚至担心他会在书中大肆抹黑自己。颁奖仪式后不久，特内特就将写书的事暂时搁置了。

3 天后，布什开始着手处理第一任期留下的另一个任务。12 月 17 日，他签署法案重组国家情报机关，以此应对两大情报机构积重难返的弊病。该法案进入国会审议通过时，“9·11”调查委员会的领导人托马斯·基恩和李·汉密尔顿请求切尼出手干预。切尼同意了：“尽管你们可能没办法亲眼目睹我当时说的话、做的事，但那的确是我最果敢决绝，最具影响力的时刻。”最终的法案将 16 个情报机构纳入一个国家级情报系统之下，然而由于数十亿情报专用款和官僚控制权早已不受控制，等措施真正实施的时候，管理人选还未找到，权力却已经遭到削弱。而拉姆斯菲尔德的五角大楼控制着大多数情报资源，他们不愿服从管理。“如果内阁部长不能自由支配机构运行支出，又怎么能管理好这个部门呢？”切尼问道。“结果将是一连串麻烦，”立法辩论时，他在一份致布什的备忘录中写道，“因为你和你的继任者们将不得不花费大量时间充当裁判，斟酌衡量，这对美国情报部门的能力也将构成风险。”切尼坚持自己的看法，但布什执意整顿，并建立统一的情报部门，不过，他的立场稍有松动，赞成新的情报部门主管无权控制支出费用。

现在的关键，是为这个新职位物色合适人选。实际上，要找的这个人不必太能干。阿米蒂奇已经谢绝了邀约，接替特内特担任中情局局长一职的波特·戈斯，为了理顺本机构已经焦头烂额，自然无法再承担新的职位。于是，布什的助手前去接触罗伯特·盖茨，盖茨曾在老布什时期担任中情局局长，现任美国得克萨斯农工大学校长。但盖茨也拒绝了。物色人选的事，只好拖到来年。

这一年年底，布什还要处理第一任期内留下的最后一项紧迫任务。12 月 30 日，美国司法部通过一项新的备忘录，规定了恐怖分子审讯过程的最新法律流程，以取代之前主要由约翰·尤起草，后来又被杰克·戈德史密斯摒弃的方案。新备忘录限制性更强，但仍给审讯人员留有很大的回旋余地。而且，备忘录中的一个脚注写明，按照之前旧方案所行之事依然合法。此举可以说是切尼和戴维·阿丁顿悄无声息的胜利。的确，约翰·尤后来指出：“两份备忘录只是做不做表面文章的区别。真正审讯时，一切照旧。”

布什的演讲：做好你最擅长的事

新年伊始，布什开始思考新任期内的各项事务。一天，丹·巴特利特和尼科尔·德夫尼什发现总统独自待在椭圆形办公室。他双手插在口袋里，盯着窗外，若有所思。布什希望尽快让那些远在伊拉克的美国士兵回家，他知道公众已经厌倦了战争，他自己又何尝不是。

布什曾在第二次就职典礼演说中，让他的演讲稿主笔迈克尔·格尔森突出“自由”二字，现在他想用这一角度重新为自己的第二届政府定位。他安静地坐在椅子上，翻阅之前在得州当游骑兵时结交的好友汤姆·伯恩斯坦送给自己的书时，上述想法更加坚定了。布什手上捧的这本书是由纳坦·夏兰斯基所著的《论民主》(*The Case for Democracy*)。夏兰斯基是犹太人，前苏联的不同政见者、以色列政治家，也是新保守主义者的最爱。他的书引起了布什的广泛共鸣。布什甚至邀请夏兰斯基到白宫做客。在椭圆形办公室，总统对夏兰斯基说，书中有个隐喻令他印象深刻。夏兰斯基在《论民主》中将专制政府比做一个士兵，总是拿枪不放，一直指着囚犯。最终，士兵的胳膊累了，囚犯逃脱了。布什对书中所传递信息的透彻理解令夏兰斯基万分惊讶。“他不仅读了这本书，还对其感悟深刻，”夏兰斯基回忆时说。布什后来在会见部分犹太拉比时这样形容：“这本书道出了我所信仰的东西。”

紧接着几个星期后，世界另一端发生的事更令布什备受鼓舞。前苏联加盟国乌克兰首都基辅的民众们，纷纷走上街头游行示威，抗议选举不应被扼杀在襁褓中，要求终止僵化的政权。示威人群穿戴橙色围巾、衣服和帽子，试图模仿另一个前苏联加盟共和国格鲁吉亚群众起义时的做法。一年前，格鲁吉亚选举受挫，民众爆发起义，成功推翻了政府当局，这场起义被称为玫瑰革命。而乌克兰爆发的起义被称为橙色革命，它对白宫产生了很大影响。不难发现，这两次起义中，革命者都是受到亲西势力的怂恿，以对抗来自莫斯科的恫吓。很多人甚至认为，华盛顿才是幕后主谋。

演讲稿的写作过程因格尔森突发心脏病而中断。现年 40 岁的格尔森于 12 月中旬突发轻微心脏病，随后立即被送往医院接受治疗。

白宫御用医生理查德·塔布让医院用“约翰·亚历山大”的化名为格尔森登记，以掩人耳目。医生为格尔森植入两个支架，做了心脏搭桥手术。

没过多久，布什就打电话前来慰问。“我打电话不是要问就职演说的写作进展，”布什温和地说，“我主要想问问，为我的就职演说呕心沥血的那个家伙身体怎么样了。”

格尔森康复得很快，出院后他马上与另一位总统演讲稿撰写人约翰·麦康奈尔通力合作，拟定了演讲稿的主要架构。他们多方收集保守派智库的想法。耶鲁大学学者约翰·刘易斯·加迪斯提交的一份 3 页长的备忘录，给他们留下了尤为深刻的印象。“如果说，布什总统任期中，有哪个时刻可以让他好好想想，以便大展拳脚的，应该就是此时了。”加迪斯写道，与布什的看法不谋而合，“总统已经赢得了选举团强有力的支持，他不再需要为讨好谁而忧心忡忡。他现在有着前所未有的丰富政治资本，等第二任期正式开始，资本只会逐渐缩水。”加迪斯认为，整个 20 世纪，能清晰阐明美国宏伟国际战略的 3 份总统声明分别是：

1. 伍德罗·威尔逊总统在国会演说中提出的“为了世界安全和民主，应该寻求对德国宣战”；
2. 富兰克林·罗斯福总统关于“四大自由”的演讲，主张言论自由的普世性，强调每个人有以自己的方式崇拜上帝的自由，指出人人有不虞匮乏和免受恐惧的自由；
3. 罗纳德·里根在伦敦发表的演讲，宣称共产主义将会结束，彻底消失在“历史的灰烬中”。

加迪斯说，现在是时候让布什“像威尔逊、罗斯福和里根那样思考了”。于是，他建议总统设置以下目标：“美国应秉持这样的信念，即美国将始终与联合国及其他国家一道，为全世界的民主事业而奋斗，以确保到 2030 年为止，也就是距当下 25 年后，世界上将再也没有暴君。”

布什团队邀请加迪斯等人加入白宫的讨论，拟定将于 2005 年 1 月 10 日定稿的第二任期就职演说主题。除了格尔森外，讨论者还包括卡尔·罗夫——他现在的新头衔是白宫副幕僚长，刚晋升为白宫顾问的丹·巴特利特，以及战略倡议办公室主任彼得·魏纳。而邀请的外援除了加迪斯，还有一些保守主义学者和作家，如维克多·戴维斯·汉森、查尔斯·克劳塞默、福阿德·阿贾和埃利奥特·科恩。

谈话持续了很长一段时间，中途暂停时，加迪斯插话提出了自己备忘录中的方案："嗯，我想应该有个大胆的想法，我认为，总统应该明确呼吁结束暴政。"

一时间无人响应，加迪斯以为大家全都反对这个意见。克劳塞默认为这个想法"纯属乌托邦"；科恩认为这只是个"噱头"，既然反对，为什么不干脆废除它；但格尔森很喜欢这个主意，将它记在了自己的笔记本上。

布什曾谈过自由和民主，但从没用这么鲜明的字眼提出过问题的核心。在加迪斯看来，与传播民主相比，结束暴政这个理念更能赢得广泛拥护和爱戴，因为传播民主似乎蕴含着某种教育意味。"没有人喜欢暴君，但也不是每个人都喜欢民主。"他事后说道。

格尔森倒没有做这样的区分。当他坐下来与麦康奈尔起草演讲稿时，心里已经有了完整的架构，加上强大的理论支撑——将夏兰斯基的促进民主理念，与加迪斯提出的结束暴政目标有机融合，当然，二者都没有设定明确期限。麦康奈尔认为演讲提纲真的很棒，两位写手仅用了两三天时间就把内容补充完整。"恐怖主义"、"伊拉克"等字眼消失不见，布什不愿在讲话中直接提及"9·11"。相反，总统建议用"星星之火"这个暗喻。凯伦·休斯担心，"星星之火"这个说法容易让人联想到"可以燎原"，但其他成员喜欢这个词，所以它被保留了下来。演讲稿完成时，大家都很开心。"这篇演讲可媲美约翰·肯尼迪的水准，"麦康奈尔心想，"字字珠玑。"

这种一竿子打翻一船人的措辞通常会招致国务院那些职业外交官的反对，因为他们的工作就是要小心翼翼地观察总统的声明会引起外国政府何种反应。"所以你不能把演讲稿给他们看。"巴特利特说。

讲话稿一直处于高度保密状态，甚至连布什的许多高级顾问都对之一无所知。就职演说前一两天，科林·鲍威尔才看到终稿，他认为"讲话太过凸显民主"，但"事已至此，说什么都无济于事了"。实际上在这件事上，他和拉姆斯菲尔德罕见地站在了同一边。拉姆斯菲尔德建议布什专注于"自由"而非"民主"，因为就连美国也是经过了近两个世纪才真正建立起了一套相对成熟的民主制度。"我担心谈论民主，或把我们的民主强加给别人，效果会适得其反。"他说。

康多莉扎·赖斯对此也持保留意见。她不停地思考这从操作层面上意味着什么。你要如何实现？真正实行起来会发生什么？

“你知道吗，”她耐心地对布什说，“结束暴政这个目标，有多么宏伟。”

“是的，我知道，”布什说，“但我真正的意思是，我们必须开始让每个人都朝着自由这个目标努力。”

安迪·卡德也被讲话中的理想主义色彩震撼了：“迪克·切尼绝对说不出这样的话。”

的确说到了点子上。切尼认为，推进民主没问题，但在他看来，这要置于维护美国安全这一更为宏大的目标之下。而布什则认为，传播自由是更宏大的目标，而且坚信这必将使美国更加安全。切尼对此持怀疑态度。如果说压迫导致极端主义，而自由必将使美国更加安全这样的逻辑成立，那为什么在自由程度与美国一样高的英国，有那么多巴基斯坦青年愿意毁灭自己或他人？切尼认为，他们并没有准确地找到恐怖主义背后的真正根源。莉兹·切尼供职于国务院，她是一位充满激情的民主信奉者，而且或多或少地影响了自己的父亲。切尼经常开玩笑称，自己有个“左翼女儿”。但也幸亏她的影响，切尼对总统的想法多了些包容和理解，在这一点上，他比自己的密友兼导师拉姆斯菲尔德强多了。

不管怎么说，在拟定布什的第二次就职演说时，切尼并没有发挥太多真正意义上的作用。而这份演说，堪称布什新任期中最重要的讲话，是接下来 4 年布什政府的纲领性文件。在布什第一任期时，切尼曾在设置议程时起到核心作用，但在第二任期拟定执政路线图时，却基本没有参与。他也从未参与过总统演讲稿的起草过程，而是交给下层办公室执行。他明白，总统讲话虽然重要，但只限于口头。他更关注政府治理的切实机制。

此外，切尼知道布什很在意自身讲话，想亲力亲为，不需要他的帮助。“除非有特别原因，否则我不会关注演讲稿，”切尼说，“在这方面，我帮不上太多忙。”但这次情况特殊，因为总统的就职演说将为布什的新任期定下基调。切尼置身事外，实际上就是将自己边缘化了。

随着演讲日期临近，布什在家中反复排练，次数多了，反而变得轻松起来。布什满怀憧憬地期待着即将到来的仪式。这次演讲很短，没有涉及太多政策上的讨价还价。现在只剩下些小问题需要修正。例如丹·巴特利特想拿掉“生存”（subsistence）这个词，他怕布什可能在这里犯口吃。

布什笑着，念咒语似的不断重复这个词：“丹，subsistence，subsistence，subsistence。”

总统尽量宽慰巴特利特："你看着吧，我会顺利讲出这个词的。"

2005年1月20日，布什与切尼将在这天第二次，也是最后一次就任正副总统。那天，华盛顿覆盖着一层薄薄的雪，整座城市的安保系统前所未有的严格。这是30多年来，首次发生在战时的总统就职演说。华盛顿100多个街区实行交通管制；全副武装的狙击手在大厦屋顶待命，时刻观察异动；战斗机和直升机在空中巡逻，炸弹嗅探犬四处搜寻可疑工具，1.3万名士兵和军官在各大街道、重要地区密切巡视。布什在一群特工的保护下走向会场，安保措施之严格，他开玩笑说："哪怕得克萨斯州的游骑兵队过来，也难近我身。"

布什时年58岁，而切尼差10天就将年满64岁。经过4年的操劳，切尼的头发更加花白，体态也笨重了许多。切尼在他的朋友兼国会发言人丹尼斯·哈斯泰特的见证下宣誓就职。接着，距宪法规定的正午时分还剩4分钟时，布什再次将手放在家族祖传的《圣经》上，跟着首席大法官威廉·伦奎斯特念总统誓词。伦奎斯特身患重病，他拄着手杖，声音嘶哑。这是他确诊甲状腺癌后的首次公开露面。

接下来的重头戏便是就职演说，布什用了21分钟念完这份由迈克尔·格尔森和约翰·麦康奈尔精心谱写的演讲稿，效果甚至超过布什预期。他用充满感召力的语言讲述在全世界传播民主和人权的高远志向，虽然这与他的几位前任大同小异，但布什显然走得更远。他试图将这种愿景落实到具体政策上，民主理想不应仅仅停留在道义上。现在，它已经与美国国家安全紧密联系在一起。

"我们已经发现自己的弱点，也找到了其根源，"布什慷慨陈词，切尼在一旁倾听，"只要世界还有地区仍在遭受着仇恨与暴政的煎熬，只要那些地方的意识形态滋生愤恨、放任杀戮，流血冲突就会愈加严重，最终变本加厉，导致巨大灾难，甚至冲破我们严防的边界，对我们产生致命威胁。只有一种悠久的力量，可以冲破愤恨仇怒，将暴政打回原形，给予正派和宽容之士以希望。这种力量就是人类的自由。因此，支持各国各民族的民主运动和民主体制成长，最终消灭全世界所有暴政，是美国应当采取的政策。"

这是一次言语大胆且具有穿透力的演说，布什想要的效果正是如此，但激情澎湃的演讲过后，许下的承诺大多成为空口白话，这也是政治演说共同的命运。他说，民主改革这项任务，"并非主要由军队来承担"。布什也没有试图灌输给大家一种幻觉，仿佛民主是一蹴而就的。事实上，他认为“结束暴政这个伟大目标需要几代人全力以赴地工作”。他发誓，其他国家要想同美国建立良好关系，须体面对待该国子民，并以此鼓励其他国家政府进行改革。他再次代表美国对全世界各族人民说：“我们将坚持不懈地澄清摆在每个统治者及每个国家面前的选择——压迫与自由之间的道义选择。美国不会佯称，被关押的异见分子更青睐束缚他们的枷锁，或者妇女喜欢遭受屈辱和奴役，以及有人愿意听人摆布。所有生活在暴政和绝望下的人都会知道，美国不会无视你们所遭受的压迫，不会饶恕你们的压迫者。当你们支持自由时，美国将与你们站在一起。”

就职仪式结束后不久，格尔森从国会大厦往回走，刚在白宫游行人群中落座，就接到斯蒂芬·哈德利的电话。哈德利告诉格尔森，已经有好几个国家的元首来电，询问总统这篇演讲蕴含着何种深意。这是个很好的问题。

布什根本不在乎外交政策部的官员是否在瑟瑟发抖。他对哈德利说：“不做分毫让步。”

D A Y S O F F I R E

第21章

失落的切尼

当选后的布什对内阁进行了大换血。新贵势力赖斯一句“总统的第二任期需要外交官”激起了无数火花。它意味着美国以往只对外展示武力的做法将回归正常——通过外交接触来参与世界事务。而赖斯一派的迅速崛起，则令切尼慢慢淡出了人们的视线。这种现象显示出布什与切尼的伙伴关系已经发生了质的变化。

让民主在伊拉克生根发芽

新任期刚 10 天，布什就已经开始为另一场选举忧心忡忡了。他很关注这场选举的投票结果，一直在衡量不同政党赢得选举的可能性，他还担心新一届政府可能采取的政策将对美国造成何种影响。最重要的是，他不希望任何一方因为选举而故意生事。

令布什牵肠挂肚的这场选举发生于 1 月 30 日，在距离美国 6 000 英里之外的伊拉克。该国举行自美国入侵以来的首次全国选举，选出过渡国民议会，以便由临时政府逐渐转变为过渡政府。布什甚是焦虑。早上醒来，他就拿起电话打给白宫战情室的值班人员，要求了解最新消息。当时正是华盛顿时间早上 5 点 51 分，巴格达时间 13 点 51 分。电话那头告诉他，投票率很高。

这次选举就像一场赌博，兴许是除了入侵本身之外最大的一次赌博了。萨达姆·侯赛因执政时期占主导地位的逊尼派因不满选举，扬言拒绝投票，而什叶派和库尔德人则担心如果他们出来投票，可能会遭到暴力打击报复。几个星期以来，大家都在不停地告诉布什，在战争地区举行一场无益于各方和解的选举很可能酿成一场灾难。选民在投票点被杀的照片或者组建一个什叶派占主导的政府，都可能煽动叛乱起义。一次会议上，中情局在报告中不断重复悲观信息，挑战着布什的神经，他气得用力拍了拍手，将会议纪要狠狠地合上，愤愤说了句："我们到时再看究竟谁是对的。"

现在，这一天终于来临，就目前形势看来，正确的那个人似乎是布什。

电视画面显示，很多伊拉克选民急切伸出手指蘸上紫色墨水，表示他们已经参加完投票。各个投票站外都排起长队，800 万人走出家门投票。曾获普利策奖的《华盛顿邮报》著名战地记者安东尼·沙迪德写道，萨达姆·侯赛因倒台后，“巴格达以及伊拉克其他地区，首次出现欢欣鼓舞的新气象。人们如过节一般走上街头，在伊拉克和美国军队的保护下跳舞、欢呼、踢足球”。不过，那天绝非完美，有消息显示，当天发生了 299 起不同规模的军事袭击，造成 45 人死亡，其中包括一名海军陆战队队员。人们长久以来担心的事终成现实，逊尼派人士基本待在家中，抵制选举。但是，经历了数十个月残酷的暴力和几个世纪以来无情的独裁统治，这一天给伊拉克人带来的激动也是无与伦比的。至少那一天，它仿佛预示着某些非凡的变革正在发生，这是发生在阿拉伯世界中的一次史无前例的大胆民主试验。

电话铃声响了，布什激动地拿起电话，是赖斯打来的。

“赶紧打开电视，”她说，“你一定不能错过这一幕。”

“是好消息吗？”他问道，“结果如何？”

“真是太了不起了。伊拉克人正在踊跃投票，真是令人惊叹。”

布什希望这些场面能扭转华盛顿和巴格达反对派们对此事的看法。伊拉克战争久拖不决，布什政府面临的压力也与日俱增。就在伊拉克选举几天前，总统的昔日盟友、参议员特德·肯尼迪提议从伊拉克撤军。肯尼迪从一开始就反对战争，而布什和切尼最担心的是，这股反对浪潮将在民主党内部大肆蔓延。对伊拉克而言，选举或许能让一个民意支持的政府上台执政，这是减少叛乱的第一步。由选举产生的临时国民大会，将任命一个委员会负责在 8 月 15 日之前起草一部新宪法。10 月 15 日，选民将前往投票点，就这项阿拉伯世界中最先进的宪法达成一致意见。12 月 15 日，伊拉克将根据新宪法重新选举出一个成熟的民选政府。

布什在伊拉克问题上的乐观态度，也为他拟定第二任期蓝图增加了新的战略考虑，他打算花费自己曾提到过的政治资本。宣誓就职后不久，华盛顿依旧沉浸在一片冬日的寂寥中，而总统已经开始筹措把部分精力从伊拉克战争中收回，投入别的事项上。他想利用自己大选获胜的势头，重新关注第一次竞选总统时提出的重要改革。于是，他为自己设定了 2005 年要实现的四大内政目标：重塑社会保障、重写税法、移民法案改革和侵权法改革。

他和卡尔·罗夫决定暂缓移民法和侵权法改革，并且任命一个委员会，由前民主党参议员约翰·布鲁和前共和党参议员康尼·马克牵头制定税法改革。他们的改革将从社会保障开始。早在1978年，布什进行国会竞选时，就谈到过改革退休计划，他指出可以允许纳税人将部分工薪税做市场化投资，这样他们就能更多地掌控自己的未来。遗憾的是，布什不幸落败。现在他和罗夫都认为，这将是他第二任期内势在必行的举措。

这项决定并没有经过布什顾问团队的内部讨论，实际上，其中一些人认为这个是错误，比如丹·巴特利特。布什争辩说，他得到授权进行社会保障改革，但团队中对此持保留意见的人却担心，布什曲解了自己选举成功的原因。他们认为，布什能赢，是因为选民认为当美国遭遇危险时，布什的领导比约翰·克里更让他们感到安全。然而，布什却坚信，那场长达52分钟的竞选演讲中，他在第49分钟时提到的社会保障是他赢下选举的重要原因，这意味着观众希望改变老掉牙的社会福利计划——尽管前48分钟，布什一直在谈论如何剿灭恐怖分子。许多人纷纷前来劝解布什及其顾问。布什的首席说客坎迪德·沃尔夫对安迪·卡德说，总统并没有列出详细计划，以赢得公众支持。美国税赋改革会主席、布什的重要保守派盟友格罗夫·诺奎斯特对总统的助手说，他们可能永远无法说服足够数量的民主党人，所以免不了会遭到参议院阻挠。参议员米奇·麦康奈尔是共和党在参议院的党鞭，其夫人赵小兰是布什内阁成员，任劳工部长。麦康奈尔也警告总统的经济顾问阿兰·哈伯德，这项改革可能无法完成。

布什根本无视这些警告，他坚信自己可以在华盛顿翻云覆雨。毕竟，之前在第一任期时，当他推动减税、实施教育改革和医疗保险处方药支出费用改革时，也有人给过他悲观警告。布什认为，他恰逢绝佳机会，可以重启自由新政，将伟大社会与其保守主义的所有权社会理念有机融合。“社会保障改革方面的战斗，是我们可以打赢的，这也是60年来头一次，”布什的战略倡议办公室主任彼得·魏纳在一份备忘录中这样写道，“通过这么做，我们可以改变整个国家的政治和哲学蓝图。”这是布什第二任期内的一个新兴主题，在国内外推动更多的自由。

布什及其顾问们认为，他们需要唤起人们关于社会保障的“忧患意识”，正如斯科特·麦克莱伦后来所说，他们要说服公众支持改革。布什警告说，美国人均寿命延长，意味着依靠社会保障生活的日子也将更长，原有的社保体制将濒临破产。可以肯定的是，这一体制已经出现了收支不平衡的状况。1950 年时，每 17 个在职员工承担 1 位退休者的费用。但随着时间的推移，出生率下降，人口比例逐渐变化，生活成本则不断攀升。到 2005 年时，社会保障体制要求每 3 个在职员工承担 1 位退休者的生活费用。按照这一趋势，从 2018 年开始，社保基金的开支将超过收入。这种入不敷出的情况将一直持续下去，直到 2042 年整个体制破产。此外，国会关于养老保险金增长速度必须高于通货膨胀率的规定，给这一局面火上浇油。

但实际上，医疗保险面临的财政赤字问题比社会保障更为严重。就在那一年，美国医院保险的支出大大超过收入，而到 2019 年，该保险项目的信托基金将被耗尽，比社保基金的崩溃时间还早上 20 年。如果一切进展顺利的话，将部分社保工薪税投资到股票和债券上，可能让公众在退休时获得更多收益，而且不会影响体制的整体健康。但国库在未来 10 年中，确实将耗资至少 7 000 亿美元继续为当前投保人支付费用，这些钱暂时不能被存入个人养老账户，以换取更高回报。

切实解决社保制度的财政问题需要以下几个步骤：提高退休年龄、提高工资税、限制富人的收益、减缓个人收入的增长趋势。这些措施要一步步落实，或者几项措施联合起来落实。布什及其顾问们开始讨论，是否将这份具体计划提交国会。白宫幕僚长乔舒亚·博尔滕支持这个详细计划，总统的首席经济顾问基思·亨尼西同意给布什一份篇幅长达 7 页的备忘录，详细列出改革计划，“以增大法案获得通过的几率”，当然这“也可能加剧党派分裂，导致讨论陷入僵局”。罗夫反对向国会提交具体计划，认为这只会给民主党人提供更多口实，最好只提交大略，然后像《不让一个孩子掉队》法案一样，让国会自行填充具体内容。布什同意罗夫的观点。

2 月 2 日晚，总统发表国情咨文时，正式提出了社会保障改革计划。“到 2042 年，整个体制将被耗尽，然后破产。”布什说道，此时民主党人发出一片嘘声，“如果不采取措施扭转局面，唯一的解决方案将是大幅提高税收，大量增加借贷，以及突然严重削减社会保障收益或政府其他项目的利益。”

第二天早上，布什从华盛顿出发，进行巡回演说，组织集会，呼吁美国民众支持社保体制改革。他选择了 11 月份时他赢下选举票数的 5 个州作为演讲地，那里有 7 个民主党参议员席位，他希望能说服他们支持社保改革。而切尼对此仍旧置身事外。在新任期有关国内核心政策倡议上，切尼既没有积极参与内部讨论，也没有为布什政府的政策而积极争取公众及国会的支持。他依然对交代给自己的任务恪尽职守，至于别的，他选择将精力省下来留给其他方面的战斗。

当布什政府还在为巴格达地区选民完成投票的场面振奋不已时，黎巴嫩贝卢蒂街头发生的事又加剧了他们内心的狂喜。成千上万的市民涌上街头，纷纷要求变革，看起来就像另一场“颜色革命”。2 月 14 日，黎巴嫩前总理拉菲克·哈里里遭到暗杀，基本可以断言是占领黎巴嫩长达 30 年之久的叙利亚人所为。民众起义恰好可让人们宣泄内心积聚已久的国仇家恨。这就是黎巴嫩的“雪松革命”。

这些事态的相继发展让布什看到了某种希望，他以为自己的自由议程将带来实实在在的变化。他面临的第一次真正考验，是会见俄罗斯总统弗拉基米尔·普京。他自豪地宣扬自己与普京之间的友谊，尽管两人曾在伊拉克战争问题上闹得不可开交。但如果布什之前声称的，“任何国家、任何统治者都不能挑战自由事业”这句话是认真的，那么他应该不会忽视普京这位举足轻重的异见人士。2001 年，布什与普京首次会见，那一面犹如彼此进行了一场灵魂间的对视。自此，普京的形象开始充斥于各大电视台、互联网等媒体，他把挑战自己的商业寡头驱逐出境、肃清议会中亲西方的党派、取消州长选举制度。普京逮捕俄罗斯首富、石油大亨米哈伊尔·霍多尔科夫斯基令布什及其团队大为震惊，特别是像赖斯这样与霍多尔科夫斯基有私交的顾问。切尼也认为，这些事证明布什不应该信任普京。

2 月 24 日，美俄两位总统在斯洛伐克首都布拉迪斯拉发促膝长谈。布什把话题转向自由，普京不禁警觉起来。与往常一样，普京善用类比，他总是把俄罗斯的情况与美国的情况作比较，以此捍卫自己的行为。

“我处置霍多尔科夫斯基的方式，与你们对付安然公司差不多。”普京对布什说，“而你任命选举团，我任命州长，这又有什么分别呢？”

普京还为自己控制俄罗斯媒体的行为进行辩护：“不要用新闻自由这样冠冕堂皇的话来教训我，你不是也炒掉了一个记者吗？”

炒掉一个记者？“弗拉基米尔，你指的是丹·拉瑟吗？”布什问。

对，说的就是他。

拉瑟是美国哥伦比亚广播公司的记者，长期以来担任晚间新闻节目的主持人和主编，最近宣布辞职。他之前未核实文件的真实性，直接在节目中指责布什于国民警卫队的服役记录。布什解释说，拉瑟辞职与自己没有关系。“我强烈建议你，不要在公众面前这么说，”他补充道，“否则美国人会认为你根本不理解美国的制度。”

但普京充分理解自己国家的制度。当两位总统出席联合新闻发布会时，一名由克里姆林宫精心安排的俄罗斯记者向布什发起挑战，他问的就是刚才普京私下问布什的问题。

“你是否愿意谈谈在美国关于侵犯记者权利的事？”记者问，“比如，有些记者为什么无缘无故遭到解雇？”

布什立即明白这是一个安排好的问题。普京用实际行动证明了布什的观点：俄罗斯缺乏新闻自由。

“美国传媒界的确会解雇记者，”他回答，“但政府没这能耐。”

这次会见一直让布什如鲠在喉，一个星期后的 3 月 1 日，当他与托尼·布莱尔进行视频会议时，依然耿耿于怀。“真是很不愉快，”布什对布莱尔说，“并非因为什么恶意，只是感觉像一场儿戏的辩论。”他又谈到与普京在丹·拉瑟问题上的分歧：“说真的，就像是两个未成年人在争论，和这家伙真是说不清楚。”想到当时的情景，布什不禁恼怒起来：“我跟他坐在一起聊了近 2 小时，没完没了地说这个问题。他的翻译也让我很生气，我差点想伸手扇他一耳光。他总是语带嘲讽地指责美国，对，就是故意挖苦。”

不过，一连串事件的发生，证明布什有资格乐观。就在布什会见普京后仅仅 4 天，成千上万黎巴嫩民众在贝卢蒂烈士广场发起新一轮抗议活动，迫使受叙利亚支持的总理奥马尔·卡拉米辞职。黎巴嫩人民还要求把叙利亚势力彻底驱逐出本国。3 月 5 日，叙利亚总统巴沙尔·阿萨德宣布了一项“渐进式撤军”计划，逐步将进驻黎巴嫩的 1.5 万叙利亚军队撤出。这标志着叙利亚对黎巴嫩长达 29 年的占领将走向终结。

这一系列民主进程令白宫狂喜，他们在与批评者的较量中暂时领先。瓦利德·琼卜拉特是黎巴嫩德鲁士族领袖，也是知名社会主义者，他曾在罗纳德·里根总统派遣维和部队进入其祖国时，称美国海军陆战队是“敌军”。不过现在，他称赞布什在这股席卷中东的变革浪潮中做出的贡献。“我这么说可能有些奇怪，但这场变革之所以开始，是因为美国入侵了伊拉克。”他说，“我本来对伊拉克事件充满怀疑，但当我看到 3 周前 800 万伊拉克人民参与投票时，我知道这是一个新阿拉伯国家的开端。”美国喜剧中心频道的脱口秀节目主持人乔恩·斯图尔特以往总是不遗余力地吐槽布什，如今他也不得不承认总统在某些问题上的确有两把刷子。“这对我来说有些困难，因为我从来都不在乎战术问题。”一天晚上，他在节目中说道，“不过我得说，在中东地区，我从没见过这样的变化。”全国公共广播电台评论员丹尼尔·肖尔曾频繁批评布什，不过此时他也承认，布什“可能是对的”。《新闻周刊》封面上引用了“雪松革命”的报道，副标题用的是一句与肖尔所言类似的话：“布什是对的。”总统的助手们也为此兴奋不已。

然而，麻烦从未远离。尽管选举顺利进行，但伊拉克依旧暴力不断。黎巴嫩仍是国内各派内斗不断的角力场。沙特阿拉伯虽然允许在市政委员会中加入一些女性席位，但依然禁止女性开车，更遑论投票选举权了。埃及总统胡斯尼·穆巴拉克宣布，反对党可以与他一同参与竞选，但至于哪些政党可以参加仍由他的政府说了算。

布什做出了一些人事调整以更好地推进自由民主议程。他把凯伦·休斯从得克萨斯州调回华盛顿，担任负责公共外交的副国务卿。当时，政府在海外推广美国价值观，反对极端分子的运动几乎垂死，总统希望休斯能力挽狂澜，拯救这项事业。2005 年 3 月 16 日，布什还提名国防部副部长保罗·沃尔福威茨接替沃尔芬森任世界银行行长，他希望沃尔福威茨能在新岗位上促进民主与发展。

提拔赖斯，调回休斯，是布什为摆脱单边主义牛仔这一形象而做出的一系列努力。“第二个任期将侧重外交。”他对助手说。“9·11”之后，为了应对迫在眉睫的威胁，布什不得不做些什么，但现在，是时候考虑调整政策了。“从总统个人的执政理念来看，我认为‘9·11’之后发生的事，或多或少偏离了他内心真正秉持的价值观。”休斯观察指出，“而康多莉扎担任国务卿，是对原外交政策的一种修正。从广义的接触及参与世界事务上看，这将逐渐回归总统的本意。我想，他之所以让我进入国务院，负责公共外交事务，其中一个原因是，他希望有个亲近的人能代表他接触世界。”

切尼的新使命

赖斯从一开始就明确了自己的新使命。她让资深外交官克里斯托弗·希尔负责研究朝鲜问题。希尔是美国谈判专家，他的老师是促成《代顿协议》

调停波黑战争的杰出外交官理查德·霍尔布鲁克。“我国已经赢得了两场战争，”赖斯向希尔提前预告了另一场胜利，“现在，总统的第二任期需要外交官。”在提名赖斯担任国务卿的确认听证会上，她也曾提过这种转变，她说，“现在是外交大展拳脚的时代”。这种说法曾在布什政府内引起了不小争议，因为它要么暗示布什在第一任期内根本无外交，要么暗示布什要一改往日只对外展示武力的做法。“这句话的基本含义是，我们向伊拉克表示歉意。”赖斯的一位顾问说道。她的另一位顾问说，对赖斯本人而言，意在宣称她“将成为本届政府的领袖之一”。

切尼对此十分警觉。他意识到，总统的政策正在转向。在布什的第二个任期中，切尼的影响力正逐渐衰落。

自海湾战争起，就与切尼结下深厚友谊的沙特王子班达尔·本·苏尔坦是沙特驻美大使。在两人的一次会晤中，切尼抱怨道，其他人似乎都在排挤他，就连他如此在乎的伊拉克事务都不让他插手了。

“他们以为自己是谁？”切尼说，“我好歹也是连任当选的。”

当布什还在为社会保障计划忙里忙外的时候，切尼一直在关注那些令他热血沸腾的问题：首当其冲的便是恐怖主义和国防。

他每个星期三必然谈及恐怖主义，这天被称为“恐怖主义周三”。后来又出现了“恐怖主义周二”，那是战争内阁每周一次的集会，讨论美国面临的威胁以及需要提防什么。这些会议比日常的情报例会和其他会议更重要，与会人员通常包括首席国家安全顾问、国土安全部长、司法部长、国家情报总监、中情局局长，还有后来的国家反恐怖主义中心主任。布什的国土安全顾问弗朗西斯·弗拉格斯·汤森曾试图通过改变“9·11”恐怖袭击后，布什恐怖主义威胁报告中的威胁矩阵，来改变白宫应对恐怖主义的方法。他想用更现实的实际风险来取代报告中指出的假想敌。他告诉同僚，这个理念意在“调整温度计”。

但切尼正沉浸其中，他依然幻想着自己像“9·11”之后那般如日中天。当其他人都开始在某种程度上向前看，或者开始将思考重点放到国内议程上时，副总统还死盯着原来的目标。他对恐怖主义的生物威胁特别感兴趣，还总想着该如何应对这种威胁。虽然炭疽和其他威胁都有药可治，但真正现实的挑战是如何及时分发这些药物。在一次次会议上，切尼总是兜售着自己的“反恐药物”，至少是可以保卫美国本土的办法。然而，药物都需要处方，而美国食品和药物管理局拒绝未经医生同意随便分发药物。

副总统还在竭尽全力，希望保住那些他认为对国家安全至关重要的项目。他热衷于捍卫先前未经法律许可的不正当监控计划，且主张在法庭上为拘留恐怖分子嫌疑人的行为辩护。他知道，这个问题的挑战来自国会对审讯方法的质疑，也知道政府中对于关闭关塔那摩监狱的呼声在不断增长。即使是布什，也曾暗示过要想办法关闭这处监狱。

按切尼的说法，布什的确在2005年初向他托付过一个任务。首席大法官威廉·伦奎斯特的健康状况明显下滑，3月时，他刚从甲状腺癌手术中复原，回归岗位，但病痛可能迫使他不久后提前退休。布什要求切尼展开秘密搜索，与之前在得克萨斯州时担任布什私人律师、现接替冈萨雷斯担任白宫顾问的哈里特·迈尔斯一起物色合适人选。他们希望，这个职位一旦空缺，能有自己人补上。

让非律师出身的切尼张罗此事，看来有些不寻常，不过他很快就组建了一支团队，展开地毯式搜索。在一个春寒料峭的日子，切尼乘坐着“空军二号”飞回华盛顿。途中，他召唤自己的前竞选顾问、现贴身顾问史蒂夫·施密特到他的机舱。地板上有一支大行李袋，里面装满了最高法院法官候选人的资料。切尼指了指袋子，让施密特拿去研究。他希望此事能严格保密，不让太多人知道。

“这件事，你只可以跟我、卡尔和哈里特说，当然，老板问起来，你也可以说。”切尼嘱咐道，“但你要明白，13年来，我们还没这么干过，这可是13年中头一回。我们觉得，这是在开启一个新纪元。一定要有周密计划。”

上次共和党总统直接填充最高法院的空缺还是在1991年，时任总统的老布什提名克拉伦斯·托马斯为大法官。从那时起，世界已经发生了翻天覆地的变化。本届政府伊始，布什和切尼就一直期待能有机会任命一位或多位大法官，现在，总统将这项重任交给了副总统。切尼和冈萨雷斯召集了一批年轻律师，调研潜在候选人资料，撰写备忘录。自2001年春天起，冈萨雷斯便开始约见这些候选人。例如，他曾前往弗吉尼亚州，会见第四巡回上诉法院的首席法官米歇尔·路堤，路堤是该法院公认的最出色的保守派法官。

2005年春天，切尼及其团队又拿出旧材料开始寻找合适人选。这次，职位空缺的可能性很大，切尼希望亲自审核热门候选人。4月和5月期间，候选人们被一个接一个秘密带往副总统官邸，接受切尼、冈萨雷斯、迈尔斯、罗夫和安迪·卡德等人的非正式面试。

华盛顿特区巡回上诉法院的法官约翰·G. 罗伯茨时年 50 岁，面试那天，为了不迟到，他开车提前 45 分钟抵达副总统官邸，然后坐在车里安静地等待。一直到约定时间，他才走进去。被引进书房时，罗伯茨发现副总统书架上大部分的书都与鳟鱼有关。

“这边请坐。”罗夫笑着对他说。

切尼朝罗伯茨点头示意：“嗯，你就是那位律师，现在让我们转入正题吧。”

罗伯茨是知名的共和党律师，曾被布什的父亲提名进入上诉法院，但老布什离任前，这项提名一直未进入参议院讨论。布什上台后重新提名罗伯茨，但他赢得任职确认就花了整整 2 年时间，因此到目前为止，罗伯茨才当了 2 年法官。

由于没有太多工作记录可查，冈萨雷斯只得问了罗伯茨一系列问题，以洞悉他的司法理念。他问罗伯茨为什么 2003 年进行确认听证会时告诉参议员们，他不认为自己是个“严格意义上的宪法解释者”，事实上，保守派经常会用这个说法来表示法官不过度解读宪法或法律。罗伯茨回答，这个词汇并没有太大意义，因为一些自由派人士也把自己视为“严谨的宪法解释者”。这个回答可能会让一些共和党人担心，但也能帮他顺利通过确认听证的考验。

另一位接受面试的候选人是切尼的朋友安东宁·斯卡利亚大法官的得意门生路堤。路堤是那年春天接受面试的所有法官中，对最高法院选举和确认过程最有经验的一位。他年轻时曾担任政府机构律师，为桑德拉·戴·奥康纳、克拉伦斯·托马斯和戴维·苏特等法官准备过确认听证，他还曾为斯卡利亚和首席大法官沃伦·博格担任过书记员。但这还是他第一次接受问询。

“我必须在没有律师在场的情况下接受问话吗？”路堤走进会议室发现有这么多人在等着他，于是开玩笑说道，“我要见我的律师。”

在座的人都笑了。路堤自 1991 年起担任法官，记录清楚地显示，他是位保守主义者，当天提的大部分问题主要是为了更好地了解其为人。

然而，对候选人的评估还不够。托马斯上任前漫长的确认过程，以及罗伯特·H. 伯克提名失败的案例显示，最高法院大法官的任命已经成为了另一个政治角斗场。第一任期内，参议院民主党对布什任命的大法官设下重重障碍，最后他只成为了一名下级法院的法官。这一举动已经彰显了民主党人挑战权威的决心，而布什则打算采取与当年老布什不同的做法——应战。罗夫和冈萨雷斯邀请四位保守党律师吃饭，请他们协调外部利益集团，迎战提名确认程序。这四名律师分别是：老布什时期的白宫法律顾问博伊登·格雷、美国法律和正义中心顾问杰伊·塞库劳、罗纳德·里根总统时期的总司法部长埃德温·米斯三世，以及保守的联邦主义者协会执行副总裁莱昂纳德·利奥。他们四人为白宫效力，合称“四骑士”。

不要高估你的资本

5 月初，布什飞往莫斯科观看红场胜利日阅兵仪式，暨第二次世界大战胜利 60 周年庆典。布什完全理解这项庆祝活动对普京的意义，普京一向热衷于成为举世瞩目的焦点。但布什并不情愿参加所谓的胜利日纪念活动，因为这一事件标志着近半个欧洲被苏联统治长达 40 年之久。所以，他首先在前苏联加盟国拉脱维亚的首都里加停留了一番，对战后欧洲分裂表示了遗憾。抵达莫斯科后，布什一直在做自我批评，以避免布拉迪斯拉发的场景重演。但普京总有办法挑动这位美国总统敏感的神经。布什访问俄罗斯总统在莫斯科郊外的官邸时，普京那只体态庞大的拉布拉多犬朝他扑了上来。

“比你家的巴尼更大、更壮、更强、更快也更威猛吧。”普京得意地说道，暗讽布什的苏格兰梗犬。

被普京激怒的布什决心报复。返程路上，他特意在另一个前苏联加盟国格鲁吉亚逗留了一段时间，以对当地民主进程表示祝贺，并表明他不会放任俄罗斯试图恢复前苏联影响力的野心。格鲁吉亚总统米哈伊尔·萨卡什维利时年 37 岁，之前是革命家，现在已成为布什的宠儿。他动用全部力量，召集了 20 万人到第比利斯自由广场迎接来访的美国总统。一个总人口不过 400 万的弹丸小国，要召集 20 万人并非易事。布什也是头一回见到这么多民众。金色的阳光洒落在广场，布什不由精神焕发。“你们为自由事业做出了许多重要贡献，”他对当地民众说，“但最重要的贡献是，你们为全世界树立了榜样。”

安检站也被人群淹没了，一名穿着皮革外套的男子顶着烈日在广场上等待了好几个小时，他喃喃自语几句后，突然朝台上的布什扔了一枚苏制手榴弹。手榴弹碰到一个小女孩的头后反弹了一下，落在距离布什 61 英尺的地方，所幸没有爆炸。有太多人涌入广场，场面太过混乱，布什及其助手甚至没意识到发生了什么事，几小时后，在乘坐“空军一号”飞回华盛顿途中，他才意识到有人企图暗杀他。这一事件并未引起太多关注，因为大家都认为手榴弹是废弃的，但权威部门鉴定后指出，手榴弹没问题，没有爆炸只是因为裹着它的红格子布阻止了撞针触发。

回到美国后，布什发现他的社会保障计划已经泡汤了。为了这项计划，他曾频繁出行，与政府高官们在 60 天里组织了 60 场活动。他曾游说国会议员，甚至采取了相对折中的办法：除了最穷的那部分美国人，其他个人养老账户的增长速度可以缓慢一些。他希望能把国会引到谈判桌前，但民主党人早已打算利用这个问题将布什一军，他们认为这能让总统威风不再。

曾在减税法案上支持布什的民主党人，如马克斯·鲍卡斯参议员也改弦易辙。他隶属美国财政委员会，总统亲自到他的家乡蒙大拿向他施压的做法惹怒了他。“为了阻挠这件事，无论我们要做什么，都算我一份。”鲍卡斯对民主党领袖、参议员哈里·里德说道。布什的共和党同伴也与他渐行渐远，从没有真正在意过这个计划的丹尼斯·哈斯泰特现在希望它赶紧失败。没有哪个委员会生成过书面形式的立法，更别提投票通过这样的法案了。

布什发起的这场辩论充满了曲解和混淆。他一再告诉听众，社会保障将在 2042 年“破产”。事实并非如此。2042 年，社会保障也许不能完全兑现向受益人许下的所有承诺，但至少能满足部分。就在这时，民主党反对派还有意误导美国民众，让他们以为总统的计划是要强迫他们把社会保障资金投资股票市场。事实上，这完全出于自愿。就算要投资股票，这项计划也只对那些 55 岁以下的人有影响。因为这是个人投资账户，所以目前的社保受益人和即将退休人员都不受影响，而其他人如果觉得风险太大，也可以选择不投资股票。

布什的社保巡回活动接近原定计划的 60 天时，像极了一出经典百老汇剧目，渐渐走下了它的巅峰。他不但没能离成功近一步，甚至已经丢失了阵地。民众对个人账户的支持率从前一年 9 月的 58% 下降到 2005 年 5 月的

47%。5 月 19 日，布什飞往密尔沃基进行巡回演说，当时一项新的民意调查显示大多数美国人同意改良后的计划，即减缓除穷人以外的社保增长率，53% 的受访者同意这么做，36% 的人反对。但是，当皮尤的“民众与媒介”研究中心把问题稍作改动，添加了“乔治·布什提出的”这一短语后，支持率立即下降到 45%，反对率增加到 43%。布什自己的支持率下降到可怜的 43%。刚刚连任的他，意气风发地想要挥霍自己的政治资本，但没想到账户中的“资金”缩水竟如此严重。

切尼继续有意识地回避社会保障计划，而 5 月份发生的两起独立事件清楚地表明，国务卿康多莉扎·赖斯已经取代副总统成为推动美国政府处理国际关系的主要力量。

2005 年 5 月 13 日晚，美国反恐战争的主要盟友乌兹别克斯坦国内爆发了安集延大屠杀。该国军队向聚集在东部城市安集延进行游行示威、抗议贫穷和压迫的平民开火，造成数百人死亡。这次大屠杀令布什陷入两难境地，一方面他要恪守自己的誓言，不允许任何威权政府强力打压异见人士，另一方面他又需要在乌兹别克斯坦建立空军基地以支持在阿富汗的美国军队。唐纳德·拉姆斯菲尔德主张以美国自身来影响、推动乌兹别克斯坦朝更自由的方向发展，但不要升级到冲突层面；而赖斯推崇布什的自由议程，坚持认为美国不能失去道德制高点。

“我们的军队需要那座军事基地，”拉姆斯菲尔德说，“否则我们将岌岌可危。”

“人权高于安全。”赖斯说。

布什没有制止赖斯，她不费吹灰之力便赢下一局。

另一次重大考验也发生在 5 月。当时，出任国务卿的赖斯首次出访欧洲，她的副国务卿尼古拉斯·伯恩斯称之为“和平之旅”。回国后，赖斯惊讶地发现，她的欧洲伙伴们谈论的竟是伊朗而非伊拉克。欧洲人担心布什和切尼接下来要收拾的目标，就是德黑兰。

赖斯告诉布什，如果美国想重建联盟，就应该支持欧洲在伊朗核问题上的努力，哪怕这意味着不得不做出某些让步。

她提议做出些姿态。美国可在伊朗加入世贸组织的谈判中松动原来的反对立场，还可允许向其出售美国制造的民用飞机零部件。但这些做法实际上代表了美国态度的巨大转变，在布什的第一任期中，切尼一直主张与伊朗对抗。在长期以来坚持单边主义的做法之后，如今的布什同意由英国、德国和法国等牵头迫使伊朗放弃铀浓缩项目。与安集延大屠杀事件不同的是，这次赖斯推进政策过程中并没有与其他同僚发生重大冲突。一天，她在总统办公室向布什等人阐述自己的计划时，在场的切尼也对此心悦诚服。“嗯，这么做很有道理。”他说。

赖斯的出现及其影响力的迅速崛起证明布什与切尼的伙伴关系发生了变化。“他们之间的关系看来的确与以前不一样了，”旁观者克莉丝汀·托德·惠特曼敏锐地觉察到，“一开始，总统在外交政策方面极大地依赖副总统，因为该领域是总统的软肋，又恰好是切尼的强项。这之后有一段时间，依赖似乎成了一种习惯，就像是条件反射。接着，布什如梦初醒，‘等等，我才是总统，我不应该放弃那么多权力，现在外交政策制定权就像脱缰的野马。是时候把它收回来，掌握在我手中了’。”

坐在白宫战情室，大家能明显感觉到，现在的赖斯举足轻重。她不再是政策的执行者，而是政策的提倡者，她推动国家更多地运用外交手腕。在赖斯看来，这是布什第二任期中，美国外交的自然回归和延伸。在布什第一任期中，尤其是“9·11”之后，美国对外政策总是锋芒毕露，科林·鲍威尔掌管的国务院处在边缘化位置。由于赖斯对布什的强大影响力，如今的国务院在美国外交政策的制定上变得更有作为，再加上赖斯那位无比忠诚的原副手斯蒂芬·哈德利现在接替了她在白宫的职务，国务院的地位自然更加凸显。“各部门的地位发生了翻天覆地的变化，”前白宫助理、后成为美国助理国务卿的克里斯汀·西尔弗伯格说道，“如果说各部门之间真的开展辩论，只要赖斯提出一个观点，那么她就有 95% 的可能性获胜。”

赖斯的如日中天并非让每个人都感到舒服，有时候，她过分关注自己的地位，反而会让事情朝错误方向发展。与总统出行时，她会注意自己被分配在车队的第几辆车，或者被分配在哪架直升机上。出访国外时，赖斯有时会坚持坐在总统旁边的位置上，而这个位置通常是留给大使的。“她非常非常关注自己的位次是否符合身份，她还十分注重自己的着装，以突显自己的重要地位。”一位白宫助手回忆道。

赖斯是非裔美国人，出生在歧视黑人的南方，对她来说，人生的一项主要任务便是证明自己。她不再是普通职员，而是一个部门的头，她想做到尽善尽美以赢得所有尊重。在切尼的阴影下度过了 4 年后，现在是时候重新树立威信，证明自己的权威了。重塑美国外交，是她唯一的途径。

随着赖斯的崛起，切尼似乎进一步从人们的视野中淡出。“我从没听过他在开会时发言，一次也没有。”一名白宫助手说。在国家安全委员会任职的弗雷德里克·琼斯说切尼更像一个意象而非真切的人：“我觉得副总统就像是人们虚构出来的人，因为我从没见过他。”

切尼好不容易有了公开讲话的机会，却免不了说错话。那年的阵亡将士纪念日，切尼接受了美国有线电视新闻网著名主持人拉里·金的采访。采访中，切尼拒绝像惯常说法一样，承认华盛顿对伊拉克战争的悲观态度：“如果一定要说的话，那么我想，叛乱分子现在只是在做最后的垂死挣扎。”该说法从某种意义上证实了白宫已对伊拉克地面战争失去控制的事实。切尼的话甚至让白宫的一些官员也百爪挠心。“他凭什么这样说呢？”曾任杰瑞·布雷默的助手，现任国家安全副顾问、负责监督伊拉克和阿富汗事务的梅根·奥沙利文愤愤不平地问道。递交给布什和切尼的报告中从没提供过这样的结论，事实上，血腥杀戮事件还在不断增多。2005年5月，经证实，已有1 330名平民在伊拉克丧生，是前一年同期死亡平民人数的2倍。2005年的前5个月，屠戮平民的次数比2004年同期增长了30%以上；盟军也有366名士兵遇害，略多于去年同期。

切尼后来解释，他说的话不是指战斗快结束了，而是说叛乱分子不过是强弩之末，他们的实力在下降。暴力不过表明了敌人“最后的绝望，他们因恐惧而进行着最后的破坏活动”。切尼一向如此认为，或者说，他希望事实如此；但在回首时，切尼承认，自己显然错了。

共和党参议员查克·哈格尔对切尼“垂死挣扎”的言论有所不满，在参加活动时，他特意拦住总统询问此事。

“我认为，白宫有些人对伊拉克问题的看法可能过于乐观了，”他说，“你们还有其他新鲜点的说法吗？”

“嗯，这个问题交给哈德利来回答比较合适。”布什说。

哈格尔找到哈德利，但与之商谈后，哈格尔仍然忧心忡忡。在接受记者采访时，他说道：“白宫完全脱离了现实。”

布什的一些朋友和顾问也有类似担忧。布什家族的一位密友担心布什不像他父亲老布什那样，懂得经营关系网，因此消息可能比较闭塞，所得情报相对狭隘。“这只是幻象，而非客观事实。”他告诫总统。相比之下，切尼有强大的关系网，各地耳目众多，但他只愿意了解自己想知道的情况。

数月以来，布什及其团队在演讲和出席公开活动的时候，都尽量回避伊拉克问题，试图不让这场战争耗尽其总统任期的政治资本，并希望伊拉克人去领导他们自己的国家，哪怕是象征性的。但伊拉克人似乎没有人们期待的那么争气。他们花了好几个月时间，才暂时缓解了彼此的分歧，最终选择了长期以来反对萨达姆·侯赛因的易卜拉欣·艾尔·贾法里担任总理。贾法里曾流亡伦敦多年，在美国入侵伊拉克后才回国。期间，因为华盛顿和巴格达的无为，伊拉克一度出现权力真空，结果美国国内公众对伊拉克行动的支持率骤降。“除了总统以外，没人在解释美国的伊拉克战略，”国家安全副顾问米歇尔·戴维斯说，“没人回应他、声援他，他只能在这条路上孤军奋战。”

最后，为了安抚担心不已的顾问们，布什同意重新介入。他进行了一系列高调的公开演说，以团结民心、增强国家凝聚力。但演讲的基调怎么定，助手们众说纷纭。受到尼科尔·德夫尼什支持，并接替她担任外联主任一职的丹·巴特利特，希望总统承认美国在伊拉克问题上有所失误，以赢得公众信任——只要简单声称事态发展超出预期即可。卡尔·罗夫则希望总统不要退缩，不要显示出弱点，否则反对党将以此突袭，布什只会落得下风。

6 月 28 日，布什飞往北卡罗来纳州布拉格堡，在黄金时段做了有关伊拉克战争的电视讲话，台下观众是一身戎装的士兵们。上台讲话前，布什花了 3 个小时，探望了在伊拉克战争中牺牲的 90 名士兵的亲属。已故参谋军士迈克·欧文的遗孀克里斯特尔·欧文是一名 3 年级老师，她请求总统戴上代表纪念她丈夫的金属手镯。布什含泪点头答应。

晚上 8 点整，布什如约出现在听众面前。此时的总统内心充满了感伤，他的声音已没有往日的力道，低沉而柔和。士兵们之前就接到命令，总统讲话时他们要保持安静，因为他们是这场讲话的道具。以往，助手们会安排军方人士鼓掌欢迎布什，但这一次例外，整个房间只有布什的声音。布什缓慢地讲着，试图在巴特利特和罗夫之间选择一条自己的道路。

“与大多数美国人一样，”他说，“我也看到电视上播放的暴力和流血事件。每个画面都很可怕，带给人的痛苦也是真实的。目睹这些暴力和流血冲突，我知道美国民众一定会问，这样的牺牲值得吗？我想说，值得，因为它对我们国家未来的安全至关重要。”

布什的一些助手认为，这是对切尼“垂死挣扎”论断的必要纠正。

鉴于社会保障计划已经夭折，布什打算推进另一项国内政策改革——移民法案。自从担任得克萨斯州州长以来，他就主张采取更灵活的方式对待非法移民，他提倡短期劳工方案，为1 000万非法移民在一定时间内提供合法身份。这是他的个人信念，也是明显的政治考量。就在布什第一次就职典礼的前两天，卡尔·罗夫宣布：“赢得拉丁裔选民是我们的使命和目标。”

虽然布什知道他将面临巨大挑战，但他认为，如今自己刚刚连任，是推进移民法案改革的最佳时机。6月29日，罗夫、弗朗西斯·汤森和另一位白宫助手布莱恩·霍克前往国会山与众议院共和党领导人谈论此事，但响应者寥寥。共和党人只愿谈论保护边境安全。任何有大赦意味的政策，在他们眼中都是不可能的。根据白宫会谈纪要，众议院多数党领袖汤姆·迪莱认为，这是“为那些违法乱纪分子提供便利”。“众议院几乎所有关键的共和党人都不支持这一提议，”霍克回忆道，“这些巨头们只想听我们说边境问题，而不是别的话题。他们的意思很清楚，边境安全第一，改革第二。”

这无非是另一种“否决”方式。

D A Y S O F F I R E

|第 22 章|

逃离华盛顿

布什发现自己的政治资本并没有多少。四项充满雄心壮志的社会改革相继失败；心腹罗夫被卷入中情局泄密案，为他洗白的同僚也陷入舆论危机，白宫伙伴关系空前紧张。不堪烦扰的布什再次返回老家散心，但就算在这里，他依然不能避过伊拉克那头传来的各种坏消息。

布什的“业绩”：提名大法官

6月30日，布什和切尼正在一起享用他们每周例行的午餐会。哈里特·迈尔斯把头探入椭圆形办公室边上的私人餐厅，她告诉他们，最高法院执行官帕梅拉·托金打来电话，说第二天早上会来白宫送一封密函。托金没有说明信的具体内容，也没说这封信来自于谁。但按常理推测，这应该是某位大法官的退休函。

布什和切尼震惊了。法院的任期3天前已经结束，当时并没有任何人退休。通常情况下，任期最后一天会宣布退休人员名单，看来，某位法官打算私下处理。最有可能的人选，当然是首席大法官威廉·伦奎斯特，他的健康很成问题。当天下午，布什邀请特伦特·弗兰克斯众议员来到白宫总统官邸，这名保守党成员曾敦促总统任命反堕胎的法官，交换条件是他将投票支持布什的医疗保险处方药计划。两人在书房秘密交谈。

布什拿出弗兰克斯向他推荐的最高法院候选人名单，两人开始讨论可能人选。弗兰克斯再次抨击艾伯特·冈萨雷斯，还推荐了他最中意的人选——刚被选为华盛顿特区巡回上诉法院法官的非裔美国保守派贾妮思·罗杰斯·布朗。布什感谢他的推荐。

那天晚上，总统宴请了几位议员和大使，请他们试试未来白宫新主厨的手艺。他们享用着乳鸽、得克萨斯州神户沙朗牛排、沙拉和巧克力芒果馅饼，饭桌话题自然而然转到了最高法院。路易斯安那州的参议员戴维·维特对布什说，如果有职位空缺，总统应该考虑来自他家乡的伊迪丝·布朗·克莱门特法官。布什很感兴趣地回应着，但并没有向他透露太多情况。

第二天早上 9 点刚过，布什接到迈尔斯的来电。

“是奥康纳。”她说。

迈尔斯打电话给托金，希望她早些过来时，托金向她透露，辞职信不是伦奎斯特的，而是来自大法官桑德拉·戴·奥康纳。奥康纳是最高法院第一位女性大法官，十年来一直起到重要作用，是法官投票时起决定性作用的那张摇摆票。

布什立即召集切尼、迈尔斯、卡尔·罗夫和丹·巴特利特前来讨论。是奥康纳，不是伦奎斯特？布什和切尼明白，这会影响局势。如果是伦奎斯特，那他们可以提名一位强大的保守分子，保持力量的平衡；但如果是奥康纳，而他们又提名一个真正的保守派，这将改变法院格局，因此要赢得任命确认将变得更为困难。

上午 10 点 15 分，最高法院的加长型林肯轿车载着托金缓缓驶入白宫大院。迈尔斯接过淡黄褐色的信封，带着它走进白宫椭圆形办公室，将它递给布什。“很荣幸能在最高法院任职长达 24 个春秋，”奥康纳写道，“现在是时候该离开了。我仍怀着对法院客观、诚信的崇高敬仰，我们的法院将永远在宪法指导下扮演重要角色。”

后来有些人认为，这句话其实是暗地里给了布什一记响亮的耳光。正是这位美国历史上的首位女性大法官，在哈姆迪案中写下了“战争状态并不是开给总统的一张空白支票”这句振聋发聩的话。大约 5 年前，奥康纳投下了至关重要的一票，从法律层面将布什送上了总统宝座，但此后，她对布什不再抱有幻想，反而认为他太过鲁莽激进。她后来对戴维·苏特大法官说：“我所在的党派正在摧毁这个国家。这是问题的症结。”

如果布什内心对她有何怨恨的话,他也打算自己消化。上午 10 点 18 分，他拿起电话打给奥康纳，做最后的告别。毕竟，她在法院担任法官近 25 年，逐步成为了美国历史上最有权势的女性公职人员，而现在这一切即将结束。

“你是一位伟大的美国女性，”他对她说，布什觉察到她试图说话，以打破这无比感性的时刻，于是他继续说，“我很希望能当面拥抱你一下。”

而后他又补充了几句赞美之辞，然后用朋友般的口吻揶揄道：“身为从农场走出来的女孩，你发展得很棒。”

布什邀请奥康纳到白宫一起宣布离开决定，但她婉言谢绝了。她说自己要马上赶往机场离开此地，以逃离媒体的狂热追逐。奥康纳的决定促使布什和切尼启动了一个计划，这项计划已经酝酿了4年之久。切尼手下的律师收集了11名候选人的档案，其中有些人的资料甚至长达100页，总结了不少公共信息，包括个人简介、期刊文章和工作经历。几天后，布什乘坐“空军一号”出访欧洲途中，仔细阅读了这些资料。

还没来得及筛选，布什就发现自己最中意的候选人已经遭到多人攻击。奥康纳的辞职决定宣布没多久，保守党就率先对艾伯特·冈萨雷斯发动攻击，他们担心布什提名首位拉美裔大法官的举动太过引人注目。保守党认为冈萨雷斯私下是个温和的保守派，但这个评估忽略了一些事实：冈萨雷斯曾批准了无视《日内瓦公约》的法律意见，结束了长期以来美国律师协会提前审查司法提名的做法；曾在法院庭辩中支持切尼要求保密能源工作组的做法，负责司法选择过程；还曾负责监督一名遭到民主党参议员阻碍的法官的选举过程。

保守派激进分子始终紧抓他曾经手的一个案子不放。冈萨雷斯在得克萨斯州最高法院任职时，曾投票同意让一名17岁的女孩堕胎前咨询法官，而非与自己的父母商量。冈萨雷斯写道，虽然这个决定与他的个人信仰相悖，但他别无选择，只能服从国家法律。但这足以让批评者们相信，他可能会成为另一个戴维·苏特。苏特由布什的父亲老布什提名升任大法官，上任后成为最高法院中自由派阵营的支柱。有人甚至开玩笑说：“冈萨雷斯就是西班牙版的苏特。”四骑士前往白宫警告安迪·卡德及布什的其他助手，反对提名冈萨雷斯。“他与我们要寻找的人选标准相差太远。”莱昂纳德·利奥巧妙地告诉白宫官员。“也许你们可以坚持提名他，但应该还有更好的选择。”博伊登·格雷说。他们依次建议的候选人有：华盛顿特区联邦上诉法院法官约翰·罗伯茨、费城第三巡回法院的法官塞缪尔·阿利托、里士满第四巡回法院的米歇尔·路堤，以及丹佛第十巡回法院的迈克尔·麦康奈尔法官。

众人对冈萨雷斯的攻击激怒了布什，7月6日，他在丹麦访问，当天恰逢他59岁生日。情之所至，布什表达了自己的不满。“我不喜欢自己的朋友受到批评，”他不耐烦地告诉记者，“我忠于我的朋友。可是这个家伙、一位恪尽职守的公务人员，一个真正的好人，突然遭到如此多的攻击。我会开心吗？不，我很不高兴。”换句话说，他要被解雇了。但这并未能平息这场风波。从欧洲回来后，他将所有的愤怒都指向其他候选人；在没有团队成员支持的情况下，布什坚持要将冈萨雷斯推上高位。

而这期间，他也意外从媒体处得到了来自第一夫人的建议。7 月 12 日，正在南非访问的劳拉·布什被媒体问到“是否应该由一名女性取代奥康纳”时，劳拉从容地回答：“当然，如果能提名一位女性，我会很喜欢的。”

这番话在白宫引起了不小的轰动，白宫官员都知道，这与他们正在搜寻的候选人方向不符，第一夫人在公开场合的言论实在非比寻常。甚至连总统都感到惊讶。“我没想到她会在媒体面前公开表达自己的建议，”有记者问及此事时，布什回答道，“她的建议怎么样？嗯，很好，我会好好考虑的。各类人士都在我们的考虑范围之内，我现在迫不及待地希望她回来，我想亲自听听她的建议。”

这时，布什把目光锁定在 5 名候选人身上，其中一名是女性。这 5 名上诉法官都是那年春天接受过切尼面试的，有 3 人身处四骑士的推荐名单中，他们分别是罗伯茨、路堤、阿利托、第四巡回上诉法院法官哈维·威尔金森三世以及参议员戴维·维特向布什推荐的新奥尔良第五巡回上诉法院法官伊迪丝·布朗·克莱门特。为了保密，助手们想将候选人请到戴维营接受总统面试，但卡德认为他可以让这些人神不知鬼不觉地溜进白宫。他每次只带一位候选人，通过白宫很少启用的东侧小门进来，直接送到总统官邸，甚至连总统的其他助手都不会发觉。

第一个接受面试的是威尔金森，7 月 14 日傍晚，他被带到白宫。第二天下午，接受面试的分别是路堤和罗伯茨。接下来的一天，布什与克莱门特共进午餐，之后又面试了阿利托。按照惯例，布什可以回避具体的法律问题，而尽量问有关生活的话题，包括宏观和细节问题，他试图更真切地了解候选人。他还带领每位候选人参观了官邸，让他们在林肯卧室和杜鲁门阳台逗留了一番。

布什问威尔金森，他有什么健身习惯。威尔金森说，自己每天跑步 3.5 英里，但没有遵从医生的建议，做更多交叉训练。布什假意责怪法官，开玩笑地警告他说，再不做交叉训练，总统就会攻击他的膝盖。与来自得州的路堤交谈时，布什与他分享了许多之前在得州发生的趣事。接着总统问路堤，如果他被提名，最有可能引起争议的个人经历是什么。路堤说，他的父亲在 1994 年死于一场拙劣的劫车事件，凶手于 2002 年在得克萨斯州被处决。“这为什么会有争议呢？”布什问。路堤解释说，一些律师曾试图取消他处理死刑案的资格。路堤走后，罗伯茨被带至白宫。他在伦敦教授一个暑期课程，刚从英国飞回来。应该说，罗伯茨面临着一个绝无仅有的好机会。他所在的华盛顿上诉法院于几小时之前，刚刚裁决了哈姆丹诉拉姆斯菲尔德案，他在该案件中投票决定暂时抛开《日内瓦公约》，支持布什提出的军事法庭计划，以应对奥康纳在哈姆迪案中的决定。更重要的是，布什对罗伯茨“一见倾心”，他发现这位法官充满魅力、自信聪颖。

在第二天面试完克莱门特和阿利托之后，最终候选人落在了罗伯茨和路堤头上。威尔金森威严而彬彬有礼，令人印象深刻，但他已年过花甲，布什希望更年轻的人来担此重任，最好能在岗位上干几十年。推崇克莱门特的不仅有戴维·维特,还有布什的多年好友、国务院礼宾司司长唐纳德·安森奈特。

作为女性，克莱门特虽然也会得到劳拉的支持，但克莱门特并没有其他候选人的地位和资历，也没有在面试中给布什留下深刻印象。阿利托是迈尔斯力荐的人选，迈尔斯认为罗伯茨并没有记录来证明他对保守派的忠诚。但阿利托矜持含蓄，而没有罗伯茨那种平易近人的魅力，也不及路堤才学渊博。切尼支持路堤——保守派人士的最爱，冈萨雷斯同样支持。担任法官 14 年，路堤坚决支持堕胎等热门议题，且被视为安东宁·斯卡利亚的得意门生。路堤仿佛是他们一直等待的人选，但许多出入白宫法律顾问办公室的保守派律师都支持罗伯茨，包括卡德和罗夫在内。尽管罗伯茨担任法官才 2 年，但期间已经在最高法院参与辩论 39 次，天纵奇才。他在哈姆丹案件中的回答，已经表明了他的司法观点。这一次，布什又与切尼的选择背道而驰。

鉴于这是奥康纳的席位，最好是提名保守主义倾向不那么明显的候选人。罗伯茨可能与路堤一样保守，实际上，他们还是亲密的朋友。路堤曾在罗伯茨的婚礼上当过他的伴郎，不过罗伯茨处事圆融，没有路堤那么锋芒毕露。7 月时，在一个名为“华盛顿人”的盛大聚会上，有人问奥康纳而不是伦奎斯特提出退休，这意味着什么？博伊登·格雷和民主党领袖人物查尔斯·舒默参议员异口同声地回答：“这可能意味着将提名罗伯茨，而非路堤。”

面试结束后，罗伯茨回到伦敦，继续他的授课。7 月 18 日，他接到电话，要求他立即回到华盛顿。那天晚上，卡德特地拜访了克拉伦斯·托马斯，后者当时正在与印度总统一同出席国宴。“总统选的人你一定会喜欢。”卡德喜不自禁地告诉他。第二天，布什在宴请澳大利亚总理时，找了个借口离席。中午 12 点 35 分，他从家里打电话给罗伯茨，告知对方已被提名。布什意识到自己刚才的决定可能会影响美国司法界长达数十年，忍不住一阵愉悦。“我刚把一项光荣的使命交给了一位伟大、聪慧的 50 岁律师。”他对助手们说道。

白宫副顾问威廉·凯利驱车来接罗伯茨，将他送往白宫。罗伯茨的家人不久后也抵达此处，与他一同参加总统和第一夫人将于晚上 7 点在官邸举行的宴会。

“你母亲知道这个好消息了吗？”布什问。

罗伯茨的妻子简已经给她打了电话，告诉她要留意新闻，但没说为什么。

布什坚持要亲自打电话给这位母亲。

“你好，是罗伯茨太太吗？这是布什总统，”他说，“我想告诉你，今晚我将提名你的儿子担任大法官。”

晚上 9 点。布什和罗伯茨迈入白宫东厅，准备宣布提名。罗伯茨 4 岁的儿子杰克抢尽了风头，布什讲话时，这个穿着短裤的小男孩不断跳舞，模仿蜘蛛侠。“我们必须把他抱走，”丹·巴特利特小声对艾德·吉莱斯皮说。吉莱斯皮是共和党全国委员会前主席，已经被确定为参与提名确认战的人选。“如果我们碰他，他可能会尖叫，”吉莱斯皮反驳道，“现在，他还没在镜头里。”事实上，镜头早就拍下了小男孩的滑稽动作，惹得众人哈哈大笑。布什也很高兴。2 天后，他出席了一次基金会募捐活动，碰到了博伊登·格雷，格雷曾帮助老布什提名自己喜欢的最高法院大法官人选。

“恭喜你提名罗伯茨。”格雷对总统说。

“是呀，费了不少心思，”布什说，“我希望他至少能任职 20 年。”

布什曾认为自己在伊拉克问题和税率问题上，修正了父亲的错误，现在他觉得自己也在逐渐赶超老布什提名戴维·苏特这一光荣事迹。

几天后，布什在国会山碰到了特伦特·弗兰克斯众议员，后者曾敦促他提名一位反对堕胎的法官。“很高兴你喜欢我的这项任命，”布什说，“我早就告诉过你，你一定会满意，不是吗？”弗兰克斯的确喜欢罗伯茨这个选择。“嗯，不过，”布什说，“这才刚刚开始。”

愤怒的母亲与固执的总统

布什休假前几天异常忙碌。约翰·麦凯恩提出立法以禁止审讯恐怖分子时使用酷刑。切尼在他的律师戴维·阿丁顿的帮助下，悄悄在政府声明中做出回应，威胁否决这一立法。与此同时，有关朝核问题的六方会谈在北京重启，切尼再次密切关注着最新动向。此外，他和拉姆斯菲尔德担心的事终于发生了。因为赖斯在安集延大屠杀事件上的强硬态度，乌兹别克斯坦伺机报复，拒绝让美国军队使用乌方在汗阿巴德的空军基地。布什决定不顾参议院反对，通过使用休会任命权（据美国宪法所述，在国会休会期间，美国总统可不经参议院认可而直接进行人事任命。——译者注），任命切尼在国务院的坚定盟友约翰·博尔顿担任美国驻联合国大使。

布什还有另一个麻烦。中情局泄密门调查在那年夏天急速推进。《纽约时报》记者朱迪思·米勒因拒绝透露自己的消息来源而入狱，《时代》周刊记者马修·库珀在最后一刻和卡尔·罗夫的律师达成协议，库珀将出庭为他们之间的对话作证。最新报道显示，事实上，罗夫的确与库珀和罗伯特·诺瓦克提到过约瑟夫·威尔逊妻子的事。曾把罗夫担保出来的斯科特·麦克莱伦感觉自己被“对方指鹿为马的行为搞得头都大了”。他觉得，罗夫欺骗了他。罗夫反驳道，他并没有泄漏瓦莱丽·威尔逊的身份，他只是简单告诉记者，自己听说过同样的消息。

罗夫向麦克莱伦道了三次歉，一次通过电话，一次是写纸条，还有一次是早晨开高级官员例会时，当着所有同事的面。但他道歉时措辞谨慎，说很抱歉给麦克莱伦带来那么多麻烦，但并没有承认自己误导了他。麦克莱伦很不满意，两人间的关系出现裂痕，给白宫西翼蒙上了一层阴影。布什尽量避免介入，但现在罗夫有难，总统只好修正了他之前说过的话——布什曾承诺，任何“参与”泄密事件的人都将被解雇。“如果有人犯罪，他们将不得再继续在我的政府中任职。”他在新闻发布会上表示，这意味着标准改了，也就是说，罗夫只有被定罪后，才会被逐出白宫。

8 月 2 日，布什登上“空军一号”，飞往得克萨斯州度假，逃离了紧张态势。这是他担任总统以来，第 49 次农场之行，他打算在那里待上大约 5 个星期，是他离开白宫时间最久的一次。等他降落时，这已是他在农场的第 319 天，算上以前可能只待几个小时的天数，相当于他总统任期的 20%——布什有望超越现代历史上最能度假的总统罗纳德·里根了。在里根任期的 8 年中，他曾在自己加利福尼亚州的农场中休假 335 天。如果布什按原计划度假，那么他的假期记录会比里根多 3 天，而他的任期才刚过了一半。

不难想见，总统长时间度假会招来各种笑话，也会遭到反对党嘲笑。这种做法还会给世人落下一种印象：布什对这份世界上最重要的工作并不上心。难免让人想起“9·11”恐怖袭击前，布什还在农场度过了 1 个月的假期。许多人认为，如果那时布什坐镇白宫，或许会对一些信号有所警惕。为了不落人口实，布什的助手们特意用一系列活动和工作计划把他的行程包装成一次“工作假期”，农场也被他们标榜为“西部白宫”。为了让这个形象更深入人心，他们特意召开了新闻发布会，称布什计划在这期间离开农场，访问 7 个州，不过大部分是当天来回的快速出访。他将签署能源立法，招待哥伦比亚总统阿尔瓦罗·乌里韦，然后还会召集切尼和战争内阁进行磋商。

但布什的确是发自内心热爱这片农场。每当“空军一号”接近得州上空时，助手们就注意到总统脸上有种难以掩饰的兴奋。他喜欢遗世隐居，远离华盛顿的是是非非。他喜欢蹬着山地自行车骑行在崎岖山路上，享受看着助手和记者们接受太阳炙烤的快感。他喜欢跳进皮卡，自己开车溜达——特勤处只允许他在农场时这么做。他喜欢清理灌木丛，而得州似乎有望不到尽头的灌木。

他还会召集助手们加入灌木清除活动，对他们的体力和耐暑能力品头论足一番。新上任的国家安全顾问哈德利，因为穿着流苏皮鞋出现在田野上而被众人嘲笑（事实上，他穿的是有鞋带的皮鞋，但鞋带黏糊在一起了）。“这就像一个特别的层级结构，”布什此行的主管史蒂夫·阿特基思说，他经常与总统一起出行，“开始的时候，你的工作很基础，就是当有人把一棵树砍倒后，你把它拖走，放在某个地方。接着，把拖出来的这些树摞起来，以便点火后，它们能一起燃烧。如果这件事你真的很擅长，那么总有一天，你会被允许使用链锯。”

即便如此，在那个汗流浃背的夏季，布什依然不可避免地会收到来自伊拉克的坏消息。每天早上，布什都会收到一份蓝色图表，上面会列出前一天搜集到的情报及人员伤亡数据。他到达农场后的第一个早晨，布什就接到一份蓝色表单，上面写着伊拉克发生重大路边爆炸，14 名海军陆战队队员遇袭身亡，其中 10 名陆战队员来自俄亥俄州哥伦布市的利马连预备役。截至目前，该连队已遭受重大损失，就在两天前的一场伏击中，该队 6 名海军陆战队员丧生。预备役是驻伊美军的主体，他们暂时脱离原来的工作岗位进行短期的兵役，不久将重返平民生活。一个单位的平民士兵在短期内遭受如此重创，的确令人痛心。“这个消息真的伤害到他了。”哈德利清晰地记得当时的场景。

备受震动的还有许多其他美国人。布什召集切尼及其他顾问到农场讨论伊拉克问题，只有 38% 的美国人支持总统对战争的处理，一半以上的受访者认为入侵伊拉克是个错误，他们支持将美军部分或全部撤出伊拉克。

布什发现了一个可能会让他提前告老还乡的迹象。就在他抵达农场仅仅 3 天之后，一位在伊拉克战争中牺牲的士兵的母亲辛迪·希恩，乘着公共汽车抵达克劳福德。她乘坐的汽车被油漆喷成红白蓝三色，上面写着“弹劾之旅”的口号。当她试图接近农场时，被警察拦了下来，她就这么呆呆地站在尘土飞扬的公路边，发誓一定要见到布什，否则绝不离开。

一年前，布什和约翰·麦凯恩曾在路易斯堡会见过希恩，尽管当时她已经开始批评布什的伊拉克政策，但会见过后，她依然肯定了布什的诚意和信念。但是现在，当她回忆起那次会面时，却厉声指责总统不尊重她，只称呼她为“妈妈”，却并不知道她儿子的名字。这位伤心欲绝的母亲很快得到农场外和平主义人士的声援，这个场面自然而然地吸引了媒体的目光。时值夏天，正是新闻淡季，白宫记者们还在发愁没有新闻可报，于是他们抓住这件事大书特书。

布什和助手们躲在农场里，讨论该如何应对。他应该会见她吗？这个策略有些情绪上的考虑，不但可以表明自己不惧怕面对，而且还可以表明，对于那些在战争中失去至亲的人的痛苦，他感同身受。但他选择了不见。他已经见过她一次，而且不愿为了迎合公关噱头而做某些事，不愿受制于他的捐助人和顾问。于是，他派哈德利和乔·哈金与她会面。

这两人是布什的部下中最具同情心、最耐心的。他们在农场外面与希恩谈了整整 45 分钟，听这位母亲讲述战争带给她的痛苦和忧伤，听她抱怨正是总统的决策导致了她儿子的死。

“总统千万不要再派更多的军队去伊拉克送死了，不要以给我牺牲的儿子报仇这个理由而增兵了。”她对他们说。

哈德利和乔·哈金答应她，会把她的话带给布什总统。他们还做了最后一次尝试，试图让她相信，总统是真诚的。

“我知道，你可能觉得他并不在乎，”哈金告诉她，“但我可以告诉你，我所有的回忆中，他真的非常、非常在乎将士们的生死。”

“我不相信你的话。”希恩说。

他们回去向布什报告情况。“我们好像并没有帮上什么忙。”哈金略显沮丧地说。

她居然认为自己漠不关心，这让布什惴惴不安。

这场抗议吸引了公众的注意力，几天后，不少其他激进分子也“慕名”来到克劳福德。布什的助手们找出 2004 年他会见希恩时的照片，这些照片与她的描述相悖。这十几张照片中的情景，都是布什拥抱她、握着她的手或者搂着她的肩。他们想向媒体公开这些照片，以反驳希恩的话。“我们不能这么做。”布什阻止了他们。

8 月 11 日，布什在农场会见了切尼和国家安全团队成员。他穿着短袖衬衫出现在记者面前，也趁此机会向希恩做出了回应。

“你们知道吗，我十分同情希恩太太，”他说，“她很坚持自己的立场。她完全有权利说出自己想说的话。这里是美国，她有权捍卫自己的立场。我长久以来一直试图从她的角度出发看待问题。我也从别人那儿听到了跟她一样的意见——现在就撤出伊拉克。可如果我们这么做，那么对我们的国家安全将是个重大错误，而且无益于在该地区奠定和平基础。”

尽管伊拉克暴力事件仍在继续，尽管美国国内不满情绪与日俱增，布什依然坚信政治进程终将扭转局势。伊拉克各派谈判代表们正忙着在 8 月 15 日这个截止日期前，讨论并拟定一部新宪法。布什每晚都会从他的伊拉克顾问梅根·奥沙利文和布雷特·麦格克那里得到一份 4 页纸的情况说明，而从他 8 月 12 日晚上了解到的情况看，伊拉克人可能无法在最后期限内完成任务。

果然，几天后，最后期限已过，但各方仍旧没能达成一致。按照计划，再过两个星期，他们就要拿出一个协议了，而这份协议能否让该国实现统一，仍是个未知数。

D A Y S O F F I R E

第23章

死亡飓风

美国并非世外桃源，自然灾害是家常便饭。但即便如此，卡特里娜飓风也因其无可比拟的破坏性给美国人留下了无法言喻的恐惧。在美国人民最需要领袖的时刻，布什的反应却慢了半拍，不仅误判了灾难的严重性，更在抗险救灾时协调不力。尽管他竭力弥补，但仍旧无法消除民众心中的埋怨。原本准备大干一场的布什，似乎要被这场飓风摧毁了。

飓风，卡特里娜！

布什的脸靠在窗边，他望着窗外，思绪放空。他乘坐的直升机飞过新奥尔良和墨西哥湾沿岸上空时慢慢俯冲，布什看到原本的一座城市如今却成了汪洋；他看到一片连着一片的民宅纷纷被摧毁坍塌，路上横七竖八躺着无数木条；他发现原来的高速公路也淹没在漫无边际的水中，一列火车脱离了轨道，长堤沦为一摊碎石。眼前的惨况将是他总统任期内的又一次艰巨挑战。

时值 2005 年 8 月 31 日，“卡特里娜”飓风肆虐美国东南部的路易斯安那州、密西西比州、阿拉巴马州，飓风过处大多沦为一片废墟。成千上万的人无家可归，电力、食品瞬间短缺。就在两天前，布什认为海岸地区已经躲过一劫，到头来却发现情况十分严重，他只好缩短了得州假期，立刻飞回华盛顿亲自督战，以应对灾情。救援工作仍在进行，他从下属那儿得知，飞机仍无法在灾区降落，不过飞行员可以保持在尽可能低的飞行高度飞行，以便他在空中观测灾情。

“空军一号”的主驾驶员、空军上校马克·蒂尔曼将直升机降低至 2.9 万英尺的巡航高度；到达灾区时，布什乘坐的直升机在距离地面 1 700 英尺的高度足足飞行了 35 分钟，以便他了解飓风造成的破坏。从空中俯视，新奥尔良已被“洗劫一空”，整座城市几乎看不到任何生命迹象。布什注意到，新奥尔良市体育馆的“超级穹顶”严重破损。连接新奥尔良和斯莱德尔的 I-10 大桥被大水冲塌，断裂的桥身沉入庞恰特雷恩湖。曾经的街道已经变为河道，其上漂浮着一辆辆汽车。整个景象就像一部恐怖电影。布什入神地看着这片疮痍，一架海岸警卫队直升机在低空盘旋，其旋翼桨片就快碰到水面了，显然是在执行救援任务。“真是一场毁灭性的悲剧，”布什对助手说，“地面的破坏程度比我们所见的更为恶劣。”

飞机向东边的市郊飞去，布什发现一些郊区和农村社区几乎被彻底摧毁。大片森林被夷为平地，树木都躺倒在地，像被大部队踏平了似的。原来的游乐园看起来就像漂浮在大型浴缸上的模型，过山车也浮在水面上。布什到达密西西比州后，视察了灾情比较严重的韦夫兰和帕斯克里斯琴，这两座小城镇中的木制房屋已经俨然化作了一堆乱木。布什觉得，这里的惨状不亚于被原子弹轰炸后的场景。“完全被摧毁了。”布什指着一座依然挺立的教堂低声说道，教堂周围的房屋已经全部坍塌。在密西西比州的格尔夫波特和比洛克西，也有不少建筑设施遭破坏。眼前这场巨大的灾难，让布什说不出太多话。

回到白宫后，布什立即开启了危机处理模式。他审阅了正在调集的大规模救援行动——包括海军舰艇、医疗队、搜索救援小队、发电机、流动医院，以及数百万加仑的饮用水。运输部已经增派卡车运送物资。卫生与公众服务部派出了医疗团队和遗体处理人员。能源部启用了战略储备石油，以预防可能出现的油价暴涨。国防部紧急向灾区派驻了巴丹号军舰和安慰号海军医疗船。前者负责搜救生还者，后者将提供医疗服务。联邦紧急情况管理局大幅增加了运往灾区的救灾物资数量，并为无家可归者搭建了临时避难所。布什来到玫瑰花园，向全国宣布，他已经归来，将亲自负责处理灾情。“我们现在面临着前所未有的挑战，”他说，“但我想，毫无疑问的是，我们会赢下这场仗。”

“有我在”“我们会成功的”这两句在“9·11”袭击后起到神奇作用的口号，这次似乎失灵了。布什盯着窗外的画面，以及那句“破坏程度更为恶劣”的话在各大媒体轮番播放，给人们留下了不好的印象：身为国家领袖只在空中悠闲地考察灾情，对形势的判断严重脱离现实。就在这次热带风暴即将来临时，有人多次向布什汇报情况，而布什迟迟不回华盛顿的做法，让公众感觉到总统的犹豫不决；直到新奥尔良被淹没，他才肯回来，对手们抓住这一点不断攻击他。“他必须放弃山地自行车，立即重返工作岗位。”民主党领袖人物、众议院代表拉姆·伊曼纽尔指出。

时值布什担任总统的第5个年头，经历了接二连三的危机后，布什认识灾难规模的速度依然缓慢。他和他的团队当时分散在各个地方：布什正在得克萨斯州忙着砍灌木，副总统切尼在怀俄明州度假，安迪·卡德在缅因州庆祝结婚周年纪念，赖斯在百老汇观看舞台剧《火腿骑士》，还有不少人去了希腊参加布什的两位助手尼科尔·德夫尼什与马克·华莱士的婚礼。斯科特·麦克莱伦观察指出，到此时为止，布什及其团队已经处理过不少危机，“可能有些过分自信，所以掉以轻心了”。

可以肯定的是，布什曾得到了相互矛盾的信息。在飓风登陆前的8月28日，总统走进农场中一辆加宽型的拖车，出席有关这场风暴的安全视频会议。他一边听专家评估分析，一边戴着眼镜研究地图。

“根据我们目前的预测数据显示，新奥尔良市区本身只会有轻微的洪灾。”美国国家飓风研究中心主任马克斯·梅菲尔德说道。不过梅菲尔德也强调，风暴预测的准确率只有不到20%。“如果我们跟踪研究的点稍稍偏离，向西靠近的话，结果会大不一样。我多么期待西部平原区能有防洪堤，特别是机场所在区。”

他补充说：“我想，任何分析模型都无法百分之百准确地告诉你，防洪堤会不会被冲垮——不过那可能是最糟糕的情况了。”

接替其大学同窗好友乔·阿尔博担任美国联邦紧急事务管理署署长的迈克尔·布朗说得更直截了当一些：“保守一点说，这是一场大灾难。”

布什对此没有做评论，只是感谢各单位的辛勤工作，并承诺联邦政府将不遗余力地提供任何所需帮助。

在飓风登陆的前几天，他多次从布朗、梅菲尔德以及与他一同在农场度假的乔·哈金那里收到关于灾情的最新消息。布朗打电话过来，恳求总统说服路易斯安那州的领导，立即下令强制疏散人群。“我给他们打电话，但都打不通。”布朗告诉总统。随着风暴逐渐向海岸靠近，布什拨通了路易斯安那州州长凯瑟琳·巴宾诺·布兰科的手机，当时布兰科正赶着参加一个新闻发布会。

“这场风暴将会非常非常恐怖。”总统对布兰科说道。

“是的，总统先生。”布兰科回答。

“我打电话，是希望让你立即下令强制疏散。”布什说。

“总统先生，我们正在这么做。”布兰科说。

尽管市政府已经发文让市民近几天内赶紧撤离，但这个强制疏散令还是太迟了。8 月 29 日，布什按原定计划离开农场，前往亚利桑那州谈论关于社会保障的问题，他还给约翰·麦凯恩带去了生日蛋糕，因天气炎热，蛋糕的奶油都快融化了。而后他又马不停蹄赶往加利福尼亚——他将出席第二天于圣迭戈举行的“二战”太平洋战区胜利 60 周年纪念活动。

起初布什得到消息，飓风基本上避开了新奥尔良，但在当晚，布兰科却打电话给他，寻求帮助。“我们需要你尽可能地提供帮助。”她在电话中焦急地说道。

布什告诉她，她所需的一切帮助都已经在路上了，但她究竟需要什么帮助，总统并没有问清楚。助手告诉布什，当地政府会处理灾情的，布什这才上床睡觉。

太平洋时间 8 月 30 日早上 5 点，布什在圣迭戈一家酒店醒来，他很快得到消息，情况比他们一开始设想的严重得多。他立即与切尼、卡德、布朗以及美国国土安全部部长迈克尔·切尔托夫等人召开视频会议。

“现在情况如何？”布什问。

“很不好，”布朗说，“是一次大风暴。”

布朗在描述自己了解到的情况时，神情痛苦万分：“总统先生，我可以告诉你，90% 的新奥尔良人因为这次飓风而流离失所。”

布什惊呆了。“90%？”他问道，“你确定？”

总统决定缩短假期。但他想继续按照计划，完成加州之行。他在圣迭戈参加完活动，进入后台时，一位乡村音乐歌手送给他一把吉他作为礼物。总统大大方方地接过来弹了一阵，但他没有意识到，美国广播公司新闻网的记者玛莎·拉达兹也在后台。拉达兹拍下了总统这个休闲时刻。

更让人觉得总统缺乏紧迫感的是，他决定先在得克萨斯州住一晚，第二天再回白宫。在回华盛顿的飞机上，卡尔·罗夫提议飞经新奥尔良上空，以显示总统对灾区的关切。麦克莱伦和丹·巴特利特表示反对。“就算总统朝新奥尔良上空飞，他也会在 1 万英尺的高空，这反而让人觉得总统有些冷漠。”麦克莱伦在电话会议上抱怨道。

这个提议就此作罢，但第二天，飞机还是途径墨西哥湾沿岸。麦克莱伦原本就因为中情局泄密事件与罗夫产生了龃龉，现在又在这个问题上意见相左，他感觉很不爽，但也不想抗议了。至少不要让摄影师进入飞机前舱，远在华盛顿的巴特利特焦急地敦促道。无论如何，他们还是顺着罗夫的安排行事。

当晚的电视报道画面很残忍，在巴特利特看来，那可能是布什上任以来最糟糕的一次电视报道。

“总统先生，我需要更多的军队。”布兰科在电话中急切地求援。星期三，她打电话到白宫找布什，却被总统的助手们当皮球似的踢来踢去。最后，她终于和总统联系上，于是向布什要求借调4万名士兵。“我盘算了一下，大概需要这个数。”她后来说道。

如果没有军队，联邦政府根本无法应对这种规模的灾难。联邦紧急事务管理署没有一辆消防车，没有一艘救生船，也没有一架直升机。该部门的主要工作就是开支票、签订承包合同，为危机发生后的前线救援工作拨经费、拉赞助。但路易斯安那州和新奥尔良市的领导人都快招架不住了，而且布什也能看出来，如果没有联邦政府的特别帮助，他们恐怕难以支撑。在一次视频会议上，迈克尔·布朗告诉布什，新奥尔良市长雷·纳金表现得像个狂躁不已的“瘾君子”，布兰科也已是强弩之末。

此时的布什全情投入，以领导政府的反应。“9·11”事件后，他不停挑战法律底线以应对国家安全威胁，但4年后的今天他似乎走向了另一个极端：甘于接受法律对总统权力的限制。1878年通过的《地方保安队法案》明确禁止现役军人在美国境内开展执法行动。顾问告诉布什，唯一的规避办法，就是援引另一本古老的法律《叛乱法》，或者让州政府交出国民警卫队控制权。因为《地方保安队法案》对现役军队的限制有一个例外：如果总统宣布新奥尔良处于暴乱状态，那么他就可以依法向那里部署联邦军队。

唐纳德·拉姆斯菲尔德反对派出第82空降师，他认为如果美国人看到士兵在街道上走来走去，一定会心神不宁。

从纽约赶回来的赖斯反驳说：“他们会欢迎军队的。”

一些白宫官员感到愤怒，他们认为总统应该通牒拉姆斯菲尔德，要么在中午之前下达部署军队命令，要么辞职。

国民警卫队队长斯蒂芬·布鲁姆中将也支持拉姆斯菲尔德，他认为将国民警卫队和现役军人一同纳入联邦政府的指挥体系中，本质上是“越权”，而在逻辑上是“一个巨大的错误”。他对布什说，这种做法，不但起不到帮助救援的效果，反而会妨碍从全国各地涌入灾区执行任务的警卫队的工作。

布什很生气，但他并没有解雇拉姆斯菲尔德，也没有斥责联邦应急管理署署长布朗，毕竟后者并没有接受过应对国家灾难的专业培训。接受电视台采访的布朗甚至没有意识到成千上万在新奥尔良会展中心避难的灾民正缺少食物和水。看到救援工作乏力，布什恼羞成怒："这么长时间救援物资还没有送到，到底是怎么回事？为什么我们不能把这些人从超级穹顶体育会展中心转移出去？"各种令人发指的暴行开始见诸报端，包括强奸和谋杀，还有救援人员从会展中心和灾区其他地方落荒而逃时的场景。

9 月 2 日，布什决定飞赴灾区，这次他一定要在当地着陆，亲自视察灾情。当他准备离开白宫登上"海军一号"时，巴特利特提议他对着镜头，向那些在白宫南草坪等待的媒体，公开表达自己的忧虑和焦躁，因为公众想看到总统与他们一样心系灾区。

"告诉他们。"巴特利特提议。

布什同意了，他严厉地告诉记者："这一结果是无法接受的，我现在就赶过去处理。"然后他登上了直升机。

尽管一再否认，但实际上布什也会经常读报，虽然他不会看太多电视新闻。为了让总统完全了解灾情的严重程度，巴特利特把这几天有关灾区的新闻报道刻录在一张 DVD 上，以便总统在飞往灾区的途中能掌握更多情况。这些资料比总统通过官方途径获得的情报更加触目惊心，他震惊异常，怒不可遏。

突然，布什在视频中看见某个地方起火了。

"那是什么？"他厉声问道。

沿海某些地方发生了火灾，迈克尔·切尔托夫告诉他。

"现在把火扑灭！"布什说，"把火灭了！"

到达阿拉巴马州的莫比尔时，布什脱掉他的西装外套，卷起衬衫袖子，私下会见了地区领导人。前来机场迎接的阿拉巴马州州长鲍勃·赖利向总统称赞了布朗和联邦政府派来的工作人员。

"你派来的人，迈克·布朗他们，每个人都很出色。"赖利告诉布什。

显然，这句话一直留在了布什的脑海中。几分钟后，当他出现在镜头前时，他重复了这句话。

"小布朗，"他说，"你的活干得漂亮极了。"

短短几个小时内，布什的态度有了 180 度大转弯，从"不可接受"到"干得漂亮”。正如他尊重在伊拉克的将士们一样，布什选择不去质疑正在墨西哥湾沿岸执行前线救援任务的工作人员。但这加重了他在公众心目中“脱离现实”的形象，也成了他总统任期内最糟糕的时刻之一。

接着，布什飞往新奥尔良，在那里会见了当地领导人。“空军一号”停在新奥尔良路易斯·阿姆斯特朗国际机场的停机坪上。新奥尔良市长纳金疲惫不堪，卡特里娜飓风登陆后，他被迫在市中心的一家酒店里住了4天。这期间他没有洗过澡，也没有吃过一顿热餐，直到他登上“空军一号”才用总统的淋浴室冲了个澡，吃了顿早饭。之后，布什与地方官员们开始会谈。会议一开始就充满火药味，参议员玛丽·兰德里欧几乎情绪失控，一把鼻涕一把眼泪地诉苦。

布什有些不耐烦了：“你能安静点吗？”

用布兰科的话说，纳金“几乎精神崩溃”。他开始发脾气，用力拍着会议桌，要求总统和州长协调事务。布什试图调和众人的情绪，理清救灾的指挥系统。

“到底谁在负责新奥尔良的安全？”他问道。

布兰科看着纳金，但发现他正用手指着自己。“州长负责。”他说。

布什有些困惑。

“总得有人对此负责。”纳金说。

“我想与州长单独谈谈。”布什说。他又转头对布兰科说：“你能跟我到办公室谈谈吗？”

他俩走出会议室，穿过狭长的走道，来到了“空军一号”机身前端的一个小机舱里，与他们一起来的还有乔·哈金。布什告诉布兰科，她的州和地方政府的应急能力显然已经无力应付这次灾害，她应该授权联邦政府来接管救灾工作。布兰科犹豫了。其实在之前，卡尔·罗夫就已经透过参议员戴维·维特向她传达过这个想法，但由于是罗夫的提议，她本能地感到警惕：一位政治战略家怎么会提出这样的建议？她认为，这个提议多半是出于政治上的考虑，而非合理的应急措施。她的顾问告诉她，把指挥权交给联邦政府只会让事情变得更加复杂，无助于救灾。

离开机舱时，她觉得自己因为揣度美国总统的意图而拒绝他，实在不太合适。于是，她告诉总统，她会在征求国民警卫队队长的意见后，再做定夺：“我会再和他谈谈，然后在24小时内给你答复。”从她的角度考虑，这么说是出于礼貌，她不想当面拒绝总统；但从布什的角度看，布兰科的立场似乎比原先有所松动，她几乎就要同意了，只是还有些优柔寡断。在这个关键时刻，必须有人站出来做决定。如果真的有人在耍什么政治手腕，那么布什的助手们认为，应该是这位州长和她的团队。

回到华盛顿后，布什和他的工作人员制定了一项计划，也找到了一条将联邦军队派往路易斯安那州的途径。这是一个有意思的方案：由五角大楼的指挥官罗塞尔·奥诺雷中将在前线负责指挥路易斯安那州内的所有救灾部队。关于现役部队的问题，奥诺雷向总统和国防部报告；而关于国民警卫队的问题，则向布兰科州长报告。这种双轨制的指挥体系既能实现用现役部队保障城市安全的目的，又能照顾到州长的面子。晚上 11 点 20 分，卡德让国民警卫队的布鲁姆给布兰科在巴吞鲁日市的临时州长官邸发出一封传真，简要描述了这个双轨指挥制度，并请她签字。

“我想让你在上面签字并在 5 分钟内把它发送回来。”布鲁姆告诉她。

布兰科吃了一惊。“我会读你的信，但我希望你知道，只有在我的律师看过这封信，并且认为没有任何问题的情况下，我才会签字。”她说。

“今晚就需要签字。”布鲁姆坚决地说。

“为什么？”

“总统希望今晚就签字。”

布兰科被激怒了。她认为白宫一直在通过向媒体泄露消息把责任归到自己身上，现在情况差不多在她掌控之中时，又跳出来邀功。令情况更加复杂的，是布鲁姆在其中扮演的角色，两边的人都不信任他。他曾告诉布兰科的团队，布什建议由联邦政府指挥救灾是个错误，现在又站在白宫一边，催促布兰科签署文件。“我所处的位置很尴尬，不得不见机行事，” 布鲁姆事后解释说，“但在当时，其实她知道自己怎么做才是正确的。”最后，卡德给布兰科打了通电话，告诉她，总统打算第二天一早就宣布这项动议。

“我不会签字的。”她生气地告诉卡德，“你们现在才想着努力介入，挽回面子，而我们现在有成千上万的人在忙着救灾，你们却在打政治算盘。”

她补充说，就算没有自己的同意，布什总统也有权这么做。“去吧，你们可以宣布启动《叛乱法》，用这种方式把指挥权接管过去，”她说，“但我一定会站出来揭穿你们，因为你们更关心政治，而非挽救生命！”

这个时候，布什的确可以启用《叛乱法》。上一次《叛乱法》被使用，是 1992 年布什的父亲老布什派兵平定洛杉矶暴乱的时候，当时，加利福尼亚州州长主动要求联邦政府采用这种方式。《叛乱法》可以在州长反对的情况下生效，最著名的例子，是德怀特·艾森豪威尔总统为了执行最高法院废除小石城中央高中的种族隔离制度这一判决，不惜出动 101 空降师与阿肯色州州长奥瓦尔·福伯斯对抗。但布什对此十分谨慎。如果他动用《叛乱法》，那么全世界都将目睹一个共和党的男性总统以叛乱罪名架空一个民主党女性州长，而这又是发生在一个非洲裔移民聚集的城市。这将引发极大争议，甚至产生灾难性后果。要知道路易斯安那州位于南方腹地，这里的人们几百年来对州自治权问题一直非常敏感。“我真想无视他们，坚决采取行动，”他后来说，“但在当时，我担心这样做将引发一场宪政危机，甚至可能带来一场政变。”

此外，对于把那些刚满 18 周岁、配备突击步枪、接受过良好训练、本来要送到伊拉克的士兵送到新奥尔良地区，布什感到十分担心。巴特利特认为，这些细节并不重要，重要的是由谁来指挥。

“我不在乎我们必须把他们的枪加上软木塞，或者是否要将他们的子弹收回来，”他对布什说，“但我们应该让他们去那里。”

布什最终巧妙地解决了这个问题，他决定派驻 7 200 名没有执法权的现役军人到灾区执行人道主义使命，这样就不会违反《地方保安队法案》。即便如此，他依然遭遇了不小的阻力。

卡德向拉姆斯菲尔德转达了这一命令，没想到却换来对方一顿数落。“看看这个指挥系统，”国防部长呵斥卡德，“参谋长在哪里？我只向总统汇报工作，不向参谋长汇报。如果总统真的想让我这么做，他得告诉我。”

最终，拉姆斯菲尔德妥协了，他签署了命令。就这样，第 82 空降师与第 1 骑兵师的士兵们与国民警卫队一起合作，一间房一间房地搜寻幸存者。但这种珍贵的场面却鲜为人知，布什在公众心中的形象永远不会完全恢复。副总统的顾问史蒂夫·施密特在发给同事的一封电子邮件中这样写道：“这将断送本届总统的任期。”

“9·11”恐怖袭击后，布什曾向切尼求助，而这一次，“卡特里娜”飓风来袭时他也曾试图向副总统求救，但切尼拒绝了。应对自然灾难和同情公众都不是切尼的强项。当布什让卡德告知切尼，希望他率领一支任务小组去监督救灾工作时，副总统说，除非他有实权，可以选择和解雇任务小组的成员，他才肯去。然而，他很快发现，这不过是个“虚职”，于是马上向总统表示自己不感兴趣。“如果我去，我不过是个傀儡，真正行动时根本没有实际指挥权。”他回忆时说道。布什再也不像第一任期时那样，愿意将权力下放给副总统了。副总统拒绝这项任务令布什有些焦躁。在一次与飓风有关的高层会议上，布什故意挤兑副总统。

“我问过迪克是否愿意带头领导救援行动，”布什说，“遗憾的是，我没有得到积极的回应，至少，没有得到最积极的回应。”

他看着切尼，问道：“不知道能否劳驾你，为我们做一次实地走访？”

切尼说没问题，随后又补充说：“总统先生，如果是你亲自下令，这根本不是问题。”

9 月 8 日，副总统前往灾区。他很快发现，迈克尔·布朗在那里只手遮天，于是向国土安全部长迈克尔·切尔托夫反映了这个情况。切尔托夫早就留意到这点，他一直在努力争夺危机处理的指挥权。布朗认为，自己需要直接与白宫接洽的权力，但又无法绕过切尔托夫。而令切尔托夫大为光火的是，布朗总是花大量时间在电视上作秀，根本没心思监督危机处理工作。最后，他只好命令这位联邦紧急事务管理署署长不得离开巴吞鲁日救灾指挥中心。“让那些电视采访滚蛋，你给我管好自己的本职工作。”切尔托夫这样对布朗说道。但布朗违抗了他的命令，离开了巴吞鲁日去视察灾情。

切尔托夫对布什说，他想炒掉布朗。“你可以做你想做的任何事，”布什告诉他，“那里由你做主。”于是，切尔托夫将布朗调回华盛顿，不再让他参与救灾工作。9 月 12 日，布朗辞职。布朗后来承认，他的确变得“不听指挥”，那是因为切尔托夫“根本不知道如何应对灾难，只会在华盛顿对救灾工作指手画脚”。

这场风暴最终夺走了 1 883 条生命，造成 1 080 亿美元的损失，成千上万的人无家可归。布什向自己的父亲和比尔·克林顿请教该如何进行下一步救援工作。

在如此多的指责中，最让布什受不了的，是外界认为他在应对“卡特里娜”飓风时的行为表现出了种族主义。公众认为，新奥尔良是非洲裔居民聚居区，布什应对迟缓，主要是因为对有色人种漠不关心。尽管布什有这样或那样的不足，但他对种族问题并不敏感。他告诉劳拉：“这是我当总统以来最难熬的时刻。”

但同时，他和迈克尔·格尔森都认为，这可能是一个公开讨论美国种族和贫困问题的好机会，并为此精心策划了一篇演讲稿。

9月15日，布什飞往新奥尔良，在黄金时段发表了一次全国电视讲话。讲话的地点是杰克逊广场，这一广场是以1812年第二次美英战争时，在新奥尔良战役中大败英军的安德鲁·杰克逊将军命名的。他这次演讲的背景是十室九空的新奥尔良城，当时整个城市还没有恢复供电，只有少量发电机在运作。在这个曾是世界上最具活力的城市中，总统的听众只是一小批政府官员和第82空降师的战士们。布什承诺，将“在此进行举世瞩目的大规模重建工作”。他接受了公众对自己起初应对不力的指责：“作为总统，我责无旁贷。”

他试图将演讲引入自己和格尔森事先想好的话题。“我们都从电视上看到了，该地区存在着根深蒂固的长期贫困，”布什说，“这源于历史上的种族歧视顽疾，它阻碍了一代又一代美国有色人种享受公平的机会。我们有责任采取勇敢的行动，直面贫困。”

因为布什有太多事要做，上述大胆勇敢的行动并没有广泛开展。不过，布什及其夫人访问灾区数十次，还拨出1 260亿美元的联邦资金用于恢复重建。这是一个历史性的承诺，有些人将它比作“二战”后重建欧洲的“马歇尔计划”。

“卡特里娜”将始终被铭记于历史中，时刻提醒人们，布什面对灾难曾领导不力，他本人也时常为之感到痛苦。“你知道吗，他们居然因为这个指责我？”在与科菲·安南私下会谈时，布什曾这样说道。

“卡特里娜”飓风不但毁掉了布什的声誉，还令他的国内议程陷入泥淖。当联邦政府终于有时间喘口气的时候，却发现总统提出的社会保障计划举步维艰。布什自然而然地责怪民主党，他认为是民主党不明就里地反对才使之夭折。诚然，可以肯定的是，民主党的确有自己的政治打算而不愿合作，但真正扼杀该计划的，其实是共和党自身。国会发言人丹尼斯·哈斯泰特在白宫向布什传达了这个消息。

“你看，我们必须注意到另一个情况，因为坚持这项计划，我们实际上是在新任期中自取灭亡，这对我们来说是一味毒药。”哈斯泰特对布什说，“我们并没有在国会占大多数席位，要通过这项计划难度很大，甚至没有能力让它通过。”

布什很不高兴。"我希望我们能通过，"他说，"但让我们先不要轻易放弃，继续坚持下去，看看能走到哪一步。"

他从未正式宣布放弃，但即便如此，布什第二任期的第一项国内议程就这样无疾而终了。

第二任期的外交议程也同样步履蹒跚。切尼阵营拒绝与朝鲜和解。强硬的鹰派人士罗伯特·约瑟夫提出对平壤进行海上封锁，迫使其提供核燃料或相关核技术资料。约瑟夫曾参与利比亚问题谈判，后进入国务院担任副国务卿，负责军备控制和国际安全事务。他甚至还向与会人员发放了一份备忘录，描述海上封锁该如何具体操作："我们都知道，如果对方真的拥有核武器，这必将改变世界。"但因为此前惨痛的历史教训，没有人希望爆发第三次世界大战。

在康多莉扎·赖斯的支持下，克里斯托弗·希尔几个月来排除万难，尽力将朝鲜拉回到核武器问题的谈判桌上。他似乎快要成功了，但切尼仍对此深表怀疑。9 月 19 日，朝鲜同意放弃其核计划，交换条件是，美国必须承诺不对其发动攻击。布什已经表示，如果朝鲜取消核项目，他将排除敌意。这一突破似乎彰显了赖斯的新外交思路取代切尼旧外交后所取得的重大胜利。

但就在第二天，反复无常的朝鲜领导层故伎重演，撕毁了先前的协议，提出了更苛刻的要求。他们要求美国提供民用核反应堆作为其放弃核武器计划的交换条件。这基本与比尔·克林顿此前已经同意，而布什上任后又废弃的协议如出一辙。布什没有兴趣步克林顿的后尘。

接着，双方的对峙又出现了新的转机。美国财政部指称汇业银行协助朝鲜领导人金正日洗黑钱、协助伪钞流通。朝鲜在该银行约 2 500 万美元的账户被冻结。这项行动并非希尔谈判战略的一部分，但无意中帮助美国在谈判中占据了优势地位，因为朝鲜政权发现自己的财路被切断了。

任命合适的人，而不是你的人

2005 年 9 月 3 日，布什和妻子劳拉正躺在床上，这时候电话铃响了。当他起来接电话时，他预感这不会是什么好消息。如果是好消息，不会有人在这个时候给他打电话。

电话那头是卡尔·罗夫，他告诉布什，首席大法官威廉·伦奎斯特去世了。

这位首席大法官一年来都在与癌症斗争，大家都心知肚明：他的离世是迟早的事。布什立即意识到，他又有了进一步涉足最高法院事务的机会。约翰·罗伯茨凭借其自信和风度给国会山留下了良好印象，已顺利进入见习期。现在布什又多了一个职位空缺可以填补。

下一步相对容易。既然切尼曾简单提过，希望提拔自己的好朋友安东宁·斯卡利亚大法官，那么布什决定在罗伯茨获得任职确认前，便提名罗伯茨为首席大法官。布什团队的想法总是不时出现偶然或意外，但这个想法却因为罗伯茨的确认进程顺利而得到大家拥护。布什因“卡特里娜”飓风饱受批评，提名罗伯茨担任首席大法官无疑是最安全的选择。总统拿起电话，拨通了罗伯茨的号码，把提名首席大法官的事告诉他。其实，罗伯茨曾给伦奎斯特当过书记员。罗伯茨接受了这项提名，第二天上午他与布什双双出现在白宫，一同宣布了这个决定。

罗伯茨很快进入确认阶段。为了即将到来的听证会，他在绰号“夺命委员会”的律师团陪同下，进行了魔鬼式备战。在司法部一间会议室里，律师团的人向他轮番轰炸，他们还用厨房常用的塑料计时器记录答题时长。中间偶尔休息片刻，他们会吃一点从哈里斯·蒂特超市买来的饼干。这样的训练每天进行 4 小时，每周 4 天，共持续了 4 个星期。等罗伯茨正式进入国会山接受听证时，他把自己描绘成一个没有意识形态的仲裁人，轻松瓦解了民主党反对派的围攻。

布什在劳拉潜移默化下，决心找一位女性法官填补奥康纳的空缺，他让安迪·卡德去物色人选。“不要白人。”卡德告诉哈里特·迈尔斯及其副手威廉·凯利。在联邦上诉法院或知名高等法学院担任要职的女律师并不多，审查小组迅速对她们进行了地毯式搜索。

可惜，总有这样那样的缺陷或不足，似乎找不到一个完全合适的人选。那年夏天在终极 PK 中落选的伊迪丝·布朗·克莱门特没有给布什留下深刻印象。保守人士的最爱伊迪丝·琼斯看起来太过凌厉。其他候选人还包括普里西拉·欧文、凯伦·威廉姆斯、爱丽丝·巴彻尔德、黛安娜·赛克斯、迪纳尔·瑞斯·塔恰、莫拉·克里甘以及莫林·马奥尼。她们总有各种各样的问题，要么主动提出不愿被提名，要么担心财务信息被披露，要么就是不够保守。“我们几乎搜遍了美国所有共和党女性上诉法官。”凯利回忆道。

不过，其实还有一名女性一直在布什眼前晃悠，只不过切尼及其团队都没有把她视为候选人：那就是迈尔斯。她虽然不是宪法学者，也从未担任过法官，但从某种程度上说，她是得克萨斯州立法院的开创者，是一名成功的企业律师，还是前达拉斯市议会议员。她的加盟或许会给由常春藤盟校毕业生统治的最高法院增添一些现实气息。最重要的是，布什对她知根知底，相信她是一名坚定的保守派。早在 7 月时，他就与卡德私下聊过，如果最高法院有第二个职位空缺，能否有可能考虑迈尔斯。卡德也已经指示迈尔斯的副手凯利暗中探过她口风。

9 月 21 日，布什邀参议院领袖共进早餐，讨论奥康纳的职位空缺问题。期间，他更坚定了提名迈尔斯的想法。民主党领袖哈里·里德参议员对迈尔斯印象深刻，并声称如果由她接替，他会支持的：“如果你提名哈里特·迈尔斯，你一开始就拥有了 56 张赞成票。”这暗指 55 张共和党的票外加他的一张赞成票。随着“卡特里娜”飓风遭人诟病，布什的社会保障计划夭折，伊拉克的暴力事件持续不断，布什急切希望提名一个能顺利通过确认的候选人。

当天晚些时候，总统请迈尔斯来到自己的椭圆形办公室，让她在大法官候选人名单上再增加一个名字——她自己。

“加上我？你这是什么意思？”她问。

布什告诉她，有人已经秘密审查过她了。但她表示异议，坦承这并非正确的选择。她仍然支持塞缪尔·阿利托。

“那么，哈里特，看看你的简历，”卡德对她说，“如果这是别人的简历，你是不是会向总统推荐这个人？”

是的，她应该会。如果布什打算考虑她，她不会说“不”。

布什开始征求白宫其他人的意见。迈尔斯在这里很受欢迎，也因为其惊人的职业道德和不可动摇的忠诚而受众人爱戴。但没人会想到，这个区区南方卫理公会大学法学院的毕业生会成为最高法院大法官。她就像白宫大管家，确保各类报纸文件有效送到各部门，纠正备忘录中的语法和措辞，她还曾拒绝过一份白宫圣诞卡的祝福语文本，因为她认为写得不太好。预算主任米奇·丹尼尔斯称迈尔斯具有“女学者”风范，能震慑全场，且陪伴布什度过了许多关键时刻。9 月 11 日那天，她曾与布什一同乘坐“空军一号”应对危难，也曾陪同总统到亚伯拉罕·林肯号航空母舰发表有关伊拉克问题的演讲。但在白宫西翼，不少人认为迈尔斯太过迂腐，思想不够深邃。她从未严谨地表述过司法理念，与约翰·罗伯茨不可同日而语。

对提名迈尔斯这个决定感到恼怒的人中包括切尼。但因为戴维·阿丁顿等人的劝解，他的反抗情绪有所缓和。同为非名校法学院的毕业生，阿丁顿在心理上还是力挺迈尔斯的，但切尼仍旧认为这不是什么明智的选择。按照布什的要求，切尼花了4年多时间，旨在为最高法院寻找最优秀、最聪慧的保守派法官。切尼认为必须遏制最高法院的自由主义倾向，至少应该让他们尊重行政部门发动反恐战争的权利。在哈姆迪案中，最高法院强行干涉一位战时总统执行防卫国家的权利，这件事让切尼更加坚定地认为，应该选择合适的大法官。而很明显，总统曾经的私人律师迈尔斯并非最佳人选。

布什早已预料到，切尼可能会不高兴。

“迪克，你可能不会同意，”布什对切尼说，“但我还是决定提名哈里特。”

“总统先生，”切尼直截了当地说，“把她推上去可能会比较艰难。”

布什想知道，这到底有多难。9月23日，参议院司法委员会投票通过了对罗伯茨的提名。没过多久，白宫副顾问威廉·凯利就打电话给四骑士之一的莱昂纳德·利奥，请他对迈尔斯的胜算做个评估。利奥说，他觉得这场仗将十分艰难。挂断电话后，利奥想了想，又回了个电话说，他们应该好好计划一下。第二天上午，利奥和凯利在华盛顿泰森斯角的丽思卡尔顿酒店会见，谈了两个半小时。“这真是一项艰巨的任务。”利奥对凯利说。首先将引起一场“腥风血雨”，他警告道。但如果处理得当，她可以赢得确认。尽管如此，利奥依然坚持，迈尔斯并非合适的候选人，后来他打电话问其他保守派们，这些人不约而同地认为这纯属无稽之谈，没什么可考虑的。

除了切尼，还有很多人反对这项提名。艾伯特·冈萨雷斯对布什说，迈尔斯跟他一样，受到保守派人士质疑；凯利和白宫秘书布雷特·卡瓦纳夫敦促总统提名阿利托；负责罗伯茨确认竞选的艾德·吉莱斯皮，很可能也会负责下一位大法官的提名确认过程，他呼吁总统提名一位明显能引发意识形态争论的候选人。“在上帝的庇佑下，进行一场良性、激烈的辩论，从承诺到政府实现财产公平，再到法院援引外国判例法的正确性等，一切都可以开诚布公地探讨，当然我们也没必要刻意回避堕胎问题。”吉莱斯皮在一份备忘录中这样写道。但布什并不想寻求这样一场较量。9 月 29 日，罗伯茨以 78 比 22 的高票数赢得确认，宣誓就任首席大法官。布什邀请新任首席大法官、吉莱斯皮以及把罗伯茨推荐给参议院的牵线人——前参议员弗雷德·汤普森到椭圆形办公室，征求他们建议。

下一位候选人是否必须是女性，性别重要吗？他问。

汤普森表示，性别不重要，更为重要的是选择合格的候选人。

吉莱斯皮持不同意见。“总统先生，我想如果有一位合格的女性担任大法官，将会更好，”他又提到了自己的妻子，“你知道，凯西是个保守派女性，总是高举女性主义大旗，我想，如果未来的大法官不是女性，她可能会很失望。”

“很有道理，”布什说，“我的直觉也告诉我，应该找位女性。”

那个周末，布什与安迪·卡德一起前往戴维营，商量接下来的对策。10 月 2 日，星期天，他回到白宫，召集迈尔斯，正式向她提出这项提名。她接受了。接着，他们与劳拉一起出席了庆祝晚宴。

对布什来说，这个决策完全符合他选人的模式，从某种程度上说，与他曾经任命切尼的方式如出一辙。第一任期时，他拜托切尼为他物色副总统人选，结果切尼自己成了候选人。比起那些有光鲜亮丽的履历表，但却与自己素不相识的人，布什更信任身边的人，也相信自己的判断。为组建第二任期内阁，他大胆启用了康多莉扎·赖斯、艾伯特·冈萨雷斯和玛格丽特·斯佩林斯等前白宫官员。有时候，这种方法的确不错，忠诚有助于创造良好的工作关系；但有时，也可能酿成一场灾难。

在这件事上，布什认为，选择迈尔斯有效避免了一场争吵。但他显然高估了自己的善意所带来的影响。也就是在那个星期天，罗夫打电话给保守派游说团体“爱家协会”会长詹姆斯·多布森，试图拉票。罗夫告诉多布森，迈尔斯是个不折不扣的保守派人士，在一个反对堕胎的教会长大。多布森同意支持她。10 月 3 日，早上 6 点刚过，白宫打电话给莱昂纳德·利奥，告诉他大约 2 个小时后，布什将宣布提名迈尔斯。利奥听到这个消息竟一时无言。“莱昂纳德，你在听吗？”电话另一头关切地问道。

早上 8 点，布什与迈尔斯一同出现在白宫椭圆形办公室，他称呼迈尔斯为“特别适合坐在我们国家最高法院的女性”。8 点 12 分，布什讲话结束前 2 分钟，人脉甚广的保守派律师曼努埃尔·米兰达发来一封电子邮件，谴责布什的选择："今天很多保守派人士都会认为，总统可能提名了自己之前的律师，这是一位与曾经的亚伯·方特斯一样，极不合格的人选。"林登·约翰逊曾想提名亚伯·方特斯担任最高法院首席大法官，但后者因道德伦理问题遭到众人反对。几小时内，其他保守派纷纷表示失望，包括威廉·克里斯托尔、戴维·弗罗姆、查尔斯·克劳塞默、乔治·威尔、罗伯特·博克和拉什·林堡。尽管保守派也对布什之前的一些决定，如《不让一个孩子掉队》法案、医疗保险改革和社会保障计划等颇有微词，但这还是他们第一次公开炮轰。

没想到的是，切尼居然在这时跳出来力挺总统。尽管他自己也抱有疑虑，但他请林堡支持迈尔斯："我相信，她是一位秉持保守派司法理念的法官，你们会喜欢她的，拉什。我与哈里特共事5年，我了解她。她坚信解释宪法和法律的重要性。她不会不顾联邦法院立法自由行事，总统对她的司法理念很有信心，我多年的个人经验，也令我对此充满信心。"

在第二天于玫瑰花园召开的新闻发布会上，布什亲自回应了外界批评。他称迈尔斯"是能找到的最佳人选"。但是，当他派人与保守派团体前去会面时，使者们都受到了猛烈攻击。10月5日，反税收领导人格罗夫·诺奎斯特举办了一场盛大午宴，邀请100名激进分子参加，出席当天活动的艾德·吉莱斯皮被人们的激烈反应震惊了。

"她是总统提名的，"美国保守联盟主席戴维·基恩说道，"她不是我们选出来的。"

听到有人说，迈尔斯不过是给总统端咖啡的高级女侍应生，吉莱斯皮感到很生气。他对这群人说："你们对哈里特的批评，充满了性别歧视和精英主义的傲慢。"

屋子里顿时炸开了锅。"你是说，这个房间里的人都是性别歧视者，都是精英主义分子吗？"专栏作家出身的法律顾问理查德·莱斯纳问道。

吉莱斯皮马上败下阵来："不，我没这么说。"他回答，他只是想表示，人们批评迈尔斯的教育背景、学识水平，甚至说她妆容过时，这是很不客观的。

同一天，在另一场保守派聚集的午宴上，也发生了相似一幕。午宴由现代保守主义运动的发起人、建筑师保罗·韦里奇举办。"我在这里这么多年，见过至少五次'相信我'这种戏码，"韦里奇对布什派去的特使说，暗指过去共和党提名的大法官都比他们起初标榜的更具自由主义倾向，“我很抱歉，但总统仅仅说自己了解迈尔斯的想法，这是远远不够的。”

总统的连任竞选经理肯·梅尔曼，现在担任共和党全国委员会主席，他回答说，这次情况不一样。“这次‘相信我’的情形与其他几次不同，因为总统对这个候选人知根知底。”他说。

布什实在受不了那些一直诋毁哈里特·迈尔斯的保守党人了。他们越是攻击她，他就越护着她。“我根本就不在乎他们，”一天，他向助手抱怨道，“我才不在乎他们说什么。这是我的选择。我知道她是谁，我知道她将成为什么样的法官。我相信她。”

但迈尔斯面临的形势越发艰难，不仅因为积极分子的大声反对，还有她自身的原因：这位候选人说话太柔声细语了。与约翰·罗伯茨一样，迈尔斯也要经历“夺命委员会”进行的地狱式备战练习。同行们会扮演参议员，问她各种问题。为了更好地备战，她邀请几位律师到她位于白宫西翼二层的办公室里，包括白宫律师威廉·伯克和来自司法部的蕾切尔·布兰德。他们坐在一起，模拟了一系列问题，但经常被短信和电话打断，因为迈尔斯还在继续履行白宫的工作职责。

伯克考验了迈尔斯的刑法知识，假设了一个情形。“所以，在这个特殊情况下，只要你有合理的怀疑而无需可能的动机就可以搜车，”他顿了顿说道，“你认为这符合法律吗？”

迈尔斯十分犹豫和困惑，她坦承：“我也不知道这两者有什么区别。”

律师们愣了愣。作为只负责合同和金融交易的公司律师可能不需要什么“可能的原因”，但作为最高法院的大法官，这些基础知识是必须掌握的。如果她连最基本的术语都不清楚，怎么经得住参议员听证会的严苛拷问？他们又抛出了几个问题，发现她实在知之甚少。无论是关于搜查还是扣押的第四修正案，又或是关于自证其罪的第五修正案，“她基本一问三不知，甚至一无所知”，一位官员回忆道。

到了正式的“夺命委员会”训练阶段，情况更糟。预备训练的情况十分尴尬，政府官员有意不让保守派律师参加，包括之前一向出席备战的四骑士成员博伊登·格雷和莱昂纳德·利奥也被排除在外。“他们不让我们加入，”格雷回忆时说，“我们两人只好盯着对方，推测她可能不会成功，这些人甚至不让我们看真实的情况。”

在国会山，情况也好不了多少。迈尔斯觉得很不舒服，甚至想放弃。她向各位参议员进行了礼节性拜访，每拜访一位，支持率就减少一些，就连共和党参议员也没多少人支持她。“哈里特，下次你一定要说出些什么。”一次会议后，来自阿拉巴马州的保守党参议员杰夫·赛辛斯对她说。迈尔斯向俄克拉何马州参议员汤姆·科伯恩请教，她该如何表现才能通过他们的考验。科伯恩直截了当地回答：“哈里特，你没戏。”更要命的是，在一次会议上，迈尔斯反驳了司法委员会主席、参议员阿伦·斯佩克特有关隐私权的说法，冒犯了后者。斯佩克特甚至没有耐性看她的参议院传统笔试题，就将之退回，要求她重答，像是老师强迫学生重做家庭作业一样。

最终击败迈尔斯的，并非来自保守派的攻击，而是迈尔斯自身在“夺命委员会”环节中的表现。

“丹，我们不能这么做。”一位律师对丹·巴特利特说。

“我们明白，”他回答，“再给我们一些时间。”

10 月 25 日，安迪·卡德走进椭圆形办公室，向布什递交了一份残酷的报告，建议其撤换迈尔斯，否则她将在全国电视观众面前出丑。

“我们不能把她逼到那个份上，”巴特利特对布什说，“否则我们就将永远毁了她。”

布什明白巴特利特的意思，马上开始想办法找出下一位可以提名的候选人。他对助手们发火，责怪他们办事不力。但他也意识到，其实是自己把他的朋友逼到今天这个境地，现在是时候想别的办法了。

当晚，卡德找到迈尔斯，告诉她，她的情况不太好。他以为迈尔斯会明白自己的意思，但其实她并不明白。第二天早上，威廉·凯利又找到迈尔斯，直言不讳地说：“你必须退出。”迈尔斯拒绝了。但那天上午的《华盛顿邮报》刊登了一篇报道，指出迈尔斯于 1993 年发表演讲时表示，“自决权”应该凌驾于堕胎法之上，并且反对“宗教或道德立法”。这些评论极大地挑战了保守派的耐心。一个反对堕胎的保守主义团体——美国女性关怀协会决定抵制迈尔斯。比尔·弗里斯特在白宫出席预算会议时，私下告诉布什，迈尔斯已经深陷困境。

布什当然心知肚明。夕阳西下，迈尔斯百无聊赖地走在路上，她知道一切都结束了。她也明白布什虽然没有亲自告诉她，但已经通过卡德和凯利向她发出了信号，她“没戏了”。晚上 8 点 30 分，布什还在条约厅办公，

迈尔斯打电话告知他，自己将放弃之前的提名。总统没有安慰她。白宫助理们并不了解事情的最新进展，他们刚把迈尔斯新交上的笔试答卷修改完成，并于晚上 11 点 40 分，也就是她宣布放弃提名 3 小时后，送到了国会山。第二天，10 月 27 日早上 8 点 30 分，迈尔斯起草了一封书面信函，交至总统办公室，这仅仅是她被提名后的第 24 天。上午 9 点整，白宫公开宣布了这项决定。迈尔斯回到白宫法律顾问办公室，开始寻找新的候选人。

多年来，布什每每想到此事，都痛苦万分。“如果能重来一次，”他后来写道，“我绝不会将哈里特送入虎穴的。”

对于这次失误，切尼只能无奈摇头。“我早就劝过他的。”他对一位助手说道。

DAYSOFFIRE

第24章

妥协与坚持

中情局泄密事件尘埃落定，切尼的左膀右臂利比成为了华盛顿高层的牺牲品。这本是平常的政治手腕，但布什力保罗夫、罔顾利比的做法，令切尼心中产生了芥蒂。与两人间关系同样紧张的是国家安全局势，布什的老对手麦凯恩推行立法反对酷刑审问，民众的反对令伊拉克战争陷入被动。布什和切尼不得不放下坚持，以寻求一条中间路线。

“断臂”的切尼

人们很难不注意到，卡尔·罗夫在会议中缺席了。这是10月28日上午，也就是哈里特·迈尔斯撤出大法官提名的第二天，白宫高级官员正在召开每日例会。大家都知道，中情局泄密门的真相快要水落石出了，总统最为器重的顾问罗夫，随时可能遭到起诉。

几个月来，白宫西翼的气氛变得十分诡异。助手们在密切关注着调查的最新进展，也清楚这可能带来什么后果，然而，他们彼此从不讨论。因为律师们发布了严格指令，禁止议论此事。罗夫和斯科特·麦克莱伦已然势不两立。传唤白宫官员出庭作证的法院传票纷至沓来，就连那些并没有成为检察官怀疑对象的官员，如丹·巴特利特等，也难以逃出生天。此外，一些人认为，此事在总统布什和副总统切尼之间播下了互不信任的火种。布什很不高兴，他认为，切尼对约瑟夫·威尔逊那份批评报告的过度反应才导致了对方紧抓这事不放。

结果，那天上午，人们惊讶地发现，他们需要担心的人不是罗夫。与会的助手们正在讨论当天的主要事务，突然有人进来，递了一张纸条给利比。利比看完后，猛地站了起来。他拿起最近的车祸后一直不离身的双拐，一瘸一拐地走出会议室。“房间里顿时鸦雀无声。”斯科特·麦克莱伦回忆时说道。会议结束时，利比上交了自己的工作证章，离开了白宫，再也没有回来。

一向鄙视电视新闻的布什，此时正认真地坐在椭圆形办公室旁边的餐厅里，双眼紧盯着电视上关于泄密案的庭审直播报道。检察官帕特里克·菲茨杰拉德对利比提出五项指控，包括作伪证、妨碍司法公正、进行虚假陈述等。菲茨杰拉德并没有指控利比泄露秘密，只是声称，利比没有向检方坦白自己认识威尔逊的妻子，也没有坦白向谁透露过该情况。那天上班迟到的罗夫，被免予起诉，至少目前如此。

对总统和副总统而言，这个星期已经是他们上任以来最难熬的一个星期了。提名迈尔斯的余波还未远去，结果一波未平一波又起。这事不但打击了布什，也让人看到，总统基本无视了副总统的建议。而现在，副总统的幕僚长极有可能遭到审判，这必将带来更沉重的打击。它将直指本届政府最危险的核心政治问题：为了战争，甚至不惜出卖国家机密。利比案加剧了公众对白宫的不信任，“布什撒谎，民众死亡”成为左翼反对派最爱的保险杠贴纸标语。

当布什的政治生命岌岌可危时，切尼的日子也不好过，他面临着更深的痛苦和折磨。这位对下属绝不心慈手软的政治家，对顾问利比却是个例外。他很为自己的得力助手担心，事实上，他早已视利比为自己的灵魂之友。切尼认为，这个案子是冲他来的，利比只不过是自己的替罪羊。不少副总统的部下认为，菲茨杰拉德之所以乐此不疲，实际上也是在与那个未经获准的监听项目较劲。一名助手这样描述道：“起诉利比主要是为了将副总统拉下台。”

利比留了封辞职信给安迪·卡德，离开时没与布什说一句话。利比的副手迪恩·麦格拉思开车带他离开白宫，直接向利比私人律师的办公室走去。利比的命运急转直下，迈尔斯发出一份备忘录，宣布利比为“不受欢迎的人”。备忘录中写道，“白宫所有工作人员都不允许接触‘滑板车’利比，询问有关调查的事。”员工们顿时士气低落，因为大多数人还是喜欢利比的。“我记得，最沮丧的时候，就是利比被起诉那段时间。”彼得·魏纳说。

切尼亲手写着他的个人陈述。当布什的助手们把切尼的手稿与他们为布什准备的个人声明对比时，他们真的被副总统对此案的个人看法感动了。“那么多年了，能让他如此伤心的，恐怕只有利比。”艾伦·辛普森说。就这样，切尼失去了自己最得力的干将。利比被同事们称为“切尼的切尼”，他是副总统的至交好友，也是其耳目喉舌，密切关注着白宫西翼周边的动向，也为切尼保驾护航，想方设法令副总统的看法得到大家认可。

迈尔斯“落荒而逃”，利比面临指控，布什打算到戴维营冷静一下，想想接下来该怎么做。他的首要任务是搜罗另一位最高法院大法官，布什不希望事情再有任何差池。令众人惊讶的是，迈尔斯重新担起法律顾问之职，就像什么事也没发生过，全身心投入了寻找合适人选的事务中。“那件事过去一个星期后，她就释怀了。她能很快调整心态，这是她的一贯作风。”巴特利特说。

布什很快将目光锁定在塞缪尔·阿利托身上，这位来自新泽西上诉法院的法官，也是迈尔斯一开始推荐的人选。阿利托与路堤一样，担任法官十多年，有强烈的保守主义倾向，而且他籍籍无名，不易成为民主党人攻击的目标。布什打电话给他，向他抛出了橄榄枝。

与此同时，白宫还在推进另一项重要任命，这项任命没那么大张旗鼓，但对这届政府的未来有着更重要的意义。

担任美联储理事会主席长达 18 年的传奇人物艾伦·格林斯潘宣布辞职。在漫长的任期中，格林斯潘有效遏制了通胀，冷静地管理危机，还带领美国走过了一段经济高速增长且失业率较低的黄金时期。但眼下的美国经济已出现明显的不祥征兆。

通过次级抵押贷款这种宽松信贷形式，美国出现了前所未有的购房热潮，多数购房者并不具备还贷能力。两年内，房价上涨近 25%，经济泡沫显而易见。华尔街接纳了这些高风险抵押贷款，通过重新包装，又将它们以投资形式兜售出去。格林斯潘曾信誓旦旦地向政策制定者表示，这实际上不是泡沫，充其量是一点“泡沫花”而已，很快就能消除。但不少经济学家担心，次级抵押贷款导致房价飞涨，这种经济泡沫迟早会崩溃，酿成经济危机。

为了找人接替格林斯潘，布什再次向切尼请教。就像为最高法院寻找候选人时一样，切尼又张罗了一轮疯狂的海选，然后在白宫西翼的副总统办公室亲自面试了最终入围者们，每位候选人的面试时间大约一个半小时。最后，切尼相中了普林斯顿大学的经济学家本·伯南克。伯南克曾是美联储理事会成员，现任总统的经济顾问委员会主席。切尼将精心挑选的候选人带至椭圆形办公室，让布什亲自过目。

伯南克有着良好的口碑，他是一位低调的学者，也是出生于大萧条时期的最顶尖经济学家。他与格林斯潘一样，对房地产市场持乐观态度，认为眼下的房价上涨是“经济要素强劲”所致，如就业率增长、收入增加、新组建家庭增多等。他预期未来“房地产市场会出现一定范围的冷却”，但这不会阻止经济增长。

10 月 24 日，布什宣布了这项任命，共和党和民主党均表示支持。当天,股市出现了 6 个月以来最大的一次反弹。伯南克将在无人反对的情况下，直接通过口头表决，赢得参议院的任命确认。

陷入窘境的国家安全局势

布什和切尼越来越发现，他们在原本最具优势的领域里，现在也慢慢趋于守势，比如对国家安全问题的处理。曾在北越战俘集中营里受尽折磨的约翰·麦凯恩带头反对白宫，他坚持要求立法禁止酷刑，禁止在审讯恐怖主义嫌犯时使用极端手段。

切尼很愤怒，认为这是搬起石头砸自己的脚，此举将挫伤他们保卫国家的初衷和努力。他前往国会山，会见麦凯恩及其盟友——参议员林赛·格雷厄姆，试图阻止他们的行为。他将一份题为《不断精进的审讯技术》的情报展示给他们，坚持声称，没有其他办法逼犯人乖乖就范了。麦凯恩和格雷厄姆拒不妥协。“我们现在在世界舆论浪潮中处于下风，敌人就是利用这些来攻击我们的。”格雷厄姆对他说，“其实还有更好的办法，你完全可以在不抛弃正确价值观的同时，获取珍贵情报。”

他们的争论十分激烈。切尼甚至一度玩弄文字游戏，只为保护审讯人员行动时的弹性，但参议员拒绝了。万分沮丧的切尼恼羞成怒，呵斥麦凯恩：“你的双手终将沾满鲜血。”“实际上，他告诉我，如果我们的立法获得通过，我就与那些开飞机撞世贸大楼的恐怖分子没有区别了。”麦凯恩事后告诉助手。切尼后来说，麦凯恩根本不愿听他的话，审讯人员通过这些手段获取了如此多的宝贵资料。“我们还没转入正题，他就大发雷霆，冲出了会议室。”切尼说。

麦凯恩对此同样强势回应。就在哈里特·迈尔斯的大法官提名石沉大海之时，参议院以 90 比 9 的高票批准了麦凯恩的《在押人员待遇法》，足以推翻任何可能的否决案。而在白宫，切尼阵营的人依然在想办法，威胁进行否决。当国务院首席律师约翰·贝林格看到否决通知书的草案时，他立即找到康多莉扎·赖斯，请她出面干预。他提醒赖斯说，国务卿经常口口声声谈论美国要站在历史的正确一方。“我认为，如果我们否决，那么历史必将对我们作出负面评判。”他说，“但我们可以扭转局面，因为你也希望在这些问题上，美国能站在正确和正义的一方。”

赖斯答应了，她立即前往白宫参加讨论。经过多轮争吵，否决终于被撤销。布什派哈德利找到麦凯恩，与之讲和，替切尼解围。虽然副总统很生气，但他并没有提出抗议，这一点他的助手们可以作证。

布什和切尼试图阻止立法，而媒体随后曝出的重磅消息，再次挑动了美国反恐战争最敏感的神经。11 月 2 日，《华盛顿邮报》爆料，美国中情局一直把恐怖分子嫌疑人秘密关押在境外的“黑牢房”。在政府的要求下，《华盛顿邮报》没有透露设有这些秘密监狱的东欧国家的具体名字。据时任国家安全局局长、后成为中情局局长的迈克尔·海登说，连布什都不知道这些国家的名字。但在人权活动人士及其他记者们的努力下，这些国家最终浮出水面——罗马尼亚、立陶宛，可能还有波兰。

随着感恩节临近，布什和切尼决定对批评声发起反击。在他们看来，民主党人极其虚伪，他们中的许多人原来也支持战争，现在却反过来谴责布什政府。因为布什要前往亚洲出席峰会，于是发动反攻的重任就落在了切尼身上。11 月 16 日晚，华盛顿自由前沿研究所赞助了一台大型晚会，以纪念罗纳德·里根总统，他们邀请切尼在会上发表致辞。晚餐开始前几个小时，撰稿人撤销了他们原先准备的稿件，另外拟定了一篇新稿，旨在向民主党发起猛攻。

切尼身着燕尾服，脸上挂着他标志性的笑容，走上位于白宫附近的五月花酒店讲台，他知道观众席中坐着不少友好人士。

“2008 年！”观众中有人喊道。

“绝对不行。”切尼很快反驳道。

接着，他立即开始反驳批评者。“很遗憾，参议员哈里·里德、约翰·克里和杰伊·洛克菲勒今晚没来，”切尼说，“他们不能来这里与我们共襄盛举，因为他们没有恪守承诺。”

为了让观众明白其中含义，他停顿了一下，微笑着说：“我会给你们 1 分钟时间，让你们好好想想这句话。”

他的观点很明确：“一些参议员谴责美国总统，以及本届政府某些官员，

称他们故意在伊拉克战争开始前用虚假情报误导美国公众。这种指控是有史以来最不诚实的行为，也是发生在这座城市中最大的丑闻。当然，说出这些最不负责任的言论的人，恰恰是一开始赞成用武力推翻萨达姆·侯赛因的那些所谓的政治家们。这些官员由民众选举产生，有渠道获得情报，也有下结论的自由。”说到这里，切尼才刚热身完，他继续抨击道：“某些机会主义者大概失忆了，失去了应有的气节，转而变得愤世嫉俗、善于撒谎。可是，我们的军队还在前线奋力杀敌，他们九死一生。我们绝不会袖手旁观，任由这些人篡改历史，我们要确保，他们会为自己说过的话负责。”

布什很快在世界的另一头积极响应了切尼发起的反击战。几个小时后，在与韩国总统一起出席的新闻发布会上，他被问及是否赞同切尼的说法。布什说自己完全同意：“如果出于爱国主义而不同意总统的决定，这并不会让我感到困扰。真正让我烦心的是，人们出于自己的目的，说出不负责任的话，玩弄政治手腕。现在的美国正发生着这样的可悲事件。”

这场攻击激怒了对方。“我们需要的是一位三军总司令，不是一位擅长攻击反对派的起义领导人。”参议院少数党领袖、民主党参议员哈里·里德这样抱怨道，“我们需要白宫的领导力，而非粉饰我们在伊拉克遇到的问题。”

但更强有力的反驳来自众议院代表约翰·“杰克”·穆尔沙。穆尔沙是一位强硬的海军陆战队队员、越战老兵，也是民主党控制军费开支委员会的领袖。他向来支持伊拉克战争，但 11 月 17 日，他突然宣布伊拉克战争是“基于幻觉的决策失误”，并呼吁“考虑到美军的安全应立即重新部署军队”，他预计这个过程可能需要 6 个月。穆尔沙描述自己会见受伤军人的场景时，不禁泪流满面。他无情地抨击了布什和切尼：“有些人从来不亲自去那里看看，只知道指责我们这些去实地考察过的人。他们真是棒极了，我很佩服。他们只知道推脱，从来不去战场，只知道把人们送上战场，却不愿意广开言路，听听意见，合理计划未来。”

穆尔沙的突然转向，令正在亚洲出行的总统团队方寸大乱。穆尔沙向来被认为是民主党内最支持使用武力的成员。总统的顾问们担心，如果连穆尔沙都放弃支持战争，反对党必将趁机掀起轩然大波。此外，这对切尼而言，是一次沉重的个人打击。切尼和穆尔沙在国会共事时成为好友；1989 年当切尼被任命为国防部长时，穆尔沙还特意为他庆祝。可以说，穆尔沙是切尼在民主党中最信任的人。“无论我做什么决定，穆尔沙都会支持我。”他曾这样说过。但事到如今，他最信赖的朋友却反戈一击。

在亚洲，布什的顾问们开始紧锣密鼓地筹划该如何回应。有人提议布什会见穆尔沙，但最后那些建议强硬回击的人占了上风。白宫发表声明，谴责穆尔沙“支持激进分子迈克尔·摩尔以及民主党极端自由派的政策立场”，主张“向恐怖分子投降”。此举无异于给双方的争论火上浇油。“这让批评者更近距离地指责我们，”婚后冠以夫姓的尼科尔·德夫尼什·华莱士后来总结道，“很明显，这一做法于事无补。”

布什重新思考后，也认为此举不妥。后来接受媒体采访时，他主动提到了穆尔沙话题。“国会议员穆尔沙是个好人，他是一名杰出的海军陆战队队员，曾在越南战争中立下赫赫战功，”布什说，“他是美国军队的坚定支持者。我相信，穆尔沙议员提出美国立即从伊拉克撤军一定是经过深思熟虑的。只不过，我不同意他的意见。”

有记者问，穆尔沙的攻击会对切尼的政治前途产生何种影响。布什回答说：“我想副总统未来的工作安排与此次辩论无关。”

美军在伊拉克死亡人数与日俱增，如今已突破 2 000 人，白宫担心他们已经在国内输掉了这场战争。“我们可能没多少时间了。”斯蒂芬·哈德利对助手说，“我经历过越南战争，在没有大多数美国民众支持的情况下，总统不能继续打一场旷日持久的战争。”

总统的顾问们决定为总统重新规划一场公共战役，以赢得民心，康多莉扎·赖斯称这一策略“清晰、有礼有节，且颇具建设性”。这个计划成为那年秋天一场重要的公关活动，直到“卡特里娜”飓风来袭，才使之真正浮出水面。然而，卡尔·罗夫和丹·巴特利特再次因为总统该用什么语气而发生争执。应该高高在上，还是谦逊卑微？罗夫希望向反对战争的人发起攻击，而巴特利特认为承认错误才能更好地重塑信誉。

这场辩论实际上凸显了布什团队中的裂痕。自凯伦·休斯离开后，巴特利特已成为在政治上抗衡罗夫的主要力量。巴特利特高高瘦瘦，脸上始终挂着微笑，从得克萨斯大学奥斯汀分校毕业后就加入了罗夫的咨询顾问公司，为布什效力，当时布什正在竞选州长。他总是每天很早上班，而且晚上无论多晚，只要布什打电话到办公室，接电话的那个人依然是他。为了应对反对派的攻击，巴特利特研究了布什的历史，也因此与他走得更近了。少年白头，加之成熟、自信的举止，使巴特利特看起来比实际年龄的 34 岁要老成许多。但是，要让罗夫将巴特利特当成同事，而非一个刚刚大学毕业、初出茅庐的孩子，这很难。巴特利特也因罗夫对其颐指气使的态度感到不满。就这样，巴特利特决定不再回罗夫的电话，这激怒了资历更为深厚的罗夫。除了开会，两人私下几乎从不说话。客观地说，罗夫是个有趣、迷人且对同事极度忠诚的人，但也有人隐约觉得这位大学辍学生内心带着强烈的自卑感，而这种心理往往会以傲慢的形式呈现出来。只要他对谁不满，就会毫不掩饰地说出来。他对巴特利特的敌意也蔓延到了华莱士身上，因为他觉得，华莱士总是与巴特利特一个鼻孔出气。有一次，他突然朝华莱士大发雷霆，有目击的同事表示，罗夫的“声音大得快把人的耳朵震聋了”，回声在整栋白宫西翼大楼里回响了好一阵。

“卡尔调转枪口来对付我，因为他不敢动丹，他害怕丹会发起反击。”一天，华莱士在与安迪·卡德一起吃午饭时，向对方抱怨道。

卡德一边把烤好的奶酪三明治放进番茄汤，一边说：“我对此无能为力，他根本不听我的。”

布什基本上不愿承认错误，他认为这只不过是华盛顿各政治派系玩弄的一场低级小把戏。但他也明白巴特利特和华莱士的苦心。顾问们向彼得·菲弗求助，菲弗是杜克大学学者，那年夏天刚刚加盟国家安全委员会。菲弗是研究战时舆论的专家，他曾进行了一项研究，表明战争形势极其恶劣的情况下，要获得民众对战争的支持，关键在于，要令民众坚信他们最终能赢得战争。因为领导人始终坚信美国能赢，所以美国人对越战的反对相对较少，尽管伤亡人数不断上升。

菲弗认为，总统在公众面前展现出的悲观或垂头丧气，将对舆论造成最严重的危害，海军陆战队队员在黎巴嫩遇害时，罗纳德·里根总统的表现就是前车之鉴，比尔·克里顿在面对黑鹰直升机坠落索马里的悲剧时同样如此。因此，布什承认美军在伊拉克受挫无伤大雅，向公众传递出美国必胜这一观点才是至关重要的。

自 11 月 30 日起，布什展开了有关伊拉克战争的系列演讲，共计 5 场。第一场在位于美国安纳波利斯的海军学院进行。美国国家安全委员会在彼得·菲弗等人的牵头下，起草了一份长达 35 页，题为《伊拉克胜利的国家战略》的文件，旨在证明布什是有道理的。起初，彼得·菲弗使用了“成功”一词，但撰稿人坚持把它改成“胜利”。那天，“胜利计划”的大幅招牌就悬挂在舞台上，布什走上台，做了43分钟的演讲，其中15次提到“胜利”这个词。“我们绝不会让步，”他宣称，“我们绝不会屈服。我们终将取得完全胜利。”布什下了更坚定的决心，而不是吃不后悔药。他没有使用“错误”这个词，但承认美军“确实面临着一些挫折”。他说：“我们会从先前的经历中吸取教训。”随着系列讲演的进行，布什做出了更多让步。12月12日，他在距费城独立大厅不远处的酒店发表了第三场演讲，那天，他还允许听众自由提问。第一位提问者名叫迪迪·古尔德马克，现年63岁，曾是一名名誉诽谤律师。

“我想知道，自伊拉克战争爆发以来，大概有多少伊拉克人被杀？”古尔德马克问道。

白宫和五角大楼一向对此讳莫如深，但布什给出了直接答案。

“我想，从最初美国攻打伊拉克开始，加上一直持续的暴力，大约有3万名伊拉克人丧生。”他说，“而我们在伊拉克，大概有2 140名士兵牺牲。”

然后，布什便转入下一个问题，而没有说明这些数字是怎么得出的。不过，根据一个由英国研究人员和反战活动家组成的“伊拉克罹难人数统计组织”统计，布什的数据基本准确。就在布什讲话当天，该组织统计指出，27 383 ~ 30 892名伊拉克平民伤亡。布什的助手们感到惊讶，因为他们并没有告诉过总统这些信息。他们认为，这恰恰反映出布什有多么关注这场战争。

布什将扭转伊拉克局面的希望全都寄托在了3天后的选举。按计划，伊拉克开始了2005年的第三次投票选举。2005年10月25日，伊拉克新宪法在全民公决中以78%支持、21%反对的高支持率获得通过。同年12月15日，伊拉克举行战后首次正式议会选举，根据伊拉克宪法规定，新议会将任命一名总统和两名副总统，再由总统委员会在15天内任命总理。而总理则需要在30天内组建政府并得到议会通过，最终选出永久性政府。曾于1月抵制选举的逊尼派，这一次也参与了投票。该国各派和解似乎大有希望。

整个12月，布什都在公开捍卫伊拉克战争和反恐战争。《纽约时报》计划刊载一则报道，首次披露非法监听计划。

《纽约时报》一年前就获悉了这个秘密计划，但白宫游说该报编辑暂不公开播发消息，因为这将危及国家安全。国家安全局局长迈克尔·海登邀请《纽约时报》华盛顿分社社长菲利普·陶博曼参观该局，让他听听那些在前线从事窃听任务的情报人员的心声。这些情报人员听说他们要将国家最大的秘密告诉一名记者时都呆住了。而《纽约时报》的编辑们同意了这个条件。

但一年后，伊拉克战事暴露出了更多的问题。《纽约时报》记者詹姆斯·里森和埃里克·里奇布劳合作了一篇关于监听程序的报道，他们打算出书披露国家安全局的监听计划。《纽约时报》的编辑开始重新考虑，是否应该在报纸上发表，因为他们得知了政府内部对该计划合法性的争论，也知道政府在审讯、拘留和引渡扣押人员方面的政策倾向。

布什邀请《纽约时报》高层到椭圆形办公室，十分罕见地向他们提出了总统的个人请求，哈德利和海登也在一旁添油加醋，但切尼没有开口。2004 年大选期间，切尼将该报记者赶下飞机，导致《纽约时报》与他关系紧张，他担心会对此事产生不良影响。

陶博曼带领执行总编比尔·凯勒，及发行人小亚瑟·萨尔兹伯格一同前来。迎接他们时，布什很有礼貌，虽然没那么热情。他请萨尔兹伯格在副总统或来访的外国领导人常坐的椅子上坐下。

萨尔兹伯格想缓解下紧张气氛，于是尝试着开了个玩笑："我现在知道坐在你父亲办公室里，是何种滋味了。"

布什一脸茫然。《纽约时报》的发行主管认为，总统要么没听懂，要么觉得这个笑话一点也不好笑。

布什让海登主持会议。海登坐在总统和萨尔兹伯格对面，他拿出一沓材料并指出，监听项目已经阻止了不少恐怖袭击，但他举的例子并没有打动报业高管。海登说，恐怖分子在酝酿，试图通过焊枪似的工具切断布鲁克林大桥上的悬索，以捣毁大桥。萨尔兹伯格等人觉得，这简直异想天开。用焊枪得花多久才能捣毁布鲁克林大桥？几个小时？几天？而且不会有人发现吗？萨尔兹伯格瞅了瞅布什，猜想他一定也在心里嘲笑这个案例。

但布什一脸严肃地表示，披露该计划可能让很多人付出生命的代价。他说，总有一天会有另一次恐怖袭击，如果到那时，国会要求政府官员出面解释，为什么未能阻止恐怖袭击，恐怕《纽约时报》的高管也该坐在政府官员旁边接受质问吧。后来，凯勒把它称为"手上沾满鲜血"的警告。"不管你怎么看待布什，"他后来说，"但听到总统严肃告诉你，做这些事会对国家安全造成威胁时，可不是件玩笑事。"当三位报社高管走出白宫大门时，天空下起了小雪。凯勒、萨尔兹伯格和陶博曼一致认为，即便听了这番话，他们也不会改变主意。很难想象，“基地”组织武装分子不知道他们的电话可能会被窃听。不管怎样，现在最关键的是，这样做是否合乎法律：布什和切尼僭越了他们的权利吗？即使在战时，一个民主国家发生这样的事，有什么合法依据吗？

12 月 15 日晚，《纽约时报》通知白宫后不久，就在该报网站刊登了这则消息。布什和切尼感觉被出卖了，对方趁自己没注意就摆了他们一道，他们十分愤怒。这则题为《布什未经法律授权，命令情报机关窃听电话》的报道，引起了不小轰动。连国土安全部部长迈克尔·切尔托夫和总统的国土安全顾问弗朗西斯·弗拉格斯·汤森都对监听计划一无所知，更别提国会的大部分议员了。白宫不少官员都震惊了，赶紧与此撇清关系。国家安全委员会新闻发言人弗雷德里克·琼斯不愿为监听计划做任何辩护，也不愿为被众人视为“折磨”的审讯项目开脱。“也许你该辞职。”另一位白宫官员当面呵斥他说。

12 月 16 日，星期六，布什取消了每周广播电视讲话，转而在电视中公开承认了监控计划，并且决心捍卫它。他在白宫罗斯福厅进行了电视现场直播演讲，称该项目“是反对恐怖主义分子的重要工具，它符合美国宪法和法律”。司法委员会主席、参议员阿伦·斯佩克特发誓，一定要召开听证会。“他是总统，不是国王。”来自威斯康星州的民主党参议员拉塞尔·费因戈德指出。参议员帕特里克·莱希补充说，联邦政府以为自己“能凌驾于法律之上”。

公开承认这一做法在白宫也引发了争论。丹·巴特利特认为，未来在一些安全措施方面，政府应该更加坦诚，否则布什会为秘密行动背负过多包袱。

“丹，”切尼说，“我们做这些事不是为了好玩，之所以这么做，是因为我们在进行战争。这些计划之所以要保密，是因为它对国家安全至关重要。”

与此同时，约翰·麦凯恩正按部就班地推进《在押人员待遇法》。该方案在参议院获得压倒性胜利后，麦凯恩又在众议院以 308 比 122 的票数如愿赢得了多数支持票，又是一场足以推翻否决案的胜利。切尼还想垂死挣扎，但布什知道自己已经失败了。12 月 15 日，他签署了麦卡恩的法案，令他感到欣慰的是，斯蒂芬·哈德利与之协商成功：审讯人员过去的行为将不被追究法律责任。布什邀请麦凯恩和参议员约翰·华纳到椭圆形办公室，他极尽能事缓和关系，还不停赞扬他这位老对手是个“好人，是美国价值观的道德楷模”。布什宣称，自己对“能与他携手实现共同目标，感到十分开心”。麦凯恩至少六次向布什表示感谢。

在这场和解中，切尼没有出现，但他也并非一败涂地。在国会盟友的帮助下，最终通过的法案虽然对军方限制较多，但对中情局的束缚相对较少。法案虽然禁止审讯人员使用残酷和非人道手段，但并没有禁止其使用《美军战地手册》中列出的传统方法。接替“滑板车”利比担任切尼幕僚长的戴维·阿丁顿相信，残酷和非人道手段的标准将予以确定。根据最高法院的裁决，酷刑是指“冲击人类良知”的行为。在他看来，就重大恐怖威胁的层面衡量，这一条实际上提供了相当大的活动空间。于是，阿丁顿在布什和切尼的纵容下，再次开展秘密行动。

在切尼突然出访伊拉克期间，他公开说明了这个宽泛的标准。“看其是否冲击人类道德良知。”12 月 18 日，他在接受美国广播公司采访时表示，“你们现在可以开始辩论，什么叫冲击良知，什么叫残酷和不人道。在我看来，这取决于旁观者的看法。但你们应谨记，我们所进行的战争，是在反对一个恐怖组织，他们在‘9·11’当天，夺走了 3 000 多名无辜美国人的生命。我们应该进行高效的审讯，立即将他们捉拿归案。这才是重中之重。”

阿丁顿还在最后时刻进行了一次干预，他截下了总统签署《在押人员待遇法》后准备发表的声明。他用红笔划出其中最引人注意的语言，然后用自己的语言代替了它们。他写道，总统将“根据宪法授予其作为政府首脑和三军统帅这两项至高无上的权威”来解释该法案，从而保护美国人民免遭恐怖主义的进一步袭击。国务院首席律师约翰·贝林格十分愤怒，他马上发出一份电子邮件，里面称，他们决定拒绝哈德利提出的协商意见。麦凯恩也被激怒了，布什此举表明，无论法律允不允许，他都将一意孤行。

此时的布什正处于前所未有的弱势。伊拉克战争极大地挫伤了他的公众形象，他在 2004 年好不容易积聚起来的政治资本也因此耗尽。布什为自己设立的 2005 年四大国内政策目标，其中三个已经夭折：社会保障计划没有进入投票阶段就率先破产；税收改革计划被认为是政治毒药，布什只好将它束之高阁；移民改革因为共和党的反对，至今毫无进展。只有在第四个目标——打击法院对诉讼权的过度使用上，稍有成果。

布什发现，自己在海外也无法大显身手。他曾发誓，绝不会眼睁睁看着另一个卢旺达种族灭绝事件发生，但现在他却只能任由达尔富尔地区的种族灭绝政策大行其道。虽然布什个人对苏丹很感兴趣，希望能调停该国政府与南部反政府武装之间长达数十年的冲突，但知情人士警告他置身事外为妙。因为当地阿拉伯武装分子在农村地区十分猖獗，已经屠杀了成千上万的人。

到 2005 年底，他与顾问开会讨论接下来的工作，发现基本没什么自己喜欢的事。建立禁飞区或直接派战斗直升机剿灭难民营的武装分子？即便在伊拉克也不可能实现。顾问提醒他，这意味着又要攻打另一个中东国家，势必会激怒他们。

12 月 18 日，布什在椭圆形办公室结束了关于伊拉克问题的演讲，这是他自 33 个月前宣布发动战争以来首次就伊拉克战争发表演讲。巴特利特和华莱士建议的一些让步都包含在这次讲话中了。

“我们在伊拉克的任务碰到了极大的困难，比我们的预期困难得多，”他向 3 700 万电视机前的观众坦承，“重建工作和训练伊拉克安全部队的进展都比我们期望的缓慢。我们看到一群意志坚决、手段残酷的敌人，他们不顾良心的谴责、无视战争法，到处滥杀无辜。”同时，他也向国内反对战争的人抛出橄榄枝：“我们将继续聆听真诚的批评，适时调整政策，以便更好地完成任务。”

之后，总统变得更加激动。他没有像往常一样，做完晚间电视讲话后就上床睡觉，这一次，他与助手们来回踱步，一起讨论了接下来国情咨文的主题。伊拉克演讲让布什觉得自己又恢复了动力。他的支持率一下子上升了 8 个百分点，达到 47%，这表明观众依然愿意倾听。布什及其团队明白，伊拉克战争正在吞噬他任期内的政治资本。在战争问题上，除了尽量赢得民众的支持，他似乎没有更多的回旋余地。他们一方面要继续赢得民众对战争的支持，一方面要对批评者发起攻击。彼得·菲弗提议切尼与杰克·穆尔沙在《拉里·金现场秀》节目中展开一场辩论，就像上届政府的阿尔·戈尔与罗斯·佩罗在北美自由贸易协定问题上进行的辩论一样。但副总统拒绝了。

幸好，布什感到精力充沛，他觉得自己又恢复了斗志。新年前夕，布什问卡尔·罗夫，他有什么新年打算。罗夫说，经历了极其繁忙的 2005 年，他希望能有更多时间看书，他向来嗜书如命，但最近没什么时间阅读。罗夫说，他的新年目标是，每星期读一本书。

3 天后，罗夫和布什在椭圆形办公室中，总统突然转过头对他说：

“我已经在看第二本书了，你呢？”

一场较量就这样诞生了。

当美国摆脱石油的桎梏

假期结束后，布什和切尼将注意力集中在了塞缪尔·阿利托的提名确认上。参议院听证会正热烈讨论阿利托的备忘录及其他资料，特别是他于里根时期在司法部的工作经历。1985 年的一段工作小插曲引起了众人的兴趣。当时，阿利托在里根的副司法部长办公室里工作了一段时间后，开始寻求晋升。“我一向是个保守主义者。”他写道。同时，他如此描述自己在推动里根政策过程中获得的“满足感”：“我为自己在促成最近几件事中所起的作用感到自豪。我代表政府在最高法院辩论，并坚持种族配额不合理这一观点，同时认为宪法没有保护流产胎儿的权利。”

如今，阿利托要谋求的是不偏不倚的仲裁者职位。于是他解释说，说那些话是因为当年仍是政策倡导者，但经过多年来在法官职位上的锤炼，他已经改变了许多。但他显然缺乏约翰·罗伯茨那种能说会道的魅力，民主党人依然希望阻止他上台，因为这意味着最高法院有右倾的可能。2006 年 1 月 11 日，双方的对峙达到巅峰。当天，来自南卡罗来纳州的共和党参议员林赛·格雷厄姆带着一系列问题来帮阿利托解围，因为某些人攻击阿利托有自由主义倾向。

“你真的是一个彻头彻尾的偏执狂吗？”格雷厄姆问道。

“我不是什么偏执狂，我不是。”阿利托回答。

格雷厄姆表示同意，然后说：“很抱歉，你的家人正坐在台下听这些。”

阿利托的妻子玛莎·安·阿利托哭了起来。司法部律师蕾切尔·布兰德坐在她旁边，俯下身，小声对她说：“如果你想出去走走，去吧，没关系。”于是，玛莎离开了房间。这是一个令人焦虑的时刻，但切尼的人知道该怎么做。负责提名确认的顾问史蒂夫·施密特立即向主席台提出休会请求，以便当事人恢复情绪。

玛莎·安情绪稳定后，试图回到听证会房间，但施密特阻止了她。

“请坐下，”他说，“冷静是最好的复仇方式。先等 20 分钟，然后再进去。”

此时恰逢晚间新闻，运气好的话，她回到房间那一幕刚好可以赶上现场直播。这一幕让公众认为民主党十分可恶。无论这是否精心设计，阿利托赢下提名确认已无悬念。

然而，中东地区却悬念丛生。巴勒斯坦人正在准备他们十年来的首次议会选举。自从布什将民主定为本届任期的主题，许多事件随之产生。伊拉克选举以及巴勒斯坦总统选举取得了一定成果。黎巴嫩的“雪松革命”，吉尔吉斯斯坦的“郁金香革命”，以及其他地方的各种改革，为民主带来了希望。然而，到年底时，形势又有了逆转的迹象。接受了美国数十亿美元援助的埃及总统胡斯尼·穆巴拉克，将自己最强大的对手从艾曼努尔监狱中释放出来，允许对手与自己一同参加选举。但经过精心策划的选举秀后，轻松获胜的穆巴拉克又重新将对手关进了监狱。

即将到来的巴勒斯坦议会选举给布什带来了全新的挑战。以色列总理阿里埃勒·沙龙中风，其权力移交给副总理埃胡德·奥尔默特，但该国早已危机四伏，政局充满不确定性。以色列官员担心，该国最暴力的派系哈马斯会赢下选举。对布什来说，这也是一个值得思考的根本性问题：民主真的意味着根据人民的意愿选择领导人，哪怕其组建的政府最后可能被一个（在美国看来是）恐怖组织的政党领导也在所不惜吗？布什的一些助手，如埃利奥特·艾布拉姆斯等认为，哈马斯因其暴力历史，应该被取消参与选举的资格。不过他们也清楚布什和赖斯的立场，于是没有费力抗争。布什没有阻止选举。

1 月 25 日，当巴勒斯坦人纷纷涌入投票点投票时，布什接到助手一大早送来的情报，其中指出，马哈茂德·阿巴斯总统所在的温和党法塔赫将以微弱优势获胜。但到第二天早上，投票计数结果显示，哈马斯赢得了议会 132 个席位中的 76 席。

当天早上，布什和赖斯通话讨论了选举结果。

“你觉得我们现在该怎么办？”布什问。

“这次选举是自由和公正的。”赖斯回应道。

“所以我们不得不接受这个结果。”布什回答。

但接受结果并不意味着将与哈马斯合作，哈马斯从未承认过以色列存在的权利。尽管阿巴斯仍将担任总统，但哈马斯的胜利打破了巴以和谈的希望，也促使美国和欧洲切断了对巴勒斯坦政府的大部分援助。更重要的是，它给布什总统的自由议程带来了沉重打击。布什政府对于选举的热情很快消失，一些所谓的现实主义者向来警惕总统高调谈论的自由议程，现在他们终于抓住了把柄。很多事情总是难逃墨菲定律，但总有意外。

布什希望重塑中东，使之更加民主；但同时，他也希望美国不要过分依赖这一点。布什怀有自理查德·尼克松总统以来，其他总统想都不敢想的抱负：他决定从任期的第 6 年开始，注重减少美国对外国石油的依赖。石油是伊朗和委内瑞拉等独裁国家的经济命脉，减少对外石油依赖，意味着美国将不会在石油问题上受外国的敲诈勒索。布什向来热衷于寻找替代能源，常说可以从玉米和柳枝稷中提取纤维素乙醇。现在，他想利用即将到来的国情咨文演讲，推动一场研究界的革命。

切尼对此充满怀疑。他不同意总统寻找替代燃料的浪漫主义思想。哪怕这些研究顺利进行，但至少在未来几十年里，石油和天然气仍将是主要能源。白宫其他人也同意副总统的看法。如今的世界，能源市场相互依赖、相互联系，很难辨认哪桶石油来自不受欢迎的国度，哪桶石油来自可以接受的国度，更何况你的盟友也有可能在能源上依赖那些不受欢迎的国家。他们认为，能源独立其实是个误区，说能源安全更好些。除此之外，自布什上任以来，美国能源消费中的石油净进口量已从 53% 上升至 60%，美国石油消费中只有 11% 来自波斯湾，比布什上任前的份额更少。美国越来越依赖加拿大和墨西哥等更为可靠的石油合作伙伴。

所有这些都无法阻止布什。他在国情咨文中提出了一个为期 20 年的项目，以打破美国的能源依赖，实现几代美国总统立下的誓言。他的目标是，到 2025 年，美国要寻找替代性能源以取代目前从中东进口石油总量的 75%。他的演讲稿被多次修改，最后他在结尾处插入了一句引人注目的话："美国是石油瘾君子。"石油大亨出身的布什，在看到这句话时，不由心生共鸣。"瘾君子"这个词，似乎是"酒鬼"布什很自然的选择。如果说，布什相信个人救赎，那么他也同样相信，这是一个救国的机会。"这句话中处处充斥着他的痕迹，"环境质量委员会主席吉姆·康诺顿说，"当我们将它放进去时，其实遭遇了不小的阻力。"但布什不顾抗议，执意将它保留了下来。

1 月 31 日，在布什即将前往国会大厦发表国情咨文时，他终于收到了一个好消息。参议院以 58 比 42 的选票结果，正式确认塞缪尔·阿利托的大法官提名。阿利托宣誓就职，及时穿上了黑色的法官袍，与其他大法官一起，出现在众议院会议厅。

“保持美国的竞争需要价格实惠的能源，”布什在这篇长达 51 分钟的国情咨文中说道，“但我们遇到一个严重的问题——美国是石油瘾君子，而这些石油往往是从世界上极不稳定的地区进口而来。戒掉这种瘾的最好办法是借助技术。”

国情咨文标志着新一年的开始，前景应该越来越好才对，但哪些环节可能会出差错呢？

DAYS OF FIRE

第25章

无人可解的纷争

切尼打猎时误伤他人，国内舆论闻风而动，整个白宫都焦头烂额。总统和副总统阵营各自为战，彼此不满，第一夫人劳拉不得不出面干预。然而还有更大的烦心事在等着布什，美国最害怕的问题——伊拉克宗派纷争终于被引爆，无法预估的巨量伤亡近在咫尺。

副总统枪击事件

一只鹌鹑离开队伍，独自飞上得克萨斯州上空。2 月 11 日傍晚的阿姆斯特朗牧场，太阳即将消失于地平线。副总统切尼手握猎枪意兴阑珊地漫步着，突然，他停了下来，瞄准、开枪，动作一气呵成。但在子弹飞出枪口的瞬间，他才注意到不远处有人影闪动。一个身穿橙色背心的猎人倒在水沟中，切尼只能依稀看见他浮出水面的上半身。“我永远不会忘记他倒下的那一幕。”切尼回忆说。

切尼马上跑到伤者面前。他的脸、颈部和身体上都嵌满了鸟枪霰弹片，浑身是血。这名 78 岁的男子叫哈利·惠廷顿，是一名律师。他还有呼吸和意识，但伤势严重，只有一只眼睛还睁着。

“哈利，我不知道你在那里。”副总统说。

惠廷顿无法回答。他后来回忆，自己当时只闻到一股火药味，但没来得及躲开。

与副总统随行的医护人员马上跑过来，实施急救。不到 30 分钟，他们就将惠廷顿抬上了副总统的随队救护车，赶往医院抢救。

到了晚上，切尼仍然惊魂未定，他一直在思考对策。特勤处向华盛顿报告，狩猎时发生了事故，不过切尼并没有受伤。当战情室把这则消息告诉安迪·卡德时，并没有提到是副总统开的枪。卡德向布什报告了这则并不完整的信息。卡尔·罗夫既是惠廷顿的朋友，也与牧场主凯瑟琳·阿姆斯特朗熟识。事发当晚 8 点，他向牧场主人了解了详细情况。显然，很多人并不知情。特勤处打电话给当地行政长官，对方同意第二天早上派人搜集信息。

副总统的摄影师戴维·波赫雷打电话给当时随切尼一同出行的最高副手尼尔·帕特尔。

“我们出了点事，”波赫雷对正在附近酒店的帕特尔说，“老板打猎时，不小心伤人了。”

帕特尔问他们打算怎么办。波赫雷告诉他，副总统打算第二天早上公开此事。帕特尔届时也要到牧场。

事情兜兜转转终究还是传到了白宫，布什的顾问得知副总统还没有公开这起事故时，都异常警觉。连劳拉·布什也打算插手了。她当时正在意大利出席都灵冬奥会，她的助手安妮塔·麦克布莱德从第一夫人的特勤处特工那里得知了这则消息，并转告了第一夫人。麦克布莱德马上打电话给白宫新闻秘书斯科特·麦克莱伦，向他了解整件事的来龙去脉。当时正是华盛顿时间星期天早晨 6 点。前一天晚上，麦克莱伦的确接到战情室电话，谈到这个事，但在他印象中，副总统好像没有牵涉其中。

“副总统办公室公布消息了吗？” 麦克布莱德问道。

“公布什么消息？”还没睡醒的麦克莱伦有气无力地问。

“他开枪打伤了人。”

“什么？”麦克莱伦突然睡意全无。

麦克布莱德告诉他，自己从特勤处听到消息，是切尼开的枪。“第一夫人希望立即将这个消息公之于众。”麦克布莱德说。

事故发生后，消息迟迟不公布，第一夫人很生气。她两次让麦克布莱德给卡德打电话，第一次是在上飞机之前，第二次是在她返回华盛顿的飞机上。“她坚持认为，无论真相如何，都应立即把事情公开，”麦克布莱德后来回忆时说道，“她想不出有什么理由要隐瞒真相。”劳拉虽然很少介入丈夫的政事，但她明白，如果这个消息不及时披露，恐怕会有麻烦。“她很清楚，如果不及时公开，到时只会越描越黑。”麦克布莱德说。

在得克萨斯州，副警长小吉尔伯托·圣·米格尔于早上 8 点 05 分到达牧场，他被引去见副总统。“切尼先生握着我的手对我说，不管需要问什么，他都全力配合。”米格尔后来透露。两人坐在桌旁，切尼平静地描述了当天发生的事。做笔录时，帕特尔也来到牧场，他看到副总统拿着枪，正回答副警长的问询。做完笔录后，切尼向帕特尔打了个招呼。

“我们接下来要怎么做？”帕特尔问。

切尼真的很担心惠廷顿的安危。但眼下让他心烦意乱的是，要不要向公众披露这件事。麦克莱伦和丹·巴特利特不停从华盛顿打来电话催促，但切尼的随行部下们拒绝接电话，而是将它们推给了副总统的发言人李·安妮·麦克布莱德（此人与安妮塔·麦克布莱德没有关系）处理。后者感到很沮丧。“我们必须回应这些家伙，”她对帕特尔说，“要想好说什么，什么时候说，给他们一个答复。”

切尼有些出乎意料地沉默寡言，他对这些争论感到疲惫不堪、心烦意乱。莉兹·切尼打电话给父亲原来的顾问玛丽·马塔林求救。多年来，马塔林一直是切尼的场外顾问，她认为眼下把消息放出去的最快最好办法，就是透露给得克萨斯州的记者，他们与当地警署肯定常有来往。“让我们把消息告诉当地媒体。”她说。

副总统接过马塔林的电话说，与他一同出行的人手不够，恐怕无法应付这事。

“这不是什么大事，”她宽慰副总统，“别担心，我能帮你们摆平。”

但她并不了解，此事在华盛顿总统团队中已经掀起轩然大波。布什的助手们因为副总统无视他们的意见而感到生气。“我们很长时间都联系不上他，”巴特利特后来回忆道，“他们总认为自己能运筹帷幄，可这恰恰让我很担心。”

最后，切尼团队给巴特利特回电话，称副总统打算在《科珀斯克里斯号召者时报》上披露这个消息。切尼不想把事情捅到国家级媒体上，因为他认为没必要迎合华盛顿和纽约那些巴不得看他笑话的人。

果然不出副总统所料，布什的助手们不同意这么做。巴特利特觉得这将带来一场灾难。这么做会让外界认为他们有意隐瞒，只会令事情雪上加霜。

“我必须直接和副总统谈。”巴特利特告诉切尼团队。

副总统接过电话，耐着性子听他的意见。

“副总统先生，我知道你没有带随行记者，不过我们可以马上召集媒体，让他们前往当地，然后听你把整件事说清楚。”巴特利特说道。

切尼什么也没说。这种沉默令巴特利特深感不安，切尼的沉默总能起到这样的效果。

最后，切尼终于开口了，他明确表示，自己已经决定怎么做了：“我们只会按原方案处理。”他说得斩钉截铁，断了对方进一步争论的念想。

巴特利特不知道还能做什么，只能作罢：“好吧，副总统先生。”

切尼同样“简练地拒绝”了罗夫提出的类似要求，然后前往医院看望惠廷顿。惠廷顿与老布什是朋友，还曾帮助老布什进行过参议员竞选。虽然这一次切尼与惠廷顿碰巧来到同一个地方旅行，但他们以前其实只见过三次面，并没有一起打过猎。切尼不敢想象，去医院时会发生什么。

惠廷顿的情况看起来比较吓人，他的脸上缠着绷带，全被鲜血染红。子弹很接近他的心脏和颈动脉。有不少霰弹片已被移除，但仍有几十粒留在他体内，而且再也取不出来了。然而，惠廷顿对眼前这个开枪打中他的元凶态度很亲切。

“你感觉如何？”切尼问。

“我很好，别担心，”惠廷顿说，“很抱歉发生这样的事。你怎么样，有麻烦吗？”

切尼马上解除了对方的忧虑。“不要想这个问题，”他说，“千万别担心这个。”

切尼没有公开谈论此事。等他回到华盛顿，他的处理方法果然给事情火上浇油。白宫记者团、有线电视谈话节目，以及各大博客都在津津有味地谈论两个话题：枪击事件本身以及它的披露方式。切尼十分鄙视媒体的穷追猛打，认为这不过是有着“无冕之王”称号的精英媒体没有拿到第一手消息，而进行的傲慢报复。把消息透露给得克萨斯州当地报纸有什么不同？现在是互联网时代，大家都能看到这则消息，不一定非要首先刊登在《纽约时报》上。

但麦克莱伦和白宫却因此遭到围攻。第二天，2 月 13 日，在新闻发布会上，麦克莱伦不停接到充满火药味的问题，几乎招架不住。他还是像往常一样，尽力维护副总统，把问题留给副总统办公室。他认为，他们自己闯下的祸，应该由他们自己来收拾残局。记者会后，麦克莱伦精疲力竭地走出发布厅，他手里拿着笔记本，然后前往总统办公室开会。副总统已经在那里了。

“你干得很好。”切尼对他说，显然副总统已经看了刚才的发布会，至少看了一部分。

麦克莱伦没有感到丝毫的安慰，他心想：“出现在那里接受拷问的本来应该是你。”但他没有把话说出来。切尼没兴趣见媒体，但当围绕这一话题的舆论轰炸一轮接一轮到来时，布什和他的助手们变得焦躁不安，他们认为副总统不应该天真地以为，通过简单回答问题就能息事宁人。尼科尔·华莱士建议切尼接受福克斯新闻网记者布瑞特·休姆的采访。休姆至少没让切尼生厌，而且他比较专业，不会充满敌意且咄咄逼人。

但切尼阵营对这个提议并不感冒。马塔林认为媒体小题大做，而白宫那些“软柿子”对此反应过度了。2 月 14 日，她打电话给华莱士，将对方痛骂一顿：“你他妈的真是一个新闻爱好者。”

巴特利特、华莱士和麦克莱伦认为他们别无选择，只能请布什出手。他们对总统说，除非切尼接受采访，否则他们什么也说不了，什么也做不了。总统可以问问他吗？布什很生气，答应介入。

布什仔细研究过切尼，而且彼此共事 5 年有余，没人比他更了解切尼。布什明白，让切尼接受媒体采访，无疑是直击他的软肋。每当切尼碰到类似问题，他基本无法动弹。切尼厌恶媒体总是逼迫政治家，并公开弄虚作假，以安抚公众情绪——好像在电视上道个歉就能扭转事态一样。“我们必须想办法，让他自己愿意接受采访。”布什告诉他的顾问们。

最后，切尼妥协了。总统是怎么做到的，没人知道答案。

切尼问马塔林如何看待此事。

“问题严重吗？”他问。

到这个时候，马塔林也认为该做些事堵住这些家伙的嘴了。

“是的，”她说，“已经有些失控了。”

“这是解决问题的最好办法吗？”他问道。

“是的。”她说。2 月 15 日，切尼坐下来接受了休姆的采访。他真的对枪击事件感到难过，尽管他试图保持冷静，但对切尼稍有了解的人都会发现，在这次采访中，他的痛苦之情溢于言表：“我开枪，然后哈利倒下了，事情就是这样。我不得不说，那是我人生中最糟糕的一天。”

这些天来，切尼的捍卫者们一直谴责惠廷顿出现在不该出现的地方，以此为副总统开脱，但现在切尼大度地承担了责任：“这不是哈利的错，不能责怪其他人，是我扣动了扳机，打中了我的朋友。”

这次公开露面达到了理想效果。切尼回答了所有问题，4 天后，风暴终于停止。

心满意足的切尼最后还不忘攻击他长久以来的媒体宿敌。

“你知道我为什么选福克斯新闻，对吧？”他问麦克莱伦。

他的新闻秘书没有回应。

“当其他媒体想报道这件事时，”切尼说，“他们就不得不引用福克斯新闻的消息。”

但枪击事件带来的危害，不仅仅是让切尼的朋友身体受伤，也不仅仅是政治上的压力。白宫内部人士认为，副总统应对枪击事件也标志着一个转折点，该事件破坏了总统与副总统之间的关系，也使切尼在白宫西翼的影响力有所减弱。“这件事极大地影响了布什的得力助手及其核心团队。”彼得·魏纳回忆道。枪击事件后，切尼越来越被人视为政治负担，而非白宫一股理性且令人生畏的势力。他甚至沦为笑柄，时不时被白宫工作人员拿来当作消遣，这种情形在第一任期中是绝不可能出现的。“你能想象吗？人们说起他时，甚至会开始翻白眼。”一位助手说。

布什越来越独立于切尼，他更多地把切尼视为自己核心团队中有独立见解的一员，但不再像第一任期时那般，将他看作无所不能、无所不知的圣贤。不过，布什仍然为自己先前对切尼唯命是从的做法辩护。

一天，布什与罗伯特·施特劳斯及其律所合伙人吉姆·兰登共进午餐。施特劳斯是民主党政治掮客，老布什时期曾任美国驻莫斯科大使。

布什主动谈到了副总统对自己的影响力。“我一向珍视迪克·切尼的建议，”布什告诉来访的客人，“从来如此。但我们也常常意见相左。”

“请上帝保佑今天平安度过”

枪击事件虽然平息，但坏消息并没就此停止。几天后，共和党人在国会山就一个政府通过的协议相互掐架。按照该协议，政府将把 6 个港口的管理权交给一家位于迪拜的公司。共和党人纷纷相互谴责，认为这会威胁国家安全。这一事件证明了布什和切尼的失败，在涉及安全问题上，连他们自己的政党也会毫不犹豫地背叛他们。

2 月 21 日，布什在科罗拉多州果登市出席完一个能源活动，乘“空军一号”飞回华盛顿。丹·巴特利特走进了总统所在的前舱。

“我们遇到问题了。”巴特利特说，暗指最新动议在国会遇到麻烦，议员想推翻这次交易。布什很生气。他觉得，整件事都是无耻的政治博弈，却挑战了自己的诚信。

“立即把媒体召集过来。”布什指示巴特利特。

在飞机上召集记者，这是总统从未做过的，这也向外界释放了某种信号。等大家就座后，布什开炮了。

“我真不明白，为什么一家英国公司可以管理我们的港口，而一家中东公司就不行。更何况，我们的专家经过评估，已经确定港口安全不是问题。”布什严厉地说。

“你想对那些打算在国会采取立法行动的议员们说些什么？”记者问。

“他们应该看清事实，想想这么做的后果，”布什说，“如果他们一意孤行通过法案，我会动用否决权，推翻它！”

在5年的任期中，布什从没否决过一项法案，甚至连这样“当面威胁”都不曾有过。他与自己所在政党的冲突恐怕难以避免，总统的一些顾问开始不安了。“我尽力想说服他放弃这种做法。”下飞机后，卡尔·罗夫对肯·梅尔曼说。国会的共和党人依然拒不妥协。总统发出威胁后不久，国会发言人丹尼斯·哈斯泰特给他写了一封信，呼吁“立即暂停”该交易，他补充说：“这一提案可能需要额外的国会行动，以确保我们能充分保护美国本土的民众。”

还有更糟糕的消息不断传来。第二天，2月22日早上，布什和切尼一上班就得到消息，伊拉克战争出现了新的变化。叛乱分子乔装成安全部队的模样，向巴格达以北60英里处的萨马拉金顶清真寺投掷了两枚破坏力极强的炸弹，将该清真寺内的阿斯卡里圣殿摧毁。“这就相当于美国人的‘9·11’。”伊拉克两名副总统之一的阿迪勒·阿卜杜勒·迈赫迪说道。什叶派将阿斯卡里圣殿视为最神圣之地，其间安放着两位深受敬仰的宗教领袖的墓冢。这次袭击对什叶派来说，是异常尖锐的挑衅，其严重程度类似于袭击天主教的象征梵蒂冈圣彼得大教堂，或是犹太教的象征耶路撒冷哭墙。伊拉克派系间的流血冲突一触即发。什叶派激进人士莫克塔达·萨德尔率领的迈赫迪走上街头，向逊尼派实施报复。什叶派宗教领袖大阿雅图拉阿里·西斯坦尼史无前例地出现在电视上，并且发布书面声明，警告伊拉克当局，什叶派可能打算自己动手，处理此事。

布什呼吁各方保持冷静，希望避免冲突，但无济于事。什叶派和逊尼派公开爆发武装冲突，不少人丧命，而这也是那次轰炸的主要目的。很快，大家找到了这次恐怖轰炸的疑似元凶——伊拉克“基地”组织领袖阿布·穆萨布·扎卡维。当晚，布什读着从伊拉克发来的消息，发现了一个残酷的评估结论。梅根·奥沙利文、布雷特·麦格克及伊拉克工作小组在文件中表示：“我们在伊拉克的所有联系人，首次公开谈到了伊拉克内战。”

布什和切尼期待的伊拉克政治进程已经放缓，轰炸的到来无疑使之雪上加霜。伊拉克议会选举结束已经 2 个月，但新政府依然不见踪影。临时政府总理易卜拉欣·艾尔·贾法里想在新政府中继续任职，但美国人认为他并非一位强有力的领导者，无法有效阻止暴力。他总爱提美国的开国元勋，但连他们的名字都记不清楚：乔治·杰斐逊、杰克·华盛顿……赖斯称他是“披着人文学教授外衣的怪人”。奥沙利文给布什和哈德利写了一份备忘录，敦促他们千万别考虑贾法里，因为促成另一种结果更符合美国利益。有白宫内部人士怀疑时任美国驻伊大使的扎勒米·哈利勒扎德在暗中帮助贾法里。后者对此断然否认，认为是自己拒绝帮助贾法里的竞争对手阿迪勒·阿卜杜勒·迈赫迪才招致了这样的怀疑。无论如何，贾法里都以微弱优势赢得了什叶派联盟的支持。“我想，就是这一天，我们失去了伊拉克。”麦格克在给奥沙利文的一封电子邮件中这样写道。

那个周末，逊尼派政治领导人宣布他们将退出组建新政府的谈判，巴格达又传来多达 1 300 人死亡的消息。整个街区的逊尼派家庭被屠杀，送达白宫椭圆形办公室的报告口吻日益严峻。

2 月 25 日，布什依次打电话给 7 名伊拉克领导人，恳求他们停止发表煽动性言论，回到谈判桌上。当他打电话给极具影响力的什叶派领导人阿卜杜勒·阿齐兹·哈基姆时，对方沉默了。然后，哈基姆说：“总统先生，请帮助我们，帮助我们，总统先生。”当天晚些时候，什叶派、逊尼派和库尔德领导人一起出现在公共场合，呼吁保持冷静，宣布将继续进行组阁谈判，但有些事情已经改变了。

许多人后来认为，轰炸清真寺是战争的转折点，因为它引发了宗派争端，导致成千上万的人丧生。这次轰炸无疑是一个严峻的里程碑，但它只是一个导火索。实际上，当人们为 2005 年的伊拉克选举狂喜时，却忘记了选举之下伊拉克各派的分裂。逊尼派的抵制、民兵组织兴起、组阁谈判一再陷入僵局，伊拉克的混乱从这些事件中早已可见一斑，轰炸和扎卡维只是点燃火药桶的引线。斯蒂芬·哈德利之后总结道："实际上，他成功了，他引发了宗派流血冲突，不费一兵一卒就成功了，而且这种纷争无人可以调解。"哈德利的副手 J.D. 克劳奇说："轰炸萨马拉清真寺之前，纷争就已存在，但真正浮出水面的确是从轰炸开始的。"

走过一个血腥的冬天，迎来一个更加血腥的春天，布什自然闷闷不乐。"没有其他哪件事能像轰炸萨马拉清真寺引发的宗派暴力那样，令他头疼了，"前美国驻伊大使、时任国家情报总监的约翰·内格罗蓬特回忆道，"这大概持续了好几个星期，不知他是不是得了抑郁症。但这次宗派暴力折射出的伊拉克局势，的确令他十分沮丧。伊拉克陷入水深火热之中，总统可能觉得，之前所有努力都白费了。他真的很受困扰。向他汇报了几次工作后，他好像在恳求我们，不要再给他带去更多的坏消息了。"

布什的恐慌与国会山的不满遥相呼应。国会两党的议员们一致认为，唐纳德·拉姆斯菲尔德应该对战争负责。安迪·卡德试图说服布什解雇国防部长。"那座山上早就摇旗呐喊，希望你来个大变动了。"他对布什说，"我觉得，他们是认真的，你应该考虑一下。"

布什将自己的注意力暂时转移到了别的战场上：被人遗忘的阿富汗。3月1日，他和劳拉秘密抵达喀布尔以北的巴格拉姆空军基地，然后转乘直升机飞往首都喀布尔。从直升机向外看，布什被那迷人的景色震撼了，大片棕色的平原背后是银装素裹的雪山。

几个月来，当大家把所有目光都集中在流血冲突不断的伊拉克时，似乎都遗忘了阿富汗。华盛顿以为阿富汗的形势已经得到控制。诚然，在某些时刻，情况的确如此；但更多时候，是因为缺乏情报而引起的误解。事实上，塔利班分子正在紧锣密鼓地凝聚他们的势力。"我们无兵可用，情况正如我们预测的那样，正在不断恶化。"罗纳德·纽曼大使回忆道。

纽曼曾向联邦政府要求 6 亿美元资金，用于重建道路、电力、农业发展等项目，结果预算被减少至 4 亿美元，还不及美国在伊拉克战争中两天的投入。所以，他敦促布什，重申美国对阿富汗的承诺。在帕劳群岛享用午餐时，布什向阿富汗总统哈米德·卡尔扎伊保证，美国将长期在该国保留军队。然后，他参观了新落成的美国驻阿使馆，他对油漆工作的进展并不在意。

"谁挑选了这种大便一样的黄色？"他问道。

“总统先生，那是国务卿赖斯的房间。”纽曼回答。

对劳拉来说，这次出行让她拥有了罕见的机会，能在丈夫工作时也长时间与他待在一起。她看着丈夫遭受一个又一个的打击。她知道布什需要从纷至沓来的坏消息中得到片刻喘息的时间：“我确信，所有总统都会有祈求上帝的时刻，他们会说，‘请保佑今天平安无事地度过’。”

那天的确没发生什么坏事。但一个星期后，赢得订单的迪拜公司宣布，它将把港口管理业务转让给一家美国公司。布什的对手把这家迪拜公司吓坏了，布什的否决威胁也没有奏效。

比海沟更深不见底的是布什的支持率

3 月 11 日晚，布什和切尼出席了一年一度的橄榄球俱乐部晚宴，这是自 1885 年以来各届美国总统都会出席的社交活动。枪击事件让切尼成为了白宫官员暗地里取笑的对象，而布什则选择在这个场合当面调侃他。

一般说来，在这种晚宴上，总统会想方设法展现其幽默的一面。布什一开始就提到了切尼的枪击事件，顺便还提到上一次美国副总统开枪射击他人的案例：阿龙·伯尔（前美国副总统）与亚历山大·汉密尔顿的决斗。

“副总统先生，”布什对正在台上向各界政要打招呼的切尼说，而后又把头转向切尼的夫人琳恩，“还有伯尔夫人。”（伯尔是切尼的中间名。——译者注）

他继续说：“所有阴谋论者都在谈论，到底是迪克（切尼）在统治美国，还是卡尔（罗夫）在统治美国。为什么没有任何阴谋论者说，是我在统治美国呢？真让我很没面子啊。”

布什指出切尼中间名“伯尔”的首字母，开玩笑说：“因为 B 代表了事物的核心，也就是靶心。”

他说，媒体疯狂报道狩猎枪击事件，其实是搞错了方向：“我的天，你们真以为他会去攻击什么人或事吗？”

他继续说：“我认真回味了迪克处理整件事的方式。迪克，我的支持率是 38%，而你开枪打中的，是唯一一名支持我的出庭律师。顺便说一下，迪克一开始听到我的支持率是 38% 时，他问我，‘你怎么办到的，有什么秘诀吗？’”

切尼知道这是玩笑话，他应该配合地笑笑。如果说副总统是政坛的配角，那么合适的笑声也是副总统的其中一项工作职责。

这个笑话实际上也反映出另一个坏消息。正如布什提到的，他的支持率几乎跌至近50年来所有连任总统第二任期的最低点，仅次于理查德·尼克松。而切尼的支持率更是惨不忍睹。布什的一些朋友认为，他需要做出改变。毕竟，总统核心团队中的许多人都追随他5年有余了，这还没有算上选战那些时间。

安迪·卡德每天凌晨4点20分起床，1个小时后就到达白宫，每天至少忙到晚上7点才回家，而晚上11点之前接到各种工作电话是家常便饭。这样的生活日复一日。除了艾森豪威尔时期的谢尔曼·亚当斯，没有其他总统的高级助手每天能工作这么长时间了。诚然，许多问题都超出了卡德的控制，但他在白宫德高望重，总能化险为夷。不过，也有些人觉得，他低调、内敛的处事方式已不合时宜了。他是那么瘦弱，有时候身心俱疲会导致技术性失误。“我们都累垮了，”一位助手坦承，“我们都太累了。”

有一天吃午饭，布什听到他的多年好友、预算处副主任克莱·约翰逊说，白宫架构“一团糟”，各种职能交叉。约翰逊还特意拿起餐巾纸演示起来。其他幕僚长都是起指挥作用的，但卡德更像是身体力行的执行者，他每天紧跟总统左右，是布什形影不离的伙伴；实际上，切尼曾担任过白宫幕僚长的角色，控制着白宫上下一切运作，并执行总统的决定。卡德有时更像拉姆斯菲尔德的出气筒，这位防长会打电话过来骂他：“你根本不知道怎么当幕僚长。你工作没干好，会毁掉总统的。”卡德还曾向同事诉过苦。

卡德至少明白，他的日子快到头了，而拉姆斯菲尔德还浑然不知。一年多来，卡德一直敦促总统接受他的辞呈。他对总统表示，总统身边只有离职一部分人，才可能改变公众认知，这些人分别是切尼、赖斯、拉姆斯菲尔德、罗夫和他自己。布什曾多次拒绝他的提议，但现在是时候了。今年3月，他召见时任预算主管的乔舒亚·博尔滕，问他是否愿意接手。

为了宣布这个消息，3月的最后一个周末，布什特地邀请卡德和他的妻子凯西李恩到戴维营度假。晚上，前往保龄球馆的途中，总统突然停下脚步，开始与卡德聊天，他甚至不需要把话说出口。“我的表情一定出卖了我内心的痛苦。”布什回忆道。他对卡德说，很感激他这么多年在自己身边效力，但卡德打断了总统的话，说自己明白了。

3 月 28 日上午 8 点 30 分，布什宣布了这一决定。他称赞卡德“临危不惧、绝对忠诚，为国家事务鞠躬尽瘁”。布什这才意识到，自己有多么依赖卡德。后来在布莱尔大厦的欢送会上，布什忍不住哽咽，甚至没办法发言。

博尔滕追随布什的时间比卡德还要长，他也一向任劳任怨，但在接到新使命时，他决心要为白宫带去新气象。博尔滕自称“政策怪人”，他严肃、聪明、讨人喜欢。“他是这里最聪明的人。”尼科尔・华莱士曾这样形容他。同时，博尔滕也是狂热的哈雷 - 戴维森摩托车手，是一个名为“注意力功能障碍”的摇滚乐队成员。他曾与女明星博・德里克交往过，但至今单身。他的加盟，给原本枯燥乏味的总统顾问例会增添了不少乐趣。有人开会溜号时，他就会在会议桌上插一面黄旗，像足球裁判一样。

尽管切尼很尊敬博尔滕，但他的上任对副总统而言是另一个不祥之兆。首先，博尔滕打算更加亲力亲为，他计划进行一系列人事变动。其次，他不像切尼一样保守，更愿意迎合总统感兴趣的话题，如气候变化谈判和非洲的艾滋病等。更重要的是，他还有切尼最好的朋友拉姆斯菲尔德这张牌在手。博尔滕不像卡德，他敢于和国防部长对着干。

博尔滕看了看，发现伊拉克在议程首位。“乔舒亚认为，自己的工作是让布什明白伊拉克战争已经陷入危难时刻，现在必须对此做出非常重大的决策。”迈克尔・格尔森观察后指出。博尔滕任命没过几天，拉姆斯菲尔德就与康多莉扎・赖斯公开争吵了一番，给大家留下的印象是，国防部长根本不了解公众对伊拉克战争的不满。赖斯曾在伦敦表示，美国也许在伊拉克犯下了“数千个战术性错误”，但其宏观战略是正确的。拉姆斯菲尔德反击道，公开做这样的评论实际上是对战争“缺乏了解”。

布什仍然认为这只是感知上的问题，并非现实。他曾对来访者说，情况是可控的，但媒体报道总是强调失败，不相信他们会成功：“美国人民将会看到，我是否有意愿将事情进行到底，我绝不会方寸大乱。”

4 月 14 日，博尔滕正式上任，但走马上任的第一天，他根本不知道该拿这个充满争议的国防部长怎么办。许多德高望重的退休陆军和海军将领们已经开始严厉谴责拉姆斯菲尔德，要求总统开除他。如负责中东事务的前中央司令部指挥官安东尼・C. 辛尼将军、前参联会操作部主任格雷戈里・纽伯尔德中将、曾负责训练伊拉克军队的保罗・D. 伊顿少将，以及曾带兵驻扎伊拉克的约翰・巴蒂斯特少将。

然而，他们的批评起到了反效果。他们说服布什解除拉姆斯菲尔德的职务，反而使防长赢得了总统的支持。布什虽然对拉姆斯菲尔德同样抱有疑虑，但这些退役将领的做法却令他大为光火，他认为这只会煽动民众。博尔滕意识到，想找人取代拉姆斯菲尔德恐怕为时过早。

“我们需要抓紧时间，力挺拉姆斯菲尔德。”博尔滕对布什说。

布什表示赞同，于是从戴维营发表了一份声明——他本打算在那里度过复活节。这份声明指出：“国防部长拉姆斯菲尔德精力充沛、作风稳健，正是我们在这个关键时刻急需的人才。我全力支持他，并对他多年来的付出致以最深切的感激。”

4 天后，布什在玫瑰花园会见记者，他的立场又进了一步。“我听到各种各样的意见，也看了不少报章杂志的头版头条，我知道坊间有各种各样的猜测，”他说，“但我才是决策者，应该由我来对一件事做出决断。对唐纳德·拉姆斯菲尔德来说，最好的安排是继续担任国防部长。”

此举结束了公开议论，但私下的讨论并没有真正结束。布什这位“决策者”试图重振其总统生涯，4 月的一个晚上，他邀请最亲近的顾问们来到总统官邸。他们一起坐在橙黄椭圆厅讨论对策。肯·梅尔曼毫不犹豫地提议，拉姆斯菲尔德应该被解雇。梅尔曼说，这一点很重要，它能表明布什政府已经明白事情出了问题。“毕竟，我们要做的，不是取悦华盛顿的政治精英，而是要让大家明白，像沃尔玛这样的公司之所以能成功，是因为它们能根据形势变化随时调整政策。”

格尔森同意梅尔曼的建议，2004 年大选后，他也曾提出找人代替拉姆斯菲尔德。

布什听取了意见，然后请大家举手表决：哪些人认为拉姆斯菲尔德应该离开？大多数人举手了，包括博尔滕、梅尔曼、格尔森、赖斯、卡德、凯伦·休斯、艾德·吉莱斯皮和玛格丽特·斯佩林斯。

当副幕僚长乔·卡普兰也举起手时，布什感到很惊讶。

“你也同意吗？”布什问。

“是的，先生。”卡普兰没有犹豫。

但也有人持怀疑态度，如罗夫、哈德利、丹·巴特利特等。特别是将军们才刚刚“奋起反抗”，立即换帅恐怕是个错误。切尼也私下提出过这个理由。布什赞同这个看法。

虽然博尔滕一开始想除掉拉姆斯菲尔德的打算并未成功，但幸运的是，他把这个意志力强加给了整个白宫西翼。他首先采取的行动是，把罗夫从政策核心团队中踢出去，让卡普兰取代他。博尔滕希望各部门的职权能更明确一些，但罗夫是实现这一目标的绊脚石。这位白宫新幕僚长还解除了麦克莱伦的白宫新闻秘书和发言人职务。尽管博尔滕很喜欢麦克莱伦，但他认为，麦克莱伦在台上很不自然，而且无法改变故有思维。这两步，走得都不太顺畅。罗夫对自己被降级颇有微词，而麦克莱伦则伤心欲绝地离开了。布什听说，麦克莱伦的妻子认为他背叛了自己的丈夫，于是打去电话表示安慰，但作用寥寥。

DAYSOFFIRE

第26章

深陷泥潭

轰炸、暗杀、种族大清洗、政治僵持和教派冲突……伊拉克局势越来越糟糕。布什头一次担心非但无法获胜，还会让美国重蹈越战覆辙。也许拉氏的战略真的起不了多大作用？虽然此时切尼仍不愿拆老友的台，布什也不想事后议论指挥官对错，但重审原战略和制订新战略似乎已是大势所趋。

每天早上6点45分，乔舒亚·博尔滕到达白宫，此时布什已坐在椭圆形办公室的办公桌后，手拿三福牌记号笔，在列有前一晚伤亡名单的报告上圈圈点点。伊拉克战争一直萦绕在布什心头。每当助理与他谈论其他议题时，总会轻易发觉他心烦意乱。最终一切还是要回到伊拉克问题上来。

布什不断听闻来自各方的斥责，当然其中也包括一些善意的批评。4月23日，他礼节性地拜访了定居加利福尼亚州幻象山庄的前总统杰拉德·福特，后者趁机教育了他一番，指明伊拉克战争的问题到底出在哪里。福特说，他曾经支持这次入侵行动，但同时又觉得布什在对公众解释战争重要性的宣传工作上做得不到位；并称，就伊拉克有大规模杀伤性武器的前提来预测战争，这也是一个错误。“我觉得他不会承认这些，”福特在那次会面后曾向记者汤姆·德弗兰克透露，“但这就是事实。”

另一个越战泥潭

那年春天，来自伊拉克的新闻报道显示出战场的形势相当严峻，甚至可说是糟糕透顶。每天晚上，布什从报告中听闻的消息也越来越恐怖：轰炸、暗杀、种族大清洗、政治僵持局面和教派冲突层出不穷。去年11月，一名美国海军陆战队队员因战友被路边炸弹袭击身亡，情绪失控，疯狂杀害了伊拉克哈迪塞镇上的24名平民，其中包括手无寸铁的妇女和孩子；布什收到的报告也会定期汇报这起平民死亡事件的最新调查结果。不久前刚从巴格达返回的助理布雷特·麦格克准备了一份出访报告，上面提到美国文职官员一周只能出入高度设防的“绿区”总部 2 次，并且要提前 48 小时告知。即便如此，鉴于安全原因，官员们的行程还是经常被取消。

面对上述种种情况，即使是永远持乐观态度的布什都很难积极看待伊拉克问题，以往举手投足间的那种快活消失不见了，取而代之的是一脸愁容。怎样才能阻止暴力事件的反复发生？他能做些什么？他后来将之称为“我总统任期内最灰暗的时期”，并承认“我一直在思考跟战争相关的事情”。那是他头一次担心非但没法取得战争的最终胜利，还会让自己和祖国陷入另一个“越战泥潭”——再次给美国带来灾难性的后果。

但总统决不能表现出这一担忧。他的一位老朋友说：“他将诸多类似的情绪隐藏在内心深处。”实际上，布什蔑视痛心疾首的表达，他只会用一句“算我倒霉”来自嘲。此外，他敏锐地觉察到每个人都在关注他。通过观察曾任总统的父亲，布什知道白宫工作人员是如何从国家最高领导人的表现找到蛛丝马迹；更糟糕的情况是，如果战地士兵得知他“在公共场合意志消沉”，会认为他丧失了信心，从而影响士气。“你能够想象那些行为传递出的信号吗？”他离任后曾询问一位来访者，“难道我能说出‘为什么是我，为什么我成了众矢之的？’这样的晦气话吗？”

布什与同为得克萨斯人的林登·约翰逊总统形成鲜明对比，后者曾饱受“越战”失败的阴影折磨。迈克尔·格尔森相信：“他（布什）绝不会成为林登·约翰逊那样的人物，我从没有见过他被形势压制。”斯蒂芬·哈德利说：“就算他的灵魂曾在黑夜里备受煎熬，他也不会在我们面前表现出来。”丹·巴特利特每天早晨开始工作时，都会猜想布什是不是会向压力屈服。“他日复一日地让我感到吃惊，”巴特利特说，“我有点期待，今天他就崩溃了，就是今天。肯定就快了！”然而，那一天从未到来。劳拉也很担心，因此定期邀请总统的弟弟——住在华盛顿郊区的马文·布什来串门。尽管他们年龄相差十岁，但关系却比其他兄弟更亲近，布什评价马文“很了不起”。周末的时候，他们会坐在一起观看体育比赛。

但布什还是被战争折磨得精疲力尽。虽然他本人拒不承认，但他的朋友们都感觉出来了。布什在得克萨斯州的儿时玩伴乔·奥尼尔回忆道：“他确实有点失落。”住在华盛顿的朋友吉姆·兰登则注意到：“他自始至终都承受着那种痛苦。”布什每天都做祷告，得克萨斯的牧师可毕扬·考德威尔给了他很多帮助；后者表示：“将世界那么多的父母和子女置于危险之下，他为此背负了很沉重的心理负担。”布什表现出来的积极乐观掩盖了他内心的真实感受。“那些说他毫不在乎的人都想错了，”考德威尔说，“简直是大错特错。”

那些整日与布什在一起的人，例如博尔滕和巴特利特，能从细枝末节处觉察出战争对布什的影响。巴特利特说：“他并不会在房间里大发雷霆，乱砸东西或把人轰走，而是表现得更为短暂、微妙。我敢打赌，白宫里那些偶尔才遇到总统一次的工作人员根本不会注意到。只有我们这些整日与他在一起，共同经历过挫败的人才有发言权。”暴露总统心情的小细节千差万别，它可能是总统突然说出一句，“拉姆斯菲尔德今天说的那叫他妈的什么话？”又或者是轻声嘟囔着别人听不到的话。“这些细节每天都会有，而且以不同的方式呈现，但布什却从未表现出闷闷不乐。与其说他情绪低落和愁眉不展，布什的表现更接近愤怒和锐气大挫。”

他将多少问题归咎于自己，我们不得而知。事实上，大部分伤亡事件的黑手是“基地”组织的爪牙、激进的武装分子，又或者是其他极端暴力团伙，而非美军；但终归是布什未能预见萨达姆下台后的动荡局势，也是他在情势失去控制时选择了置身事外。布什选择将伊拉克事务全权委托给将军及其部下。他反复地向将士们表示：“你们只管去打仗，我来为你们提供政治庇护。”但随着形势的恶化，他变得更加被动。当杰瑞·布雷默否决了原先获得批准的处理伊拉克军队和阿拉伯复兴党的计划时，布什没有提出异议；而最初设想的6个月时限被延长至1年、2年，甚至3年时，他也没有进行干预。

到春末，曾经支撑白宫在伊拉克议题上勇往直前的、混杂着盲目乐观和自信的情绪消失殆尽。一直到2005年底，布什和切尼都能保证重要事项跟着他们制定的时间表走：举行伊拉克临时政府的大选；等待起草新宪法；而新宪法一旦签署生效，伊拉克局势就会大有改观。届时，再为选举长期政府做准备。

原本以为这些截止期限是预示着最后胜利的明灯，到头来却是空欢喜一场。接下来，白宫并没有从更宏观的角度实事求是地分析当地局势，而是死盯着日历上的下一个截止日期不放。“任何年代都存在着类似的乐观情绪，希望下一个里程碑式的胜利。”国家安全委员会的弗雷德里克·琼斯后来反省道，“那也是为什么我们总是难以回顾过去。根据我多年的经验，我认为这是我们‘惨败’的原因之一，当局者往往难以客观地以史为鉴。”现在，这里已经没有了人造的里程碑，也没有出现幻想中会出现的大幅进展。

麦格克及其上司梅根·奥沙利文试图在夜间呈递的报告中悄悄向总统传递一条消息。美国入侵伊拉克之前，牛津学者奥沙利文对中东地区的实际情况尚了解不足；但如今，她在处理伊拉克问题上的经验，已足以与任何一位官员相提并论。奥沙利文曾担任布雷默的助理，协商修订伊拉克临时宪法；在中东时，她曾被迫从遭到火箭弹袭击的酒店逃生。当时奥沙利文爬出位于 10 楼的窗户，踮着脚走到墙外才侥幸逃生。她与伊拉克政治人物交情匪浅，还因为试图在白宫指挥伊拉克的事务而引起部分美国人非议，被称为“8 000 英里外的螺丝刀”，其含义类似华盛顿地区的“微观管理者”。但这样一位人物得出的结论却颇令人惊讶——由约翰·阿比扎伊德上将和乔治·凯西上将具体实施，并且得到唐纳德·拉姆斯菲尔德支持的战略是失败的！而她提出的解决策略是设法尽快将控制权移交给伊拉克，从而减少美国对该地区的干预以及避免被视为占领者。这是一个十分合理的策略，其依据是美籍黎巴嫩人阿比扎伊德对该地区的长期研究；阿比扎伊德说得一口流利的阿拉伯语，用切尼的国家安全顾问——约翰·汉纳的话来形容，他就是“美国版的劳伦斯”（即电影《阿拉伯的劳伦斯》的主人公，“一战”期间一名出色的英国陆军情报官。——译者注）。奥沙利文认为，若美国在战争初期就迅速把权力移交给伊拉克人，那后来发生的强烈反弹就能避免；但彼时似乎没有一个强有力的伊拉克人能够领导这个国家。到 2006 年春，萨达姆·侯赛因政权已被推翻 3 年多，这时候再来解释美国并非占领者已经晚了。此外，美国提出的理论——在安全问题解决后再达成政治和解，也被证实是一纸空文。

那年春天的一个早晨，布什从那份伤亡报告上抬起头来，摇了摇。

“这样不行，”他对斯蒂芬·哈德利说，“我们需要再看一看整个战略。我需要一些新的策略。”

哈德利回答说：“总统先生，我想你是对的。”

斯诺的嘴被招了安

阻挠拉姆斯菲尔德的计划碰壁后，博尔滕遂将精力集中于重振白宫所需的其他革新上。在接替斯科特·麦克莱伦担任新闻秘书一职的人选上，博尔滕提到了一位颇令人惊讶的候选者——托尼·斯诺，后者是一位活跃的福克斯新闻评论员，曾出任老布什演讲的撰稿人。自福特政府以来，没有哪一任白宫新闻秘书出身于媒体；而博尔滕认为斯诺拥有气场强大和能言善辩两种完美的能力，懂得如何用幽默化解难题，让事情得以圆满完成。除此之外，斯诺在其专栏和广播节目中曾言辞激烈地抨击过总统，这为他赢得了民众的信任。他痛斥总统“无能”,称其“松弛的国内政策”导致“联邦预算捉襟见肘”。他曾一度表示:“乔治·布什在某种程度上,就是‘尴尬’的代名词。”4 月 26 日上午，在宣布任命决定时，布什打趣地说：“我问过他关于对我的评论的事，而他的回答是‘你应该也听过我谈论其他人吧’。”

斯诺的上任改变了白宫的新闻面貌。他是脱口秀时代的第一任新闻秘书，能将单调的每日新闻简报转换成气氛热烈的记者辩论会。与谨言慎行的麦克莱伦相反，斯诺措辞大胆、妙语连珠，善于轻松打破原本因话题严肃而造成的沉闷氛围。他摇身一变，成了摇滚明星，为追捧者签名、合影留念，参与巡回演讲，还受邀参加录制公共事务的电视节目。虽然他随心所欲的风格有时会越界，在准确度的把握上也不够严谨；但几乎是在一夜之间,他为白宫打造了一张更受欢迎的面孔，解了后者的燃眉之急。

博尔滕还做了两个重大改变。首先,他将中情局局长波特·戈斯踢出局,后者一直与中情局高层管理人员冲突不断；随后，博尔滕让当时的国家安全局局长和“窃听门”事件的制造者迈克尔·海登接替戈斯职位。海登自信、富有魅力，深谙华府处事方式，也是布什的亲信。接着，博尔滕通过免去财政部长约翰·斯诺的职务，着手整顿政府的经济班子。尽管与前任财政部长相比，斯诺与布什、切尼的关系更为融洽，但他并没有公开拥护政府的经济政策。与此同时，博尔滕有一种不祥的预感，在布什任期结束之前，国家可能会爆发一次金融危机。这仅基于常规判断，并无其他依据。博尔滕预计会是货币政策失败引发的经济危机，就像比尔·克林顿政府曾遭遇的那样。但事实上，当时房地产市场投资已经过热，存在巨大威胁，但博尔滕等人还是忽略了这一风险预警信号。

无论在哪方面来看，斯诺都算不上经济专家，所以博尔滕准备物色一名专业人士。博尔滕对高盛集团的前高管亨利·保尔森穷追不舍，后者曾在尼克松总统任期内担任过总统办公室助理，后来又成为华尔街传奇——

高盛集团的首席执行官。可惜，保尔森拒绝了他的邀请。于是，博尔滕又转向金融圈里其他数一数二的共和党人，包括嘉信理财创建人查尔斯·施瓦布、纽约证券交易所总裁约翰·塞恩和美国运通公司总裁肯尼斯·切诺尔特。与此同时，他仍然每日花费数小时，试图说服保尔森改变想法。保尔森身材相当魁梧，“你很难不注意到他，”他的一位首席顾问感叹道，“他个子很高，尤其是当他那双瘦长的手臂挥动时，简直占去了房间的一大半空间。”

在布什的协助下，博尔滕终于说服保尔森；不过保尔森的家人却对这一任命大为恼火。当保尔森告诉母亲他将接受财政部长一职时，后者潸然泪下，并表示希望参议院不要确认他的任命。她说：“你的仕途始于尼克松，难道要毁于布什吗？”保尔森的妻子温迪曾是希拉里·克林顿的大学同学，她也对此表示不理解。温迪问保尔森：“你为什么要做这样的决定？”他们的儿子梅里特也反对他接受这一职位，只有他的女儿阿曼达表示支持。“你将跳上一艘即将沉没的大船。”保尔森的母亲如此预测道。然而，即便处境越来越糟，他至少能按照自己喜好的方式来谈判。管理政府经济政策的将是他，而非白宫，也不是在外界看来事事都想掺和的副总统。

事实上，切尼的地位正随着时间的推移而慢慢下降。在保尔森将他挤出经济政策领域之时，在外交政策方面，赖斯也显得咄咄逼人。尽管伊拉克是外交的重点所在，但她却在其他方面寻找突破口，并将伊朗视为一种可能。一天晚上，赖斯回到她那位于赫赫有名的水门大厦的公寓后，立即拟定了一份有关外交开放的计划。这份用各种颜色的编码、图表写成的文件非常复杂，只有她本人才读得懂。该文件的核心思想在于：如果伊朗暂停铀浓缩计划，那她建议美国重返谈判桌。在赖斯的力劝之下，布什召集其他国家的首脑共商此事。可是，他却遭到一些国家，尤其是俄罗斯的质疑；它们认为，以美国为首的诸国共同向伊朗施压，有可能重蹈伊拉克战争的覆辙。在 5 月初的一次访问中，布什向俄罗斯国家安全顾问伊戈尔·伊万诺夫表示：“说我们要攻打伊朗，那是一派胡言！但为了取得成效，我们也不可能彻底放弃动武的可能。现在最重要的是保持统一战线，让他们如瓮中之鳖，无路可退。”

随着阵亡将士纪念日的临近，布什最终表示：只要欧洲国家与美国站在同一条战线，他就同意向伊朗示好。意识到切尼阵营不会如此合作，因此赖斯在假期就邀请了几位强硬派人士到她家做客，向他们解释这项政策的意图，试图化解异议。另外，她还让她的合作伙伴、副国务卿尼古拉斯·伯恩斯，向持怀疑态度的美国国家副安全顾问埃利奥特·艾布拉姆斯和切尼的安全顾问约翰·汉纳详细阐释了整项战略。翌日晚，她又邀请态度强硬的美国驻联合国大使约翰·博尔顿到她最喜欢的餐厅一起用餐。她说："我只想知道我们已经就此事达成了共识。"随后几天，赖斯宣布了新的政策，切尼及其盟友均表示默许。

FBI 反贪搜上国会山

那年春天，造成布什和切尼之间又一场冲突的事件，犹如晴天霹雳一般让人猝不及防。5 月 20 日夜里，联邦调查局突击搜查了路易斯安那州民主党代表、众议员威廉姆·杰弗逊的办公室，在其冰箱中缴获赃款 90 万美元。这次搜查导致国会议员集体发飙，他们的愤怒情绪甚至已超越了党派界限。这群立法者认为，这样的搜查违反了三权分立制度，以及宪法中有关他们在履行职责时，其言论受到保护的法律条款。

众议长丹尼斯·哈斯泰特后来回忆说，当时总统刚结束在伊利诺伊州的活动，正乘坐"空军一号"飞往华盛顿；哈斯泰特"脸色铁青"地在总统面前，痛批司法部长艾伯特·冈萨雷斯："这简直不可饶恕！我认为你应该让他引咎辞职。"

布什并不打算强迫冈萨雷斯辞职，他在与哈斯泰特激烈的争论中情绪失控，眼中饱含热泪。他表示："让我彻查此事。"

切尼站在了哈斯泰特与杰弗逊的一边。他虽然是个一心只想着巩固行政权力的副总统，但也认为行政机关在这次案件中确实侵犯了立法机关的权利。

白宫召开了一次电话会议，试图查清案件始末。据司法部副部长保罗·麦克诺提称，戴维·阿丁顿"执行力超强"，他向司法部官员提出了一系列"火药味十足"的问题，要求他们给出执行此次搜查国会大厦的宪法依据。麦克诺提辩称，三权分立制度并不意味着国会办公地点可以不必接受执法机关的搜查；他强调这次执法行动已经得到一位法官的授权。随后，布什和切尼召集麦克诺提前往白宫，听他当面解释为何司法部认为其有权"突袭"

杰弗逊的办公室。布什还提到，他已经听闻哈斯泰特对司法部的斥责；而切尼则指出他是众议院的老将，对国会反对行政干预的行为表示同情。

白宫与司法部之间的争执让冈萨雷斯左右为难，一方面他有责任维护自己部门的权力，另一方面他又必须保持对布什的忠诚。他开始往返于这两个机关，以求寻得一个两全之策；但最后此事还是以司法部的让步告终。

冈萨雷斯告诉副手："现在基本有了处理方法，我们必须将物证归还，而且得在午夜之前；否则，他们将下令强制我们归还。"

麦克诺提曾在比尔·克林顿的弹劾案中担任众议院共和党的代表律师，同时也是弗吉尼亚州恐怖主义袭击案中联邦的代表律师。他反对冈萨雷斯的做法："我们不能那样做，决不能将证据交还给被告。"他还补充道："如果真的这么做，那我将请求辞职；你可以让其他人去干。"

麦克诺提还拉了联邦调查局局长罗伯特·米勒，他也表示：如果布什和切尼强迫他们归还证据，那他也会辞职。就这样，司法部副部长和联邦调查局局长以辞职相要挟，绝不服从他们认为不妥的命令；而布什和切尼发现他们即将面临又一次"星期六之夜大屠杀"式的困境。

由于易卜拉欣·贾法里的退出，伊拉克人最终同意让默默无闻的什叶派领袖努里·马利基担任下一届总理。5 月 20 日，距离大选整整 5 个月后，马利基宣誓就职；但美国官员对他知之甚少，甚至在很长一段时间里将其名字弄错，直到马利基亲自指出，这种情况才得以纠正。

"头号敌人"伏法

5 月 26 日，布什和切尼召集了战争内阁的成员。会上，赖斯遭到唐纳德·拉姆斯菲尔德方面的猛烈抨击，指责她在伊拉克的重建事务中使用过多文职官员；报告上称有 48 名，甚至更多的工作人员供她差遣。在从巴格达发回的视频中，乔治·凯西上将表示并未从赖斯的工作中见到显著成效。

"抱歉，国务卿女士，"他讽刺说，"那点微不足道的人数，能干成什么事。"

赖斯反唇相讥："将军，你不要太过分！"

布什突然打断："好了，鉴于如此愉快的氛围，会议暂缓。"

拉姆斯菲尔德被赖斯的举动激怒了，认为那破坏了指挥层级关系；这是有史以来首次在总统面前表现出国防部与国务院之间剑拔弩张的关系。

随后，拉姆斯菲尔德警告赖斯，她不该斥责他手下的将军；如果对他麾下官员有任何不满，她应该直接来找他。

虽然白宫内部越来越倾向于认为，拉姆斯菲尔德的战略起不了多大作用，但仍然没有就接下来的策略达成一致。布什还是不愿意在事后议论指挥官的对错，而切尼也似乎因着与拉姆斯菲尔德的亲密关系，而不愿拆朋友的台。几年后，拉姆斯菲尔德坦言：切尼关心的议题总与他的不谋而合，也从没有反对过他的策略。“我们都很担心战略的实施情况，常常有以下疑问：应该往那里派遣更多士兵吗？是不是该减少这里的驻军人数？驻军们该去那里还是这里？他们的任务是该这样,而是那样？”拉姆斯菲尔德说,“那些问题不断地从迪克那儿，传递给其他人。”

为了促成新政策,斯蒂芬·哈德利及其副手梅根·奥沙利文、布雷特·麦格克和彼得·菲弗提议：在戴维营举行为期两天的会议，商讨伊拉克议题，让战争内阁的成员进一步看清形势。这一会议效仿了当年著名的“日光浴”会议（日光浴是白宫一间会议室的名字。——译者注），彼时艾森豪威尔总统在会上分析了应对苏联的不同策略。如今，布什的顾问也希望在会上公开讨论几个基本问题，包括：目前的战略是否有效？我们该如何解决什叶派武装分子问题？能不能进一步深入逊尼派叛乱分子内部，平息武装起义？伊拉克政府是否在推波助澜，让紧张形势进一步恶化？

他们准备了厚厚一摞参考书籍，还邀请了外部的专家学者，在布什和切尼面前展开激烈的辩论；其中有部分成员提倡派遣更多部队，将战略重心转移至镇压叛乱和保护民众。

戴维营会议召开之前，一个好消息不期而至。6 月 7 日，那是会议召开前的几天，布什在白宫罗斯福厅接见刚从伊拉克返回的国会议员。伊利诺伊州的共和党代表雷·拉胡德告诉布什，总统应该铲除伊拉克“基地”组织领导人阿布·穆萨布·扎卡维。拉胡德表示：“我们确实该铲除扎卡维，就像消灭萨达姆那样。”

布什故意大笑出声，用手肘碰了碰坐在他旁边的众议院民主党领袖斯滕尼·霍耶。

霍耶小声笑着对布什说：“为什么我就没想到呢？”

几分钟之后，大约是下午的 3 点 45 分，哈德利走出会议室接听电话。来电者是巴格达的美国驻伊大使扎勒米·哈利勒扎德，他声称有迹象表明：

扎卡维在巴格达以北 60 公里左右的巴古拜一栋住宅内，遭遇美军两枚 500 磅炸弹袭击身亡。哈德利返回会议室，布什朝他投去询问的一瞥，哈德利挥手示意无碍，不打算宣布任何尚未得到确认的消息。半小时后，他再次被叫出去接听电话。

下午 4 点 35 分，会议结束之后，哈德利走进椭圆形办公室，将这个消息告诉给了布什、切尼、博尔滕和赖斯。他们还需要等待扎卡维身份的最终确认。对于美国在伊拉克的头号敌人可能被炸身亡的消息，布什反应得相当克制；他只简单地说了一句："那是好事。"

直到晚上 9 点，布什才收到确认消息：死者的指纹、文身和疤痕完全与扎卡维匹配。驻伊拉克特种作战部队最高指挥官斯坦利·麦克里斯特尔将军曾亲自前往轰炸地点，确认废墟中那具血肉模糊的尸体残肢就属于扎卡维。

翌日早上(6 月 8 日)，布什宣布了这个消息；随后打电话给霍耶。布什说："上帝啊，我真高兴雷上次提了那个建议。"

接着，他又给拉胡德打电话，称赞他很有先见之明。"嘿，你可能被载入史册了。"总统开玩笑说。

为了避免过早涉入战争，布什在 2002 年年中搁置了切尼和拉姆斯菲尔德提出的"铲除恐怖分子扎卡维"的建议。然而，扎卡维一步步地成为煽动伊拉克教派冲突的领头人，其危险性并不输于"9·11"事件以来的其他头目；与他们相比，扎卡维甚至需要为更多在伊拉克牺牲的美国人负责。现在，他终于被除掉了，尽管有点晚；但无论如何，这也是自两年半前美军抓获萨达姆之后，最大的象征性胜利。赖斯回忆说："我当时觉得有点头晕目眩，不太相信这居然是事实。"椭圆形办公室里也没有欢呼雀跃的气氛，布什一直表现得很冷静。

奥沙利文注意到这一点，她对总统说："你似乎不太高兴。"

总统说："我真不知道以后要怎么做，才能再次获得这等好消息了。"

布空城计，闪电访伊

6 月 12 日，布什的战争内阁前往戴维营参加伊拉克会议。切尼从位于马里兰州圣迈克尔的度假别墅启程，搭乘直升机飞抵戴维营；期间他脑中不断地盘旋着各种有关伊拉克大胆战略的可行性。奥沙利文希望这次会议可以成为重新评估原战略和制定新战略的转折点，她的助理为了准备各种简报甚至忙活到凌晨3点。

战争内阁成员聚集在名为“月桂苑”的小木屋里，统一在会议桌的一边落座，迎面的屏幕上则显示着身处伊拉克的阿比扎伊德上将、凯西上将和哈利勒扎德大使的身影。凯西报告说，伊拉克形势已经发生了“根本性的变化”：不再是针对美国人的暴动，而是争夺国内政治经济权力的更广泛的斗争。美军在伊拉克停驻时间越长，伊拉克人就会越依赖他们来解决自己的内部问题；因此凯西建议继续执行当前战略，将权责移交给伊拉克军队。“我一直主张我们撤军，”他接着说，“为了赢得胜利，我们必须撤离伊拉克。”

接下来是4位军事专家给众人做报告，他们分别是美国企业研究所学者弗雷德里克·W.卡根，资深记者兼自由撰稿人罗伯特·D.卡普兰，约翰·霍普金斯大学高级国际研究学院的历史学家埃利奥特·科恩，以及战略与预算评估中心的高级主管迈克尔·维克斯。

为了改变战略路线，卡根提出了强有力的论证；他建议增派部队，以深入执行清剿武装分子的任务。他认为伊拉克军队尚未做好接管权力的准备，即使等到伊拉克百姓感到安全并相信其政府之时，逊尼派与什叶派之间的冲突也不会停止。赢得战争的胜利至关重要，因此没有十足把握，他们不能贸然采取行动；而这正是奥沙利文、麦格克和菲弗希望传达给总统的想法。然而，在两周前曾与布什单独会过面的维克斯却提出了截然相反的理论。维克斯年轻时曾是中情局的雇员，在职期间成功制定了反击苏联军队入侵阿富汗的政策；在那以后，以他为主角原型的书籍和电影《查理·威尔森的战争》（*Charlie Wilson's War*）开始广泛传播，他本人也广为人知。现在，维克斯强烈建议在伊拉克也实施类似的策略。他发了一份4页纸的文件，其中称“即使有伊拉克安全部队的协助，美军也不太可能在未来的2～3年内铲除叛乱分子”。因此，美国应该转而采取“间接路线”，撤回大部分驻伊部队，只留4万士兵作为快速反应部队，帮助伊拉克人“最晚于2008年夏天”接管控制权。拉姆斯菲尔德认为维克斯的论点“很有说服力”。正是担心出现这种情况，菲弗在做报告者名单中加入了科恩，以支持卡根的观点。

讨论期间，布什获得了更多的好消息。卡尔·罗夫收到通知：他将不会被起诉。大约下午 4 点，罗夫在一架飞往新罕布什尔州的飞机上接到了律师打来的电话，得知检察官已正式通知不会对他提起任何起诉。这个消息让罗夫如释重负。在此之前，尽管他在公开场合始终表示出一种镇定自若的神态，但“在面具之后，这事真把我给吓坏了”。现在，他又可以重振旗鼓。他在那晚为共和党人发表了一场煽动性的演讲，指责约翰·克里和约翰·穆尔沙等民主党人企图“匆匆忙忙地逃离伊拉克”。他说：“在开第一枪时，他们（约翰·克里和约翰·穆尔沙等民主党人）可能还与你在一起，但绝不可能坚持到最后。”

戴维营里，经过一整天的讨论，布什先行告辞。那时天色已晚，所有人都以为他返回房间休息。第二天的会议才是关键，届时只有高级官员和屈指可数的助理人员可以列席，全力以赴地制定接下来的行动方案。然而，布什并没有回房休息，而是溜进一辆汽车，前往附近的停机坪；在那里，他登上了“空军一号”，飞往安德鲁斯空军基地。在夜间航行中，飞行员关闭了所有灯光。布什把他的高级顾问留在戴维营，为又一次伊拉克秘密之行打了个完美的掩护；博尔滕将这种举动视为“完美的假动作”。鉴于其他成员并不知道总统的此次行程，因此一向沉默寡言的切尼留下来拖延会议。

次日清晨，也就是 6 月 13 日，在戴维营的奥沙利文正与返回华盛顿的麦格克通电话；后者当时正准备向布什作简报，没想到同僚查尔斯·邓恩跑进他在白宫的办公室，宣布电视新闻称总统刚抵达巴格达。

麦格克问：“梅根，呃，总统在哪儿？”

“他在这里，”她说，“我们正打算开始。”

“可查尔斯说他刚飞抵巴格达。”

“什么？”她吓了一跳，迅速挂断电话，朝主楼走去。

奥沙利文找到了 J.D. 克劳奇，这才了解发生了什么。

克劳奇告诉她：“总统不在这儿，而是在巴格达。”

布什正在“绿区”内与哈利勒扎德、努里·马利基会面。他乘坐的军用飞机还发射了燃烧弹，以干扰热能追踪导弹。凯西和哈利勒扎德送给总统一块石头以作纪念，因为它正好是扎卡维被炸时所在地的一块残骸。凯西回忆说：“扎卡维的死让总统大为振奋。”布什对马利基采取的措施印象深刻。对此，凯西认为，“我觉得他内心有着一股强大的韧劲”。

布什听取了凯西上将有关“共同前进”行动的计划，以及如何使用之前在叙利亚边境城镇塔尔阿法大获成功的清剿战术。

总统发现了某种矛盾，他认为彻底清剿叛乱分子需要大量军队，而凯西和阿比扎伊德却一直主张撤军。

凯西说：“我必须更详细地向你解释整个计划。”

布什回答：“是的，你应该这样做。”

鉴于扎卡维刚死，而且伊拉克新任总理也在场，因此他们此次的秘密之行并未谈及任何重大的战略修改细节。总统的顾问们预测称，这次大唱“空城计”的戴维营会议只是为伊拉克之行打掩护。据一位顾问称，对当前战略越来越觉得不安的切尼希望“针对目前形势的恶劣程度做一次全面分析”，包括：创建一份暴力事件的统计图表，并讨论清剿行动的进展。然而，体贴战地指挥官的布什表示，他愿意在返回华盛顿后给凯西一个扭转局面的机会。总统告知记者：“军队人数规模将由凯西上将全权决定。”这个句式简直成了他的口头禅，一项研究表明：仅在2006年，总统就说了30次“军队规模将由战地指挥官全权决定”的话。博尔滕随后回忆说：“我们非常乐观地离开了伊拉克，这是千真万确的。可另一方面，事情具体进展得如何，我们并不清楚。”

白宫内部一心想推动改革的反对派感到心灰意冷。菲弗称：“我认为一开始零基础地回顾战略，使得整个讨论偏离了大方向。”奥沙利文返回白宫后心情糟糕透顶，她坦言此次会议简直成了“公关大会”，“没有解决当下的任何一项紧急议题”。

DAYSOFFIRE

第27章

强硬到底

在哈姆丹诉拉姆斯菲尔德案上，究竟是服从最高法院的最终判决，还是立法取消法院的司法管辖权？究竟是支持以色列武力铲除黎巴嫩真主党，还是用外交途径解决？总统一次又一次地背弃了切尼的建议，作出了“错误”的决策。对副总统而言，这比自己的影响力日渐下降更令他觉得痛苦。然而，布什却认为，这是自己日渐自信的缘故，并非针对副总统。

“居然有人劝总统和法院对着干”

6月29日上午，椭圆形办公室。布什总统正与来访的日本首相会面，丹·巴特利特和托尼·斯诺打断了他们的谈话。他们告知总统，最高法院刚刚作出裁决，关押在关塔那摩监狱的囚犯应受到《日内瓦公约》的保护，此前布什下令成立特别军事法庭对他们进行审判的行为已超出宪法赋予总统的权限。

在布什准备前往出席与小泉纯一郎一起召开的联合新闻发布会前，哈里特·迈尔斯给总统做了一个“紧急汇报”。“我会尽力保护他们，”布什对记者说，“与此同时，遵从最高法院的审判决定。”

然而，如果副总统切尼自作主张的话，那布什就难以实践自己的诺言了。切尼确实还没有服从的打算。哈姆丹诉拉姆斯菲尔德案的判决结果不仅推翻了此前切尼说服布什在“9·11”事件后批准成立的特别军事法庭，还对布什—切尼反恐战争核心战略形成了直接打击。布什和切尼一直认为，他们近5年来发动的大部分战争都合乎情理。如果情报官员需要在未经法官批准的情况下窃听海外电话，切尼会要求布什授权；如果军队希望未经审讯就关押恐怖分子嫌疑人，布什和切尼也会听之任之。

他们二人的行动方针是先斩后奏。他们一直确信，为了保护国家安全，总统需要拥有最广泛的“总统权限”解释权。即使随后他们被迫放弃某个具有争议性的决定，他们也认为，为了防止当时有可能是“第二波”的恐怖袭击而付出的代价是值得的。正如戴维·阿丁顿说过的一句令人印象深刻的话："更好的办法是不断地施压、施压、再施压，直到某股更强大的力量让我们停下来为止。" 多年来，这个办法一直很奏效。而最高法院最近发布的一系列有关反恐战争的判决，就是那股"更强大的力量"。

切尼和阿丁顿主张立法，以推翻最高法院的判决。阿丁顿起草了一份法案，要求取消法院对此事的司法管辖权，并批准总统拥有推行之前诸多措施的权限。从他们的角度来看，最高法院在事后批评战时总司令的举动简直令人无法容忍；尤其是最高法院此前还曾支持过富兰克林·罗斯福在军事法庭上审判几名从事间谍破坏活动的纳粹分子。

副总统的举动引发了激烈的争论。国务院首席法律顾问约翰·贝林格表示：如果总统要与法院对着干，那他将考虑辞职。事后他称："我很惊讶，不敢相信居然会有人劝总统对法院施压。" 对此，他的老板赖斯也表示同意；最初，切尼在下令成立特别军事法庭一事上曾设法规避她。现在，负责提升美国国际形象的副国务卿凯伦·休斯也遇到同样问题。她认为关塔那摩监狱和虐囚事件给公众造成的不良印象，已抹掉了她为赢得思想战所做的一切努力。她一直担心"只要这个公共关系上的大污点还在，我们就没法取得任何进展"。

最终，在椭圆办公室内，众人为此议题召开了一场会议。

赖斯恳求道："总统先生，你不能推翻最高法院的判决。"

迈尔斯和艾伯特·冈萨雷斯则站在切尼一边，认为总统不应该交出他的权力。

切尼 2001 年向总统提议成立特别军事法庭时，布什欣然同意，并签署了命令；然而 5 年后，总统不愿意再继续下去。他宣布："我不会推翻最高法院的判决。"

当有人担心布什是因为担忧最高法院的判决会让国际法庭有机可乘，在以后利用《日内瓦公约》保护那些被美国拘留的嫌犯，布什对此表示他毫不在意。总统说："我并不担心国际法庭。" 相反，布什决定与国会合作，通过一项既符合法院指导方针，又能从选举产生的立法机构中"收买人心"的军事法庭体系。他的一些工作人员琢磨着是否一开始就这样做会更合乎情理，如此便不用白白浪费这么多年来推行单边主义。无论怎样，这一次布什从一开始就决定派斯蒂芬·哈德利前往国会山，寻求援助。

切尼则持观望态度。

“布什在拥抱普京上做得太过火了”

随着春季渐渐过去，布什发现自己越来越关注俄罗斯，后者近来将首次承办八国峰会。对弗拉基米尔·普京而言，主办此次峰会是向全世界展示俄罗斯昔日雄风的大好时机；而批评者则认为，西方为一个不符合民主标准的国家提供一次这么重要的机会，影响极其恶劣。因为承诺峰会的议程须自由、民主，并且支持持有不同政见者的专制君主与会，布什遭到了国内各方施加压力，约翰·麦凯恩等人强烈抵制这次峰会。然而，布什不愿意得罪普京，所以他陷入了一个尴尬的处境。为此，布什曾向托尼·布莱尔坦言：“我想我们将会因为普京而爆发一次大冲突。”

在这个问题上，切尼也认为布什决策失误，他从一开始就不相信普京。当布什考虑如何在不伤害与切尼之间的情谊的情形下接触普京时，副总统则暗中发力，为美国批评者提供支持。他邀请俄罗斯专家到自己的办公室，商讨该如何向莫斯科施压；另外俄罗斯反对派领袖弗拉基米尔·雷日科夫也在克里姆林宫不知情的前提下秘密会见了美国副总统。切尼的一位顾问学者——斯坦福大学的迈克尔·麦克福尔回忆说：“他认为布什政府在拥抱普京一事上做得太过火了。”

获得了布什的首肯，切尼乘机飞往立陶宛首都维尔纽斯。5 月 4 日，他将在那里进行一场演讲，抨击普京领导下的俄罗斯用“不公平不正当的手段”限制人民的权力，以及利用石油和天然气“恐吓和敲诈”周边国家。切尼表示：“俄罗斯还有其他选择。毫无疑问，如果俄罗斯重返民主改革之路，那将为该国人民带来更多权利，并且获得其他国家的尊重。

他的演讲激怒了普京。哈萨克斯坦石油储备丰富，政治环境并不比俄罗斯自由多少，是前苏联的加盟共和国之一。当切尼飞抵该国时，他的演讲传递出的信息威力减弱了。切尼与哈萨克斯坦领导人努尔苏丹·纳扎尔巴耶夫并肩站立时，听到的尽是后者的赞美之词。

克里姆林宫方面将这视为高度的犬儒主义（犬儒主义是一种带着厌倦情绪的负面态度，对于他人行为的动机与诚信都采取一种不信任的态度。——译者注），认为切尼不过是个业余的演说家。事实上，切尼的那份演讲稿接受过白宫的审查。布什对切尼唱白脸、他唱红脸的计策感到满意。他告诉布莱尔：“副总统用演讲为我们打下了有利的基础。”

通过一种更友好的方式，布什试图让普京在峰会上多谈谈其他实在的议题，尽量绕开俄罗斯的民主。6 月 5 日，布什在电话中提到了以下四个焦点：禽流感、达尔富尔、伊朗和核恐怖主义。普京感谢布什推进了俄罗斯加入世界贸易组织的进程，并表示只“需再加把力”，就可以“大功告成”。

随后，普京提到了谢尔盖·拉夫罗夫，也就是他那位烟不离手的强硬派外交部长。“拉夫罗夫刚从伦敦回国，他的脸颊和嘴唇都有不同程度的浮肿，”普京告诉布什，“我们有必要进一步调查，看看赖斯都对他做了什么！”

布什对这个暗讽他们之间有风流韵事的骇人戏言感到尴尬，他开玩笑地回应道：“赖斯又不瞎！”

普京回了一句：“她是一位非常有魅力的女士。”

“她是很优秀。”布什回答，然后试图转移话题，“听着，我希望在我们去圣彼得堡之前的两周里，将世界贸易组织相关议题都办妥。”

第二天，也就是 6 月 9 日，布什与来访的丹麦首相前往戴维营，期间谈到了普京。“我们开了几次艰难的会议，”布什告诉他的客人，“普京有点孤陋寡闻。我与他会面的过程，就好比与一位初中生辩论，非得指出他的犯错事实不可。我曾在斯洛伐克见过他。他说：‘你一直在说我的坏话，说我独裁。’我回答说：‘没错。我也不喜欢我们国家的新闻媒体谈论我的是非，但我不会取缔它们；而你就不同了，只要你不喜欢的媒体，你就会让它们关门大吉。’”

布什说普京甚至想通过为丹·伊文思——美国前商务部长、布什最亲密的朋友之一，提供石油行业的优渥工作来讨好他。“普京问我：‘如果我把伊文思安排到一个重要的职位，那会对你有帮助吗？’听听这话说得！什么叫做‘对你有帮助吗？’”布什很恼火，“我只想说：‘如果你在民主问题上有所改进，那就会对我有帮助了。’他的思维方式真是奇怪。”在前往圣彼得堡的几天前，布什向来访的斯洛文尼亚总理哀叹道：“我想普京再也不可能民主了。他就是个沙皇，我们已经对他不抱希望了。”

布什试图将大家的注意力从民主纠纷上转移，但让俄罗斯加入世界贸易组织的努力在最后一刻还是失败了。他的贸易代表苏珊·施瓦布与俄罗斯人连续商讨了 3 个晚上，一度连续工作 24 个小时；这样疯狂的努力只为达成一份布什和普京都认可的协议。最后，他们基本达成一致意见，俄罗斯方面表示普京总统会同意签署这份协议。然而，7 月 15 日凌晨 2 点 30 分，也就是布什抵达圣彼得堡后的第一天，他们碰到了钉子。虽然极其失望，布什在整个行程中还是装作若无其事。晚宴之后，他和普京一道出席一场新闻发布会，表面上言笑晏晏，实则暗流涌动。相比峰会之前的数月里他私下向布莱尔和其他国家领导人表达的失望情绪，这次在发布会上，布什只公开提到一次俄罗斯的民主问题，这态度不可谓不温和。

“我谈到了我希望推进世界某些地区的制度变革进程，例如伊拉克；让那些地区拥有新闻出版和宗教信仰的自由，”布什告诉记者，“我也向他表示过，我们国家的绝大多数人民都希望俄罗斯能做同样的变革。”

一直在伺机行动的普京抓住了这个话柄。他说：“我可以十分坦诚地告诉你，我们当然不愿意拥有伊拉克人那样的民主。”此话一出，俄方人员哄堂大笑。布什似乎有些措手不及。“让我们走着瞧吧。”他低声说，脸上挂着不自然的微笑。

该不该干预黎以冲突?

事实证明，布什根本无需担心峰会的核心话题会围绕俄罗斯的民主问题展开。在会议开始前几天，以色列入侵黎巴嫩，以反击真主党猛烈的火箭弹袭击，这一危机自然成了圣彼得堡峰会上的首要议题。

在联合国秘书长科菲·安南一直努力调解以色列和黎巴嫩双方时，布什则忙于抵挡来自盟国的施压，后者认为应该积极干预，而非支持以色列对黎巴嫩的攻击行为予以愤怒的反击。用联合国秘书长安南的话来说，他和布什就是在其他领导人面前上演了一场“唇枪舌剑”的好戏。安南回忆道：“显然布什简单地将这一冲突视为正义一方在反击邪恶一方。然而，我认为这并非正邪双方的较量那么简单。”

无论如何，外交手腕的力度强调的正是布什与赖斯之间合作的亲密程度。布什让赖斯在峰会期间与其他各国政府制定出一份联合声明。然而，他在布置上述任务时，不经意地忽视了斯蒂芬·哈德利；因此，尽管哈德利与赖斯联系紧密，他还是感觉自己被排除在外。于是，布什与赖斯的合作使得白宫政府班子面临分裂的危险。

“如果他无法信任我，让我替他做那些事，那我就无法再担任他的国家安全顾问了。”哈德利告诉赖斯，“我不得不辞职。”

赖斯劝他少安毋躁，然后告诫布什不应该那样忽略哈德利。布什表示他无意侮辱哈德利，只是觉得与赖斯工作起来更加舒服。

在八国峰会最后一天的私人午餐上，布什向托尼·布莱尔展露出他在黎巴嫩问题上受到的挫败感。

“托尼，你在干什么呢？”他问，“准备走了吗？”

布莱尔回答说：“没有，再待会儿。”

布什进餐时，布莱尔就站在他旁边。他们谈论了几分钟，聊了聊世贸谈判，以及布什生日时布莱尔送给他的那件毛衣。

“我知道那是你亲自挑选的。”布什不无调侃地说。

“那当然。”布莱尔大笑着回答。

然后，布什将谈话转到安南身上，告诉布莱尔他打算派赖斯负责相关事宜。

布莱尔提议先发表一份公开声明，为后续发展做铺垫。他表示：“显然，她出马，事情肯定能成；而我只能说说话，撑个场面。”话中之意是美国的介入肯定会带来不同的结果。

“他们只需要让叙利亚说服真主党停火，就什么事儿都没啦！”布什一边给面包涂黄油，一边从塞满食物的嘴里吐出那几个字。

布莱尔问：“谁？叙利亚？”

布什说：“没错。那安南呢？这似乎有点奇怪。我并不喜欢这样排序。但是，他的态度无非就是停火，然后其他一切事情都将随之而来。”他说安南应该向叙利亚总统巴沙尔·阿萨德施压，让后者控制真主党。布什告诉布莱尔：“我想应该让安南与阿萨德通电话，做点事儿。”

布什在遭遇多方挫折的情况下离开了圣彼得堡。直到他国领导人都飞离俄罗斯以后，普京才在一次新闻发布会上表示，在迫使伊朗放弃核项目一事上，他不会支持布什。他说：“谈到制裁伊朗还为时过早，我们尚未到那个份上。”

两周之后，在一次通话中，布什和布莱尔相互倾诉了他们对普京的不满。7 月 28 日，布什向布莱尔表示：“离开圣彼得堡后，我比以往任何时候都要担心俄罗斯。”

“你确实应该担心，”布什对此也表示赞同，“我与普京在晚宴上交流过。他认为中央集权会带来国家稳定，所以没什么不好。我问他，‘如果继任者滥用职权，那该怎么办呢？’他说，‘我会阻止他。’他以为他会永远当权。他还问我为什么不修改宪法，那样我就能再度执掌国家大权。”

布什自己到底想不想再执掌国家大权这个问题他根本没时间琢磨。因为此时无论是在国内还是国外，各种挑战都让他应接不暇。国会提交了一份要求联邦政府放宽对胚胎干细胞研究资助的限制的法案。这是 5 年多来，在与共和党掌控的国会共事期间，布什第一次遇到让他无法接受的法案。其中领头者包括参议员比尔·弗里斯特，布什曾在 2004 年总统大选时考虑过让他接替切尼。

布什决定动用否决权。与其防御，不如主动出击。7 月 19 日，布什与“雪花婴儿”，以及由废弃的胚胎发育而成的领养儿童举行了一个仪式。电视画面上，总统被一群孩子包围，这是为了让观众相信他并非保守地抵制拯救生命的相关研究，同时也缓和了布什否决法案造成的影响。但是，在这紧要关头做出的举动也预示着白宫将会与几个月前在总统竞选中鼎力相助的共和党盟友之间爆发更多冲突。

事实上，随着秋天的慢慢临近，伊拉克以及其他议题让民众越来越失望；共和党候选人开始用他们自己的方式避开布什和切尼，而白宫的工作人员则加班加点地寻找能够发挥总统优势的竞争亮点。他们最不希望见到因为布什给人留下太危险的印象而导致共和党候选人不招人待见。不过，那些同意总统到访的候选人一般都来自胜券在握的选区。“我们尽量把他的行程安排满，”白宫政治事务主任萨拉·泰勒回忆道，“我们不希望总统置身事外，被晾在一边对他而言不会是好事。我们有人甚至希望他的飞机不要着陆。”

干细胞研究资助法案否决仪式举行的同一天，曾经支持卡尔·罗夫 2004 年一个项目的参议员约翰·图恩表示，他要与总统划清界限，这充分地暴露了总统与其党派之间的分裂。图恩在国家记者俱乐部对记者表示：“今年如果是由我来管理国家，你们显然不会接受布什总统以及他提出的议程。”罗夫得知这一言论后勃然大怒，他在白宫的一位同僚说：“罗夫认为图恩忘恩负义，爱发牢骚。”罗夫还让他的副手想办法，将罗恩的背叛行为告知那些过去曾为图恩提供帮助的布什总统的捐助人。他的副手犹豫不决，认为罗夫反应过度，尤其是图恩事后很快道了歉。可是，罗夫依然不解气。同僚说：“他就是不想轻易放过他。”最终，乔舒亚·博尔滕收到图恩的直接道歉，并介入此事，罗夫这才被逼放弃追究。

担心伊拉克议题的并不仅仅是共和党议员。戴维营改革失利之后，斯蒂芬·哈德利和伊拉克研究小组成员试图找到强制转换战略的新办法。同样是在图恩发表评论要求全面审视战争的那天，梅根·奥沙利文和布雷特·麦格克向哈德利呈交一份备忘录，翌日又呈上晚间报告；在这些资料中，两位年轻的顾问直接向布什强调了备忘录中的信息。布什读道："日益恶化的安全形势已超出伊拉克政府的控制范围，他们无法作出回应。"鉴于伊拉克部队卷入宗教袭击自身难保，将国家控制权移交给他们非常不现实。"暴力冲突的势头正猛，而且从当前局势来看，还有持续下去的可能。"

哈德利私下认同他们的观点，也一直在巧妙地推进议程的发展，同时还得扮演好不同派系之间的仲裁者角色。如果他用力过猛或者太心急，都有可能让改革适得其反。根据布什的授意，在 7 月 22 日的一次视频会议上，哈德利将奥沙利文和麦格克提出的问题告知乔治·凯西上将，这些问题包括：针对巴格达实施的战略是什么？需要派遣更多部队吗？美国人的使命是什么？美军是在让伊拉克人过度依赖他们，还是相反？

凯西认为这些问题有损其尊严，并对文职官员"事后诸葛亮"的行为深感不满。他认为，派遣再多部队也不能解决问题；真正的解决之道在于政治手段，而非军事行动。

几天之后，也就是 7 月 26 日，努里·马利基作为伊拉克总理，第一次率团访问了华盛顿。布什在白宫欢迎他的来访，并听取了伊拉克各部长就其负责的相关领域展开的冗长乏味的报告。

席间，布什试图活跃气氛。当介绍伊拉克电力部长时，他问后者："人们叫你斯巴克吗？"可惜，伊拉克方面似乎没有一个人领会其中笑点。

总统传递出的更为重要的信息之一是他将成为他们坚强的后盾。"如果说你这次访问之行有何收获，那就是我百分百地支持你。"他说，"不要担心这里的政治问题。做正确的事！我将与你并肩作战！我说话算数。"

布什充满决心，但不确定该怎么做。他从 8 月 3 日开始在克劳福德农场休假，这也是自"卡特里娜"飓风以来，他首次在此胜地避暑。下了飞机没多久，布什就在自行车道上猛踩踏板，这是他最近喜欢上的一项运动。正如年轻时，运动能帮他清除酒精毒素那样，现在也在帮助他排解华盛顿的压力。

那年夏天，布什刚满 60 岁，这对他显然是件大事。布什决定以自律来与日益增长的岁月抗争。他每周高强度运动6天，练习项目包括：骑山地车、用跑步机锻炼和做抗阻力训练。在华盛顿时，他会去城郊的特勤局训练场地骑两个半小时的自行车。根据他的医生所言，布什休息时脉搏每分钟跳47下，血液胆固醇含量是178毫克，身体的脂肪比是15.79%。如此看来，他的身体还处在“极佳”的状态。

热爱运动和按时作息，这似乎与布什40岁宣布戒酒时的自律如出一辙。丹·巴特利特曾经如此评论道：“他是第一个承认嗜酒成瘾的总统，而且明白自己必须戒掉这一陋习，才有机会成就宏图伟业。他喜欢一切有条理、结构明晰。一个如此随性的人，居然会喜欢结构明晰，这可真是件有趣的事。”他在家里摆放着巨大的木质拼图，时不时地玩上一会儿，把成百上千块混杂在一起的木块组合成形。“事情总能得到解决，”劳拉的一位老朋友帕梅拉·赫德森·纳尔森说，“他们有许多应对的方法。”布什更喜欢向前看，而非向后看。巴特利特说：“当你为总统效力时，总要想方设法给他点向前看的希望。”

布什尤其喜欢在长时间的自行车骑行中向前看。他常邀请其他人同骑，但又要求他们不要骑在他前面，因为那样他会有种孤身一人的错觉；在永远被诸事缠身的生活中，这可算得上是布什难得的自由了。那年夏天，在农场骑行了80分钟之后，布什满身大汗地说：“骑车让我头脑清晰，有助于缓解工作中的压力。”他的顾问兼骑友马克·麦金农说，骑行的强度直接与工作的繁重程度相关。“他在白宫承受的压力越大，”他说，“骑得就越快。”

与总统骑车通常就像是一场生存训练，尤其是在得克萨斯州艳阳高照的8月。布什将让一直跟着他不掉队的人加入他的“百度俱乐部”。托尼·斯诺也不得不加入骑行行列，因为他有一次告诉布什，有时间他也很乐意与总统骑上一段。“你知道的，我不过是想要表现得友好一些，”他随后说道，“我当时只是想拍老板马屁而已。”但此时此刻，斯诺第一次陪着布什来到了农场。

布什问他：“斯诺，你准备骑车吗？”

斯诺想要借故推辞，但没能成功。

那次骑行经验令人难忘。他回忆说：“我们骑出了车道，大概向下偏离了15～20英尺。然后又骑了上来，接着就来回摆动。总统骑下去大叫，‘哟呼！’他后面的珀森也跟着骑下去大叫，‘哟呼！’我在最后面拼命地叫‘啊啊啊啊啊！’”

然后，斯诺撞到了一棵树上。

布什喊他："斯诺，你没事吧？"

"没事，先生。我不过是撞到了一棵树上。"

"好吧，那你快跟上。"

如果要说谁最懂得撞树之后立马爬起来的重要性的话，那个人必然是布什。

在克劳福德农场度过的那年夏天，布什发现自己一直在努力控制副总统与国务卿之间不断扩大的鸿沟。在黎巴嫩进行的以色列战争已经遭到国际社会的谴责，欧洲一直要求美国立即出面干预，但布什却一再拒绝。他再也不能以追剿恐怖分子为由，错误地入侵另一个国家了。但随着战斗的持续，布什渐渐意识到自己越来越被孤立；尤其是在以色列用炸弹摧毁黎巴嫩卡拿镇的一栋公寓，屠杀了数十名平民，其中还包括数名儿童之后。

赖斯飞往得克萨斯州共商此事。她一直致力于通过外交途径化解危机，并相信现在就是进行干预并制止暴力冲突的时刻。切尼的意见则刚刚相反。他认为以色列完全有权采取自保行动，如果美国在以色列彻底铲除真主党之前出手干预，将有可能导致黎巴嫩沦为恐怖分子的安全港湾。切尼从美国自身的角度来看待这次冲突；按照"伊朗正利用叙利亚为黎巴嫩真主党提供援助"的说法，切尼甚至认为以色列人应该"摧毁大马士革的飞机场跑道"。然而，这种说法甚至连以色列都觉得离谱，并且敦促美国向叙利亚澄清此消息。

8 月 5 日，布什和赖斯手持通信设备前往会议地点，与切尼以及其余国家安全团队的成员召开保密视频会议。赖斯努力让在座所有成员都了解最新进展，以赢得他们对停火提议的支持。

切尼却在会上出言相讥，他争论道："我们必须先让以色列人消灭真主党。"

赖斯大感震惊，她在摄像头可视范围之外将一张纸条递给布什，上面写着："前两个星期，他去了哪里？"

布什不置一词，任由切尼表达其主张。赖斯怀疑副总统绕过她，自作主张，与以色列进行交涉；这让她越想越生气。

赖斯称联合国方面即将达成一项决议，现在已是箭在弦上。他们欠了黎巴嫩的人情，因为后者一直在努力稳定这个被叙利亚占领长达数十年、饱经战乱的国家。切尼再次反击，表示应该让以色列继续战斗。

赖斯对总统说："那样做，你在中东就死定了。"她咬牙切齿地吐出这几个字，声音极大。

布什表示非常感谢全体成员，然后宣布会议结束。

赖斯跟着他走出拖车，她感到很恼火，问道："我一直努力协商，试图达成一项决议，现在又不想要是怎么回事？"

布什决定利用当晚仔细考虑此事。次日清晨，当赖斯经过主楼去吃早餐时，他递给她一份简短的备忘录。

布什说："这里有一份复印件，我希望你看一看。我也发了一份给迪克。"

赖斯很惊讶。布什亲自撰写了一份战略文件，表示支持赖斯的提议，同意贯彻联合国呼吁停火和派遣国际维和部队的决议。文件简述了这样做的原因——很大程度上是因为伊拉克太重要了；如果黎巴嫩战争持续下去，它将危及美国之前取得的战果；另外，虽然概率很小，但绝不是不会波及巴勒斯坦国。布什写道，或许同样重要的是，如果允许黎巴嫩这个年轻的民主国家被摧毁，那他们有何颜面在伊拉克大谈民主？

有了布什的支持，黎巴嫩停火协议在 8 月 14 日生效，由此结束持续了 34 天的战争。那天在克劳福德召开的视频会议成了日后国家安全会议的典型模式，赖斯越来越坚持她的意见，切尼则发现自己更多地处于防守状态。议题一项接着一项，他们在发表言论之前，更喜欢承认与对方存在根本分歧。切尼常常这样开场："很显然，在这一点上，我不同意康迪的意见。"而赖斯会说："这关乎外交政策，所以副总统不愿意。"他们成了第二轮外交政策讨论的对立双方。赖斯回忆说："他是天生的辩论家，可我也不差。所以，我们就当着总统的面相互辩论。但那并不让人生厌，也不涉及任何私人恩怨。"她与布什的关系成了她的优势。迈克尔·格尔森评论道："每个周末国务卿都会在戴维营，那时候情况就会有些不同。"或者，就像在克劳福德农场那样，他们会讨论黎巴嫩战争的情况。

对切尼而言，比其个人影响力逐步降低更令他感到痛苦的是，布什越来越不愿意听取他的建议。这其中一个重要原因在于布什在工作中越来越游刃有余，对自己的判断也更有自信；他开始不再那么依赖副总统的实战经验。切尼认为布什正在让外界批评他，削弱他对二人在第一届任期内既定方向的信念。布什越来越倾向于赖斯的建议。莉兹·切尼曾说："这并不涉及私人恩怨，他只是对错误的决策感到沮丧。”

当副总统还保持着对布什恭敬的时候，切尼身边的人士则花大量的时间探讨总统究竟是从何时开始改变的。一些人认为这要追溯至 2003 年；当事实证明伊拉克并不存在大规模杀伤性武器时，布什开始慢慢地对切尼为他指示的道路不再抱幻想。另外一些人则指出可能是那次重新授权监视计划之争，让布什觉得猝不及防；又或者副总统“最后阵痛期”的言论显得他并不了解战争形势；甚至有可能是那次枪击事件。随后，一些与副总统关系密切的人士将目光转向黎巴嫩，将之视为布什态度转变的象征性表现。在这些人眼里，曾经不顾全世界的谴责，执意追击巴格达独裁者的布什总统，现在更倾向于拍外国领导人的马屁，而非采取正确措施，支持以色列对抗恐怖分子。

撤了拉姆斯菲尔德

在白宫之外，布什发现自己不仅成了自由派人士的攻击目标，甚至连站在同一阵线的保守派人士也不再对伊拉克抱有幻想，他们担心即将到来的中期选举。8 月 15 日早晨，前共和党议员、现任微软全国广播公司脱口秀节目主持人的乔·斯卡伯勒在节目中询问嘉宾：“乔治·布什的低智商是不是在拉低美国在全球范围内的信誉度？”与此同时，屏幕的下方闪现一行文字：“布什是‘白痴’吗？”即使那些一直对总统怀有好感的权威人士，现在也“弃暗投明”了。《国家评论》杂志的编辑里奇·劳里写道，“自入侵伊拉克以来，成功似乎比任何时候都显得遥不可及”，他指责“政府朝令夕改”。《美国观察者》杂志的执行主编奎因·希利尔补充道，“我们似乎胜利无望”，除非抓获什叶派武装组织领导人穆克塔达·萨德尔等人，政府“宣称的‘可以实现伊拉克胜利’的豪言壮语才能让人信服”。专栏作家乔治·威尔也嘲讽新保守派试图推动中东转型的远大抱负。

彼得·魏纳代表白宫给威尔回复了一封总计 2 432 个字的电子邮件，是原专栏文章长度的三倍。邮件反驳了威尔声称的“稳定”，认为它等同于逃避专制压迫、激进主义，“最终将导致无法想象的伤亡和破坏”。在白宫内部，魏纳属于敢于直言不讳地批评伊拉克错误政策的人士之一，由于过于投入，他甚至出现了身体不适和失眠等症状。对那些指责媒体消极的同僚，他表示：

"伊拉克问题是确确实实存在，并非我们危言耸听。"那年8月，魏纳主动向博尔滕呈交一份备忘录，建议布什摆脱拉姆斯菲尔德。博尔滕与他约了45分钟，想听他谈谈他对战争的想法。魏纳告诉博尔滕，即使战略有所改变，但只要拉姆斯菲尔德还在，大家就根本觉察不到。他推荐的接替人选包括：詹姆斯·贝克、约瑟夫·利伯曼以及弗雷德·汤普森。

布什自得克萨斯州返回华盛顿后，也越来越怀疑他的国防部长。为了寻找解决问题的灵感，他开始阅读理查德·卡沃丁的作品《林肯：意志与权力的一生》(*Lincoln: A Life of Purpose and Power*)，这是他在总统任职期内读过的14本林肯传记之一。林肯的经历与他相似，都面临着军政领导之间的矛盾；并且试图在与将领分析战略失误时，拿捏好授予将领权力与坚持自己判断之间的度。在布什"不干预政策"之下，拉姆斯菲尔德已陷入类似的恶性循环。拉姆斯菲尔德曾强调军队需要向更精干、灵活的方向转型，以至于当他在不同场合询问战地指挥官是否需要向伊拉克派驻更多部队时，每次得到的答案都是"不需要"；这可能是因为将军们已经牢记他所宣称的转型目标，也可能是他们自认为知道布什总统想要听什么样的答案。乔治·凯西曾说过，他后来发现初级官员在提要求时会迟疑，"他们不向上级提要求的原因是觉得自己不会获得批准"。

如果将军们没有要求增兵，拉姆斯菲尔德就不会向他们施压。大家抱怨他领导专横独断的原因在于他变得太愿意接受"不，先生"的回答了。与国防部长接触颇多的一位副手认为，5年多来一直背着"恶霸"的名声，导致拉姆斯菲尔德变得畏首畏尾，不敢过度质疑军方的决定，他担忧会引起跃跃欲试的将军们的反抗。另一方面，急于转型和撤军也反映出拉姆斯菲尔德的矛盾心理。"我不确定拉姆斯菲尔德是否还对伊拉克战争必胜的信念坚信不疑，"那位副手随后表示，"这种迟疑从他的肢体语言中可知一二。"

责任也不仅仅在于拉姆斯菲尔德。凯西和约翰·阿比扎伊德由衷地相信入侵行动本身就是触发叛乱的导火线；因此美军撤离得越多，控制权越快移交给伊拉克安全部队，暴力冲突就减少得越快。两年多来，布什一直认可这一理论。但在那以后，他不再那么坚持。8月17日，总统召集国家安全团队在罗斯福厅开会，当时战情室正在装修。凯西、阿比扎伊德和大使扎勒米·哈利勒扎德则通过安全视频参与会议。凯西汇报了"共同前进II"行动的最新进展，这是一项旨在保护巴格达而发起的行动；凯西表示，他希望能在今年年底前将巴格达的治安权移交给伊拉克人。

布什和切尼似乎都对此表示怀疑。连通了怀俄明州的视频信号后，副总统在那头询问，为了减少袭击次数，我们可以采取哪些措施？然后，他提出建议：美军应承担更重要的角色，而非缩减部队规模。

布什说道："形势似乎正每况愈下。我也想说我有猛烈回击的计划。但是，美国能赢得胜利吗？如果能，该怎么做？我们的指挥官又该如何回答这些问题？"

凯西坚称尽快将权责移交给伊拉克人才是重中之重。

拉姆斯菲尔德同意他的观点，称美国人必须"帮助伊拉克人自立"。

布什对此并不认可。"我们必须成功，"他说，"他们做不到的，我们可以。如果自行车当真摇摆不定，我们就用手扶住它。我们必须确保万无一失。"

"自行车"的比喻当然是在攻击拉姆斯菲尔德，后者多年来一直表示，美国必须松开扶住自行车后座的手，让伊拉克人学会自己骑车。但就如同他态度鲜明那样，布什也非常明确地表示，他不再支持"拉姆斯菲尔德—阿比扎伊德—凯西"的战略。会议中，布什的言辞异常尖锐，以至于身处怀俄明州的切尼也觉得自己有必要安抚凯西和哈利勒扎德一番，以免给人留下总统太过刻薄的印象。布什表示赞同，称自己"百分之百地"支持他们，但也强调有必要挑战他们的观点。总统说："在艰难时期，我们需要提出一些棘手的问题。"

会议结束之后，布什授权斯蒂芬·哈德利整理那些收集上来的战略审议文件。如果战略将发生改变，那么这些文件也需相应地发生变化。这一迹象反映出布什对伊拉克问题的担心。多年来，他一直不顾心腹顾问们的建议，最大限度地支持拉姆斯菲尔德；如今，他终于做好了撤换拉姆斯菲尔德的准备。布什尊重拉姆斯菲尔德，也非常痛恨将这样一位忠臣从他自己的政府团队中除名；尤其是拉姆斯菲尔德的离职将被视为布什承认自己在担任总统期间让事情偏离了正轨；这会让他的批评者幸灾乐祸。因此，布什恨得牙痒痒，可在危急关头，他已经别无选择。

对布什而言，这段时间唯一的安慰就是经济形势良好。伊拉克战争招来骂声无数，人民都在担忧会出现经济衰退；但事实上，2006 年的经济增长迅猛，失业率和通胀率都有所下降。然而，经济增长速度也在放缓，当年第一季度的经济增长率高达 5.6%，第二季度减少了一半；而且原本承担着刺激经济发展责任的房地产行业也出现了危机。那天讨论完伊拉克问题之后，布什召集相关专家在戴维营就经济议题进行了长时间的商讨，会议由刚宣誓就职的财政部长亨利·保尔森主持。

保尔森在他的首次会议上回顾了经济史，然后警告称经济危机即将来临。他告诉布什："虽然我们无法预测下一次危机何时到来，但我们仍然需要为之做好准备。"正如他事后懊恼的那样，他正确地预见了那次经济危机，却没有找到危机爆发的原因；在述职报告中，他几乎没有提及房地产市场过热的问题。

总统和那位寡妇坐在教师休息室的两张旧椅子上，空荡荡的房间只有他们两个人。他们坐得很近，膝盖几乎要碰触到一起了。当寡妇要求总统为她丈夫之死负责，并央求他撤回驻外部队时，布什感到痛心疾首。

寡妇对布什说："是时候收敛我们的狂妄之心，阻止继续流血牺牲了。"

总统有些迟疑。他不愿意与一位哭泣的寡妇争论，所以只说了一句："我们对事情的看法不同。"

寡妇提到她的两个孩子失去了父亲，眼泪开始簌簌地往下落；总统的眼眶也开始湿润。他抱着她，捧起她的脸，亲了亲她的脸颊。他不断地重复道："我为你失去亲人感到很遗憾。"

8 月 24 日，布什将要飞往肯纳邦克波特，去陪他的老父亲钓鱼；但在那之前，他需要到当地的一所小学会见阵亡士兵的家属。希尔蒂·哈利就是其中一位，她丈夫战死于阿富汗。

公众只看到布什总统斗志昂扬的一面，而与那群失去亲人的军属们见面则展现了总统的另一面，那是从未被媒体报道过的一面。在这种场合，布什通常会要求单独与每个家庭见面，这期间只有一名心腹陪同；而这个心腹常常是他的副幕僚长乔·哈金。总统给军属们赠送纪念币，与他们合影或签名留念，尽量满足他们的要求。他说："我竭尽全力，陪他们一起哭；如果他们想笑，我也会陪他们一起笑；然后拥抱他们。"做任何事情都要付出代价，他很了解这一点。但每经历一场这样的见面会，他就心碎一次。

到现今为止，布什是自林登·约翰逊以来任期最长的战时总统，也是自理查德·尼克松总统以来担负最多美军伤亡人数的总统。他避免参加阵亡士兵的葬礼，也回避公开表露情绪的场合，因为那可能会被视为软弱或不坚定。就算真的觉得无助或疑惑，他也不会表现出来。不过，他也有意避免让自己表现得过于漠不关心。所以，只要有年轻生命因他的命令而牺牲，他便不会再在公众面前打高尔夫球，只偶尔几次在戴维营私下挥挥球杆，练练切杆技术。布什见过许多军属，为他们的痛失亲人而深感折磨。只要他一反常态，变得出奇沉默，劳拉·布什便知道她的丈夫是去拜访了阵亡士兵的家属或伤员；而她将那种沉默形容为“震耳欲聋的沉默”。那些军属们总会一边盯着他的脸，一边讲述他们的故事。劳拉说：“他的眼神中流露出悲伤。”

对于某些领导人而言，与阵亡士兵家属及伤员见面或许会动摇他原先的决心，导致他改变既定战略目标；但布什接受到的信息恰好相反——希尔蒂·哈利的请求属于个例。乔·哈金说：“亲口表示希望我们撤军的人少之又少。到目前为止，人们普遍的反应是咬紧牙关说：‘不要让我的儿子白白牺牲。’”一位阵亡士兵的母亲如此对布什说道，“他完成了他的任务，现在该轮到你了。”

对布什而言，在伊拉克安全局势得到控制之前就撤军意味着承认这些军属的子女确实是白白牺牲，而那恰恰是他绝不允许的。

DAYS OF FIRE

第28章

布什的政治遗产

无休止的战争？海外黑狱？非人道的审讯与关押？“9·11”事件后，美国处处给人留下黑暗与邪恶的印象。赖斯开始担忧：难道这就是布什给国家留下的遗产？就伊拉克而言，撤掉拉姆斯菲尔德、大举增兵似乎是扭转劣势的唯一办法。然而，该如何让切尼接受撤掉拉氏这个决定？

国家的狱卒

布什不愿意在伊拉克议题上让步，但又越来越倾向于撤退战略，这让切尼很吃惊。在 8 月的某一天，第二轮讨论中最激烈的几次辩论展开，总统和副总统最终还是得想办法处理在海外设立秘密监狱、关押恐怖分子嫌疑人这一难题。一位官员回忆道："我们简直经历了一场血溅当场的大战。"

几乎是在《华盛顿邮报》报道了所谓的"黑狱"事件的一年后，最高法院裁定《日内瓦公约》同样适用于被关押的"基地"组织分子的两个月后，那次会议才得以在罗斯福厅中召开。这是一个瞬息万变的时代，在恐怖分子劫持客机撞击世贸中心和五角大楼后不久，审讯和关押计划就纷至沓来。但现在，布什不得不考虑到底要采取怎样的应急措施，才能让国会和法院接受。担任国家安全局局长时，迈克尔·海登的"国内监听计划"备受争议，被认为逾越了反恐界限；出任中情局局长的那个夏天，海登又花了大量时间加快中情局处理罪犯的速度，并决定至少保留部分审讯方法，而这其中的许多被视为"酷刑"。那年 8 月，他对斯蒂芬·哈德利说："我希望保留部分审讯方法，这样说有些不够明确；但你懂的，这样他们就不会知道。"最初的审讯计划中有 13 种残酷的审讯方式，海登要求保留其中 7 种。最终，得到保留的仅有 6 种。不过，他相信是时候关闭中情局在海外的监狱了，他们将会把所有囚犯转移到关塔那摩监狱，在那里这些囚犯将拥有与其他俘虏一样的权利。

康多莉扎·赖斯也支持关闭秘密监狱。实际上，这些秘密监狱的数量并没有外界风传的那样多。这些年来被关押在世界各地秘密监狱中的囚犯不足百人，只有不到 1/3 的人被执行了所谓的“强化审讯”，被施以水刑的也仅有 3 人；而且自 2003 年 3 月以来，根本没有囚犯遭到此等酷刑对待。尽管如此，赖斯依然觉得秘密监狱的存在给国家形象造成了极大的负面影响；她到哪里都发现美国给人留下了黑暗与邪恶的印象，听上去“那个美国”更像多年前她作为苏联学者研究的前苏联。赖斯并不想否定在反恐战争早期，美国因情势所迫作出过一些错误决定。但如今距离入侵伊拉克已过去将近 5 年，越来越多的人像她那样，倾向于使用外交途径解决问题，她觉得是时候重新调整战略了。

哈德利表示赞同。现在已非当初实施审讯关押政策的时候了，法律、道德和安全环境已经发生巨大变化。当初那种危机时刻可能被人民接受的措施，如今已经不再需要，尤其是当美国情报机构已对“基地”组织了如指掌、具备了更有利的战斗条件之后。此外，国会和最高法院也都参与进来，逐渐掌控了反恐的主导权。那天，总统和他的安全团队在罗斯福厅落座后，正如一位与会人士的说法那样，哈德利就“像一位手持指挥棒的总指挥”，精心策划了整场会议。

赖斯发表了一次慷慨激昂的演讲。她表示，袭击事件就发生在所有人眼前；因此，审讯罪犯也该当着所有人的面。她说：“民主并没有杀人。”

在基韦斯特度假的海登，通过安全通信视频参与了会议，他表示力挺赖斯。他说道：“总统先生，我认为我们必须关闭秘密监狱，我们不是国家的狱卒。”

切尼则强烈反对。对会议室内的一部分人而言，这还是他们首次听到切尼对一项议题如此直接地发表反对意见。

“我对此表示反对，总统先生，”他说，“我认为这个主意糟透了。”他给出了几点美国应该继续单独扣押部分俘虏的理由。他争辩说：“他们还可能有情报价值。”另外，关闭海外监狱会助长批评者肆无忌惮地抨击的气焰，还会背叛那些监狱所在地的国家。“我们将暴露那些帮助我们的人。”

另外一些人怀疑切尼之所以如此急切地保守监狱秘密的原因在于，他担心政府对拘留者用刑一事有可能被公之于众。东欧黑暗的牢房里到底藏了什么样的丑闻？切尼和赖斯的“唇枪舌剑”持续了几分钟，其他人则一语不发地看着他们。赖斯记得那是“我在华盛顿任职以来，与他发生的最激烈的一次冲突”。

最后，赖斯亮出王牌。“总统先生，”她说，“不要让这成为你留给国家的遗产。”

说完这句话后，赖斯并没有观察布什的表情，这实属罕见。布什则表示：“让我考虑考虑。”

最终，布什让哈德利通知所有人，他将关闭秘密监狱，并表示自己将发表演讲来宣布这个决定。然而，切尼请求与他进行一对一的谈话，建议至少不要永久性地关闭，此举旨在为将来留有选择余地。

做了这个决定后，布什似乎变得异常兴奋。连着数月被迫处于防御状态后，现在他终于可以反击批评者，向公众解释他都采取了哪些反恐举措。从总统的角度而言，正好可以讲述一个英雄故事。他们活捉了给美国造成毁灭性灾难的罪犯，而不是直接将其杀死以报仇雪恨。毫无疑问，他们并不仁慈，但他们采取残忍手段也是为了获得至关重要的情报。参与撰写演讲稿的一位助手威廉·伯克回忆道：“他干劲十足，异常兴奋。这些信息他早已知晓，可以说是 3 年来他所掌握的最重要的信息，可他却无法告诉任何人，只有他和最核心的国家安全人员能够了解。现在，他终于可以与他人分享，‘这些就是我们一直在做的事，是为了保护你们而一直努力采取的行动’。”

9 月 6 日刚吃完午餐，布什大步走进白宫东厅，首次公开承认中情局设有秘密监狱，并且宣布将 14 名仍具有“极高情报价值的囚犯”转移至关塔那摩监狱；在那里，这些囚犯将接受与其他俘虏一样的食物、衣物和医疗护理；国际红十字委员会也得到允许进入其中参观。

在长达 37 分钟的演讲中，布什为他采取的行动做了辩护，声称常规的审讯手段已经不能满足于少数在战场上俘来的敌军。“有些危险人物掌握了有关恐怖主义网络和新袭击计划的重要信息，”布什说道，“国家安危和国民的生命安全都取决于我们从他们口中获取情报的能力。”他将“黑狱”中拘留者受到的审讯称之为“另一套程序”，认为后者“严厉”却又“安全、合法，且必不可少”。

这些手段为我们提供了“拯救无辜生命的情报，有助于阻止恐怖分子对美国及世界其他地区发动新一轮的袭击”。布什提到了一些拘留者的姓名，他们包括：哈立德·谢赫·穆罕默德、阿布·祖巴耶达赫和拉姆齐·本·希布赫。布什还描述了这些恐怖分子头目是如何领导其他恐怖分子，对位于吉布提的一个海军营地、美国驻巴基斯坦领事馆，以及伦敦的几处民房发动了袭击。

然而，布什只字未提的是，“另一套程序”具体包括哪些审讯手段。他没有公开穆罕默德曾遭受过 183 次水刑逼供，祖巴耶达赫则经历了 83 次；也没有透露阿布德·阿勒·拉希姆·阿勒·纳什里曾被施以 2 次水刑、电锯和上膛手枪模拟死刑的威胁，纳什里被指控策划 2000 年美国“科尔”号驱逐舰爆炸案。布什更没有公开这样的细节：如果纳什里不招供，就会有人恐吓他，“我们还能把你母亲也弄进来”。布什没有提及的其他审讯手段包括：强迫裸体，强迫囚犯头撞墙壁，将囚犯关押在黑暗狭小、爬满虫子的盒子里，用 5 摄氏度的冷水泼他们，甚至连续 11 天剥夺其睡眠。布什否认这一切构成虐囚的说法。“我希望美国人民和全世界都清楚地明白，”布什说道，“美国没有虐待囚犯，此举违反我们的法律，也与我们的价值观不符。我并没有授权这一行为，也不会授权。”然而，一再声明也只意味着，只要总统及其律师断定某种审讯方式并非酷刑，即使全世界都认为是， 他也可以继续否认。

布什用言语维护了其计划的正当性，事实上，他也确实取得了实质性的进展。在此之后，在审问嫌疑人时，所有官员都要遵守当天颁布的《美国陆军战地手册》，该手册对审讯方式作了诸多限制。当天，布什还向国会提交了一项法案，请求批准成立新的军事委员会，以回应最高法院的判决；同时要求国会议员通过一项明确规定未来审讯方式的法律，以保护军事和情报人员免受法律诉讼。

但这一做法击垮了赖斯的阵营。他们原本希望借这次演讲机会摆脱过去饱受争议的决策问题，而非庆祝大会。国务院首席撰稿人马克·蒂森起草了一份传递出“决不让步”态度的讲稿，国务院首席法律顾问约翰·贝林格也认为：“总的来说，我们是功败垂成。”

让总统押上一切，向伊拉克增兵

战争还在朋友圈里引起了一些争端。共和党领袖、参议员米奇·麦康奈尔打电话给乔舒亚·博尔滕，要求私下与总统会面。

博尔滕说："当然可以。你是否愿意告诉我是因为何事？"

麦康奈尔回答："不愿意。"

参议员按时到达椭圆形办公室。中期选举进展得并不顺利，参议员认为是布什和伊拉克议题拖了共和党的后腿。

麦康奈尔对布什说："总统先生，你的不受欢迎将使我们丧失国会的控制权。"

布什问："那么关于此事，你希望我怎么做？"

麦康奈尔力劝："总统先生，让一些部队撤离伊拉克吧。"

布什表示拒绝："除非军事条件允许，否则我不会撤军。"

来自参议院共和党二号人物的绝望恳求，显示出全党都非常担忧即将到来的选举。这也反映出共和党在公众面前表示支持战争，私下却如此焦虑的反差。就在拜访布什前一天，麦康奈尔还痛斥民主党呼吁撤离驻伊美军的行为。他告诉记者："匆忙逃离伊拉克并非保护美国人民的好办法。"

在参议院不知情的情况下，布什的顾问却敦促他增派部队，作为审查伊拉克战略的一部分支援力量。经过两周深入的研究，梅根·奥沙利文和布雷特·麦格克交给哈德利一份长达30页的报告，要求增派部队，而非减少；并警告称如果他们不出兵增援，驻伊美军将无法应对大规模杀戮和四分五裂的伊拉克军队。哈德利依然没有点头，只让奥沙利文和麦格克再研究一次。当他们表示拒绝时，这位一贯冷静的律师爆发了。

他厉声道："嗨，伙计们！你们搞清楚没有？你们这是让总统押上一切，向伊拉克增兵。你们到底有没有搞清楚？你们他妈的最好给我保证一点错都没有，我才是那个向椭圆形办公室的总统建议的人。所以，你们最好确保万无一失。"

在此之前，奥沙利文和麦格克从未听过哈德利骂脏话。

奥沙利文说："我们保证，而且知道自己在做什么。"

哈德利重复道："你他妈的最好保证没有错。回办公室去，再分析一次。"

他们并非唯一进行审查的人。参联会主席主席彼得·佩斯也觉察到总统的不满，因而组织了几个参谋来评估战争进展，这个小组就是后来广为人知的"陆军上校委员会"。接着，杰克·基恩上将也发动了一次小型改革运动。这位深得军队高层敬重的退役陆军副总参谋长目前供职于国防政策委员会，后者是一个由知名学者和前任高级官员组成的机构，主要负责为国防部长提建议。基恩身材高大、体格魁梧，是人们心目中典型的陆军上将形象，他在 37 年的军旅生涯里曾分别被派驻越南、索马里、海地、波斯尼亚和科索沃等地。他曾是拉姆斯菲尔德心目中最佳的陆军参谋长人选，但为了照顾生病的妻子，他选择于 2003 年年底退役。通过来自民间的观察，他认为美国的伊拉克战争正处于失败边缘，而扭转局势的唯一办法就是增兵。

9 月 19 日，基恩会见拉姆斯菲尔德，力劝后者改变战略方向，调离前线的约翰·阿比扎伊德和乔治·凯西。对一位退役的四星上将而言，插手政策制定和战地指挥官的人事调动并不合规矩。

基恩告诉拉姆斯菲尔德："我们正徘徊在失败边缘，而战略失误是根本原因。我们从未采取过打击叛乱分子的战略。"伊拉克人还没有接管能力，"我们却把钱押在了这匹马上"。

拉姆斯菲尔德将责任推卸给他的那些指挥官们，他说："那是凯西和阿比扎伊德的战略。"

基恩反驳说，拉姆斯菲尔德也有一定责任。不管怎么样，基恩表示获胜的唯一办法就是保护无辜百姓，日夜与伊拉克人民生活在一起；而不是按照当前战略，蜷缩在孤立的基地里。他表示："如果不改变，我们将输得一败涂地。"

基恩离开时觉得拉姆斯菲尔德并没完全接纳他的建议，也不会着手物色接替人选。事后拉姆斯菲尔德表示，他之所以没有明确表态，主要是因为他已经和总统谈过调离阿比扎伊德和凯西的想法。拉姆斯菲尔德说："在基恩提出建议之前，我与总统就已经讨论过那个问题；但我觉得自己没有义务告诉他这一点，因为在现阶段他已是一位局外人，他没有在政府部门任职。"

过了 3 天，即 9 月 22 日，拉姆斯菲尔德会见了另外一位顾问——肯尼斯·阿德尔曼，他与基恩一样，都服务于国防政策委员会；但更重要的是，他与拉姆斯菲尔德有着 30 多年的交情。在他们的职业生涯中，阿德尔曼曾单独 3 次为拉姆斯菲尔德效力。他于拉姆斯菲尔德在华盛顿、芝加哥、陶斯、圣多明各和密歇根的家中住过。他们的家人也曾一起度假。阿德尔曼是伊拉克战争的大力支持者，曾发表社论，预测赢得战争是"易如反掌"，他还在切尼的家中与其共同庆祝了萨达姆·侯赛因的下台。

然而，他也逐渐对拉姆斯菲尔德的战略失去信心，如今正是爆发冲突的时刻。拉姆斯菲尔德让阿德尔曼辞去国防政策委员会的职务。

拉姆斯菲尔德对他说道："我给你打电话，是因为你的言论听起来非常消极。"

阿德尔曼回应道："唐纳德，你说的一点没错。我在会议上的言论听着很消极，那是因为我心里真的很消极。我认为你做了错误的决策。"

拉姆斯菲尔德问："比如说？"

"比如允许抢劫、阿布格莱布监狱虐囚事件和叛乱分子暴动等。"

拉姆斯菲尔德对此并不赞同，所以阿德尔曼也懒得多费口舌。他觉得用一句轻描淡写的"事情就这样发生了"来掩饰战争早期的抢劫事件非常滑稽可笑。正如阿德尔曼所想，对严重损害美国声誉的阿布格莱布监狱虐囚事件，拉姆斯菲尔德声称自己不负有责任。他们交谈了45分钟。在结束谈话走出去之时，阿德尔曼很清楚他们再也不会就此事进行交流了。切尼的圈子正在土崩瓦解。

阿德尔曼并非唯一感到幻想破灭的人，拉姆斯菲尔德自己也觉察到总统越来越没有耐心。在9月的一次会议上，拉姆斯菲尔德曾主动向布什表明，让"新的视角"加入可能是件好事。总统不确定拉姆斯菲尔德是否在传递一个信号，但他终于采取了行动，这尚属首次。拉姆斯菲尔德告诉他的妻子乔伊丝，如果民主党在中期选举中占据了参众两院多数席位，那他将会辞职；因为他完全可以预料到，在随后两年会出现各种充满敌意的听证会场景。10月初，在椭圆形办公室经历了又一次严峻的会议之后，拉姆斯菲尔德再次暗示了这个想法。

切尼带着标志性的笑容，说道："好消息是，距离任期结束只剩下794天了。"

拉姆斯菲尔德则回答说："迪克，是你还剩下794天，不是我。"

罗伯特·盖茨怎么样？

在筹划这项改革时，布什最担心的是副总统切尼。40多年来，切尼与拉姆斯菲尔德一直保持着亲密关系。他们都在马里兰州东海岸拥有别墅，而且还比邻而居。去年春天，两人在出席玛丽·切尼在棕榈滩举行的新书发布会时，被目睹待在角落里聊得正欢。正是因为拉姆斯菲尔德提供了重要的突破口，才使得切尼成就其在政坛的丰功伟绩；同时，也是得益于拉姆斯菲尔德，切尼才不因酒后驾驶的过去而影响仕途。“我从没有忘记他一直以来对我的支持。”切尼试图一次又一次地报答恩情，他曾提议拉姆斯菲尔德担任老布什总统的国防部长，然后是布什总统的副总统，最后又建议他出任布什的国防部长。在所有与科林·鲍威尔、康多莉扎·赖斯的冲突中，他一直站在拉姆斯菲尔德的行列；他也力劝拉姆斯菲尔德不要因为阿布格莱布监狱虐囚事件辞职，并且帮助他在 2004 年大选后保住职位。“他可能不是全世界态度最好的一个，”切尼随后写道，“但却是我见过的最有能力的人之一。”

尽管如此，在涉及伊拉克问题时，切尼与他的朋友有着不同的看法。拉姆斯菲尔德担心伊拉克战后重建工作会失控，而切尼则害怕美军在伊拉克战败。J.D. 克劳奇称：“如果说拉姆斯菲尔德见过某个科索沃人注射类固醇激素，那切尼看见的则是最后一架直升机离开美国驻西贡大使馆的屋顶。”切尼的顾问约翰·汉纳引用过路易斯·索利的著作《好转的战争》（A *Better War*）中的一个观点：在越南战争晚期，美军赢得了战场的胜利，却失去了华盛顿的支持。他还读过戴维·彼得雷乌斯中将重新撰写的美国陆军反叛乱手册；私下见过抨击当前战略的人士，例如 H.R. 麦克马斯特，此人曾成功率领部下夺取伊拉克西北部城镇塔尔阿法，期间使用的反叛乱战术也成为其他部队效仿的新战术。反叛乱战略需要更多的部队，切尼有义务对此发出警告，但他大多数时候都选择了沉默。“某种程度上，副总统因为与拉姆斯菲尔德之间的友谊而忘记了自己应尽的责任与义务。”一位曾分别为他们二人效力过的官员如此表示，“或者是他并未被蒙住双眼，只是因此事处理起来太痛苦而选择沉默了。”

切尼从来没有责备过拉姆斯菲尔德。一位白宫官员说：“即使切尼知道问题出在哪里，他依然对拉姆斯菲尔德忠心耿耿，并不打算背弃他。”在切尼的回忆录中，他如此写道：凯西、阿比扎伊德和“五角大楼的一些文职官员”反对增兵，后者显然是指拉姆斯菲尔德，却没有点名道姓。另外，布什曾在谈及敌人的新战略时，提到了拉姆斯菲尔德的名言“解决之道是‘松开扶住自行车后座的手’，并尽快让伊拉克人负责”。切尼不想认为拉姆斯菲尔德就是那些敌人之一，更不会直接与拉姆斯菲尔德对峙。在两人都离任之后，拉姆斯菲尔德曾表示："他没对我说过那种话。"

如果副总统愿意放弃支持拉姆斯菲尔德，那布什早就物色好了国防部长的接替人选。总统一直声称自己不撤换拉姆斯菲尔德是因为无法找到合适的继任者。在过去，他曾考虑过赖斯、弗雷德里克·史密斯、詹姆斯·贝克和约瑟夫·利伯曼，但这些人没有一个令他完全满意。为此，布什感到十分焦虑，他曾咨询顾问和密友有哪些适合的可推荐人选。

有一晚，他与曾是安多弗·菲利普高中兼耶鲁大学好友的杰克·莫里森在白宫一同进餐；莫里森在总统外国情报顾问委员会工作。当晚，劳拉出了城，所以只有他们二人独处。在密谈期间，总统明显表示出在为应该由谁接替拉姆斯菲尔德的职位而烦恼。

布什说："我应该找一个能让军队认可并接纳的人。"

莫里森提了一个想法：罗伯特·盖茨怎么样?

这让布什感到惊讶。盖茨曾担任过他父亲任期内的中情局局长，现在则是得州农工大学的校长。

布什问："你对罗伯特·盖茨了解多少？"

"我并不了解，"莫里森回答说，"不过两周前，我曾与他相处过一天，他给我留下了深刻的印象。"

布什说："这很有意思。"

没过多久，布什又在白宫内准备了一次精心布置的晚宴。9 月 27 日晚，受邀与他在家宴厅共餐的是巴基斯坦总统佩尔韦兹·穆沙拉夫和阿富汗总统哈米德·卡尔扎伊。理论上，他们是打击塔利班和"基地"组织的盟友；但此次晚宴的气氛却并不和谐。

2001 年，中情局第一批特工抵达阿富汗，宣布美国插手该国持续不断的内战，以推翻塔利班政府，报复后者对纽约和华盛顿的袭击行动。自那以来，到现在已将近五年。美军迅速占领喀布尔和坎大哈，随后又入侵伊拉克，这些行动极大地分散了人们对阿富汗的注意力以及人力物力的投入；此外，美国还受到下面一种假设的影响——认为反叛乱分子之战胜券在握。然而，事实是塔利班武装分子死灰复燃，在巴基斯坦部分地区公然活动。在阿富汗的武装分子采取自杀式炸弹袭击，导致该国伤亡人数飙升至 5 年以来最高值时，伊拉克境内也是尸横遍野、血流成河。一些专家担忧，阿富汗可能正面临着"伊拉克化"的危险。

在这次晚宴前不久，穆沙拉夫才与临近阿富汗边境地区的大部分无政府管理的好战部落首领达成一项协议，同意从该地区撤军以换取双方合作。那晚陪同布什和贵宾就餐的是切尼和赖斯。穆沙拉夫花了 30 分钟解释签订上述协议的好处，随后卡尔扎伊抨击前者与恐怖分子交易，称巴基斯坦正成为袭击阿富汗的塔利班组织的避风港。卡尔扎伊还拿出一份文件，证明即使交易达成，塔利班也不会接受巴方控制。穆沙拉夫则否认了他在包庇塔利班的说法。

穆沙拉夫质问道："告诉我他们窝藏在哪里？"

卡尔扎伊则坚称："你知道他们在哪里！"

穆沙拉夫回答道："如果我知道，我一定会抓住他们。"

卡尔扎伊大喊道："那你去抓啊！"

布什怀疑邀请他们一同进餐是个错误，并试图让他们冷静下来。最后，他摇着头走出餐厅，对赖斯说："他们几乎快打起来了。"

几周之内，布什的团队得出结论：巴基斯坦和平协议已成一纸空文。正如之前担心的那样，所谓的"和平共存"协议不过是"基地"组织、塔利班和其盟友"哈卡尼网络"为实施恐怖行动而采取的权宜之计。随着日子一天天过去，布什及其顾问也越来越焦虑。10 月 13 日，拉姆斯菲尔德起草了一份简单的备忘录交给哈德利。"我认为必须有人与穆沙拉夫沟通，不管是总统、阿比扎伊德还是我，都应该告知他：与北瓦济里斯坦地区部落达成的协议毫无作用，也不可能起作用。"他写道，"恐怖袭击活动越来越频繁，而非减少。"

"我向你们保证，这不是阿丁顿提案。"哈德利这样告诉约翰·麦凯恩和其他参议。按照布什的指示，哈德利前往国会山，协商立法成立军事委员会一事。这一次，他还带来了一个消息。那就是总统的国家安全顾问觉得有必要否认副总统办公室主任在今年秋天发表的一些言论——有关布什和切尼执掌 6 年的白宫。哈德利之前有过这样的经历，也知道切尼的强势和声誉或多或少地歪曲了一年前有关《被拘留者待遇法案》的讨论。但是，正如一位官员所言，这还是让麦凯恩的助理们怀疑，"切尼是否正在失去在政府内部的主要地位"。

《军事委员会法案》是对最高法院关于哈姆丹诉拉姆斯菲尔德案判决的回应，他们希望先赢得国会的认可，将这一体制建立在更稳固的宪法基础之上。一年前，戴维·阿丁顿在《被拘留者待遇法案》后附加了一份声明，这让麦凯恩和参议员林赛·格雷厄姆觉得事情已经败露，决意不让白宫对此事有任何掩盖。当时，一位助手曾跑进办公室告知他们，哈德利正与弗吉尼亚州的参议员约翰·沃纳通电话。麦凯恩和格雷厄姆急忙冲下大厅，连门都没敲就闯进沃纳的办公室，确保后者没有屈服于白宫的施压。事后，麦凯恩开玩笑地对一位助手说："我们不得不对他实施水刑。"

这次争辩暴露出过去的不和。在弗吉尼亚州郊区安享退休生活的科林·鲍威尔，由于其与切尼就《日内瓦公约》展开的多年争斗，再度走进公众视野。"世界已经开始怀疑我们打击恐怖主义的道德基础，"鲍威尔在一封公开信中写道，"重新定义第三公约（即《日内瓦公约》。——译者注）只会增加人们的疑虑，甚至会置我们的军队于危险之中。"

最终，哈德利与麦凯恩、格雷厄姆、沃纳达成了协议。白宫尽量避免缩小《日内瓦公约》的适用范围，《军事委员会法案》则赋予总统更多权力，如总统可以决定如何履行公约中规定的义务。被视为"敌方非法战斗人员"的非美国公民，甚至包括美国合法居民，在被拘留期间都不具备申请"人身保护"的权利。检察官在军事委员会之前审讯恐怖嫌疑人时，不得引入未经国防部审查的机密证据；但如果军事法庭的法官认为证据可靠，则可以利用强制审讯中获得的信息。政府不仅可以无限期拘留那些"参与反对祖国敌对行动"的美国公民，同时也可以拘留包括在"物质上资助"敌人的美国人，甚至很可能有权未经审判就监禁那些被认为是与恐怖组织勾结的中东慈善人士。最后，布什感到非常满意。他称，《军事委员会法案》满足了"我们要求的一切"。9月底，经两党投票，国会通过了该法案。

丑闻让我们丢了国会

随着中期选举日渐临近，布什试图改变他在伊拉克问题上的言论。几个月以来，他反复强调国内需要保持稳定。自6月伊拉克之行回国后，他一再提出疑问："美国是否有勇气坚持到底，帮助伊拉克取得成功？"7月在密尔沃基，布什宣称："只要我们坚持到底，就能获得伊拉克战争的胜利。"8月在盐湖城，他再次信誓旦旦地说："我们会坚持下去，我们会帮助年轻的伊拉克共和国取得胜利。"

然而，就连在共和党内部，总统的支持率也在持续下滑，比如参议员约翰·沃纳从伊拉克回国后就哀叹道："事情正在偏离正轨。"艾德·吉莱斯皮打电话询问沃纳，是否可以收回那样消极的评论，但沃纳依然坚持己见。所以，布什如今要从"坚持到底"转变为急忙撤退。这就意味着"坚定不移"成了"脱离实际"的代名词，以及民主党宣传语中的攻击口号。

在令人头昏脑涨的口水仗中，布什也曾表示自己并未坚信可以"坚持到底"。10 月 11 日，他在一次新闻发布会上表示："大家只理解了'我们必须坚持到底'这句话 1/4 的含义。'坚持到底'的意思是说继续做你手头上的工作。而我对此的态度是，如果你正在做的工作没有成效，那就改变吧。'坚持到底'还意味着不要半途而废。"可时间仅仅过去一周，就连那 1/4 的含义也消失不见了。布什对美国广播公司新闻网表示："我们从未盲目坚持。过去，我们一直在完成使命，将来也会如此；履行职责，达成目标；但我们也会不断地调整策略，不断地调整。"

当时，布什的态度似乎只是在言辞上有所转变。但事实上，改变伊拉克战略的力量确实在幕后慢慢积蓄。在罗斯福厅召开的一次会议上，国家安全小组的部分成员建议布什增派部队，而非撤军，以从根本上扭转战争局面。

这一建议让其他人感到震惊，后者认为军队规模已经过度扩张。后来哈德利的副手 J.D. 克劳奇抓起一张白纸，概述了整个计划的雏形。接着，经过哈德利的许可，克劳奇指派了在国家安全委员会任职的海军上校威廉·卢蒂，悄悄研究上述计划在可用兵力范围内是否可行。克劳奇对他说："如果有一张干净的白纸，你会用它做什么？"10 月 11 日，卢蒂带着一组幻灯片归来，表示军队可以召集 5 个旅的"增兵部队"。剩下的时间不多了。过了不到一个星期，驻巴格达部队宣告"共同前进 II"行动失败，正如前一轮行动那样，驻军未能减少席卷巴格达的暴力冲突。

与布什不同，切尼认为没有必要在竞选活动中斟酌言辞。对布什而言，拉拢愤愤不平的无党派和温和派人士是正确的选择；但副总统在深思熟虑后，更倾向于团结保守派大本营。随后，一些助理将两人态度上的转变，归结于各自不同的竞选经历：布什认为有必要吸引更广泛的美国各阶层人士，切尼则一如既往地专注于少数群体。

10 月 24 日，来自北达科他州法戈的保守派电台脱口秀主持人斯科特·亨嫩出现在副总统位于白宫西翼的办公室时，切尼为政府的行为作了有力的辩护。

“我接到人们打来的电话，他们希望副总统明白，如果对恐怖分子施以水刑就能拯救美国人生命的话，那他们完全赞同。”亨嫩这样告诉切尼，“另外，鉴于我们面临的威胁，这场辩论似乎很愚蠢，你对此是否同意呢？”

切尼回答说：“我非常同意。”他坐在桌前，并没有穿西装。“我们面临着恐怖分子的威胁，而审讯哈立德·谢赫·穆罕默德那样拥有高情报价值的囚犯，对我们保护国家安全极其重要。”

主持人问他：“如果可以救人，使用水刑就是明摆着可行的办法，你是否同意这种观点？”

切尼回答道：“对我而言，这是显而易见的可用办法。但有一段时间，我被人指责为使用‘严刑逼供’的副总统。事实上，我们没有严刑逼供，将来也不会做出此类行为。我们一直在遵守自己参与制定的相关国际条约。事实上，你完全可以在不使用酷刑的情况下，开展健全有力的审讯工作。”

这也许是水刑逼供恐怖分子嫌疑人事件至今，切尼发表过的最自然朴素的公开辩护了；正如他在权衡利弊之后说的“显而易见”四字。在他的言论引起人们极大的愤怒后，他告诉记者“他根本没有提过水刑”，但那次采访已表现得再明显不过。随后的日子里，切尼并没有刻意避免提到水刑，而是更加热衷于否认他泄露了机密的审讯技术。不过，他的言论也真实地反映了他的观点：水刑并没有违反相关法律，因为它并不符合国家律师为了证明一项政策正当合理而制定的法律定义。至于道德方面的困惑，切尼只看到他有责任保护美国不遭受新一轮的恐怖袭击，除此之外的一切都无关紧要。与此同时，布什决定在公众面前保持积极乐观，尽管他私下充满疑惑。他相信这也是他作为军队总司令必须表现出来的态度，他也明白：在大选之前，背叛行为将使得共和党原本就稀稀拉拉的支持率更加一落千丈。因此，10 月 25 日，在走进白宫东厅召开新闻发布会时，他决心保持乐观。

第一个问题就检验了他的这一信念。美联社的特伦斯·亨特提到：美国至今在伊拉克战争上耗费的时间几乎与第二次世界大战相当。

亨特问道：“你认为我们会获得胜利吗？为什么？”布什含糊其辞，只声称“相信我们会取得成功”，并警告说“如果美军撤退，战败将是唯一的结果”。

亨特要求得到一个明确的答案，他重复问道："我们会获胜吗？"

这一次，布什斩钉截铁地说："当然，我们会赢得胜利。"

然而，就在同一天，他曾私下对一群受邀采访的保守派记者流露出截然相反的情绪。正如他所言，他确信"他们在我们后面紧追不放"，这个"他们"指的是恐怖分子；可他不明白的是为什么大多数人都无法看得和他一样真切。他说："我不相信大家不重视这些问题。"

总统正在暴露他愤怒而孤立无援的处境。消费者新闻与商业频道的劳伦斯·库德洛告诉布什，他曾经支持伊拉克战争，但现在对它已不再抱任何希望。

库德洛对他说："总统先生，我需要一些好消息。"

布什回答说："我也是。"

库德洛再次强调："我真的需要。"

总统抽屉里有一张列有"基地"组织头目的名单，每杀死或捕获这其中一位时，他就相应地划掉其名，以此来发泄他没能找到证据证明伊拉克战争将取得胜利的愤怒。

"我不知道哈里·杜鲁门当时的感受，又或者富兰克林·罗斯福的心情，"他说，"但我肯定他们也曾有过非常沮丧的时刻。我也明白在中途岛战役中，他们最终宣布两艘航空母舰被击沉，还有一艘被毁时的心情。我们还没有到要宣布此等消息的境地。1 000 名或者更多的敌军被杀。事情正在发生，只是你不知道罢了。而且，战场没有记分卡。"

布什就让罗伯特·盖茨执掌国防部一事咨询了小部分人，获得一致赞同。康多莉扎·赖斯对此提议表示非常欢迎，当年他们二人都曾在国家安全委员会工作，她还是盖茨的下属。罗伯特·盖茨曾为四位总统效力过，是元老级人物，深谙华盛顿的处世之道；他是出任国防部长一职的最佳人选。斯蒂芬·哈德利曾与他打过交道，当时是与他沟通出任第一任国家情报总监一事，但遭到了盖茨的拒绝。这一次，布什又指派他就国防部长一职联系盖茨。

在高度机密的情况下，布什安排哈德利、乔舒亚·博尔滕、卡尔·罗夫、乔·卡普兰和丹·巴特利特着手策划这一人事变动；但这一变动瞒了切尼数周，显然是担心副总统的反应。在整个总统任期里，布什也曾干了一些对副总统保密的事情，但显然都没这个决策严重。直到 10 月 31 日，布什才把这一消息告知切尼；当时他正好派哈德利到巴格达执行一项实地考察任务。

在上午的简报会议结束后，布什问切尼："迪克，我能和你谈一会儿吗？"

他们走到椭圆形办公室外的一条隐秘走廊上。

"我决定在国防部进行一项人事变动，"布什说，"我正在打算让罗伯特·盖茨接替拉姆斯菲尔德。"

布什的肯定口气让切尼感到吃惊。他这是在通知切尼，而非征求后者的意见。切尼回忆道："当时他主动告知我，但显然没有讨论的意思。"

在切尼还在消化这一惊人消息的同时，布什已经转身离开；不同以往，这次他没有给副总统反驳的机会。

布什与切尼一样，正犹豫着该如何将这个消息公之于众。博尔滕和巴特利特提议在选举之后再宣布这一变动，理由是在选民投票之前采取行动，难免会被视为政治作秀。但在布什告诉切尼他决定撤掉拉姆斯菲尔德的第二天，特伦斯·亨特和其他两名通讯社记者——来自彭博通讯社的理查德·凯尔和路透社的史蒂夫·霍兰，在椭圆形办公室内询问布什，他是否希望拉姆斯菲尔德和切尼一直待到其任期结束。

为了不透露他的秘密，布什给出了肯定答案。他说："他们二人在工作中的表现实在太棒了，我非常支持他们。"

已经觉察到自己仕途前景的拉姆斯菲尔德，读到这次采访报道时，不免感到疑惑不解。

在选举前的那个星期六，布什觉得事事都不如意。早上从科罗拉多州的酒店起来，他发现当地新闻报纸都在连篇累牍地报道一起药物和同性恋丑闻，牵涉人员包括一位福音教会的牧师，后者在保守的基督教聚会上与其虔诚的信徒做出了有伤风化的丑行。而总统为支持共和党国会候选人而亲自拜访拉票一事竟然没有上头条！

布什在一家咖啡馆，面对稀稀拉拉的群众发表了一场演讲；然后结束一天的行程，早早地乘坐"空军一号"飞回他位于得克萨斯州的农场老家。他的助理告诉随行的记者团，总统想要赶回去参加第一夫人的生日晚宴，这话确实不假。但事实上，总统也希望利用这次机会，私下与几位核心顾问会面，商讨接下来的行动方案。

那天下午，共和党全国委员会主席肯·梅尔曼也在农场。年仅四十的梅尔曼身材颀长，神采奕奕。他是布什的忠实支持者，在 2000 年总统大选期间曾担任布什的竞选现场总指挥，后来又成为总统第一任期内的白宫政治事务主任，同时也是总统 2004 年竞选团队的负责人。梅尔曼在电视上的形象总是热情洋溢的，他总是言辞恳切地呼吁公众支持布什总统和共和党，这使得他成了最言行一致的信徒。就在前一天晚上，他还在电视上信心十足地发表胜利宣言。他曾这样表示："我预测我们会主导参众两院。"但是私下里，就连梅尔曼自己都不相信这是真的。

"总统先生，"他对布什说，"我认为我们将失去 24 个众议院席位。"

布什似乎惊呆了。卡尔·罗夫曾告诉他，形势对共和党不利；但他仍寄希望于他们能够将损失降到最低。24 个席位，这比民主党要掌控众议院所需的席位还多出 9 个。

布什说梅尔曼太过悲观。他认为他们最多失掉 9 ～ 10 个席位，不可能有 24 个那么多。

当他们谈到接下来应该采取哪些举措时，布什透露他打算对国防部进行一项人事变革。他问，应该在何时采取行动？

梅尔曼毫不犹豫地说："越快越好，要不就明天。"

布什尚未做好准备。在国会大选的两天前辞掉他那四面楚歌的国防部长，此举将传递出一种绝望的讯息。不过，在 11 月 5 日星期天那天，他利用在农场的这次机会，秘密会见了罗伯特·盖茨。在位于附近的麦格雷戈小镇上一家杂货店的停车场内，博尔滕和乔·哈金偷偷地与盖茨会面，然后用颇具中情局风格的行动模式，安排盖茨坐上一辆无牌照的运动型多用车。他们载着盖茨直接驶向总统位于农场的办公室，而非家里。

布什和盖茨一拍即合。布什表示他正考虑向伊拉克增兵，并对战略进行调整。盖茨一直是国会授权成立的伊拉克问题研究小组的成员，他告诉布什他支持临时增兵的建议。

布什当场确定了盖茨担任国防部长一职，后者也欣然接受。后来，布什对他的助理说："他是我欣赏的那种人，我们的观点不谋而合。"

博尔滕主动提出要把这个消息告诉拉姆斯菲尔德，但布什表示，如果可以，他希望由切尼告诉拉姆斯菲尔德。他在"空军一号"上给切尼打电话，当时副总统正在官邸的家庭活动室内工作。这次，布什至少给了切尼发表几句反对意见的机会。

“我不同意你的这个决定。我认为唐纳德干得很出色，”切尼对他说，“不过，决定权在你手里，你毕竟是总统。”

布什问他：“迪克，你愿意把这个消息告诉唐纳德吗？或者我应该叫博尔滕打电话给他？”

“我来吧，总统先生，”切尼说，“我欠唐纳德的实在太多，他应该从我这里得知这个消息。”

切尼给拉姆斯菲尔德打电话时，后者正与妻子乔伊丝，还有几个朋友一起用餐。

“唐纳德，”切尼说，“总统已经决定进行人事调整。”

拉姆斯菲尔德并不感到惊讶。

“这很公平，”他说，“我会准备一封辞职信，总统这么做有他的道理。”

也许是为了缓和这个消息带来的打击，又或者是觉得布什的决定政治味道太浓厚，切尼将这个人事变动归因于只剩两天就要举行的国会大选。

切尼说：“我们即将失去众议院，接下来的两年都没好日子过了。”

拉姆斯菲尔德回答说：“我同意这一点，但即使我留下来也对军队没什么帮助。让新的视角加入反而是件好事。”

他表示自己最近也一直在考虑：如果民主党胜出，他就辞职。他说：“我简直成了众矢之的。”

拉姆斯菲尔德的任期已经时日无多，所以他开始专心致志地撰写一份备忘录，以分析伊拉克问题的各种解决方案。第二天，也就是11月6日，备忘录完稿，拉姆斯菲尔德将其发给总统、副总统等人；这也是他作为国防部长对未来道路的最后一次建议。

他也认同战争已经陷入困境。“在我看来，”他写道，“是时候进行重大调整了。显然，美军近来在伊拉克采取的行动收效甚微，或者说成效太慢。”不过，在满满3页的解决方案中，他依然主张采取那些与目前战略类似的方案。在那些被他列为“上策”的方法中，有一条是“加速缩减美军基地”；这可以大大减少前哨的数量，预计到2007年4月，能从现在的55个降至10或15个；再到2007年7月，将只剩下5个。其他“上策”还包括：重新制定任务和“最低目标”；“开始小规模撤军”以及“松开扶住自行车后座的手”；让美军撤离城镇等“脆弱的据点”，再将他们转型为快速反应部队，以便在伊拉克安全部队需要援助时及时支援；撤出大部分作战部队，只留下足够多的特种部队，以针对“基地”组织、民主敢死队和伊朗境内的恐怖分子开展行动。而那些“不够吸引人”的“下策”则要求大量增兵。

星期一早晨，布什在他的克劳福德农场家中醒来，开始了最后一次能给自己造成直接影响的国会大选前最后一天。罗夫给他报告了几场关键竞选的情况，他表示：20 个重要选区或州的民意调查显示，其中 16 个偏向共和党，3 个持平。虽然按照过去的经验，他们正失去众议院，也许还包括参议院，但罗夫坚持认为他们有望保住参众两院。扣除因贪污丑闻而损失的 10 ~ 12 个众议院席位，罗夫在计算之后仍然得出结论：民主党想成为多数党仍然需要 15 个席位，但共和党明显可以阻止这一点。罗夫补充道，虽然取胜优势相对微弱，但共和党还是应该紧抓参议院不放。对此，布什表示赞同。

然而，在竞选的最后一天，四面楚歌的总统再次遭受侮辱。布什看在弟弟杰布的面子上，飞往佛罗里达州的彭萨科拉，为该州新任州长——共和党候选人查利·克里斯特宣传。在“空军一号”上，总统收到一份日程表，上面写着克里斯特将在集会上介绍他出场。然而，克里斯特并未如约出现。他表示自己太忙，称愿精神与美国总统同在。可实际上，他却与约翰·麦凯恩在杰克逊维尔参加竞选活动。克里斯特并非唯一想与支持率只有 40% 的总统保持距离的共和党人，但唯独他在邀请了总统后又爽约。布什感到很不快，罗夫也非常生气。乔舒亚·博尔滕回忆说，罗夫在一通来自“空军一号”的电话中宣称要“撤了那家伙的职”，而布什的助手则直呼州长为“孬种查利”。

总统接下来的日程更凸显了他严峻的政治形势。与其空降到难分伯仲的竞选区拉票，布什选择把行程的最后两站定在毫无悬念的两个州：一个是阿肯色州，在这里宣布竞选州长的阿萨·哈钦森有望以两位数的绝对优势击败对手；另一个则是得克萨斯州，州长里克·佩里无需保驾护航，就能轻松连任。布什的助手要确保劳拉陪伴在总统身边，因为当她在时，总统就不会太焦虑。那一天，充斥着喧嚣尖叫和重金属乐的集会终于圆满结束，成千上万的得州人集聚在团聚体育馆内，用抑制不住的兴奋欢迎他们的总统。布什感到活力四射，他激情四射地为其执政期间的行为做了辩护，指责民主党人一味反对他的国家安全政策，却没有提供可行的替代方案。他领导着人民，反复让他们向民主党发问：“你们的方案是什么？”布什进一步说道："严厉批评不是获胜的方案，'事后诸葛亮'也不是战略。有计划的是我们。追随我们，美国将越来越美好。"

但事实上，布什正在评估自己的计划，而且很可能无意坚持。第二天早上天刚亮，时间连 7 点都没到，布什就离开了农场；15 辆车的车队经过得克萨斯州乡间的牛群、羊群和马群，驶向克劳福德消防站，在那里布什将投上他的一票。然后，他乘坐"空军一号"飞回华盛顿，度过他任期内最不愉快的一天。一到白宫，他就在椭圆形办公室会见了拉姆斯菲尔德，结束两天前他交代由切尼开始的任务。

拉姆斯菲尔德开口说："总统先生，我已经把你需要的信准备好了。"然后，他将辞职信递给总统。

布什问候了拉姆斯菲尔德的妻子。"乔伊丝没事吧？"

"她很好。她已经有了心理准备，这封信还是她帮我写的。"他还补充说，"关于这件事，乔伊丝和我们的步伐一致。"

布什说："做出这个决定对我也是很难的。"

那晚，观看选举结果并不比做出上述决定容易。全国各地共和党的席位不断减少。几位在 1994 年"纽特·金里奇革命"后任职的重要人物，也陆续放弃了他们的席位，其中包括宾夕法尼亚州的参议员里克·桑托勒姆、俄亥俄州的参议员迈克·德万、新罕布什尔的众议员查尔斯·巴斯、亚利桑那州的众议员 J.D. 海沃思。布什眼睁睁地看着汤姆·迪莱、马克·福利和罗伯特·奈伊等几位被丑闻缠身的共和党议员失去席位。更糟糕的是，前海军部长詹姆斯·韦布以微弱优势领先弗吉尼亚参议员乔治·艾伦，看样子艾伦参议员也将落败。

布什给幸存下来的一些共和党议员打了电话，然后退至另一个房间与一些竞选失利的议员抽烟。

第二天，布什刚到椭圆形办公室，就要博尔滕来向他汇报。每天早晨都如此，博尔滕已经把这当成了开启一天工作的习惯，并感谢布什给了他这个效劳的特权。

这天早晨，博尔滕特意问了一句："连今天也要吗？"

布什轻声说："尤其是今天。"他打起精神，朝白宫东厅走去；在那里，他将召开选举后的新闻发布会，大厅里布满了摄录机，记录着他独自沿着红地毯走进来的每一步。

总统示意大家放松。“怎么都一脸闷闷不乐呢？”他问。布什承认共和党的失败，承诺将与民主党合作解决能源、移民和上调最低工资标准等议题。“听着，这是一场势均力敌的选举，”他说，“如果每一次竞选你都观看，就应该知道票数都很接近。但累积效应让最终的结果相差悬殊，这显然是一次重挫。”

无论是不是重挫，布什均拒绝将之视为对其领导力的否定，而是指责国会丑闻、拉票工作不力，甚至连变幻莫测的选票规则也不放过。他说：“我相信伊拉克问题给这次选举造成了很大的影响，但我也相信还存在许多其他因素。”

不过，他也挖苦了他的首席政治顾问。他言语刻薄地说：“我就要输了。显然，我在竞选中比他工作得更卖力。”

坐在一旁的罗夫，勉强挤出一丝微笑，接着低头盯着自己的膝盖。

让拉姆斯菲尔德尽可能优雅地退场

那天早上新闻发布会的重磅消息，当然是布什决定让盖茨接替拉姆斯菲尔德出任国防部长。这就像一枚重磅炸弹，举国为之震惊。在国会山，共和党同盟愤愤不平，议论纷纷；他们认为等到选举后才宣布这一消息，这让他们错失了多数党的地位。当博尔滕给众议院议长的幕僚长斯科特·帕尔默打电话时，后者给了他一次严厉警告，电话那头充满愤怒的沉默。博尔滕不得不推掉总统的一次亚洲之行，让其留在国内安抚核心领导人愤怒的心情。然而，在权力核心层之外的一些将军和外交官却大大地松了一口气。美国驻阿富汗大使罗纳德·诺伊曼表示：“在喀布尔的我们，可没掉过一滴眼泪。”在白宫内部，正如一位国家安全委员会官员回忆的，那天原本“极度沮丧”的情绪忽然一扫而空，“白宫的工作人员之间充满了喜悦和欢庆的气氛”。“这似乎比选举失利更重要，人们普遍觉得：啊，谢天谢地，终于做了这个决定，可总统为什么不早点宣布呢？这将被视为白宫的解放。”

拉姆斯菲尔德是一个矛盾体，苛刻却不够坚定；他对待下属冷酷无情，却又任由他们坚持一种失败的战略。

在几年后出版的回忆录中，拉姆斯菲尔德透露出后悔当初没有采取更多的干预措施。布什心里觉得拉姆斯菲尔德只是贯彻了他个人制定的战略方针。在经历多年不理会众人要求撤换拉姆斯菲尔德的压力后，布什最终决定让他尽可能优雅地退场。“在这个风云变幻的时代，唐纳德·拉姆斯菲尔德是位出色的领袖。”总统表示，“然而，他也充分意识到在这场战争的关键时期，引入新视角的重要价值。”

在讲话过程中，布什已经明白民众和新当选的民主党领袖（甚至共和党领袖米奇·麦康奈尔等人）不希望他采取的行动——向伊拉克派遣更多部队，而非撤军。

这正是他当时在评估的方案。这位“坚持到底”的信徒，为随后伊拉克战略的大转变奠定了基础。“某种程度上，‘坚持到底’的想法在他们脑海中根深蒂固，”他谈到民众，“他们以为我只是单纯地‘坚持到底’。但我的意思是让大家把手头上的工作完成，而非一味坚持可能毫无用处的陈旧战略。因此，我需要更好地向他们解释，表示我们正在不断地调整。所以，我们引入了新视角；现在美国人民听到的这个消息，正是我们不断寻找新视角的结果。”

即使是现在，布什在宣布撤换拉姆斯菲尔德之前仍然在相当长一段时间里误导了公众。记者提醒他，就在一周前的采访中，总统还表示拉姆斯菲尔德会待到他的任期结束。

一位记者问道：“当时你就知道国防部长拉姆斯菲尔德即将离职吗？”

“不，我不知道，”布什回答，“我不知道的原因是因为我尚未见过他的接替者，或者说是潜在接替者。”

那位记者继续追问：“但你知道他要离开，只是不知道谁将接替他而已？”

“不，我当时不知道。”

在布什接受通讯员采访的那时候，他确实还没有与盖茨见过面，但他知道拉姆斯菲尔德离职却是事实；因为在那之前的一天，他才把这一决定告诉切尼。但他没有在选举前的那次采访或选举后的新闻发布会上向记者透露这一消息。相反，他以尚未与拉姆斯菲尔德进行最后一次谈话以及还没认定盖茨为由，让没有办法做决定的说法变得合情合理。

理查德·凯尔，这位曾在 9 月 11 日上午采访过布什的记者提醒总统，就在同一次访问中他还表示过，切尼将一直留任，直至任期结束。

凯尔问：“你现在还对他充满信心吗？”

布什说："当然，我对他充满信心。竞选已经结束，确实是如此。"

"他会一直待到你任期结束吗？"

"是的，他会。"

DAYSOFFIRE

第29章

华府大斗法

撤军阵营认为：伊拉克想要一场内战，他们自己都不在乎本国人民的生命，美国为何要阻止？增兵阵营认为：简单的撤军，任由伊拉克人自相残杀，只会输掉这场战争。围绕伊拉克新战略，白宫、国会与军方吵得面红耳赤。战争给他们所有人都造成了难以磨灭的精神创伤。

不肯认错的总统

失去国会，现在又面临战败的危险，布什总统只能咬紧牙关，忍痛一搏了。前景的暧昧不明让他深受折磨，在逆境中努力保持总统风范的他，正咬着牙忍受着伤痛。他告诉丹·巴特利特："只要一思考该怎么处理伊拉克问题，我就恨得咬牙切齿。"

布什知道许多人都希望他撤军。新选举产生的民主党控制下的国会、自由派学者、将领们、他父亲的一些顾问，甚至部分共和党盟友都认为已经到了撤军的时机。中期选举后的那段黑暗时期里，布什觉得仿佛只有他在独自强撑。"他的确强烈地感受到，战争输赢仅在他一念之间，"凯伦·休斯回忆称，"其他人都准备放弃了，只有他用意志力支撑着我们；如果他以任何方式让步，战争的结果都将大有不同。"

副总统切尼是少数几个总统支持者之一，他似乎不受外界压力的影响。然而，总统与副总统之间的关系却日渐紧张。在商讨如何处理唐纳德·拉姆斯菲尔德的那几周，布什就将切尼排除在外，等做了决定后才通知后者。总统在重新评估拉姆斯菲尔德3年来实施的"转型和撤军"战略时，也是指派斯蒂芬·哈德利负责评估他们的备选方案，年轻的副手梅根·奥沙利文、布雷特·麦格克和彼得·菲弗则主要负责跟进，切尼同样被排除在外。

鉴于拉姆斯菲尔德即将离职，切尼开始直言不讳。11月9日，也就是选举后的第二天，布什邀请切尼、哈德利和康多莉扎·赖斯来到其住宅的二楼，商讨下一步该采取何种行动；副总统力劝他们不要犹豫不决，他担心国会选举结果会让伊拉克人相信，美国人已经丧失决心。布什也有同感。即使是驻巴格达官员，也已感受到总统语调上的显著变化。在选举后召开的第一次视频会议上，支持撤军的乔治·凯西将军就被总统对他的态度震撼了。凯西回忆说："他的态度明显冷淡了许多。"

两天后，哈德利召集顾问到他的办公室，共同商讨接下来该如何开展工作。从一开始，各自的阵线就已经形成。受到顾问菲利普·泽利科和戴维·萨特菲尔德的影响，赖斯认为他们无法阻止伊拉克内战，因此应该撤军；然后将兵力集中在打击"基地"组织等规模相对较小的任务上，让伊拉克自行处理教派暴力冲突；她建议，只有发生类似斯雷布雷尼察大屠杀（1995 年 7 月 11 日～22 日，在斯雷布雷尼察发生了持续 11 天的大屠杀，当地大约 8 000 名男性被塞尔维亚族军队枪杀。——译者注）那样的惨剧时，美军才出兵制止。

赖斯说道："我们不应该派遣大规模部队采取行动，而是要寻找低级别的权力掮客，然后威慑、收买或者劝服他们。"

一度认可赖斯的哈德利此次却表示了异议。他问道："所以我们从采取清剿、控制和建设的方针，转化为收买、威慑和哄骗吗？那无异于偏离既定目标。"

奥沙利文主张增派部队，而这似乎是哈德利首次对此表示同意。

泽利科指出了最重要的赌注。

他说："我们把整个房子都押在上面了。"

"没错，"哈德利赞同他的说法，"房子和整个农场。"

赖斯一针见血地补充说："房子、整个农场，还有牧场。"

哈德利刚刚结束在伊拉克的实地考察任务，所以明白其中危险性。他很担心伊拉克总理努里·马利基；在一份提交给布什的机密备忘录中，哈德利这样写道：马利基谈到了许多正确的行动，但他认为美国"要么对目前形势缺乏了解，错误地表达了他本人的意图"，"要么就是他本人能力不足，未能将善意转化为实际行动"。现在的问题是，即使美国决定增派更多部队，但他们还能像当初那样信任他们的伙伴吗？

国会山的新秩序也将成为一个阻碍。11 月 13 日晚，布什就对此有了一次深刻的体验。在为国会新成员举办的招待会上，总统找到了詹姆斯·韦布，这位民主党人在弗吉尼亚州取得的胜利将其党派一举推上了参议院多数党的宝座。布什曾经读过韦布批判伊拉克战争的煽情文章，其中一部分摘录的是他与服役于驻伊海军陆战队的儿子的对话。总统希望拉近与韦布的关系，所以一个劲地赞扬他儿子为国效忠的行为。但在国宴厅举行的招待会上，韦布却一直回避布什，他甚至拒绝到招待区与总统合影。

当布什找到韦布后，问道："你儿子还好吗？"

韦布鲁莽地回答说："我希望让他们撤离伊拉克，总统先生。"

"那不是我问你的问题，"布什坚持问道，"你儿子还好吗？"

"那是我和我儿子的事，总统先生。"韦布冷淡地回应。

在那次"重挫"后的数日里，卡尔·罗夫像法证专家那样仔细地审查国会议员的言行，只为找到证据证明这次选举失利并非总统的错。任何走进他那间无窗、墙上挂着4幅林肯画像、位于西翼的办公室的人，都可以领教到他的"表演"。他会对一位助理大声喊道："把那张纸给我拿来！"

那张纸上写满了能够证明布什没有错的国会议员的名字。罗夫总结说：共和党失去的28个众议院席位中，有10个是因为私人丑闻；另外6个席位是因为在位者没有意识到危机，未能及时采取应对措施；剩下的12个席位，未能满足民主党成为多数党所需的15个席位。因此，罗夫争辩说，如果没有腐败丑闻和自满情绪，即使布什在伊拉克战争问题上多有不顺，共和党也可以保住控制权。罗夫宣称："共和党的理念，生生不息；他们很有可能在2008年再度成为多数党。"

罗夫说的有些道理。任何认为2006年选举代表美国政治理念永久改变的人，都过度解读了此次选举的结果；腐败丑闻确实对选举造成了重创。此外，民众不再对布什和战争抱有幻想也对这次选举结果造成不小的影响。出口民调显示：36%的选民投票反对布什，而支持他的人数只占22%，这一差别显然对共和党候选人造成了打击。总体来看，57%的选民公开反对布什政府实施的政策。这一数据几乎与伊拉克问题的民调结果一致，有56%的民众投票反对伊拉克战争，55%支持撤出一部分或全部驻伊部队。

随着中期选举的惨败，有一个人意外地成了布什的顾问。选举后的几周里，布什发现自己竟与前总统比尔·克林顿讨论起美国的党派本质以及总统的机遇。一段不被看好的友谊正在展开。克林顿随后表示："他时不时会打电话来。我们聊上一会儿。我把这当成一个项目，希望深入地了解他。"在中期选举后的交谈中，布什曾抱怨无论他多么想与民主党合作，华盛顿的体制总会将他们分离——争论不休的新闻媒体挑拨冲突，国会领导班子强调党纪，而那些反应迅速的机构则在大选季结束很久之后，仍不忘炮制大量言辞尖酸刻薄的电子邮件。布什哀叹道，仅仅是讨论两党合作就已经被视为背叛原则，这并不是说他想超越党派之争。他刚在一场活动中建议民主党反对打击恐怖分子，此时却面临着一个由民主党控制的国会，与克林顿在 1994 年中期选举结束后的遭遇类似。

在伊拉克问题上，布什并不打算对民主党妥协。选举结束后，他指派哈德利与国务院以及国防部的高层领导协商白宫安全审查事务。哈德利则安排其副手 J.D. 克劳奇负责跟进此事。在位于白宫旁的艾森豪威尔行政办公楼内，有一间以前国务卿科德尔·赫尔名字命名的会议室，J.D. 克劳奇在这里召开了一次长达数小时的会议。会议讨论的重点主要集中在战争的大环境上，而非驻军规模。他们争论的问题是，美军对正在进行的战争是否有实质性的帮助？换言之，他们到底能不能对战争形势产生真正的影响？如果能，又该如何实现？就像戴维·彼得雷乌斯中将在其新编的反叛乱手册中所主张的观点那样：他们应该致力于保护平民呢，还是只需猎杀敌人，然后在夜晚返回驻军基地？大家一致表示：伊拉克总理努里·马利基必须承诺打击什叶派民兵，而不仅仅是逊尼派叛乱分子。

审查会议持续几天后，哈德利来访并表明：无论他们最后得出什么结果，其中必须包括增兵这一备选方案。大家心领神会，知道这将是布什总统准备采取的行动。不过，其他方案也需要被讨论。赖斯阐明了泽利科和萨特菲尔德提出的“战火外围”方案，即美军撤出巴格达，同时让伊拉克部队处理教派暴力冲突；只有在发生大规模屠杀事件时，美军才干预制止。切尼的国家安全顾问约翰·汉纳提交了一份文件，声称美国急于求成而无法吸引愤愤不平的逊尼少数民族，因此建议把精力放在什叶派和库尔德人身上，这样或许会更有利；这个方案被称为“押注什叶派”方案，或者因伊拉克人口分布比例而称之为“80% 解决方案”。汉纳并没有将这份文件交给切尼过目，而是假设后者会同意。

无论哪种方案，都遭到了由阿比扎伊德和凯西控制的军队各级将领的强烈反对，他们认为增派部队只会让战争更加恶化。在克劳奇的会议上，道格拉斯·卢特中将代表参联会呈交了一份备忘录，主张加快军队转型和撤军，实质上是为目前的方案下了双倍赌注。想起威廉·卢蒂曾经提交的那份研究报告，克劳奇询问卢特：是否可以大胆地假设军队还可以向伊拉克增派 5 个旅的部队？卢特认为这不可能。

在休息间隙，布雷特·麦格克问卢特，是否真的没可能？

卢特回答："你可以那样做，只是到时候国内将会一支部队都不剩。明白了吧？看你怎么选。"

大象们终于把话摊开来说了

11 月 26 日，感恩节之后的星期天下午 5 点，布什召集了他的国家安全小组成员在白宫三楼的日光浴室开会。这是个四面墙壁都铺有橡木木板的房间，其中三面墙都安装了窗户，因此视野极佳，可说是观赏华盛顿纪念碑的极佳去处。与这座历史悠久的大宅中的许多房间相比，日光浴室让人更觉温暖舒适。它见证了历史上许多重要的时刻，最著名的要数德怀特·艾森豪威尔总统为了重新思考冷战而在此召开的多次会议；约翰·肯尼迪曾将这里作为其女卡罗琳的教室；理查德·尼克松也曾在这里向家人宣布，他将辞去总统职务；罗纳德·里根后来遭遇暗杀未遂，就是在这里休养康复；比尔·克林顿则在此练习如何向莫妮卡·莱温斯基案件的大陪审团作证；而布什总统却很少使用这个房间。在白宫待的时间比任何一位顾问都要长的赖斯，在此之前也从未见过它。但现在，布什希望有所改变。

这次会议以克劳奇的报告开场，他展示了十几张幻灯片，概述了他的小组对伊拉克战争形势的评估结果。其中最重要的可能是他们提出的"关键假设"——这部分总结了工作人员如何重现审查之前的理论，并发现它们许多已不再属实，而且少数假设永远不会发生。图表显示，白宫过去相信"政治方面的进展将有助于平息叛乱"。如今，他们得出的结论是"要想取得政治和经济进步，就少不了基本的安全保障"。在过去，白宫认为"大多数伊拉克人民支持联盟驻伊拉克临时管理当局，以及该机构为了把伊拉克建设成为一个民主国家而付出的努力"。现在图表却显示：伊拉克人"对伊拉克临时管理当局越来越失望"。图表还暗示，白宫曾经错以为与叛乱组织对话就能减少暴力冲突、驻伊的其他国家对局势稳定后的伊拉克怀有战略意图，以及伊拉克安全部队正在积聚力量。而事实恰好相反，对话毫无作用，阿拉伯国家并不完全支持伊拉克政府，还有许多伊拉克部队"尚未做好应对安全威胁的准备”。这些幻灯片反映出布什安全团队的思想变革，也为那位“不愿意承认错误”的总统打了一场漂亮的翻身仗。现在的问题是，该如何处理那些新假设呢？

奥沙利文则被安排撰写一份报告，题为《新兴的共识》（*Emerging Consensus*），她认为这是她“至今写过的最难也是最糟糕的一份备忘录”。正如她告诉哈德利的那样，“这里根本不存在新兴的共识”。那晚在日光浴室，克劳奇阐释了从根本上改变伊拉克战争局势“可能需要额外派遣部队”的观点。缺乏共识的现实很快就变得有目共睹。经过多年的意见不合，赖斯和拉姆斯菲尔德发现这次尽管他们提倡的备选方案有所不同，但都不约而同地站在了反对增兵的同一阵线。

拉姆斯菲尔德一如既往地坚持认为解决问题的关键在于伊拉克人。他表示：“伊拉克人需要奋发图强。”据另一位与会人士称，那句话他至少重复了三次。拉姆斯菲尔德说，仅靠增加部队人数不会有帮助，除非他们开展具体行动。另外，他还说：“你不过是往那派了更多的袭击目标而已。”

赖斯则再次主张由泽利科和萨特菲尔德提出的撤军战略，并挑战了美军所规定的“人口安全”这一概念。她问道：“那现在，伊拉克人民的安全是由我们负责，还是说那是伊拉克政府的责任呢？”

会谈持续了近两个小时，虽然没有在战情室召开的会议那么正式，但气氛却激烈得多。哈德利争辩称，为了停止暴力冲突，他们必须有所行动；然而参联会主席彼得·佩斯则怀疑军队是否有能力满足国家对他们的要求。布什让他们尽情辩论，虽然时不时会插入疑问，但一直没有发表他的观点。“在那次会议上，大象们终于把话摊开来说了。”克劳奇随后表示，“换言之，他们终于当着总统的面表达了自己的观点。每个人都知道这是最后时刻，要么现在一吐为快，要么永远保持沉默。”

布什没有做任何决定，这让克劳奇和奥沙利文深感沮丧。克劳奇说：“走出会议室时，我有种夹着尾巴逃出来的感觉；那里仿佛是一个充斥着不同政见的泥潭。”奥沙利文认为会议“糟糕透顶”，担心不会带来任何实质性的变化。回家路上，她心里一直想着这事，决定还是先去路旁的一家杂货店逛逛。当她把车开进停车场后，手机响了。那是丹·巴特利特打来的，他想知道她现在的心情。

他问：“你觉得会议开得怎么样？”

她回答："像一场近在眼前的灾难。在总统面前，事情被严重歪曲了。"

两人谈了 45 分钟，与此同时她车内的加热器一直没关。她说会上已经分析了增兵的方案，大家都相信它能发挥作用。她表示，所有的备选方案都非常糟糕，而他们目前所采取的战略更是一场灾难。在他们终于挂断电话后，奥沙利文发现她的汽车电池已经耗尽。

伊拉克人想要一场内战，美国为何要阻止？

布什知道除非伊拉克方面加紧战略部署，否则任何新策略都不起作用；因此他飞往约旦首都安曼会见伊拉克总理努里·马利基。由于哈德利在备忘录中批评了马利基接受《纽约时报》采访一事，因此会面气氛十分尴尬；许多白宫人士认定马利基为了推诿形势不断恶化的责任，在采访中泄露了五角大楼的机密信息。

布什对马利基提出的挽救战争计划大感吃惊，还收到一份他提交的封面盖有伊拉克政府公章的演示文稿文件。马利基提议伊拉克向巴格达增加 4 个旅的兵力，同时美军撤到城外，由他负责首都的安保工作。布什觉得这个想法不切实际，因为伊拉克安全部队还无法胜任这一任务，不过马利基想要接过领导权的渴望表现得非常强烈。

布什要求与马利基单独交谈，两人偕同各自翻译人员离开会议室。

布什对马利基说："要求我们放弃伊拉克的政治压力非常大。不过，如果你愿意做出艰难的抉择，我也愿意奉陪。"

这是布什有史以来第一次表示愿意接受增兵策略。"我愿意再派遣 1 万美军，帮助你夺回巴格达，但你必须给我一定程度的保证。"

布什要求马利基保证：伊拉克军队在应对武装分子的挑衅，甚至是强大的穆克塔达·萨德尔时，要一视同仁。此外，他还必须停止干预美国的军事行动。马利基对上述条件表示同意。这是一个重大的转折点。布什在乘坐"空军一号"返回美国的途中，决定选择向伊拉克派驻更多部队。现在他需要考虑的问题是，如何动员政府中的其他成员。

12 月 6 日，由国会授权、两党资深政治家联合组成的伊拉克问题研究小组，向布什和切尼提交了一份有关伊拉克战争评估及相应对策的报告，为战争未来的发展献计谋策。该小组的主要负责人是詹姆斯·贝克和李·汉密尔顿，前者是老布什总统竞选的主要策划人之一，后来又为布什当选总统立下汗马功劳；后者是前民主党议员和“9·11”委员会副主席。那份小组报告的第一句话就写着：“伊拉克局势非常严峻，还在继续恶化。”报告概述了一个后来被汉密尔顿称之为“负责任地退出”的方案。它建议布什政府摒弃前嫌，与伊朗、叙利亚展开新的对话，加快中东地区的和平进程；还提到关键的一点——到 2008 年第一季度为止，撤回所有美军驻伊拉克的作战部队。本质上，伊拉克研究小组重新拾起了拉姆斯菲尔德、阿比扎伊德和凯西提倡的“将责任转交给伊拉克人”的计划。

“我们向你提交这份报告的目的，不是为了让你感到烦恼或难堪。”身为小组成员的前参议员兼凯西好友的艾伦·辛普森如此告诉总统。上述都是严肃的建议，辛普森表示他希望布什可以仔细研读它们。

布什说：“我会的。”

辛普森转向切尼，说道：“切尼，现在请你看这里。”

切尼回答说：“好的。”

切尼通常会保留自己的意见，尽管会议室内也没人认为他会赞成这份报告中提到的建议。另一方面，布什则提了一些疑问，似乎听得很认真。在布什离任后担任中情局局长和国防部长的民主党议员莱昂·帕内塔回忆称：“虽然我知道他对我们提到的一些事情无法给予完全的同情，但我觉得他至少会严肃地考虑我们的提议，尤其是考虑到当时战争所处的危急形势。”

一切只是出于礼貌，布什早已做出与研究小组的建议截然相反的决定。切尼则驳回了那份报告，称其“不是一种有利于赢得战争的策略”。贝克试图再努力一把，私下敦促布什的助手阅读报告的第 50 页，那里提到了这样一句话：在实施 2008 年初撤军方案的过程中，也“支持短期军事部署或增派美国作战部队以稳定巴格达局势”的调整。

第二天，12 月 7 日上午，布什与托尼·布莱尔进行会晤，然后一起回答记者的提问。不过，当切尼看了总统的开场白文稿后，他发现初稿中的“胜利”一词被删除了。

“总统先生，你不能拒绝谈论获胜，”他说，“那将成为你不再相信能赢得战争的显著标志。”

布什接纳了他的建议，并在新闻发布会上使用了“胜利”一词。总统试图巧妙地处理了伊拉克问题研究小组提交上来的报告，称其“值得仔细研读”；他也坚决表明自己希望部队早日回国，即使无法接受研究小组提出的撤军时间表。总统表示：“我总是说我们希望美军部队尽早撤离。”

但当一位记者问他是否“还在否认伊拉克的糟糕局势”时，总统勃然大怒。

他愤怒地瞪着记者，尖锐地说道：“现在伊拉克局势是很糟糕。我这样说了，能起什么作用吗？”

那天下午4点，切尼和赖斯在一次布什缺席的国家安全会议上对伊拉克战略问题进行了讨论。切尼认为战争结果造成的影响很大，不能简单地撤军，任由伊拉克人自相残杀。赖斯则坚持反对增兵。她随后解释道：“我确实很怀疑，增兵是否能起作用。如果我们即将采取的还是老策略，那只会让更多人战死沙场。”

那天晚上，当一名共和党议员未经允许擅自发表了一场慷慨激昂的演讲，表示自己因战争问题而与白宫断绝关系时，布什面临着多么严重的政治问题已是不言而喻。那位参议员是来自俄勒冈州的戈登·史密斯；他安静、谦逊、温和，曾“试着当一名好战士”，但现实却令他越来越失望。他读过约翰·基根所著的《第一次世界大战史》（*The First World War*），对书中所提到的教训深以为然。接着，他读了托马斯·E. 里克斯介绍伊拉克战争最初几年的著作《大败局》（*Fiasco*）。那个冬天早晨，他起床打开电视，看到有关更多美军士兵在伊拉克被杀的新闻报道。

“当我看到我支持的政策让我们的士兵日复一日地被同样的炸弹袭击时，我的耐心已经到达了极限。”史密斯在演讲中说道，“那太荒唐了。那简直就是犯罪，我再也不能支持那种政策。”另外一位共和党参议员将这称为“临界点”，是一起真正令布什总统感到害怕的突发事件，显示了共和党人对布什和伊拉克战争的支持率正在逐步下滑。

第二天，也即是12月8日，切尼在出席一次伊拉克会议时，不安地发现正式议程掩盖了他与赖斯之间的分歧，让他没法干脆利落地给总统提交方案。会议期间真正的冲突发生在布什与赖斯之间，彼时后者已取代切尼成为总统最有影响力的顾问。赖斯表示，除非伊拉克领导人加紧战略部署，否则美国承诺再多也于事无补。

她争论称，如果他们自己都不想确保本国人民的安全，那为什么美国还要保护他们？

布什变得越来越暴躁。他厉声问道："那么赖斯，你有什么计划？我们是不是只能袖手旁观，让他们自相残杀，再等待时机收拾残局？"赖斯被这个暗示她对获胜悲观的反问激怒了。"不是的，总统先生，"她反驳，"将美军置于他们血腥的宗派仇杀之间，并不能让我们赢得胜利。如果他们想要一场内战，我们不得不让他们打。"

会议室里的其他与会人员都吃惊地看着他们激烈地争吵。在布什将近 6 年的任期里，他们还从未见过他与赖斯如此针锋相对。争论的激烈程度只能表明战争给他们所有人都造成了难以磨灭的精神创伤。布什似乎想要采取孤注一掷的行动，以挽救日益恶化的形势；而赖斯则有些绝望地认为，一切为时已晚。

随后，依然愤愤不平的赖斯跟着布什返回椭圆形办公室。

"你知道那不是我的本意，"她告诉总统，"没人比我更希望伊拉克战争胜利。"

布什已经冷静下来。他轻声说："我明白，我明白。"

赖斯注意到布什脸上出现了一种极度痛苦的表情。她意识到，战争正从内部吞噬他。因此，她让了步。

军方的反弹

赖斯并非唯一充满疑虑的人。同一天，在罗伯特·盖茨正式就职前，依然坚守岗位的拉姆斯菲尔德向布什和切尼提交了一份倡议书；该倡议书由五角大楼高级将领们制定，旨在"加快转型"，这与总统当时的战略目标显然是背道而驰。这份倡议书中的很多方案是根据拉姆斯菲尔德之前提交的那份备忘录撰写而成，不过，将领们在撤军时间表上作了延后调整。到 2007 年 12 月，美军基地数量将从 55 个减少至 37 个，到 2008 年降至 20 个。此外，截至 2007 年 11 月，伊拉克政府将接管 18 个省的安全事务，到 2007 年 12 月，美军的军事任务就"正式结束"了。倡议书称，"增加驻伊美军人数不能代替在该地区取得的外交胜利，以及让伊拉克政府采取行动"。

鉴于军方的反对，布什转而拉拢一直敦促增兵的持不同政见者。那周周末，在曾经担任西点军校教授的弗雷德里克·W. 卡根的带领下，美国企业研究所的军事专家们开展了多日训练，以起草一份支持驻伊美军部队的计划；最终他们撰写出一份长达 45 页的文件，强烈要求增派 7 个旅的陆军部队和海军陆战队。12 月 11 日，已退役陆军副总参谋长杰克·基恩上将前往白宫寻求解决办法。

基恩是那天下午给布什和切尼作报告的 5 位军事专家之一，随后重新上演了上一次的戴维营峰会；但这次战略变革的拥护者们更有决心获得通过。6 月，离开戴维营的埃利奥特·科恩后悔自己没有直言不讳；这次，他决定放手一搏。科恩引用总统曾读过的他写的《最高统帅》(*Supreme Command*) 一书中的论句，驳斥了布什有关林登·约翰逊总统的类比；他表示越南战争的失败不在于微观管理，而是未能进行严肃的战略讨论。另外，他争辩道，现在是更换指挥官的时候了。

科恩告诉布什："领导力是最大的问题之一。我对凯西将军存有最大的敬意，但你需要不同的领导者。"

布什已经在考虑此事。他问："那你推荐谁呢？"

科恩回答："彼得雷乌斯。"

基恩表示赞同，他同样也直接地表达了自己的观点："总统先生，依我看，这是一次重大危机，时间已经不多了。"他认为解决办法是实施以保护伊拉克人民为目的的反叛乱策略，而这需要增派更多的作战部队。

当时与会的其他两位退役将军——巴里·麦卡弗里和韦恩·唐宁反对增兵。麦卡弗里表示："这将徒劳无益。"唐宁主张更积极地调用特种作战部队。最后发言的是外交关系委员会学者斯蒂芬·比德尔，他非常支持基恩的观点。

整起事件的激烈程度让比德尔深感震惊，甚至有些哀伤。在专家们的交谈过程中，一群白宫助理列队站在他们身后，仿佛沉默的希腊合唱团。比德尔觉得布什正徘徊在抑郁的边缘。"很明显，布什认为自己正面临着一场将以失败告终的战争。"比德尔随后回忆称，"他显然很不开心。所有建议都不见得有建设性，他的身体似乎也没法轻快起来。总统脸上失去了笑容，说话的语气也变得忧郁。他再也没开过玩笑，再也没有无忧无虑的感觉。"

后来，基恩和卡根私下给切尼做了一次汇报，简述了增派部队将如何开展工作。他们现在的听众善于接纳。因老朋友拉姆斯菲尔德即将离职，所以切尼不再那么反对战略变革，但也不愿成为开路先锋。担当先锋的是基恩，他正领导一场反抗军队层级体制的运动。这位退役将领开始在政府内部大力争取支持，与那些赞同变革的官员私下合作；他还绕过乔治·凯西上将，直接询问后者的副手，即同样希望增兵的雷·奥迪尔诺中将。梅根·奥沙利文也悄悄地询问了戴维·彼得雷乌斯，后者是大家一致赞成的接替凯西的人选。基恩的行动几乎快把军队体制内的官员们逼疯了。“为什么是杰克·基恩面见副总统，而不是我们？”陆军参谋长彼得·斯库梅克将军对一位四星上将抱怨说。

约翰·阿比扎伊德的情况同样不妙：“我猜我必须辞掉军队的职务，如果我打算继续为总统提供军事建议，那我可以在美国企业研究所中任职。”

基恩的支持至关重要，并非因他的一系列暗中举动，而是因为他替布什提供了战略改革的空间。如果布什不顾指挥官和参联会反对，执意增兵；那他需要有人配合，以反映出总统良好的军事判断，而非政治臆测。他不可能因为奥沙利文和麦格克等三十几位助理的建议，就断然拒绝肩戴星级勋章的军人的意见；哪怕这些助理们一个拥有牛津大学博士学位，另一位有哥伦比亚大学法律学位，可他们却没在部队服过一天役。哈德利说：“作为试金石，基恩表现得很棒。”

但如果可以的话，布什还是希望避免与军队领袖发生正面冲突。他清楚如果军队领袖在国会听证会上反对新战略，那他仅存的一点政治支持率都将荡然无存。卡尔·罗夫总结道：“要是高级将领因为抗议增兵而选择辞职，那这可能会成为压垮骆驼的最后一根稻草。”威廉·卢蒂称：“斯蒂芬·哈德利反复强调，增兵政策应该由军队提出。”但在 12 月 12 日的视频会议上，凯西曾向布什表明，他“坚决反对”再增派 2 个旅以上的兵力。

布什在被将领、甚至他最亲密的顾问孤立后，却意料之外地从一位人士处获得支持，这个人就是约翰·麦凯恩。后者是一位战争的坚定支持者，同时也是伊拉克政策的强烈批评者。麦凯恩在毫不客气地警告布什不增兵就会输掉战争的同一天，还交给后者一封满满 3 页的私人信件。他认为政府的战略阻碍了战争形势的发展，与其希望用政治手段减少暴力冲突，政府更应该建立安全防御，为政治和解创造空间。麦凯恩还引述了卡根的美国企业研究所的研究报告。他写道：“没有基本的安全保障，就不存在政治解决方案，我们的使命也将以失败告终。”

丹·巴特利特注意到，布什非常紧张，甚至提议推迟宣布新战略。

他看起来似乎松了一口气。他们真的可以那样干吗？

“我们会让它慢慢淡下来，”巴特利特的意思是让舆论平复下来，“不要担心。”

即使在下决心增兵之后，布什还是怀有各种疑虑。在亨利·基辛格的建议下，他开始阅读阿利斯泰尔·霍恩的阿尔及利亚战争作品《一场野蛮战争的和平》(*A Savage War of Peace*)。在该书中，总统得到一个严肃的教训：法国撤军后，伤亡人数反而急剧上升。然而在面对伊拉克战争时，他也在想，也许这场战争是无望的；也许赖斯是对的，他继续坚持这场失败的战争只会让更多的人丧命。他曾在不同的场合询问哈德利和奥沙利文，战争是否已经失败，是否真的已经再无希望？

有一天，他问道：“哈德利，你认为增兵能带来成功吗？”

哈德利回答说：“总统先生，我认为能。”

“那很好，”布什说，“如果你什么时候改变看法了，请告诉我。因为，只要还有机会获胜，我就不会放弃。但是，如果连我们自己都认为再无希望，那我就真的无法正视战士们母亲的眼睛，将他们送往战场。”

D A Y S O F F I R E

第30章

最后一张牌

布什坚持认为，真实的世界需要美国挺身而出。与其担心尚未发生的冲突，不如全力以赴，赢得目前的战争，所以他拿出了解决伊战的最后一张牌——增兵。毫无意外，大部分人都站在了他的对立面，这无疑是他此生最孤独的决定。

当车队驶过波托马克河时，布什总统和切尼副总统终于达成共识。他们越来越相信有必要增派部队和改变伊拉克战略，布什决心动员将领们，而他需要切尼的配合。

12 月 13 日，两人前往五角大楼的机密会议中心——著名的“坦克”会议室会见高级官员，以示对后者的敬意。在汽车行驶的途中，布什和切尼同意这次也使用“一个唱红脸，一个唱白脸”的常规手法：副总统负责问尖锐的难题，而总统则缓和气氛，避免冷场。J.D. 克劳奇记得：“总统不希望一上来就发表观点，那样五角大楼的官员们会说：‘看吧，他早就打定主意了。’”正如丹·巴特利特说言：“切尼应该做那个坏人。”

让我来告诉你，什么才叫毁了军队！

彼得·佩斯将军率先开口，他建议各参谋长应将军队担任的角色往顾问和培训方面转移。实际上，这加快了当前的战略转型。

总统问：“现在的问题是，你打算什么时候转为咨询角色。你不希望过早转型，是吗？”

佩斯建议要待伊拉克军队通过测试后。他说：“我们必须让伊拉克安全部队全权负责。”

切尼按照原定计划，突然一反常态地加入到辩论中。“我们正把身家性命押在伊拉克安全部队身上，”他说，“用力推我们的部队一把，让他们完成使命不是更好吗？”他简单描述了美军战败后伊拉克地区的动荡惨象。“一夜之间，跟美国做朋友将变得非常危险，我们押上的赌注实在太大了。”

提出反对增兵的是彼得・斯库梅克将军。1980 年，他刚进入部队就参与了当年那场鲁莽的伊朗人质营救行动，然后成为那次事件后新组建的特战部队的一员，曾随军驻扎在格林纳达、巴拿马、伊拉克和海地等地。2003 年，他在即将退役之际，在某种程度上受切尼诱导，接替了埃里克・辛塞奇的陆军参谋长一职，并负责管理多项军队征税事务。与其他参谋长一样，他的职责就是保证军队的健康运转，而非任何与伊拉克战争相关的作战行动。

斯库梅克认为增兵并不能减少暴力冲突。他强调称，在过去的几年里，他们也开展了几次临时军队集结，通常是在伊拉克大选之前，目的是防止可能发生的骚乱；但从结果来看，这些军队集结并未使当地的暴力活动减少。在说到布什要拿什么事实作为依据说服如今民主党掌控下的国会时，将军似乎想暗示：现今的政治体制不会容忍政府一个月以上的兵力集结。

斯库梅克告诉总统：“我不认为你有增兵的时间，也难以招募足够多的士兵来满足这一战略需求。”

布什反驳道：“我是总统，而且我有时间。”

布什想提醒斯库梅克他的职责是提供军事建议。于是，他尖锐地表示：“非常感谢你刚刚提到的政治建议，但我会处理好政治事务，那是我的职责。”

斯库梅克毫不退缩，声称增派 5 个旅的兵力只会影响 15 个旅的工作。首先，目前驻扎在伊拉克的 5 个旅将不得不延长驻留时间；其次，另外 5 个旅的轮换频率也必须加快，以增加驻守战区的部队人数；最后，还得有 5 个旅的部队作为后备力量，以防不时之需。他后来回忆道：“我所关心的是，彼时该如何应对军队人员招募和维护等实际问题。”

斯库梅克直言不讳地告诉布什：“我们担心这会毁了军队。”

原本应该让切尼负责辩论的布什，此刻再也忍不住。他身子向前倾，说道：“让我来告诉你，什么才叫毁了军队！像我们在越南战争中那样遭遇惨败，让一代军人白白地流血牺牲，那才叫毁了军队！”

将军们的观点也不无道理。他们害怕将全部兵力都投入伊拉克后，万一世界其他地区再发生冲突，美国会无力应对。

布什再次转变争论方向：对美国而言，与其担心尚未发生的冲突，不如全力以赴，赢得目前这场已经涉足的战争。

为了化解交锋过程中的紧绷气氛，布什告诉将军们，他打算扩充军队的整体规模，这应该能减少压力；同时向伊拉克派遣更多的文职官员，为军队解决老大难的问题。但走出会议室的将军们仍然不服气。12月14日，也就是会议后的第二天，斯库梅克公开表达了他的异议。在向国会特许成立的一个委员会作证期间，他警告说："按照战区目前的人员轮换速度，我们将毁了军队。"随后，他向记者表示："我们不应该盲目增兵，就算制定了相关目标，那也该是可测算的、能为我们带来实际利益的目标。"

"坦克"会议结束后的第三天，布什和切尼再次访问五角大楼，出席了即将离任的拉姆斯菲尔德的告别仪式，并对其进行了全面的评价且赞誉有加。布什对拉姆斯菲尔德的态度和蔼可亲，切尼则高度赞扬了他的这位前任上司，似乎暗示他的离开是国家的损失。切尼说，拉姆斯菲尔德"为人正直"，是"公职人员的典范"；他的一言一行都"流露出忠诚、廉正，以及最重要的对祖国的热爱和对事业的奉献精神"。一些人将下面这一评论视为切尼对布什撤换拉姆斯菲尔德的含沙射影，他说："我相信历史将说明一切：唐纳德·拉姆斯菲尔德是美国有史以来最优秀的国防部长。"

为了赢得参联会的支持，布什决定公开他扩充军队整体规模的意向。12月19日，他召集《华盛顿邮报》记者前往椭圆形办公室，宣布支持扩军。"我们需要重整军队，"他对记者们说，"毫无疑问，军队已经被大量占用。"此举是布什政府多年来一直否认有扩军需求后的一次大逆转。2004年总统大选期间，约翰·克里曾建议武装部队扩军4万人，但遭到布什政府的断然拒绝。随后在2006年6月，政府再次表示拥有更先进的技术装备和战略战术，这意味着不需要扩充军队。然而现在，布什授权罗伯特·盖茨设法增加7万名陆军和海军陆战队士兵。

那天，布什与记者们坐在椭圆形办公室里，暗示一场增兵行动正在酝酿。他说，中期选举给他们下达的命令是寻找获胜的战术，而非撤离伊拉克。不过，他也准备首次承认大家一度怀疑的想法——战争成果正遭受破坏。距离上次宣称"我们会赢得胜利"才不过两个月，布什又转而采取了彼得·佩斯在一次国会听证会上的策略。"我们还没有获胜，我们也没有失败。"布什如此说道。被问及之前所做的声明，布什改口称那只不过是一次预测，而非评估。他说："那仅反映出我对我们即将获胜的信念。"

罗伯特·盖茨刚刚宣誓就任国防部长一职，约翰·阿比扎伊德则宣布了他的退休。乔治·凯西不久之后也将离任，然后不出意外，戴维·彼得雷乌斯将成为他的继任者。数周之内，吹嘘尊重军队的总统就扫清了阻碍他推行对伊新战略的几位重要领导。正如对待拉姆斯菲尔德一样，布什并没有指责阿比扎伊德或者凯西。他提出让阿比扎伊德担任国家情报总监一职，却遭到拒绝。至于凯西，布什要盖茨好好安抚他。不久之后，凯西调任美国陆军参谋长。

凯西还是反对增兵，他确信那将是个错误。意识到布什下定决心增兵之后，凯西建议只向伊拉克增派 2 个旅的兵力，另外的 3 个旅 1 个驻留科威特以备不时之需，2 个留守美国本土。新任国防部长盖茨走马上任后，进行了首次伊拉克之旅，凯西在此时说服了他。在返回美国的客机上，盖茨一直建议采取增兵 2 个旅的策略。在准备一次与布什进行的会议谈话时，盖茨在要点中写道："我们的指挥官希望额外增派的部队不要超过 1 万人。""迫于压力，美军很难再集结更多的人力物力，以开展更激进的行动"，而且为一个不受待见的伊拉克政府投入更多兵力，只"会破坏我们过去两年取得的大部分战果"。

杰克·基恩听闻这个小规模增兵计划后，立即有所警惕；他提醒副总统的国家安全顾问约翰·汉纳多加留意。与此同时，梅根·奥沙利文也很担心，并向彼得雷乌斯伸出了援手，看他是否认为仅靠 2 个旅的兵力就能完成全部任务。彼得雷乌斯明确表示：她能交给他多少，他就需要多少。尽管尚未公开宣布接管伊拉克，彼得雷乌斯还是打电话给佩斯抗议。"主席，我知道这有点尴尬，但如果是按照 2 加 3 的增兵方案，我没法胜任那里的工作，"他说，"不必客气，你尽管考虑其他的指挥官。"

布什回到克劳福德过圣诞节，然后邀请国家安全小组的成员去他那里参加一场有关伊拉克问题的重要会议。12 月 27 日下午，康多莉扎·赖斯提前一天单独会见总统。她在农场主屋的门廊里遇到了总统，便坐下来一起说话。

赖斯知道布什会做出什么决定，并且准备与之妥协；她甚至在与巴格达的雷·奥迪尔诺通电话,听他描述了增派部队如何与战略改革相结合之后，她也改变主意，支持增兵。

她对布什说："既然你决定了，那我也将站在你这边，尽可能提供支持。但是，总统先生，这是你最后一张牌了，它最好能派上用场。"

接着，她起身离开了。

第二天，小组的其他成员陆续抵达农场。盖茨提到了凯西推荐的2个旅的小规模增兵方案，但很快就被布什回绝。

他说："不，我打算投入5个旅的兵力。如果我对美国人民说我打算派2个旅，然后根据后续需要再多派点，那不就等于告诉他们，我不知道自己到底在干什么吗？"

正如J.D.克劳奇所言，更为重要的是，每做一次增兵部署的决定，就会为《华盛顿邮报》带来一个热门话题，让大家一次次地为之展开论战。如果布什不希望这个不受欢迎的决定过于引人注目，那他最好一次性宣布完毕。布什还决定向安巴尔省派遣2个海军陆战队营，因为当地被"基地"组织疏远的宗教领袖再度开始见风使舵。哈德利和克劳奇支持部署安巴尔省和增援巴格达的决定，认为这在理论上代表着一次强有力的声明：美军将重夺失去的腹地。

现在，他们有了一个计划。该计划需要耗时数月，期间将有更多人为之流血牺牲。但布什和切尼相信，他们有机会扭转劣势。而且，这个计划恰逢其时。2006年以与伊拉克有关的两个死亡里程碑终结：12月30日，美国人看到一段用手机拍摄到的视频，记录了萨达姆·侯赛因在一片混乱之中被处决，以及他在生命的最后时刻，被房间里的伊拉克人嘲弄的场景。一人喊道："下地狱吧！"与此同时，另一些人则高呼穆克塔达·萨德尔的名字，接着萨达姆被送上了绞刑架。一天之后，也就是2006年除夕，美军伤亡人数突破三千大关。

最孤独的决定

布什准备用他任期以来最具爆炸性的消息开启2007年。虽然他已经在克劳福德做了决定，但在宣布增兵的演讲稿中，新增派的部队人数还是用括号括了起来。2个旅的小规模增兵方案似乎依然在备选之列，这让增兵拥护者们感到非常沮丧。克劳奇向斯蒂芬·哈德利抗议道："既然我们已经决定做一头熊，那就做最厉害的大灰熊。"

另一方面，乔治·凯西似乎已经说服了努里·马利基，还把话传回美国，称伊拉克领导人只接受2个旅。2007年1月4日，当哈德利将这个消息带给布什时，总统即将与马利基进行视频会议，他立即打断了副手的报告。

总统反问道："够了！他到底还想不想赢？"副手不确定他指的到底是凯西还是马利基。"告诉他，我正在制定一个赢得战争的计划，短期内不打算更换。"

哈德利提到："你可能也想让马利基知道这一决定。"

正走出办公室，准备去战情室的布什说："我正有此意，走吧。"

穿过走廊时，布什喃喃自语，似乎很恼火。"如果不想赢，那我们还去那里干什么？"他大声地质问。

在视频会议上，布什要求双方其他与会人员离场，以便他与马利基进行单独沟通。

布什对他说："你要是豁出去了，我也奉陪到底。"

马利基一口答应。

演讲稿撰写人被告知删去括号，写上向巴格达派遣 5 个旅，外加 2 个海军陆战队营队前往安巴尔省。这是对旧战略的最后大清洗，也是布什与马利基新的指导关系的开始。数月以来，布什每周都要找时间与马利基交流，敦促他表现出更强大的领导力。

第二天早上，布什提名彼得雷乌斯担任伊拉克战争最高指挥官。彼得雷乌斯身高 5 尺 9，体重 150 磅；对一名战地指挥官而言，他显得非常瘦弱。这位传奇性人物曾在一次训练中被子弹击中胸部，后来竟奇迹般存活下来；他很好地体现了现代学者兼军人的气质。

在美国入侵伊拉克时期，彼得雷乌斯曾率领一支空降师参与作战行动；随后，又承担起训练伊拉克安全部队的重任。他行事高调，终于引起五角大楼同僚们的反感，他曾是《新闻周刊》的封面人物，但大标题则是《这个男人能拯救伊拉克吗？》；当时这个新闻让拉姆斯菲尔德甚为恼怒，曾在一次会议电话中"发飙"，厉声说道："不是戴维·彼得雷乌斯拯救伊拉克！"但从一开始，彼得雷乌斯就看到了拉姆斯菲尔德和其他人没有看到的将来。在美军入侵伊拉克之初，跟随彼得雷乌斯的随行记者里克·阿特金森问他："告诉我，这场战争将如何结束？"当时的彼得雷乌斯只能用一句话来谈论战争结果；可现在，那个答案将由他来书写。

布什现在面临的问题是，如何更好地举办那场宣布增兵的演讲活动。他的顾问正在讨论最佳举办地点。有人提议白宫地图室，但劳拉·布什注意到那里有一架老爷钟，担心它在演讲过程中发出滴答的响声；坦白说，就算没有响声，这钟也给人一种糟糕的象征意味。她建议在图书馆举行，认为那里的书架和壁炉比椭圆形办公室更容易让人感到温暖。

在演讲前的那个早上，布什发现只有他和梅根·奥沙利文单独待在椭圆形办公室。感觉到布什总统非常孤独，于是他的助手觉得有必要给他一些鼓励。

“总统先生，”奥沙利文鼓起勇气说，“我知道你此时觉得非常孤独，但我想让你知道，你不是孤身一人，我一直与你站在一起。”

这位年轻的助手竟在为他打气，布什不知是被逗乐了，还是感到生气，反正他没有表现出任何情绪，只是简单地说了句：“多谢，多谢。”然后他走出了房间。

草拟的演说大纲是这样安排的：布什首先承认政府在伊拉克所犯的错误，然后发誓要挽救战争。与以往丹·巴特利特为布什撰写的演讲稿相比，这是总统最直接承认错误并承担责任的一次，同时还要求将焦点放在“美国尚未放弃”上面。这两者之间的平衡点的确很难把握：太强调错误会助长撤军支持者的气焰，太乐观又会让人说布什脱离现实。

当布什在练习演讲时，房间里弥漫的紧张气氛与以往任何一次都不同。如果有那么一次演讲决定了总统的成败，那就是这次了。他必须为彼得雷乌斯争取组建军队的时间，还要转变伊拉克战略以及取得足以令国会持续提供资金的显著进步。73% 的美国人认为伊拉克战争形势很糟糕，61% 的人反对大幅度增兵计划，还有 54% 的人希望立即或在 12 个月之内，全部撤回驻伊美军。

浏览撰稿人交至手上的讲稿时，布什就已经知道这一切。他在斟酌一些自认为应该更简洁的章节时，助手偶尔会打断他，以提醒他在这段上一直喃喃自语。被工作人员打断太多次后，布什要求他们闭嘴。他浏览了一遍定稿后的演讲稿。通常情况下，在排练结束后，布什会直接离开讲台，开始他的下一项工作安排。然而这一次，他停在那里，低头盯着文稿；房间里异常沉默。每个人都在猜测总统到底在想什么，但在助手看来，总统就像一个独自待在山巅的人，正拼了命想要下山。

这情形持续了大概 20 秒，然后哈德利说道：“走吧。”

布什这才从沉思中回神。

"好了，"他表示赞同，"走吧。"

1 月 10 日晚，摄像机开机之后，布什的脸看起来一如往常地难受、僵硬和渺小。正如 J.D. 克劳奇所言，总统的身影看起来"有点紧绷"，与顾问们私下见到的健壮身影完全不同。布什在乞求多宽限一些时间的同时，试图表达对国家遭遇挫败的感同身受。"伊拉克的战争形势让美国人无法接受，我同样也感到难以接受。"他说，"我们的士兵在伊拉克英勇作战，他们完成了我们要求他们采取的一切行动。所犯的一切过错，责任都在我。"

总统陈述了他的计划：向伊拉克增派 2.15 万名士兵，这一数字随后还可能增加到 3 万，以实施旨在保护平民的新战略。他解释说，战略的转变与增兵数量同样重要。布什拒绝了撤离伊拉克的要求，声称让敌人胜利将阻碍美国未来数年的发展。"我们仔细考虑了那些提议，"他所说的是各种撤军的提议，"我们得出的结论是，此时撤军将导致伊拉克政府倒台、国家分裂，以及导致难以想象的大规模杀戮。这种情况将导致我军被迫在伊拉克停留更长时间，面对更凶狠的敌人。相反，如果我们在这个关键时刻加大扶持力度，帮助伊拉克人打破目前的暴力循环怪圈，那么也能让我军早日回国。"

助手们感到很失望。演讲稿本身一气呵成、令人信服，但总统的表现不尽如人意。撰稿人马修・斯库利对同事评论道：总统的演讲缺乏"强大的说服力"。斯库利曾离开白宫，此次回来是为了协助撰写下一年度的国情咨文。J.D. 克劳奇认为总统的演讲传递出一种强烈的紧张感与巨大的风险。"观察他的面部表情，我想你能看出他那充沛的感情，但理智一直在告诉他大事不妙，"克劳奇回忆说，"并不是说他不相信；他只是给人一种'我必须这样做，这样做是正确的，我要坚持到底，但没一个人支持我'的感觉，你能从他的脸上解读出这种意味来。"

第二天，为了兜售计划，布什花了一整天与军人们待在一起。早上，他给一位已故的海军陆战队员颁发荣誉勋章，以表彰其为了挽救战友性命，勇敢地扑向手榴弹的行为；他在为这位身亡战士的家人授予奖章时，禁不住潸然泪下。然后，他飞往佐治亚州的本宁堡，在那里与身穿迷彩服的士兵一起排队等待开饭，并且再次宣讲增兵计划。

他似乎有点无精打采，他的观众也一样。他曾一度准备与更多阵亡士兵的家属见面。快要走进房间时，他突然停了下来，仿佛祈祷般低头片刻，然后才强打起精神走进去。在乘坐“空军一号”返回华盛顿时，他关在自己的小舱室里，避开所有人，而不是按照原定计划接见工作人员。

总统回到白宫后，康多莉扎·赖斯顺路过来报告。她和罗伯特·盖茨已在国会山为增兵一事召开听证会。

布什问赖斯：“进展如何？”

“不是很顺利，”赖斯回答，并与他一起坐到壁炉旁边，“我们兜售得很艰难。”

这还是比较淡然的说法。事实上，质疑之声不绝于耳。直言不讳的共和党独行侠、参议员查克·哈格尔指责赖斯没有说出真相，他谴责增兵方案是“自越战以来，美国犯下的最危险的外交政策错误”。另一位共和党参议员乔治·V.沃伊诺维奇告诉她，他曾经支持布什，“相信梦想会成真”，但“进行到如今，我认为那不可能实现了”。总而言之，对于布什的演讲，大家几乎一致地表现出负面的反应。布什的助手知道大多数民主党人会憎恨增兵计划，但也觉得会有少数人支持；可结果是，民主党全体一致谴责布什忽略国会中期选举传递的讯息。而哈格尔和沃伊诺维奇也并非唯一倒戈的共和党人，许多众议院的共和党议员联名上书反对增兵。

彼得·魏纳有所警觉。他在1月12日分别给乔舒亚·博尔滕、卡尔·罗夫和丹·巴特利特发了电子邮件，警告说总统的处境十分危险。魏纳设想让温和的共和党参议员，诸如理查德·卢格和约翰·沃纳前往白宫，告诉总统不会有人支持战争，是时候撤军了；这与当年巴里·戈德华特及其他共和党人最后逼迫理查德·尼克松总统辞职没什么不同。“国家厌倦了战争，这显然是我们最后的机会，”魏纳说道，“所有人都知道，这是枪膛里的最后一颗子弹了。”

正如劳拉·布什随后说的那样，这是“乔治做过的最孤独的决定”。赖斯也见证了他的孤立无援，她说：“那是一项如此孤独的工作，没人能够分担。无论你与总统多么亲近，许多重担都得他独自承受。”这是增兵决定前期的真实写照：几乎没有人支持它，至少在一开始，即将离任的驻伊指挥官不支持，参联会、伊拉克问题研究小组、伊拉克总理、国会、公众、甚至他的国务卿和最亲密的顾问都不支持。多亏了哈德利的配合，布什力排众议，控制了事态的发展：在承诺扩充陆军和海军陆战队现役人数之后，各参谋长表面上接受了增兵的策略；马利基也表示支持，赖斯则把她的各种担忧吞进肚里。然而，掩盖意见不合与打造凝聚力之间还是有区别的。关于后者，除了切尼、哈德利、约翰・麦凯恩、杰克・基恩外，布什也没有更多的后盾了。

在那段黑暗的日子里，他为自己感到难过，劳拉却提醒说是他自己选择竞选总统。“对一位总统而言，自怨自艾是能发生的最坏情况。”布什告诉作家罗伯特・德雷珀，“这是一份会让你产生许多自怜情绪的工作。”他尽量避免在工作人员和民众面前表现出来。“我借了上帝的肩膀哭泣，”他表示，“我哭过很多次。在担任总统期间，我的确哭过许多次。我敢说，作为总统的我，哭得远比你们知道的那几次要多。明天，我也许还会继续哭。”

宣布增兵计划一个多星期之后，布什邀请了 12 位促成这次新战略的副手到椭圆形办公室，其中包括哈德利、J.D. 克劳奇、梅根・奥沙利文、布雷特・麦格克、彼得・菲弗和威廉・卢蒂。他向他们表示感谢，并与大家合影留念。随后，他难得地逗留了一会儿，期间表现得若有所思。他提到了亚伯拉罕・林肯，他指着办公室里那尊林肯半身像，回忆起后者当年执政时的峥嵘岁月。

他说：“想想林肯当年经历了多少艰难险阻，就为我们看待现在的困难增添了一些新的角度。”

他说起他刚读过的一本林肯传记。在那段最黑暗的岁月里，只有两群人支持美国这位第十六届总统，一是福音派，尽管当时他们还不叫这个名字；另一个就是军队。“你们知道我不是林肯，”布什说道，“但我也在那条船上。”

然后，他把话题转移到伊拉克问题上来。“我知道增兵决定很不受欢迎，”他沉思自语道，“我犯了错，也在演讲中承认了这点。他们提出的一切过失都归咎于我。但你们知道吗？现在我要面对不挺身而出、不采取行动所带来的巨大压力。同时，我也要承受说‘好吧，这他妈太难、太危险了，我们还是放弃吧’的压力。”

他接着说：“人们说布什需要睁大眼睛看一看真实的世界。好吧，至今我已经当了 6 年总统，见识了真实的世界，也许比大多数人看得还要真切。”后来，副手们记得布什比划着说出了下面的每一个字。“真实世界是，它需要美国挺身而出。你们知道为什么吗？因为如果我们不带头，任何希望都不会出现。”

对决策者布什而言，没有比丧失希望更大的罪过。曾经有 3 年，他被迫听从将军和顾问们的建议，并被林登・约翰逊在越战的决策失误束缚了观念。但是，自战争急剧恶化以后，他终于坚持自己的判断优于指挥官的，并做出了决定他仅剩的总统任期和伊拉克战争最终成败的决策。

一位白宫伊拉克问题委员会的成员——情报分析师戴维·戈登表示："总统是增兵计划最坚定的支持者。但对于站在同一阵营的我们大多数人而言，我认为许多人心里的想法是，在进入下一阶段之前，我们必须增兵。很多人之所以不是很支持增兵，是因为他们更多的只是将其视为实施贝克和汉密尔顿方案的前奏。不过，布什总统的判断很正确。"

他越来越像一名普通的副总统

有趣的是，这是第一次，也可能是唯一一次，切尼在第二任期的重大议题上站到了胜利的一方，赖斯却沦为失败方。不过，在这次增兵计划中，切尼并不像美国在2003年入侵伊拉克之初时那样，担当幕后主推手。只有当他的朋友拉姆斯菲尔德被踢出局后，切尼才感觉重获自由，可以尽情施展拳脚。然而到了那时，布什已经明确了他的目标。切尼只能做辅助总统的二把手，而非行动的决策人。

奥沙利文回忆称："处于统治地位的布什很严肃，切尼是整个过程的一部分，这个过程处于布什的领导之下。"另一位相关的官员认为，在当时那个阶段的政府内部，切尼是"无足轻重之人"。这话说得未免太重，不过倒也强调出副总统在白宫西翼的地位变化。他越来越像一名普通的副总统。

其他许多议题都没有按照切尼希望的方式发展。尽管布什在伊拉克方面增加了赌注，却给了克里斯托弗·希尔更多与朝鲜谈判的空间。1月16日，希尔在柏林为朝鲜代表团举行了一场盛宴，酩酊大醉之后于第二天提出一份协议大纲，赖斯绕过切尼，直接请示布什批准协议。副总统勃然大怒：要知道朝鲜在3个月前还在进行非法核试验，他实在难以理解这些人怎能还与这样一个政权的官员举杯同饮。

布什还决定将国家安全局监视项目递交给秘密外国情报法院裁决，那里正是戴维·阿丁顿曾开玩笑说要炸毁的法院。另外，总统在国情咨文中拥护一项能源计划，呼吁通过大力推广使用乙醇和制定更严格的汽车燃油经济性标准，在未来十年内减少20%的汽油消耗量。作为曾经的石油商，切尼"认为那是一个错误"。尼尔·帕特尔记得自己当时相信：鉴于该能源计划所需的补贴资金，以及将导致的食物短缺等不受欢迎的副作用，将乙醇作为替代能源不现实。后来，切尼出席一次会议时，带了一张被修改过的总统首席经济顾问阿兰·哈伯德的数码照片，上面是后者开着一辆缩小版的圣地兄弟会汽车，旁白是："如果你批准这项政策，美国汽车舰队看起来就会是这个样子。"

然后是"滑板车"利比一事。1 月 23 日，联邦法庭公开审理他的案件，此事在副总统的办公室里引起一股紧张的气氛。以前的同事关切地注视着利比，思考着这对他们上司可能带来的影响。在辩护小组的证人名单中，赫然写着：理查德·布鲁斯·切尼。

虽然布什和切尼都同意增兵，但他们口头上的表达方式各异。在利比审判案开庭数小时后，布什发表了国情咨文，试图拉拢对手们支持增兵计划。民调显示，只有 33% 的美国人对布什的工作表现予以肯定，此前仅有两位总统曾在如此劣势下，还在国会众议院发表国情咨文：一位是 1952 年朝鲜战争时期的总统哈里·杜鲁门，另一位是 1974 年遭遇水门事件的理查德·尼克松总统。而且，自从布什宣布增兵计划以后，现在反对它的人数已经上升到 65%。

坐在布什身后左侧的是新当选的众议院议长——南希·佩洛西，他发表了讲话；布什恳求其多一些耐心。"我尊敬你以及你的看法，"他说，"我们投身其中，很大程度上是基于我们拥有共同的信念。无论你如何投票，我相信都不会投给失败。我们的祖国正致力于实施一项新的伊拉克政策，我请求你给它一次机会。"

然而，坐在布什身后右侧的切尼，却激烈得多。发表国情咨文后的第二天，切尼接受美国有线电视新闻网专访，期间他激烈地驳斥了有关"他们即将输掉伊拉克战争"的所有评论，虽然总统自己也曾下过那样的结论。

切尼告诉主持人沃尔夫·布利泽："尽管承受了一些要求撤离伊拉克的压力，但如果我们真那样做了，只会让恐怖分子的奸计得逞，他们曾嘲讽美国人不会坚持完成任务，嘲讽我们没有胆量战斗到底。"切尼表示不接受国会反对增兵的决议，他信誓旦旦地说："那阻止不了我们。我认为从军队的角度来看，这是有害的。"接着，切尼将伊拉克战争描述为一次巨大的胜利，因为他们已经铲除了萨达姆·侯赛因。

切尼表示："如果到今天，他还活着，那我们的处境就糟糕了。"

布利泽说："但我们如今的处境确实很糟糕。"

切尼坚持认为："不，不，情况并不算坏。虽然我们存在一些问题，但也正在着手解决；事实上，我们已经完成了推翻伊拉克旧政权的目标。新政权成立尚不到一年，你们就说他们失败未免为时过早。"

切尼补充道："底线是，我们已经取得了巨大的成功，而且还将继承发扬下去。"

他指责布利泽支持匆忙撤退的民主党派。"你推荐，或者至少认为正确的方案是逃离伊拉克。"切尼指控说。

布利泽表示反对："我只是提出疑问。"

切尼坚称："不，你不是提出疑问。"

自从去年 10 月，布利泽采访琳恩·切尼之后就受到切尼的冷遇。弗吉尼亚州民主党参议员詹姆斯·韦布曾为了捍卫他写的小说，而拿琳恩的女同性恋作品说事。在某次采访中，布利泽就询问了琳恩那本小说中的一幕情色场景。琳恩断然拒绝了布利泽的问题，事后她的丈夫切尼为她的"一口回绝"向她表示祝贺。

现在，布利泽又口无遮拦，提起玛丽·切尼怀孕一事，这已超出切尼的底线。副总统愿意回应那些保守派对他女儿与另一位女同性恋抚养小孩的批评之声吗？

切尼表示："我很高兴即将迎来第 6 个孙子。显然，沃尔夫你很关心我两个女儿和所有孙子们的私生活。但我很直率地告诉你，你提那样的问题还是太过分了。"

布利泽试图为自己辩护："我想我们都很欣赏……"

切尼打断他："我认为你太过分了。"

"我们喜欢你的女儿，" 布利泽回应道，"相信我，我真的很欣赏莉兹和玛丽，我很喜欢她们。刚才我只不过是突然想到这个问题，没有什么特别的含义。"

切尼反驳："我不赞同你的说法。"

到此为止，切尼没有太在乎沃尔夫·布利泽在华盛顿的支持者们会怎么想，也没有过多地考虑白宫人士的想法。1 月 28 日，他告诉一位记者，他丝毫不担心这会损害他的名誉。"从踏入华盛顿政坛到如今，我已经在这个圈子摸爬滚打了 40 多年，"他说道，"我曾获得不应得的赞许，也背过莫须有的骂名。但是，我没有那么多闲工夫天天担心我的形象问题。”

被问及他以前的朋友，诸如已故总统杰拉德·福特、科林·鲍威尔和布伦特·斯考克罗夫特批评他变得过于热衷铲除萨达姆·侯赛因时，切尼也只是摇了摇头。

他说：“当副总统的人是我，不是他们。”

事实上，在战争方面，无论是布什还是切尼，都已经不再是一呼百应的领军人物。他们的信誉已消失殆尽，大多数时候他们只能彼此相互交流。因此，布什新上任的驻伊指挥官——戴维·彼得雷乌斯被推到了风口浪尖上。

白宫和其他共和党人开始将增兵称为“彼得雷乌斯的计划”，故意夸大他发起人的身份，以利用他在议员中的良好声誉。在参议院以 81 比 0 票确认彼得雷乌斯晋升为四星上将，并出任驻伊拉克美军最高指挥官之后，布什表示人们没有道理只支持将军却反对将军提出的计划。有一天，战争最大支持者之一、参议员林赛·格雷厄姆，让同辈共和党人在参议院之外的一间办公室里，分别会见了彼得雷乌斯。

彼得雷乌斯意识到他与总司令一职牢牢地捆绑在一起，而这种形式在其他现代指挥官中少有发生。在他的确认听证会结束之后，彼得雷乌斯到椭圆形办公室拜访布什，两人深入探讨了他即将肩负的任务。他们下了很大的赌注，而成功的几率让人如履薄冰。

布什说：“这是意义非凡的时刻，我们打算下双倍的赌注。”

彼得雷乌斯纠正他：“总统先生，这次是全押上了。”

作为就职确认的一部分，彼得雷乌斯同意在 9 月返回华盛顿，向国会汇报增兵进展；而这一承诺激怒了许多白宫内部人士。不过，这也意味着布什和切尼需要为他争取时间。2 月 5 日，布什向国会提交了一份 930 亿美元的申请，用于支付战争开销。那将是真正的考验：对手会拒绝资助驻伊美军，从而迫使总统结束这场战争吗？

布什知道他脚下的土地已经千疮百孔。他向伊拉克增派的部队要 5 个月才能全部就位，那意味着就算他们能取得成效，也需要一定的时间。布什必须在那之前，团结各方力量。

布什告诉作家罗伯特·德雷珀：“所以现在，我是指望着 10 月和 11 月的人，我在为 10 月和 11 月而战。”

DAYSOFFIRE

|第31章|

四面楚歌

就如同切尼担心的那样，在有关审讯和扣押囚犯的方式、中东政策，以及朝鲜、伊朗问题方面，总统越来越举棋不定。随着国会被民主党控制，白宫的诸位老将接连陷入麻烦，布什核心集团的人员已所剩无几，甚至连共和党人士也加入了炮轰白宫行列。如此情况下，布什—切尼政策还能延续到2008年吗？

切尼竞选总统？

有那么一段时间，副总统办公室里的话题聚集到切尼竞选总统的可能性上。2007 年年初，这是自 1928 年以来，举国上下第一次期待一场没有现任总统或副总统竞选的大选。迪克·切尼早就明确表示他对 2008 年的总统竞选没有兴趣，但在 2007 年初，一位老朋友出现在白宫西翼，试图说服他改变心意。那天，华盛顿最有名的说客——擅长筹集资金的韦恩·伯曼告诉切尼："我已经和国内许多人士谈过，政治资金应该还可以增加；我认为应该会有很多人支持你。"

如果问到谁最了解如何筹措政治资金，那肯定非韦恩·伯曼莫属了。作为华盛顿权力圈子的大腕，伯曼是 1987 年第一次把切尼介绍给乔治·W.布什的那位中间人；后来在 2000 年大选期间，他还为布什和切尼竞选团队筹集到 10 万美元以上的政治资金；2004 年，他更是拉到了 20 多万美元的捐款。

伯曼与副总统的关系已经超越了政治筹款人与竞选者的范畴。他的妻子莉·伯曼曾担任切尼的社交秘书，而在那之前，她还做过琳恩·切尼的办公室主任。切尼夫妇和伯曼夫妇偶尔会聚在一起吃晚饭，闲聊谁又在华盛顿的政治游戏中高升或降职之类的话题。

2007 年初，共和党竞选阵营逐渐形成之时，伯曼拜访过切尼。参议员约翰·麦凯恩表示将再次参加总统竞选，但纵观党内各候选人，他的弱点可是不少。其他竞争者包括前纽约市市长鲁迪·朱利亚尼、前马萨诸塞州州长米特·罗姆尼、前阿肯色州州长迈克·赫卡比、堪萨斯州参议员萨姆·布朗巴克、田纳西州前参议员弗雷德·汤普森以及得克萨斯州众议院代表罗恩·保罗。

然而，切尼依然表示他没有兴趣竞选总统，并且已经开始打算在弗吉尼亚州建一栋房子以安享晚年。在探讨完1996年的竞选情况之后，切尼进一步表示他没有进行为期两年的全国性竞选活动的动力。一年之前，他曾在哥伦比亚广播公司的新闻节目中向王牌主持人鲍勃·希弗表示："我引用谢尔曼的声明：如果被提名，我不会接受；如果被当选，我不会就职。"切尼经常在公开演讲中开玩笑说，"如此热烈的欢迎，都快让人想再次竞选总统了"，然后他又加上一句——"可是就差那么一点点"，这是典型的冷幽默。除此以外，切尼参选的说法也让许多人大感荒唐，他们认为切尼只有满满的政治包袱，以及20个世纪30年代出生的那辈人的支持。

这一切伯曼都早已知晓，也意识到改变切尼心意的机会十分渺茫。不过，他还是认为必须有人将布什与切尼的政策延续到2008年，以免它们受到攻击。麦凯恩显然不行，坦白来说，其他大部分人可能都不行。因此，虽然切尼存在一些政治问题，但在主导提名议程的保守派中，他仍然大受欢迎。

麦凯恩曾经招募过伯曼，后者告诉切尼："除非你也准备参选，否则我打算负责他的竞选以及大量相关工作。当然，如果你参加竞选，只要用得着我，我义无反顾。"

切尼回答说："你来见我，真让我受宠若惊。一直以来，你都是我的好朋友。"他似乎对伯曼动了感情，"我希望在这里做好我想做的事，并协助总统继续保护我们的政策。"他仍然一心只想着他的职责。

一想到要频繁前往爱荷华州和新罕布什尔州，时刻被没完没了的筹款电话打断工作，切尼就觉得胆怯："我做不来那些，所以也不准备竞选总统。"

切尼接着说："麦凯恩人不错，有真材实料，而且成熟稳重。如果你决定为他工作，那真是他的运气。"随后，切尼带着伯曼下楼去白宫食堂，品尝脱脂热狗。这次谈话的结果并未达到伯曼那天前往白宫的预期。

切尼自上任以来的"跛脚鸭"地位，令他在美国现代副总统的史册上独具一格。多年来，他认为那是一种资产。他可以一心专注于推动布什的政策，全然没有总统和副总统之间经常发生的那种暗斗；他没有筹款以及其他贪图总统宝座带来的各种纷扰；他能为布什抵挡各种争议政策的压力，成为虐囚丑闻、监听事件和伊拉克战争的罪魁祸首。

不过，这也造成了相应的问题。由于白宫内没有竞选未来总统的人选，对现任总统的激励作用自然也就消失。迈克尔·格尔森曾说过：“有一位不打算竞选总统的副总统的确有许多优势，但随之而来也有一大劣势。例如当伊拉克战争局势不断恶化时，如果我们有一位准备参选、对布什总统的地位构成威胁、年轻有为的副总统，那布什总统将会持续推进事态发展，并争取更好成绩。他会有那种‘这可能扼杀我所有机会’的紧迫感。”更重要的一点是，白宫发现在选举季没人支持他们的成果。一直担任切尼助手的迪恩·麦格拉思评论说：“某种程度上，这产生了两只跛脚鸭。”

可耻的对朝政策

切尼告诉伯曼，他会放弃参选，并在一定程度上“保护既定政策”。这话的含义是，他已经深陷白宫的内部争斗，而对手正是那些试图调整第一任期遗产的人。在有关审讯和扣押囚犯的方式、中东政策，以及伊朗问题方面，切尼一直提防着总统周围那群举棋不定的人，甚至包括总统本人。在诸多议题中，围绕朝鲜问题展开的争论尤为激烈。

让切尼懊恼的是，2 月 8 日，六方会谈在北京重启。经过一场深夜会谈之后，克里斯托弗·希尔在 2 月 13 日携一份协议出现。朝鲜方面同意关闭宁边核设施，允许国际原子能机构人员对此进行监督，并对其所有核项目进行全面的申报说明。对此，美国及其伙伴先提供 5 万吨重油作为首批援助物资；待其关闭和封存所有核设施之后，各方提供的援助总计将达到 100 万吨之多。美方开启会谈的目的是想恢复与朝鲜的外交关系；与此同时，把朝鲜从“支持恐怖主义国家”名单中剔除，以及终止对朝鲜适用《敌国贸易法》。这份协议在切尼的盟友中引起轩然大波。国家安全副顾问埃利奥特·艾布拉姆斯发了数封电子邮件表明态度，他认为那是“可耻的政策”，以及“克林顿主义的死灰复燃”。第二天，在椭圆形办公室，他发现布什试图说服他相信那是正确的做法。

切尼不相信他们的解释，他认为这是在助长朝鲜的气焰。他认为赖斯和布什急于求成放弃原则，背弃了他们在第一任期内制定的相关政策。切尼日后回忆说：“我们关系不错，因此完全不存在个人恩怨。我只是觉得赖斯拼命地想在朝鲜方面取得重大成果。但她努力的方向是错误的。我不赞成她的这一政策。”2005 年之前担任副总统的国家安全副顾问的斯蒂芬·耶茨说得更直白：“按照布什的个性和第一任期内行事的直觉，朝鲜政策绝对偏离了正轨。第一任期的布什总统根本不会参与这些诡计。”

针对切尼的怀疑论，赖斯通常会反问他有何良策。是的，事实证明朝鲜人的确不可靠，他们善用手段；但是，除此之外还有其他良好的谈判备选方案吗？希尔表示：“切尼他们从来没给过正面回答。他们的态度是，我们不希望你与朝鲜方面谈判，但也没有更好的计划。”然而，虽然切尼想继续坚持走强硬路线，但布什却希望能在第一任期的基础上有所超越。希尔说道，布什“认为自己不是战争贩子。人们总是批评他偏爱采取暴力方式解决问题，这有失公允。在朝鲜问题上，布什就被赖斯和其他人说服了，相信我们应该给外交方式一次机会”。正如赖斯所言：“即使朝鲜之前进行过核试验，我们也不能采取军事行动。”布什的说法与她如出一辙，他告诉副手们：“我不打算与朝鲜打仗；那么除此之外，大家还有什么其他建议吗？”

斯蒂芬·哈德利将这视为布什肯定自己的个人判断，而非在否定切尼。哈德利曾如此评价切尼：“我不认为是他的影响力减弱了，只不过总统现在更相信自己的判断，表现得更果断和更自信罢了。”赖斯对此表示赞同：“我认为是因为总统变得更加自信了。”在这时候的布什，已经看过许多副手和中情局分析师对朝鲜和其他议题的报告，甚至比他们更有经验。布什不需要他人为其分析朝鲜人的性格与意图，因为他自己已经和朝鲜人打过 6 年交道。切尼表示：“那时的他已经积累了很多经验，对自己的判断也更有信心。当然，他仍然很重视赖斯的经验和看法。”

至于切尼，他似乎变得疲惫不堪，无心参政；赖斯的一位顾问戴维·戈登曾用“心力交瘁”四字来形容他。由于心脏不好，有几天切尼的状态变得坏极了。他的助手尼尔·帕特尔表示：“毫无疑问，在任期的最后两年里，他看起来很疲惫。”负责切尼日程安排的助理试图采取措施减轻他的负担；帕特尔也告诉其他助手们尽量保持简报的简洁明了，以避免让副总统过度劳累。“有一半的时间，他只能走走过场，因为实在是忙不过来。尤其是在最后的两年里，你们必须让事情看上去一目了然。”

有时候切尼甚至会在椭圆形办公室里迷糊地睡着。“他经常酣睡过去。”一位官员说道，他认为切尼“在第二任期的精力大不如前”。

有一天，会议结束后，切尼在会议室里打起了瞌睡。演讲稿撰写人马特·拉蒂默和其他人走进来，准备召开下一场会议，见到切尼在昏睡，布什和丹·巴特利特大笑不已。

巴特利特咧着嘴笑问布什：“你看到了吗？”

“看到了，”布什愉快地说，“我都不敢盯着他看。”

当时，两人狂笑不止。布什说道：“我见他低垂着头，文件也掉到地上。不过，我什么都不想说。”

拉蒂默认为他们二人“就像放学后淘气地嘲笑老师的学生们”。然而，这其实也在暗示切尼与布什之间关系的变化，总统现在敢在背后开切尼的玩笑了。白宫的助理们接收到其中传递出的讯息，也开始用一种他们在第一任期时绝对不敢的方式嘲笑副总统。

尤其在朝鲜问题上，切尼无法阻止布什等人的“倒行逆施”，只能打电话给哈德利抱怨，但这当然毫无结果。他的盟友正在一个个减少。拉姆斯菲尔德已经离任，而1月，也就是最近这次协议之前没多久，国务院防止核武扩散事务的主要负责人罗伯特·约瑟夫提出辞职，以抗议克里斯托弗·希尔的谈判结果。离任在即，约瑟夫向赖斯提交了一份备忘录，解释称“这是一个原则性问题”，他无法支持当前协商的各项政策，特别是撤销封锁行动，以及希尔试图归还朝鲜被冻结在澳门汇业银行的2 500万美元的举措。“这是我们在搜查朝鲜核扩散活动时追踪到的资产，认定这主要是朝方从事制造美元假钞和走私毒品所获的非法利润，”约瑟夫随后说，“然而，我们现在竟然打算把这笔非法资金归还给朝鲜？”

希尔在政府内部饱受非议。他是一名资深的外交官，曾作为理查德·霍尔布鲁克率领的团队一员，参与了1995年《代顿协议》（“二战”结束后，波斯尼亚和黑塞哥维那爆发战争。在近4年的战乱中，有20万人死于非命，200万人流离失所。1995年，前南斯拉夫联盟、克罗地亚和波黑三国领导人签署了代顿协议，结束了波黑战争。——译者注）的签订谈判，最终促成了波黑战争的结束。他也曾从霍尔布鲁克那里学会了创造性的外交艺术，那意味着他必须以迂回方式对付自己团队中的官僚主义敌人。被霍尔布鲁克高度评价为“机智过人、勇敢无畏和能言善辩”的希尔，非常不满切尼和其他人试图对这次谈判协议施加压力，他巧妙地诱使朝方在形式刻板的六方会谈之外进行磋商，争取采用更加灵活多变的处事方法。他向政敌和为切尼工作的人员隐瞒了信息，事实上在第一任期内，切尼也曾那样对待他人，现在希尔不过是以其人之道还治其人之身。

因此，希尔在政府内可谓树敌不少；他们认为希尔爱耍小聪明，为人不诚实。他的一位内部竞争对手说："在我 28 年的政治生涯中，还没见过一个人像克里斯托弗·希尔那样招人讨厌和怀疑。"国家安全委员会亚洲司司长迈克尔·格林曾表示："他就是霍尔布鲁克第二。在为霍尔布鲁克效力期间，希尔见识过倚强凌弱和规避流程等手段的作用；而在亲身试验之后，他发现这些手段不只是有效，还是相当有效。赖斯也承认其中存在此消彼长的关系。"我喜欢希尔，之所以让他做我的谈判代表，也是因为他富有创造性、精力充沛和够执著，"赖斯说道，"但有时候，他最大的敌人也正是他自己。"

老将接连出走

2007 年，布什政府就伊拉克问题向国会摊牌，并且取得一定进展；相比之下，内部争斗则面临着非常严峻的态势。刚刚横扫中期选举的民主党，现在已经摆好阵势，准备与布什和切尼大干一场，试图阻止总统的增兵计划，并着手实施撤军。

2 月 16 日下午，众议院议长南希·佩洛西宣布，众议院以 246 票赞成、182 票反对的表决结果，通过了一项反对增兵的决议；其中有 17 名共和党人突破了党派阵线，加入多数党，投了反对票。不过，该决议并不具备约束力。参议员哈里·里德有意效仿，于是在第二天召集参议院人员，进行一场罕见的周六会议，结果却未能通过众议院的上述决议案。现在，国会能改变对伊新战略的唯一办法，便是利用其手中掌握的财政大权了。然而，佩洛西早前曾承诺："绝不会在军队陷入困境之时切断其经费资助。"

那天，切尼将伊拉克战争暂时抛诸脑后，踏上他的亚洲之旅。这趟行程包括访问巴基斯坦和阿富汗，切尼准备向这两国政府施压，要求后者加大打击"基地"组织和塔利班的力度。访问期间，切尼得到一个提醒，并且深以为然；该消息警告称：其他战争依然十分危险和不稳定。2 月 26 日，抵达位于阿富汗的巴格兰空军基地后，切尼得知直升机因大雪天气无法起飞，看来他不可能如期到达喀布尔，会见阿富汗总统哈米德·卡尔扎伊了。

几位助手希望与基地的美军军官和文职官员举行会议，然后再就无法与卡尔扎伊会晤致歉，这样切尼就能如期离开。然而切尼表示："不行，会晤非常重要。"他决定留下来过夜，希望第二天天气可以转晴。

翌日早晨10点，切尼听到"轰"的一声巨响，然后发现有特工立即冲到他住宿的营房内。特工告诉他，有一位自杀式炸弹袭击者在正门外引爆了身上的炸弹。虽然切尼身在大门1英里开外，根本不会有危险；但该特工还是将他转移至附近的一个防空洞，直到确保没有更多更大规模的后续袭击行动为止。

随后，塔利班声称他们盯上切尼了，只是鉴于后者行程的保密性和时间安排的调整而无法得手。副总统将这视为卡尔扎伊深陷困境的又一证据。"显然，他们正想方设法削弱中央政府的权威性。"切尼如往常一般从容不迫，重新调整计划，安排了2个小时与卡尔扎伊会晤。随后在"空军二号"上，切尼向记者表示："自杀式炸弹袭击者攻击巴格兰基地事件，我想是塔利班的手段之一，但那不会打击我们的决心。"

切尼还向记者说明了该次会晤的背景，示意后者只能在报道中提及"一位高级行政官员"，以避免暴露自己的行踪。他对媒体的报道进行了反驳，暗示自己并没有以强制手段让穆沙拉夫和卡尔扎伊采取更激烈的行动。切尼对记者说："我见到一些新闻报道上写着'切尼走进去殴打并威胁他们'，那明显不是我的处事方法。我不知道是谁杜撰了这样的报道，也许是某些人不了解我的工作内容，又或者根本就不知情的线人处得到的小道消息。那种认为我会威胁别人的想法，简直就是对我处事原则的歪曲解读。"

在世界各地访问的时候，切尼也在密切关注利比一案的审判进展，他打算出庭作证。然而，到了最后关头，利比的律师还是决定不打电话给他，也不打算让利比出庭。律师们认为这起案件最终无非归结于双方的记忆不统一：利比声称他记得是美国全国广播公司社长蒂姆·拉瑟特先向他透露了瓦莱丽·威尔逊的身份；这种说法遭到拉瑟特的否定。于是，双方为此争论不休。律师表示，即便拉瑟特是对的，利比也不太可能会因为记忆有误而获罪。

然而，检察官指出：与拉瑟特交谈之前，利比曾在多次谈话中提及瓦莱丽·威尔逊：他曾在4个星期内，向8个人透露过那个秘密，这实在难以让人相信利比会有记性方面的问题。

虽然切尼没有出庭作证，但特别检察官帕特里克·菲茨杰拉德还是将他置于诉讼程序的中心。在结案陈词中，菲茨杰拉德表示："一大片乌云笼罩在副总统心头。"3 月 6 日，陪审团在一个民主党占多数的城市，宣判利比罪名成立。结束访问之旅后，切尼独自留在办公室观看电视上播出的审判报道，他还接到了琳恩和莉兹·切尼打来的电话。随后，切尼前往国会山与共和党参议员进行每周一次的午餐会，其中一些人还出言安慰。对切尼而言，利比一案确实是一次毁灭性的打击。

然而，利比并非布什—切尼执掌的白宫中唯一遇到麻烦的老将。司法部长艾伯特·冈萨雷斯因去年冬天解聘 8 位联邦检察官一事，也被推到了政治大风暴的中心。联邦检察官属于被委任的政治官员，为总统效力，也可以被总统任意解职；然而，一般情况下，只有当政府管理层"大换血"时，总统才会解雇他们。因此，一次性免除 8 位任期未满的检察官，这事看起来就非比寻常，人们不禁怀疑是白宫在暗中进行了干预。近期赢得国会中期大选的民主党嗅到了丑闻的气味，立即展开调查，伺机行动。在调查电子邮件时，侦查人员发现白宫确有牵涉其中的痕迹，遂怀疑其怀有政治目的。3 月 12 日，冈萨雷斯的首席幕僚凯尔·桑普森引咎辞职，因为证据表明桑普森在没有告诉同僚的情况下，曾就检察官解职一事与白宫接触。第二天，司法部长承认"错误已经酿成"，并宣布将承担责任。

迅速发展的政治争斗为布什—切尼政府敲起一记响亮的警钟，这么多年来他们太过于习惯与共和党控制下的国会共事。现在是反对党当权，他们相应地拥有了总统传唤的权利。共和党控制下的国会不会过多地监管共和党的总统，但民主党控制下的国会就另当别论了：他们将会非常积极地观察是否存在任何不当行为，尤其是在针对一个不受欢迎的总统时。这一改变是"对目前体系的冲击"，乔舒亚·博尔滕曾向一位作家透露，"他们可以决定谈话的内容，以及何时开展具体的行动。"

不久之后，随着布什的白宫发言人跌入人生最低谷，总统感觉失去了可能是仅剩的最精力充沛的后卫。3 月 27 日早上 7 点，总统接到他那位不知疲倦的白宫发言人——托尼·斯诺打来的电话。斯诺告诉总统，他以为两年前战胜了的癌症，如今再度复发。电话里，斯诺的声音听起来很乐观，但总统感觉到了这次病魔的可怕。斯诺的母亲死于结肠癌，他也一直"觉得癌症正跟着自己"。斯诺表示，此刻他不得不离开，再次与病魔搏斗。布什对他说，他会为斯诺祈祷的。9点半，斯诺打电话给副手达娜·佩里诺，正巧赶在后者进入简报室给一群记者进行录制晨报内容之前。她站在讲台上宣布这一消息时忍不住哽咽啜泣，最终只得推迟随后的提问环节。

在白宫，斯诺是一个复杂的人物。他受人爱戴，同时也是人们极度不满的对象。他是白宫的新闻发言人，充当着四面楚歌的政府的强大后盾，在共和党内深得人心。这一点在中期选举的活动中显露无遗，可谓史无前例。但在私下里，白宫的一些同僚则担心他太过油嘴滑舌，在处理政治细节时不够老练。佩里诺以及其他在斯诺手下工作的员工有时也会埋怨，称斯诺留下一堆麻烦事让他们处理。然而，当他的癌症复发后，大家对他的不满瞬间被忘得一干二净了。忽然之间，在遭受多重打击的布什政府内部，斯诺树立起了一种受人青睐的英雄主义斗士形象。他与病魔搏斗的乐观精神让人深受鼓舞。一些人称，如果斯诺能够直面死亡，那他们还有什么理由无法忍受政治磨难的鞭挞呢？

然而，所谓的鞭挞接踵而至。几天之后的4月1日，曾帮助布什两次进驻白宫的政治战略家马修·多德，因为伊拉克战争问题与总统决裂了。他写了一篇题为《克里说得对》的社论文章，声称政府是时候从伊拉克撤军了。尽管他不能擅自将之发表，但在接受《纽约时报》记者吉姆·路特伯格的采访时，他还是表达了同样的观点。多德表示，那个他曾经协助其竞选的男人，在处理卡特里娜飓风、反战母亲辛迪·希恩、阿布格莱布监狱虐囚事件、拉姆斯菲尔德离职以及最重要的伊拉克问题时，都令他失望透顶。多德的儿子也作为陆军情报专家参与了军队作战部署。多德曾评价布什说："在我看来，他变得越来越孤立，他辜负了众人的期望。"

多德过去的同事表示，多德为卡尔·罗夫对待他的方式感到痛苦，加上他与妻子离婚、女儿又因早产而夭折，唯一的儿子还在海外作战，这一切都让他的生活陷入黑暗。尽管他们竭力为他的变节找理由，但事后多德仍然得知，他已经深深地伤害了总统。

对布什而言，这是一段毫无准备的时期。宣布增兵计划后，梅根·奥沙利文进驻椭圆形办公室。然而仅在数周之后，她却告诉总统她打算辞去负责伊拉克和阿富汗问题的国家安全副顾问一职；她说她发现自己成了"一个小泪人"。对此，总统表示很不理解。奥沙利文把一年中的大部分时间都用来争取改变政府在伊拉克的战略，为何才刚取得成功，她就马上辞职？

奥沙利文则向总统重申了自己的忠诚，以打消后者的疑虑。

她对他说："不要担心，我不会辞职去写书的。"

他回答说："恰恰相反，你应该写一本。"

叙利亚响起核警报

在布什准备处理伊拉克问题时，又有一项挑战出现在公众视野中——以色列意欲向布什透露一个秘密消息。4 月中旬，以色列情报机构摩萨德的局长达甘抵达华盛顿。这次的接待者是白宫的助理工作人员，而非斯蒂芬·哈德利或埃利奥特·艾布拉姆斯。在会议现场，切尼也有出席。达甘传达了一项惊人的消息：在朝鲜的帮助下，叙利亚正在建造一个核反应堆。以色列已经掌握了相关设施的航拍图和朝鲜援助人员的照片；而这些援助人员不是别人，正是朝方派去参加六方会谈的代表！

访问结束后不久，布什就接到以色列总理埃胡德·奥尔默特打来的电话。

奥尔默特对他说："乔治，我请求你炸毁那些基础设施。"

布什回答说："请给我一些时间研读情报，然后我会给你一个答复。"

一直以来，切尼都怀疑叙利亚有"核野心"，现在终于得到了证据。随后他会见了中情局局长迈克尔·海登，后者承认确有此事。海登走进来，坐到沙发上，然后说道："副总统先生，你说的没错。"

布什希望获得更多的信息和备选方案。白宫的日程安排由一个被称为"起草委员会"的特别任务小组负责，因此其他人并不知道这次会议的主题。布什亲自列出了允许得知这一消息的官员名单。在战情室召开的一场早期工作小组会议上，布什出人意料地顺道拜访，并警告与会人员千万要保密。他对他们说："如果这件事泄露了半点风声，我会把你们他妈全都开了！"

驴象联合"炮轰"布什

4 月，共和党与民主党因增兵而起的冲突达到了高潮。4 月 18 日，布什邀请众议院议长南希·佩洛西和参议员哈里·里德在内阁会议室开会，这两人对待伊拉克问题的立场非常坚定，没有任何妥协的余地。民主党人表示，只要布什按照之前的时间表撤军，他们就批准总统提出的伊拉克和阿富汗战争经费申请。佩洛西向总统施压，企图让他接受这一条件。

里德毫不掩饰自己对布什的厌恶。他表示，总统看上去“极不耐烦，像个被宠坏的孩子”；而切尼则“一屁股坐在会议桌对面，一言不发”。

里德向布什尖锐地指出，布什正在扶持另一场越南战争，那时也有一位总统不断地增派军队，只为了不背上失败的罪名。

“总统先生，靠武力是无法赢得这场战争的，”他说，“而持续为一场无法靠武力赢得胜利的战争派遣士兵，那更是大错特错。”

布什无比恼火，他说：“如果你认为那样做是为了顾全我个人的名声，那你就错了，你根本不知道一直以来激励着我的究竟是什么！”

布什斩钉截铁地说，增兵一定能成功！

会议结束后，大家在起身离开时都没有握手道别。第二天，里德告诉记者：“这场战争已经失败。”这一失败主义论调让布什非常生气，甚至连一些民主党人士也认为里德这次表现得太过分了。据里德称，参议院军事委员会主席卡尔·莱文把他“骂得狗血淋头”，因为他挫伤了军队的士气。

布什认为这种政治手段非常愚蠢。正如民主党控制的国会决心就战争一事对布什紧咬不放一样，他们也在用同样的方法对付总统的朋友艾伯特·冈萨雷斯。在里德发表“失败”言论的同一天，冈萨雷斯被召到国会山，对解聘 8 位联邦检察官一事进行解释；冈萨雷斯的同事凯伦·休斯等人想要为他准备，却被谢绝了。结果，当摄像机镜头对准冈萨雷斯后，他给人留下了一种极度无能与懦弱的印象；更糟糕的是，他还显得特别不诚实。冈萨雷斯甚至有 64 次声称自己不记得当时做解聘决定的细节了。

一些顾问希望总统干预此事，体面地解除冈萨雷斯的职务；但布什似乎对伊拉克战争以外的其他事务都不关心。虽然在适当的推动下，仍然会一些议题引起总统注意，但与它们曾经的影响相比，现在已经不能让总统感到兴奋了。

4 月 24 日，布什飞往纽约，拜访一所位于哈莱姆区的黑人学校，以推行他的教育计划。在“空军一号”上，与之同行的还有纽约州的国会议员，其中包括众议院筹款委员会主席兼民主党人士查尔斯·兰热尔。当时，白宫与兰热尔关于贸易协定的谈判正陷入僵持局面，这正是布什发表个人观点的大好时机。但布什并没有那样做，而是与兰热尔聊起了棒球。“他谈了许多有关流浪者队的事，”兰热尔随后说，“我不明白他到底想说什么。”

飞抵纽约后，当地的共和党议员彼得·金为布什引荐了一名一只眼睛受伤的士兵。听了那位士兵的事迹后，布什泪流满面，他请这位年轻人摘下墨镜，这样他就能看清伤口。随后，金说："事实上，他还真抚摸了一下他的眼睛，仿佛觉得自己必须面对它。"

几小时之后，他们启程返回华盛顿，途中在"空军一号"上观看了纽约大都会队的棒球比赛。金若有所思地说，布什肯定感受到了来自办公室的压力。

"我的妻子非常爱戴你，"金告诉布什，"不过，她不懂为什么你每天早上醒来时，能忍住不说'我受够了，我不干了'这样的话。"

布什后退了几步，问道："她那样认为吗？你现在给她打个电话。"

金拨了电话，但没人接，之后直接转进了语音信箱。

布什留言道："我挺好的，不要为我担心。"

一天之后，众议院通过了 950 亿美元的支出法案，用来维持伊拉克和阿富汗战争的军事行动；同时还规定政府必须在 2008 年 3 月撤军，正如贝克与汉密尔顿之前在报告中敦促的那样。翌日，参议院也一致通过该法案。然而，在 5 月 1 日，这个法案遭到了总统的否决。

民主党并非布什唯一需要操心的对象。5 月 8 日，一群温和的众议院共和党人前去面见总统。在白宫官邸二楼，他们对布什展开了猛烈的抨击。众议员汤姆·戴维斯告诉布什，他在弗吉尼亚郊区的支持率已经降至 5%。

"你为什么要在中期选举结束之后，才宣布撤换拉姆斯菲尔德呢？"戴维斯问布什。早一点公布这个消息也许就能改变选举结果，保住参议院的多数党地位。

布什回答道："我已经听过这样的说法。"

戴维斯表示："如果你这样做了，也许就能挽救一些人的职业。"

议员们警告布什，在伊拉克问题上，他们的时间已经所剩无几。他们还询问了总统对贝克和汉密尔顿提出的方案有何想法。

布什表示他也希望撤军，但首先需要增兵，以平息伊拉克的暴力活动。

在这次会议上，所有人都表现得异乎寻常的直接，事后戴维斯称"野蛮人参加了耶稣的会议"；然而，这激怒了卡尔·罗夫，他认为总统应该得到更多的拥护。他对这次会议组织者之一、众议员马克·柯克气冲冲地说："你们这群家伙以后不要再来了！"

随着梅根·奥沙利文的辞职，布什认为是时候重新调整战争管理人员了。向伊拉克征兵一事责任重大，仅由斯蒂芬·哈德利一人全权负责还远远不够。因此，他们决定任命一位有影响力的人，担任战争的全职协调者，重新凝聚起已经涣散的组织。与国家安全副顾问奥沙利文不同，这位新的监军可以直接向总统报告，而不是向哈德利。此外，他拥有向各个机关下达命令的“指挥权”；所以，如果戴维·彼得雷乌斯打电话给他说需要支援或者在沟通过程中遇到了麻烦，那么这位新任的协调者有权避开等级森严的官僚机构，直接促成事情。

这个主意突出了哈德利谦逊的性格，以及致力于让伊拉克新政策获得成功的真挚承诺。在华盛顿，几乎没有当权者愿意放弃手中的权力。但在另一方面，它也暗示出在美国入侵伊拉克的4年后，这个体系的功能失调严重性，以至于布什还得努力找出调整它的对策。这个解决方案本身就有些难办，“新的沙皇”在级别上与哈德利一样，但职位名称上却是后者之下的国家副安全顾问；哈德利依然在战争政策的制定中占有一席之地。毫不意外，很少有人愿意接受这份工作。白宫接洽的7位已退役将军都明确表示拒绝这一职务，其中还包括杰克·基恩，他是增兵计划的设计师之一。他们中的一些人表达了对布什和切尼的担忧。“最根本的问题是他们根本不知道他妈的到底要去哪儿。”已退役的海军陆战队将军约翰·J.希恩在婉拒后公开表示，“这里还残留着切尼的观点——‘基地’组织在那儿，我们即将赢得胜利，这证明我们所做的一切都有正当性。然而，还存在一种很实际的观点——我们他妈的到底要如何逃离‘骗局’活下去？不幸的是，具有之前残留思想的人仍然处在权势的顶端。”

那时，增派的部队才刚刚大规模踏上战场，伤亡人数还在攀升。4月，104名美国士兵被杀；5月，这一人数上升至126名，成为自2004年以来，最多的月度伤亡人数。遭到基恩和其他退役将军的拒绝后，布什开始从现役军官中物色人选，锁定的主要目标是道格拉斯·卢特中将和约翰·萨特勒；前者曾在第一次海湾战争和科索沃战争中服役，现在担任参联会作战部部长；后者曾在2004年担任第二次费卢杰战役的海军陆战队指挥官，现在是参联会首席战略规划师。最终，卢特给布什和哈德利留下了更为深刻的印象，因为他曾直言不讳地反对增兵。布什早知道这点，但只要卢特服从当前的既定政策，他就既往不咎。在与卢特的面谈中，布什甚至没有谈及上述话题，而是让将军自己先提出来，以确保没有任何隐瞒。

卢特对他说："总统先生，你应该已经知道，但我还是觉得有必要把话说清楚，那就是所有人都知道我不支持增兵计划。"

"没错，这我早有了解，"布什回答道。那一刻有些尴尬，但布什很欣赏卢特的坦诚。他告诉卢特："我很高兴你能主动告诉我这一点。"

卢特的任命提名在 5 月 15 日公布。

一周之后的某天早晨，切尼在报纸上发现有消息从白宫走漏的迹象，这让他很生气。他读的是戴维·伊格内修斯 5 月 22 日发表在《华盛顿邮报》上的一篇专栏，文章大标题是《增兵之后》，报道称布什正在商议一项后增兵时期的战略，该战略致力于训练和指导伊拉克军队，有可能"遵循贝克和汉密尔顿报告中提出的建议"。

那天早上，切尼在椭圆形办公室内当面质问布什。"总统先生，到底是谁将这类消息透露给媒体，他是在帮倒忙！"他对布什说，"这对你以及我们驻巴格达的美军而言，都是一种伤害。"

切尼抱怨说，这看起来就像我们屈服于民主党的施压，结果当然会挫败彼得雷乌斯和其他战地指挥官的士气。他说："我们必须纠正这一消息，尤其需要向战地将领们解释清楚。"

从总统处返回自己办公室途中，切尼遇见了迎面走来的哈德利。他们走进办公室，随手关上门。哈德利告诉切尼，他就是向伊格内修斯泄密的那个人，而那样做全是布什的安排。为了争取国会的支持，总统希望透露一丝消息，预示军队终有一天会回家。听了这番解释，切尼不以为然。总统没有事先告诉他会采取这样的策略，甚至当他质问布什的时候，后者也没有承认，这表示他们再一次不相为谋。

接下来几天，切尼接连不断地收到好消息。5 月 23 日，他的女儿玛丽成功产下一子，取名塞缪尔，是玛丽与其同性恋伴侣希瑟·波的第一个孩子。两天之后，布什签署了一项为伊拉克和阿富汗的军事行动提供 950 亿美元经费的支出法案，而且该法案中不包含美军从伊拉克撤军的时间表。布什和切尼的权力正在遭到削弱，他们必须盯紧国会，禁受意志力的考验。

5 月 26 日，切尼乘坐"空军二号"飞往纽约，在西点军校的毕业典礼上发表讲话。期间他又注意到另一则关于削减增兵数量的新闻。《纽约时报》报道称，白宫正考虑削减驻伊美军人数；到 2008 年，士兵人数有可能减少至目前的一半。切尼并不是唯一关心此事的人。5 月 30 日，戴维・彼得雷乌斯在一次视频会议上也提到了相关问题。

彼得雷乌斯问："总统先生，关于那件事我有话就直说了，雷・奥迪尔诺和我都很关心这到底是怎么回事。"

布什再次向彼得雷乌斯保证，他百分之百地支持诸位将领。

然而，切尼并不是那么确定。隔天，他还带着杰克・基恩去了自己与布什每周一次的午餐会。基恩加深了彼得雷乌斯的担忧，他认为这将向战地指挥官传递大事不妙的信号。

布什对此极力掩饰，声称那只是他的顾问在和他谈论国会的政治问题。

切尼则反驳了所谓"那类谈话会混淆军队视听、引起暴动"的观点。

彼得雷乌斯理解总统岌岌可危的处境，也意识到他原定于劳动节后的作证，将是为增兵计划设置的最后期限。他回忆道："我担心的是我们能否在 2007 年 9 月之前，让计划得以充分实施。那才是对准我们脑门，随时要人吃子弹的手枪。"

彼得雷乌斯正面临着多面受敌的窘境。在等待最后一批增兵部队抵达巴格达之时，他发起了一系列针对叛军头目的特别作战行动。然而，他不断地遭到上级，也就是新上任的美军中央司令部司令威廉・法伦的阻碍。法伦是被大家戏称为"狐狸"的海军上将，对增兵策略一直持怀疑态度。在彼得雷乌斯佩戴上第一颗星，成为少将之前，法伦就已经是四星上将了；这位资历较深的上将对下属能绕过等级制度与白宫直接联系非常不满，决心重振指挥体系。彼得雷乌斯不断寻求更多帮助，但上级的消极回应或鲜有回应让他备感挫败。5 月，彼得雷乌斯在给法伦的一封电子邮件中写道："尊敬的先生，我可以接受你直接表示拒绝，但无法忍受毫无回应。"法伦果然给了他直接的否定，当时的彼得雷乌斯惊得目瞪口呆；在其职业生涯中，这还是他第一次遇到直属上司不支持他行动的情况。

有关伊拉克战争的争论持续占据华盛顿舆论的中心地位，使得布什难以在其他议题上获得支持。随着他的社会保障和税改计划的夭折，布什试图再次推行移民的双赢方案。因为有约翰・麦凯恩和特德・肯尼迪的鼎力相助，总统认为自己还有机会，在剩余的两年任期里，为国家留一份政治遗产。不过，布什也发现很难团结自己的党派。保守派已经不再害怕他们这位不受欢迎的总统，开始极力反对布什的移民政策，谴责该政策就像特赦方案一样令人作呕。5 月 29 日，接连受挫的布什，在位于格鲁吉亚边境的一个巡逻训练场发表讲话，他谴责了昔日与他并肩作战的队友，称批评者“并没有仔细看过那份法案”，反对它只是因为“那可能让其他人过上好日子”。在骄阳似火的户外给上千名学员发表演讲，这让布什变得很暴躁：“如果你们想扼杀那份法案，不想做点有利于美国的事，那你们就继续断章取义吓唬人吧。”

与此同时，他开始敦促实施其他几项重大举措。5 月 30 日，布什提议扩大总统防治艾滋病紧急救援计划，该计划曾为数百万非洲人带去了救命药，迅速成为布什政府取得的伟大政绩之一。他建议在未来 5 年内，将该项目基金翻倍到 300 亿美元；这样一项有价值的遗产，可以证明他在总统任期内也不全是发动战争。那天之后，他试图拉拢曾因为美国拒绝签署《京都议定书》而疏远它的海外盟友，呼吁大家针对气候变化展开新一轮的国际谈判。

白宫西翼的危机感对布什的核心集团也造成了一定影响。在他身边待得比一般白宫官员更长、关系最亲密的几位助理现在都已经所剩无几。5 月下旬，丹·巴特利特告诉总统，他已经决定辞职。在为布什效力 13 年后，巴特利特对总统的了解不比任何一位顾问少，可以毫不夸张地说，在布什从得克萨斯州州长到美国总统的这一路上，都是他在陪伴总统，共同成长。但当自己的第三个孩子即将出生时，巴特利特相信是时候回老家得克萨斯州去了。

将辞职决定告诉布什之后，巴特利特在一次与高层官员召开的会议上向众人宣布了这一消息。为了暗讽切尼枪击事件遭到泄露一事，巴特利特转向副总统开玩笑说，他正打算将辞职一事透露给社区的通讯报。“可是，他当时根本没笑。”巴特利特回忆称。

几天后，联邦法官判处利比两年半监禁，并处罚款 25 万美元。这个结果激怒了切尼。因一项莫须有的指控而宣判他的前幕僚长有罪就够糟糕的了，现在还要让他坐牢；他的刑期甚至比许多暴力犯都长，这简直荒谬至极！切尼阵营没有浪费一丁点时间游说总统。在《国家评论》网站公布宣判结果仅一小时后，一篇大标题为《原谅他》的社论新鲜出炉。当时，该保守派杂志的几位朋友正聚在副总统的办公室谈论那篇社论。《旗帜周刊》的编辑威廉·克里斯托尔指责布什抛弃了利比，他在杂志上写道：“利比是一个如此忠诚、正义和勇敢的人。”接着又补充说，“过去，我们有许多人都很尊敬布什总统，但现在还会这样的人吗？”那晚，几位共和党总统候选人在新罕布什尔州发表声明说，他们会考虑原谅他。而当时在欧洲访问的布什，似乎找到了一个逃生口：他的律师向其保证，只要利比还能通过法律途径为自己争取免去牢狱之灾，他就没必要采取行动。当得知群情汹涌后，法官也延迟执行那一判决。

在法院对利比作出判决的那天，布什刚抵达布拉格，出席一场民主会议。他感到很气馁。他曾经承诺过，在担任总统期间要致力于“结束当今世界的所有暴政”；然而他所谓的“通向自由的游行”，现在似乎停滞不前。令他感到更愤怒的是，他的政府也在阻挠队伍的前进。

布什大唱高调，他尚未将他的意志放在官僚机构上，而政府中大多数人将他就职时宣扬的愿景视为天真、简单、犹如救世主般的幻想。美国在外国政府的人权问题上纠缠不休，阻碍了本国在开发项目、贸易往来、军事合作以及其他优先事项上的进展。无论正确与否，遭殃的伊拉克已被视为美国强迫其他国家建立民主制度的极端例子。

白宫的内部斗争越来越倾向于个人攻击。民主倡导者给职业外交官们起了各种充满嘲弄意味的绰号。克里斯托弗·希尔被戏称为“金正·希尔”，负责中亚事务的助理国务卿理查德·鲍彻则被称作“鲍彻巴耶夫”，暗讽其与哈萨克斯坦领导人努尔苏丹·纳扎尔巴耶夫交往甚密。在国会休会期间，被总统直接任命为驻联合国大使的乔舒亚·博尔滕，则将国务院东亚暨太平洋事务局的外交官们称为“东亚暨太平洋地区的和事佬”。同样地，专业外交家们也非常鄙视那群民主激进分子，将他们视为不切实际的空想家。担任美国常务副国务卿的罗伯特·佐利克曾对格尔森说：“你不可能解决全世界所有问题。”冲突不断的部分原因在于，布什自身也充满矛盾。虽然他对自己在就职时声明的那些愿景深信不疑，但也渐渐意识到在现实中，他经常因其他需要而不得不对诸如埃及和沙特阿拉伯等国妥协。此外，哈马斯赢得巴勒斯坦大选一事也给布什留下了心理阴影，它提醒总统：世界上还有许多地区的民众并不支持美国。

布什应以色列政治家纳坦·夏兰斯基的邀请前往布拉格，后者所著的《论民主》(*The Case For Democracy*) 一书曾在2004年总统大选后，给了布什很大启发。不过，夏兰斯基对布什近来的表现感到失望，他希望能够重新激发布什的愿景。在私下会见来自第三世界国家的反对派领袖时，布什表达了他的愤怒；他告诉反对埃及总统胡斯尼·穆巴拉克的领导人萨阿德·丁·易卜拉欣："你并不是唯一与当权政府唱反调的人。在华盛顿，我也是一个持不同政见者。美国的官僚主义制度并不有助于改革，那看起来就像穆巴拉克成功地把他们都洗脑了。"布什借着这次会议的契机督促美国政府，命令美国大使在专制国家会见持不同政见者，并吹嘘他为了帮助人权捍卫者而创立了一项基金。

然而，两个月过去了，国务院并没有发出要求外交官向反对派人士伸出援手的信息。埃利奥特·艾布拉姆斯感到很沮丧，将所有事情都包揽到自己手中，并将国务院言而无信之事透露给《华盛顿邮报》的杰克逊·迪尔。在迪尔发出质疑之后，国务院才急急忙忙地遵照总统的命令发出指示。

返回华盛顿后，布什与康多莉扎·赖斯共进午餐；期间，赖斯提出举办一次中东和平会议的想法。自上任以来，布什一直避免涉足以色列和巴勒斯坦之间无休止的恩怨，毕竟过去的诸位总统都对此事一筹莫展。不过，随着布什当政时间的逐渐减少，赖斯相信干预时机已经成熟。

"为何不考虑到局势失控的情况？万一真的失控了呢？"布什问，"如果我们没能达成协议，那该怎么办？"

赖斯认为，那也值得冒一次险。

布什让她制定一个计划。"我们能将它称为一场会议吗？"他极其讨厌"峰会"一词，因为它给人一种过分宏大，可能还有点无法企及的意味。

赖斯回答说："我完全同意，那就是一场会议。"

DAYSOFFIRE

第32章

赖斯的进击

叙利亚存在核反应堆，而且正是朝鲜援助其建造的？美国早前划定的红色警戒线已被践踏！该像赖斯主张的那样，走外交途径解决，还是动用武力？是美国亲自打击，还是由以色列出面？深陷伊战泥潭的事实让布什无法倾向于武力，而这一选择，也戏剧性地暴露了他与切尼之间日益加深的裂痕。

边缘化副总统

“这里有人赞成副总统的提议吗？”

没有人举手赞同。

叙利亚核反应堆问题囊括了第二任期所有让人焦头烂额的议题：先发制人打击、外交途径、大规模杀伤性武器以及自由议程；同时也戏剧性地暴露了总统布什和副总统切尼之间日益加深的裂痕。总统不愿因单边军事行动再次引起国际社会不满，但切尼却认为这是个大好机会，正好考验他们的合作伙伴是否还像“9·11”事件之后那样坚持原则，与美国并肩作战。

布什目前对不费吹灰之力获得的情报更加谨慎，他决定深思熟虑后再探讨叙利亚问题。6月17日下午6点50分，在白宫官邸的黄色椭圆厅里，布什召集他的国家安全小组成员开会。

“我只想问，本次情报的分析工作有多完善？”他问道。

“已经很完善了。”国家情报总监迈克尔·麦康奈尔回道。

国家情报局认为“叙利亚存在核反应堆”这一结论“可信度高”。而“有力证据表明朝鲜正在向叙利亚提供核援助”一事，国家情报局认为证据具有争议性，故此事“可信度一般”。至于该反应堆是不是用来制作核武器，情报局表示尚未找到确凿证据：如发现一所钚后处理设施或者弹头开发计划，因此他们认为这一点“可信度低”。汇报完毕后，中情局局长迈克尔·海登则声称没有任何迹象表明反应堆与该国电网相连，因此除了用来制作核武器，他们想不出叙利亚修建该工厂还有何其他目的。“那当然就是一个核武器计划。”海登信誓旦旦地说。

两天后埃胡德·奥尔默特来到华盛顿，与布什、切尼共进午餐，并敦促美国回应叙利亚核反应堆的一事。当晚，副总统与奥尔默特在白宫斜对面的布莱尔宫用餐，两人密谈甚久；期间，这位以色列领导人再三恳求美国有所表示。奥尔默特心急如焚，唯恐家门口的叙利亚拥有核武器，这种事他绝对不能容忍。这种心情，切尼还是能体谅的。

国家安全小组会议再次在黄色椭圆厅召开，以讨论叙利亚核反应堆问题。罗伯特·盖茨现在是康多莉扎·赖斯的新盟友，在赖斯与切尼明争暗斗中，他站在了前者的阵营。他们赞成通过外交途径解决叙利亚核问题，也就是公开指控叙利亚，并提请国际原子能机构和联合国安理会出面敦促叙利亚放弃核工厂。如果叙利亚政府拒绝，那么针对叙利亚的军事打击将会更加师出有名。如果不通过外交途径，而是直接突袭叙利亚，效仿当年出兵伊拉克，恐怕会引发更大规模的区域战争，而且威胁到邻国的驻伊美军，因为后者必然会成为打击报复的对象。朝核六方会谈此时也到了纷乱复杂的紧要关头。大约在国家安全小组会议召开的同一时间，克里斯托弗·希尔突然造访平壤，几天后联合国核查人员奔赴朝鲜调查——这还是自 2002 年以来核查人员的首次赴朝行动。

鹰派国家副安全顾问埃利奥特·艾布拉姆斯认为赖斯和盖茨所倡导的外交途径极其可笑，因为国际原子能机构可绝对凑不够活动经费，解决不了叙利亚的问题。而一旦叙利亚知道他们的秘密核反应堆曝光，那么美国再想发动突袭就难了。艾布拉姆斯则倡议以色列直接炸毁核工厂，他表示在历经了 2006 年无果而终的黎巴嫩战争之后，这样做能帮助美国重塑起良好的军事声誉。切尼是唯一支持由美国亲自炸毁叙利亚核设施的人。对他而言，此事关乎美国信誉。2006 年 10 月朝鲜进行核试验之后，布什当即划出红色警戒线，警告说一旦发现朝鲜扩散核技术，后果将很严重。切尼表示：好了，如今终于抓到朝鲜的把柄了；如果不采取雷霆行动，那总统的警告意义何在？他认为，如果美国不坚持，那伊朗的核计划将更加肆无忌惮。

布什聚精会神地聆听，但似乎并不同意切尼的提议；有篇报道说他甚至还翻了个白眼。当时的在场人员表示并无此事，不过就如某位与会人士所言：“就算他确实没翻白眼，他心里肯定在翻呢，还翻得起劲。”

布什要求大家对切尼的提议举手表决，结果出现了开头的冷场局面。

2001年对伊拉克采取禁飞区（某一领地的上空禁止任何未经特别申请许可的飞行器飞入或飞越的空域。——译者注）报复行动后，布什遇事的第一反应就是“把迪克叫来”；2003年发动伊拉克战争前，他凡事都会在房间里与切尼密谈。但如今,这些“美好的日子”已经一去不复返了。这一次，布什让切尼在众人面前发表政见，然后（不管他是否有意）迫使副总统切身体会自己被边缘化的残酷现实。在离开黄色椭圆厅的路上，艾布拉姆斯低声向切尼道歉，毕竟他也没在会议中大力支持切尼。

在第二任期中，布什一直与赖斯站在同一阵营。赖斯认为切尼发动突袭的主意“说得客气点就是轻率冒失”；布什还是打算采取外交途径，因虚假情报而导致美国陷入伊拉克战争泥潭至今不可自拔的现实让他心情沉重。在叙利亚的核反应堆代表着核武器计划一事上，国家情报局认为该说“可信度低”；如此情形之下，他怎么能发动攻击呢？一旦他贸然发动攻击，媒体又将大肆报道他对无视证据的争议性,肆意挑起战争。华盛顿将四面楚歌，而不再一呼百应。

随后布什在椭圆形办公室拨通了奥尔默特的电话,告知自己的决定。“除非我国情报机构证实叙利亚存在核武计划，否则我不能贸然攻打一个主权国家。”布什对他遗憾地说道。

“这可真让我失望，”奥尔默特的不快溢于言表，“我们一开始就告诉你们了，在制裁结束之时一定要将叙利亚的核反应堆强制性移除，核反应堆必须消失。”

奥尔默特斩钉截铁地告诉布什，他不会干等着国际原子能组织做出回应。对以色列来说，这是一件关乎生死存亡的大事。如果美国不打算动武，以色列就一定会出兵。

布什挂断了电话，不打算继续说下去。“这家伙还真够胆。”总统对他的助手说。

总统要求助手们尊重以色列的决定，并对此保持沉默。“听着，他们认为这是个关乎国家安全的大事，我可不想插手他们的国家安全。要是他真打算出兵，你们也务必闭紧自己的嘴巴。”布什说。

在切尼眼里，一个千载难逢的良机就这样白白流失了。“你们可以认为我不对，你们也可以与我理论；但我依然认为，如果按照我的计划进行，第二任期的局面绝对比如今更稳健。”切尼在离任后评论道，“我会让叙利亚核反应堆彻底消失，因为我知道这将带来多重好处。它可以摧毁核扩散的一个主要源头，也可以正式警告伊朗不要轻举妄动；还能震慑朝鲜，打乱他们高枕无忧地扩散核技术的如意算盘。这也意味着我们所画的红色警戒线是有意义的。我们曾经威胁说，如果他们胆敢核扩散就会遭到制裁——核扩散，则制裁。可现实是，我们并没有采取行动。我们错失了天赐良机，没能为我们的外交政策带来实质效果。”

特赦利比

夏季来临之时，切尼发现自己卷入了诸多纠纷之中。6 月，众议院民主党指责他无视法律，因为他拒绝遵守一项有关处理机密信息的行政命令。切尼执意违抗命令并无视政府惯例；他虽然给出了解释，却只招来冷嘲热讽。戴维·阿丁顿辩称，副总统不必遵守行政机构规定；因为他是参议长，从严格意义上来说，他并非完全是行政机构官员。

阿丁顿的辩解似乎有点道理。事实上，直到最近几十年，副总统在立法机构的参与度毫不亚于其在行政机构；他为白宫效力，同时也在为国会效力。不过现在，这番理由似乎难以被接受，民主党的批评、众人的嘲讽以及总统办公室的不满铺天盖地席卷而来。在这些人看来，正如之前拒绝公开能源政策小组工作文件一样，切尼如今同样是在挑起不必要的麻烦。为什么不干脆遵守这道模棱两可的行政命令呢？好歹该行政命令为保护机密信息构建了一个统一系统。

这道行政命令最初在 1995 年由比尔·克林顿签署，之后于 2003 年由布什修订并重新颁布。命令规定，任何“拥有机密信息的行政机构实体”应当提交年度报告，汇报保密信息数量——不是保密内容，而是信息数量。切尼办公室在 2001 年和 2002 年提交了报告，但 2003 年拒绝上交。2004 年，国家档案和记录管理局下属的信息安全监督办公室下令调查切尼办公室秘密处理资料一事，遭到切尼的幕僚阻挠。随后，副总统办公室更是提议修订这道行政命令，以完全撤销信息安全监督办公室。

布什觉得这些纠纷莫名其妙。他还身负别的重要任务，比起自找麻烦，他更感兴趣的是抓住最后一次机会推动国内政策革新，在史书上潇洒地留下自己的大名。6 月 28 日，他接受特德·肯尼迪邀约，在位于罗德岛州的海军战争学院就伊拉克问题发表演讲。这位若即若离的搭档请求布什敦促哈里·里德继续推动移民改革。布什当时惊得目瞪口呆——如果里德没打算听从肯尼迪的意见，想必也不会对自己言听计从。几个小时后，移民改革就被无情扼杀，改革支持者最终没能抵抗住保守派滔滔不绝的冗长辩论。对于违法偷渡到美国的外国人，保守派反对一切宽恕政策。

当布什走向战争学院演讲台的时候，他一反常态，看起来垂头丧气。演讲过程中更是表现得心事重重，反复摆弄他的演讲稿，也不再像往常那样与记者有眼神接触。然后，他做了一件以往从未做过的事：承认移民改革失败。

“很多人废寝忘食地工作，希望能促使两党达成一致意见，”他失望地说，“结果行不通。”

在学院走廊里，布什面带茫然，他第二任期内的国内立法议程彻底宣告破产。他曾经设想的“所有权社会”（布什曾表示，将努力弥合美国民众中存在的明显的政治分歧，并将致力于建设让美国国民对自己的生活拥有更大自主权的“所有权社会”。——译者注）土崩瓦解，社会保障、税收改革以及目前的移民改革均以失败告终。过去他即使遭到众多反对也斗志昂扬。就在 17 天前，他才在保加利亚打消人们对移民政策的悲观看法，当时他激动地表示：“我会在签署法案之时看到你们在列。”现在法案签署果真成了纸上空谈。

移民改革的失败尤其让人痛心疾首。“总统对他任期中的任何议题都是一副胸有成竹的模样，他对移民改革也是如此。” 迈克尔·格尔森表示。白宫助手纷纷责难里德，认为他存心阻挠布什寻求两党共赢。不管怎样，布什和卡尔·罗夫都认为不应该在第二任期最先提出社会保障议题，他们现在非常后悔。他们总结认为，应当先着手移民政策，至少初期是有可能达成共识的。现在布什固执地对国会采取防守姿态，抹杀一切他反对的议案，比如干细胞研究，而他刚刚才否决了另一个相似的议案。

7 月 2 日，布什在缅因州的肯纳邦克波特款待普京时，迎来了他人生中另一个棘手挑战。在华盛顿由 3 名法官组成的上诉法院，判定利比立刻入狱服刑 30 个月。对布什来说，他不能再继续逃避了，必须做出艰难决定：要么为已经被裁定作伪证的利比干涉判决结果，要么对这位政府的早期建设师不管不问，任其丢掉乌纱换上囚衣。他知道，切尼一直将此事视为帕特里克·菲茨杰拉德检察官恶意挑起的非法指控。“他（切尼）认为这家伙就是个狂热分子。”切尼的好友艾伦·辛普森说道。但弗雷德·费尔丁可不这么认为，他不赞成总统干涉判决结果，因为后者并不像陪审团那样掌握所有证据。费尔丁曾是“9·11”委员会的委员，现已取代哈里特·迈尔斯成为白宫顾问。

布什仔细思量，并在暗中筹划，他询问了寥寥几名顾问的意见，包括费尔丁、乔舒亚·博尔滕和丹·巴特利特。那些希望白宫干涉利比判决的支持者被无情地排除在外，对特赦请求按规定进行司法复核的司法部律师也未有荣幸与会。即使是菲茨杰拉德也没有被纳入考虑范围，尽管人们常常会询问这位检察官的意见。白宫里充斥着对利比案的窃窃私语。当布什乘坐“空军一号”返回华盛顿后，他采取了折中做法：免除利比的牢狱之灾，但并不完全否定对他的判决。在牢里服刑两年半的刑罚太严苛了，但他也不愿意做到如切尼期望的那样。“我尊重陪审团的判决，”布什在一份由费尔丁起草的书面声明中表示，“但我认为判决利比先生监禁实不必要。”利比仍然要支付 25 万美元的罚款并上交律师执照。布什尽量小心翼翼，不去招惹菲茨杰拉德；同时也承认有批评者质疑其指控的合法性，布什称菲茨杰拉德是“一名合格且专业的检察官，履行了他应尽的职责”。

然而，就政界众人而言，布什的决定两边都不讨好。民主党责难布什包庇政治伙伴，而切尼一方则备感失望，埋怨布什不够干脆——直接撤销判决。更不幸的是，布什其实只是将最后清算的日子延后了而已。只要他在任，切尼就会不断给他施压，要求他采取进一步的措施，直到彻底赦免利比。

考虑撤军只是缓兵之计

在国内，关于伊拉克问题的政治共识逐渐崩溃。布什决定他必须在 9 月击败国会，阻止其从伊拉克撤兵。9 月，彼得雷乌斯将返回华盛顿汇报伊拉克增兵计划的结果。但现在看来，虽然没有失去所有政治支持，但他似乎连 7 月都无法安然度过。参议员理查德·卢格是制定共和党外交政策的灵魂人物之一，他在伊拉克问题上与布什彻底分道扬镳。国会议员罗伊·布朗特是众议院共和党的二号人物，他也指责布什：“你在伊拉克问题上真是毫无诚信可言。”另外，参议员约翰·华纳也拜访白宫，告知斯蒂芬·哈德利，他不认为自己能一直坚持到9月。他表示，如果国会最终下定决心介入的话，他甚至无法保证自己一定会将选票投给布什。哈德利请求他再多坚持60天，但没得到任何承诺。

7月7日，哈德利召集其他白宫助手参加电话会议。如果连共和党都打算放弃战争，那增兵计划将彻底失败。考虑到之前与华纳的谈话，哈德利提议先开始讨论是否要在年底前撤出部分兵力。

“增兵计划不会持续太久，这大家都知道；因此，想在国会里扳回一局，或许我们可以考虑从伊拉克撤回一部分兵力。”哈德利建议道。

卡尔·罗夫强烈反对。“不行，不行，不行。”他说，“假如我们示弱，让总统去谈撤兵，那我们一定会一败涂地。佩洛西他们会认为我们在害怕，而对共和党来说这条件简直就是糖衣炮弹，绝对不行。”

接替丹·巴特利特成为总统顾问的艾德·吉莱斯皮和白宫立法联络局局长坎迪德·沃尔夫，与罗夫持一致意见。哈德利只好打消了撤兵的念头。

第二天，正当切尼结束他在怀俄明州的假期，乘坐“空军二号”返回华盛顿的时候，哈德利打来电话，告知切尼电话会议的相关情况。切尼敏锐地意识到自己又被排除在讨论之外了，不过他觉得就算他当时在城里，他们也不会让他参加会议的，因为他们知道他必然不会做出任何让步。

隔天，也就是7月9日这一天，切尼再次拿起报纸，试图找出更多瞎编乱造的报道。他注意到一篇刊登在《纽约时报》的文章，其中报道说白宫正在筹划阶段性撤兵，希望用妥协来换取更多政治支持，并且最好能一直撑到9月。当天晚些时候，切尼参加了一个会议。会上，切尼敏感地注意到根本没有人质疑报道的真实性，所有人都在讨论到底谁是泄密人。切尼恨铁不成钢，斥责他们就像一群惊弓之鸟，完全误解了国会的意图。会议结束后，切尼给他的老朋友参议员特伦特·洛特打去一个电话，以私人名义请求他务必坚持原则。

考虑到布什或其属下的决心开始动摇，切尼在第二天一反常态，做了一件他极少做的事。在每周一次的参议院共和党聚餐中，他突然站起，要求在场的政党高层支持总统在伊拉克增兵的决议。当天晚上，几位共和党参议员来到副总统宅邸与他共进晚餐。洛特当时也在场，他总结说他相信已经有足够的票数了，坚持到9月不是问题。现任参议院共和党领袖米奇·麦康奈尔在晚餐即将结束时才赶到，他给出了与洛特一致的结论。即便如此，他们也没能阻挡住众议院的脚步。两天后，众议院如期进行投票，试图在2008 年 4 月前撤出大部分兵力。然而，只要参议院共和党团结一致、意志坚定，就能阻止撤兵的提案。

哈德利和他的同僚们觉得切尼误解了他们的意思。“他以为我们动摇了，这不是真的，” 哈德利后来说道，“我们的真正意图其实是想利用增兵计划，来检验我们是否有可能在国会山上就支持增兵计划取得两党共识。”另一位白宫官员认为，从切尼的反应可以看出：“其实他根本不在我们这个圈子里，给他打电话的时候并没人打算中断增兵计划，也没人打算改变策略，我们只是在讨论应当如何稳住国会。”

就在这些事发生的同时，戴维・彼得雷乌斯扔出一颗惊人的炸弹：他打算去一趟叙利亚，与该国总统巴沙尔・阿萨德当面商谈激进分子穿过叙利亚边界进入伊拉克攻击美军的问题。国家情报局认为，叙利亚是阿拉伯激进分子的必经之地，多达 80% 的激进分子涌入大马士革，再进入伊拉克。数月以来，白宫为如何解决这个问题伤透了脑筋。在一次会议上，埃利奥特・艾布拉姆斯拍案而起，力争用武力阻止激进分子肆意流动，比如说在某天半夜轰炸大马士革机场及其飞机跑道。当然，这遭到其他人大力反对，他们并不希望将另一个中东国家牵扯进来，这样做只会扩大战争。

彼得雷乌斯汇报称，阿萨德通过在伊拉克政府的中间人邀请他访问叙利亚。他认为这也许是个好机会，告知阿萨德如果他不设法阻挡这些激进分子，后果将会不堪设想。“我期望能与他友好会面，提醒他叙利亚正在逐渐沦为伊拉克‘基地’组织的中转站。” 彼得雷乌斯随后表示。对阿萨德而言，这是个善意的提醒，也与他的利益息息相关。彼得雷乌斯表示：“你等于是让这些凶残的毒蛇在你的国家筑了个巢，你以为他们只会咬邻居家的孩子，但他们迟早会杀回马枪，反过来咬你的孩子，甚至做出更残忍的事。”布什明确表态不希望彼得雷乌斯前往叙利亚，但这位将军像是缺了一根筋似的执意前往。最后没有办法，参谋长联席会议（参联会）主席迈克尔・马伦海军上将亲自出面，劝说他别再向总统请示了。“忘了它吧，”马伦说，“只要你还身穿军装，这事就绝不可能发生，你没有必要再提此事。”

彼得雷乌斯起初并不知道，以色列方面已经告知布什他们打算轰炸叙利亚，将核反应堆扼杀在摇篮里。如果让彼得雷乌斯在袭击前几天或者前几周穿整套军装去跟阿萨德聊天，恐怕情形将变得更加复杂。9月6日，以色列战机悄然掠过叙利亚领空，在夜色的掩护下突袭了核反应堆。以色列对这一行动保持沉默，并推算叙利亚会吃闷亏，也不会公开承认犹太国家成功突袭了本国领土这种丢脸的事；美国则认为袭击会在阿拉伯世界引发骚动。然而事实证明，以色列更了解他们的邻居：叙利亚果真哑巴吃黄连，有苦说不出。

切尼掌事的125分钟

7月21日，因为总统要接受结肠镜检查，也许还要接受手术，切尼再次成为代理总统。根据《宪法第二十五条修正案》，布什签署确认函，暂时将总统权力移交副总统，在2002年他也曾签署过同样的确认函。布什的确认函在上午7点16分被传真到国会山，接着弗雷德·费尔丁打电话将此事告知戴维·阿丁顿。因为是周末，切尼当时正在马里兰州圣米歇尔市的家中歇息，他被阿丁顿告知现在美国是他掌事了。白宫内科医生、空军上校理查德·塔布带领一个由5名医生组成的医疗团队在戴维营对布什进行了手术，成功移除了5块息肉。上午9点21分手术结束，布什立即将确认函传真出去，收回了他的总统权力。

对切尼能在这125分钟的代理总统期间做些什么，保守派开玩笑地进行了一番想象，《国家评论》杂志在网上收集了一些建议，比如轰炸伊朗、特赦利比。不过这位代理总统在他短暂的任期内只给他的外孙们写了一封信：

> 亲爱的凯特、伊丽莎白、格蕾丝、菲利普、理查德和山姆：
>
> 当我写这封信的时候，我们的国家正在与深入全球的恐怖主义奋力抗争。作为副总统，我必须全力以赴，保卫美国人民，捍卫我们的生活方式。有一群人，他们时刻保持警惕、坚持不懈、从不言弃。他们献身于保卫国家的行动，保护我们不再像2001年9月11日那样遭受恐怖袭击。他们之中，有些来自军队，有些来自情报局，有些来自执法部门，还有其他人也为了我们的安全与自由尽职尽责甚至牺牲生命，我们要向他们致以最崇高的敬意和谢意。

当你们长大后，你们便会懂得每一代人为保卫后代的自由与民主所做出的牺牲，你们也会承担起作为美国公民应该担负的责任。我希望作为我外孙的你们，也能像你们的妈妈那样，敢于为正确的事情奋斗终生。

愿上帝保佑并保护你们！

美利坚合众国代理总统、外公

理查德·布鲁斯·切尼

如果切尼真的当上总统，格局肯定会大不相同。在伊拉克的举步维艰显然限制了布什在其他地区使用武力的能力和意愿，遑论将武力作为强制外交的胁迫手段了。而在切尼眼里，这些“可恶的消极态度”简直让人恨得牙痒痒。7 月 31 日，康多莉扎·赖斯与罗伯特·盖茨访问沙特阿拉伯，切尼的一名线人也随访问团出行。稍后，线人致电切尼，告知他国防部长已经放弃对伊朗诉诸武力。盖茨和赖斯在吉达会见国王阿卜杜拉，他们围坐在一张朴素的咖啡桌旁，桌上摆放着一盘盘诱人的糖果。阿卜杜拉急于知道布什究竟会对伊朗采取何种战略，但盖茨拒绝谈论军事打击。“美国人民不会支持的。”他解释道。阿卜杜拉想插话，这时盖茨又说：“实际上，他将会被弹劾。” 阿卜杜拉终于大发雷霆，就连赖斯也大吃一惊。切尼听说此事后既愤怒又震惊，他给沙特阿拉伯传话，称国防部长的意见并不能代表总统的意思。但只要布什反对任何军事制裁伊朗的提议，切尼的立场就不起多大作用了。

显而易见，在布什任期后期，盖茨在很多问题上都与副总统意见相左，不管是伊朗问题、叙利亚问题、关塔那摩监狱问题还是其他问题。“在处理这些问题时，他跟康迪的关系比起跟我的好太多了。”事后切尼评论道。随着赖斯、盖茨以及斯蒂芬·哈德利、道格拉斯·卢特的高升，用国家安全委员会官员道格拉斯·奥利万特的话来说，这简直就是“激进派实用主义者的反击”。

老实人背上了莫须有罪名

在那个潮湿的夏季，白宫似乎在经历翻天覆地的变化。8 月初，卡尔·罗夫告诉布什，他打算辞职。他经历了上一轮选举混战，熬过了中情局泄密案的风波。他在办公桌的抽屉里放置了一张利比的图片，这还是从利比被判决那天的报纸上剪下来的。他用这张图片来提醒自己暂时逃过一劫。在美国联邦检察官丑闻事件中，他的名字也被频繁提及，因为他曾屡屡抱怨某些被罢免的联邦检察官，还将自己的一个得意门生安插到检察官的职位空缺上。不过这件事并没有给他带来多大烦恼；他只是将其视为党派之间的又一次纷争，在经历了这么多事情后，他已戴上了一副强有力的“耳塞”。

对罗夫而言，是时候前行了。离家太久，他的婚姻已经出现问题。他决定，不仅要在财产上独立，在事业上也是如此。他不甘于只当“布什的人”，他这么描述道。不过，他还是感到忐忑不安。“我觉得我在硝烟弥漫之时离弃了你。”他惭愧地对布什说起。

在另一方面，艾伯特·冈萨雷斯拒绝辞职。政界对冈萨雷斯继续担任司法部长的不满愈演愈烈，以至于布什政府心烦意乱：不只是联邦检察官风波，还包括他对“国家安全局秘密监听计划”的处理不善。最近，冈萨雷斯为监听计划所作的国会证词简直前言不搭后语，记忆紊乱和自相矛盾的地方太多了，以至于某些白宫内部官员都担心他或许会被指控作伪证。在白宫律师质询的时候，戴维·阿丁顿拒绝承认冈萨雷斯对国家安全局秘密监听计划所作的供词准确无误。

像罗夫一样，布什也把检察官罢免风波视为一场党派间的小打小闹。罗夫不断提醒他，这只不过是一场“猎巫游戏”，而布什也不打算向民主党低头认输。布什对冈萨雷斯的信任让白宫顾问感到疑惑，很多人觉得即使在时局更好的时候冈萨雷斯也未必能胜任司法部长的工作。“这还是我第一次在办公室听到有人质疑总统的决定。”某位助手回忆道，就连当初他提名迈尔斯也不至如此。

让许多布什的同僚疑惑不解的是，冈萨雷斯并未意识到他应当为总统承担所有责难。“我想破脑袋都想不明白为什么冈萨雷斯还在岗。”一位布什前任高级助手当时抱怨道，其他人则认为布什是时候认清现实了。一名政府高级官员表示：“总统认为背弃朋友是软弱的表现，变化是软弱的表现，做众所周知的事是软弱的表现。”

在日复一日的听证会和新闻头条的双重打击下，布什现在不得不下决心辞退冈萨雷斯。司法部长在国家安全局计划上的诚信问题会给布什政府的心脏，也就是国家安全以致命一击，也会让监听计划获得立法批准变得困难重重。

一天，博尔滕同布什谈起了这个问题。

“我们的宏伟议程，需要交予司法部长来承担，”他对布什说，“但现在艾伯特再也挑不起大梁了。”

布什很沮丧，但也没有再反对。他们都觉得这对冈萨雷斯不公平。本来他可以将事情处理得更好，布什固执地想，但民主党存心给一个老实人安上莫须有的罪名，还毁掉了他的事业。

布什让博尔滕出面将这个坏消息告诉冈萨雷斯。这位幕僚长随即给冈萨雷斯打去电话。他努力用一种温和的方式让冈萨雷斯明白，他在此事上已得总统授令。“艾伯特，我们都很难过，”他说，“但你如果真为总统着想的话，现在最好还是主动辞职。”

对冈萨雷斯而言，在效忠布什这么多年后，要求他主动辞职无疑是一个沉重打击。他坚持要布什亲口告诉他。“我要亲自跟总统谈谈。”他决然道。

博尔滕也认为这是个尊严问题，便同意安排他与总统见面；但其他官员听说后却大吃一惊：当总统委派他的高级助手通知某位内阁官员该卸任的时候，他就应该爽快辞职。尽管这样，冈萨雷斯还是在 8 月 26 日那天执意前往总统在克劳福德市郊的私人农场。顾问们都明白这会让布什很为难。他虽然是“最后的拍板人”，但也是最反感解雇自己忠诚部下的人。

现在，布什不得不面对他的好友。在谈话过程中，冈萨雷斯逐渐意识到自己别无选择，只能接受现实。冈萨雷斯即刻飞回华盛顿宣布辞职，公开表示是自己主动引退的。政府官员不声不响地谎称是冈萨雷斯主动在电话里向布什请辞的，总统也感到无奈，最后提议他南下来吃一顿安慰饭。

8 月 31 日，坏消息接踵而至。托尼·斯诺宣布他也即将辞职。他的癌症已经到了晚期，再也无法假装自己还能重新站上白宫发言台。尽管有达娜·佩里诺接任，白宫西翼内还是响起一片哀叹之声：既为那位惹人喜爱的新闻秘书长，也为当下四面楚歌的布什政府。

布什和切尼在那天召开国家安全小组会议，讨论伊拉克问题的未来走向。戴维·彼得雷乌斯和他的文官搭档莱恩·克罗克大使在不久后将返回华盛顿向国会述职，尽管所有人都担心是不是自己想太多了，但局面看起来似乎真的开始好转。

美军的军用设施在5月达到巅峰数量——126个之后，到8月时骤降至84个。伊拉克平民的死亡人数在同一时间段内从2 796人减少至2 384人。巴格达既是暴乱的中心，也是谋求政治和解的关键。在那里，民用设施数量几乎削减了一半，从1 341个减少至738个。伊拉克终于有什么好事要发生了，至少他们希望如此。

布什和切尼目不转睛地盯着墙上的视频画面，仔细聆听彼得雷乌斯汇报伊拉克形势，他预计在12月可以从安巴尔省撤回1支海军陆战远对营队，在2008年7月前从巴格达撤回之前增加的5个旅。彼得雷乌斯的自信溢于言表，认为他们打开了一个新局面；同时也默认，国内政治环境迫切需要这些表明战争终于要结束了的迹象。

布什要彼得雷乌斯保证他的话都是出自个人判断，而不是因为参联会或者他的司令威廉·法伦给他施加了压力。

彼得雷乌斯保证百分之百是个人判断。

"我的计划是，"布什说道，"枕戈待旦，为长期斗争做好准备。"他并不急于从伊拉克撤兵，因为这将有可能危及增兵计划在伊拉克取得的初步成效。正在这时，法伦突然出现在屏幕上。几周以来，他一直在鼓动从伊拉克撤兵，他给总统打了个让人无法理解的比喻：如果被敌军发现，战机驾驶员将面临更多危险。"我们在伊拉克的形势就是这样，"法伦解释道，"火烧眉毛的是伊拉克仍未取得任何政治进展。我们必须给他们施加压力，为撤军承担更多风险，这样才能迫使伊拉克政府力求上进，最终掌控全局。"

一年前，唐纳德·拉姆斯菲尔德、约翰·阿比扎伊德和乔治·凯西的论断正是如此。问题是这期间是否有足够证据证明现在是时候开始战略移交了，布什对此表示不以为然。"我不确定我们在伊拉克做好了承担更多风险的准备。"他反驳道。

布什客气地回绝了法伦的提议，而切尼则直截了当地打断他们。"法伦，整个世界都在猜测我们会立马从伊拉克撤退，"他严肃地说，"你知道，所有人都盯着我们呢，看我们是否有能力维持现有成果。我们现在做的决定会影响未来好几年的局势。你现在提出的建议，在任何一个理智的人看来，恐怕都是屈服的表现。"

法伦毫不退让。"问题在于我们是做给伊拉克看，而不是给全世界看，"他争辩道，"得让伊拉克知道他们该力求上进。机不可失，时不再来。"

布什利用劳动节假日再次秘密前往伊拉克，这一次他从白宫出发。他不再把行程限制在机场或是巴格达内，而是特意飞往安巴尔省，很多人曾误以为该地区会被敌军占领。这下总统可以向国内的“观众们”好好炫耀一番，也能亲眼见证增兵计划的成效。

首先，他要溜出世界上警戒最森严的大楼而不被发现。布什发现自己坐在一辆什么标志都没有的车里，车辆正开往安德鲁斯空军基地，现在他们被堵在华盛顿的一条出口坡道上，这条坡道常年拥堵。至于行动安保人员，他们佯装成普通人驾驶着普通车辆，没有提前进行任何交通管制。

突然，布什的助手看见有个乞丐拿着麦当劳的杯子，正向每一辆等候红绿灯的车讨要硬币。布什坐在倒数第三辆车里。乞丐随时都会来到车前，从窗户往里窥视，然后就会看见美利坚合众国的总统，这趟行程也就别想再保密了。

“趴下，”白宫办公厅副主任乔·哈金立刻对布什说道。

“啊？”布什不明所以。

“沿座位滑下去。”哈金赶紧指示他。

说时迟那时快，紧跟在总统车后的车里，一位特勤局特工迅速反应过来，掏出钱包，拿出几张十元钞票伸出车窗外。看到有人慷慨解囊，那个乞丐放过了总统的车，直奔后面。

经过长途飞行，布什在劳动节这天降落在伊拉克，飞机在阿萨德空军基地着陆，布什和彼得雷乌斯、克罗克以及努里·马利基总理亲切会面。当地气温高达 43 摄氏度，布什身穿一件深蓝色的短袖休闲衬衫和一条深色长裤。走出“空军一号”时，他感觉到滚滚热浪扑面而来。每个人的精神都为之一振。“他们对总统的突然到访喜出望外。”白宫摄影师埃里克·德雷珀回忆说。

布什会见了诸位与美国结盟的部落首领；这里面曾有多位首领反对伊拉克新政府，与“基地”组织合作，但后来在“安巴尔觉醒”运动中掉转枪口，在增兵计划下与美军共同抗击“基地”组织。安巴尔省海军力量的增强加速了该地区的回归。布什特别看好一位年轻有为的部落首领，他名叫阿巴杜·萨塔尔·阿布·里夏，非常英勇无畏。“他很好地诠释了英雄形象，”彼得雷乌斯回忆道，“他勇敢无双，善于鼓舞人心，是一名真正优秀的领导者。”

阿布·里夏精神饱满，很会鼓舞人心。“我的战士们会结束这里的纷乱，然后前往阿富汗与你并肩共战。”他愉快地对布什说。

返回美国途中，布什信心满满，心里想：也许这样真的行得通。现在他只要全力说服国会和美国公众就行了。

彼得雷乌斯和克罗克很快回到华盛顿向国会作形势报告。自越南战争以来，再没有第二个将领如期出现在国会山上。激进反战组织“继续前进”在《纽约时报》上刊登整版广告，率先指责他是布什政府的“托儿”，并给他起了个绰号“背叛我们的将军”（General Betray us 谐音 General Petraeus。——译者注），他们用这种方式“欢迎”彼得雷乌斯返回美国。然而事与愿违，这种引起众怒的攻击让共和党勃然大怒，民主党也极力辩解这馊主意不是他们出的。

9 月 10 日，布什在白宫西翼观看了部分听证会视频录像，彼得雷乌斯告诉国会，美军已给敌军“带来了沉重打击”，他还向国会描绘了在 2008 年 7 月前撤出增兵部队的蓝图，同时也警告说如果撤军太快将会带来“灾难性的后果”。贝拉克·奥巴马和希拉里·克林顿等民主党人士提出了尖锐的问题，不过彼得雷乌斯和克罗克都安然处之，他们的表现简直让人拍案叫绝。很快，事实证明，他们为布什赢得了更多时间。

第二天，布什邀请哈里·里德和南希·佩洛西到白宫，现在的他完全是一副胜利者的姿态。“没错，‘基地’组织要招募新兵了，”他说，“因为我们灭了他们。”他得意洋洋地继续说：“我们要把他们全灭了！”

里德大吃一惊，他认为布什把战争当成了“某种体育运动或是动作片”。

布什打算在彼得雷乌斯作证后发表全国讲话。当然了，他肯定不会用那种得意洋洋的语调。通过将军的首先表态，布什希望自己为增派的 5 个旅而安排的撤军时间表能更让人信服；如果布什自己发布时间表，人们必然会带上有色眼镜看待。切尼仔细阅读了演讲草稿，他认为布什有些地方说得太过了，特别是他提到要将“贝克—汉密尔顿报告”作为他的终极目标。

“总统先生，你不能提到‘贝克—汉密尔顿’，”切尼提醒他，“我们采用的是‘彼得雷乌斯—克罗克’策略，并非‘贝克—汉密尔顿’策略。”

布什最终同意删掉这部分内容。尽管切尼不是增兵计划的主导力量，但他很抵制撤兵，并对此直言不讳、尽心尽责。

9 月 13 日，布什在白宫的家庭影院里练习演讲。忽然之间，他收到消息称阿巴杜·萨塔尔·阿布·里夏在一场爆炸中丧命——他不幸被自己的保镖出卖了。仅仅是 10 天前，在布什在安巴尔省访问时，这位年轻有为的部落首领还给他留下了深刻印象。闻知此事，布什大惊失色。在这种转折的关键时刻，失去一名得力干将无疑是一个残酷的打击。

布什很担心这件事因他而起。“是不是我访问伊拉克的事拖累了他？”他不安地询问国家安全助手们，“我们是不是太欠考虑了？”

战争协调官员道格拉斯·卢特备感无奈。“唉，只能说他们的邻居太凶残了。”他愤愤地说。

那天晚上，布什坐在椭圆形办公室的办公桌后，开始了他的全国讲话。他形容伊拉克的人总算“回归到正常生活”。“在决定伊拉克军队规模时，我遵循的原则是‘胜利则回归’。”布什说道。这里他引用了艾德·吉莱斯皮发明的一个新词。“我们越成功，就有越多的美军荣归故里。”他继续说，“有些人认为我们在伊拉克取得的成就来得太晚了，但他们错了。无论何时，打击‘基地’组织都不算晚。无论何时，推进自由进程都不算晚。无论何时，支持我们的将士去打一场必胜之战都不算晚！”

两天后，也就是 9 月 15 日，杰克·基恩出现在彼得雷乌斯家的门廊处。彼得雷乌斯家在华盛顿特区外的迈尔堡，在返回巴格达前，他在家里休息。在整整一周里，他不断出席国会委员会、白宫和五角大楼的会议，接受电视采访，密集的工作让他精疲力竭。

“总统让我来给你带个话。”基恩告诉他。

“是吗？好吧。”彼得雷乌斯回道。

“我去见副总统的时候，”基恩说，“总统得知我在那里，就过来告诉我，‘你去跟彼得雷乌斯说，他有任何要求可以直接跟我说，别在上下传达的过程中漏掉什么。如果他提出什么要求，你告诉我就行了。你把他的话直接带给我。’”

第33章

众叛亲离

在最后的任职期间，布什四面楚歌，受到内外两面夹攻。在朝鲜核谈判问题上，布什主张以外交策略进行斡旋，遭到切尼强烈反对；所有共和党候选人都争先恐后地跟布什撇清关系；在签署协议时，伊拉克总理马利基弄虚作假；在国际争议日嚣尘上的当口，传来国内经济崩溃的噩耗。在这种形势下，如何留下一笔“和平遗产”？

忍气吞声的切尼

“不，”布什总统说，“波士顿红袜队不可能打败约翰·雷基。”

“你在说什么啊？”克里斯托弗·希尔不屑地抗议道。

这是2007年秋天的一个早晨，在椭圆形办公室里，总统和朝核问题的首席谈判代表希尔相互拌嘴，聊得不亦乐乎。布什邀请副总统切尼和其他少数官员共进早餐，并听取希尔关于朝核会谈进展的汇报。不过在进入正题前，他和希尔兴味盎然地谈论棒球，争论在即将到来的季后赛中，希尔最爱的红袜队和雷基所在的天使队谁输谁赢。

希尔透过眼角的余光注意到，赖斯面露忧色，正目不转睛地看着自己。也许“被雇来的帮手”（希尔喜欢这么自嘲）不该跟最高统帅一争高低，就算是棒球也不行。不过布什倒是很欣赏他作为一个外交官所具备的无畏精神。布什觉得他成功地跨越了政府部门间繁文缛节的泥淖。

这并不意味着总统忽视了切尼对希尔的不信任，总统更没有忽视一个事实，那就是希尔玩弄权术，戏耍他在国内的对手，而且三番五次挑战布什的底线，以期尽快完成任务，步步高升。总统邀请大家共进早餐的原因之一是，他打算放下总统的架子，特别是当朝核会谈取得一定进展的时候，这样切尼、希尔和赖斯就能清楚地明白自己的意思，而不是争论不休。

布什把客人们领到椭圆形办公室旁的一间小餐厅里。他坐在餐桌的上位，切尼和赖斯分坐左右。希尔坐在赖斯旁边，斯蒂芬·哈德利挨着切尼，乔舒亚·博尔滕则在桌子另一头与总统相对而坐。罗伯特·盖茨出门旅行了，埃里克·埃德尔曼代表他出席。埃德尔曼曾是切尼的助手，现在担任负责政策的副国防部长一职。海军膳务员绕着餐桌挨个为他们点餐，大多数官员只要了一份简单的水果拼盘，只有切尼点了培根和鸡蛋。希尔感到非常吃惊，大家都吃得很清淡，经历了 4 次突发心脏病的副总统却没有节制。

希尔不久前通过各方协调达成协议，其中，朝鲜承诺对其核设施去功能化，并全面申报其核计划，与此同时，美国同意不再将朝鲜列入“支恐国家”名单，将朝鲜从《敌国贸易法》（*Trading with the Enemy Act*）适用国家清单上除名，并终止有关冻结其 2 500 万美元银行资产的经济制裁。几年来，协商和会谈一直处于时断时续的状态，在磕磕绊绊中艰难前行，现在看来，解决问题指日可待。如果布什能够在任期的最后冲刺阶段挽回伊拉克局势、实现朝鲜无核化，那么他想要留下好声名的目标就实现了一大半。切尼可没那么乐观。他认为这不过是朝鲜的又一道诡计，更让人讽刺的是，有秘密情报表明，平壤一直在对叙利亚进行核援助，不过这份情报尚未公开。他们怎么可能达成协议呢？切尼对此非常怀疑，跟这样一个国家达成一致简直是天方夜谭。

布什心里明白，就算将朝鲜从这些名单上除名也说明不了什么，其实根本无所谓，因为若想制裁朝鲜，他有的是其他办法。长久以来，一些国家被列入支持恐怖主义名单和敌国贸易名单并非因为他们符合某种标准，而仅仅是因为他们表现太恶劣了。

“我们要的只是，”布什恨恨地说，“只是那个该死的清单（指朝鲜核计划清单。——译者注）。”他这么说也许更加一针见血。

埃德尔曼在所有持怀疑态度的人中最直言不讳，他毫无顾忌地对希尔的对策提出质疑：“你打算怎么处理已经武器化的原料？”

“你只需担心那些零散的钚就够了，”希尔毫不客气地回击，“只有那些才可能被恐怖分子利用，然后把我们炸飞。”

希尔实在太激动了，以至于布什不得不打断他。“克里斯，冷静点。”他安慰道。总统明确表示他必须掌握朝鲜所有的武器和核燃料，他不留情面地说：“他们务必放弃核武器，就这么办。到了开诚布公的时候了。他要像卡扎菲一样放弃核武，现在就放弃！”

在整个讨论过程中，切尼都一声不吭，这是他惯用的伎俩。布什最终还是询问了他的意见：“迪克，你有什么问题要问的？”

切尼的视线在赖斯和希尔间流转。“嗯，我并不像某些人那样盲目乐观。”他轻描淡写地说道，对整个计划不予理睬。

希尔不确定切尼到底是在看自己还是赖斯，不过他当做是看自己了，他决定还击。

“副总统先生，”希尔严肃地说，“我必须跟你说清楚。我绝不是盲目乐观。我只是在尽全力做好分内工作，然后在事情结束后能安心回家。”

布什插话打圆场：“噢，迪克没那个意思，他只是担心朝鲜最后不会交出清单。”

赖斯接过话头，进一步解释对策。她强调没有人过于信任朝鲜，只是他们似乎也没有更好的选择。

切尼仍旧不以为然。他刻意发问：“朝鲜放弃了他们的导弹计划了吗？”他们当然没有，对这一点切尼心知肚明。他如此提问只是为了强调事实。

希尔又想接话，不过赖斯迅速按住他的大腿，阻止他这么做，自己回答了切尼的提问。

接着切尼又问道：“我们怎么知道他们是不是还有另一个钚反应堆？”

其他人不遗余力地向他保证，不同于隐藏铀浓缩或者其他核活动，要隐藏一个钚反应堆确实难如登天。

走出餐厅时，所有人仍然各执己见。埃德尔曼向博尔滕抱怨道：“总统被灌输了一堆好话。”布什决定，暂且按照希尔的计划行事，希望他能顺利完成外交任务。只要总统决意使用外交策略进行斡旋，切尼就不得不对此忍气吞声。不过这绝不是最后一次交锋，他们之间的争论仍在继续。

高处不胜寒

正当总统尽己所能地想为下一届政府创造“遗产”的时候，国内其他人已经开始把他抛在脑后，继续往前走了，他们厌倦了布什，转而关注即将接替他的人。布什心里五味杂陈。30多年来，布什家族成员的姓名头一次没有出现在选票上，他们甚至预料自己下一届选举也不会被提名。似乎所有人都在跟布什针锋相对，连共和党也不例外。

在共和党内的辩论中，所有候选人都争先恐后跟他撇清关系。米特·罗姆尼扬言：“我绝不会是第二个布什总统。”当迈克·赫卡比被问及他是否看好布什对促进民主的设想时，他果断回答说："绝不看好，因为我不认为我们能强迫民众接受'我们'的生活方式、'我们'的执政方式。"还有一次，约翰·麦凯恩声称布什对伊拉克战争的处理就好比一次"列车事故"。

布什意识到民主党的光辉时刻到了，他预计希拉里·克林顿会接任总统。有时候，他也被自己的想法逗得哈哈大笑。有一次他对助手开玩笑说："我正等着她的肥屁股坐到这张办公桌后呢。"不过，实际上他很敬佩希拉里的个人能力和领导才能，他希望希拉里当上总统后，可以从某种程度上证明他的政策方针确实是大势所趋。希拉里是前任总统克林顿的夫人，自 2001 年成为参议员以来，她一直恪守鹰派的信条，甚至举双手赞同发动伊拉克战争。虽然她强烈谴责布什对战争处理不当，但她毫不后悔投了赞成票支持对伊动武，也毫不在意左派对此事的狂轰滥炸。在一份非公开的聊天记录中，布什对着电视主播侃侃而谈，他回忆道，1952 年艾森豪威尔竞选总统时，先是将杜鲁门政府批评得一无是处，最后却仍然沿用了杜鲁门的"围堵政策"（containment strategy，指美国在 1947 年实行的针对苏联的一项外交政策，同时也宣布了反纳粹联盟的最终破裂。这项政策的目的是阻止和围堵斯大林主义的蔓延。——译者注），实际上这是两党间的一种默契，这种默契相传至今。在布什眼里，希拉里就相当于艾森豪威尔，而他就相当于杜鲁门。尽管希拉里对他无情抨击、穷追不舍，但他仍然坚信，希拉里会继续朝他定下的大方向稳步前进。

希拉里的主要对手是一位来自伊利诺伊州的新晋参议员，名叫贝拉克·奥巴马，他在 2004 年赢得参议院席位之前，就在约翰·克里的民主党全国代表大会上发表了一番慷慨激昂的基调演讲，民主党人莫不欢欣鼓舞。他宣称"不存在所谓的民主派美国，也不存在保守派美国；世间只存在一个美利坚合众国，仅此而已"。虽然布什颇为欣赏这位年轻参议员技惊四座的演讲技巧，但是有些话让他恼羞成怒：这个年轻人根本是凭空出现，竟然还敢以总统自居。布什对来访者说，奥巴马在一次民主党内辩论中的说法"天真得让人瞠目结舌"，他居然想当然地认为就算没有得到伊斯兰堡的允许，他也能派送美军进驻巴基斯坦，对恐怖分子进行追击，这太可笑了。还有一次，在奥巴马对布什政府发出公然挑衅之后，布什气得七窍生烟，决定发表讲话反击，他召开会议，为讲话做准备。布什气势汹汹地对助手说："这个讨厌鬼根本没有资格当总统，我敢向你们保证，这家伙毫无章法。你们觉得我没资格？我有资格。”不过，让布什感到满意的一点是，在一次讨论中，奥巴马和希拉里都拒绝承诺在未来 4 年内就从伊拉克撤出全部兵力；增兵计划已经改变了政治走向，以至于他的接班人们不敢再裹足不前、墨守成规。

时间一分一秒地过去了（乔舒亚·博尔滕给所有白宫高级助手都分发了离任倒计时钟，时钟准确显示着他们的最后一搏到底还剩多少个小时），布什正在沉心思索怎样才能留下一场让“希拉里·克林顿总统”大致满意的反恐战争。伊拉克的形势正在逐月好转，他希望继续稳固伊拉克局势，这样下一任总统就不必兵行险招，不必迫于政治压力而从伊拉克撤出剩余兵力。他已经清空了中情局秘密监狱，与国会协商了授权特别军事法庭审判恐怖嫌疑人，并削减了被批评者称为“酷刑”的审讯手段。他正从关塔那摩监狱中迁出一部分囚犯，并希望有可能关闭监狱。与此同时，他也紧锣密鼓地与国会议员进行商讨，致力于订立新法，从而使国家安全局的秘密监听计划合法化。赖斯回忆道：“他竭尽全力摆脱那些不合时宜的事，同时巩固那些与时俱进的事，在后人对他的评价中，这一点至关重要、不可或缺。”

休想戏弄美国总统

最重要的问题依旧是伊拉克问题。表面看来，在增兵计划的作用下，伊拉克安全局势已有所好转，故而总统将侧重点放到了政治层面，抓紧机遇试图重新定义美国与伊拉克之间的关系。

11 月 26 日早上，布什来到战情室，与努里·马利基总理共同签署一份“原则宣言”，双方承诺在布什离任前，将通过充分协商达成战略协议，这是一份为了达成协议而签署的协议。

事实证明，仅仅是达成这份协议就已经困难重重了，可想而知，在未来他们将会遇到更多艰难险阻。不过事实上，当布什掏出钢笔，在他面前的文件上签名的时候，他并没有意识到屏幕上的马利基是在文件上装模作样地划动笔尖，实际上并没有签下他的大名。

到最后一刻，马利基突然说他没有看到协议的最后措辞，因此他不打算签署协议，不过没人告诉布什，伊拉克总理在弄虚作假。总统的伊拉克问题顾问布雷特·麦格克，此刻正在伊拉克这边的会议室里，他一直等到视频画面消失，才咄咄逼人地质问马利基的安全顾问。

“你们休想戏弄美国总统，”他疾言怒色，几乎压不住火气，“现在就给我检查协议，立刻签了。”

那天下午晚些时候，马利基办公室打来电话，表示马利基总理已经重审了文件并签署了协议。这才避免了一场丢人现眼的惨败。

在赖斯的协助下，布什也努力尝试在中东其他地区取得和平进展，希望能为他的后继者留下一个更好的局面。第二天，即 11 月 27 日，他在赖斯的陪同下登上“海军一号”，他们将召开中东和会——不是“峰会”，当然也不是“会晤”，而是“会议”，以色列对此十分不快，他们认为此次和会不过是加大了解决巴以冲突的赌注而已。国家安全副顾问埃利奥特·艾布拉姆斯是一位强硬的以色列支持者，他反对召开此次会谈，因为他担心创建巴勒斯坦国的结果是建立起一个恐怖主义国家。然而他最后还是妥协了，他相信赖斯处理事情的方式已经发生了“天翻地覆的变化”，因为当赖斯看到以色列在黎巴嫩战争中的铁腕行动后，她心中的幻想已经破灭。

布什在直升机上坐稳，准备飞往会议举办地，在同一时间，来自大约 40 个国家的政府官员也做好了准备，昂首阔步朝布什—切尼政府的以色列—巴勒斯坦政治密林进军，试图一探究竟。这是布什就中东问题召开的规模最大的一次会议。

“他们达成协议了吗？”布什问赖斯。

“没有，”她坦承道，“我把他们都带来了，不过你得自己去促成协议。”

布什往座椅靠背上靠了靠，胸有成竹地说：“交给我吧。”

当直升机飞往美国海军学院时，斯蒂芬·哈德利正忙得不可开交，他精心为以色列总理埃胡德·奥尔默特和巴勒斯坦民族权力机构主席马哈茂德·阿巴斯安排了不同的房间，以便布什随后分别与他们对话。布什在两位领导人之间斡旋，明确表示他们必须就声明达成一致，否则和会将面临功亏一篑的境地。

他们上楼时，双方都做好了妥协的准备。助手们开始起草最后措辞，很快，联合声明尘埃落定，宣称在 2008 年年底之前巴以将达成一个全面的和平协议，解决长期以来存在的争端，这些争端“毫无例外将包含所有核心问题”。这又是一个为了达成协议而签署的协议，不过这一次，如果能够实现协议内容，布什就能在离任时留下“和平遗产”而不是“战争遗产”了。

布什准备稍后宣读协议，他看了一眼最终版本的文件，觉得字体太小了。“我没法读。”他突然说道。

“为什么？”赖斯不安地问，以为他在最后关头对某些内容产生了异议。

“不是，我真没法儿读，”他无奈地说，“我看不清字。”

接下来的几分钟里，哈德利一阵手忙脚乱，来回奔走，尝试用大号字体把文件重新打印出来。

最后，布什耸了耸肩。“算了，”他说，“他们还在等我们呢。我戴上眼镜读就行了。”

正当布什享受着这罕见的和谐场景时，切尼却神色焦虑，忧心忡忡。他心想：协议设立的目标固然值得额手称庆，然而却脱离现实，如同镜花水月。

几十年以来，历任总统都没能实现巴以和平的理想，他不确定为了这个虚幻的梦想是否还值得付出时间和精力。更重要的一点是，副总统在和会上看到叙利亚也在受邀之列，感到万分诧异。尽管叙利亚总统巴沙尔·阿萨德只派了一个外交副部长与会，但是该国不守规矩，却能安然出现，这完全摧毁了他们一直以来做出的种种努力。不到 3 个月以前，以色列的战机炸毁了叙利亚的一个秘密核设施，现在，大马士革政府却被允许参加国际性会议，叙利亚这下该无法无天了。

完全不在受邀之列的是伊朗。和会召开后的第二天，情报官员向布什和切尼提交了一份关于伊朗核计划的详细报告，这份报告足以颠覆他们对德黑兰施加的种种制裁。多年来，情报局一直认为伊朗在试图制造核弹，如今却发现了一个令人震惊的大逆转：最新报告指出， 虽然以前伊朗的确发展过核武器，但其核计划早在 2003 年秋就停止了，就在美国推翻了其邻国伊拉克的萨达姆政权后不久。

这份报告的出炉历经数月时间，在这期间布什和切尼也不断收到新的评估信息，尽管如此，这份报告还是让人大跌眼镜。早在 2006 年，布什就参与了一系列相关会议，也就是他的助手常说的“深究”会议，与伊朗分析专家一道深挖该国的核诉求，总结出未知和已知的信息。截至 2007 年 6 月，情报局关于伊朗核计划的国家情报评估报告就要新鲜出炉，直到这时，情报局仍然断定伊朗在积极寻求发展核武器。

然后，由于布什一直要求得到更多情报，情报局带来了新消息，一大串截获的电话和邮件，其中，伊朗杰出的核科学家穆桑·法克里札德也在被截获之列，他抱怨政府冻结了他的研究基金和研究工作。

在 8 月的一个早晨，国家情报总监迈克尔·麦康奈尔向布什简要汇报了截获的信息。这可能吗？布什心存疑问，担心截获的信息是一个精心设计的诡计，妄图让美国放松警惕。情报分析家回到岗位，再次对 1 000 多条信息进行清理，夜以继日地研究，试着找出这是个诡计的证据，不幸的是，他们还是得出结论称伊朗核计划是真的已经停止了。中情局局长迈克尔·海登和副局长斯蒂芬·卡佩斯甚至召集质疑委员会对分析家们进行盘问，不断询问他们数据的准确性。

伊朗为什么在 2003 年终止了核武计划，成了情报局内激烈讨论的议题。一些官员将其归功于美军进驻伊拉克，10 万多美国士兵就在家门口严阵以待，伊朗人一定是被吓破胆了。当海登把这番理论传达给分析家们时，却遭到了无情的反驳。他们辩称："先生，这番理论很有意思，但是你没有证据。"另一方面，分析家认为德黑兰停止核武计划，更有可能是因为在 2002 年一个反对派团体向外界公布了伊朗在纳坦兹的秘密核设施。

11 月 28 日呈现给布什和切尼的最终研究报告表明，伊朗在 2003 年终止核武计划"主要是为了应对国际压力"，报告同时表示，情报局"比较肯定"的是，"到 2007 年中期之前德黑兰还没有重启其核武计划"。不过该报告又称，"我们不知道伊朗现在是否打算开发核武器"。精明的读者很快就能明白，这份评估报告并不意味着伊朗已经放弃了开发核武器的雄心壮志。核弹制造是所有核武器开发中最不具挑战性的，也是最容易卷土重来的项目。伊朗仍然在不断进行科学研究，以求掌握更复杂的铀浓缩技术，这才是所有核武计划的关键。一旦伊朗成功掌握核心技术，那么重启核弹制造计划便不在话下，毫无疑问，他们会将新的浓缩铀投入使用。

这份报告不是一份公开文件。现在布什和切尼成了拴在一根绳上的蚂蚱。麦康奈尔和海登不希望公开报告内容，他们认为情报就应该有情报的样子，应当继续保持机密，不过一旦不小心泄密的话，整件事情就会看起来像是政府故意隐瞒证据，罔顾事实，顽固地对伊朗进行制裁。

另一方面，如果正式公开报告，反对伊朗的国际联盟将遭到猛烈冲击，特别是他们现在正准备在联合国安理会上通过第三轮对伊朗的制裁。由虚假情报引发的伊拉克战争才过去5年，这一次美国情报的可信度又将遭受质疑和非难。即使布什对截获的情报可信度心中有数，他仍在10月份公开警告说如果伊朗不放弃开发核武器的野心，那么将很有可能爆发“第三次世界大战”。这份报告让事情看起来就像是布什毫不悔改，再次夸大证据，企图对伊朗发动战争。

切尼建议干脆驳回这份报告，不过很快他的想法就被认为是不可行的。改写报告，即使是为了澄清一点（新发现并不意味着伊朗不再寻求研究铀浓缩和开发核武器），也是无法想象的，因为无论动机多么纯洁，改写报告都会被视为操纵情报的行为。

“这真是一场灾难，”斯蒂芬·哈德利苦恼地对布什说，“我想我们没法对这次的报告做出任何改动。”

“你说得很对。”布什无奈地说道。

布什将最新报告传给了以色列总理奥尔默特，后者正在华盛顿进行和平谈判；切尼则告知了以色列国防部长埃胡德·巴拉克。不过在他们理顺下一步该怎么做之前，他们没有把这个爆炸性的新闻告诉其他与会者，也没有知会他们在欧洲的盟友。经过了一周的讨论，布什政府才在12月3日公开报告的主要结论。一场轰动随即而至。哈德利回忆说：“那是一次巨大的打击，巨大的打击啊！”德国总理安格拉·默克尔本来计划参加周会，敦促德国各行业领袖停止与伊朗的商贸活动，她一听说这份最新报告，就立刻取消了会议。

布什试图控制损失程度，他致电同盟中的其他领导人，言之凿凿地表示报告并未改变任何事，并向他们寻求支持以进一步制裁伊朗。12月4日，他打通了普京的电话。普京刚在地区选举中胜出，尽管大多数人都指责选举不公，布什还是一个劲儿地拍他的马屁，由此可见，布什对于失去俄罗斯在伊朗问题上的支持，十分着急上火。

“选举结果让我们有理由欢欣鼓舞。”普京如此评价道。

“你很受人欢迎，”布什恭维道，“人们非常喜爱你。”

“其他党派的表现也很不错。”普京淡淡地说。

“你真谦虚。”布什继续讨好他。

布什开始将话题转移到关于伊朗的新报告上，这才是他打这通电话的真正目的。他解释道：“我很担心有人会以此为根据改变对伊政策。”布什强调说，重新启动一个老计划是一件易如反掌的事。他希望俄罗斯能坚定立场，警告伊朗“走更正确的道路”。普京表示他会坚定立场。他告诉布什：“新任伊朗国家安全顾问就在等候室等我，我会认真考虑你说的话。”

冬季来临，伊拉克总理努里·马利基的众多政敌正私下密谋，他们聚集在巴格达，企图推翻马利基的统治。与此同时，一些白宫官员也一致赞成，他该下台了。

切尼就是其中一位，他认为马利基的离职“值得考虑”，他更希望什叶派领导人阿代尔·阿卜杜·迈赫迪取代马利基成为总理，迈赫迪担任副总统一职，英语流利，实际上他与华府的不少官员交好离不开他那口流畅的英语。布雷特·麦格克曾亲眼目睹马利基在布什眼皮子底下假装签署协议，他给布什写了个备忘录，称马利基的执政风格“对于完成我们在伊拉克的关键目标是一个重大阻碍”，他还提出建议，如果马利基的敌人反对他，“我们应当装聋作哑、不加制止”。

不过盖茨坚决反对干涉马利基政权，他辩称干涉只会带来一大堆麻烦。布什深表赞同。12 月 17 日，布什和顾问们在战情室开会。他对顾问们说道：“我知道，我们这儿有些人认为马利基该滚蛋了。赶走马利基绝对不是我们该有的政策。该死的增兵计划还没结束呢。我们足足花了 6 个月时间选中马利基，好不容易成立了新政府。马利基现在要是下台的话，伊拉克就别想稳定了。”

因此，他派赖斯前往巴格达，告诫马利基好好反省，同时赖斯也负责为其扫除障碍，阻止反对者挑战马利基政府。赖斯与总理坐下来好好商谈了一番，她说话还是一如既往地直接：“你真是个糟糕的总理，要不是我们取得了进展，要不是你跟我们签订了协议，而你孤军奋战的话，你早就挂了。”接着，她会见了马利基的对手们，她警告说，他们如果妄图变更政府领导人，就将失去美国的支持。

在周旋于国际事务的同时，布什继续与国会民主党唱反调。他否决扩大一项儿童保健计划，还威胁说要否决众议院通过的一项法案，该法案禁止中情局使用严酷审讯手段。他拒绝让高级助手为联邦检察官罢免事件作证，导致参议院司法委员会通过了对乔舒亚·博尔滕和卡尔·罗夫蔑视国会的指控。

不过布什和民主党在能源法案上走到了一起，两党合作取得了突破性的进展，尽管结果不如想象中宏伟壮观，但这仍然是自 19 世纪 70 年代石油危机以来最为卓越的成就之一。根据该法案，截至 2020 年，轿车和轻型卡车的油耗标准要达到每加仑汽油平均行驶 35 英里，这是 22 年来对油耗标准的首次提高。

法案还规定，要大幅扩大酒精能源生产规模，同时逐步禁用白炽灯。尽管与布什设想的不大相同，但该法案基本符合他在国情咨文中订立的目标。两党委员会估计，根据该法案，到 2020 年，油耗预计将每天减少 280 万桶，二氧化碳排放量预计将减少 4%。

在 12 月 19 日的签署仪式上，布什笑容满面地站在众议院议长南希·佩洛西和参议院多数党领袖哈里·里德中间。他愉悦地说："我将要签署的这份法案向美国人民证明了，在关键问题上两党是能够达成共识的。而且，我们还能同心协力解决更多问题。"

布什前往克劳福德农场欢度圣诞假期，他看起来心满意足，对即将到来的最后一年任期十分乐观，却也不失谨慎。伊拉克局势看起来更加稳定，12 月，美军军用设施仅剩 23 个，这是自 5 年前战争开始以来，美军军用设施数量倒数第二低的月份。也许朝鲜未必能在年底前做出声明，但是仍然有希望取得进展。虽说新国会全盘否定了布什提出的各项议程，他却将总统否决权发挥到极致，丝毫不认输服软。

不过，这一年的年底并不太平。圣诞节过去两天后，布什一觉醒来，突然听说巴基斯坦前总理贝娜齐尔·布托遇刺身亡。巴基斯坦是美国重要的盟友，布什和切尼在过去的几个月里一直致力于稳定巴基斯坦国内动荡的政局。布什之前对佩尔韦兹·穆沙拉夫总统很满意，后来却发现这位巴基斯坦领导人越来越会制造麻烦。穆沙拉夫宣布在国内实行紧急状态，中止宪法，并罢免了与他长期不和的首席大法官，巴国顿时陷入新的危机。几个月以来，布什不断向他施压，他这才决定不再担任陆军参谋长一职，从而实现文官统治。在动荡的局势中，贝娜齐尔·布托结束多年海外流亡生涯，回国参加竞选。在竞选集会上，一名自杀式袭击者引爆了炸弹，结果两人都命丧黄泉。

布什穿上西服，赶到克劳福德小学，召开记者会。他看起来愁眉苦脸，神色疲惫。他严肃地说："美国强烈谴责这次极端主义分子的谋杀行为，这起暗杀是胆小懦弱的行为，是妄图破坏巴基斯坦民主的行为。"

外交手腕的蜕变

假期结束后，布什返回华盛顿，将度过他任期的最后一年。很快，他再次收到了坏消息，这一次，却是来自国内。2008 年 1 月 2 日，他会见亨利·保尔森。保尔森告诉他，经济增速已经大幅减缓。对布什来说，在备受国际争议的当口，这个消息无疑削弱了他的一个重要政绩，打碎了他用来抵抗争议的基石。整整 52 个月以来，美国的经济增加了就业，这是记录在案的跨时最长的持续就业增长。但是相对而言，新增就业量不多，现在，房地产泡沫的破灭却轻易就开始动摇整个经济体系。

几个星期以来，危险的预兆不断出现，布什委托保尔森前往国会山，为一揽子经济刺激方案投石探路，希望提振低迷的经济。保尔森在国会试探完毕，布什即在 1 月 18 日向国会申请通过总额达 1 450 亿美元的经济刺激方案。切尼这次总算现身，宣布方案时他就站在布什身后。让人吃惊的是，他们没费什么力气就在一周内与民主党达成一致，通过了总额达 1 520 亿美元的经济刺激方案，方案最终将为个人减税 600 美元，即每个家庭减税 1 200 美元，同时，每个孩子补助 300 美元，方案还包括了其他企业减税措施。刺激方案迅速取得一致，部分原因是布什让保尔森出面，而自己主要在幕后操作，不显山不露水，不跟国会正面交锋。

经济困境让布什的后继者们改变了对策。过去几年里，伊拉克问题一直是政治辩论的最主要话题，不过增兵计划成效显著，减轻了公众对战争的担忧，另外，迅速恶化的经济形势也让选民们暂时将伊拉克问题抛在脑后，现在他们更关心的是经济。

作为一个旁观者，布什看着竞选者们开始唇枪舌剑，他兴致勃勃，同时心怀不满，却又感到解脱。当比尔·克林顿为他妻子宣传造势时，他因为在南卡罗来纳州的初选上的一番评论而被称作种族主义者，布什当时也在场，他很同情克林顿，就给这位前总统打了通电话，表达了自己的遗憾之情。

实际上，布什有点儿克林顿的影子，特别是几天后，即 1 月 28 日，他在众议院会议厅发表国情咨文、总结上一年工作的时候。无论是社会保障改革、移民改革，还是税制改革，这些豪言壮语他都没有再提。相反，他如当初的克林顿一般，提出了一些不痛不痒的措施，比如优先安置军人配偶。

他抛弃了过去对抗性的外交政策，转而致力于推进中东和平，并与流氓国家进行外交斡旋。

布什入主白宫时没少说前任总统的坏话，以至于他的批评者们称其统治方针是“逢‘克’必反”，也就是只要是克林顿的政策就坚决反对。他曾斗志昂扬地宣称，他绝不会谨小慎微地采用循序渐进的政策，靠“小球”得分，他也绝不会纵容朝鲜，或在以色列和阿拉伯之间费时斡旋。然而，当布什临近离任时，他似乎在走前任总统的老路。他多数时间都在拼命巩固自己已经取得的成绩，比如追加300亿美元拨款支援非洲抗击艾滋病，重新授权《不让一个孩子掉队》法案，制订法律为宗教慈善组织提供更多联邦基金。

抱着巩固“遗产”的想法，布什呼吁国会议员暂时抛开火药味十足的大选。他说：“在这个大选年，让我们向美国同胞们表明，我们深知自己的责任，并决心履行职责，让我们向他们表明，共和党人和民主党人能在为赢得选票而竞争的同时，也能为争取实效而携手共进。”

DAYS OF FIRE

第34章

谁是政治赢家?

无论是叙利亚问题、朝鲜问题、中东问题、秘密监狱问题还是其他问题，切尼提出的建议都被无视，但是他发现了新途径来表达自己对政府政策走向的不满。在持枪权问题上，切尼对布什大胆反抗；在环保问题上，切尼团队将布什的演讲稿改得面目全非。但为什么在老友赤裸裸的冒犯下，布什仍忌讳冒犯老友？

失宠了更要抗争

无论是叙利亚问题、朝鲜问题、中东问题、秘密监狱问题还是其他问题，副总统切尼提出的建议都被无视。但是在 2008 年冬天，他终于发现了一条新途径来表达自己对政府政策走向的不满，那就是持枪权问题。

争议来源于最高法院审理的“哥伦比亚特区诉海勒案”，在该案中，华盛顿哥伦比亚特区长期以来禁止市民持有手枪的法案被控违宪。在此之前，下级法院已经判决该法案违反了《宪法第二条修正案》规定的持枪权。最高法院将首次对这个悬而未决的遗留问题作裁决，即修正案规定的是美国公民个人持枪权还是仅仅是民兵的持枪权。

司法部并不支持持枪权，不过却提出了一个折中的意见，由司法部副部长保罗·D. 克莱门特出庭陈述，建议法院认可个人持枪权，但驳回下级法院的无条件判决，要求下级法院对案件进行“更为灵活的重审”，不让诸如机枪禁令等枪支管制法案失效。白宫副幕僚长乔·卡普兰在前一天晚上才听说了司法部的计划，他顿时怒不可遏。他极力想要改变计划，并与克莱门特激烈争论。最后，他和乔舒亚·博尔滕决定让布什定夺此事。

“你想怎么处理呢？”博尔滕问道，“你想让他递交陈述状吗？如果我们在这个时候介入，肯定会掀起轩然大波。”

布什决定不插手此事，放任陈述状提交给法院。

不过切尼对司法部模棱两可的做法非常恼火。所以当参议员凯伊·贝利·哈奇森找到他，以“法庭之友”的身份交给他另一份陈述状的时候，他大喜过望。这份陈述状将由支持持枪的国会议员提交，哈奇森提议切尼以参议院议长的身份在上面签字。他和戴维·阿丁顿商议了一番，阿丁顿向他保证这事在他的权力范围之内。几天之后，切尼联系了哈奇森，并不动声色地签下了他的名字，他没有告诉白宫里的其他任何人。

2 月 8 日，哈奇森发布了陈述状，55 位参议员、250 位众议员外加副总统都签了名，白宫被打了个措手不及。尽管博尔滕和卡普兰同样对司法部的陈述状不满，不过他们怎么也没想到切尼会公开跟政府作对，这让他们大感震惊。

卡普兰给切尼的顾问尼尔·帕特尔打去了电话，他大声质问道："你们他妈的到底在干什么？"

帕特尔一头雾水，他其实刚刚才从一位全国步枪协会的说客口中听说此事。帕特尔立刻给阿丁顿打电话询问,阿丁顿回答说他是故意隐瞒大家的。

"我其实是为了保护你们，这样你们可以坦承自己一无所知，要知道白宫会闹翻天的。"阿丁顿解释道。

白宫的确闹得沸沸扬扬。帕特尔说："他们非常气愤，已经无法形容他们有多气愤了！"

博尔滕请见布什，请求他责罚副总统。

"你不能让政府立场不一，"博尔滕说，"副总统也不能不与白宫同仇敌忾。"布什被逗乐了，并不是很生气的样子，他只是笑了笑，然后允许博尔滕去见切尼。

博尔滕穿过大厅，走向副总统的办公室，他轻手轻脚地进了门。他解释来意说，那份支持持枪的陈述状越线了。不过他没有直接责怪切尼，他将错误推到了阿丁顿身上。

"这是个程序错误，"他为切尼找了个台阶，"如果可以的话，我想跟你的办公室主任谈谈。"

"原来你还不知道啊，这真的出乎我的意料，"切尼故意道，"不过签名是我签的，以参议院议长的名义签的。"切尼狡黠地咧嘴一笑，接着告诉博尔滕，他可以去找阿丁顿谈。

博尔滕见到了阿丁顿，立刻大发雷霆。

阿丁顿丝毫不为所动，他很确信他有切尼的支持，他提醒博尔滕说，他为副总统效力，他不是总统的办公厅主任，而且他的工资由参议院发。

"行了，我懂了，"博尔滕不耐烦地回应道，"但是如果再发生这样的事，我敢保证让你立刻卷铺盖走人，你会回到参议院那间小得可怜的办公室里，再也别想踏进白宫一步！"

阿丁顿点头称是。

这件事情很快便烟消云散，布什根本就没找切尼的麻烦，或许他不愿跟切尼正面交锋，或许他也对自己温和的执政风格感到些许后悔。事实上，在陈述状发布的同一天，布什还在保守派政治行动大会上的发言中对切尼大加赞赏。

"他是史上最好的副总统。"布什称赞道，这句话他以前也说过，不过是用来形容自己的父亲，他现在说这话有点儿扫父亲的面子。

紧接着，他面露笑容，继续说道："我母亲也许会跟我意见不一致。别告诉她我说了这话，不过最后还是我说了算。"

不论怎样，在白宫一些官员看来，切尼与布什在持枪权问题上的分歧，其实是"史上最好的副总统"在大胆反抗和存心阻挠。一位白宫官员评论道："切尼觉得我们所做的一切都是为了谋取更好的公众形象，并没有真心从政治信仰出发，这次他想表达的其实是'你们全都给我滚远点'。"

尴尬的人事问题

当国内危机重重之时，布什在国外找到了些许安慰。2月15日，他登上"空军一号"前往非洲，开始了他任期内最后一次历时6天、跨越5个国家的行程，在世界上一些穷得叮当响的国家，他支援人们抗击艾滋和疟疾，帮助他们对抗贫穷，做出了史无前例的贡献。他提出"总统紧急救助艾滋病计划"，为非洲援助150亿美元遏制艾滋，还打算说服国会再投入150亿。他创立"世纪挑战集团"，投入十几亿美元，援助那些承诺具体实施改革的国家。对一个保守派共和党人士来说，这么做有点和本性不符。在援助非洲方面，布什的贡献可以说比任何一位前总统都要多得多。

当布什穿梭于非洲时，他被一大片感谢声包围。贝宁宣布设立"乔治·W.布什日"。在坦桑尼亚，成千上万的民众挤满了大街，翘首以盼，欢迎他的车队，女人们身穿裙子和衬衫，兴高采烈地跳舞，衣服上还印着布什的脸。在加纳，一条主干道被命名为"乔治·布什高速"。他此行最后一站在利比里亚，2003 年他曾协助利比里亚赶走总统查尔斯·泰勒，他派遣海军陆战队，提供援助资金，帮助利比里亚结束 14 年的内战，稳定了局势，人们在广播里为他歌唱，轻呼他的名字，柔声唱道："谢谢你为我们带来和平。"

即使是在美国人民考虑选出第一位黑人总统的时候，这位现任总统在非洲仍然有大量忠心的追随者。"当然啦，人们在兴奋地讨论奥巴马。"坦桑尼亚总统贾卡亚·基奎特说道，布什就在他旁边，此时他们正在达累斯萨拉姆政府总部的后院里聊天。基奎特接着说："但是对我们来说最重要的是，我们希望他能够像布什总统那样对非洲友好。"这也难怪。在坦桑尼亚，布什已经支援了 8.17 亿美元，为成千上万的艾滋患者提供药品和其他救助。在他访问期间，两国领导人签订了 5 年合约，通过"世纪挑战集团"援助坦桑尼亚 6.98 亿美元，用以重建道路、扩大发电以及供给更多净水。在摇滚歌手兼政治活动家鲍勃·格尔多夫的随行下，布什暂时逃离国内危机，好好地喘了口气，他享受这得来不易的闲暇，后来他称这次非洲之行是他"任期内最棒的"。赖斯觉得这也许是布什任期内最愉快的一段时光，她说："他很享受在非洲的时光，从他的最后一项行程安排就能看出。"

回国后，布什就没这么受欢迎了，即使是在希望保住总统宝座的共和党的竞选大本营，他也不怎么受待见。约翰·麦凯恩对提名稳操胜券，他的竞选活动暂时告一段落，按照惯例，白宫现任总统要对他进行祝福。不过这并不意味着他们都期待这件事。

3 月 5 日，布什会错了意，早早地就到达北门廊，他一向讨厌等待，这次等麦凯恩现身足足等了好几分钟。在镜头面前，他仍然保持着幽默，甚至还调皮地给记者跳了一段踢踏舞，不过之后就不停地向助手们抱怨自己等太久了。麦凯恩总算到场，两人走进了玫瑰园。

"我希望他义无反顾地支持我竞选，就像他义无反顾地忙于政事一样。"麦凯恩说道。

相比之下，布什更坦率一些："不管是我站出来支持他起作用，还是我唱反调起作用，不论何种方式，我都希望他能赢。"

就在麦凯恩费尽心思要跟布什撇清关系时，总统又开始为尴尬的人事问题烦恼。白宫宗教保守团体联络官蒂姆·戈格莱因被发现在报纸专栏上发表抄袭文章而引咎辞职，布什痛心疾首，他把戈格莱因叫到椭圆形办公室，语重心长地说："蒂姆，在我自己的生活中，我知道怜悯和恩典意味着什么，因此，我现在将它授予你。你得到了我的原谅。”布什对海军上将威廉·法伦同样心怀慈悲，法伦是中央司令部司令，负责监管伊拉克和阿富汗，他向《时尚先生》杂志表态，他曾独力反对白宫向伊朗开战。虽然布什表示不追究，切尼却提醒道，他在海湾战争时解雇了迈克尔·杜根，他强烈要求总统如法炮制。切尼告诉布什：“我会毫不犹豫地解雇他。”海军上将迈克·马伦是参联会主席，他赞同切尼的意见，最终在布什的授意下，他会见法伦并要求法伦主动引咎辞职。

化解房地产危机

法伦辞职的第二天，经济危机就开始以摧枯拉朽之势横扫美国。房地产市场加速崩溃，几大投资公司纷纷遭遇愈发严重的现金流问题。在这关键时刻，布什计划飞往纽约，在华尔街经济俱乐部发表讲话。3 月 12 日，布什在椭圆形办公室检查演讲稿，这时，亨利·保尔森注意到上面写着不会对任何投资银行进行紧急援助。

“别提这个。”保尔森谨慎地提醒道。

“我们不会进行援助的，难道不是吗？”布什问道。

保尔森回答，他预计不会，不过最好别把话说得太满。他说：“总统先生，事实上，整个经济环境实在太脆弱了，要是某个金融公司真的扛不下去了，我们也许会不得已采取一些措施，这很难说。”

第二天，布什接到了保尔森的电话，保尔森说被他言中了。华尔街最负盛名的投资银行之一贝尔斯登濒临破产。贝尔斯登曾经大幅投资高风险住房贷款，是其中一个投资巨头之一，现在次级按揭市场崩溃，它也要付出相应的代价。

“事实确实如此，”保尔森对布什说，“我们现在遇到危险了，一个公司就要破产了。我们不得不尽快补救。”

起初，布什坚决反对。在自由市场规则下，大公司因决策失误而面临倒闭，这是市场选择，必须遵守。

不过，保尔森据理力争，向其说明贝尔斯登的破产将对整个经济带来巨大的连锁效应，后果将不堪设想。

3 月 14 日，周五，这天上午，保尔森当机立断，认为政府必须进行干预。他警告布什说："总统先生，你可以把那句话删掉了，那句说没有任何紧急援助的话。"当"空军一号"抵达纽约时，保尔森和本·伯南克已经精心策划，让美联储为摩根大通提供 290 亿美元的贷款，由其收购贝尔斯登，虽然他们让一个有 85 年历史的公司从此退出历史舞台，但是却行之有效地避免了更大规模的灾难。

"看来我出现得正是时候，真有意思。"布什说着就笑了，他在纽约经济俱乐部的演讲刚刚开始。他称赞了保尔森和伯南克，同时也辩解道，他反对政府继续伸手扭转房地产市场。他说："华盛顿的意思是，除了对房地产市场进行大规模的政府干预，其他任何措施都将徒劳无功，我绝对不同意这个观点。"

他打了个比方，政府的经济决策就像是在艰难地开车："如果你陷入了这种困境，你会清楚地知道，方向盘不能打得太死——矫枉过正的结果往往是，你掉进沟里。"

他的批评者们并没有被说服。这天结束前，民主党人（比如纽约州的参议员查尔斯·舒默）就已经开始将布什比作赫伯特·胡佛总统（"大萧条"爆发在胡佛任期内。——译者注）了。

"我们要死在这件事上面了，对吧？"布什问保尔森。

民众的支持和反感只在一线间

布什心里明白，对华尔街的银行提供了援助，这肯定不是民众喜闻乐见的，他不时地对此感到闷闷不乐。切尼的想法截然相反。尽管在两人任期内的最后一年里，他们的公共支持率已经低得不能再低了，但切尼仍然认为他们是在为荣誉而战：他们做任何事都是在坚守原则，反正他们已经不会再成为政治赢家了。

不过，在忽视群众变化无常的喜好和失去民众的支持之间，仍有一条细微的区分线。切尼目空一切，游走在这条线的边缘。3 月 19 日，伊拉克开战 5 周年纪念日之际，他出访中东，特别强调了增兵计划取得的成就。在阿曼停留时，他接受了美国广播公司新闻记者玛莎·拉达茨的采访。

"三分之二的美国人都认为这场仗打得不值。"她对切尼说。

"所以呢？"切尼反问道。

拉达茨看起来大吃一惊。

“所以呢，”她无法理解地重复了一遍，“你难道丝毫不关心美国民众的想法吗？”

“我不关心，”他回答说，“我认为政府政策不该有始无终，不该被公众意见的反复无常牵着鼻子走。”

实际上，民意并非反复无常：它们势不可当地朝着一个方向推进。尽管增兵计划取得实效，布什和切尼还是在伊拉克问题上失去了美国民众的支持。

在切尼看来，民众的意见不能阻挡他保卫这个国家的决心，有些事不能不做。切尼的国家安全顾问约翰·汉纳说：“他认为，输掉战争对美国来说是最坏的结果，他坚信，我们必须得赢，你可以清楚地看出，他绝不会因为民众反对或是因为缺乏民众支持而改变立场。”正如莉兹·切尼所说，“其他任何事都不重要，就算战争意味着名声受损，你也必须承受”。

几天后，伊拉克局势出现了戏剧性的逆转。什叶派民兵纷纷逃往巴士拉，巴士拉位于伊拉克东南部，是靠近伊朗边界的海港城市，也是伊拉克石油工业的中心。努里·马利基总理收到报告称，那里的女子因为没有正确蒙面而惨遭殴打，甚至因为被控告性行为不检点而被人断手断脚。马利基仓促决定，命令伊拉克军队南下攻打民兵，却在做出决定之后才通知戴维·彼得雷乌斯。彼得雷乌斯万分惊讶，认为马利基太过鲁莽，在没有任何准备的情况下，就算是美军也无法立即提供支援。彼得雷乌斯总结道：“这完全是草率行事，毫无疑问他是脑子一热做出的决策。”不过马利基不理会彼得雷乌斯的意见，甚至亲自前往巴士拉监督作战。美方的担心不无道理：伊拉克军队准备不足，缺少弹药、燃料和其他补给，而且有时候，他们的士兵拒绝与什叶派同胞自相残杀。彼得雷乌斯派遣特种部队、阿帕奇直升机和捕食者无人机随总理前往一线，并为他提供支援，但是双方合作太不协调，以至于“我们都分不清到底谁是敌谁是友了”。

在白宫，国家安全小组陷入了恐慌。

赖斯致电布什说马利基的政府可能会垮台。中情局的预测也堪忧。伊拉克战争协调官道格拉斯·卢特认为马利基是在豪赌，他回忆道：“这里每个人都认为大祸临头了，即便他侥幸活下来，也会在政治上举步维艰，因为他将证明自己是个无能的发号施令者。”

然而，布什深深不以为然。斯蒂芬·哈德利和布雷特·麦格克刚走进椭圆形办公室，还没开始汇报，就被布什率先抢过话头："别跟我说这是件坏事。马利基曾说他会这么做，现在他说到做到了。"

有史以来第一次，这位什叶派总理向什叶派民兵发动进攻，以前美方多次要求都未果。布什相信马利基，尽管他行动草率，但是总算拿出了领导者的魄力。虽然布什没有明说，但这位老得克萨斯人欣赏电影中西部牛仔的果敢，也许他从马利基身上看到了相同的精神，这大概是他选择相信马利基的部分原因。马利基随心而动，坚决而勇敢，至少布什是这样认为的。

3 月 24 日，布什与彼得雷乌斯和莱恩·克罗克大使进行了视频会议，他的判断没有得到支持。

"这么做可能比较冒险。"彼得雷乌斯说得比较委婉。他告诉布什，美军当然能提供援助，"但是你要明白我们这是在冒很大的风险"。

布什说他知道有风险，但是他认为事情将会取得重大突破，而不会一败涂地。他们必须相信马利基。他胸有成竹地说："我们希望他能站出来领导伊拉克，我们要做的就是支持他，而不是试图劝说他放弃。这将是一个决定胜负的关键时刻。"他们不得不想尽一切办法确保马利基赢得胜利。

他在伊拉克的同伴却不这么乐观。克罗克深受布什喜爱，他写的报告总是充满危机感，意指伊拉克尚不稳定，这很符合布什的心意，因此布什给他取外号叫"阳光"。此时，克罗克身在巴格达，关掉麦克风，这样华盛顿那头就听不见他说话。他忧心忡忡地对彼得雷乌斯说："我希望关键时刻能像他说的那样决出胜负。"

差一点胜负就倒过来了。马利基的指挥总部遭炮弹袭击，他的私人保镖和儿时伙伴都在炮轰中身亡。巴格达的什叶派民兵也用武力反击，不断用火箭炮轰炸克罗克在绿区的使馆总部，在 48 小时内几乎进行了 100 次轰炸。不过最后，彼得雷乌斯全力镇压，马利基坚持不懈，民兵武装终于丢盔卸甲。马利基宣告政府重新控制了巴士拉。

经此一役，马利基似乎突然具备了国家领导人的风范。卢特评论说："他从巴士拉回来之后整个人都不一样了。"参议员林赛·格雷厄姆后来跟马利基谈及此事，他也认为伊拉克总理"变了个人"，他"不再温顺可欺，现在他跟约翰·韦恩(好莱坞明星，以演出西部片和战争片中的硬汉而闻名。——译者注）一样了"。

危机四伏的国际传话游戏

春天来临，布什准备前往罗马尼亚布加勒斯特，这将是他最后一次参加北约峰会。2004年，他主导了北约扩张，当时7个新国家加入了联盟，包括3个曾经隶属苏联的国家，分别是立陶宛、爱沙尼亚和拉脱维亚。如今联盟准备再吸纳两个东欧国家：阿尔博尼亚和克罗地亚。

但真正的问题在于，应如何对待另外两个希望加入联盟的前苏联共和国：乌克兰和格鲁吉亚。这项议题非常敏感。格鲁吉亚和乌克兰分别在2003年和2004年通过所谓的颜色革命推翻了政权，并通过民主选举产生了新的领导人。颜色革命给普金敲响了警钟，他认为美国意图建立起一个亲华盛顿联盟，从而对俄罗斯形成包围，这就是西方世界不断侵蚀的结果。

乌克兰和格鲁吉亚当前所诉求的并非北约盟国身份，而是申请加入"成员国行动计划"，这是加入北约的第一步，根据计划要求，在北约做出最终决定之前，无论最后能不能顺利加入北约，两国都要花上好几年时间来提升武装力量、巩固民主制度。但即使这样，也值得布什奋力一搏，这将成为他最后一年任期内一项关键的外交政策。布什觉得这个主意很诱人，因为这看起来很符合他的"自由议程"。这一次切尼终于与布什达成一致，不过他不是从浪漫的理想主义出发，而是冷静地从地缘政治的角度进行思考，防止莫斯科重新控制其邻国，这正是美国的利益所在。俄罗斯越是反对格鲁吉亚和乌克兰加入北约，切尼就越相信这样做是值得的。

德国和法国领导人都认为这是不必要的刺激，他们反对乌克兰和格鲁吉亚加入北约，更何况它们的局势非常不稳定。但一些东欧国家，比如波兰和波罗的海诸国，却感同身受，乐意接受这两个国家。美国情报专家向布什、切尼和国家安全小组的其他成员作简要汇报，他们不断强调自己的观点，认为欧洲反对劲头太足，美国是不可能称心如意的。这次的汇报与副总统反其道而行，立刻惹怒了他。

"所以你是说你反对自由和民主吗？"切尼发问道，一脸讪笑。他幽默了一把，无疑是在讽刺情报专家。布什忍住了笑意。

"不，副总统先生，" 菲欧娜·希尔回答说，她是其中一位情报分析家，"我们并没有这么说。"

汇报结束后，切尼的助手乔·伍德叫住希尔，准备责怪她。伍德认为希尔对困难的分析言过其实，所以她是在跟切尼作对。

“你不听从政府指挥。”伍德说道。

“我们不应该对政府唯命是从，难道不是吗？”她反驳道。他们的职责就是给出最专业的分析。

在国家安全委员会的一次会议上，围绕该问题的讨论到了白热化的程度。赖斯和罗伯特·盖茨认为要小心谨慎，他们提出此事可以暂行搁置，不必急着现在就让两国加入北约。盖茨在处理跟俄罗斯有关的问题时很少心慈手软。不过，最后他和赖斯建议采取一个折中的方式，在鼓励乌克兰和格鲁吉亚的同时，不再刺激德国和法国。

哈德利心知布什总统心仪的是另一条路，于是他恳求维多利亚·努兰德帮忙。努兰德曾是切尼的助手，现在是驻北约大使。努兰德从布鲁塞尔打来视频电话，她辩解道，乌克兰和格鲁吉亚循规蹈矩，举办了相对透明的选举，进行了政治改革，打击腐败，并且正尽全力使经济发展回到正轨。她质问道：“如果这是他们的意愿，并且他们达到了入盟的要求，美国怎么能说不呢？”

布什同意她的观点。他打算再次为这两个国家努力争取。他希望能与德国总理安格拉·默克尔达成一致，同时他预测法国会效仿德国。他对助手们说道：“这是我和安格拉之间的问题。”

然而在一次视频会议上，默克尔拒绝合作。布什倍感无奈，只好把战场转移到布加勒斯特。就在他快要结束与默克尔的通话时，他轻声对她说：“我们在大决斗时见。”

普京仿佛觉得事情还不够微妙似的，也加入到博弈中来，邀请布什到索契与他会面。索契是俄罗斯南部的一个度假小镇，而普京安排的会面时间就紧接在北约峰会之后，他这么做使得局面更加复杂起来。在布加勒斯特不知会发生何事，也许这次会面会很尴尬，因此布什并不愿前往。同时，他也意识到普京的反美辞令越来越刺耳：一年前在慕尼黑举办的一次国际会议上，普京将美国比作“第三帝国”。

布什致电普京，想要弄清这次会面是否一场精心安排的骗局。“听着，只有你保证不在布加勒斯特上演慕尼黑的戏码，我才会去。”布什对他说道，至少后来布什是这么向他的助手描述两人的对话的。

普京欣然同意，于是布什接受了邀请。

布什一到布加勒斯特，就遭到默克尔的强烈反对。她的态度引起了一些东欧国家领导人的不满，他们群起而攻之，力推两国加入北约。最后，虽然格鲁吉亚和乌克兰没有出现在正式成员国名单上，但是东欧国家得到了北约的确切回应，从峰会公报即可一目了然："今天我们达成一致，同意诸国即将成为北约成员国。"后面没有限制条款。布什认为自己达到了目标，获得了胜利。

然而，这种折中的决定最终不但激怒了普京，也激怒了格鲁吉亚复仇者米哈伊尔·萨卡什维利总统。萨卡什维利年轻激进，他与美国站在同一阵线，不跟普京同心同德，莫斯科对他早就心怀不满。普京以嘉宾的身份出席北约峰会，谁也没想到他提前就出现在布加勒斯特，还搅乱了盟国领导人一顿美好的会餐。萨卡什维利在格鲁吉亚责备西方国家不负责任。在华盛顿，有些人认为他们无谓地捅翻了马蜂窝。曾给切尼汇报的情报官员菲欧娜·希尔回忆道："俄罗斯人气急败坏，格鲁吉亚人也气急败坏，他们不听我们的劝告，莽撞行事。"

北约峰会后，布什前往索契拜访普京。这是他们作为总统的第 28 次、也是最后一次会面，普京即将离任，他一手挑选的接班人德米特里·梅德韦杰夫将接替他成为总统，而他本人将任总理一职。切尼办公室的一些官员担心布什立场不坚定，布什虽警告普京不要对格鲁吉亚动武，但是态度不够强硬。另一些人在跟格鲁吉亚商议完毕之后，则担心萨卡什维利误解了布什的本意，萨卡什维利觉得他跟布什的谈话就像是"不停闪烁着的黄灯"，他以为布什暗许美国支持格鲁吉亚跟莫斯科兵戎相见。布什的助手再次发布信息，试图纠正这种被曲解了的印象，不过，在危机四伏的国际传话游戏中，没有人知道，他人到底会如何理解听到的话。

关注环境问题也是一种权术？

春天来临，布什团队和切尼团队在最后一项国内政策上互相较劲儿。布什渴望为气候变化做长远规划，但是切尼认为这只是为了在政治上迎合他人，并且会给经济发展带来灾难性的后果。

7 年前，布什宣布退出《京都议定书》，也没有遵守大选时的承诺，即限制发电厂排放量，这 7 年间，他从未把气候问题当成一件大事。他一方面为科学研究和新兴技术投入数十亿资金，一方面却反对政府出台强制性减排目标，尽管环境保护者声称政府强制减排不可或缺。至于好莱坞自由派精英人士的警告，在布什看来均是杞人忧天，私下里他觉得这帮家伙让人非常恼火。

不过，布什的观念在逐渐改变。他意识到科学研究越来越具备说服力，并认为需要采取更多措施保护环境。他任期将满，偏逢环境危机丛生，他可不想承担袖手旁观的名声。如今令他发火的不再是好莱坞那帮人，而是公众认为他不作为的观点。过去 18 个月中，他首次在国情咨文中引述环境变化带来的危机，召集全球主要污染企业参加会议，号召遵循《京都议定书》进行国际合作，并签署法案以减少汽油消耗，以达到降低温室气体排放的目的。他甚至还邀请他的老对手阿尔·戈尔就全球变暖的议题进行了一场为时 45 分钟的会谈。

乔舒亚·博尔滕、亨利·保尔森和康多莉扎·赖斯等顾问敦促布什采取更积极的环保举措，甚至可以采取所谓的“总量管制与排放交易”体系。一言以蔽之，该体系对排放进行限制，但是重污染企业可以从高效的能源生产企业那里购买排放限额，用来抵消超出限制的部分。布什的批评者们对该体系赞不绝口，白宫工作人员甚至秘密地讨论研究过“总量管制与排放交易”的模型。吉姆·康诺顿是环境质量委员会主席，也是博尔滕的姐夫，艾德·拉泽尔是经济顾问委员会主席，两人负责拟定政策，以解决气候变化问题，但同时不能对经济发展带来太大伤害。两人的观点后来被称为“康那泽”（Conazear，“康诺顿”与“拉泽尔”的混合词。——译者注）。

至于赖斯，她想“在气候变化上有更大的作为”，尤其是自约翰·麦凯恩支持“总量管制和排放交易”开始，她的想法就更加突出，麦凯恩的两个民主党对手贝拉克·奥巴马和希拉里·克林顿也支持该体系。赖斯的政策规划主任戴维·戈登说道：“我们认为美国下一届政府将会大力实行‘总量管制与排放交易’政策，他们将从这一举措中获得更好的名声。为什么我们不赶紧将这一政策付诸实践？我们不会一直掌权，所以你不需要承担太多，但是总统先生，你为什么不先行一步，从而留下属于你自己的‘遗产’呢？”

布什同意了。他和助手商讨，同意限制发电厂排放量，他在 2000 年的大选中曾经这样许诺过，但刚上任没几个月他就签署了切尼递交的一份文件，否认了自己的承诺，现在他转了几个弯，实际上又回到了原点。不过他希望此举不会迫使企业移向海外，这样的话将影响国内就业。康诺顿、拉泽尔与总统的国家经济顾问基思·亨尼西共同设计了一个所谓的混合模型。政府会根据市场规律制订限额，尽可能地减少排放量，同时保证不会给企业带来过高的成本,防止他们迫不得已移厂海外。为达成长期减排目标，政府将设置财政激励措施，以此鼓励工业污染企业自发地逐渐减少排放量。他们将此称为带有“安全阀”的“总量管制和排放交易”体系。

在切尼眼里，布什倒向“总量管制和排放交易”体系，并不是因为他对该政策有了更深刻的认识，而仅仅是想留下“遗产”，是一种权术。如果总统真的想在气候变化上有所作为，切尼的助手认为总统只要征收碳排放税就可以了。尽管他们对征税的热情不高，但他们仍辩称用碳税解决环境问题，从经济的角度看更理性，碳税可以激励企业减少排放，而且政府无须对这些重点行业进行大力调控。至于碳税会引发能源价格上涨，政府可以通过退税的方式来补偿消费者。副总统的国内政策顾问尼尔·帕特尔回忆道：“我们对此进行了极其深入而全面的讨论。”

白宫的其他官员也反对“总量管制和排放交易”体系。艾德·吉莱斯皮觉得为时已晚，在任期将至的时候，总统力量太弱，再想做出政绩非常困难，而且，此举将疏远他们仅剩的支持者。他强烈地感到有必要与布什面谈。最终，切尼和吉莱斯皮无法阻止这项政策，但他们并没有因此打退堂鼓。布什打算发表讲话宣布新政策，根据他的要求，演讲稿要灵活撰写，讲话的目的不在于提出一个解决方案，而在于勾勒出大致的原则，摆明态度，并征求国会议员的意见。命令下达后，众人便开始起草和修改演讲稿，在某种程度上，这是一个错综复杂的流程。新政的支持者，比如康诺顿，希望在讲稿中使用“总量管制和排放交易”一词，但是切尼团队成功驳回了这一观点，他们认为使用该词将会彻底失去国会共和党的基础支持。康诺顿回忆说：“是否使用‘总量管制和排放交易’一词，牵涉到很多问题，而我们最终没有如此措辞的原因在于，这种说法太过具体，没有给共和党人——特别是共和党人——和来自工业州的民主党人留下各抒己见的余地，我们也就无法与他们合作设计出符合市场规律的调控手段。也许我们考虑得太过周全了。当然，有人想用‘总量管制和排放交易’一词，有人不想用，不过实际上我们的方案是一个有机结合体，一方面是基于市场规律的调控机制，另一方面则是奖励机制。”

根据上方协议的定稿，布什将号召在 2025 年之前，实现全国温室气体排放零增长的新目标。然而，总统并不会提出具体措施，只会规划出总体特征，描述什么是实现目标的“正确方法”，什么是“错误的方法”。布什于 4 月 16 日在玫瑰园发表讲话：“错误的方法包括增税、加倍强制减排量以及突然采取严苛的减排手段，此等方法纯属无稽之谈，百分之百会伤害经济发展。正确的方法是依靠技术进步，为减排设定切实可行的目标，提升能源安全，保证经济持续繁荣增长。”

不过，在布什发表讲话前，演讲稿已被切尼团队改得面目全非，在场甚至没有人意识到总统赞成“总量管制和排放交易”体系。帕特尔说道：“大多数人东张西望，完全搞不懂他在讲什么。布什的幕僚们都感到非常尴尬，后来他们干脆不听了。”在那些希望演讲提到“总量管制和排放交易”的人中，康诺顿就是其中一位，他说：“现在看来，也许我们当时太天真了。但是我们其实是打算为保守派打开局面，希望他们参与到减排计划中来，只有这样，减排法案才有可能通过。”

你不犯人，人亦犯你

在国际舞台上，布什也加紧为他的继任者铺平道路。他提拔戴维·彼得雷乌斯接任威廉·法伦，成为中央司令部司令，并指任雷·奥迪耶诺负责伊拉克事务。

经过激烈的辩论后，布什同意将政府所知晓的叙利亚核设施的信息公之于众。迈克尔·海登和其他情报官员都“他妈的要疯了”，他们甚至无法就朝鲜核扩散问题向国会提交情报，即使这时克里斯托弗·希尔已经快要跟平壤达成协议了。

在中东问题上，赖斯告诉布什，以色列提出计划，愿意做出重大突破。在耶路撒冷，赖斯与埃胡德·奥尔默特总理共进晚餐，奥尔默特勾画了一个与巴勒斯坦人和平共存的长远计划。他愿意交出 94% 的争议土地，只要巴勒斯坦让出其他地区。同时他也同意将耶路撒冷划分为两个部分，西部为以色列首都，东部为巴勒斯坦首都。以色列将为朝拜地提供安全保护，并接受大约 5 000 名巴勒斯坦人返回家园。听到这些话，赖斯感到非常兴奋。或许她和布什促成的安纳波利斯会议将会有所成效。

“听起来他似乎很认真——非常认真。”布什评论道，这时赖斯已返回华盛顿，她在椭圆形办公室向他汇报。

“是的，他确实是认真的，”她说，“他知道自己时间紧迫。”

布什的时间也非常紧迫。他休了一个短假，从白宫飞到得克萨斯参加女儿詹娜的婚礼。他的双胞胎女儿已经长大了，早已不是热衷于狂热大学生活的年纪。詹娜曾作为联合国儿童基金会实习生在拉美度过了一段时间，然后，她开始写书，她的书记述了一位单身母亲的故事，而这个母亲不幸感染了艾滋病。如今詹娜即将嫁给亨利·海格，这个年轻人是卡尔·罗夫的前任助手，詹娜和他相识于布什的第二次大选。

较之于华丽的白宫婚礼，詹娜选择了一个更加简单的户外仪式，婚礼于5月10日在克劳福德农场举行。婚礼由总统的牧师朋友可毕扬·卡尔德威尔主持，尽管后来事实证明他其实支持奥巴马取代布什成为总统。切尼和白宫其他人并没有被邀请。海格的前任上司罗夫是唯一除家庭成员之外的受邀者。一支墨西哥街头乐队演奏着《小号即兴前奏曲》，总统挽着女儿在悠扬的音乐声中走过过道，在新人交换誓言时流下了激动的泪水。这位习惯早睡的总统一直到凌晨1点才恋恋不舍地进入梦乡。

婚礼之后他立即返回工作，并很快乘坐“空军一号”前往以色列，他在以色列议会发表演讲，保证与这个犹太国家的友谊地久天长。随后他飞往埃及的度假胜地沙姆沙伊赫，计划在5月19日发表一个措辞强硬的演讲，重申他第二次就职演说的观点，敦促穆巴拉克总统放松对国家的控制。演讲稿提到了被穆巴拉克监禁的反对党领袖艾曼·努尔。但在前往埃及的飞机上，布什重写了演讲稿。

穆巴拉克已经决定与布什同台出席演讲，他大概认为布什不会当面挑衅他。斯蒂芬·哈德利、埃利奥特·艾布拉姆斯和艾德·吉莱斯皮仍希望演讲时提到艾曼·努尔，但赖斯认为应放弃这个想法。最后的结果是，演讲只是不痛不痒地提到了埃及的独裁统治问题。

布什很忌讳冒犯老友，但他逐渐发现他的老友们不再忌讳冒犯他。大约在返回华盛顿一周后，布什的前任新闻秘书斯科特·麦克莱伦出版了一本书，他无情地将总统置于灼人的聚光灯之下。他将伊拉克战争称为一个建立在“野心、自负和自欺”上的“重大失误”，是为了实现自由议程的“神授使命”。这场战争在历史上应该被定义为“一次重大的战略错误”。他指出布什政府“抛弃了坦诚和正直的品质，尤其是在政府迫切需要这些品质的时候”。麦克莱伦并不是第一个针对布什的人，但他确实使布什深受打击。麦克莱伦以前是“得州帮”的一员，曾是布什的忠实团队中最忠诚的追随者。如今他也加入到公开背叛布什的队伍中了，这支队伍由一些与布什背道而驰的助手和支持者组成，其中包括马修·多德、约翰·博尔顿、理查德·阿米蒂奇、劳伦斯·威尔克森、约翰·迪由里奥、郭大卫、理查德·哈斯、肯尼斯·阿德尔曼和保罗·奥尼尔。

显然，太多昔日的朋友转而与布什针锋相对，这已让他习以为常。不过，他的助手们却对麦克莱伦的背叛行为暴跳如雷。达娜·佩里诺在接替托尼·斯诺成为新闻发言人之前，曾经是麦克莱伦的副手之一，在她表达了她的愤慨之后，布什叹息着告诉她，要么尽力去原谅麦克莱伦，要么就被愤怒耗空心力。凯伦·休斯对布什态度的转变感到目瞪口呆，1994 年的布什说不定会对这件事大发雷霆，但随着岁月的流逝，他已变得更加宽宏大度。

切尼对这本书的反应则是无所谓：他历经太多这样的事情，很难再觉得惊讶。此时，切尼坐在会议桌旁等候总统来开会，他听着助手表达对该书的震惊之情，却毫不动容。

“我拥有现在这份工作，或者拥有之前那份工作的唯一原因，”他说道，“是因为我不会写一本书来披露我上一份工作。”

毫不意外的是，另一位杰出的共和党派人士也与布什保持着距离。约翰·麦凯恩对获得共和党总统候选提名胸有成竹，他明确表示，除了需要利用布什的集资网络外，他不希望和布什再有任何关系。

纪念日第二天，麦凯恩邀请布什前往亚利桑那州参加一次资金筹集活动，麦凯恩即来自该州，这大概将是他们在竞选活动中唯一一次共同露面。但出人意料的是，活动本来应该高调地在会议中心举行，却在最后一刻突然变卦，改在私人住宅进行，而且禁止媒体采访。

当布什的顾问告知他活动地点有变时，布什厉声说道：“如果麦凯恩不希望我参加，那很好，我还有更重要的事情要做。”一名助手解释说麦凯恩苦于召集不到足够人手，布什听后不由得火冒三丈：“难道麦凯恩在自己的地盘上，连召集 500 人出席活动的能力都没有？”布什觉得难以置信，他摇摇头说道：“他连 500 人都搞不定？我在克劳福德就可以调动这么多人。这次活动简直惨不忍睹，伙计们。”几分钟后，他又回到这个话题上继续说道：“这是怎么回事？残酷的恶作剧吗？”

终于，晚间新闻后，当麦凯恩在机场停机坪送别布什时，这两人在一起的画面才落入公众视野，这也是唯一的一次。总统的豪华轿车徐徐行驶到“空军一号”脚下，布什和麦凯恩分别出现在车的两侧，他们绕过轿车站到一起，朝着聚光灯挥手，在照相机前只保持了14秒。紧接着，布什在参议员夫人辛迪的面颊上匆匆一吻，和麦凯恩握了握手，随后迅速登上台阶，奔进飞机，消失在人们的视线中。在之后长达4个月的时间中，总统和这位一心想继任他的男人再也没有见过面。

另一方面，奥巴马似乎逐渐引起了布什的重视。这位来自伊利诺伊州的参议员成功获得了多数党总统提名，这在美国历史上前所未有，他是第一位取得如此成就的非裔美国人，第二天，布什在椭圆形办公室跟他的助手们聊起了这个话题。

“你们觉得奥巴马怎么样？”布什问道。

“他会是一个强大的对手。”艾德·吉莱斯皮平静地回答。

布什感到很意外，他没想到美国历史会迎来这一天。

“我觉得这对美国来说，这是一个令人惊叹的时刻，”布什说，“但仅仅是令人惊叹而已。”

布什似乎发现吉莱斯皮心里不痛快，轻松地说：“嘿，艾德，别担心，现在我们就给他点颜色瞧瞧。”

实际上是最高法院给布什来了点儿颜色。6月12日，最高法院法官再次插手反恐战争，约束总统行为，部分否认了布什和麦凯恩在《军事委员会法》中达成的协议。在“布迈丁诉布什案”中，法院以5比4的比例裁决，关押在关塔那摩监狱的外国囚犯有权通过人身保护令，挑战拘禁的合法性，法院同时裁决相关规定不合法，肯定了联邦法院受理此类案件的司法权。宪法规定人身保护令“不得停止，惟遇内乱或外患，在公共治安上有必要时，不在此限”。法院裁定，此项宪法权利适用于海外关押的非美国公民。

大法官安东尼·M.肯尼迪写道：“法律和宪法应在特殊情况下仍能发挥作用，维持效力。”布什指任的约翰·罗伯茨和塞缪尔·阿利托则持有异议。白宫气急败坏，下令国务院发表强硬观点，以激发公众响应。赖斯此时在巴黎旅行，她与她的发言人西恩·麦考马克意见一致，认为白宫观点简直是在控诉法官负有血债，她拒绝接受这些观点，也要求国务院拒绝发表。

6 月 27 日，布什打开电视机，收到了一个让人稍微欣慰的消息。此前，朝鲜终于提交了其核计划申报清单，不过几乎比预期晚了 6 个月。这是一份千疮百孔的文件，也是一份漏洞百出、备受质疑的声明。这份文件并没披露朝鲜到底拥有多少核弹，也没有承认除了众所周知的钚燃料生产设施之外，其实他们还拥有一个秘密的铀浓缩计划。但在布什的眼里，这就是进展。作为交换，布什宣布，他会履行承诺，将朝鲜从“支恐国家”名单中划去。布什不断强调：“我们只是在纸上签个字而已。”切尼阵营对此怒气冲天。切尼的前助手埃里克·埃德尔曼，现任副防长一职，他向罗伯特·盖茨表态，请求不要让自己前往国会对此事作证，因为他绝对会开口大肆批评一番。

在那个周五，朝鲜官员炸毁了宁边核武设施的冷却塔。克里斯托弗·希尔本来想亲自去一趟，不过被赖斯阻止了，赖斯不想让她的团队表现出对朝鲜感恩戴德的样子，她不想疏远切尼一派。冷却塔其实并不是核计划中最重要的环节，而且重建冷却塔轻而易举。不过全世界的电视都在播放这个圆锥塔在一阵烟雾中轰然倒地的画面，完全是在传达一个信息：朝鲜已经改头换面。

“现在这事儿可以证实了。”布什看完后满意地说道。

|第35章|

明争暗斗

一群往日的支持者纷纷指责布什违背了总统的原则，盲目寻求流芳百世。前高级外交官博尔顿甚至撰文批评布什“脑袋进了水”，而作为切尼安插在政府的眼线之一，博尔顿此番行为也得到了切尼的默许？在任期的最后一年，布什与共和党候选人麦凯恩、“邪恶操作者”切尼之间的明争暗斗继续升级。

陷入党内包围圈

布什总统坐在椭圆形办公室的椅子里，身体前倾，一脸愤怒的表情。他迎来了任期内的最后一个夏天，却发现自己深深陷入了一个包围圈，一群往日的支持者纷纷指责他违背了总统的原则，盲目寻求流芳百世。

布什此时正在会见保守派学者和思想家，他们曾是他最强大的智囊团，拥护他，为他出谋划策。现在他们察觉到总统的转变，于是大失所望，咄咄逼人、毫无保留地说出种种不满。实际上切尼也持有同样的想法，不过他从不跟布什当面对质，至少不会当着其他人的面。

外交关系协会的一位军事历史学家马克斯·布特说道："很多人都觉得你变了，变得跟第一任期时不一样了。"

"这太荒谬了！"布什打断了他的话。

马克斯·布特不为所动，继续列出具有代表性的例子：伊朗、埃及以及中东民主。比起以往的雄心壮志，布什看上去是在妥协退让。没错，在第一任期布什可不会做出让步，但在第二任期他却迈出了这"错误"的一步。没错，在就职演说时，总统还描绘了暴政终结的美好蓝图，那时的他绝不会对独裁者的故态复萌睁一只眼闭一只眼。

布什厉声反击，气势汹汹地说："绝不是那样！"他两眼直勾勾地盯着布特。布什似乎最受不了别人说他对自由议程不上心，在他心里，自由议程早已成为他总统生涯的全部重心，是指引着他前进的政治哲学。他说："从第一天起，我就一直在为之奋斗，我做的每一件事都离不开自由议程。"

马克斯·布特仍然无动于衷，接着提到了当天早上《华尔街日报》的一篇专栏文章。该文由约翰·博尔顿撰写，他是布什的前任驻联合国大使、高级外交官，也是切尼的盟友，文章痛批政府答应对朝鲜放宽制裁，却只换来一张不完整的平壤核计划清单。他无情地写道："没有什么可以抹消这届政府的悲哀，他们脑子都进水了，这真是说不出的悲哀。"

说到那位前高级外交官，布什就更恼火了："让我先声明一点，我觉得博尔顿这人不可信。"这说法真是出人意料，毕竟最开始是布什亲自指派博尔顿前往联合国的。

参议院当时拒绝通过对博尔顿的提名，但布什不顾参议院的意愿，利用国会休会期，绕开国会，强行任命博尔顿。现在布什否定了博尔顿，认为他不可信，显然是因为布什觉得他背叛了自己。布什愤愤不平地说："我为他消耗了政治资本！"但是看看吧，自己的付出都得到了什么回报！总统继续为自己的朝鲜决策辩护，声明他的"行动换行动"策略最有可能清除平壤的核武器。

在任期的最后一年，布什和切尼在外交政策上暗暗争斗，而博尔顿则明目张胆地为切尼摇旗助威。博尔顿是个很有趣的人，外貌特征明显，蓄着浓密的灰色小胡子，他曾参与佛罗里达州的重新计票案，也是切尼安插在政府的眼线之一。切尼强烈要求科林·鲍威尔任命博尔顿为副国务卿，后来赖斯指派他去了联合国。在联合国任职时，一旦他发觉赖斯的国务院有任何退缩的迹象，他就会专程打电话告知切尼或其助手。

博尔顿从政府离职后，越来越喜欢在专栏、演讲和电视节目上发表意见，斥责总统在第二任期的转变，不过他一般把罪责推给赖斯，认为是她把布什引入歧途。博尔顿连珠炮般的抨击惹恼了总统和助手们，在白宫一些人的眼里，他的批评行为其实是切尼默许的。负责朝鲜核谈判的首席谈判代表克里斯托弗·希尔是博尔顿经常挖苦的对象，希尔反击说博尔顿不过是一个边缘人士，并形象地把他称作"留着胡子的菲莉丝·施拉夫利"（保守派积极分子。——译者注）。

布什不认为自己的政策有多大变化。他意识到，自己在任的时间正逐渐减少，他认为妥协是值得的，虽然他以前没有做出过妥协，但现在这么做也许会为他的继任者创造一个更好的局面。朝鲜就是最典型的例子。斯蒂芬·哈德利回忆道："他说：'你们真的想打乱计划，让新政府面对朝鲜危机吗？难道伊拉克、阿富汗以及别的一大堆事情还不够他们头疼吗？’我被说动了，我想总统也很动容，因为我们都不想发生这种事。”不过切尼仍旧持反对意见。在他看来，布什对朝鲜的妥协“是以前那个头脑清醒、英明决断的总统绝对不会采取的行动”。

让不同的人在不同的地方作不同的争论

在某些特定问题上，切尼的意见仍有相当的分量。他比白宫任何其他人都关注反恐战争，所以当他不时地参与讨论诸如气候变化和中东和平等其他问题时，一位朋友评论道：“他在这些问题上都是点到为止，以免伤了和气，这样一来，当他真的要对总统坚持己见时，总统不会充耳不闻。”当涉及他所认为的关键问题时，切尼就会不顾一切地据理力争。

切尼力争解决的其中一个问题便是无证监听计划，他曾在“9·11”后促成该计划成功实施。布什决定为该计划争取国会授权，而国会议员们也通过了一项短期法案，肯定了该计划的合法性。然而，当该法案临近期满，对该计划的争议仍僵持在电信公司的豁免权问题上，而这些电信公司从一开始便是和政府通力合作的对象。

在切尼看来，这些公司遵照政府的要求行事，如果出卖他们，让他们不停地吃官司，无疑是一种背叛行为。司法部的一些白宫政策顾问和律师主张不要插手豁免权，与此同时，切尼也在极力抗争，而且他抗争的方式更为强硬。那位朋友说道：“切尼赢了那一仗，用‘切尼的方式’赢了，那就是让不同的人在不同的地方作不同的争论。”7 月 9 日，国会通过法案，永久批准了监听计划，并豁免了电信公司，使他们不用对过去的监听行为负责。

实际上，布什和切尼从国会那里获得了更大的授权，远远超出了他们的期望。中情局局长迈克尔·海登说道，总而言之，新法案赋予了政府“更多”自由，一些白宫官员确信，如果一开始就寻求国会协助，结果可能会更加称心如意。

在另一个关于反恐战争的决策上，布什和切尼也达成了一致。一年多以来，政府官员一直在研究对抗巴基斯坦部落地区的新策略，这些地区往往是极端分子的藏身之地。巴基斯坦总统穆沙拉夫与部落领袖之间的协议以失败告终，同时，中情局发现有迹象表明，“基地”组织正在训练新一拨恐怖分子，这次他们手持美国护照。显然，对许多政府官员而言，他们不能再依靠巴基斯坦人，尤其现在穆沙拉夫自身难保，处境艰难，在过去一年里收获甚微。海登抱怨道：“2007 年，我们就只得到了‘0’。”当然，为了增强效果，他有些夸大其词。总统的反恐国家副安全顾问胡安·卡洛斯·萨拉特发出警告：“我们眼睁睁地看着‘基地’组织的生存空间不断扩张，这是非常危险的！”

国家安全小组聚集在白宫官邸二楼的黄色椭圆厅开会，虽然没有明说，但大家都强烈地意识到，这也许是布什和切尼离任前影响反恐政策的最后一次机会，也许也是他们抓住本·拉登的最后一次机会。他们呼吁展开一个更为强硬的斩首计划，旨在追杀“基地”组织头目，并启用无人机装配导弹完成此计划。

中情局决定不等巴基斯坦准许，就直接发动单边袭击，因为已经有明确迹象表明，他们在巴发现了一个高价值目标，同时也能保证平民伤亡数量控制在最低值以内。中情局会在发动袭击之时或之后再通知巴基斯坦。阿富汗特种部队也获得授权，他们将穿越边境发动突袭。

布什得知，为了使计划更加富有成效，就必须对潜在目标采取更为严密的监视。除了利用线人和短暂的卫星扫描图来获取信息片段，中情局现在还能派遣无人机盘旋于目标上空，每次执行任务，可以几天甚至几周内都不被敌方发觉，从而收集到可疑据点及其占用者的完整图像。中情局官员进行了所谓的“生活模式”分析，海登还拥有一个“放满了被拘押者信息的资料库，大得跟家得宝（美国大型家居建材用品零售商。——译者注）似的”，这些信息都是审讯犯人时收集而来，以便中情局的负责人和指挥官对敌人有更深入的了解，不再像“9·11”过后那般手足无措。“你需要间谍渗透，你也需要信号情报，但最可信的还是那持续不断、目不转睛，如同神一般的注视。”海登得意地说，他指的就是无人机行动。

因为在伊拉克服役的无人机太多，所以当时他们苦于无法派出足够的这种“‘基地’组织追杀者”，让它们徘徊在阿富汗和巴基斯坦上空。计划也并非风险全无：袭击了错误的房屋，或者杀害了太多平民，巴基斯坦人可能就会爆发反美情绪。尽管布什在别处盛气凌人，不过他对巴基斯坦一向有所收敛，而且他还抵制了来自军方的压力，军方一致要求从阿富汗派遣军队越境巴基斯坦，布什担心这么做会动摇伊斯兰堡政府的稳定性。然而当任期只剩半年时，布什愿意赌一把。他对顾问说："我们别再规规矩矩的了。这些混蛋在残杀美国人，我受够了。"

弗吉尼亚州是约翰·麦凯恩的竞选基地，该州郊区有一栋毫不起眼的办公楼，矗立在波托马克河对岸，在这栋大楼里，公认的共和党总统候选人和他的团队正在琢磨，应该怎样做，才能不邀请美国总统和副总统出席共和党全国代表大会，毕竟他们也同属共和党。

布什可以说是美国当代史上最不受欢迎的总统。4 月份他的反对率高达 69%，自盖洛普公司开始民意调查至今，他的反对率是所有总统中最高的，超过杜鲁门的最差水平 67% 和尼克松的最差水平 66%。

到 7 月份，当麦凯恩正奋力为大选做准备时，布什总统的支持率降到了 28%，81% 的人认为国家走错了路。"布什信口雌黄，民众家破人亡"，这句话已经成了很多人的口头禅。在一些人心里，原本普遍存在的政治对抗已经恶化成了对政府深深的厌恶之情。此时，已有两位作家写了小说，构想布什遇刺，一位电影制作人还拍摄了相同场景的纪录片。布什经常被叫做"纳粹"，他的头像被画上希特勒的小胡子，然后被印在抗议牌上。除了这些外围的反对声，主流专家也在争论：布什是否将以史上最糟糕总统的形象黯然离场？

民主党断言，选举约翰·麦凯恩就等同于选择"布什第三任期"，考虑到这位参议员在过去 10 年经常跟总统唱反调，民主党便出此言刺激他。那年夏天，据《今日美国》和盖洛普民调显示，68% 的美国人担心，麦凯恩会贯彻跟布什极为相似的政策。一位支持麦凯恩的无党派民主人士、参议员约瑟夫·利伯曼回忆说："他成了一个负担。"

因此，麦凯恩及其团队想尽一切方法，试图阻止现任总统参加在明尼苏达州圣保罗举行的大会，这实在是不可思议。麦凯恩的战略家查尔斯·布莱克说道："这不公平，不过总统的确不受欢迎。"最后，布莱克作为代表，向白宫提议，布什最好缺席 9 月份的大会，干脆出国算了。或许他可以前往非洲，然后发回电视转播，在转播里强调他为抗击艾滋和疟疾而做出的贡献，这一点毫无疑问是总统"遗产"里的积极部分。

显然，这个主意在白宫不受欢迎，布什的助手对这种冒犯大为光火，他们认为麦凯恩把跟总统的关系撇得一干二净，其实是大错特错，因为总统仍保留着保守派的基础支持，而这些支持者不信任麦凯恩。麦凯恩的团队已经分裂成两派，一派是长期支持他的追随者，另一派是后来在布什任期内吸纳的。

尼科尔·华莱士是布什前任白宫通讯联络主任，后来在麦凯恩手下工作，她说："在麦凯恩的圈子里，人们对布什及其幕僚恨之入骨，我记得当时我很讨厌这种想法，我不愿意成天琢磨着怎样削弱美国总统，他在白宫肯定比我们更受欢迎。这太可怕了。"

如果说布什在麦凯恩的圈子里不受待见，那切尼就更不受待见了。切尼和麦凯恩最近一直在审讯政策上争执不休，两人间的明争暗斗依然历历在目。

一年前麦凯恩开始总统竞选时，他曾说过布什"对副总统太过言听计从"，他还责备副总统在一场"处理非常不当的战争"中扮演了"邪恶操作者"的角色。因为麦凯恩不想让切尼出席大会，布莱克再次接受了同样的任务，单独询问副总统是否愿意缺席。布莱克回忆说："他的态度是：'我非常想帮忙，我不确定你们这么做是否正确，但是我会考虑这件事的，因为我非常愿意帮助你们胜出。'"然而最后，切尼还是决定出席大会。

当麦凯恩在全国展开巡回演说，承诺会给美国带来一个全新开端的时候，布什却在白宫里独自烦恼，抱怨麦凯恩竞选的方式不合规矩。他们在过去的 10 年中，关系一直僵硬得令人担心。在 2008 年的大部分时间里，不管是有意还是无心，两人形同陌路。布什在新奥尔良接待墨西哥和加拿大领导人参加峰会，在经过"卡特里娜"飓风摧残后，新奥尔良渐渐获得新生，布什表现得洋洋自得；不料两天后，麦凯恩现身新奥尔良下九区，公开谴责政府对风暴的反应"丢人现眼"，这可把布什气坏了。

还有一次，两人都现身爱荷华州，视察洪灾，双方其实只隔了 30 英里，但实际上，他们把对情势的关心都花在了互相诋毁上。在麦凯恩赞同解除海上钻探限制的第二天，布什也随即表示赞同，这让麦凯恩阵营气得跳脚，因为在民主党用"布什第三任期"攻击麦凯恩的当口，布什的做法无疑是火上浇油。

布什明白，麦凯恩背信弃义乃是形势所逼，他还经常对助理说，如果他以共和党的身份参加竞选，他也会离自己远远的。有一天他对拜访者自嘲道："共和党人会说，'布什把一切都搞砸了，'如果我自己参加竞选，我估计会说同样的话。我不管你是谁，总之你不能支持乔治·W. 布什。”不过就算心里明白这是竞选策略，也不意味着他喜欢这样，而且有时候，他认为麦凯恩做得太过分。

切尼的心中也积压着一团怒火。后来他这样写道：“就个人而言，我认为总统和我应该直接回击，比起白宫毫无反应，前者的效果会好得多，不过这是约翰的竞选，他愿意用哪种方式就用哪种方式好了，这是他应得的。”

当布什还沉浸在沮丧中时，他又收到了坏消息。7 月 12 日，他得知前任白宫新闻发言人托尼·斯诺最终没能战争癌症，离开了人世。5 天后，布什前往华盛顿圣母无玷始胎全国朝圣所为斯诺致哀，1 000 多名哀悼者挤满了朝圣所共寄哀思。总统站在讲坛上发言道：“他表现杰出，为两位名叫布什的总统工作过，有的时候，这项工作非常富有挑战性，作为我父亲的演讲撰稿人，托尼努力将总统的政策用英语表达出来。作为我的发言人，他努力把我的英语——用英语表达出来。”

布什本想在他巩固成就、阻止新危机的时候，继续任用斯诺，如今却事与愿违。随着伊拉克形势有所缓和，他试图与巴格达达成一项战略框架协议，依据协议，美军在联合国授权令年底过期后，可以继续驻扎伊拉克。然而，在巴格达，协议却被看做是美军占领伊拉克的代名词。

在一次视频会议中，努里·马利基总理迫切要求确定撤军日期，他对布什说：“总统先生，正是因为我们取得了成功，才可以来讨论撤军时间表，以前，讨论时间表会引发争论，因为撤军时间表对敌人来说，就意味着摧毁伊拉克指日可待。不过现在敌人已无法战胜这个国家，所以我们不用再小心翼翼地讨论撤军时间了。”

布什终于松口，改变了自己 5 年来的政策。他说道：“我同意你的意见，如果你觉得没问题的话，会议结束后，我会发表声明，表示自己与你意见一致。没问题吧？”

马利基说：“没问题。”

布什竭力达成协议，希望能有效地结束伊拉克战争。一年前，他们似乎就快全盘皆输，现在终于看到了曙光，也许这场胜利并不光彩，但至少他们没有在交火中落荒而逃。

他们经过了一趟漫长的旅程。布什向来不热衷于自我反思，即便反思，也不希望弄得尽人皆知。然而，有一次开完会，隔了一天，他出人意料地陷入了反省的状态。他坐在战情室里等待另一场会议，他看看罗伯特·盖茨和迈克尔·马伦海军上将——马伦是继彼得·佩斯之后的参联会主席，然后布什重新提起了 2003 年那段危急万分的日子，那是在发动战争的前夕，当时谁也没想到后来会举步维艰。

他边回忆边说："你们都知道，在我决意攻打伊拉克的时候，我绕着房间问了在座的每一个人，每一个干事：'你加入？有疑问吗？'没有人有任何迟疑。"布什很少犹豫不决，现在他心里却充满了不确定。难道他正在后悔自己做出了错误的判断？或是正在苦恼他的顾问把他引入了歧途？还是说两者兼而有之？他没有明说。

不久后，布什签署了两项重要的法案。其中一项为他的"总统紧急救助艾滋病计划"延长了 5 年时间，拨出 480 亿美元抗击艾滋、肺结核和疟疾，这一大笔钱将会贡献给世界上最贫穷的大陆。另一项法案调用国家税收，援助政府赞助的两大房贷企业：房利美和房地美。这些年来，布什多次争取对两大企业进行改组，结果都是国会一片哗然，反对声此起彼伏。负责经济问题领域的白宫副新闻秘书托尼·弗莱特说道："那就像是威廉·华莱士在对抗英格兰，就像遭遇了大屠杀一样。"现在，化解房地产危机刻不容缓，不知援助计划是否为时已晚。

一周后，约翰·麦凯恩开始播送一条新广告，广告主题是失势党派常用的那种。广告说道："我们过得比 4 年前差多了。"

棘手的美俄关系

8 月 8 日，布什站在北京的迎宾队伍里，他正要与胡锦涛主席握手，庆祝夏季奥运会开幕，这时，他的国家副安全顾问詹姆斯·杰弗里悄悄走近，在他耳边小声地说了几句话。俄罗斯军队正攻入邻国格鲁吉亚，起因是格鲁吉亚先对一个闹分裂的共和国进行了轰炸，而这个共和国是俄罗斯的盟友。多年的紧张态势终于爆发为一场全面的战事。布什左右为难，一方面他长期致力于和普京保持积极关系，另一方面他也对格鲁吉亚的民主革命十分满意，对于革命赋予了米哈伊尔·萨卡什维利执政的权力颇感满意。

布什消化着这则消息，同时注意到迎宾队列里，就在他前方不远处，站着的不是别人，正是普京。普京表面上遵守宪法规定的任期限制，将总统宝座传给他的门徒德米特里·梅德韦杰夫，自己担任总理一职，尽管如此，明眼人都知道他仍然是国家的最高领导人。

布什当时没有选择立刻与普京理论，他认为在仪式上不适于纠缠战争问题。而且，根据外交礼仪，他也应该与同为国家领导人的梅德韦杰夫商谈此事。因此，他回到酒店才致电莫斯科。他发现梅德韦杰夫怒气冲冲，不过他也一样。

“我强烈建议现在就缩小战事规模，”布什告诫他说，“你们扩大战事的行为会遭到全世界的反对，我们必然也要反对。”

梅德韦杰夫奋力反击，他将萨卡什维利比作萨达姆，指控格鲁吉亚人在轰炸亲俄独立共和国南奥塞梯的行动中，杀害了1 500名平民（后来有报道表明，实际被杀人数远没有这么多）。

“我希望你不是在说，你打算再杀1 500人作为报复，”布什说，“你已经明确了你的态度。我希望你能严肃考虑我的要求。”

不过，布什找错人了。虽然在国内，评论家们会偶尔想象切尼是白宫的实际操控者，但是在俄罗斯，那位二把手才是真正掌握实权的人。奥运会开幕式开始时，布什发现他跟普京坐在一排，所以他让劳拉和柬埔寨国王向旁边挪动了几席，自己坐到了普京身边。布什心知电视摄像机正对着他们，他尽量不大吵大闹，他对普京说，开战是个严重的错误，如果俄罗斯不撤出格鲁吉亚，就会陷入孤立无援的境地。普京反驳说，萨卡什维利就是个战争犯，是他惹恼了俄罗斯。

“我一直在警告你，萨卡什维利很热血。”布什对普京说。

“我也很热血。”普京随即反驳道。

“不，弗拉基米尔，”布什接着说，“你很冷血。”

高加索地区突然爆发的战争，对总统来说是一次严峻的考验。他和助手们担心，格鲁吉亚只是第一个倒霉鬼，如果放任莫斯科碾压它弱小的邻居，那么它下一步就可能试图掌控乌克兰克里米亚地区，甚至向波罗的海诸国进攻，它在苏联解体前一直统治着波罗的海诸国。可是另一方面，布什最不想做的事，就是将动荡的局势转变为俄美间的冲突和对抗，他不愿引发新一轮的冷战。

白宫会议变得出奇地情绪化起来。萨卡什维利在华府结交了一帮支持者，在切尼阵营尤甚。一位初级助手提议说美国不得不介入，这时，参联会主席迈克·马伦海军上将打断了他的话。

“听着，我已经在伊拉克和阿富汗开战了。”他说道。他不愿再动武，特别是跟俄罗斯动武。

实际上马伦是唯一能与莫斯科搭上话的美国人。大多数俄罗斯官员对美国官员的电话不予理睬，但是马伦在几天内，就已经跟俄罗斯总参谋长尼古拉·马卡洛夫大将进行了七八次通话，他极力劝说，希望俄罗斯不要直接向格鲁吉亚首都进军。

为了阻止战事向俄美冲突发展，布什向时任“欧盟轮值主席”的法国总统萨科齐寻求帮助，请求他带头协调停火。同时，一些白宫官员继续寻找可能的对策，甚至军事对策也在考虑范围内，其中一个选择便是炸毁罗基隧道，从而阻止俄军进一步向格鲁吉亚迈进。切尼接到了萨卡什维利的电话，狂热的萨卡什维利要求美国提供军事装备，比如“针刺”防空导弹。

布什从北京返回后，这个问题在一次会议上被提了出来。切尼指出，萨卡什维利向美方索要“针刺”。

“我需要给他一个答复。”副总统说道。

赖斯觉得，对于采取强硬对策，“有不少人拍着胸脯肯定”，并且“信口开河”。

最后，斯蒂芬·哈德利直奔主题，提议道：“总统先生，我认为你需要统计国家安全顾问的意见，看看在他们中谁建议你向格鲁吉亚派兵，谁不建议派兵。”

布什惊讶地看着哈德利，好像在怀疑他是不是疯了。

“我认为有必要将此清晰地记录下来，记录下究竟哪位顾问建议你使用武力。”哈德利继续说道。

此刻，布什终于恍然大悟，哈德利是在保护他，是在让切尼和其他鹰派人士亮底牌：他们真的打算为格鲁吉亚向俄罗斯宣战？

哈德利希望各位顾问明确立场，这样他们以后就不能在回忆录里乱写，说他们当初不同意总统宣战。

明白了这一点后，布什当即抛出问题：“你们谁建议使用武力？”

没人敢建议。切尼回答道：“这是个很严重的问题，不过，总统先生，我认为动武是不对的。”

第二天，即8月12日，萨科齐同双方达成停火协议，但他被人摆了一道。俄罗斯坚持为其军队划定一个15公里的“封锁区”，可惜的是，法国人并没有意识到，区域足够延伸至格鲁吉亚哥里市，于是哥里市被牢牢地纳入了封锁区。俄罗斯捡了个大便宜，甚至在停火后占领了哥里市。他们离第比利斯近在咫尺，他们的目标是推翻格鲁吉亚政权。

“我要狠狠地绞死萨卡什维利！”普京对萨科齐说道。

“绞死他？”萨科齐发出了疑问。

“有何不可？美国人就绞死了萨达姆·侯赛因。”

“但是你想跟布什下场一样吗？”

“啊，”普京豁然开朗，回答道，“你说的有点道理。”

布什决定不再袖手旁观。他派出赖斯前去斡旋，并授权军用运输机搭载人道主义援助，以助长气势。他猜想，如果美国军机停在第比利斯的跑道上，俄罗斯就不会傻到贸然袭击格鲁吉亚首都。

赖斯飞到巴黎，咄咄逼人地质问法国人：“你们究竟看没看地图？”

没，他们没看。

他们在请教了大使后，才意识到赖斯是对的，才意识到哥里市确实在“封锁区”之内。

赖斯紧接着飞往莫斯科和第比利斯，协调达成新的协议。在穿过第比利斯的政府大楼时，她和手下们注意到墙上的画像一幅不剩，只剩下了钩子。看来格鲁吉亚人惧怕不断靠近的俄罗斯军队，已经闻风丧胆，正打算逃跑。

在赖斯的推动下，俄罗斯同意撤离格鲁吉亚，但拒绝撤离格鲁吉亚境内分裂的共和国地区。战事虽然结束了，但布什和普京恩断义绝，两人在7年前开始的“灵魂注视”般的友谊宣告破碎。俄罗斯暂停了与北约的合作，随后承认南奥塞梯和阿布哈兹独立。布什则搁置了一项核协议，在这项协议上他花了数年时间与普京协商，最后却竹篮打水一场空。

这个危机刚解决，另一个危机就接踵而至。8月18日，为免遭弹劾，佩尔韦兹·穆沙拉夫以巴基斯坦总统的身份辞职，美国反恐战争前途未卜。几年来，尽管穆沙拉夫不主张民主，布什还是坚持与他合作，这个看起来还算忠诚的盟友乐意布什借他的名义进行反恐战争，不过这样一来，布什承诺的自由议程就大打折扣了。尽管如此，最后事实证明穆沙拉夫靠不住，他未能（或者他不愿意）肃清巴基斯坦部落地区，而这些地区往往为“基地”组织和塔利班提供安全的藏身之所。现在，布什不得不尝试与穆沙拉夫的后继者阿西夫·阿里·扎尔达里合作，扎尔达里是贝娜齐尔·布托的鳏夫，双方合作能否更有效还有待考验。

竞选总统和任职总统是两码事

随着时间的飞逝，布什一反常态，总是一副若有所思的样子，他看着下届总统的竞选进程，始终耿耿于怀。那个夏天，有一次布什开完会后，一位名叫威廉·卢蒂的国家安全助手开始和他闲聊起来。

“有什么事情是让你感到最意外的吗？”卢蒂问道。

布什不假思索地回答：“我现在一点儿权威也没有。”他一边说，一边哈哈大笑。

然后，他正色道：“另一件事也在我意料之外——不管谁入主白宫，奥巴马也好，麦凯恩也好，他们会发现竞选总统和任职总统完全是两码事，这一点我深有体会。”

8 月 29 日，麦凯恩宣布竞选伙伴。在此之前，布什没有收到任何消息，当布什碰巧收看电视新闻的时候，他似乎听见麦凯恩说了“波伦蒂”的名字。过不了一会，他就明白了，麦凯恩选择的不是明尼苏达州州长蒂姆·波伦蒂，而是阿拉斯加州州长萨拉·佩林。

尽管刚开始的时候，佩林确实激励了不少共和党人，不过布什倍感失望。

“我冥思苦想，想记起我以前有没有见过她，”他对手下说道，“我肯定我见过。”然后他戏谑道：“她是什么人？是关岛总督吧？”

艾德·吉莱斯皮告诉他，保守派热情度很高。

“那我还得配合他们，我真是上了贼船了。”布什答道。

几分钟后，他又将话题转回到佩林身上，他警告说：“你看着吧，不出几天这个女人就会蔫掉。她从来都没有为自己目前的角色做过准备，她没有哪一天从国家层面上考虑过问题，她的家人也没有过类似经验。我们就等着看好戏吧，看看她接下来的 5 天怎么表现。”

切尼对佩林也没什么印象。他对助手遗憾地说，麦凯恩在国家需要领导者彰显魄力和才能的时候，做了一个“草率的选择”。

布什和切尼坚持出席共和党大会，麦凯恩的竞选团队便要求白宫把总统的发言限制在 10 分钟以内。他还提出建议，总统的事迹随便提提就行，关键要赞美候选人。布什顿时生起无名火来。当他浏览演讲稿时，偶然发现一句话，赞美麦凯恩没等布什内阁反应过来，就率先做出了增兵伊拉克的明智判断。布什认为，这么说是在打赖斯的脸。

“你们真的要我那样说？”布什向助手们发问。

吉莱斯皮争论说那句话很重要，不过布什还是把它删掉了。

最后一件丢脸的事发生在“古斯塔夫”飓风袭击墨西哥湾海岸时，当时共和党人纷纷去往圣保罗参加大会，因为飓风的关系麦凯恩迅速取消了大会的第一晚，正巧就是布什和切尼要发表演讲的那一晚。

在经历了“卡特里娜”飓风后，任何一个共和党人都不愿在风暴席卷美国海岸、再次威胁民众性命时，还大肆进行政治活动。实际上，天气帮助麦凯恩实现了他的愿望。相较于“卡特里娜”，这次飓风过境并未造成太大破坏，于是麦凯恩恢复了大会日程，不过布什和切尼的身影就没人看见了。布什想亲身去一趟，然而麦凯恩团队却建议他在录像上现身。“从头到尾,布什总统都认为我们是在找借口甩掉他,他很愤怒。”韦恩·伯曼回忆道。伯曼是布什的朋友，当时他是麦凯恩的集资人。布什又从他的演讲稿里删掉了一句话，话里称赞麦凯恩“不追逐大众投票”，在布什看来，这是睁着眼睛说瞎话。

9 月 2 日晚上 9 点 54 分，在一小时的现场联播开始之前，布什的身影被投射在了大屏幕上，大屏幕位于圣保罗艾克赛尔能源中心的舞台上方，此时台上空无一人，讲台也寂寞地立在台上。与会代表们客气地表示欢迎，这回布什成了自 1968 年林登·约翰逊缺席芝加哥大会以来，头一位不参与所属党派代表大会的在任总统。通过卫星连接，布什从白宫发来讲话，他按部就班地表扬了候选人，没有为自己在任的 8 年时光多说一句话。

“我的同胞们，我们生存在一个危险的世界里，”他对聚集在现场的共和党人说道，“我们需要的总统，应从‘9·11’事件中吸取教训——为了保卫美国，我们必须时刻保持警惕，阻止袭击发生，决不能再坐以待毙。这样的总统非麦凯恩莫属。”

关于麦凯恩特立独行的特点，在他的讲稿里变得无关紧要。“约翰独立不羁，行不苟合，”布什一本正经地说，“相信我吧，我知道的。”

8 分钟之后，他的讲话就结束了。切尼压根就没发表讲话。

布什的身影从屏幕上消失了，在接下来的大会中，没有一位主要演讲者提到他的名字，这一小时的黄金时间里，他的名字再没有出现。实际上，民主党人在他们的大会上，提到“布什”这个词多达 12 次。9 月 4 日，共和党代表们观看了一个与“9·11”相关的录像，鲁迪·朱利安尼和唐纳德·拉姆斯菲尔德都出现在了录像里，唯独不见布什的身影。稍后，麦凯恩发表接受提名的演讲，他对“总统”表示感谢，却没有说出布什的名字，他感激总统领导大家度过了“那段黑暗的日子”，“为我们提供了安全保障，让我们免受再次袭击的侵扰”。不过，这之后，他就再也没有提到布什了，当说到伊拉克的局势好转时，麦凯恩将其归功于“一位具有出色领导力的上将，戴维·彼得雷乌斯”。

布什缺席的共和党人集会结束后，他一声不响地前往葛底斯堡，参观那儿的战场，随行的是老“得州帮”的一些人，包括艾伯特·冈萨雷斯、凯伦·休斯、卡尔·罗夫和玛格丽特·斯佩林斯。

布什从很多描写亚伯拉罕·林肯的书中得到了莫大安慰，9 月 5 日，他便来瞻仰此地，因为它象征着“正直的亚伯”（亚伯是对林肯的爱称。——译者注）任期内的关键时刻。

站在弗吉尼亚纪念碑前，布什竖耳聆听，其中一位名叫杰克·博里特的向导正在讲解。他描述道，林肯将南方邦联李将军深入北方联邦领地视为一次机会。

“那么，”布什戏谑地问道，“总统是不是说，‘放马过来’？”

政绩再多，金融危机一来就没了

“他们知道我们要采取行动了吗，汉克（亨利·保尔森的昵称。——译者注）？”布什问亨利·保尔森。

“总统先生，”保尔森回道，“我们会快速出击，给他们来个措手不及。他们首先听到的将是人仰马翻的声音。”

9 月 7 月，在布什的授权下，保尔森夺取了房利美和房地美的控制权，他们是两大房贷巨头，在美国，超过三分之二的住房贷款由他们提供资金。然后，保尔森辞退了他们的首席执行官，解散了董事会。

这出其不意的一招在当时可以说是自“大萧条”以来，政府对私人金融市场最强烈的一次干预行动，不仅让很多华盛顿政要大吃一惊，而且也印证了，从房地产市场起源的危机正以迅雷不及掩耳之势蔓延。另外，它也说明了布什的内心非常不安，所以他才会轻易放弃了一辈子信奉的自由市场保守主义。

房利美和房地美是政府资助的私人企业，他们负有双重使命，一是为股东谋求利润，二是帮助那些心有余而力不足的购房者贷款买房，以圆他们的住房梦。在房地产市场充斥着次级抵押贷款并过热增长的时候，两家公司为了争夺市场份额，过度放款，结果出现了融资困难，他们的股票价格比起去年最高峰暴跌 90%。如果他们不得已宣告破产，那么将导致抵押贷款利率飙升，把经济进一步推向崩溃的边缘。

然而，布什和保尔森的狠招并不意味着结束了危机。不出几天，保尔森回复布什称，又一家华尔街久负盛名的代理商濒临破产，这一次是雷曼兄弟。保尔森、本·伯南克和纽约联邦储备银行行长蒂莫西·盖特纳夜以继日，全力投入到疯狂的挽救工作中，努力为雷曼兄弟止血，并千方百计寻找买家，因为他们担心雷曼兄弟的倒塌会成为全国银行系统大爆炸的导火索。到周末结束时，他们走投无路了。英国监管机构不允许巴克莱收购雷曼，美国银行则选择收购美林。他们别无选择，只能眼睁睁地看着雷曼兄弟宣告破产。

9 月 14 日，星期日，布什从保尔森口里收到了消息，他质问道：“这到底是怎么回事？我以为我们就要搞定了。”

“英国人不同意收购案。”保尔森回道。

“我们能向他们解释为什么雷曼兄弟不能像贝尔斯登那样收尾吗？”布什接着问道。

“可以的，先生。可是无论如何都没有方法能拯救雷曼。即使有其他私人企业援助，我们也找不到买家。我们只有设法应付破产。”

就在他们应对雷曼兄弟的破产时，9 月 16 日，政府迫不得已为保险企业美国国际集团（AIG）注入高达 850 亿美元的资金，换取了 80% 的控制权，这是迄今为止政府对私人企业最大规模的干预行为。美国国际集团不只是一家保险公司，它与每家大银行都有着千丝万缕的联系，如果它倒下了，整个系统也就站不起来了。

"我们怎么就走到这一步了呢？"布什问道。那天下午，他在罗斯福厅开会。

"如果我们不挽救美国国际集团，我们很可能会失去更多金融机构，比如摩根士丹利。"保尔森回道。

布什大惑不解，不明白一家公司怎么会变得如此重要。他说："总有一天你们这些家伙非得告诉我，我们怎么就摊上了这样的体系，还有我们应该做什么来补救。"

事态急速恶化，每小时都会出现新消息，这些消息表明，国家的金融系统濒临彻底崩溃。数年来，从不合格的购房者到贪求利益的投行，每个人都鲁莽做决定，到布什临近离任之时，事情终于一发不可收拾。艾德·吉莱斯皮后来回忆道："他受够银行了。"布什曾预料房利美和房地美会出问题，他试图化解。但是，当华尔街创造出越来越多高收益、高风险的投资方案时，他自己的监管机构却坐视不管。这里面有多少是布什的错，估计会成为未来几年的争议问题。不过毫无疑问的是，危机在他眼皮底下扩散，他不得不阻止。

这次危机爆发，恰逢布什、切尼和他们的团队近乎精疲力竭之时。8 年来，恐怖主义、战争、自然灾害和丑闻，几乎让他们挖空了心思。布什的得州挚友查理·杨格注意到，布什"不再说他很高兴他是总统了"。杨格说，最后几个月，"危机找上门，于是他也不享受当总统的感觉了"。布什后来说，他觉得自己就像是"一艘沉船的船长"。

不过，布什认为，比起他的后继者，他现在的立场更有利于对抗这场灾难。如今，他已经认识到政府的杠杆作用；更重要的是，他可以采取一切必要的措施，而不用顾虑政治影响。

一天上午，凯伦·休斯打电话来安慰他，他表现得很坚强。

"总统先生，不知道在你的任期里，还会出现什么问题？"她悲叹道。

"想开点吧，至少还有我们在这儿解决问题，这是件好事。"他冷静地说。

伊拉克局势好转带给布什的好名声，瞬间就被紧张的经济形势冲刷得一干二净。9 月 17 日，正当股市暴跌、银行崩溃的时候，布什迎接戴维·彼得雷乌斯返回白宫。彼得雷乌斯即将接任佛罗里达州坦帕中央司令部司令，掌管整个中东地区的军事行动。

在椭圆形办公室里，布什赠予彼得雷乌斯总统袖扣，并与他的家人拍照留念。接着，两人开始聊起山地自行车，布什调侃彼得雷乌斯不一定能跟上自己的速度。总统的话激起了这位上将极为强烈的好胜心。

彼得雷乌斯打趣道："总统先生，你这是找自寻死路吗？你知道你在跟谁胡诌吗？如果你不是美国总统的话，我们可以来比试比试，给你一个吃一堑长一智的机会。"

布什毫不客气地反击，炫耀说自己曾经打败华盛顿红皮队教练吉姆·左恩，让左恩望尘莫及。聊天结束前，布什给彼得雷乌斯下了战书，要跟他来一场自行车比赛，一决胜负。

这段轻松的插曲就如昙花一现。第二天，布什本计划前往阿拉巴马州和佛罗里达州参加筹资活动，临时又取消了行程，召集他的经济团队在罗斯福厅开会。亨利·保尔森坐在总统对面，右边是本·伯南克，左边是蒂莫西·盖特纳。布什左边是乔舒亚·博尔滕，右边是艾德·吉莱斯皮。关键的时刻到了，该停止东拼西补了，顾问们对他如此说道。仓促给一家家机构提供援助的方法，再也无法力挽狂澜。单靠美联储不会有任何进展。保尔森和其他人告诉布什，是时候向国会请求特权来解决潜在问题了。他们的脑海中已经形成了一个让人瞠目结舌的方案，即投入 5 000 亿美元从濒危的金融公司手里购买有毒资产。

"如果我们不这么做会怎样？"布什问道。

"我们眼前的经济形势比'大萧条'还糟糕。"保尔森严肃地说道。

布什被吓了一跳，他难以置信地问道："比'大萧条'还糟糕？25% 的失业率？"

他转问伯南克。"本，你同意他说的吗？"

"我同意，总统先生。"

布什不再犹豫。他又问了几个问题，便立刻签字同意。

"我会为你们提供一切必要的援助，"他说，"让我们大干一场吧。国家需要我们这么做。"

他们讨论的策略其实不符合一个保守派总统的原则。他在一次会议上如此说道："我们的人会因此痛恨我们。"他在另一个场合又说："好家伙，历史学家们这次该开心了。"不过，布什实在太焦虑了，他心一横，踢开了老规矩这颗绊脚石，扫清了前进的道路。如果保尔森说这是必经之路，那么总统就会一直支持他，朝他指定的方向行进。

布什与保尔森紧密团结在一起，他以前从未如此团结过他的头两位财政部长。他眼中的保尔森是一个可以同舟共济之人，而绝非一个等死之人。政府的大部分内阁部长都束手无策，但保尔森却是天生的行动派。他没时间收发电子邮件，相比之下，他更喜欢方便快捷的电话。他马不停蹄，总有做不完的事。一旦他发现，跟他谈话的人明白了他的意思，他就不会再费神把话说完。

对布什而言，保尔森就像第二个彼得雷乌斯，他全心全意地信任彼得雷乌斯，把打击黑暗势力的重任托付给了这位上将。当布什因战争失去民心的时候，他知道彼得雷乌斯站出来将更有说服力。如果布什现在无法为他的经济政策赢得支持，那么他会让保尔森成为政府的代言人。副新闻秘书托尼·弗莱特说道："在那种政治环境下，我们需要汉克为我们说话。"

不过，布什很担心保尔森的身体状况。这位财政部长最近过得很糟糕，每晚只睡 3 个小时，拼了命地工作在第一线，似乎想独自撑起整个金融世界，就像是现代版的阿特拉斯（希腊神话里的擎天神。——译者注）。会议结束时，布什把米歇尔·戴维斯拉到一旁，戴维斯是保尔森的高级顾问。

"你告诉保尔森，冷静下来，去睡会儿觉，"他建议说，"他必须得好好休息才行。"

布什同艾德·吉莱斯皮走回椭圆形办公室，他们停在沙发边上。乔舒亚·博尔滕在他们之后进来，关上了门。布什默默地站了一会儿，"大萧条"这三个字还在每个人的脑子里挥之不去。然后他看向助手们。

"如果我们真的赶上了另一场'大萧条'，"他说道，"那你们可以完全肯定，我一定会像罗斯福那样，不会落到跟胡佛一样的下场。"

花 7 000 亿美元购买有毒资产，值得吗？

对布什而言，金融危机不是唯一的烦恼。9 月 20 日，他收到消息，恐怖分子轰炸了伊斯兰堡市中心的万豪国际酒店，在巴基斯坦，此处是美国人和其他外国人与当地线人会合的主要场所之一，现在，超过 50 个线人命丧黄泉。

第二天，总统又无可奈何地看着以色列总理埃胡德·奥尔默特因为身陷腐败案调查而宣布辞职，至此，布什在其任期内达成中东和平协议的愿望彻底落空；赖斯为达成长期协议访问中东多达25次，最后也不过是水中捞月。

然而，吞噬华盛顿的熊熊怒火占据了布什的大部分心神。保尔森和伯南克提交了只有3页纸的“问题资产救助计划”（Troubled Asset Relief Program），几乎所有共和党人都对此发自内心地排斥，并提出了无情的质疑。即使在白宫内部，演讲撰稿人也开玩笑说，该计划不应该起名为“防水布”（TARP为救助计划的缩写，同时有“防水布”之义，“防”义与“救助”义相得益彰。——译者注），而应叫“马克思”（意指政府干预。——译者注）。华尔街惹出大麻烦后，国家还为其买单，这种想法从一开始就几乎没人支持，何况现在离大选只剩下几周时间。布什需要让保守派镇定下来，而切尼则是充当使者的不二人选。

尽管切尼信奉保守哲学，他却毫不迟疑地支持援助计划，后来还声称自己是一个“坚定的支持者”。实际上，切尼团队与这个政策没有毫无干系。演讲撰稿人马特·拉蒂默说道：“他们不是决定性因素。”不过切尼愿意帮忙推销援助计划。

9月23日上午8点45分，切尼在总统经济顾问基思·亨尼西和美联储高级官员凯文·瓦尔许的陪同下，坐上轿车，赶赴国会山，会见众议院共和党高层。切尼从未像这样受到过共和党议员的敌视。一个接着一个，议员们痛斥救助计划。亨尼西说道，情况不太妙，他已经坐在了回程的车里。切尼处之泰然，说那是个让议员们消气的好机会。不过私底下，他认为四分之三的高层会投票反对。

布什决定在黄金时段发表全国讲话。就在直播开始的前几个小时，他接到了约翰·麦凯恩的电话，麦凯恩要求就援助计划举行一次白宫会议。总统大怒。在谈判正棘手的时候，麦凯恩突然插手，是打算扮演救世主的角色吗？布什心想，这是麦凯恩的“一个噱头”。他的政策顾问巴里·杰克逊更直接，称麦凯恩是“一个蠢货”。不过布什感到别无选择，只能召开麦凯恩要求举行的会议。他后来评论道：“我都能预见头条会这么写：‘即使是布什，也觉得麦凯恩的主意糟透了！’”

他致电奥巴马，邀请他也参加会议。他说：“这是麦凯恩的要求，我觉得我不得不答应他的请求，我需要你的参与。”这位民主党候选人感到总统几乎用了抱歉的语气。

无论如何，布什决定按原计划发表演讲。手下为他准备的演讲稿只提到了一般性原则，以免影响第二天的会议。但是，当布什在家庭影院里练习朗读演讲稿时，他开始发起火来。

“我们甚至不能捍卫自己的提案吗？那我们何必提出来？”布什气愤地问道。

他要求演讲包含更多细节。他说：“我们是要买低卖高。”意指政府计划购买的有毒资产最终会带来利润。

一个小时后，他再次回到家庭影院，读了读修改后的演讲稿，还是感到不痛快。

“为什么里面不指明买低卖高的理念？”他质问道。

“因为那不是真正的理念。”有人解释道。

布什气得七窍生烟。他咬牙切齿地问道：“如果我不懂，那当初我为何要在上面签字？”

总统愤然走出了家庭影院。他从未像这样精疲力竭过，脸上挂着疲惫不堪的表情。

其实布什的理解是对的。不过提案内容一直在变化，快得让人应接不暇。保尔森已经开始重新考虑到底要不要购买有毒资产。经济顾问委员会主席艾德·拉泽尔总结说，有毒资产多达 30 000 亿美元，数额太大，难以购买，于是他竭力主张直接为银行系统注入资金，以增强银行抵御金融危机扩散的能力。保尔森越来越担心，觉得最初的想法不切实际。白宫演讲撰稿人得知，要对细节轻描淡写，保留灵活性，就像提案本身那样暧昧模糊。

布什来到白宫官邸的国家楼层（the State Floor，即白宫一楼，又叫“国家礼宾层”。——译者注），他定了定神，开始晚上 9 点的演讲。布什警告美国人，“我们整个经济处在危机之中”，如果不采取他提倡的大规模金融援助计划——现在总额达 7 000 亿美元，那么国家将陷入金融恐慌，房价继续下降，市场急剧崩溃，信贷进一步紧缩，接着将进入一个长期而艰巨的经济衰退期。布什加重了语气，说道：“这次的救助行动，目的不是保护某家企业或是某个行业；它的目的是保护整个美国经济。”

然而，他的话听上去几乎就像是在努力说服他自己，连他自己也无法相信，一个虔诚的资本主义者竟然会放弃 60 年来的信仰，转而提出政府对私人市场进行干预，而且这次干预行动是他见过的规模最大的一次。他说：

“随着情况一天天变得更加危急，我眼前出现了一个选择——要么政府大规模介入，要么冷眼旁观，任凭这种不负责任的行为毁掉我们所有人的金融安全。我是一个坚定的自由市场主义者，所以我本能地反对政府干预。我认为，应该允许决策失误的企业退出市场。在正常情况下，我会这么做；然而，现在绝非正常情况。”

第二天，即9月25日，布什设法让紧张的外国伙伴安心，他保证援助计划最终一定会通过。这件事的影响遍及全球，许多国家正焦灼地等待华盛顿付诸行动。

在早上的一通电话里，德国总理默克尔告诉布什，德国的银行正在聚精会神地关注这件事。

“我认为国会别无他选，”布什对她说，“所以我有信心，事情一定会办成的。”

但是，当他挂了电话，他还是想不通麦凯恩的意图，不明白为什么他在那天会要求召开白宫会议。布什担心，竞选政治会让本来就艰难的处境越发不可收拾。

“麦凯恩要说什么？”布什问艾德·吉莱斯皮道。

“我们也摸不着头脑。”吉莱斯皮回应道。

会议开始前，布什叫来了保尔森。那是个潮湿阴冷的下午，他们和乔·卡普兰站在总统餐厅外面的露台上。

布什嘴里叼着一支没点燃的雪茄。保尔森告诉他，白天早些时候，他和麦凯恩进行了一番紧张的谈话，想让这位参议员不要搞砸金融救助，他差一点就要用上威胁的方式了。布什似乎对麦凯恩的行为十分震惊，他希望麦凯恩知道自己在做什么。

布什下定了决心，说道：“汉克，我们要摆平这件事，博纳一定有解决办法，也许我能给众议院共和党出出力。”

回到椭圆形办公室时，他们碰到了众议院少数党领袖约翰·博纳和其他高级共和党官员。博纳说他手上票数不够。

“我们必须达到目的。”布什说道。

“我正在努力，”博纳回道，“但我得不到支持。”

下午4点，国会领袖依次进入内阁会议室。奥巴马表现得就像他已经是那儿的主人，麦凯恩则远远地站在一边。众人围坐在锃亮的红木桌旁，每个人的位置都用一个小小的白色座位卡标明。总统的左边依次是哈里·里德、米奇·麦康奈尔、奥巴马；右边是南希·佩洛西、博纳、麦凯恩。切尼坐在布什对面。

总统一开场就警告说后果相当严重。他说道："如果我们不放款支撑，这个混蛋就会倒下。""混蛋"意指整个美国经济。

布什似乎认为这么说还不够惨烈，接着让保尔森解说严峻局势。

然后，出于礼貌，布什看向佩洛西："议长女士？"

"总统先生，"她回应道，"奥巴马参议员今天代表我们发言。"

布什意识到民主党做了精心准备，于是他往后一靠，洗耳恭听。奥巴马条理清晰地分析了当前局势，他说："到这儿来的路上，我们就快要达成协议了，但是现在，有人认为我们应该从头开始。" 布什想，这是个陷阱，暗暗怪罪麦凯恩破坏了协议，虽然实际上还谈不上是协议。不论如何，总统对奥巴马的风采和条理印象深刻。

布什转向麦凯恩，说道："我想下一个发言的机会应该给你。"

"我等轮到我再发言。"麦凯恩回道。

布什目瞪口呆，心想：发生什么了？这可是麦凯恩的会议啊。他就打算坐在那儿，让奥巴马控制整个谈话？

讨论继续往下进行。博纳提出了一个替代性计划，计划里政府干预较少,这样他的党派会支持。巴尼·弗兰克代表和其他民主党人你一言我一语，指责他没能征得足够票数，没能通过一个众议院民主党、参议院民主党和参议院共和党都支持的协议。

"我又不能凭空创造票数，"博纳抗议道，"我自己这边的人都成问题。"

会议进行了大约 45 分钟，最后，奥巴马打断了讨论，他问道："我能听听参议员麦凯恩的意见吗？"

麦凯恩这才开始发言，他笼统地说，众议院共和党没有同意，是因为有立法顾虑要解决。对围坐在桌旁的两党人士而言，麦凯恩显然根本不知道自己在做什么。

布什非常不以为然，他靠向佩洛西，悄声说道："我告诉过你，我离开后你会想我的。"

不一会儿，所有人开始同时讲话，互相挑衅、斗嘴，争论不休。布什抬起双手，做了个手掌向下的手势，试图让屋里安静下来。白宫摄影师埃里克·德雷珀回忆说："那情形几乎像是小朋友们坐在桌旁，彼此朝对方扔食物一样混乱。"切尼往后一靠，看着这幅景象，差点没笑出声来。他心里嘀咕道，奥巴马说话带着一种权威，而麦凯恩连一句有价值的话都没说。切尼不明白，为何麦凯恩当初要回到华盛顿，还要求召开这次会议。他心里涌起了对这位共和党候选人的担忧。

"好吧，显然我控制不了这场会议了。"布什说着就站了起来，准备离开。

当布什走出房间时，他摇了摇头。他对助手说道，那就是个笑话，是场滑稽的马戏。麦凯恩到底怎么了？他讽刺道："那是我参加过的最荒谬的会议。"

保尔森也走出了房间，他心里不安，担心就此错过了一个达成协议的机会。他追上民主党人，走进罗斯福厅，他们正在房间里商谈，接下来要出去接受媒体采访。为了强调走投无路的经济状况，他找到佩洛西，用一种半开玩笑的方式，向她单膝下跪，诚心诚意地请求她给自己时间，推动计划实施。

"天哪，汉克，我不知道你还是天主教徒呢！"她笑着说。

"别搞破坏。"保尔森恳求道。

"不是我们想要搞破坏。"她回答。

"我知道，"他叹着气说，"我知道。"

9 月 29 日下午 1 点 25 分，众议院开始投票表决援助计划，布什踏出椭圆形办公室，与秘书们一起坐下来收看电视。电视上，议员正在投票，计票总数也随之滚动，从一开始，数字就看起来非常糟糕。

普通议员正在上演惊人抗议，公然反对总统、两党候选人以及分道而坐的两党国会领袖。在选举年，这些议员不愿意投票支持计划，把纳税人的上万亿美元拿来救助华尔街。

"他们拿不到票了，"布什喃喃自语道，"这帮家伙早就铁了心了。"

市场也随着投票情况躁动起来。没等投票结束，投资人便开始变卖资产，股票价格以难以想象的可怕速度猛跌。每过一刻，数十亿的投资价值就随之消失殆尽。在场的一位民主党议员一度喊出了最新消息。"600 点！"他大叫，同时大拇指向下指着，表示股市正在崩溃。投票规定的 15 分钟结束，但是两党领袖仍不顾一切地设法再多拉几张票，他们手里紧紧攥着摇摆议员的名单，徒劳地继续点名。又过了 25 分钟，投票结束。

布什在白宫西翼看到了结果，计划以 205 票对 228 票宣告失败，多达三分之二的共和党同胞投票反对。这件事太让人震撼。布什担任总统接近 8 年，这一次，国会对他的领导地位反对得最为彻底，同时也为国家带来了不可估量的可怕后果。这天结束时，道琼斯工业平均指数骤跌 777 点，成为美国史上最大单日跌幅。两党都推卸责任。布什神色肃穆，给秘书打去电话。

“把汉克叫回来，”他指示道，“把我们的人集合起来。我们必须重新商议，解决这个问题。”

保尔森几乎就站在崩溃的边缘，可以看到万劫不复的深渊。他焦虑地说：“总统先生，如果我们不做点什么，情况可能会比‘9·11’更糟糕。”

布什沉着冷静，给人一种安心的感觉。助手们看着他想道，他在危机发生时总是状态最好的那个人，而他下面的人都需要安慰鼓舞。他有用不完的自信，无论他在别的地方遇到了多么大的麻烦，此时此刻，他的自信对手下而言无疑是一剂安心的良药。

此前，布什都是让保尔森去运作这项提案，而现在他认为是时候让白宫出面了。财政部长保尔森是金融方面的专家，不过总统的幕僚在应对国会方面更有经验。乔舒亚·博尔滕安慰保尔森：“交给我们吧，给我们 24 小时，让我们想想，好好组织一下，把事情了结。”

在议员们被股市暴跌吓傻了的时候，博尔滕及其队友们商讨出了一个对策，他们对提案稍加修改，打好掩护，以这种方法来扭转投票。而且这一次，他们会先让参议院投票，在参议院，更多议员对即将来临的大选不感冒，感受不到大选的压力，而且他们在传统上就没有众议员那么平民化。10 月 1 日，在胡桃木镶板的曼斯菲尔德室里，切尼在会上向共和党参议员发出恳求：“如果你们不通过，你们就等着让乔治·W. 布什成为 21 世纪的赫伯特·胡佛吧。”

当天晚些时候，参议院以 74 票对 25 票通过了稍加修改的 7 000 亿美元援助计划，奥巴马和麦凯恩都投了赞成票。两天后，即 10 月 3 日，众议院也以 263 票对 171 票通过了提案。26 位共和党人改变主意，转而支持总统，不过，党派里大部分人还是投了反对票。众议院官员火速将议案送至白宫。投票 90 分钟以内，议案就来到了总统办公室的桌上。他拿出一支笔，毫不迟疑地签上了大名。

他心满意足，和托尼·弗莱特一起走出办公室，来到后面的露台上，两人抽着雪茄，庆祝这来之不易的胜利。

切尼的小小胜利

在那个周末，布什接受彼得雷乌斯的挑战，把他带到弗吉尼亚州郊区的贝尔沃堡，举行了一次激烈的山地自行车赛。彼得雷乌斯身穿黑衣，还带来了儿子，心想他们应该能够跟上这位62岁总统的速度。不过，跟布什比赛骑自行车真不适合心脏不好的人。就在小道突然变窄的时候，骑在总统后面的特勤局特工又都没停下，于是彼得雷乌斯一不小心就撞到了树上。他儿子也一度摔下自行车，还摔断了一根小指头。彼得雷乌斯后来说道："我意识到这不是一个社交场合。"那天晚上，他和儿子外出吃比萨，顺道去沃尔特·里德陆军医疗中心治疗这个年轻人的手指头，这时，彼得雷乌斯的电话响了起来。他回忆道："那是总统打来的，他询问我儿子的情况。"

随着时间飞逝，赖斯强烈要求对伊朗采取一项措施。几个月来，她一直敦促布什在德黑兰开设一个美国利益代表处，与完整的大使馆差不多，能发放签证，并监视事态发展。赖斯辩论说这不是对伊朗示好，而是一个毒丸计划——这个前哨点一方面能够鼓励伊朗人来美旅游，另一方面能收集第一手情报，弄清楚伊朗国内正在发生的事情。切尼坚决反对，他认为这是对恶劣行为的表扬和嘉奖。

在这件事情上，布什靠向切尼一边。他询问哈德利："这对康迪来说到底有多重要？她真的认为这么做正确吗？这是国务院的意思？"

"康迪真的想这么做。"哈德利对他说。

布什白了白眼，不过他没有对赖斯说不。这对他来说从不是件易事。

最后，哈德利意识到这任务落到了自己头上。在赖斯第三次要求布什同意提议之后，哈德利给她打了个电话，劝说道："你知道的，康迪，也许你能让总统同意，因为他很看重你，但是我不得不告诉你，他真的不想这么做，而且他只是觉得，用这种方式给布什政府的伊朗政策画上句号，是非常不妥当的。"

赖斯领会了他的话，几天后她告诉布什，她会放弃这个想法。

"谢谢，"布什松了一口气道，"我只是觉得这么做不太对。"

“我不同意你这种说法，总统先生，”她回答道，“但是我尊重你。”

在布什任期的“黄昏时分”，切尼又赢得了一场小小的胜利。黑鹰直升机载着 20 名特种兵穿越伊拉克边界 6 英里，掠过叙利亚上空，击毙了一个名叫阿布 · 卡地亚的“基地”组织头目，他负责组织偷带国外武装人员进入伊拉克。几个月以来，切尼一直在催促派人捉拿他，却被告知，情报还不够准确。情报局暂时连他的名字都不确定，手上也没有任何照片。然后，在一次对“基地”组织据点的突袭中，他们截获了一些文件，最终明确了他与“基地”组织的关系。在切尼眼里，他觉得在自己被否定和忽略的这段时间里，在这件事上证明了自己是正确的。一位助手说道，他心里“非常高兴”。

DAYSOFFIRE

第 36 章

最后一场危机

再过几周布什就要卸任了，在为继任者制定好伊拉克政策后，他不得不面对最后一场危机：汽车行业的崩溃。白宫同意拨款 140 亿美元援助其渡过难关，但在切尼看来，这么做无非是在奖励那些决策失误的私有企业。不过切尼与上级打交道的经验是，如果上级做出了决定，他不会说“这是个蠢主意”，而是先辩论，然后再说“好的，先生”。

伊拉克的“战争遗产”

11 月 4 日，星期二，奥巴马被选举为总统，在这个人人厌倦战争又害怕金融崩溃的国家，他利用民众对现任总统的极度不满顺利登上宝座。尽管布什为自己的党派感到遗憾，但他还是深受感动，因为美国诞生了第一位非洲裔总统，这具有重大的历史意义。

即使是布什曾经忠实的追随者的一些人，也为这一刻的到来添砖加瓦。科林·鲍威尔给奥巴马投了票，理查德·阿米蒂奇、斯科特·麦克莱伦，还有马修·多德也是如此。吉姆·威尔金森是亨利·保尔森的顾问，他自称是一位顽固的保守派，但在近距离观察两位候选人处理金融危机的方式后，他果断地将票投给了奥巴马。肯尼斯·阿德尔曼曾经强烈支持布什发动伊拉克战争，他也投了奥巴马一票。保尔森和赖斯对投了谁这件事讳莫如深，导致一些人认为他们也支持了奥巴马。

布什明确地告诉他的手下们，他想要一次完美无缺的政府交替。实际上，乔舒亚·博尔滕几个月以来一直在为这件事奔波，他设计出了一个有史以来最具合作性的两党总统权力交接计划。布什盛情邀请奥巴马，他们在椭圆形办公室里谈论了很久，劳拉·布什也兴致勃勃地带领米歇尔·奥巴马参观了白宫官邸。白宫为奥巴马设计了 10 多个应急方案，以防在新政府开幕日那几天突发国际危机，因为那时他人手不够，也没有做好万全准备。应急方案中设想了各种各样的敌对场景，如朝鲜核爆炸、对美国计算机系统的网络攻击、对美国海外设施的恐怖袭击以及中东新一轮动荡爆发等。

布什认为他能留给奥巴马的最重要的遗产，就是美国与伊拉克之间的一项战略框架协议，这份协议为结束伊拉克战争勾画了美好蓝图。布什希望通过协议把军队保留到 2015 年底，但是努里·马利基总理希望在 2010 年底前就撤军。痛苦的讨价还价进行了数月之久，最后，他们终于达成了协议，协议规定美军在 2009 年 6 月底前撤出伊拉克城镇，在 2011 年底前彻底撤出伊拉克。这份协议在美国政府里引发了争议，毕竟长期以来，政府反对任何形式的伊拉克撤兵时间表。艾德·吉莱斯皮反对该协议，把它称为一个名副其实的“驱逐公告”。不过在彼得雷乌斯和他的接班人雷·奥迪耶诺都发表赞同意见之后，布什还是毫不迟疑地同意了。

与民主党在 2007 年想要强制执行的时间表不同，这份撤兵计划是在伊拉克局势好转之后顺势而生的。10 月份，仅 14 名美国士兵死亡，比起 2007 年 5 月份的死亡人数 126 人,这是一个明显的下降。奥迪耶诺告诉布什，士兵们可以荣归故里了。11 月 17 日，布什与马利基敲定了协议。布什希望奥巴马可以从容地结束伊拉克战争，而不是在迫于压力的情况下突然撤军。实际上，就伊拉克政策而言，这位继位者前四分之三的任期都被布什设定好了。

就在同一天，布什打了一个在他任期内最不可思议的电话。当他于 2001 年抵达华盛顿时，他从未想过自己有一天会和穆阿迈尔·卡扎菲上校客套寒暄，这个利比亚独裁者曾被罗纳德·里根称为“中东的疯狗”。不过，卡扎菲出于与西方和解的考虑，已经为过去利比亚恐怖主义的受害者提供了 15 亿美元的赔偿金，包括 1988 年苏格兰洛克比镇上空泛美航空 103 号班机爆炸案中的受害者。这通电话的目的是为了庆祝当下取得的成就，并保持未来共进的动力。就在两个月前，赖斯在利比亚会见卡扎菲，后者还为她播放了一段奇怪的视频，里面是赖斯与各国领导人的合影集，影集的配乐是卡扎菲专程让一个音乐家为赖斯而作的，歌名叫《白宫里的黑色花朵》。至少，布什不用担心这种事会发生在他身上。

布什拿起电话后说道：“卡扎菲上校？我是乔治·布什。”

“接到你的电话，我很高兴。”卡扎菲客气地回应说。

“我打给你是为了向你确定，协议已经达成了，”布什说道，“现在我们有机会在更坚实的基础上巩固我们的关系。”

总统称协议为“新开端的基础”，他表示第二天华府会热烈欢迎卡扎菲的儿子赛义夫的到来。他说："能听见你的声音真好。"

卡扎菲回应道："我也很高兴听见你的声音。"他将协议的达成称为两国间"具有重大历史意义的一刻"。

"我们还需要你在国际事务上出力，"卡扎菲又说道，"就算你卸任了，世界仍然需要你。"他说他希望在未来有见面的机会。

布什委婉地回应，他很期待得州的退休生活。他又补充道："很感谢你好心地接了我的电话，也许某一天我们会再见面。与此同时，我请求上帝保佑你和你的人民。"

别对上级说"这是个蠢主意"

12 月 7 日，随着假日临近，布什在白宫举办肯尼迪中心荣誉奖的年度颁奖仪式。摩根·弗里曼是获奖者之一。布什身穿燕尾服，站在一棵巨大的圣诞树前，嘴里缓缓道出这位名演员的诸多作品，其中包括《天地大冲撞》（*Deep Impact*），在这部电影里弗里曼扮演的是一位总统，他面临着彗星撞地球、文明终结的巨大危机。

布什抬起头来，暂时将发言稿抛在一边，脸上浮起戏谑的表情。他即兴发挥道："幸好这样的事，在过去 8 年间还没有发生过。"引发了阵阵笑声和掌声。

当他再次回到座位时，赖斯靠过来说道："不要高兴得太早了，我们还有几个星期要过。"

这话说得没错，尽管最后几周布什没遇上毁灭地球的彗星，但他确实不得不去面对最后一场危机，那就是汽车工业濒临崩溃边缘。通用汽车和克莱斯勒的首席执行官请求华盛顿提供 250 亿美元的联邦贷款，才过了 17 天，他们就把请求的金额提高到了 340 亿美元。

布什敦促他的幕僚与国会民主党商议临时解决方案，推进乔·卡普兰提出的方案，即任命一名财务生存能力顾问，也就是所谓的"汽车沙皇"，该顾问的工作就是要保证汽车企业重组，这是他们获取贷款的条件。白宫与南希·佩洛西在议案上达成一致，同意从现有的高科技汽车发展基金中抽出 140 亿美元援助汽车企业，但如果在 3 月份前他们还拿不出合理的重组方案，政府就会收回贷款。切尼反对该计划，在他看来，汽车业援助计划与银行援助计划相差十万八千里，后者是为了拯救整个经济系统，而前者则是在奖励那些决策失误的私有企业。

然而，切尼说的一大堆道理于事无补，他只好同意在国会上为这步棋进行辩护。数年后切尼回忆道："如果他告诉我他做了个决定，我就很少会说，'是吗，我觉得这真是个蠢主意，总统先生'。那不是我办事的方式。我会先辩论，然后我再说，'好的，先生'。一旦他下定决心，那他就去忙他的了，我们也去干自己该干的事。"12 月 10 日，这位忠诚的战士出席共和党参议员每周举办的午餐会，却遭到了猛烈的批评。来自田纳西州的共和党参议员鲍勃·科克称这个汽车援助计划太过软弱无力，他宣称："我死也不会支持！"他说道，如果汽车制造商需要帮助，那他们必须采取大幅度的行动，比如削减债务、重建医保体系，以及降低薪酬。其他共和党人则声称，他们原则上会反对任何形式的援助计划。当天晚上众议院以 237 票对 170 票通过了布什—佩洛西议案，不过也无济于事了，因为对于这个问题，鲍勃·科克已经在参议院占了上风。

第二天，布什邀请保尔森到他的私人餐厅用午餐，餐厅就位于椭圆形办公室旁。卡普兰也加入了他们。布什吃了一些袖珍胡萝卜、一个切碎的苹果和一个热狗，同时耳朵也没有闲着，他听着保尔森抱怨道，汽车制造商还没有做好有序破产的准备。数年来他们一直在慢慢地流血，金融危机迅速把他们推向悬崖的边缘，速度快到出乎所有人的意料。那天晚上，鲍勃·科克所在的参议院内部谈崩，布什决定插手。第二天上午，即 12 月 12 日，布什飞往得克萨斯州，在得州农工大学发表毕业典礼演讲。与此同时，他通过新闻秘书发表声明，表达了他对国会的不满，他指责国会没能通过汽车援助计划，他还宣布"如果有必要的话会采取其他办法，包括使用'问题资产救助计划'，来防止受困的汽车制造商垮台"。

被扔鞋的侮辱

毕业典礼演讲之后，布什便往私人农场的方向去了，他利用这次机会神不知鬼不觉地前往伊拉克，这是他最后一次伊拉克秘密之行。12 月 14 日，他在飞过大半个地球之后降落在巴格达，长期以来，他被自己发动的战争所折磨，为挽回这场命途多舛的战事做出了极大的努力，这是他第 4 次访问伊拉克，就是为了给多年的努力画上一个完美的句号。从很多方面来看，现在的伊拉克早已不是2006年那个水深火热中的伊拉克了。暴力事件在减少，政治体制也在发展，布什可以在大白天就飞抵伊拉克，而不用在一片漆黑中偷偷摸摸地去。更重要的是，布什此次将签署战略框架协议，为最终结束伊拉克战争作好部署。

欢迎仪式在宫殿举行，大红地毯席地而铺，仪仗队英姿飒爽，伊拉克国旗和美国国旗交互辉映，此情此景让布什倍感振奋：也许还是会有好事发生的。布什向努里·马利基问好，就像找到了失散多年的兄弟一样。两年前，斯蒂芬·哈德利还在备忘录上质疑马利基是否坚定，如今在布什心里也消除了这种疑虑。当马利基亲吻他的脸颊时，布什笑开了花。

“我还记得2006年的形势，那真是惨不忍睹，”布什说，“现在好多了。这是你的功劳。”

“这是我们俩的功劳。”马利基回应道。

布什委婉地提及美国人对马利基的怀疑，他说：“你知道的，他们过去会问我：‘伊拉克的卡尔扎伊去哪儿了？’卡尔扎伊长相英俊、英文流利。现在他们问我：‘阿富汗的马利基去哪儿了？’阿富汗需要一个马利基。”

当然了，他这么说有点恭维的意思，虽然听起来很别扭，不过却体现了一个事实，一个在布什即将离任时千真万确的事实：他终于扭转了伊拉克局势，却在最后几个月只能眼睁睁看着阿富汗的局势崩溃。在他白宫办公桌上静静躺着一份请求增兵阿富汗的提案，他会把这个请求留给继任者去决定。

不管怎么说，在历经了数年的危机和挑战之后，现在不是感伤懊恼的时候。布什终于可以庆祝一下。

“你看，我只剩下几个星期就卸任了，”布什对马利基说，“你还在这儿，不过我就要回得州老家了，以后我就在家门口唱摇滚。还从没带你去过得州吧，是不是？”

“没去过，”马利基回道，“这儿的事就够我忙的了。”

“得州很像伊拉克，”布什说道，“我们那儿有荒漠、石油、壮民，还有很多枪。”

“没有地方会像伊拉克一样，”马利基接着道，“相信我，绝没有地方像伊拉克。”

马利基握着布什的手，把他领进一间接待厅签署协议。一张大桌子静候着他们的到来，桌面铺着轻柔的天鹅绒布，桌上放着两个皮质活页夹，两份相同的协议还有几只昂贵的钢笔就夹在其中。桌边上是一双木质讲台，讲台的后面已经换上了一排美国和伊拉克国旗。房间里挤满了伊拉克和美国记者。

突然，当他们站上讲台的时候，有人尖声叫起来，这时，某个不明物体直直朝总统的面门猛飞过去。参与协议谈判的总统顾问布雷特·麦格克以为是自杀式袭击，他甚至觉得所有人都死定了。布什本能地向左屈身，这东西就从他头顶跃了过去。他意识到那是一只鞋，是观众里一位伊拉克记者扔的。

“这只鞋是我送你的临别吻，你这恶狗！”记者大叫，接着又把另一只鞋扔了出去，说道：“这一只是我替那些遗孀、孤儿以及所有伊拉克的亡魂还给你的！”

这一次，马利基伸出手去，试图挡下飞来的鞋子，布什稍微往旁边一躲就避开了它。对布什而言，鞋子飞过来时就像是在慢动作放映一样。

房间里突然就嘈杂起来，伊拉克保安猛扑向掷鞋者。总统的头号特勤局特工丹·怀特迅速跃到布什身边，不过布什摆摆手让他退下，他不愿将本就糟糕的事态扩大。

“我很好。”布什对这位特工说道。

不过他的新闻秘书就不太妙了。当怀特冲到布什旁边的时候，他撞到了吊杆式麦克风，麦克风直接砸向达娜·佩里诺的眼睛。她被护送着离开了房间，双手一直紧紧捂着头部。

对阿拉伯人来说，给人看鞋底是一种非常不尊重的行为，朝人扔鞋子就更严重了。2003 年巴格达解放的那一天，伊拉克人就朝已经倒下的萨达姆雕像扔过鞋子。现在布什成了众矢之的。马利基却“无辜得像白床单一样”，白宫摄影师埃里克·德雷珀如是评论道。不过，布什设法不把这件事放在心上，他面带微笑，双手向下压，想让其他伊拉克记者镇静下来，他们在不停地向总统道歉。

“别担心，别担心。”布什不断地说。

他开了个玩笑解围：“如果你们想知道真相的话，我可以告诉你们，他扔过来的鞋子是 10 码的。”

然后，双方领导人签署了文件，上楼参加庆功宴。布什的助手听到从另一个房间里传出的声音，那是掷鞋者挨揍时发出的尖叫声。道格拉斯·卢特回忆道："马利基的警卫开始往死里打这个家伙，你能听出他们揍得很猛。"特勤局特工们出面，放过了这个人，但对卢特来说，这件事似乎在暗示些什么，让人忧心，他说："你可以捕捉到整个美伊关系的走势。你所有的出发点都是好的，你也在过去5年里呕心沥血，可归根结底，伊拉克人最后还是伊拉克人，他们还是会继续自相残杀。"

布什不想让一个小插曲毁了这胜利的一天。马利基非常恼怒和尴尬，他的右拳猛击向左掌，气得都快冒烟了，布什和莱恩·克罗克便让他宽心。卢特回忆道："他几乎无法平静下来。"

"好了，求你了，别担心了，"布什对马利基说，"你是要留名青史的。那家伙只不过是个稍纵即逝的人。"

马利基一遍又一遍地道歉："总统先生，你是我的客人。这是我的家。请原谅这个人的行为，他不能代表伊拉克。"

布什还是轻描淡写，他坚持主张大家去用餐，马利基在餐会上敬酒，内容还是关于那个掷鞋者。马利基断言道："那个人，他代表过去，他代表的是那些失败者。"

一直到布什重登上"空军一号"向阿富汗进发时，他仍对所有人坚持说，那没什么大不了的。不过助手们能看出他心情很低落。当天早些时候的骄傲和雀跃都已荡然无存。在喀布尔停留了几个小时后，他登上飞机，即将经过长途飞行回国，他完成了作为总统的最后一次海外之行。根据惯例，他和手下们观看了埃里克·德雷珀为这次出行拍摄的照片，照片用幻灯片的形式播放出来。德雷珀抓拍了一系列照片，照片里那只鞋子呼地飞向讲台，布什随即低头躲过。

"反应不错。"乔舒亚·博尔滕大叫了一句，试图使气氛轻松一些。

布什并没有笑，他淡淡地说："好吧，下一张。"

汽车行业援助计划

当"空军一号"从阿富汗返回时，布什的经济顾问也完成了一份备忘录，里面为汽车行业设计了四种方案。第一种，从"问题资产救助计划"基金中抽出贷款金额，作为交换将任命一位“汽车沙皇”，负责在 3 月份前收回财务生存能力计划；第二种，在提供贷款的同时要满足鲍勃·科克在参议院上提出的附加条件，即要求汽车生产商削减债务，重写工作条例，以及降低薪酬成本；第三种，强迫企业立即破产，并使用“问题资产救助计划”基金为重组提供资金；第四种，什么都不做，放任公司自生自灭。

布什在椭圆形办公室坐了将近一个半小时，一直在讨论这几个方案。切尼反对援助计划，他不断盘问着那些经济顾问。尽管汽车行业崩溃会带来破坏，可能会造成 110 万个就业机会流失，但切尼仍然认为，这不能与华尔街的崩溃相提并论，所以不值得花纳税人的钱。总统的首席经济顾问基思·亨尼西赞同切尼的观点。不过其他人，包括经济顾问委员会主席艾德·拉泽尔和商务部长卡洛斯·古铁雷斯，辩称他们无法让企业按照《联邦破产法》第 11 章进行破产保护，原因是没有任何私人资金帮助他们重组。如果不提供联邦基金，结果将会按照《破产法》第 7 章进行清算。亨利·保尔森和乔·卡普兰倾向于第二种方案，也就是给予企业贷款，但是同时要求他们遵守科克提出的严苛条件。他们争辩道，汽车生产商的失败会顺着供货商和零售商的网络倾泻而下，而此时疲软的经济是无法承受的。

布什表示，他需要慎重考虑。保尔森催促他迅速考虑。还没到一天，保尔森就一再要求卡普兰询问总统是否已经下定决心。

“听我说，汉克，在这个问题上，你必须给总统时间，”卡普兰劝道，“这是个艰难的决定。”

“这不是个艰难的决定，”保尔森回应道，“这是个不愉快的决定，但是不艰难。”然后，他接着说：“就算想再长时间，也不会变得愉快。”

“我知道了，汉克，”卡普兰说道，“不过再给总统 24 小时来做决定吧，像这种决定 24 小时应该不过分。”

这个问题比“问题资产救助计划”还困扰布什，原因就是切尼提出的弊病。布什曾经是商人，他认为如果一家企业没能满足顾客的需求，缔结了糟糕的合同，或者做出了其他错误决策，那么它就应该破产。这符合市场优胜劣汰的法则。然而，随着卸任的日子越来越近，最能引起布什共鸣的论点还是，不要给他的后继者留下一堆烂摊子。奥巴马有权打出这通决定电话，但是不应该在总统宣誓后马上就把重担扔给他，他甚至还没弄明白电话应该怎么打。

布什通常都会私下做决定，这次却在12月18日的早上公开表示自己在全力解决这个问题。他出现在美国企业研究所，讲述着自己受到的多方压力。

研究所所长克里斯·德穆斯正在台上采访他，他说："这对一个坚持自由市场的人而言，真是一段难熬的日子，在一般情况下，已经或者即将破产的企业，应该被允许破产。我已经说过，这次并非一般情况，这是有很多原因的。"接着他为"问题资产救助计划"这个决定作辩护，解释说一个核心金融机构的倒闭会"在全世界形成连锁反应"，并且会伤害到普通人。他回顾了一下本·伯南克的警告，然后说道："我分析了他的警告，于是我决定，我不想成为萧条时期的总统，也不想成为萧条时期开始时的总统，更别说比'大萧条'更糟糕的萧条了。于是我们迈出了这一步，而且是坚定地迈出了这一步。"

至于汽车行业，布什说这些公司"非常脆弱"，他"担心会发生无序的破产，也担心无序破产会影响到人们的心理"，这里指的是"市场心理"。他不想干预不堪一击的企业，"为其糟糕的行为买单"，但好几天以来，他一直在想一件事：奥巴马并不像自己，拥有辛苦累积了8年的经验，他要如何在这样一个危险的时刻接管国家呢？

他沉思道："我认真思考了如果这时自己成为总统，会遇到怎样的情况，我相信好的政策就是，别在他刚开始上任的前几天就丢给他这么一个巨大的灾难。"

那天晚些时候，他做出了决定。布什拒绝了切尼的建议，他决定通过"问题资产救助计划"提供足够资金，帮助汽车企业度过3月份。不过他将前两种方案结合了起来，他坚持让汽车生产商在3月前提交财务复苏计划，否则就有可能收回贷款，强制进行破产处理。在基思·亨尼西的建议下，布什反对操控企业修补计划，拒绝政府插手公司业务细节。相反地，他规定，不必强制遵守科克的条件，而是将其作为公司解决问题的一种参考，就像地图一样；如果他们要偏离科克的想法，那么他们必须证明能通过其他办法达到相同结果。最后，他没有任命"汽车沙皇"，而是让财政部长监管情况。他给保尔森打了电话，说明了自己的决定。这个决定不是很合适，或许与他自己的原则相违背。如果时间退回到6个月以前，他可能会做出一个完全不同的决定。

第二天，即 12 月 19 日，上午 9 点，布什迈进罗斯福厅宣布他的决定。174 亿美元的贷款将成为美国历史上最大的一笔行业援助资金。布什解释道："在金融危机和经济衰退的紧要关头，让美国汽车行业崩溃不是一种负责任的行为。"

碰巧的是，那天晚上布什为他的高级幕僚举办年度节日晚宴。乔舒亚·博尔滕站了起来，带头敬了酒，还回忆了往年总统从手下那儿收到的圣诞节礼物。

"那么今年，总统先生，"他打趣道，"我们共同出钱，为你买下了克莱斯勒。"

切尼绝非幕后操纵者

1 月 7 日，布什主办了世界上阵容最豪华的一次聚会，他邀请了奥巴马和其他三位仍然健在的总统共进午餐，来分享他们的智慧和经验。华尔街援助计划可以说阻止了另一次"大萧条"，稳定了形势，不过国家仍然面临诸多重大问题。

很快布什就会将这些问题移交给奥巴马，于是他竭尽所能，为他的后继者提供一切可能的帮助。奥巴马很感激布什处理交接的方式，他也毫不犹豫地接受了这位离任总统在交接期做出的所有决定。奥巴马的高级顾问戴维·阿克塞尔罗说道："布什对我们非常亲切。"

那天与布什和奥巴马一同聚会的有吉米·卡特、比尔·克林顿以及总统的父亲乔治·H.W. 布什。克林顿，正如每个人预料的那样，说的话最多。卡特与其他人保持了一点距离，稍微往旁边挪了挪，即使与民主党同胞在一起也还是一副难相处的样子。

布什——这位即将离任的总统则有点坐不住。他给奥巴马的印象就是如释重负，显然已经做好了卸下总统大任的准备，他即将奔赴达拉斯，在那儿他和劳拉买了一栋退休住宅，位于劳拉母校南卫理公会大学后来建造的总统图书馆附近。

无论布什感到多么解脱，他也绝不为自己感到抱歉，至少不会表现出来。1 月 12 日，在他最后一次记者招待会上，他对"在任总统的重担"这个词嘲弄了一番，好像所有人都应该为世界上最有权力的人感到抱歉。

他戏谑地说道："你们知道，我有时会觉得，为什么是我？为什么金融崩溃一定要发生在我眼皮子底下？自怨自艾是可悲的，难道不是吗？"

第二天，他邀请一组历史学家来到椭圆形办公室，其中包括约翰·路易斯·加迪斯、杰伊·威尼克、艾伦·归尔佐、沃尔特·麦克杜格尔和迈克尔·巴龙。他考虑写一个回忆录，而这些历史学家则为如何写回忆录出谋划策，与此同时，演讲撰稿人克里斯·米歇尔在一旁做笔记，他会帮忙撰写回忆录。

虽然写回忆录是传统，但布什的父亲却从未写过，而是出版了一本毕生所写书信的合集，另外他还和布伦特·斯考克罗夫特合出了一本关于外交政策的书。布什心里盘算着写一本独特一点的书，不是那种从摇篮到坟墓似的自传，而是有的放矢的那种，将重点放在一系列重大决定及自己的应对方式上。他阅读了克林顿流水账似的回忆录，希望自己的可以简练一些。他还提到了尤利西斯·格兰特的回忆录，是在所有总统回忆录中被公认为最经典的一本。那些历史学家告诉他，它之所以经典是因为它朴实无华、纯粹简约。

麦克杜格尔提到了哈里·杜鲁门，杜鲁门在任时危机丛生，他用他的回忆录来"警醒和说明"。归尔佐建议布什关注四个主题：选举和重新计票风波；反恐战争；在教育、信仰计划和非洲防艾方面的措施；保守主义内涵，即表述政府能做的事和不能做的事。

这次会议进行了很长时间，布什显得不紧不慢。他似乎热切地希望剖析自己在任的 8 年时光。有些到访者不免感到惊讶，因为在发生了这么多事情后，他仍然看起来平静而淡定。加迪斯回忆道："总统的重任没有把他吞噬殆尽，也没有把他打倒在地，他依然积极、乐观、精力充沛，和我 5 年前第一次见他时一模一样。"加迪斯是其中一位鼓励布什在第二次就职演说中宣誓终结暴政的人，不过他最后失望地发现布什"实际上从没采取任何与之相关的行动"。虽然如此，他还是欣赏布什坚持不懈的信念和坚韧不拔的精神。

其中一位历史学家一度提起了切尼。布什抓住这个契机证明己见，笑着说局外人都想当然地以为副总统一手遮天，其实并非如此。他指着沙发旁桌上的一部电话说，很多人都觉得切尼只要给他打个电话，他就会乖乖照办。他滔滔不绝地举出一连串他否定切尼后才做出的决定，就连日期都记得清清楚楚。历史学家们不知道的是，布什和切尼当时正在为了是否赦免“滑板车”利比而互相较劲。不过可以明确的是，总统不想让任何人带着切尼主事的想法离开这个房间。加迪斯说道：“他立即谈起了这个话题，看来他很清楚我们心里就是那样想的。”

D A Y S O F F I R E

第37章

首长间的背叛

克林顿在丑闻中黯然离任，是因为他最后赦免了一批臭名昭著的人物？布什引以为戒，对赦免程序尤为反感，他决不允许自己陷入腐败的丑闻中。然而在白宫，靠拉拢关系让总统赦免早已成为一种传统，各路亲朋好友纷纷向布什施压索要特赦令。在这些人中，只有一位让布什左右为难、寝食难安，那就是切尼。

腐败的赦免程序

在布什看来，赦免程序一直散发着一股腐朽的味道。他的父亲曾因为在任期最后几周颁布一系列政治性赦免而惨遭抨击，其中最突出的一个就是在伊朗门事件中受到调查的前国防部长卡斯珀·温伯格。比尔·克林顿在丑闻中黯然离任，缘于他在最后一分钟赦免了一连串臭名昭著的人物，包括他同父异母的兄弟罗杰，他的前生意伙伴苏珊·麦克杜格尔，以及最声名狼藉的马克·里奇，这位有政治背景的金融家早就潜逃海外以避开逃税和诈骗的指控。讽刺的是，"滑板车"利比曾经是里奇的律师之一。布什没有忘记，在8年前就职典礼当天上午从教堂回来后，他一直在车队里等待，因为克林顿还没有做好招待他品尝传统白宫咖啡的准备，在之前的24个小时里，克林顿大部分时间都在忙着签署特赦令。

布什对此十分反感，他也成了美国历史上在执行豁免权上最吝啬的总统。在过去8年，他只批准了189项特赦和11项减刑，远远少于除了他父亲以外的任何总统，至少一个世纪内是这样。在他任期的最后几天，给豁免程序又增添一笔色彩的是一件很少有人关注到的特赦令收回事件。圣诞节前两天，布什签署了一系列特赦令，包括一项艾萨克·托赛的特赦令，托赛是布鲁克林区的一个开发商，他承认了邮件诈骗的罪行，涉嫌为购房者提供伪造文件以获取政府担保贷款。托赛的个案不符合司法部的非强制性规定，一般情况下，特赦律师在将所有申请递交总统之前都会仔细回顾案情，但这一次他没有核查托赛的个案。不过，托赛曾雇用布什的前任白宫律师布拉德·贝伦森，而且他的父亲曾在 4 月份为共和党全国委员会捐赠 2.85 万美元，另外又为麦凯恩的总统竞选捐款 2 300 美元。

当《纽约每日新闻》对捐款进行了披露后，乔舒亚·博尔滕给身在戴维营的布什打去了电话，告诉他这件事。总统和他的家人已经做好了欢度圣诞的准备，这是他们最后一次在总统度假地过节。他顿时火冒三丈，他们怎么能让这种事发生？事情看起来就像是他特意为了政治捐款人而颁发特赦令，就跟克林顿当初一样。博尔滕也同样怒火中烧。

博尔滕找到白宫副法律顾问威廉·伯克，对他说："找出撤销特赦的办法，弄清楚特赦什么时候开始生效。总统签特赦令了？"

"是的。"

"通知他们了？"

"是的。"

"我们宣布了？"

"是的。"

博尔滕命令伯克调查这件事。伯克回复说特赦令在交付给被赦免者后开始生效。

"它在哪儿？"博尔滕着急地问。

"在特赦律师的办公室里，他已经回家过周末去了。"

"你把他叫来，"博尔滕说道，"在周六早上他到达的第一时间，你就要见到他的面，你站在他办公室外面，直到他现身，在你拿回特赦令之前，别让任何人走进或者走出那间办公室。"

伯克动身前往司法部，以私人名义拿回特赦令。司法部律师一边将文件递给他一边说道："这是个正确的决定，因为我不知道有谁能承受这件事带来的影响。"

接下来，伯克的上司弗雷德·费尔丁将责任揽到自己身上，他在一份公开声明中解释道，他才是那个审查申请然后将其推荐给总统的人。唯一值得欣慰的是，因为他们是在圣诞节前夕发布的消息，所以撤回特赦令并未引起多大反响。至少这一次，布什团队松了一口气。

不过，这起事件加深了总统对整个豁免系统的厌恶感。他对助手抱怨道："这个程序坏掉了，彻底坏掉了。根本就没有意义。为什么在白宫那些有关系的人日子更好过？"

更让他恼火的是，在那段时间，不断有各种各样的人给他施加压力。他的毕生挚友乔·奥尼尔为了一名银行家给他写信，这名银行家因伪造文件而服刑，现在已经奄奄一息了。另一位得州的儿时伙伴查理·杨格催促他赦免一名医生，这名医生因儿童色情罪指控锒铛入狱。克莱·约翰逊是总统在耶鲁的好友，也是一位白宫助手，他游说布什为戴维·沙法维恩减刑，沙法维恩是在杰克·阿布拉莫夫游说腐败案（2006年1月，美国华盛顿的风云人物阿布拉莫夫承认自己犯下合谋欺诈、逃税和贿赂政府官员三项重罪。这起案件成为自1980年以来最大的游说丑闻，是最具代表性的腐败事件。——译者注)中被定罪的一名政府官员。在白宫圣诞晚会的迎宾队伍里，支持者们为“滑板车”利比不断与布什周旋。布什让这些人通通放弃。他对杨格说道：“不可能。”

“滑板车”并非泄密者

对副总统切尼而言，利比的事情让他怒火中烧。他心中充满愤懑，万万没料到理查德·阿米蒂奇对检察官招供，承认最初是自己泄露了瓦莱丽·威尔逊的身份，而阿米蒂奇和科林·鲍威尔从没有对同事们讲过这件事。莉兹·切尼愤愤不平地说道：“鲍威尔—阿米蒂奇事件带来的背叛感如此强烈，他们无动于衷，眼睁睁看着他们在白宫的同事，包括‘滑板车’和其他人，受尽调查的折磨，然而他们俩一直都知道阿米蒂奇才是泄密者。”阿米蒂奇和鲍威尔坚称是律师强迫他们保持沉默的。此外，阿米蒂奇还说，他不是置别人于险境的人。他撇清道：“我与‘滑板车’、卡尔的情况没有任何关系。”

利比心知自己前景一片渺茫，他联系博尔滕，请求面见总统。这看起来像是得克萨斯人的处事方式。

“我很抱歉，‘滑板车’，”博尔滕说道，“我得为总统着想，我无法答应你的要求。”

于是切尼找上了博尔滕。

“‘滑板车’要见总统。”

“我知道，”博尔滕说道，“我已经告诉他不行了。”

“是我在要求你。”切尼不依不饶地说。

博尔滕坚持己见，还是拒绝了。

“我要你直接询问总统的意见。”切尼最后说道。

“我希望你别让我那样做，”博尔滕回应道，“显然总统不想要我传达你的任何要求。”

最后，布什支持博尔滕，拒绝面见利比。博尔滕建议利比去寻求白宫律师的帮助。

在任期的最后一个周末，布什躲到了戴维营，享受他最后一个短假。此时利比与弗雷德·费尔丁、威廉·伯克坐在麦考密克 & 施米克的一间雅座里，这是一家连锁海鲜餐厅，坐落在 K 街，离白宫只有几个街区。当时才刚过上午 11 点，又是周末，他们希望没人能认出他们。

在接下来的 90 分钟里，利比为自己辩护，不过两位白宫律师仍没有改变观点。虽然质问自己的前同事是一件让人不自在的事，但是他们还是开始彻查证据。那样不可能吗？这个证人如何？利比坚持道：“不可能。”关键不是庭审记录里记载了什么，而是那些没有被记录在案的证据。检察官隐瞒了司法鉴定，不承认记忆谬误，而利比确信，记忆的不可靠性可以用来洗脱他的罪名。利比坚持认为他们应该着手研究这一点。

接着费尔丁和伯克提出了另一个关键点：在现代，特赦令一般不会颁给声称自己无辜的人，而是颁给已经付出了代价并寻求宽恕的犯人。根据当时司法部的规定，如果申请人服刑不满 5 年，那么特赦律师可能不会接受申请。当然，这并不意味着总统就不能赦免达不到要求的人：根据宪法规定，总统的特赦权力实际上不受任何限制。不过费尔丁和伯克想说明的是，一般怎样的特赦申请能被接受。

他们询问利比是否愿意认罪，然后请求宽恕，这样他才能得到特赦。

利比说道：“不，我是无辜的，我没有犯罪。”

最后的人际阴影

即将获得自由的布什显得格外焦躁。最后一个周末，天气寒冷，布什待在戴维营，纪念自己任期的结束，并庆祝即将开始的得州新生活。陪伴他的有家人、几个朋友和顾问，包括博尔滕、赖斯、保尔森和斯蒂芬·哈德利。他期待这个时刻已经很久了。

如果说其他总统舍不得权力，那么布什则渴望逃离华盛顿和华府的重任，恐怖主义、战争、自然灾害，再加上现在可与“大萧条”相提并论的金融危机，所有这些都吞噬着他的政府。现在他身处马里兰州的群山之中，准备在这个“桃花源”度过最后一个周末，好好庆祝一番，咀嚼胜利的果实，抛开所有败兴的挫折，在时钟一点点往终点迈进之时，他要静下心来思考、回忆、沉吟。但是，他的心无论如何也静不下来。他的脑海里不断回放他与切尼的不休争论。

当其他人都在另一个房间时，布什找了一台电话，打给身在得克萨斯州的丹·巴特利特。

“这感觉糟透了，”布什烦心地说，“现在我在这儿，上周末我就在盘算，我要和家人度过一个美好的周末，但现在我在这儿了，心里却一直苦恼，我知道这个决定非常艰难。”

巴特利特安慰道：“你做出的决定一定是正确的。”

尽管如此，布什的顾问还是很担心他。博尔滕觉得他让总统失望了，他应该保护好总统，阻止总统与副总统正面交锋。比起其他顾问，赖斯与布什的关系更亲密，她看着布什在“月桂苑”会客厅里闷闷不乐，心里琢磨着怎样把他从糟糕的情绪中拉出来。

“我能跟你谈一会儿吗？”她问道。他们悄悄离开，来到“月桂苑”一间小型总统办公室，办公室的屋顶倾斜着，屋里摆放着许多木质书柜。

“别让这件事给你任期的最后几天蒙上阴影，”她对布什说道，“你值得拥有更好的时光。你做出了这么多贡献，你保卫了这个国家，你做了这么多，这不该是你度过最后任期的方式。”

布什点了点头。他心里明白，但他就是控制不住自己。

最后，稳定布什情绪的重任落到了他妻子劳拉的肩上，这是大家惯用的手法。

“赶紧下决心吧，”她对他说道，“你把每个人的心情都毁了。”

布什和劳拉在星期日下午回到了华盛顿，那天是 1 月 18 日，他们前往好友吉姆和桑迪·兰登的家中用餐，吉姆宽敞的家位于首都斯普林瓦利高级社区。在过去 8 年里，总统夫妇曾多次来访，不过这一次他们还带来了一名官方摄影师，以记录这个标志着一切即将结束的夜晚。

吉姆·兰登明白总统心里的挣扎，他打断了大家的用餐。

“我这里有一份名单，我需要给他们特赦令。”他开玩笑地宣布道。

布什大笑了起来。

奥巴马就职日的阴谋

给布什一切尼政府抹上阴影的戏剧性事件并不只有特赦利比之争。到周末，即就职典礼前的最后一个周末，情报局发现了一个重大阴谋的蛛丝马迹，有迹象表明有人要袭击奥巴马的就职宣誓典礼。据称，一帮索马里极端分子会从加拿大越过边界潜入美国，在就职典礼当天的国家广场蓄意制造爆炸，正如布什的反恐负责人胡安·卡洛斯·萨拉特所说，“其中一个最可怕的噩梦出现了”。

布什团队将此情况详细告知新生的奥巴马政府，他们一同面对艰难处境。就职典礼代表权力的交接，是美国民主最重要的象征，即使新总统平安无事，在就职典礼上发生袭击事件也将带来灾难性的后果。

讲台上的混乱场景会削弱新任总统的形象。双方团队此时在战情室会面，新上任的国务卿希拉里·克林顿问道：“如果演讲中途发生爆炸，奥巴马总统该怎么办？难道要特勤局迅速掩护他从讲台上逃走，然后让美国人看着他们的新任总统在就职演说中途突然消失？我觉得不妥。”但没人提出更好的对策。

双方一致同意，以奥巴马国防部长身份留任的罗伯特·盖茨不应该参与就职典礼，如此一来，如果灾难发生，指挥链便得以持续。作为一个得到新总统赏识的在职内阁官员，盖茨接管国家是合乎逻辑的选择，当然前提是他上面的顺位人都不幸死亡。

结果，这次威胁最后被证明是一场恶作剧，一帮激进分子植入虚假情报，企图让美国人如临大敌。不过，对布什和切尼来说，这件事是一次最生动的演示，能让他们的后继者们清晰地认识到，在过去 8 年时间里他们处理的都是什么事端；这件事也是一次最恰当的教育课，让后继者们明白恐怖主义暧昧模糊的特质，学会分辨真伪，摸索威胁的源头，研究正确的应对方案，并在承认危险和宣扬信念之间保持平衡。

1 月 19 日是布什在任的最后一个工作日，他穿上西装，像往常一样在上午 7 点前到达椭圆形办公室。

按照日程安排，他要连续给13位国家领导人拨打告别电话，最先是上午7点打给格鲁吉亚的米哈伊尔·萨卡什维利，然后上午7点10分打给普京总理，上午7点20分打给韩国总统李明博等。总统备忘录上的所有讲话要点只有如下14个字：

> “合作很愉快。”
> “成就颇丰。”
> “望继续成功。”

争议最大的一件事是要不要给普京和德米特里·梅德韦杰夫都打去电话。根据外交礼仪，一般总统只用打给对方的总统，也就是现任的梅德韦杰夫。不过布什还是决定给两人都打电话。在共度长久时光之后，在共历合作与紧张的关系之后，他希望亲口对“我的朋友弗拉基米尔”说声再见。

尽管5个月前，格鲁吉亚战争导致他们关系破裂，布什还是怀念地回忆了他们之间的一次次见面，有的在克劳福德，有的在圣彼得堡的莫斯科郊外别墅。他回顾了两人在伊朗、朝鲜、中东、恐怖主义、武器控制以及经济方面的合作。布什对普京感叹道，他们拥有“许多美好的回忆”。

最后，布什还有另一件事要办。上午11点，他在椭圆形办公室会见弗雷德·费尔丁和威廉·伯克，两人向他汇报了周末与“滑板车”利比见面的情况。他们还是没有改变观点。此外，他们指出，利比并没有申请特赦，因为他坚持认为自己是无辜的。

布什签署了其他赦免令，为两个边境巡逻队员减刑，两人因射杀一个墨西哥毒贩子而受到指控。此案曾引起保守派批评家的广泛关注，他们反对非法移民，认为那两个边境巡逻队员不过是忠于职守却惨遭控诉。布什签完后，放下了笔。这意味着利比最终没有得到特赦。无论切尼如何强烈地反对，他仍然坚持了自己的决定。

新人换旧人

让出椭圆形办公室的那一天终于来临，布什脑海里仍盘旋着自己与切尼之间的斗争，心中的苦涩不言而喻。新总统就职日的上午，布什和往常一样出现在椭圆形办公室。他的手下已经离开，跟 8 年前另一拨人的离开一样，只留下了所有的照片和其他用品。

不过布什总统已经一声不响地把雪茄都送了出去，他决定回到得克萨斯后就戒烟。他将一张手写的便条塞进一个牛皮纸信封，便条是写给第 44 届新总统奥巴马的，信封上赫然印着“白宫”，接着他又在信封表面贴上一个黄色的便利贴。他快速在便利贴上写下“44”，把它放在“坚毅桌”上。

布什随后要在白宫招待奥巴马一家，接着陪他们顺宾夕法尼亚大道而下前往国会山，那里将举办就职宣誓典礼。在历经了动荡的 8 年之后，布什的任期终于要宣告结束。不过现在，与奥巴马约定的时间还没到，他与乔舒亚·博尔滕在西翼闲逛，打发等待的时间。西翼在装修，工作人员忙进忙出，修建起更多内墙，为新租客们创造出更多隔间。博尔滕回忆道：“那地方要变成公寓了。”布什从装修工人身旁走过，但没人注意到他。他现在成熟而沉稳。

终于，离开的时间到了。

“好了，我要去宅邸那边，”他对仅剩的手下说道，“我的大衣呢？”

他在椭圆形办公室旁的接待区穿上外套，戴上牛仔帽，走出大门，在早晨的严寒中穿过柱廊，朝东翼方向走去，再也没有回头。他一刻也没有犹豫，便匆匆离开了。还不到早上 10 点，他和劳拉站在宅邸外的北门廊处，热情地迎接了贝拉克和米歇尔·奥巴马，为他们准备了传统的就职日咖啡。在竞选季过后，这个令人温馨的老规矩暂时消除了分歧，拉近了双方的距离。那个上午，所有事情都成对出现——两个总统、两个副总统、两个第一夫人，还有两队特勤局特工。“那就像诺亚方舟一样。”即将离任的布什摄影师埃里克·德雷珀评论道。

切尼坐在轮椅上，他解释说周末在副总统宅邸打包时伤到了背。“切尼看起来糟透了。”乔·卡普兰回忆道，他在那天晚些时候遇见了切尼。那场景看起来古怪而难堪，似乎切尼过去 8 年的所有努力、抗争和论战，终于掏空了这副年近 68 岁的身体，而这副身体已经历了 4 次突发心脏病。

“乔，你任期结束后很可能变成我这个样子。”切尼对他的后继人约瑟夫·拜登开玩笑道。

布什和切尼离开白宫时便分开了，各自加入总统和副总统的小型车队中去，向国会山进发。布什离开时给白宫来了个飞吻，然后与奥巴马一同钻进了全副武装的轿车。两人坐在铺了坐垫的车位上，这个像坦克一样的汽车开始缓慢开动，它绕过路障，驶出了白宫范围。与此同时，布什利用这个机会，给他的后继者提了最后一条建议。

布什说道："不管你做什么，你一定要在一开始就制定好特赦政策，然后坚持政策绝不动摇。"

在战争频发和经济衰退的当口，布什在任期的最后一个小时，脑子里想的竟然还是他的副总统。

他们抵达国会山，布什在西面看台上找到自己的位置，坐了下来。人群中奥巴马的支持者开始反复不停地大喊："不、不、不、不、嘿、嘿、嘿、再见。"当切尼坐着轮椅来到自己位置的时候，他也听到了喝倒彩的声音。民主党人七嘴八舌地评论轮椅中的切尼，现在他终于像极了波特先生，即《生活多美好》（*It's a Wonderful Life*）中那个残酷的大亨。

布什没有在意。他看到了奥巴马的女儿，就靠过身去，对年纪较小的萨沙说了些什么，同时站起身来，靠近她的脸，亲切地笑着。当他再次坐在特意为他预留的大皮椅上时，他和奥巴马隔着一条过道倾身交谈，两人笑得不亦乐乎。

奥巴马的就职演讲以表达对前任的感激之情为开端。他说："我要感谢布什总统为国家做出的贡献，我也要感谢他在两届政府过渡期间表现出的慷慨和协作。"

不过接下来的大部分内容无异于是在批判布什。奥巴马说："我们作为一个整体，在一些重大问题上决策失误，也没做好应对新时代的准备。"他承诺要"恢复科学应有的地位"。他认为"在国家安全与国家理想中，只能选其一的做法是错误的"。他向全世界保证"美国做好了再次担任领导者的准备"。总而言之，这或许是继1933年富兰克林·罗斯福接任赫伯特·胡佛以来，对离任总统否决最彻底的一次就职演说。

布什安之若素。"这演讲真了不得。"他对新总统的办公厅主任拉姆·伊曼纽尔说道。

然后，他转身穿过国会山的圆形大厅，直接朝等候在东面的"海军一号"直升机走去。

"来吧，劳拉，"他对妻子说道，"我们回家吧。"

他给了奥巴马一个拥抱。

“我们会不时地向你简要汇报近况。”奥巴马对他说道。

“你不用这样做，”布什回应说，“我的任期已满，而且我不想让你觉得，你应该在我身上浪费时间。”

布什与华盛顿的情缘结束了。他最后向人们致意，接着便登上了直升机。直升机上只有他、他的家人、他的助手布雷克·戈特斯曼、埃里克·德雷珀以及几位特勤局特工。

直升机缓缓起飞，布什握着劳拉的手，从窗户向外凝神看去，他看着国会山，看着蜂拥的人群，他们前来庆祝他的后继者入主白宫——实际上也是庆祝他的离开。他另一只手则拿着演讲稿，他计划在安德鲁斯空军基地发表讲话，他的前助手们会在那儿集合。在短短的飞行途中，他的举手投足间似乎有什么东西发生了变化。时间过去了 8 年，他承受了每一个重任，肩负了每一场灾难，历经了每一次胜利和失败，终于，他自由了。“他看起来很解脱，很兴奋，”德雷珀回忆道，“你能从他脸上看出来。他的任务结束了。”

他们在安德鲁斯空军基地的机库里举办了一场私人典礼，切尼要发表简短讲话。乔·卡普兰说道：“老实说，我们所有人都很担心他要说的话，因为我们这些总统身边的人都知道，过去这几天很不好过，他们两人的关系非常糟糕。”不过，切尼的演讲却是温和有礼，他赞美了两人 8 年的友谊。布什如释重负。他曾担心再也无法挽回两人的友谊，毕竟他们在特赦一事上闹得满城风雨。他从副总统的言语中得到了些许安慰。不过，他们之间的裂痕远非三言两语所能填补。戴维·阿丁顿评论道：“乔治·布什的两届任期几乎完全不同，第二届任期对两人来说都艰辛无比，他们简直势同水火。”

在两人都作了告别演说之后，切尼便离开了。奥巴马授权军方护送副总统返回怀俄明州，切尼乘坐的就是他以前使用的“空军二号”。飞机在卡斯帕降落后，他的老友米克·麦克莫里就派自己的私人飞机继续送切尼回杰克逊。“飞机不错啊，米克，”切尼对他说道，脸上带上标志性的揶揄笑容，“我以前也有架不错的飞机。”

当天晚上，切尼和朋友家人一起庆祝自己回家。“他忍受着剧痛。”切尼的好友比尔·汤姆逊注意到了这一点。切尼拒绝服用止痛药，因为那会让他头脑昏沉。麦克莫里后来说道：“他的疲态和痛苦显而易见，不过那天晚上他看起来很愉快。”确实如此，这位不苟言笑的前副总统神态放松。麦克莫里说道：“迪克那天晚上非常健谈，他不是在工作。我想，他可以说任何想说的话。”切尼没怎么提到布什，不过麦克莫里确信，比起效忠了 8 年的布什总统，“切尼跟老乔治的关系更铁”。

布什返回得克萨斯州，他乘坐的是一架特殊的波音 747 飞机，以前这架飞机有个响亮的名号叫“空军一号”，不过现在它只能被叫作“特殊飞行任务 28000”。布什的父母与他同行，飞机上还有许多陪他一路走来的助手，他们大多来自得州，比如卡尔·罗夫、凯伦·休斯、丹·巴特利特、玛格丽特·斯佩林斯、艾伯特·冈萨雷斯、马克·麦金农、乔·卡普兰以及依兹拉埃尔·赫尔南德兹。他们聚集在会议室，津津有味地观看一个告别视频，里面还有来自托尼·布莱尔和比尔·克林顿等人的美好祝愿和诚挚赞美。

机舱里人人都在拥抱，一片欢声笑语，大家都感到舒了一口气。“狂欢的气氛持续了全程，没有停歇。”德雷珀说道。布什摆好姿势和他母亲合照，他把下巴靠在她的肩膀上。

一位助手回忆道：“他当时不停地拥抱，他拥抱了每一个人。他的眼眶略有些湿润，不过更多的还是在热情拥抱。”奥巴马演讲的基调激起了布什效忠者们的不满，他们抱怨奥巴马在布什离开的时候，还狠狠甩他一记耳光。不过这位前总统没有掺和到讨论中去，贬低后继者的话他“一句也没有”说，休斯如此回忆道。

朝西飞行了 1 700 英里，布什终于重新踏上了米德兰的土地，8 年前他的就职之旅就是以这里为起点。如今他两鬓斑白，神情疲惫，已经 62 岁，整个人也多愁善感起来。当他走下飞机的时候，他吻了吻冈萨雷斯的额头，说了声：“坚持住。”比起华盛顿，这里的天气更加宜人，人们更加宽容。加特林兄弟组合和李·格林伍德炒热了现场的气氛，此时夕阳的余晖映衬了西边的天空，2 万多名支持者挥舞着红、白、蓝色的字母“W”，在百年广场热情地欢迎布什的归来。他的老助手赫尔南德兹回忆道：“之前有一段时间，他以为根本没有人喜爱他，不过，当他回到米德兰，却有一大群人为他欢呼，为他呐喊。这让他深受感动。”

布什对兴奋的人群说了几句话。“今晚，”他深情地说道，“我有幸能说出早就想说的话——回家感觉真好。”他稍稍为自己当总统时四面楚歌的境况辩解了几句：“人气就像得克萨斯的风一样飘忽不定，只有品行和道德心如同我们的橡树一般屹立不倒。历史自会评判我做出的决定，不过，当我今天早上走出椭圆形办公室时，我带着与 8 年前到华盛顿时一样的价值观离开那儿。当我今晚回到家中照镜子时，我不会为镜中的自己感到遗憾——也许除了对一些白头发之外。”

后 记

荣火时代

离职若干年后的一天，在弗吉尼亚州麦克莱恩新家前部的小藏书室内，迪克·切尼啜饮着他钟爱的星巴克咖啡，思绪闪回自己仍大权在握的“荣火时代”。

他的面容更加消瘦了，两颊略微凹陷。他在离职之后再次突发心脏病，此时正处于康复之中，不久后便会进行心脏移植手术。他穿着一件蓝色牛津衫和一条卡其色短裤，外加一件深色背心，背心下一架仪器紧贴着他的胸口，维持他脆弱的心脏跳动。感觉状态还不错，他说道。他不跑马拉松了，不过可以钓鱼。他一年要在怀俄明州休养 4 个月：3 个月的炎夏，1 个月的深冬。

在他侃侃而谈的同时，他的黑色拉布拉多猎犬乔丹就趴在附近打盹，另一只黄色的拉布拉多则不停走进走出，仿佛在检查谈话内容。这座位于麦克莱恩的米白色宅邸矗立在一扇大门之后，于切尼在职的最后一年修建完成。沿街道往上走便是罗伯特·F. 肯尼迪的家：著名的希考里山庄。切尼的退休住宅里有 4 间卧房，6 间全套卫浴，3 个小盥洗室和 4 座壁炉；宽大的铺设足以招待他的女儿、女婿以及 6 个外孙的造访。

藏书室的书架上摆满了富含华盛顿气息的各类经典文学，有罗伯特·卡罗，迈克尔·贝斯克罗斯等；此外还有大量军事史书籍，包括切尼最喜爱的作品——里克·阿特金森（“二战”史诗“解放三部曲”作者。——译者注）

笔下的海湾战争。书架上还存放着乔治·W. 布什和康多莉扎·赖斯的回忆录，不过书没有任何被翻阅过的痕迹。切尼的书橱上也不乏一些让人眼前一亮的藏品，包括像罗恩·萨斯金德的批评家著作；还有一卷书，书脊上明晃晃地印着《迪克：成为总统的男人》(*Dick: The Man Who Is President*)。两块方砖赫然在列，其中一块来自塔利班首脑毛拉·穆罕默德·奥马尔的私宅，另一块则来自阿布木·扎克·扎卡维丧命之所。当然了，温斯顿·丘吉尔的半身像是必备的藏品。墙上还悬挂着切尼曾祖父的一方宝剑，他的曾祖父曾在内战中为联邦立下赫赫战功。

"这是为我们夫妇两人设计的，这座宅子很棒，"切尼介绍道，"我们可以住在一层。不过，我们也不得不考虑到养老问题，到那时候我们的腿脚不再灵便，不能四处逛了，所以虽然我们设计了二楼，但也在宅中加装了电梯。这样一来，上楼也会方便些。在车库那边我们还有一套房间，目前只是作为书房办公，不过，最终我们会安排照顾我们的人住进去。所以，住在这里还挺有趣的。这是我拥有的唯一一套新房子，盖房子对我来说是破天荒的第一次，也仅此一次。我总是听别人张口闭口说要我盖新宅，但这活并不是那么容易的，施工期间总会有无数的麻烦缠着你——包括用什么样的门把手。天哪！想把房子盖成型太不容易了。幸好我只负责观赏和填写支票。"

退休之后，切尼进行了总结和反思。他捍卫那些维护国家安全的必需之举，毫不掩饰自豪之情，也丝毫不后悔在伊拉克、关塔那摩监狱和水刑上的过激行为。"我们抓住'基地'组织成员后，并不是第一时间就说，'好，把水装满'，"切尼解释道，"我们从不这么做。但正如我所说，一些批评家会误导民众认为我们在逮捕恐怖分子后，一定会迫不及待地严刑拷问，拔掉他们的手指甲和脚趾甲。"虽然一些行为被粉饰为出于"国家安全"之由，可称得上师出有名，但切尼真的没有对此感到哪怕一丝厌恶吗？"从没有过，"切尼用他在公共政治生活中惯有的态度应答道，语气镇定而坚决，"我一直坚信我们的做法是正确的。它的确有实效。那之后 7 年半，我们没有遭受任何形式的恐怖袭击，若算到现在，这个时间还要更长些。"

他就是这样盘算的：只看结果，不计手段。如果国家面临的威胁足够严重，那么对一小撮嫌疑分子实施较为强硬的手段，这样的微弱代价是可以忽略不计的，更别说对方是策划了“9·11”事件的幕后首脑哈利德·谢赫·穆罕默德了。就算不惜一切也不为过。

“但我所考虑的不仅仅是杜绝下一次劫机事件而已，”切尼继续说道，“那并不是我所忧心的威胁。所谓威胁，往往代表着极端——也许19名劫机犯会携带核武器或生物制剂。当这样的威胁四处肆虐，当你要在这种威胁下保卫国家，那么，对一个俘虏施加水刑逼供就不是我们关注的重点了。谢天谢地，我们捉住他了，还顺利地从他嘴里掏出了情报。”

在回忆局势动荡的8年任期时，切尼认为，自己是一位“重要的副总统”，不过他将这一切归功于布什。“我只是在帮助他达成愿望。是他让一切皆有可能，而不是我。”他清醒地认识到，自己的影响力在后期逐渐减弱，但他对此没有表现出一丝怒气，反而默默接受了这个现实。“渐渐地，我觉得我在前期做出的贡献对总统来说更为宝贵，后期收效甚微，”切尼说道，“部分原因在于，总统的工作对布什来说，其实也是一个学习的过程。在我们共同开始第二任期的时候，在经历了这么多年的锤炼后，他已经是一个更加成熟的总统了，我觉得他更加独立了，更有主见了，对幕僚们也不像以前那样依赖了。”

自2009年冬季在安德鲁斯空军基地分手后，两人便开始为各自的任务奔波，互不往来。布什回到得克萨斯，开始默默地筹划修建总统图书馆，并着手建立公共政策研究所，而切尼则不再蛰伏于自己的隐居地，对新总统的言行展开了火热的评论。布什意志坚决，发誓不对自己的继任者发表任何评论，他称奥巴马总统“理应得到前任的沉默”；而切尼则有一肚子的意见，他认为这个国家需要他的声音。

激起切尼怒火的，是新政府的一项决策：他们准备重新调查中情局审讯恐怖分子的行为和方式。在切尼眼中，这无疑是一场彻头彻尾的背叛。在他看来，中情局官员的行为符合司法部规定，他们撬开俘虏的嘴巴提取信息，是为了防止未来恐怖袭击的悲剧重演，但现在这些人却被看作犯人。在奥巴马讲话的同一天，切尼也针对此事发表演说，现任总统和前任副总统分居电视屏幕左右，两人展开了一场非同寻常的隔空辩论。

奥巴马辩论称，要在价值观和安全之间选择一个不偏不倚的中心地带。“美国人民并非绝对主义者，”奥巴马在国家档案馆的演讲中如是说，“民众选择我们，并不是为了在反恐问题上强加一个苛酷的思想意识。”而在城市的另一端，切尼声称，在捍卫自由上奉行绝对主义无可厚非。

“在打击恐怖主义的问题上，”切尼强调道，“没有中间地带，半吊子的态度或多或少会将民众置于危险境地。”隐居幕后多年，切尼的直言不讳确实掀起了不小波澜，不过他的论点和他在第一任期时所构建的政策体系并无二致，他的捍卫行为只不过是进入到一个新阶段罢了。“迪克认为向公众披露事实是他的职责，至少从他们自己的角度来看，这是责无旁贷的事。”他的朋友比尔·汤姆逊说道。斯蒂芬·哈德利认为切尼受伊朗门影响颇深，切尼觉得涉案的中层官员都成了政治上的牺牲品，而现在的中情局官员们也面临着同样的处境。“切尼认为这样的牺牲十分可耻，”哈德利说道，“他挺身而出，抓住机会，阻止那辆疾驰的列车继续朝错误的方向行进。”莉兹·切尼觉得如果不是因为中情局遭到调查，她的父亲也会继续效仿布什的做法，低调沉默、明哲保身。“威胁控诉中情局官员是不可原谅的，”莉兹说道，“事态超出了他能忍受的范围，他不会再保持沉默。”

不过，切尼和奥巴马的公开论战看起来更像是切尼和布什之间的私人之争。在任期的最后几年中，出于对礼仪的重视和敬意，面对布什的次次妥协，切尼的言论往往只是点到即止。但这次他却以一个民主党人为目标，用猛烈言辞加以抨击，争论内容和他在战情室曾放出的言论并无二致。“切尼从没直接批评过布什，”康多莉扎·赖斯的顾问戴维·戈登说道，“不过据我看来，他对奥巴马做出的批评，是在间接宣泄他对任期最后几年的不满，”他实际上是在批评布什政府。在切尼的心中，中情局官员所蒙受的背叛分明就是“滑板车”利比冤案的延续。他们都是被遗弃在战场上的人。“迪克一直耿耿于怀，抱怨总统没有特赦利比，将他从陷阱中拯救出来。”切尼的朋友伯尼·西鲍姆回忆道，“利比只是忠于职守，却因此获罪，而没人愿意拉他一把。”切尼认为自己终于挣脱了桎梏，他对助手说道：“法定诉讼时效已经过期了。”后来，切尼发现自己能够左右这场公共论战了，奥巴马政府最终放弃了调查计划。

坐在达拉斯的新家中，布什饶有兴趣地看着到访者，但心情有点矛盾。他向来访的朋友和曾经的助手们打听他们对于切尼参与公共活动的态度，自己却不执一言。最近一段时间里，他一直忙于写作回忆录，修建总统图书馆，建立一所公共政治研究所，该研究所主要研究六方面的课题：民主促进、全球健康、经济增长、教育改革、兵役制度和女权问题。他发表了几十次演讲，出行非洲，还将自己的工作范畴从抗击艾滋、疟疾扩展到了抗击宫颈癌。

他格外关怀退伍军人。他为伤兵们主持举办了“伤勇杯”百公里马拉松大赛，并私下拜访了数家军方医院。有一天他在得克萨斯机场接见了从伊拉克回国的部队，虽然他刻意避开了媒体的视线，但还是有人用手机记录下了这一时刻，并将其上传到网上。伊拉克发生的一切仿佛历历在目，一位幕僚在达拉斯拜访布什的时候，布什曾透露自己每天都在反思这一切。他一直纠结于当初的宣战决定，关注这些退伍军人能让他不那么痛苦。“这多少能让他摆脱些负罪感，虽然负罪感这个用词并不准确，”他的一位朋友说道，“无论如何，我都不觉得他有负罪感，他也不会感到悔恨。我觉得他是为战争的结果而感到痛苦和难过，不过，与军属家庭接触已经成了他目前生活的重要组成部分。”

布什决心再也不涉足他口中的“烂泥地”了。他不再参与任何政治活动。他对达拉斯的来访者们说，在奥巴马就职的那天，他感到浑身轻松。“当我看到奥巴马举起手时，我心想，‘终于自由了’。”布什如是说道。在2010年中期选举时，他没有发动任何竞选造势活动。当卡尔·罗夫在布什位于达拉斯的宅邸中设宴款待宾朋，分析国会竞选结果时，布什却心不在焉，和一旁的宾客夫人说说笑笑。在2012年总统竞选活动中，布什总共只留下了四个单词：我支持米特·罗姆尼（I’m for Mitt Romney）。支持奥巴马的共和党对手，这还是因为一名记者在一个不相关的问题后话锋一转追问了一句的结果。“我支持米特·罗姆尼。”话音刚落，布什的脸庞就消失在了关闭的电梯门后。

除去大部分秘密演讲和低调的政治工作之外，布什还喜欢去看几场“得州游骑兵”的棒球比赛，像德怀特·艾森豪威尔和温斯顿·丘吉尔那样醉心于绘画，或者重新打打高尔夫球——他曾为了对战场上浴血奋战的部队表示敬意而戒掉了这个爱好。“现在他简直就是个高尔夫球迷。”布什的朋友查理·杨格说道。布什通常会与碰巧最先到场的4名球手打球，慢慢的，布什家族血脉中流淌的竞争精神占了上风。“我之前曾下定决心要精通高尔夫，不只是娱乐而已。”布什一边对自己的朋友兼作家沃尔特·哈灵顿说着，一边将穿着高尔夫球鞋的双脚搁在办公桌上，嘴里还叼着一支没点火的雪茄，“我的技术在提高，问题是我总是不够好。这就是这项运动存在的问题。

它需要不断训练、足够的耐心和专注的精神。正如你所知，路还长着呢。”他顿了顿，又笑着说：“有些方面我还有待继续提升。”

布什卸任后，韦恩·伯曼曾在华盛顿设宴招待过布什，他被布什的镇定深深折服。“我还从未见过像乔治·W.布什这样快乐、放松的人。”他感叹道。比尔·克林顿在痛苦离任白宫后曾多次表示他想再次争取第三任期，但布什似乎真的对权力没有任何渴望了。“我常常被问，是否怀念那些身为总统的日子？”他对观众们说道，“我不怀念。”他做这番说明的时候，人就在华盛顿，不过他是华盛顿的稀客。这次他公开了一些采访实录，他曾采访了来自世界各地、为祖国自由奔走的异见人士，他表示：“离开华盛顿之后，我才真正找到了属于自己的自由。”

距离布什飞回得州老家的那天，已有近一年的时间了。如今，他回到了白宫。布什很早就到了，他悠闲漫步走过大厅，热情地跟接待员和特勤局官员打招呼，熟稔地叫出了每个人的名字，并用一种熟悉轻松的方式跟大家开玩笑。他此次前来是应奥巴马之约，旨在与克林顿联合指挥，支援海地的灾后重建工作。海地在遭受大地震的血洗之后，已是满目疮痍。这是布什卸任后第一次返回华盛顿，奥巴马的助手们见到他都感到十分紧张，但没过几分钟，布什就让他们放松下来。“那更像是在跟老朋友见面。”奥巴马的高级顾问瓦莱丽·贾勒特后来说道。

在某种程度上确实如此。奥巴马于2008年竞选时千方百计地否认布什留下的遗产，到头来却在2009年接受了其绝大部分。他留任布什的国防部长以及其他多位高级国家安全官员，他还决定遵照布什的计划，3年内从伊拉克撤军。尽管奥巴马抛弃了“反恐战争”一词，也禁止使用备受争议的严酷审讯手段，但他和布什一样，没能成功关闭关塔那摩监狱，他还保留了“恐怖分子监听计划”，授权特别军事法庭，并决定对某些恐怖嫌疑人采取无审永久拘禁，只不过在囚禁过程中增加了一些程序性的保护措施。他或多或少采纳了布什的对朝政策，只在某种程度上修改了伊朗策略，他还效仿伊拉克增兵计划，派遣更多军队进驻阿富汗，并在巴基斯坦扩大了无人机行动的范围。可以说，布什最重要的一些决定，在奥巴马手上得到了发扬。到2013年，阿里·弗莱舍声称，奥巴马在“实现布什的第四任期”。

在国内政策上，两人的差异则比较明显，最显著的不同在于奥巴马对医保的扩张，以及他对同性婚姻和同性恋服役的支持。不过即使在国内，这位新总统依然保留了很多布什的方针策略。奥巴马完成了由布什启动的金融业和汽车业援助计划，很大程度上留存了《不让一个孩子掉队》法案和《医疗保险处方药品计划》并提升油耗标准，进一步激励可再生能源利用。虽然奥巴马在竞选时反对布什的减税政策，但到头来，他却重新批准了减税政策中约 85% 的内容，驳回的部分只针对于占美国纳税人比重 1% 的高收入人群。此外，奥巴马第二任期中最优先处理的事宜便是改革移民体系，他身体力行，完成了布什未竟的事业。

在国家安全问题上，奥巴马竞选时的慷慨陈词和他上任后的真实行动存在差异，这让他的一些支持者大为不满，不过对于那些认真观察了前届政府转变的人而言，就没什么好吃惊的了。从本质上来说，奥巴马竞选时反对布什第一任期政策，但他承袭了布什第二任期政策。到离任之前，布什就已经放弃了某些严酷的、饱受争议的反恐措施，要么是迫于国会、法院和民意的压力，要么就是意图使自己的政策获得两党认可，从而构建更坚实的政治基础。他已经清空中情局秘密监狱，迁出多名关塔那摩监狱的囚犯，同意 2003 年后不再实施水刑，并且得到国会议员认可，通过了特别军事法庭、扩大监听和其他计划内容。

布什采用历届政府在危机或战争时期的惯常做法，在这种特殊时期，总统往往会以保卫国家的名义挑战法律底线。不过最后，系统会进行自我更正，缩减过激措施。约翰·亚当斯签署《移民和镇压叛乱法》，囚禁发表政治演说的反对派；安德鲁·杰克逊强行迁移印第安部落，不顾部落反对将他们迁离密西西比西岸；亚伯拉罕·林肯暂停人身保护令，在特别军事法庭审判美国公民，甚至连非叛乱区也没放过；伍德罗·威尔逊同意关押一名 1912 年大选时的政敌，因为对方公然抵制第一次世界大战；富兰克林·罗斯福在第二次世界大战期间强迫 11 万日籍美国人进入拘留营，不为其他原因，只因为他们身上流着大和民族血液。

布什和切尼并没有做到前人的程度。“9·11”之后最初的一段时间里，上百名中东人士被清出国门，大部分是因为违反移民法，不过这波骚动与 19 世纪 40 年代围捕日籍人士相比，简直小巫见大巫，而且骚动很快平息了。布什重视参观清真寺，还在白宫举办开斋晚宴，并重复言明观点，声称中东人民信仰和平，只是被少数激进分子曲解了思想。中情局以严酷手段审讯的囚犯不超过 30 名，只有 3 名被实施了水刑，但令人吃惊的是，其中一人竟然遭受水刑183次。政敌们可以毫无顾忌地斥责布什和切尼，他们即使随心痛骂也不用担心会被关起来。“毫无疑问，无论布什总统在反恐战争中如何剥夺平民自由，我们也有理由相信，他做的许多决策，远没有其他总统那般残酷。”杰伊·威尼克评论道，威尼克是一名历史学家，他在一些场合与布什见过数面。“每一次，我们的系统都会自我更正。至于布什总统，随着时间流逝，他确实在条件允许的情况下回到了正确方向。”

不过，如果说历史在某种程度上可以用来辩护，那么它也可以用来控诉。布什和切尼没有从前人那里吸取经验，反而重蹈覆辙。当美国总统采取引发争议的政策时，如果他们能获得社会其他部门，特别是国会的允许，那么大多数政策都能经久不衰。布什和切尼却偏好特立独行，认为暴露某些策略会危害国家安全；同时，他们坚信，在守卫国家上，行政机构拥有至高无上的权力。国会和法庭只是挡路石而已，因为威胁已经空前严峻。

从杰克·戈德史密斯到唐纳德·拉姆斯菲尔德，布什的许多助手最后都认为这么做是错误的。戈德史密斯是司法部的一名律师，他对反恐战争某些最笼统的法律解释持保留态度；而拉姆斯菲尔德在卸任后辩称，如果加大国会的参与度，总统的境况会更理想。最终，布什也得出相同的结论。“回顾过去，如果我能在军事法庭、TSP，以及中情局‘强化审讯计划’刚开始实施的时候就寻求立法保障，也许就能避免许多无谓的争端和法律上的挫折了。”他在回忆录里如是写道，其中TSP指的便是“恐怖分子监听计划”，这是无证监听计划的官方名称。“‘9·11’发生之后，如果在我做决定的同时，也要求国会议员做决定，我相信，他们绝对会通过我们提出的任何要求。”或者至少能强行达成妥协，这样也可以避免某些糟糕透顶的谩骂批评。

无谓的争端以及对伊拉克的严重误判，掩盖了第43届总统本该显著的政绩成就。布什在国内外取得的重大成就历历在目。他推动教育朝更好的方向发展，见证了学生考试成绩的提高。他帮助老年人购买处方药品。他不仅为有钱人减税，也为中产阶级减税，甚至干脆将上百万低收入群众从税收中解放。他帮助刺激国内能源发展，在传统能源领域和可再生能源领域都取得了成效，显著扭转了美国对外国石油的依赖。他扩大自由贸易，削减核武器库。他帮助抑制艾滋病在非洲的传播，拯救数百万生命。他将两名顽固的保守派送上最高法院。他在中东宣扬民主，那个时候其他人都认为这是无法实现的目标，然而在他离任之后，推翻独裁统治的“阿拉伯之春”运动便席卷整个阿拉伯世界，看到此情此景，他终于心满意足。撇开这些贡献不谈，也许最重要的，是他和他的副总统可以理直气壮地宣称，他们在“9·11”之后保卫了国家。

无论总统具备怎样的优点，这些优点在他叱咤风云时都是不被欣赏的。布什不受欢迎这个说法，也能体现他在离任前被美国民众疏远的程度，这种疏远史上罕有。可以说，他是70年以来，最不讨喜的总统。在一次盖洛普民调中，71%的受访者否定了布什在2008年10月金融危机最严峻阶段的工作表现，这是自1938年盖洛普公司开展调查工作以来，反对率最高的总统民调记录。虽然哈里·杜鲁门和理查德·尼克松曾有过支持者更为稀少的时候（杜鲁门在工作满意率调查中一度降到22%的水平，尼克松则降到过24%，而布什的最低水平为25%），然而没有哪位总统像布什一样，遭受了民众那般长时间的反对。布什最后一次得到大多数美国人的支持还是在2005年3月，也就是说，在他的整个第二任期，大部分民众都背弃了他。学者圈的人一般来说更倾向于自由派，他们一开始就对布什的“反智主义”嗤之以鼻，这些人在闲暇游戏时投票，将布什列入了史上五大最差总统的名单。

切尼的情况更加糟糕。盖洛普对副总统的调查远没有像对总统那样频繁，但切尼在2006年的支持率也曾滑落至百分之三十几，且此后再也没有回涨。他在2007年中期盖洛普民调中的支持率低至30%，而这个水平还比其他民调结果要高。根据哥伦比亚广播公司新闻频道的民意调查，副总统的支持率在2006年一度只剩18%，调查时间就发生在枪击事件后不久。这个数字对于拥有切尼这般地位的政治家来说，无疑低得可怜，以至于无数人开起了切尼的玩笑，总统就是其中一个。

切尼在后来的数年里并没有后悔的意思。当他发布回忆录，并为之进行必要的新闻宣传时，他一次又一次地被问及酷刑、战争和监听问题，但他依旧寸土不让。当被问到他是否仍然认为花费巨大代价入侵伊拉克是一个明智之举时，他回道：“噢，当然了。我并不认为它毁掉了我们在世界范围内的名声。我绝不相信这一点。这是个正确的决策，它解决了一个非常严重的问题，也结束了萨达姆·侯赛因的独裁统治。”

布什向来不喜欢自我反省，但他如今也愿意承认错误。比如说，没有早点增兵伊拉克，或是在应对“卡特里娜”飓风时不够果决。尽管如此，他也依然支持那些最核心的决策，对于历史的评判他心如止水。他认为，如果乔治·华盛顿的遗产现在还能引发热议，那么他自己的遗产，可能要等到他过世许久以后，才能盖棺定论。“我没必要为自己辩护。”他一度这么说，“我做的事已成事实，最终历史会做出评价。”

他同样拒绝承认任期内出现的各种危机让自己不堪重负。在2011年一次不对外公开的会议上，他对听众说道：“人们在生活中总是为自己感到遗憾，特别是当你成为总统的时候，对吧？当你阅读了亚伯拉罕·林肯的故事后，你会发现，他的任期十分艰难。这能帮助你客观看待自己的生活。”布什说自己着眼于历史，设法避开电视上的评述：“我不看任何电视节目。新闻也不看，你知道的，我就是新闻。亚伯拉罕·林肯非常激励我，他是一位伟大的总统。林肯心知，无论政策环境如何艰难，总统也必须坚持原则。所以他才说，人人生来平等。在1863年，人人并非生来就平等。但林肯不顾当时的政治环境，做出了一个伟大的决定。”

布什豁达大度的后总统生活似乎缓和了人们对他的评判。2010年，当他在电视上巡回宣传自己的回忆录《抉择时刻》（*Decision Points*）时，他发现这个国家似乎对他更加宽容了，而他的书也跃居畅销书榜首。不过大多数美国人仍旧不看好他，而且很多人仍然对他入侵伊拉克、对恐怖分子嫌疑人实施水刑以及没有掌控好几十年来最糟糕的金融危机加以斥责。他依然是被攻击的对象，对很多人来说，他是一个失败的总统，是现在经济困难和外交政策困局的源头。然而，他的后继者也遇到了和他一样的困难，华盛顿联合车站开始出售印有“想我么？”这句话和布什头像的T恤。从车站走几步路就能到国会山，此时奥巴马的“怪罪布什”策略已经无法阻止选民们重新选择共和党人。那个秋天，共和党在众议院重新夺权，在参议院也得到了更多席位。到2013年，根据民意调查，人们对布什的看法有所缓和，现在49%的美国人持赞同意见，而43%的人持反对意见，5年来，布什第一次享受到了顺差的快感。

某种程度上，这次民调反映了一个事实，那就是心灰意冷的共和党人和无党派保守人士调转了心意，特别需要提出的是，他们发现奥巴马比布什更令人不快。温和派人士和一些自由派人士，也在一定程度上表现出了新的赞赏态度，不过赞赏有限，他们举出布什在移民、教育、医保还有艾滋援助上的观点，再举出继布什之后共和党的观点，相较之下，后者就显得太过强硬了。参议员查尔斯·舒默是一位自由派民主党人，他在2008年将布什比作赫伯特·胡佛，却在2013年又赞美他与贝拉克·奥巴马、本·伯南克一样，“将美国从另一场‘大萧条’中拯救了出来”。很多总统都是过了许久之后才得到宽容和理解，比如哈里·杜鲁门、德怀特·艾森豪威尔、罗纳德·里根，还有比尔·克林顿。即使是林登·约翰逊和理查德·尼克松也被重新评价过，他们在越南战争和“水门事件”中的挫败有所减轻，这多亏了“大社会计划”和对中国的开放。不过，他们的不良记录还是在历史书上留下了难以磨灭的印记，也许布什不能如愿改变人们对他的评述。“几十年以后，”他写道，“我希望人们将我视为这样一位总统——这位总统意识到了当时最严峻的挑战，并履行诺言，保卫了国家安全；他追求信念，毫不动摇，并在必要时调整策略；他相信每个人都会在自己的人生中做出选择；而且，他运用美国的影响力，推动全世界向自由迈进。”

有一天，在布什位于达拉斯的办公室里，一位前来拜访他的前助手问了他一个问题，而这个问题是其他人决计不会问的：“你离任的时候成了史上最不受欢迎的总统之一，感觉如何？”

布什立刻反击：“我也曾经是最受欢迎的总统。”

他说得没错，这句话也反映了他在任时作决策的一个主要推力，就是他担心错过良机。在“9·11”过后的几个月里，民众对他的支持率一路飙升，这时，布什在切尼的强烈要求下，做出了一个影响深远的决定，但到头来却反而失去了民众的支持。这个决定在他最狂热的崇拜者看来，是英明的，但在其他人看来，却是可悲的：如果布什没有选择攻打伊拉克，结局又会如何呢？

在布什离任后的数年，他以前圈内的同僚开始就这个问题展开讨论，他们甚至质疑，如果布什知道大规模杀伤性武器不存在的话，他还会不会发动这场战争。卡尔·罗夫和阿里·弗莱舍等人认为，布什不会。“我就是觉得他不会诉诸战争，”弗莱舍说道，“我想他应该会给萨达姆施压，但不会诉诸战争。”理查德·阿米蒂奇也深表赞同：“我相信，如果大规模杀伤性武器不存在的话，布什总统是不会发动战争的。”其他人就不这么确定了。布什任期结束后，华盛顿的一间办公室里，拉姆斯菲尔德坐在椅子上，声称这场战争是值得的。“我深知战争非常丑恶，所以如果你问，‘天啊，你希望它没有发生过吗’？我自然会回答，是的。但战争应该发生吗？总统做了正确的决定吗？很显然，我认为是的，我现在还是这么认为。当时摆在他面前的所有原因，在我看来，是很有说服力的，现在依然如此。”

有一点毋庸置疑，那就是这场战争消耗了总统的全部精力。他于第二任期在全国推行的“所有权社会”议程旨在改革社会保险、移民政策及税法，却因为伊拉克战争的缘故在险滩上搁浅了。国家和国会在除了战争的其他事情上，对布什的白宫失去了兴趣。他试图在任期内重新确定共和党地位的希望宣告落空。离任后，他私下里对平民主义保守派的“茶党运动”感到后悔。“富有同情心的保守主义竟然坏了名声，我的心都碎了。”凯伦·休斯遗憾地说。造成这样的结果，布什和切尼负有责任。布什和切尼宣称，希拉里·克林顿和约翰·克里等民主党人也将萨达姆·侯赛因视为威胁，并投票支持伊拉克战争。他们的说法没有错，但最后拍板的人是他们。尽管 2 500 万伊拉克人从侯赛因暴政的桎梏中被解放出来，但代价却是高昂的。当布什和切尼貌合神离时，已有 4 000 多美国士兵和大概 10 万甚至更多伊拉克人付出了生命的代价。大部分平民死在了叛乱者和恐怖分子的手上，而非死在美国人手上；然而，刺激这些武装力量叛乱的确是白宫无疑，而白宫却对此不甚了了。“布什任期的第一个大错是他急于同伊拉克开战，”斯科特·麦克莱伦评论说，“这让他偏离了方向，也极大地损害了他的公众形象。第二个大错，是他对自己的第一个错误一无所知。”

要理解这场战争，就有必要牢记决策时的大环境。炭疽袭击事件，白宫对生化武器的恐惧，再加上他们发现巴基斯坦核科学家不时向奥萨马·本·拉登汇报，在这种大环境下，相较于接下来可能发生的事，就连“9·11”袭击都显得不那么重要了。如果萨达姆拥有这种武器，布什和切尼总结说，那就不能再容忍他。“你可以说他犯了个错，”参议员约瑟夫·利伯曼评价布什道，利伯曼是一位来自康涅狄格州的民主党人，他因为支持战争而与民主党决裂，“我们会不断讨论这个问题。不过我认为他发动战争，是因为他觉得这么做是正确的。”然而战争的一部分发起者，却在不停琢磨“如果”。“如果伊拉克一战打得漂亮的话，”迈克尔·格尔森评论道，“总统会成为美国政治史上的伟人。”可惜，战争打得不漂亮，布什也没有成为伟人。

数年来，布什授权他的将领发号施令，通过增兵计划挽救了一场濒临失败的战争。但即便如此，他最终依然没能在任期内脱离苦海，原因就在于那场继富兰克林·罗斯福之后，空前惨烈的经济危机。他任期的最后几个月是在华尔街一系列惨败中度过的。数年来，过热的房市和诱人的高风险金融工具终于濒临崩溃。经验告诉布什，他知道这种症状。“华尔街醉了，”他曾如此解释道，“它喝醉了，现在正处在宿醉中。”如果说华尔街喝多了，那么布什就是其中一个假装没看见的酒保。尽管是比尔·克林顿签署法令，撤销了《格拉斯—斯蒂格尔法案》对银行的限制，尽管在房利美和房地美疯狂发行不可持续抵押贷款的时候，是国会中的民主党人为他们提供了庇护，然而，是布什任命了那些太过宽容的监管者，而他自己也没有及时看清威胁的严重性。他最后的应对方式是“问题资产救助计划”，几乎与伊拉克增兵计划如出一辙，他坚决地运用联邦政府压倒性的力量，对市场进行干涉，从而阻止国家坠落悬崖。

戴维·弗鲁姆是前白宫演讲撰稿人，对他而言，伊拉克问题和金融崩溃构成了布什任期的全部。除了“9·11”后采取的应对措施，布什任期中的两大重要时刻，可以说就是他应对这两大危机的时刻。他无视政治风险，抛开心中信仰，做出了必要的努力来扭转局势。他给濒危的战场送去更多军队，为救助不负责任的银行投入上百万美元，这对当代任何总统来说，都是最为大胆、在政治上最不受欢迎的决定。然而事实证明，这两项决策对国家至关重要。

“你不得不问，为什么是有必要的？在这两件事中，布什先前都长时间地忽略问题的存在，这导致了危机的发生，而总统也英勇果决地直面了自己的疏漏。”弗鲁姆评论说，“因疏漏导致危机发生，又凭借魄力解决危机。”

可以说，应对“卡特里娜”飓风也是同样的模式。布什在风暴后的前几天一直跌跌撞撞不得要领，接着又表现出极强的责任心。他重建了被风暴蹂躏的地区，前往第一现场多达 17 次；不顾党内一些人的反对，为灾区投入大量资金。甚至阿尔·戈尔在 2000 年的竞选经理人唐纳·布拉吉勒都赞美“布什为了修复人们的未来，做出了紧锣密鼓、热忱专注的努力，而且身体力行”。布拉吉勒是新奥尔良本地人，她的家人因风暴的缘故而无家可归。换句话说，布什在洗清自己最糟糕的过失时很有一套。

2013 年春季晴朗的一天，在阔别 4 年之后，布什和切尼在达拉斯的南方卫理公会大学重聚，共同参加乔治·W. 布什总统图书馆及博物馆的揭幕仪式。数以千计的退伍军人和支持者簇拥在这座石灰岩建筑外，布什和切尼缓缓步出新建筑中心，一同走出的还有其他几位健在的总统和第一夫人们。随后布什在台上与同侪相邻而坐，切尼却默默走下台，和布什家的后辈们一起坐在了观众席中。康多莉扎·赖斯在现场致辞，切尼则没有担任这样的角色。

这是两人离职后第二次共同暴露在公众视线下。上一次还是在2010年图书馆破土动工的时候。切尼那天也前往参与活动，并为布什喝彩。“你离职后的两年以来，人们对你的评论越来越慎重了。”切尼那天如此评论道，他谈到了历史的评判，也许这也是他自己对布什的看法。前总统也报以温言：“对美国来说，切尼是个了不起的副总统。作为他的朋友，我感到非常荣幸。”

不过作为朋友，两人的接触次数实在太少了。大多数总统和副总统在结束工作后都选择分道扬镳，处理自己的生活，像布什和切尼这样孟不离焦的合作关系在白宫历史上本就是异类，而两人后来的疏离则有效体现了他们之间关系的变化。从这座新建的图书馆也能看出两人关系的疏远。图书馆里陈列着以第一夫人和女儿们为主题的展品，播放着与赖斯、安迪·卡德、乔舒亚·博尔滕有关的录像，甚至展示了总统的猫狗雕像。但切尼在这里却没有留下任何痕迹。在揭幕仪式前的采访中，曾有媒体向布什询问两者的关系。“你知道，还是很友好的。”布什对有线电视频道C-Span的记者史蒂夫·史考利说道，“但他毕竟住在华盛顿，我住在达拉斯。”可能是意识到自己话语中的冷漠，布什确保会在随后的典礼上大力赞扬切尼。“从我邀请切尼辅佐我的那天起，他就无私地付出了自己的忠诚、信念以及力量，”布什对观众说道，紧接着又重复了几年前的那句话，“作为他的朋友，我感到非常荣幸。”

在那个晴朗的春日，切尼的气色看上去确实好多了，他脆弱的心脏在离职之后屡次遇险。2009年圣诞节前后，切尼在位于怀俄明的宅邸倒车出库时，突然间“意识一片空白”。万幸，植入的除颤器发挥了应有的作用，救了他的命。然而，刚过数月，他就遭遇了第五次心脏病。到夏季时，他的身体已经有了心脏衰竭晚期的状症。主刀医生连夜手术，但切尼依然昏迷不醒长达数周之久。不过据他说，他竟然鬼使神差地梦到了罗马北部的一栋乡间别墅，他从石径上轻快地走过，买来咖啡或是报纸，心情愉悦地消磨了数周时光。

到了2012年，72岁高龄的切尼接受了心脏移植手术。术后几个月时间里，他慢慢恢复了体力，精神状态也大大改善。到他身赴达拉斯参加图书馆揭幕仪式时，他已精神矍铄，简直像变了个人。他头戴牛仔帽，腿穿卡其裤，身着蓝色运动衫，在典礼开始的前一晚出现在一家酒吧附近，那里面有上千名老同事正在狂欢。他现在生气勃勃，和这几年病怏怏的模样大相径庭，他在停车场内就被人团团围住，根本没法进去酒吧。于是，他就在酒吧外，和卡尔·罗夫大谈狩猎心得；与同事们互动，和以往的同僚甚至陌生人摆姿势拍合照。在被问到对最近一部关于他的生活纪录片有何感想时，切尼兴高采烈地抱怨说，摄制方没有提到自己钓到大鱼的事。他在派对现场一直待到午夜临近。“自从做了心脏移植手术后，”他的女儿玛丽说道，“他的身体就发生了一场奇迹。”

虽然切尼从来就不是个感情用事的人，但他还是对拯救了自己性命的医疗英雄们报以极大的敬意，他张口闭口谈论的都是自己手术期的那段遭遇，对医疗技术的发展也说得头头是道。因为医疗的进步，手术才有可能成功，他甚至和女儿莉兹一起写了一本书，来介绍自己的经历。术后，切尼曾到西海岸旅行，造访了住在洛杉矶的好友戴维·胡米·肯奈利。坐在桌旁，这名前副总统向朋友讲述了自己与心脏病搏斗的征程。

心脏移植手术涉及的每一个人，从医生、护士到家人，都把它当作一场精神上的体验，切尼说道。

“好吧，如果你讲的是真话，”肯奈利取笑道，“那你现在是不是变成民主党了？”

“还没到这么追求精神的地步……”切尼回应道。

肯奈利太了解自己的老友了，他知道哪怕换了一颗心脏，也别期望切尼会改变分毫。无论其他人怎么说，迪克·切尼总会坚守自己的信念，绝不妥协。从某种层面上来说，在这个懦弱政客大行其道的时代，他对人气变迁的漠视反倒更值得尊敬。不过连他的旧部们都总结说，切尼太极端了，他对公众的呼声不管不顾，甚至懒得为自己的处境做出辩解，正是这种缄默的态度最终令他的政策大打折扣。

如果说布什也对切尼产生了同样的想法，那他同样选择了沉默。不过很明显，他在第二任期时生出了远离切尼的倾向，即便偶尔谈到这位搭档，他往往也只是表达一下自己的尊敬之情。然而布什身边的一些人则指责切尼将布什从一个团结者变成了一个分裂者。桑迪·克雷斯是布什的得克萨斯州老顾问，他回忆了布什在奥斯汀市与民主党共事的岁月，以及布什最初在华盛顿实施教育改革的日子，他评论道："华盛顿发生了什么事？我个人认为，迪克·切尼才是党派纷争的幕后黑手。我到现在也不知道他为什么要这样做，但我很不欣赏这些事，当时不欣赏，现在依然不欣赏。"

不过，在总统决议上褒贬切尼无疑低估了布什本身。"布什身上有一小股艾森豪威尔式的狡猾，"韦恩·伯曼说道，"他并不介意别人把他看成什么容易操作的傀儡，因为他就是想让自己的对手低估自己，让别人自以为能够左右他的想法。他利用这些人的心理，从中获利。"虽然早年间，切尼确实对布什产生了重大影响，但在白宫岁月之后的采访中，布什的旧部、亲戚和朋友都回忆说，布什从未在切尼的左右下做出过任何违背自己意愿的决定。

布什依然是那位最终"拍板人"。在那段如烈焰般燃烧的岁月中，他收获的所有胜利和失败都只属于他自己。"他听从自己的内心，"布什一生的挚友乔·奥尼尔如是说，"正如我们经常说的，他认为没必要证明这一点，但他的确听从了内心的召唤。"

“iHappy 书友会”会员申请表

姓　名（以身份证为准）：＿＿＿＿＿＿＿＿；性　别：＿＿＿＿＿＿＿＿＿＿＿＿＿＿；

年　龄：＿＿＿＿＿＿＿＿＿＿＿＿＿＿＿；职　业：＿＿＿＿＿＿＿＿＿＿＿＿＿＿；

手机号码：＿＿＿＿＿＿＿＿＿＿＿＿＿；E-mail：＿＿＿＿＿＿＿＿＿＿＿＿＿＿；

邮寄地址：＿＿＿＿＿＿＿＿＿＿＿＿＿；邮政编码：＿＿＿＿＿＿＿＿＿＿＿＿＿；

微信账号：＿＿＿＿＿＿＿＿＿＿＿＿＿＿（选填）

请严格按上述格式将相关信息发邮件至中资海派“iHappy 书友会”会员服务部。

邮　箱：zzhpHYFW@126.com

微信联系方式：请扫描二维码或查找 zzhpszpublishing 关注“中资海派图书”

<table>
<tr><td rowspan="8">优惠订购</td><td>订阅人</td><td></td><td>部门</td><td></td><td>单位名称</td><td></td></tr>
<tr><td>地址</td><td colspan="5"></td></tr>
<tr><td>电话</td><td colspan="3"></td><td>传真</td><td></td></tr>
<tr><td>电子邮箱</td><td></td><td>公司网址</td><td></td><td>邮编</td><td></td></tr>
<tr><td>订购书目</td><td colspan="5"></td></tr>
<tr><td rowspan="2">付款方式</td><td>邮局汇款</td><td colspan="4">中资海派商务管理（深圳）有限公司
中国深圳银湖路中国脑库 A 栋四楼　　邮编：518029</td></tr>
<tr><td>银行电汇或转账</td><td colspan="4">户　名：中资海派商务管理(深圳)有限公司
开户行：招行深圳科苑支行
账　号：81 5781 4257 1000 1
交行太平洋卡户名：桂林　　卡号：6014 2836 3110 4770 8</td></tr>
<tr><td>附注</td><td colspan="5">1. 请将订阅单连同汇款单影印件传真或邮寄，以凭办理。
2. 订阅单请用正楷填写清楚，以便以最快方式送达。
3. 咨询热线：0755-25970306转158、168　传　真：0755-25970309
E-mail: szmiss@126.com</td></tr>
</table>

→利用本订购单订购一律享受九折特价优惠。

→团购 30 本以上八五折优惠。

